Freya Pausewang

Ziele suchen - Wege finden

Arbeits- und Lehrbuch für die
didaktisch-methodische Auseinandersetzung
in sozialpädagogischen Berufen

Cornelsen

Redaktionelle Bearbeitung: Erich Schmidt-Dransfeld
Herstellerische Betreuung: Text & Form, Düsseldorf
Titelgrafik und Illustration: Roswitha Schäfer, Mainz

 http://www.cornelsen.de

1. Auflage   Druck 13 12 11 10   Jahr 06 05 04 03

Alle Drucke dieser Auflage sind inhaltlich unverändert und können im Unterricht
nebeneinander verwendet werden.

Druck: Lengericher Handelsdruckerei, Lengerich/Westfalen

ISBN 3-464-49150-1

Bestellnummer 491501

Gedruckt auf Recyclingpapier, hergestellt aus 100% Altpapier.

Inhaltsverzeichnis

Das Anliegen dieses Buches

Das vorliegende Buch wendet sich in erster Linie an Studierende, die eine Ausbildung als Erzieher bzw. Erzieherin absolvieren. Es ist für die Verwendung im Unterricht des Faches Didaktik/Methodenlehre der betreffenden Fachschulen gedacht. So weit wie möglich wurden die Lehrpläne der einzelnen Bundesländer für das jeweils etwas unterschiedlich bezeichnete Unterrichtsfach berücksichtigt. Auf Grund seiner Breite und seiner bewusst einfachen Sprache, seiner zahlreichen Veranschaulichungen durch praxisbezogene Beispiele sowie seiner Bearbeitungsvorschläge in unterschiedlichen Schwierigkeitsgraden kann das Buch auch für kürzere Bildungsgänge von Erziehungsberufen Verwendung finden. Das gilt ebenfalls für die Ausbildung von Sozialpädagoginnen und Sozialpädagogen, die sich auf die Arbeit mit Kindern und Jugendlichen spezialisieren. Den sozialpädagogischen Fachkräften, die bereits im Beruf stehen, kann das Buch Anregungen geben, ihren pädagogischen Standort bewusst zu machen und zu aktualisieren. Auch erfahrene Erzieherinnen und Erzieher können bei der Bewältigung von Problemsituationen davon profitieren.

Das Fach Didaktik/Methodenlehre hat die Aufgabe in die konkrete Berufsarbeit mit Gruppen von Kindern und Jugendlichen einzuführen. Das bedeutet, dass Theorie und Praxis eng verbunden sind. Als Studierende sind Sie gefordert sich mit Inhalten und Methoden – damit verbunden auch mit Zielen – Ihrer beruflichen Arbeit auseinanderzusetzen. In der späteren sozialpädagogischen Praxis vermag das Buch zur weiteren Reflexion Ihrer beruflichen Arbeit beizutragen.

Neben dieser Theorie-Praxis-Verbindung hat das Fach eine zweite Eigenart: Es bündelt die Kenntnisse aus anderen Fächern um sie in praktisches berufliches Handeln einzubringen. Dabei kann es sich sowohl um theoretische Erkenntnisse als auch um praktische Fähigkeiten handeln. So werden zum Beispiel pädagogische Standorte, die im Fach Pädagogik erarbeitet wurden – wie der Umgang mit Erziehungsstilen – in der praktischen Arbeit mit Kindern und Jugendlichen erprobt und gelebt. Beobachtungstechniken aus dem Fach Psychologie oder erworbene Fähigkeiten aus dem Kunst- und Werkunterricht werden in der sozialpädagogischen Praxis angewendet. Dadurch erhält das Fach Didaktik/Methodenlehre einen zentralen Standort in der Ausbildung, und das Buch setzt diesen Anspruch um.

Methoden werden im Fach Didaktik/Methodenlehre nicht nur als Unterrichtsform benutzt, sondern sie sind zugleich Unterrichtsinhalt. Eine Methode, beispielsweise eine Gesprächstechnik, kann deshalb zugleich Unterrichtsinhalt und Unterrichtsform sein. Sie muss in ihrer Wirkung erfasst und in ihrer Handhabung erprobt werden. Das bedeutet, dass im Unterricht möglichst viele Methoden eingesetzt und geübt werden, die sich auf die sozialpädagogische berufliche Arbeit übertragen lassen. Das Buch greift diese Eigenarten des Faches auf.

Von seinem Ansatz her ist die Konzeption des Buches insbesondere auf die nach sozialpädagogischem Diskussionsstand und von den Lehrplänen geforderte Handlungsorientierung ausgerichtet. Dies bedeutet, dass das Buch nicht nur theoretisches Wissen und dessen Veranschaulichung an berufsbezogenen Beispielen vermittelt, sondern durch seine Methodenvorschläge dazu anregt, dass Sie sich als Benutzerinnen und Benutzer des Buches aktiv mit den angeschnittenen Problembereichen auseinander setzen. Dabei sind die vorgeschlagenen Methoden mehr auf Lerngruppen als auf individuelles Lernen ausgerichtet und sie sind später im Beruf anwendbar.

Das Buch führt jeweils mit einem Informationsteil in unterschiedliche didaktische und methodische Problembereiche ein. Jedem größeren Themenkomplex werden Ziele vorangestellt. Durch zahlreiche Beispiele wird der Text durchgängig veranschaulicht, die Problematik aus unterschiedlicher Sicht behandelt und auf verschiedene Arbeitsfelder übertragen. Zusammenfassungen bringen wesentliche Aussagen in geraffter Form nach jedem Themenbereich. An jeweils sinnvolle Teilabschnitte sind Anregungen angegliedert, die sich aus mehreren Aufgaben zusammensetzen; insbesondere diese Aufgaben und Anregungen unterstützen die Handlungsorientierung und tragen dazu bei, dass das Lernen zunehmend selbst organisiert und erfahrungsorientiert ermöglicht werden kann. Mir wichtige didaktisch-methodische Hinweise zur unterrichtlichen Realisierung werden im Anhang gegeben.

Der sozialpädagogische Beruf hat im Vergleich zu anderen Berufen große Anteile von fachlichem Handeln, das nicht in „Richtig" und „Falsch" eingeordnet werden kann, sondern eine individuelle und flexible berufliche Standortsuche voraussetzt. Dieser Anforderung trägt das Buch selbstverständlich durch seinen Inhalt, aber vor allem auch durch die methodischen Bearbeitungsvorschläge Rechnung. Sie sollen sich als Studierende nicht nur wissensmäßig mit den Inhalten auseinander setzen, sondern sich in Ihrer ganzen Persönlichkeit angesprochen fühlen.

Da bei Studierenden der Fachschulen für Sozialpädagogik ebenso wie in der beruflichen Arbeit die Zahl der Frauen gegenüber Männern bei weitem überwiegt, wird die weibliche Bezeichnung „Erzieherin" bevorzugt verwendet um nicht durch Doppelformen o.ä. den Lesefluss und das Erfassen der Zusammenhänge zu beeinträchtigen. Zum Ausgleich wird aber auch immer wieder bei beruflichen Bezeichnungen eine männliche Form gewählt und in jedem Fall ist vom Sinn her grundsätzlich die jeweils andere Form mitgedacht.

Das Buch ist auf Grund langjähriger Erfahrung in der konkreten Arbeit mit Kindern und Jugendlichen in verschiedenen sozialpädagogischen Einrichtungen sowie im Unterricht einer Fachschule für Sozialpädagogik (Mainz) zustande gekommen. In zahlreichen Gesprächen haben Kolleginnen und Kollegen, Praktiker vor Ort und auch Studierende wichtige Erkenntnisse beigetragen. Ich danke diesem Personenkreis und insbesondere meinen Studierenden, die in kooperativer Zusammenarbeit zu der inhaltlichen und methodischen Gestaltung des Unterrichts beitrugen und in ehrlichen Feed-back-Gesprächen nach Unterrichtsstunden, -einheiten oder Projekten ihre Erfahrungen und Motivationen beschrieben und kommentierten. Als Benutzerinnen und Benutzer des Buches ermuntere ich Sie mir jederzeit Anregungen und Verbesserungsvorschläge aus Ihrer Sicht zu übermitteln.

Schlangenbad, im Juni 1994 *Freya Pausewang*

1 Anforderungen an Erzieherinnen und Erzieher in unterschiedlichen sozialpädagogischen Arbeitsfeldern

Einführung

Erzieherinnen und Erzieher arbeiten mit Gruppen von Kindern oder Jugendlichen in sozialpädagogischen Einrichtungen, in denen die Erziehung des Elternhauses ergänzt, unterstützt oder ersetzt wird. Die berufliche Arbeit setzt sich aus unterschiedlichen Aufgaben zusammen und stellt hohe Anforderungen an die Leistungs- und Belastungsfähigkeit der Gruppenleiter.

▼ Beispiel:

Sabine, 10. Klasse, spricht mit Frau Merkel, einer erfahrenen Erzieherin:

Sabine: „Ich überlege, ob Erzieherin der Beruf ist, der meinen Fähigkeiten entspricht und in dem ich mich wohl fühlen werde. Ich mag Kinder und ich spiele gerne. Beim Spielen kann ich Kinder richtig begeistern."

Frau Merkel: „Das ist sicher eine wichtige Voraussetzung für den Beruf, betrifft aber nur einen Teilbereich der beruflichen Arbeit. Du musst dich an erster Stelle fragen, Sabine, ob du bereit bist dich in andere, vor allem junge Menschen einzudenken, sie zu verstehen und sie mit dem Ziel zu lenken, dich selbst entbehrlich zu machen, damit sie wachsen und sich entwickeln können. Du musst z.B. versuchen Gefühle eines Kindes wahrzunehmen, die es nicht ausspricht. Es gibt Situationen, in denen du ihm zur gleichen Zeit vermitteln musst, dass du sein Handeln verstehst und es in seiner Person sehr magst, aber dass du dieses Handeln nicht akzeptieren kannst und ihm Grenzen setzen musst. Du hast im Laufe eines Tages zahlreiche Konflikte zu bearbeiten und musst dich trotzdem der nächsten Situation zuwenden können. Als Erzieherin musst du dich zur gleichen Zeit auf das einzelne Kind einstellen und das Geschehen in der Gesamtgruppe im Auge behalten.

Neben der Arbeit mit Kindern und Jugendlichen verlangt der Beruf die Auseinandersetzung und intensive Zusammenarbeit mit Erwachsenen, z.B. im Team oder mit Eltern der Kinder." ▲

Mehr als die Hälfte aller Erzieherinnen arbeitet in Kindergärten. Daneben gibt es aber noch eine große Anzahl anderer pädagogischer Einrichtungen der vor- und außerschulischen Erziehung, in denen Erzieherinnen und Erzieher tätig sind. Das bedeutet, dass nicht nur die berufliche Arbeit selbst sehr vielseitig und abwechslungsreich ist, sondern dass Erzieherinnen sich für bestimmte Arbeitsfelder entschließen können, in denen ihnen die Arbeit besonders liegt.

▼ Beispiele:

– Im Kurheim arbeiten Erzieherinnen mit Gruppen, die nach wenigen Wochen wechseln.

– In der Tagesstätte für Behinderte betreuen sie eine kleine Gruppe, wobei jedes Kind eine sehr individuelle Versorgung und Lenkung benötigt.

– Im Jugendzentrum kann nur selten für konstante Gruppen geplant werden. Sozialpädagogische Fachkräfte müssen sich spontan auf diejenigen jungen Menschen einlassen, die gerade kommen. ▲

In diesem ersten Kapitel werden die unterschiedlichen Arbeitsaufgaben für Erzieherinnen und Erzieher umrissen und die häufigsten sozialpädagogischen Einrichtungen, in denen sie arbeiten können, vorgestellt. Außerdem werden Möglichkeiten und Grenzen der schulischen Vorbereitung auf den Beruf erörtert.

1.1 Überblick über Aufgaben-
bereiche in der Kinder- und
Jugendarbeit

Ziele

Das folgende Kapitel will Ihnen einen Überblick über die Breite der beruflichen Aufgaben vermitteln und soll dazu beitragen, dass Sie die unterschiedlichen sozialpädagogischen Arbeitsbereiche möglichst realistisch einschätzen.
Es kommt nicht darauf an, dass Sie die beruflichen Teilaufgaben bereits jetzt beherrschen lernen, sondern Sie sollen erkennen, mit welchen Arbeitsgebieten Sie in der Berufsarbeit konfrontiert werden.

1.1.1 Gesellschaftliche Vorstellungen von sozialpädagogischer Arbeit

Das Berufsbild des Erziehers/der Erzieherin genießt ein unterschiedliches Image und erfährt verschiedenartige Anerkennung. Manche Menschen sehen die hohen Anforderungen, die an den Beruf gestellt werden, und wissen, wie wichtig fundierte pädagogische Arbeit ist. Viele andere jedoch glauben, dass es ein Beruf sei, von dem nicht viel verlangt wird. Nach dieser Meinung werden vor allem solche Fähigkeiten benötigt, die Erwachsene als Eltern und insbesondere Frauen für ihre Funktion als Mutter sowieso besitzen müssen. Dazu gehören Ansichten wie: Die Erzieherin muss liebevoll sein und Kinder mögen, sie muss Geduld haben und basteln können und sie muss gerne spielen. Das ist aber nur ein sehr einseitiges und oberflächliches Bild der beruflichen Arbeit.
Eltern freuen sich manchmal, wenn ihre Töchter diesen Berufswunsch äußern, weil er Voraussetzungen für die spätere Rolle als Mutter bringt. Männer haben es hingegen häufig schwer, wenn sie den Beruf des Erziehers ergreifen wollen. Sie müssen sich gegen Vorurteile durchsetzen und in Kauf nehmen, dass sie manchmal belächelt werden, weil sie einen vermeintlichen Frauenberuf gewählt haben. Männliche Erzieher sind jedoch in den sozialpädagogischen Einrichtungen äußerst wichtig. Viele der Kinder und Jugendlichen kommen aus Kleinstfamilien. Sie haben mehr mit ihren Müttern zusammengelebt und wenig männliche Vorbilder erfahren. Auch in vollständigen

Familien erleben die Kinder in der Regel die Mutter mehr als den Vater. Sie benötigen für eine ausgewogene Entwicklung aber die Vorbilder beider Geschlechter und den emotionalen Bezug zu Frauen und Männern. Sie müssen sich mit dem eigenen und mit dem anderen Geschlecht auseinander setzen. Dabei darf weder das eine noch das andere abgewertet werden. Die Auseinandersetzung muss durch Wertschätzung getragen werden. Dafür ist das Zusammenleben im Alltag notwendig.

Der Beruf wird im Vergleich zu anderen Berufen mit der gleichen Ausbildungsdauer verhältnismäßig niedrig bezahlt. Auch in dieser Tatsache liegt ein Grund für die gesellschaftliche Bewertung als einfacher Beruf. Mancher junge Mann, der sozialpädagogische Gruppenarbeit durchaus als Lebensaufgabe für sich ansehen würde, entschließt sich wegen der niedrigen Bezahlung für einen anderen Beruf. Frauen akzeptieren eher ein niedrigeres Gehalt, weil in der allgemeinen gesellschaftlichen Realität trotz Gleichberechtigung der Mann als Verdiener der Familie noch immer dominiert.
Der Berufswunsch Erzieherin oder Erzieher zu werden muss deshalb manchmal sehr überzeugend und stark sein, weil er gegen Vorurteile und Bewertungen in der Verwandtschaft und im Freundeskreis und gegen gesellschaftliche Vorurteile durchgesetzt werden muss.
Sozialpädagogische Arbeit ist entgegen der häufig anzutreffenden Meinung kein leichter Beruf. Aber es ist ein Beruf, in dem man hohes oder niedriges Engagement und großes oder ge-

ringes Können nicht so ohne weiteres als Außenstehender unterscheiden kann. Es gibt wenig klare Beurteilungsmöglichkeiten. Deshalb wird der Beruf häufig als einfach angesehen. Die beruflichen Aufgaben sind aber breit und setzen ein vielseitiges Können voraus.

1.1.2 Anforderungen an Erzieherinnen und Erzieher im Beruf

Im Mittelpunkt der sozialpädagogischen Erziehungsarbeit steht immer die **Leitung von Gruppen**. Im Rahmen ihrer Gruppenleitung hat die Erzieherin oder der Erzieher die Aufgabe der **Betreuung und Erziehung des einzelnen Kindes und Jugendlichen**. Um beiden Aufgaben gerecht werden zu können erfolgt die **Arbeit mit Kleingruppen**. Zugleich müssen Erzieherinnen aber die Gesamtgruppe im Auge behalten. Das bedeutet, dass von ihnen in hohem Maß **Beobachtungsaufgaben** verlangt werden.

Da manche junge Menschen Entwicklungsdefizite aufweisen oder durch Verhaltensschwierigkeiten auffallen, entstehen für Erzieherinnen in begrenztem Rahmen auch **therapeutische und heilbehandelnde Tätigkeiten**.

Die Arbeit mit der Gruppe und dem einzelnen Kind oder Jugendlichen verlangt **gezielte und durchdachte Planung**. Es wird aber keineswegs jede berufliche Tätigkeit und jede pädagogische Handlung geplant. Ein großer Teil der sozialpädagogischen Arbeit erfordert **spontanes Handeln**. Dabei nimmt das Gespräch, die **Kommunikation**, einen breiten Raum ein. Die **Lenkung von Spiel- und Arbeitsprozessen, die Gestaltung des Tagesablaufs** sowie die **Einflussnahme auf die Gruppenbeziehungen und die Atmosphäre des Gruppenlebens** sind bedeutsame Teile der täglichen beruflichen Arbeit.

Neben der pädagogischen Gruppen- und Einzelarbeit gehören vor allem bei Kleinkindern und bei behinderten Kindern und Jugendlichen **pflegerische Arbeiten** und **Aufgaben der gesundheitlichen Versorgung** zur Berufsarbeit von Erzieherinnen. Häufig müssen auch **hauswirtschaftliche Tätigkeiten** übernommen

werden. **Verwaltungsaufgaben** entstehen nicht nur für die Leitung einer Einrichtung, sondern auch im Rahmen der Gruppenarbeit: Listenführung, Beobachtungsprotokolle, Elternbriefe, schriftliche Kontakte mit Behörden und vieles mehr.

Die Zusammenarbeit im Team ist Voraussetzung für eine überzeugende pädagogische Arbeit, weil mangelnde Kooperation der Betreuer eine negative Wirkung auf die Gruppen hat.

Die **Elternarbeit** kann je nach Einrichtungsart einen breiten Raum des beruflichen Engagements beanspruchen, denn das Kind oder der Jugendliche soll möglichst keinen Bruch zwischen Familie und sozialpädagogischer Einrichtung erleben. Deshalb entstehen für die Erzieherin auch **beratende Aufgaben**. Eltern benötigen in pädagogischen Problemsituationen Hilfe.

Andererseits können sich Erzieherinnen auch **selbst beraten lassen**. Es gibt beratende Einrichtungen, die Hilfe für sozialpädagogische berufliche Aufgaben anbieten. Dazu gehören vor allem die Fachberatung, die von den meisten Trägerorganisationen für jeweils eine Einrichtungsart, beispielsweise für Kindergärten einer Region, eingerichtet wurde, und die psychologische Beratung für größere Einrichtungen wie Heime. Die Supervision bietet Hilfe für die Bewältigung beruflicher Belastungen und die Steigerung beruflicher Kompetenzen. Auch **Fortbildung** bietet eine Möglichkeit einen beruflichen Problembereich intensiv zu bearbeiten oder die berufliche Arbeit zu aktualisieren.

Eine gute **Zusammenarbeit mit dem Träger** ist Voraussetzung für eine angenehme und stimmige Arbeitsatmosphäre.

Schließlich haben Erzieherinnen auch breite Aufgaben in der **Zusammenarbeit mit anderen Institutionen und Berufsgruppen**, wie mit der Schule der Kinder und Jugendlichen sowie ihren Arbeitgebern, mit Beratungsstellen, Behörden, Ärzten usw.

Die Öffnung der sozialpädagogischen Einrichtung nach außen ist sowohl für die Kinder und Jugendlichen, die betreut werden, wie auch für das eigene Berufsbild eine Voraussetzung um zu vermeiden, dass die Einrichtung vom Umfeld isoliert, falsch eingeschätzt oder die pädagogische Arbeit unangemessen eingeschränkt wird. Erzieherinnen müssen deshalb in der Lage sein, **Öffentlichkeitsarbeit** zu leisten.

Je nach der Einrichtungsart, in der Erzieherinnen arbeiten, variieren die Schwerpunkte. Beispielsweise sind im Kindergarten die Gruppen größer als im Heim, dafür ist im Heim der Anteil an therapeutischer Arbeit höher und es sind mehr Verwaltungsaufgaben oder hauswirtschaftliche Arbeiten zu leisten.

Diese Vielfalt der beruflichen Tätigkeiten mag einen Berufsanfänger zunächst verwirren. Vieles fließt im pädagogischen Alltag ineinander über. Die Aufzählung sieht erdrückender aus,

als die Tätigkeiten in der Realität erlebt werden. In der Vielfalt liegt auch Lebendigkeit, Abwechslung und Faszination. Die Begegnung mit Menschen, insbesondere mit jungen Menschen, ist jedes Mal einmalig und bietet der Erzieherin und dem Erzieher eine eigenverantwortliche berufliche Arbeit, die zwar anstrengend, aber bei entsprechendem Engagement nie langweilig werden wird.

Darüber hinaus haben Erzieherinnen die Möglichkeit in sehr unterschiedlichen sozialpädagogischen Einrichtungen mit verschiedenartigen Gruppen von Kindern und Jugendlichen zu arbeiten. Sie können sich deshalb, wenn sie flexibel sind, immer wieder neue Anregungen und Auseinandersetzungen verschaffen.

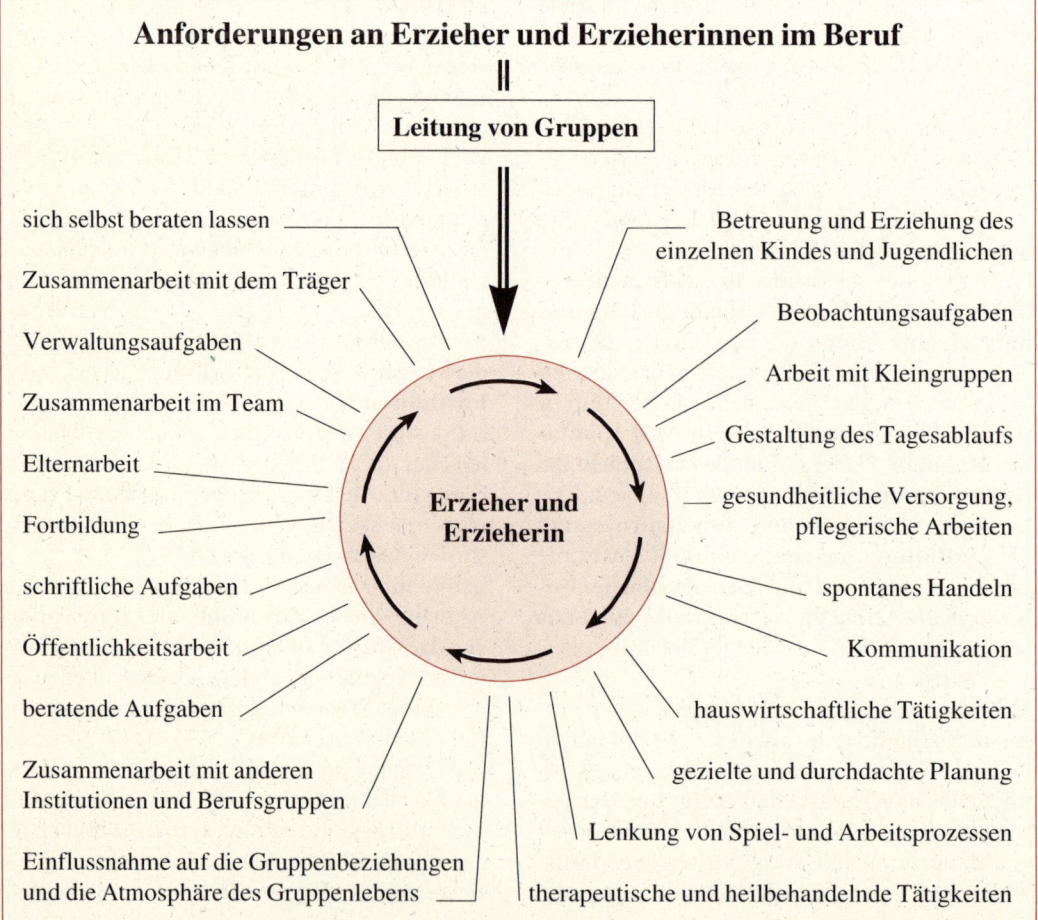

Anforderungen an Erzieher und Erzieherinnen im Beruf

Leitung von Gruppen

Erzieher und Erzieherin

sich selbst beraten lassen

Zusammenarbeit mit dem Träger

Verwaltungsaufgaben

Zusammenarbeit im Team

Elternarbeit

Fortbildung

schriftliche Aufgaben

Öffentlichkeitsarbeit

beratende Aufgaben

Zusammenarbeit mit anderen Institutionen und Berufsgruppen

Einflussnahme auf die Gruppenbeziehungen und die Atmosphäre des Gruppenlebens

Betreuung und Erziehung des einzelnen Kindes und Jugendlichen

Beobachtungsaufgaben

Arbeit mit Kleingruppen

Gestaltung des Tagesablaufs

gesundheitliche Versorgung, pflegerische Arbeiten

spontanes Handeln

Kommunikation

hauswirtschaftliche Tätigkeiten

gezielte und durchdachte Planung

Lenkung von Spiel- und Arbeitsprozessen

therapeutische und heilbehandelnde Tätigkeiten

Zusammenfassung

- Der Beruf des Erziehers/der Erzieherin wird in der Öffentlichkeit häufig unrealistisch eingeschätzt. Landläufig meint man oft, es handele sich um einen einfachen Beruf, der vor allem Frauen sehr liege, weil die Zuwendung zum Kind schon im Mutterinstinkt verankert sei. Beide Ansichten stimmen nicht.

- Männliche Erzieher werden in der sozialpädagogischen Arbeit dringend gebraucht, weil Frauen in der familiären wie der außerfamiliären Erziehung überwiegen. Junge Menschen benötigen aber nach den Erkenntnissen der Sozial- und Erziehungswissenschaften für eine ausgeglichene Entwicklung auch männliche Bezugspersonen und männliche Vorbilder.

- Erzieherinnen und Erzieher haben in ihrem Beruf vielseitige Aufgaben zu leisten. Dadurch ist der Beruf anstrengend, aber auch abwechslungsreich und interessant.
  Wenn sie örtlich nicht gebunden sind oder in einer Stadt wohnen, können sie sich eine Einrichtungsart auswählen, in der die beruflichen Schwerpunkte ihren Interessen und ihren besonderen Fähigkeiten entsprechen.

Anregungen

1. Gruppenarbeit und Plenumsgespräch: Bewusstmachung der öffentlichen Meinung über das Berufsbild

Bilden Sie Gruppen von 4 bis 6 Teilnehmern.
Schreiben Sie in der Gruppe auf Zettel in Stichworten und in großer Schrift mit Wachsmalstiften (umweltfreundlicher als Filzschreiber!) je eine Meinung, die Sie über das Berufsbild des Erziehers/der Erzieherin gehört haben oder vermuten.
Bilden Sie in der Gesamtgruppe einen Stuhlkreis und ordnen Sie Ihre Zettel den Überschriften zu: „Trifft (wahrscheinlich) zu", „Trifft nicht zu = Vorurteil".
Sprechen Sie im Plenum (gesamte Studiengruppe oder Klasse) über Vorurteile und realistische Vorstellungen vom Beruf.

Anregungen zur Gruppenbildung
Um zu vermeiden, dass sich immer die gleichen Teilnehmer zu einer Gruppe zusammenfinden, möchte ich Ihnen unterschiedliche Möglichkeiten aufzeigen, die Zusammensetzung anders vorzunehmen. Sie können bei der weiteren Bearbeitung dieses Buches auf diese Anregungen zurückkommen.

▼ **Beispiele:**
a) Die Gesamtgruppe stellt sich im Kreis nach einer bestimmten Ordnung auf: Alphabetische Ordnung der Vor- oder Nachnamen; im Januar, Februar usw. geboren; nach Farben bestimmter Kleidungsstücke usw. Jetzt wird zur Gruppenbildung abgezählt. (Die mit dieser Gruppenfindung verbundene Bewegung und geistig scherzhafte Aktivität kann sehr belebend wirken.)
b) Sie stellen sich in Kreisform zu zweit

gegenüber. Der innere und der äußere Kreis fassen sich an den Händen und bewegen sich aus ihrer Sicht um beispielsweise zwei Plätze nach links. Die jetzt gegenüberstehenden Partner oder Vierergruppen arbeiten zusammen.

c) Gordischer Knoten: Die Gruppe steht in einem dichten Kreis oder Knäuel. Alle schließen die Augen und strecken ihre zwei Hände zur Kreismitte um mit geschlossenen Augen nach anderen Händen zu greifen. Wenn alle Teilnehmer zwei Hände gefunden haben, werden die Augen geöffnet. Ohne die Hände loszulassen soll versucht werden den Kreis zu entwirren. Der neu entstandene Kreis ist Ausgangspunkt für die Kleingruppenbildung.

d) Zettel, auf denen eine Gruppenzahl steht, werden verlost.

e) Jeder geht an einem Kasten vorbei, in dem vier Farben von Wachsmalstiften, Zetteln oder Bausteinen liegen, und nimmt sich einen Gegenstand. Es müssen sich Gruppen finden, in denen alle vier Farben vorkommen.

f) Alle gehen im Raum durcheinander. Der Spielleiter ruft die Zahl der Gruppenstärke: 2 bei Partnerübungen, 3 bis 6 bei Gruppenarbeiten. (Größere Gruppen als sechs Teilnehmer sind nicht zu empfehlen, weil dann der Einzelne wenig zu Wort kommt.) Nach der Angabe der Zahl müssen sich sehr schnell Gruppen in dieser Stärke zusammenfinden. ▲

Lassen Sie sich durch diese Beispiele anregen selbst weitere Gruppenbildungsmöglichkeiten zu finden.

2. Gruppengespräche über den Inhalt des Abschnitts

Bilden Sie Gruppen von 3 bis 5 Teilnehmern.

Sprechen Sie in Gruppen über den Eindruck, den dieses Kapitel bei Ihnen hinterlassen hat, und tauschen Sie Ihre Erfahrungen in Bezug auf die verschiedenen Arbeitsbereiche aus: Haben Sie diese Arbeitsbereiche in Ihren Praktika erlebt? Gab es in Ihrem Vorpraktikum beispielsweise Aufgaben, die von bestimmten Teammitgliedern übernommen wurden? Wie haben Sie die Vielfalt der Aufgaben empfunden?

3. Gruppenarbeit und Plenumsgespräch: Zuordnung der Aufgaben in unterschiedliche Kategorien

Bilden Sie Tischgruppen. (Zu Beginn der Ausbildung wäre für diese Aufgabe Einzelarbeit nicht angemessen, weil einzelne Studierende sich verunsichert und ängstlich fühlen könnten ihr Wissen oder Nichtwissen offen legen zu müssen. Da die Aufgabe mit Diskussionen, Stellungnahmen und Kritik verbunden ist, kann das bedeuten, dass sich der eine oder andere der Klassenmitglieder bloßgestellt fühlt.)

a) Schreiben Sie – jeder für sich – die einzelnen im Text gekennzeichneten Aufgaben auf Karteikarten (siehe Übersicht S. 12).

Ordnen Sie gemeinsam in der Gruppe einen Satz dieser Karteikarten nach Ihrer Einschätzung von Wichtigkeit in drei Kategorien (Gruppen): Fähigkeiten in diesem Bereich sind für den Beruf sehr wichtig, für den Beruf wichtig, für den Beruf nicht so wichtig.

b) Vergleichen Sie die unterschiedlichen Zuordnungen in den einzelnen Gruppen und tauschen Sie Ihre Gedanken aus, beispielsweise: Wie unterschiedlich wurde zugeordnet, als wie schwierig wurden die Entscheidungen empfunden? Teilen Sie dafür Ihre Gruppe: Die eine Hälfte geht von Gruppe zu Gruppe, die andere bleibt sitzen, um den vorbeikommenden Gruppen die eigene Zuordnung zu erklären. Danach wechseln Sie: Die Gruppenmitglieder, die auf ihrem Platz geblieben sind, gehen jetzt herum.

c) Überprüfen Sie in Ihrer Gruppe, ob Sie auf Grund der Gespräche mit anderen Gruppen Ihre Zuordnung ändern wollen. Suchen Sie nach Begründungen Ihrer Zuordnung.

d) Plenumsgespräch: Jede Gruppe fasst den Prozess der Gruppe (nicht das Ergebnis) kurz zusammen und berichtet beispielsweise über Schwierigkeiten, Erkenntnisse, Betroffenheit.

e) Ordnen Sie jeder für sich (nicht in Gruppenarbeit) Ihre Kärtchen nach der Kategorie: In diesem Bereich möchte ich in der Ausbildung lernen:

– sehr viel, viel, nicht so viel, gar nicht. Weisen Sie im Klassenverband jeder dieser Kategorien eine Farbe zu, zum Beispiel: sehr viel: grün, viel: braun, nicht so viel: blau, gar nicht: rot. Ein Mitglied aus dem Studienverband schreibt die Aufgaben in großer Schrift auf ein Plakat. Jede/r Studierende zeichnet jetzt mit der entsprechenden Farbe (am besten Wachsmalstifte) einen Strich hinter die Bezeichnung auf dem Plakat.

Zum Schluss ist erkennbar, in welchen Aufgabengebieten viele Studierende viel oder nicht so viel lernen wollen.

f) Sprechen Sie im Plenum über die Ergebnisse. Bewahren Sie das Plakat auf um im Laufe der Ausbildung Fortschritte und veränderte Bedürfnisse abzuklären.

4. Untersuchung der verschiedenen Aufgaben im sozialpädagogischen Beruf hinsichtlich ihres Bekanntheitsgrades

Schätzen Sie ab, wie Sie die Kärtchen zuordnen würden, wenn die Aufgabe hieße: der Öffentlichkeit (d.h. der Allgemeinheit) bekannt oder unbekannt. Legen Sie Ihre Karteikarten in der Kleingruppe entsprechend. Versuchen Sie dabei in Ihrer Kleingruppe einen Konsens (Übereinstimmung) zu finden oder stimmen Sie ab.

Vergleichen Sie die unterschiedlichen Ergebnisse der verschiedenen Arbeitsgruppen und sprechen Sie im Plenum darüber. ❏

1.2 Einführung in unterschiedliche Arbeitsfelder und deren Anforderungen an sozialpädagogische Fachkräfte

┌─ *Ziele* ───

Mit diesem Kapitel wird angestrebt Ihnen die Breite der Arbeitsfelder im sozialpädagogischen Beruf mit den speziellen Schwerpunkten der beruflichen Arbeit aufzuzeigen.
Damit soll erreicht werden, dass Sie
– *sich in die unterschiedlichen Einrichtungsarten eindenken,*
– *bereit sind Ihnen unbekannte Arbeitsfelder kennen zu lernen,*
– *die Breite der sozialpädagogischen Berufsarbeit überblicken.*

In der Bearbeitung dieses umfangreichen Kapitels werden Sie wahrscheinlich am sinnvollsten so vorgehen, dass jeweils eine Gruppe oder zwei Partner eine Einrichtungsart bearbeiten und dem Klassenverband vorstellen oder dass der Text zu Hause gelesen und im Unterricht über verschiedene Aufgaben bearbeitet wird.

Um einen Überblick über die vielfältigen Arbeitsfelder zu geben werden in den folgenden Kapitelabschnitten die häufigsten sozialpädagogischen Einrichtungen, in denen Erzieherinnen arbeiten können, kurz beschrieben. Die vorgenommene Gliederung soll den Überblick erleichtern. Überschneidungen sind dabei nicht zu vermeiden, einzelne Einrichtungen können unterschiedlich zugeordnet werden.

Leser, die sich mit pädagogischen Fragen des Berufes auseinander setzen wollen und weniger an der Beschreibung von sozialpädagogischen Einrichtungen interessiert sind, sollten dieses Kapitel als Nachschlagewerk benutzen. Pädagogische Erörterungen werden im weiteren Verlauf des Buches auf die verschiedenen sozialpädagogischen Einrichtungen übertragen und mit Hilfe von Beispielen konkretisiert. Die Kenntnis der unterschiedlichen Arbeitsfelder ist deshalb für das Verständnis der weiteren Kapitel notwendig.

Sozialpädagogische Einrichtungen verändern sich im Laufe der Zeit. Beispielsweise gibt es nur noch wenige Erholungsheime. Dagegen nimmt der Bedarf an offener Jugendarbeit, vor allem Jugendzentren, zu. Auch innerhalb von Einrichtungen finden Veränderungen statt. Ihr pädagogischer Schwerpunkt kann sich verschieben. Ein Grund für eine Veränderung kann beispielsweise der Anteil ausländischer Gruppenmitglieder sein, eine Veränderung der Altersstruktur in den Gruppen oder die Entwicklung neuer pädagogischer Konzepte. Der Anlass für die Entstehung neuer oder veränderter Institutionen liegt häufig in der Veränderung des gesellschaftlichen Zusammenlebens. Dadurch kann ein neuer Bedarf an institutioneller Erziehung entstehen. Beispielsweise nimmt die Berufstätigkeit von Frauen zu und die Kinderzahl in den einzelnen Familien nimmt ab. Eltern sehen deshalb eine Chance ihrem Kind den Geschwisterersatz in der altersgemischten Tagesstätte zu bieten. So entstanden in den letzten Jahren sogenannte Gemeinschaftsgruppen, in manchen Gegenden

auch Familiengruppe oder Haus für Kinder genannt. Hier werden Kinder vom Säuglings- bis zum Schulalter in einer Gruppe tagsüber gemeinsam betreut.
Auch Veränderungen in gesellschaftlichen Einstellungen bewirken neue Formen institutioneller Erziehung: Die Erkenntnis beispielsweise, dass Behinderte nicht ausgegrenzt werden dürfen, hat zu integrativen Gruppen geführt, in denen Behinderte und Nichtbehinderte gemeinsam erzogen werden.

Träger sozialpädagogischer Einrichtungen:
Träger der sozialpädagogischen Einrichtungen sind vor allem die Kommunen (Städte und Gemeinden) und die Kirchen. Das bedeutet für Erzieherinnen, die sich einer religiösen Erziehung nicht stellen wollen oder können, ein eingeschränktes Angebot an Arbeitsplätzen. Allerdings ist heute die religiöse Erziehung in der Regel breiter und weniger konfessionell gebunden, als allgemein angenommen wird.
Neben diesen beiden großen Gruppen von Trägern gibt es andere Träger der Freien Jugendhilfe wie z.B. die Arbeiterwohlfahrt oder die Lebenshilfe. Größere Betriebe richten zuweilen für die Kinder ihrer Mitarbeiter eigene Kindertagesstätten ein. In den neuen Bundesländern waren solche betrieblichen Einrichtungen weit verbreitet, viele mussten jedoch geschlossen werden oder sind von anderen Trägern übernommen worden. Zunehmend bilden sich Elterninitiativen, die in eigener Trägerschaft und Verantwortung eine Tageseinrichtung für ihre Kinder unterhalten.

Die Träger müssen für die räumlichen, ausstattungsmäßigen und personellen Voraussetzungen sorgen. Dabei unterliegen sie den Bestimmungen der jeweiligen Landesregierungen. Von dort erhalten sie finanzielle Zuschüsse, vor allem für die Personalkosten.
Für den Betrieb von sozialpädagogischen Einrichtungen liegen Gesetze und Bestimmungen vor, die sich auf Grund der Länderhoheit in den einzelnen Bundesländern teilweise unterscheiden.

Sozialpädagogische Einrichtungen als Arbeitsplatz für Erzieher/innen

Tageseinrichtungen

Kindergarten
Kinderkrippe
Kinderhort
heilpädagogische Tagesstätte
alternative Tageseinrichtungen und
Modellversuche

Familienersetzende Einrichtungen

Kinder- und Jugendheim
Jugendwohnheim und -wohngruppe
Internat
Kinder- und Jugendpsychiatrie

Einrichtungen zur gesundheitlichen Fürsorge

Kurheim
Mütter-Genesungsheim
Krankenhaus

Freizeiteinrichtungen
(nur bedingt als Arbeitsplatz für Erzieherinnen)

Spielkreis
Jugendgruppenarbeit
Ferienfreizeit und
Stadtranderholung
Spielmobil
betreuter Spielplatz
Jugendzentrum

Einrichtungen für Behinderte

Fast alle Einrichtungen können auf die Aufnahme von behinderten Kindern, Jugendlichen und Erwachsenen spezialisiert sein.

Integrative Einrichtungen nehmen Behinderte und Nichtbehinderte auf.

1.2.1 Familienergänzende Erziehung in Tageseinrichtungen

Unter den beruflichen Arbeitsmöglichkeiten für Erzieher/innen nehmen Tageseinrichtungen den größten Raum ein. Sie gliedern sich in drei Gruppen:
– Krippen: Säuglinge und Kinder bis zu 3 Jahren,
– Kindergärten: Kinder von 3 bis zu 6 Jahren,
– Horte: Kinder im Schulalter.
Die Kinder in Krippen und Horten werden vorrangig aufgenommen, weil die Eltern berufstätig sind und ihre Kinder deshalb tagsüber nicht versorgen können. Der Kindergarten hat in der Form des Ganztagsbetriebes auch diese entlastende Aufgabe. In erster Linie liegt das Ziel des Kindergartenbesuchs aber in der familienergänzenden pädagogischen Arbeit.

1.2.1.1 Kindergarten
Der Kindergarten soll die Familie in ihrer Erziehungsaufgabe unterstützen.
Es gibt verschiedene Formen: Teilzeitkindergärten, die vor- und nachmittags geöffnet haben, oder Ganztagskindergärten, die bis zu zehn Stunden für die Kinder berufstätiger Eltern offen sind. Hier wird eine warme Mahlzeit

ausgegeben. In Ganztagseinrichtungen benötigt das Kind mehr Zuwendung, Geborgenheit und Sicherheit als die Kinder in Teilzeitkindergärten.

Der Begriff „Kindertagesstätte" wird unterschiedlich gebraucht. In manchen Gegenden wird er nur auf den Ganztagskindergarten bezogen, in anderen auf alle Tageseinrichtungen wie Krippe, Kindergarten und Hort. In einigen Bundesländern werden Ganztagseinrichtungen auch Tagesheim oder Tagheim genannt.

In den meisten Kindergärten werden die Kinder in den Gruppen altersgemischt zusammengesetzt. Ganztagseinrichtungen haben häufig eine Krippe oder einen Hort unter dem gleichen Dach.

In den letzten 30 Jahren ist der Kindergarten zu einer Einrichtung mit einem hohen Bildungsauftrag geworden.

Früher hat nur ein Teil der Kinder einen Kindergarten besucht. Die Erziehung in der Familie, vor allem in der Geschwisterreihe, wurde als gleichwertig angesehen. Heute besuchen so gut wie alle Kinder wenigstens in den letzten beiden Jahren vor Schuleintritt einen Kindergarten. Der Kindergarten gilt heute als Bildungseinrichtung des Elementarbereichs, ist in das allgemeine Bildungswesen integriert und dem Primarbereich (Grundschule) vorangestellt. Das Zusammenleben mit einer Gruppe Gleichaltriger, die Eingliederung in die größere Gemeinschaft und die Auseinandersetzung mit den vielfältigen Anregungen und Lernreizen, die der Kindergarten bietet, werden als unbedingt notwendig für die Entwicklung des Kindes und die Vorbereitung auf die Schule angesehen (Recht auf einen Kindergartenplatz).

Für die meisten Kinder ist der Kindergarten die erste Einrichtung, die außerhalb der Familie einen Erziehungsanspruch an das Kind stellt. Das Kind tritt aus der kleinen Gemeinschaft mit Erwachsenen, in der es häufig das einzige Kind ist, in die große Gruppe Gleichaltriger oder fast Gleichaltriger. Hier werden Weichen für das Kind gestellt. Es lernt Grundfähigkeiten, die sein weiteres Leben und seine Lebenseinstellung bedeutsam mitbestimmen können: In dem Zusammenleben mit anderen Kindern lernt das einzelne Kind beispielsweise sich durchzusetzen, aber auch einzuordnen, Führung zu übernehmen (z. B. im Stuhlkreis), Verantwortung für gemeinsames Handeln zu tragen (etwa für das Rollenspiel in der Freispielzeit). Es lernt anderen Kindern etwas zu zeigen und zu erklären, sich in andere einzudenken und deren Gefühle nachzuempfinden, zu teilen, seine Hilfe anzubieten usw.

Ein anderer grundsätzlicher Lernbereich, in den das Kind im Kindergarten eingeführt wird, ist der Umgang mit Autoritäten. Der Kindergarten trägt entscheidend dazu bei, ob das Kind z.B. lernt seine Ansichten auch gegenüber Erwachsenen, höher gestellten Personen, zu vertreten oder ob es lernt, sich unterzuordnen und Mitläufer zu werden. Natürlich hat die Familie in der Regel den stärksten Einfluss, aber die Wirkung des Kindergartens darf nicht unterschätzt werden. Der Beginn des Kindergartens ist sicherlich für viele Kinder ein ausschlaggebenderer Schritt in ihrer Entwicklung als der Schuleintritt.

Häufig wird der Kindergarten als eine wichtige Vorbereitung auf die Schule angesehen. Das Kind erhält im Kindergarten durch das Spiel- und Beschäftigungsmaterial, durch die Gruppe und durch die Anregungen, die von der Erzieherin ausgehen, vielfältige Lernreize, denen es sich – meist freiwillig – durch die Faszination der Gegebenheiten und durch seine natürliche Neugierde und Lernfreude stellt. Während die Schule vom Kind verlangt die angebotenen Lernhandlungen anzunehmen und die geforderten Lernleistungen auszuführen, die Schule also das Lernen zur Pflicht macht, kann die Erzieherin behutsamer vorgehen. Neben vielen Angeboten, deren Teilnahme freiwillig ist, gibt es einzelne verpflichtende Aktivitäten, in die das Kind langsam eingeführt wird.

▼ **Beispiel:**

Das Kind betritt morgens den Gruppenraum, schaut sich um, setzt sich vielleicht zunächst nur beobachtend an einen Tisch, holt sich dann ein Spielmaterial nach seiner Wahl oder gesellt sich zu einer spielenden Gruppe. Wenn es möchte, kann es sich zur Erzieherin setzen, die vielleicht mit einer Kleingruppe ein Bilderbuch betrachtet oder zeigt, wie man mit Wasserfarben ein Bild malen kann. Das Kind kann selbst entscheiden, wann es frühstücken möchte. Dafür muss es sich an einen bestimmten Frühstückstisch setzen und seinen Platz wieder sauber verlassen. Es lernt also sich an Regeln zu halten und sich für das eigene Handeln und dessen Folgen verantwortlich zu fühlen.

Später räumen alle Kinder ihr Spielmaterial auf. Hierbei muss das Kind sich wieder einordnen. Es wird erwartet, dass es jetzt vielleicht an der gemeinsamen Turnstunde teilnimmt. Möglicherweise kann es sich auch im Freien nach eigenen Vorstellungen bewegen und unterschiedliche Geräte und Materialien ausprobieren. Gegen Ende des Vormittags muss sich das Kind im gemeinsamen Stuhlkreis, der in dieser Gruppe vielleicht üblich ist, bei Gesprächen, Liedern und Spielen im Rahmen der Gesamtgruppe weitmöglichst beteiligen.

Es hat also einen Vormittag, an dem es eigenen Interessen nachgehen kann, aber sich auch den vorgegebenen Aktivitäten unterordnen muss. Ein Kind, das diese Einordnung noch nicht schafft, erhält schrittweise Hilfen. ▲

Von der Erzieherin verlangt die berufliche Arbeit in Kindergärten die Leitung einer verhältnismäßig großen Gruppe (bis zu 25 Kindern und manchmal sogar noch darüber hinaus), zugleich die sensible Beobachtung und Lenkung des einzelnen Kindes und der spielenden Kleingruppen. Sie muss den Kindern Anregungen bieten. Sie muss ihre Arbeit gezielt planen und individuell auf jede Situation reagieren.

Da Erzieherinnen meist zu zweit in einer Gruppe arbeiten, ist eine intensive Absprache und Kooperation notwendig. Auch über die Gruppe hinaus wird Teamarbeit von der Erzieherin verlangt.

Für die Eltern ist die Erzieherin oft eine Beraterin. Zugleich muss sie ihre Arbeit offen legen und begründen, denn Eltern wollen wissen, wie ihr Kind gefördert und beeinflusst wird.

Zahlreiche Kindergärten, vor allem in den Städten, haben einen hohen Ausländeranteil. Da viele der ausländischen Kinder in ihren Familien nur ihre Muttersprache sprechen und auch in die Kultur des Heimatlandes eingebettet leben, kommt auf die Erzieherinnen in den Kindergärten die Aufgabe zu die ausländischen Kinder behutsam mit dem deutschen Kulturgut und der Sprache vertraut zu machen. Eine gute Integration in die Kindergartengruppe hilft sie auf einen reibungslosen Schulbesuch und die Integration in die deutsche Gesellschaft vorzubereiten. Auf diese Arbeit wird im Abschnitt 5.2.2 genauer eingegangen.

1.2.1.2 Kinderkrippe

In den Krippen werden vorrangig Kinder von allein erziehenden Elternteilen und von Familien, in denen beide Elternteile berufstätig sind, aufgenommen. Ein Großteil der Krippenkinder ist zwischen zwei und drei Jahren alt. Die Zahl der Säuglinge ist auf Grund des Mutterschaftsurlaubs und des Anspruchs auf Erziehungsgeld zurückgegangen.

Wie früher stärker üblich, sind Kinderkrankenschwestern und Kinderpflegerinnen in den Krippen tätig, der Anteil der Erzieherinnen nimmt aber zu, denn die Erkenntnis, dass neben der Pflege des Kindes die pädagogische Betreuung in diesem Alter einen wichtigen Platz einnimmt, veranlasst die Träger zunehmend Erzieherinnen einzustellen.

Das besonders sensible und prägsame Alter des Kleinkindes verlangt eine ausgewogene, behutsame und klare pädagogische Vorgehensweise. Das Kind macht in diesem Alter grundlegende Erfahrungen, die seine späteren Einstellungen prägen können. In seiner Wissbegierde und in seinem Drang seinen Körper zu erfahren und seine Fähigkeiten auzuprobieren, erforscht es seine Umwelt und erprobt sein Können: Es ergreift, was es erreichen kann, und krabbelt und klettert, wo immer es möglich ist. Es erforscht die Beschaffenheit der Dinge mit all seinen Sinnen: Es tastet, betrachtet, horcht, riecht und schmeckt an allem. Dadurch bringt es sich in Gefahr. Es entfernt sich von der Bezugsperson, benötigt aber das Gefühl der Sicherheit, vor Gefahren geschützt zu werden. Das bedeutet, dass die Erzieherin einerseits seinen Forscherdrang nicht eindämmen darf, ihm aber auf der anderen Seite die Sicherheit bieten muss, dass es sich nicht verletzt oder gefährdet. Wenn das Kind sich nicht sicher fühlen kann oder zu stark eingeschränkt wird, besteht die Gefahr, dass es ängstlich wird, sich weniger zutraut und die entsprechenden Entwicklungsschritte nicht machen kann.

▼ Beispiel:

Der Gruppenraum in der Krippe ist kindgerecht eingerichtet:
In niedrigen, stabilen Möbeln, auf die vielleicht sogar geklettert werden darf, sind die unterschiedlichen, aber nicht übermäßig vielen Spielmaterialien so untergebracht, dass die Kinder sie alleine holen können. Wenn möglich bieten Podeste, Matratzen, Rutschbahnen und Ähnliches Gelegenheiten zum Klettern und Erproben des Körpers. Große Spielgegenstände wie Schaukelpferde, Dreiräder, Spielhäuser usw. bieten weitere Möglichkeiten zur körperlichen Erprobung. Auch der Spielplatz im Freien regt über vielseitige Spiel- und Turngeräte zum Ausprobieren der wachsenden Funktionen des kindlichen Körpers an.
Die Erzieherinnen oder Betreuerinnen geben den Kindern viel Freiraum zum eigenständigen Erforschen ihrer Umwelt, bieten aber auch einzelnen Kindern oder Kleingruppen kurze, gezielte Anregungen an, indem sie mit ihnen spielen, klettern, turnen, bauen, manschen, malen, Bilderbücher betrachten, erzählen usw. ▲

Selbständige und reflektierte pädagogische Entscheidungen werden von Krippenerzieherinnen in hohem Maße verlangt, weil die Kinder eine individuelle Erziehung benötigen, die auf die jeweilige familiäre Situation abgestimmt ist.

▼ Beispiele:

– Ein Kind, das zu Hause gefüttert wird und nicht alleine essen darf, muss beim Essen anders angeleitet werden als ein selbstständigeres Kind.

– Ein Kind, das von seiner Mutter ängstlich behütet wird, benötigt Mut machende Anregungen. ▲

Eine besondere pädagogische Schwierigkeit ist die Balance zwischen emotionaler Distanz und Nähe. Das Krippenkind kann zunächst, wenn es die Einrichtung erstmals besucht, sehr ängstlich sein und sich kaum von der Mutter lösen wollen. Die meisten Krippen verlangen von der Mutter oder dem Vater das Kind in den ersten Tagen oder Wochen nur stundenweise zu bringen und dabeizubleiben, bis es sich an die Einrichtung gewöhnt hat. Wenn das Kind dann Vertrauen gefasst hat, kann es eine sehr enge Bindung zur Erzieherin eingehen wollen. Hier muss die Erzieherin vorsichtig sein, denn sie darf das Kind nicht zu stark an sich binden und damit unwillkürlich die Bindung an die Mutter lockern.

Nähe

Distanz

Gratwanderung für die Erzieherin

▼ Beispiel:

Wenn die Mutter das Kind bringt, unterhält sich die Erzieherin kurz mit ihr, damit das Kind die Verbindung spürt. Während des Tages spricht die Erzieherin hin und wieder von der Mutter, erwähnt sie. Bevor das Kind abgeholt wird, bereitet die Erzieherin es darauf vor. Das Kind kann der Mutter zeigen, was und mit wem es gespielt hat oder was es vielleicht wieder Neues kann. So wird die Mutter in das Erleben des Kindes einbezogen. ▲

Pflegerische Aufgaben enthalten auch pädagogische Anteile. Wenn möglich, sollte das Kind mitbestimmen dürfen, wer es füttert und wer es wickelt. Beides ist mehr als ein körperlicher Akt. Für das Kleinkind sind Körper und Psyche noch viel stärker eine Einheit als für den Erwachsenen. Körperliche Erfahrungen werden viel ganzheitlicher erlebt und vermitteln Wohlgefühl oder Unwohlsein. Körpererfahrungen sind auch Grundlage für geistige Leistungen. Ein Kind, das z.B. nicht ausreichend Gegenstände begreifen und betasten kann, wird möglicherweise auch Schwierigkeiten mit dem geistigen Begreifen haben.

So ist seine Körperpflege auch mehr als nur die Versorgung des Körpers. Sein Verhältnis zum Schmutz wird beispielsweise vom Verhalten der Erzieherin beim Wechseln der Windel beeinflusst. Oder die Erwartungshaltung der Erzieherin, was und wie viel das Kind isst und trinkt, und die Art, wie es seine Nahrung aufnimmt, werden sein Verhältnis zur Nahrung mitbestimmen.

▼ **Beispiel:**

Beim Windelnwechseln wird gescherzt und gelacht. Das Kind entwickelt keinen Ekel vor Schmutz und Geruch.

Beim Essen versucht das Kind, allein zu essen oder darf den Löffel mit anfassen. Wenn das selbstständige Essen aber zu stark ins Spielen gerät, werden dem Kind Grenzen gesetzt. Wenn es bestimmte Nahrung nicht mag, wird darauf Rücksicht genommen. Aber es wird ihm nicht ermöglicht, sich ungesund zu ernähren und beispielsweise Gemüse ganz abzulehnen oder nur Süßspeisen zu sich zu nehmen. Häufig wird auch Tee ungesüßt getrunken. In der Gemeinschaft der anderen Kinder schmeckt vieles, was Kinder in der Familie ablehnen.

Allerdings darf ein Kind nicht zur Nahrungsaufnahme gezwungen werden, wenn es keinen Hunger hat. ▲

1.2.1.3 Kinderhort

Der Hort ist eine außerschulische Einrichtung für Kinder im Schulalter. Die Kinder besuchen den Hort nach dem Unterricht, manchmal auch schon morgens vor Schulbeginn sowie in den Ferien. Sie erhalten eine warme Mahlzeit, werden bei den Hausaufgaben betreut und erfahren durch Freizeitangebote und freie Spielmöglichkeiten ein Gruppenleben, das sich vom Schulleben deutlich abhebt. Eltern und Lehrer sehen häufig die Hauptaufgabe des Hortes in der Hausaufgabenbetreuung und -hilfe. Gegen diese Erwartungshaltung muss sich die Erzieherin oft energisch durchsetzen um eine Überforderung der Kinder zu vermeiden und um nicht selbst der verlängerte Arm der Schule zu werden.

Da Kinder aus verschiedenen Klassen im Hort ihre Hausaufgaben erledigen, muss sich die Erzieherin in unterschiedliche Unterrichtsinhalte einarbeiten. Während der Aufgabenzeit muss sie für eine entsprechend ruhige Arbeitsatmosphäre im Hausaufgabenraum sorgen.

In der Schulzeit bleibt gewöhnlich nur noch wenig Zeit zur freien Verfügung für Spiel und Freizeitangebote. Die Kinder leben sowohl in der Schule als auch im Hort in einer Gruppe und müssen sich an Gruppenregeln halten. Ihr Verlangen nach Rückzug und nach individueller Tätigkeit ist deshalb oft sehr groß. Aus diesem Grund kann die Erzieherin während der Schulzeit nur sehr begrenzt gemeinsame Freizeitaktivitäten anbieten. Die Kinder ziehen es meist vor, ohne Anleitung im Freien zu spielen oder sich in Spielecken zurückzuziehen um sich in Kleingruppen zu beschäftigen ohne Leistungserwartungen von Seiten Erwachsener.

Die Horterzieherin muss sich auf diese Bedürfnisse des Kindes einstellen.

▼ **Beispiel:**

Die ersten Kinder kommen aus der Schule. Die Erzieherin unterhält sich mit ihnen und bietet ihnen die Möglichkeit ihre Frustrationen und ihre Freuden im Gespräch mit ihr abzureagieren. Einzelne Kinder spielen im Hof, andere sitzen an den Hausaufgaben, die sie schnell noch vor dem Mittagessen alleine fertig bekommen wollen. In verschiedenen Spielecken sind Kindergruppen in Rollenspiele vertieft, bauen etwas oder spielen am Tisch ein Brettspiel.

Die Erzieherin sieht nach, ob die Kinder ihre Ämter erledigen wie den Tisch decken, Pflanzen gießen, Tee bereitstellen und Ähnliches.

Das gemeinsame Mittagessen verlangt pädagogisches Fingerspitzengefühl von ihr: eine Balance zwischen dem Ausleben von Abreaktionsbedürfnis und angemessenem Verhalten mit einer Ausstrahlung von Ruhe und Genuss beim Essen. Die Erzieherin lässt deshalb an den Gruppentischen eine Unterhaltung sogar dann noch zu, wenn sie etwas lautstark wird. Als aber ein Kind einem anderen in einem unbeobachteten Moment die Frikadelle vom Teller auf den Tisch schiebt, schreitet sie energisch ein.

Nach dem Essen und einer Pause, die Kinder möglichst mit Bewegung im Freien verbringen sollen, folgen die Hausaufgaben.

Danach wird meist wieder in Kleingruppen gespielt. An einem Nachmittag in der Woche wird ein gemeinsames Programm unternommen, meist freitags. Deshalb werden an diesem Tag keine Hausaufgaben gemacht. Die Kinder sollen sie zu Hause erledigen. ▲

In den Ferien, in denen Horte in der Regel geöffnet sind, steht das Freizeitprogramm im Mittelpunkt. Schwimmbadbesuch, Wanderungen, Besichtigungen, auch gemeinsame mehrtägige Fahrten in Jugendherbergen bieten den Kindern Höhepunkte und neue Erlebnisbereiche.

Ferien im Hort: Erleichterung oder zusätzliche Belastung?

Das Platzangebot im Hort ist durchgängig sehr knapp. In den neuen Bundesländern hat die gleiche Entwicklung wie bei den Krippen stattgefunden. Vor der Vereinigung haben weit mehr Kinder Horte besucht als heute.

1.2.1.4 Heilpädagogische Tagesstätte

In heilpädagogischen Tagesstätten werden Kinder aufgenommen, für die ein üblicher Kindergarten oder Hort nicht ausreicht, weil Verhaltensauffälligkeiten darauf hinweisen, dass die Familie mit der Erziehung überfordert ist. Um dem Kind und der Familie zu helfen und um die Gefahr einer Heimeinweisung zu verringern soll in diesen Tageseinrichtungen versucht werden über intensive Betreuung einschließlich Elternarbeit die Familie in ihrer Erziehungsarbeit zu unterstützen. Dem Kind soll Hilfe bei seiner Sozialisation und damit dem Erlernen der gesellschaftlichen Normen und Werte gegeben werden.

Die Gruppen in heilpädagogischen Tagesstätten sind kleiner als in Regeleinrichtungen. Es gibt Einrichtungen, in denen mit Kleingruppen therapeutisch gearbeitet wird. Die Kinder besuchen die Einrichtung dann möglicherweise nur für ihre Gruppen-Therapiestunde. Bei einer anderen Form von heilpädagogischer Erziehung werden Tagesheimgruppen angeboten. Sie können als teilstationäre Einrichtung längere Öffnungszeiten als Kindergarten oder Hort haben. Hier kann es z.B. auch sein, dass Kinder, die Schwierigkeiten haben die Schule regelmäßig zu besuchen, morgens schon vor Schulbeginn zu Hause abgeholt und in die Schule begleitet werden. So wird ihnen geholfen diese morgendliche Hürde zu nehmen, bis sie es selbst wieder schaffen.

Während in den üblichen Tagesstätten die Leitung teilweise von Sozialpädagoginnen, meist aber von Erzieherinnen übernommen wird, haben in heilpädagogischen Tagesstätten grundsätzlich Sozialpädagoginnen oder Pädagoginnen die Leitung. Als Gruppenleiterinnen werden meist Erzieherinnen eingestellt.

Die sozialpädagogische Arbeit hat hier einen stark therapeutischen Charakter. Deshalb ergibt sich auch eine enge Zusammenarbeit mit beratenden und behandelnden therapeutischen Fachkräften wie Psychologen, Logopäden, Krankengymnasten, Sozialarbeitern.

Die einzelnen Kinder benötigen eine individuell abgestimmte und intensive Anleitung und Lenkung. Die pädagogische Vorgehensweise wird für jedes einzelne Kind in Fallbesprechungen durchdacht, geplant und reflektiert. Es wird angestrebt, dass sich die Kinder nach einer angemessenen Zeit, z.B. nach zwei Jahren, so weit gefestigt haben, dass sie die intensive Betreuung in der heilpädagogischen Tagesstätte nicht mehr benötigen und in eine Regeleinrichtung, beispielsweise einen Hort, integriert werden können.

▼ **Beispiel aus einem heilpädagogischen Hort:**
Eine der Mitarbeiterinnen hat Frühdienst. Drei Zweitklässler haben montags immer erst um 10 Uhr Schule. Die Kinder kommen ohne Frühstück um 7.30 Uhr in den Hort. Es wird gemeinsam gemütlich gefrühstückt. Die Kinder erzählen von Fernsehsendungen, die sie – leider – am Wochenende zu Hause gesehen haben. Die Erzieherin erzählt von Aktivitäten, die sie

am Wochenende unternommen hat. Ein Kind, Sandra, erzählt wiederholt vom Vater (Stiefvater), der immer ganz lieb zu ihr ist. Die Erzieherin hört sehr wachsam zu und zeigt vorsichtig ihr Interesse am Gesprächsinhalt. Es könnte sexueller Missbrauch vorliegen. Sie will aber nicht vorschnell Schlüsse ziehen. Dafür braucht sie konkrete Anhaltspunkte.

Eine zweite Erzieherin hat ebenfalls Frühdienst. Sie hat ein Kind zu Hause abgeholt und in die Schule gebracht. Sie kommt jetzt zum Frühstück dazu. Anschließend geht sie mit den Kindern ins Freie um sie sich bei einem Ballspiel ein bisschen vor der Schule austoben zu lassen. Das Wochenende hat ihnen zu Hause wahrscheinlich wenig Möglichkeit für Bewegung geboten.

Die andere Erzieherin hält im Berichtsheft die Gesprächsinhalte von Sandra fest. Außerdem bereitet sie ein Teamgespräch vor, die erste Fallbesprechung für Pedro, der erst seit zwei Wochen den heilpädagogischen Hort besucht. Dafür werden der Psychologe, der die pädagogische Arbeit im Hort begleitet, sowie die Sozialarbeiterin, von der die Familie betreut wird und die veranlasst hat, dass Pedro aufgenommen wird, anwesend sein.
Um 9.45 Uhr, nachdem die drei Kinder in die Schule gegangen sind, beginnt die Fallbesprechung. Dafür sind die anderen Mitarbeiter der Einrichtung rechtzeitig gekommen. Beobachtungen und Erfahrungen in der bisherigen Arbeit mit Pedro werden ausgetauscht. Die Sozialarbeiterin hatte bereits vor der Aufnahme von Pedro über die Familie und deren Schwierigkeiten berichtet. Für sie ist bei diesem Gespräch wichtig, wie die Familie weiterhin unterstützt und begleitet werden kann und welche Teile dieser Begleitung von den Erzieherinnen in der Einrichtung übernommen werden können. Ein pädagogischer Plan für Pedro wird erstellt. Die einzelnen Mitarbeiterinnen übernehmen dabei bestimmte Funktionen wie Hausaufgabenbetreuung und Freizeitaktivitäten. Eine der Erzieherinnen wird die Bezugsperson von Pedro werden. Sie wird auch die Elternarbeit in die

Hand nehmen. Die gemeinsame Vorgehensweise wird besprochen, z.B. welcher Freiraum dem Kind gewährt werden kann und in welcher Konsequenz mit ihm gearbeitet werden muss. Es wird überlegt, welche Fachkräfte von außerhalb hinzugezogen werden müssen. Pedro lispelt stark, eine logopädische Behandlung wäre angemessen.

Nach Beendigung der Fallbesprechung kommen die ersten Kinder bereits aus der Schule. Die Leiterin kümmert sich um den Kontakt mit einer Logopädin und erledigt andere organisatorische Aufgaben.
Die Erzieherinnen beschäftigen sich mit den Kindern. Nach den Hausaufgaben will eine Teilgruppe auf einen nahe gelegenen Sportplatz gehen. Dort soll Fußball gespielt werden. Einige Kinder wollen im Hort bleiben und spielen. Es wird entschieden, dass Pedro vorerst noch nicht mit auf den Sportplatz gehen darf. Er neigt zu unkontrollierten Jähzornsanfällen, in denen er andere Kinder im Streit verletzen kann. Da die Erzieherin allein mit der Gruppe zum Fußballspielen geht, kann sie die Verantwortung nicht übernehmen. Pedro ist mit seinen zwölf Jahren körperlich sehr stark und schwer zu kontrollieren. Sie will kein Risiko eingehen. ▲

1.2.1.5 Alternative Tageseinrichtungen und Modellversuche
Tagesstätten der Elterninitiativen
Von Elterninitiativen gegründete Tageseinrichtungen stellen häufig eine Alternative zu den sonstigen Tagesstätten dar. Die Eltern streben für ihre Kinder kleinere Gruppen als in den Regeleinrichtungen und einen eigenverantworteten pädagogischen Ansatz an. Für die Erzieherinnen bedeutet das eine interessierte Elternschaft zu haben. Die Eltern sind zugleich Träger der Einrichtung. Sie sorgen für die Finanzen, stellen das Personal ein und bestimmen die Grundrichtung der pädagogischen Arbeit. Elternmithilfe, vor allem bei praktischen Arbeiten wie Essen zubereiten, Raumpflege und Einkäufe, ist in diesen Einrichtungen üblich.

Die Altersspanne innerhalb der Gruppen in Elterninitiative-Einrichtungen ist in der Regel größer als in Tagesstätten anderer Träger. Die Eltern geben ihre Kleinkinder in eine stundenweise oder ganztägige Betreuung, entweder, weil sie berufstätig sind oder studieren, oder auch, weil sie die Gruppenerfahrungen für ein Kind unter drei Jahren für sehr wichtig halten. Oft haben sich Elterninitiativen gebildet, weil die Eltern für ihre Kleinkinder keinen Krippenplatz finden konnten. Während der Kindergartenzeit bleiben die Kinder in der Einrichtung. Wenn sie später in die Schule kommen, sind sie in der Einrichtung integriert und besuchen sie meist immer noch gerne. Die Eltern benötigen häufig noch eine Tagesbetreuung für ihre Kinder oder halten sie für pädagogisch wertvoll. Die Erzieherinnen stellen sich deshalb auf die größere Altersspanne der Kinder ein oder teilen die Gruppe entsprechend dem Alter.

In den meisten Einrichtungen sind die Räumlichkeiten und das Spielmaterial wenig aufwändig. Das nicht nur, weil die öffentlichen Zuschüsse knapp und dadurch die Elternbeiträge hoch sind und für Spielmaterial wenig Geld bleibt, sondern auch, weil manchen pädagogischen Ansichten eine hohe materielle Ausstattung widersprechen würde. Allerdings wird oft auf stabile Beschaffenheit und Naturmaterialien geachtet: Holz statt Plastik, Stoffe aus Naturfasern, Vollwerternährung.

**Altersgemischte Familiengruppen,
Kindergemeinschaftsgrupppen**
In Modellversuchen wurden, wie schon erwähnt, in den letzten Jahren auch bei öffentlichen oder kirchlichen Trägern Kinder mit Altersunterschieden bis zu einer Spanne von 0 bis 14 Jahren in einer Gruppe zusammengefasst. Einen einheitlichen Namen gibt es wie bei vielen sozialpädagogischen Einrichtungen nicht: Familiengruppe, Gemeinschaftsgruppe, Orte für Kinder, Kindergemeinschaftshaus und ähnliche Bezeichnungen werden verwendet.
Die gemeinsame Erziehung von Kindern mit einer größeren Altersspanne bedeutet für die Kinder Erfahrungen und Lernreize insbesondere im emotionalen Bereich (Gefühlsbereich)

und im sozialen Verhalten. Auf die Bedeutung dieses Zusammenlebens wird in Kapitel 5.2.1 genauer eingegangen.

Für die Erzieherin bedeutet die Arbeit in einer Familiengruppe ein noch differenzierteres Vorgehen. Die Gruppen sind kleiner als Kindergartengruppen und müssen in jedem Fall von zwei Fachkräften geführt werden, denn den unterschiedlichen Bedürfnissen der kleinen und großen Kinder muss Rechnung getragen werden. Das Zusammenleben der verschiedenen Altersstufen bringt vielseitige Anregungen, verlangt aber auch Rücksichtnahme und starkes Einfühlungsvermögen von Seiten der älteren gegenüber den jüngeren Kindern. Die Erzieherin muss deshalb die Gruppe sensibel beobachten und behutsam, aber zielstrebig lenken.

Integrative Kindergärten
Seit Jahren gibt es integrative Kindergärten, in denen behinderte und nicht behinderte Kinder gemeinsam betreut und erzogen werden. Die Erfahrungen beweisen, dass für beide Gruppen das Zusammenleben Vorteile bringt und dass die gemeinsame Erziehung keine Überforderung für die Erzieherin bedeutet. Die Gruppen dürfen allerdings zahlenmäßig nicht zu stark sein und die Behinderungen innerhalb einer Gruppe müssen angemessen zusammengestellt werden. Mindestens zwei Erzieherinnen betreuen eine Gruppe.
Viele Erzieherinnen bevorzugen die Arbeit in integrativen Gruppen. Die Wirkung dieser Gruppen auf die Kinder und die Bedeutung für die Erzieherin werden in Abschnitt 5.2.3 genauer beschrieben.

Schulkindergärten und Vorklassen
In Schulkindergärten werden schulpflichtige, aber noch nicht schulfähige Kinder aufgenommen. Die Kinder sollen hier in einem Jahr so weit gefördert werden, dass sie dem Unterricht in der ersten Klasse der Grundschule folgen können. Häufig werden diese Gruppen von Sozialpädagoginnen geleitet, seltener von Erzieherinnen.

An einigen Schulen bestehen Vorklassen. Hier werden fünfjährige Kinder aufgenommen. Sie beginnen den Schulunterricht spielerischer als übliche erste Klassen und haben zwei Jahre Zeit das Pensum des ersten Schuljahres zu erreichen. Zur Zeit ihrer Entstehung Ende der 60er-Jahre hatte man erhofft, durch die frühere Einschulung die Intelligenzentwicklung des Kindes fördern zu können. Diese Hoffnung hat sich nicht bestätigt. Es wurden keine auffallenden Veränderungen erreicht.

Erzieherinnen können in Vorklassen als Zweitkräfte eingesetzt werden.

Für Schulkindergärten und Vorklassen werden in den einzelnen Bundesländern auch andere Bezeichnungen verwendet.

Zusammenfassung

- Erzieherinnen können bei unterschiedlichen Trägern arbeiten. Die größten Trägergruppen sind die Kommunen und die Kirchen.

- Mehr als die Hälfte aller Erzieherinnen arbeitet in Kindergärten. In den letzten 30 Jahren ist der Kindergarten zu einer Bildungseinrichtung geworden, die von fast allen Kindern zwischen drei und sechs Jahren in Anspruch genommen wird. Das Recht auf einen Kindergartenplatz garantiert diesen Anspruch.
  Die Erzieherin hat hier die verantwortliche Aufgabe das Kind in die außerfamiliäre Erziehung einzuführen und erste Grundlagen für das Zusammenleben in einer Gruppe Gleichaltriger zu legen.

- Während in Krippen bisher weitgehend Pflegepersonal zur Versorgung der Kinder eingestellt wurde, betreuen heute zunehmend Erzieherinnen die Gruppen. Kleinkinder benötigen ein einfühlsames, zugleich klares und individuell abgestimmtes pädagogisches Vorgehen, damit sie ihre Fähigkeiten entwickeln, Sicherheiten gewinnen und ihr starkes Lernbedürfnis befriedigen können.

- Im Hort steht die allgemeine und auf Hausaufgaben bezogene Betreuung im Vordergrund, während gemeinsame Aktivitäten und Freizeitunternehmungen während der Schulzeit in den Hintergrund treten müssen. Hier wird vor allem individuelle Zuwendung zum einzelnen Kind von der Erzieherin erwartet. Es muss ihr auch gelingen, dem Kind eine Balance zwischen Freiraum und Abreaktionsmöglichkeiten auf der einen Seite und Eingliederung in soziale Regeln und Normen auf der anderen Seite zu bieten, bzw. auch von ihm zu fordern.

- In heilpädagogischen Tagesstätten arbeiten Erzieherinnen mit kleineren Gruppen als in Regeleinrichtungen. Die Kinder, die bereits durch Verhaltensschwierigkeiten aufgefallen sind, benötigen eine individuelle, liebevolle, zugleich aber konsequente pädagogische Lenkung. Mit intensiver Elternarbeit wird versucht, die Familienerziehung zu stabilisieren und eine Heimeinweisung zu vermeiden.

- Träger von Elterninitiative-Einrichtungen sind Elternvereine. Die Eltern sorgen für die Finanzen und stellen das Personal (häufig Sozialpädagoginnen) ein. Sie bestimmen die pädagogische Richtung (das pädagogische Konzept) und arbeiten in Teilbereichen mit.

• Zunächst in Modellversuchen, inzwischen auf breiterer Ebene, werden mit positiven Erfolgen neue Gruppenzusammensetzungen erprobt:
a) Tageseinrichtungen mit Kindergruppen in einer Alterszusammensetzung zwischen 0 und 16 Jahren und
b) behinderte und nicht behinderte Kinder (integrative Gruppenzusammensetzung).

Anregungen

1. Vergleich der unterschiedlichen beruflichen Anforderungen

Bilden Sie einen großen Stuhlkreis. Schreiben Sie auf große Zettel mit Wachsmalstiften die drei Altersstufen von Kindern in Tagesstätten: 0 – 3 Jahre, 3 – 6 Jahre, Schulalter. Auf einen vierten Zettel schreiben Sie „Behinderte Kinder". Legen Sie diese Zettel in den Stuhlkreis in die vier Ecken eines gedachten großen Quadrates. Entscheiden Sie sich für eine der Kindergruppen und durchdenken Sie auf Grund Ihrer Vorerfahrungen, welche Anforderungen diese Kindergruppen an den Erwachsenen stellen. Wählen Sie zwei Ihnen wichtig erscheinende Anforderungen aus und schreiben Sie diese ebenfalls auf je einen Zettel (am besten Papierabfälle z. B. aus einer Druckerei).
Wenn alle Teilnehmer ihre zwei Zettel beschriftet haben, legen Sie die Zettel zu der von Ihnen gewählten Kindergruppe. Gehen Sie dabei so vor, dass Sie Anforderungen, von denen Sie meinen, dass sie auch auf andere Kindergruppen zutreffen, mehr zur Kreismitte hin anordnen. Vergleichen Sie die Aussagen und sprechen Sie über Ihre Erfahrungen und Gedanken.

2. Rollenspiel: Vergleich von Erziehung in der Familie und in der sozialpädagogischen Tageseinrichtung

Bilden Sie Gruppen. Jede Gruppe überlegt sich zwei Szenen eines Rollenspieles: Zwei Schulkinder kommen von der Schule. Das eine besucht keinen Hort und geht nach Hause. Das zweite geht in den Hort.
Wählen Sie in Ihrer Spielgruppe die folgende Variante a) oder b) aus. Beide Varianten sollen vertreten sein und vorgespielt werden.
a) Das Kind, das keinen Hort besucht, erlebt einen positiven Empfang in der Familie. Das Hortkind erfährt eine problematische Hortsituation.
b) Familienkind: problematische Familiensituation, Hortkind: positives Horterleben.
Sprechen Sie über die Bedeutung des Hortbesuches für ein Kind und über die öffentliche Meinung von Horterziehung.
Das gleiche Rollenspiel kann auch mit anderen sozialpädagogischen Tageseinrichtungen vorgenommen werden.

3. Begründung von unterschiedlichen beruflichen Interessen

Wählen Sie eine Altersstufe aus, von der Sie denken, dass Ihnen die berufliche Arbeit mit dieser Altersgruppe liegen würde, oder entscheiden Sie sich für behinderte Kinder. Bilden Sie mit Ihrem Sitznachbarn ein Paar. Erklären Sie sich gegenseitig, was Sie an der Arbeit mit dieser Kindergruppe fasziniert. Wenden Sie sich anschließend dem anderen Partner zu und begründen Sie Ihre Wahl noch einmal.

Durchdenken Sie, ob das Gespräch mit dem ersten Partner die Art Ihrer Begründung beim zweiten Gesprächspartner beeinflusst hat.

4. Gespräch über unterschiedliche Erwartungen an die Arbeit in sozialpädagogischen Einrichtungen

a) Betrachten Sie die folgende Grafik und formulieren Sie den Widerspruch.

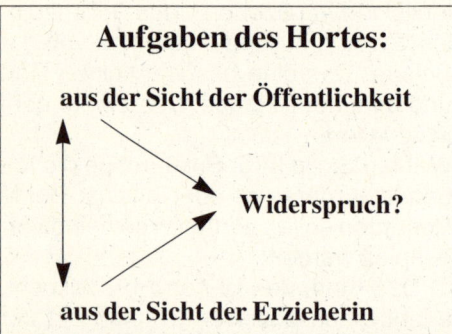

b) Gruppenarbeit: Wählen Sie eine Form von Tageseinrichtungen aus und suchen Sie nach einem weiteren möglichen Widerspruch. Skizzieren Sie jeder den Widerspruch auf ein Blatt.
c) Stellen Sie neue Gruppen zusammen, und zwar so, dass aus jeder Gruppe ein Teilnehmer zu jeweils einer neuen Gruppe geht. Das heißt, die neuen Gruppen haben je einen Vertreter aus jeder vorherigen Gruppe – soweit das zahlenmäßig aufgeht. Jetzt stellt jeder den gefundenen und formulierten Widerspruch aus der ersten Arbeitsgrup-

pe in der neuen Gruppe dar. Antworten Sie auf mögliche kritische Rückfragen.

5. Erforschen von Rahmenbedingungen für Tagesstätten

Arbeiten Sie in Gruppen.
a) Wählen Sie Krippe, Kindergarten oder Hort aus. Stellen Sie anhand von Gesetzen oder Bestimmungen für Tagesstätten Ihres Bundeslandes die Rahmenbedingungen für diese Einrichtung zusammen.
Dazu gehören zum Beispiel:
– räumliche Vorgaben,
– Gruppenstärke und Gruppenzusammensetzung,
– materielle Ausstattung,
– personelle Voraussetzungen,
– Vorgaben über die Trägerschaft.
b) Schreiben Sie Ihre Ergebnisse auf Folien für den Tageslichtprojektor oder auf Plakate.
Vergleichen Sie Ihre Ergebnisse im Klassenverband, korrigieren und ergänzen Sie.
Sie können Ihre Gruppenergebnisse auch in anderer Form dem Klassenverband präsentieren: als Gesprächssequenz im Rollenspiel, als überzeichnete Darstellung (Karikatur), als Grundriss einer Einrichtung mit entsprechender Beschriftung.

Achten Sie darauf, dass die zu leistenden Aufgaben innerhalb der Gruppe nicht nur gerecht, sondern auch wechselnd vorgenommen werden. Beispielsweise muss sich jeder darin üben, Gruppenergebnisse dem Plenum zu berichten.

6. Auseinandersetzung mit Vorurteilen in der Öffentlichkeit

Suchen Sie nach Vorurteilen oder fragwürdigen Behauptungen, die in der Öffentlichkeit gegenüber sozialpädagogischen Tageseinrichtungen oder Erzieherinnen in diesen Einrichtungen geäußert werden. Diskutieren Sie mit einem Gesprächspartner über eine von Ihnen ausgewählte Aussage.

▼ **Beispiele für fragwürdige Behauptungen:**
- Krippenerziehung kann nur ein sehr mangelhafter Ersatz für die Familie sein.
- Horte werden nur von sozial schwachen oder erziehungsschwierigen Kindern besucht.
- Einen guten Kindergarten erkennt man daran, wie mit den Kindern gebastelt wird.

- Männliche Erzieher sollten bei älteren Kindern eingesetzt werden, für die Arbeit in Krippe und Kindergarten sind Frauen geeigneter. ▲

7. Bewusstmachung der Erwartungen von Trägern

Durchdenken Sie Bedingungen, die bestimmte Träger auf Grund ihrer religiösen, moralischen oder weltanschaulichen Einstellungen an Erzieherinnen in ihren Einrichtungen stellen könnten. Vergleichen Sie Ihre Vermutungen und Erfahrungen in Gruppenarbeit oder im Klassenverband. ❑

1.2.2 Familienersetzende Einrichtungen

Familienersetzende Einrichtungen treten für kürzere oder längere Zeit an die Stelle der Familie. Verwaiste Kinder leben in den Heimen kaum noch. Sie finden in der Regel Aufnahme in Adoptiv- oder Pflegefamilien, weil sie dort in eine Familie fest eingebunden sind und ein Zugehörigkeitsgefühl entwickeln können. Im Heim erleben sie wechselnde Betreuungspersonen und eine Fluktuation (= Wechsel) in der Gruppe. Kinder, die den Schock der Trennung von den Eltern erlebt haben, benötigen noch mehr als andere ein stabiles und sicheres Zugehörigkeitsgefühl. Ein Heim kann ihnen das schwer bieten.

Manchmal sind Kinder allerdings schon so stark in ihrem Verhalten gestört, dass eine Ersatzfamilie die Problematik nicht mehr auffangen kann. Deshalb sind in einzelnen Fällen auch solche Kinder in Heimen, die – bei weniger problematischem Verhalten – in einer Pflege- oder Adoptivfamilie leben könnten. Ältere Kinder und Jugendliche, deren Verbleib in ihren eigenen Familien nicht mehr möglich ist –, aus was für Gründen auch immer - können sich nur noch schwer in Fremdfamilien integrieren und werden auch seltener in Familien aufgenommen. Deshalb leben in Heimen mehr Jugendliche als Kinder im Grund- oder gar Vorschulalter.

Über ambulante und stationäre therapeutische Behandlung von Kindern und Jugendlichen sowie Beratung von Eltern wird versucht die Heimerziehung so niedrig wie möglich zu halten. Solche therapeutischen Einrichtungen sind vor allem Erziehungsberatungsstellen unterschiedlicher Art, heilpädagogische Tagesstätten und psychiatrische Kliniken. Hierhin werden allerdings auch Kinder und Jugendliche überwiesen, die im Heim nicht zurechtkommen und intensivere Hilfe benötigen.

Erzieherinnen und Erzieher, die im Heimbereich arbeiten, müssen damit rechnen, dass in ihren Gruppen ein hoher Anteil von verhaltensauffälligen Kindern und Jugendlichen lebt. Die Kinder benötigen Verständnis, Zuwendung, Wertschätzung und Sicherheit, zur gleichen Zeit aber auch Konsequenz, Geradlinigkeit und klare pädagogische Lenkung.

In den familienersetzenden Einrichtungen werden die Gruppen Tag und Nacht betreut. Die Gruppenbetreuer haben Schicht- und Wochenenddienst. Eine Kindergruppe wird immer von mehreren pädagogischen Kräften im Wechsel versorgt. Gute Teamarbeit ist deshalb Voraussetzung für die Arbeit in familienersetzenden Einrichtungen. Allerdings ist durch den Schichtwechsel die notwendige Teamarbeit in der Realität schwer leistbar. Die Gruppenbetreuer sehen sich nur kurz bei der Schichtübergabe. Intensive Gespräche sind nur bei den meist einmal wöchentlich stattfindenden Teamtreffen möglich. Dann steht in der Regel so viel zur Besprechung an, dass auch hier das Abstimmen von pädagogischen Vorgehensweisen zu kurz kommt.

1.2.2.1 Kinder- und Jugendheim
Im Gegensatz zu früher wird heute versucht Kinderheime in das Wohnumfeld zu integrieren. Die Wohneinheiten gleichen weitmöglichst einer üblichen größeren Wohnung und liegen innerhalb von Orten oder Stadtteilen. Teilweise wohnen die Gruppen in größeren Einfamilienhäusern.
In Kinder- und Jugendheimen leben diejenigen Kinder und Jugendlichen, für die eine Familienerziehung in der eigenen oder einer Fremdfamilie nicht in Frage kommt. Dafür kann es unterschiedliche Gründe geben.

▼ **Beispiele:**
– Die eigene Familie ist zur Zeit nicht in der Lage das Kind zu erziehen. Es haben sich z.B. zwischen den Eltern(teilen) und dem Jugendlichen solche Spannungen entwickelt, dass das Kind – vorübergehend – aus der Familie herausgenommen werden muss. An einer Rückführung in die eigene Familie wird gearbeitet. In einem solchen Fall wäre eine Pflegefamilie nicht angebracht.
– Manchmal kommen Jugendliche selbst zum Jugendamt und bitten um Heimaufnahme.
– Das Kind hat bereits Versuche von Eingliederung in eine Pflegefamilie hinter sich. Eine Integration war nicht zu erreichen gewesen.
– Das Kind hängt trotz problematischer Beziehungen sehr an seiner eigenen Familie. Eine Verpflanzung in eine Pflegefamilie erscheint nicht angemessen, weil das Kind dann in seinem Zugehörigkeitsgefühl zerrissen würde. Oder die Eltern haben eine starke Bindung zum Kind und

wollen die Loslösung, die durch eine Pflegefamilie in die Wege geleitet würde, vermeiden.
– Das Kind wurde in der Familie vernachlässigt oder mißhandelt.
– Adoptivkinder waren in der neuen Familie willkommen, solange sie klein waren. Die Familie ist aber nicht bereit, die Pubertät durchzustehen, insbesondere dann, wenn nach der Adoption ein leibliches Kind geboren wurde. ▲

Für ältere Kinder und Jugendliche muss meist eine Pflegefamilie von vornherein ausgeschlossen werden, weil familieneigene Normen, Werte und Regeln schon so verfestigt sind, dass eine Umgewöhnung schwierig wäre. Dazu kommt, dass mit dem Einleben in eine Fremdfamilie eine Trennung von der eigenen Familie stattfindet. Viele der Kinder, die sich in der eigenen Familie nicht sicher und nicht geborgen wissen, hängen dennoch besonders an ihr. In der Trennung von Eltern und ggfs. Geschwistern bauen sie Traumwelten und Sehnsüchte auf. Sie idealisieren ihre eigene fragwürdige Familiensituation und träumen sich in unrealistische Gefühlsbeziehungen und familiäre Bindungen. Für eine Pflegefamilie sind sie dann oft nicht offen. Die Zuwendung zu einer Pflegefamilie ist auch in solchen Fällen problematisch, in denen das Kind den Bruch mit der eigenen Familie mit Schuldgefühlen verbindet. Die Kinder, die in Heimen leben, leiden alle unter traumatischen Verletzungen ihrer Bindungsfähigkeit. In den Gruppenerziehern haben sie unterschiedliche Betreuungspersonen, zu denen sie verschiedenartige Bindungen aufbauen können. Die Bezugspersonen im Heim sind in ihrem Schichtdienst und in ihrer beruflichen Arbeit kein Elternersatz, wie das bei Pflegeeltern der Fall wäre. Das Kind oder der Jugendliche kann den Bezug zu ihnen aufbauen ohne deshalb seine Beziehung zu den eigenen Eltern in Frage stellen zu müssen. Für diejenigen Kinder, die eine Loslösung von den Eltern nicht leisten können oder wollen – häufig ist das ja auch gar nicht beabsichtigt –, kann das Heim eine geeignete Erziehungsmöglichkeit bieten. Das kann natürlich auch dann der Fall sein, wenn an eine Rückführung in die eigene Familie nicht mehr gedacht wird. Wenn das Kind in der Familie unter einem Leidensdruck steht (beispielsweise Misshandlung oder massive Abwertung der Persönlichkeit) und wenn seine Entwicklung gefährdet ist, die Unterbringung in einer Pflegefamilie aber nicht in Frage kommt, bedeutet Heimerziehung die einzige Alternative.

Daneben leben viele Kinder und Jugendliche in Heimen, für die der Heimaufenthalt vorübergehend geplant wird. Wenn die Eltern für eine bestimmte Zeit die Versorgung des Kindes nicht übernehmen können, z.B. wegen Krankheit, Gefängnisaufenthalt, problematischen Partnerbeziehungen und Ähnlichem, muss das Kind oder der Jugendliche untergebracht werden. Bei konfliktreichen Spannungen zwischen Kind und Eltern besteht häufig von beiden Seiten die Hoffnung, dass während einer vorübergehenden Trennung die Spannung bearbeitet werden kann. Durch Beratung und Therapien der Eltern sowie gezieltes therapeutisches Vorgehen mit dem Kind wird an den Konflikten gearbeitet und eine Rückführung des Kindes in die Familie angestrebt.

Viele Heime haben so genannte Auffanggruppen oder sind insgesamt für vorübergehende Aufnahme von Kindern konzipiert. Dazu gehören auch „Zufluchten" (Auffangheime für junge Mädchen) und die Psychiatrie. Psychiatrische Kliniken sind eigentlich nur für schwer verhaltensauffällige Kinder und Jugendliche zuständig. Zuweilen werden von Eltern über Ärzte Kinder und Jugendliche eingewiesen, die eine geringe Auffälligkeit aufweisen. Ihre „Störung" liegt lediglich in ihrer Hilflosigkeit, die Spannungen oder die Erwartungen und den Druck der Eltern nicht mehr ertragen zu können. Manchmal begehen sie dann eine auffallende Handlung, die wie ein Hilfeschrei verstanden werden muss. Die psychiatrische Klinik leistet vor allem Diagnosearbeit und bemüht sich um eine angemessene Unterbringung der Heranwachsenden.

Je nach der Situation und der Notwendigkeit einer längerfristigen Unterbringung wird überlegt, wo dem Kind oder dem Jugendlichen in der nächsten Zeit am besten geholfen werden kann.

Die berufliche Arbeit des Erziehers/der Erzieherin in einer Auffanggruppe unterschiedet sich deshalb von der Arbeit in einem Heim, in dem längerfristige Unterbringungen vorgesehen sind.

▼ **Beispiele:**
Auffanggruppe:
Die Kinder und Jugendlichen sind für eine (meist vorher nicht absehbare) kurze Zeit in der Gruppe:
– Die Betreuer müssen den jungen Menschen helfen die Trennung von der Familie zu verkraften. Diese Trennung ist häufig sehr plötzlich geschehen und mit einem Schock verbunden oder sie wurde nach Drohungen wahr gemacht und hat deshalb Schuldgefühle beim Heranwachsenden hervorgerufen.
– Das Kind/der Jugendliche ist unsicher und ängstlich, was sich auch in aggressivem Verhalten äußern kann. Viele sind traurig, zornig, fühlen sich schuldig usw. Sie müssen ihre aufgewühlten, heftigen Gefühlsregungen verkraften.
– Der Betreuer muss Sicherheit, Verlässlichkeit, Verständnis ausstrahlen ohne dabei eine zu starke Bindung einzugehen, denn das Kind verlässt die Gruppe in Kürze.
– Das Team arbeitet an der Abklärung, in welcher Einrichtung der Heranwachsende am besten untergebracht wird.

Dauerheim:
Die Kinder und Jugendlichen leben voraussichtlich über Jahre im Heim:
– Die Betreuer müssen ihnen helfen sich zu stabilisieren, ihr Selbstwertgefühl nach traumatischen (seelisch verletzenden) Beziehungsproblemen wieder aufzubauen und die Regeln und Normen der Gruppe und der Gesellschaft zu akzeptieren.
– Das Kind und der Jugendliche müssen lernen, das Heim als ihr Zuhause anzusehen und die Betreuer als ihre Bezugspersonen anzuerkennen, ohne dass ihnen die eigene Familie genommen wird.

–Der Betreuer muss mit großem Einfühlungsvermögen, aber klarer konsequenter Haltung am Verhältnis vom Kind zu den Eltern und den Eltern zum Kind arbeiten.
– Das Kind und der Jugendliche werden kontinuierlich in allen Bereichen auf die Verselbstständigung und das Erwachsenwerden vorbereitet. ▲

Die Arbeit im Heim bedeutet für den Erzieher/die Erzieherin eine sehr individuell auf jedes einzelne Kind oder jeden Jugendlichen ausgerichtete pädagogisch durchdachte Vorgehensweise. Während das eine Kind, das zu Hause vielleicht nie Grenzen erhielt, hier klare Grenzen erleben und lernen muss sich an Regeln zu halten, benötigt das andere Kind, das sich zu Hause vielleicht einer rigiden (starren) Lebensweise unterordnen musste, jetzt Flexibilität, Lebendigkeit und behutsame Lockerung seiner verkrampften Moralvorstellungen. Die Elternarbeit verlangt ebenfalls ein sehr differenziertes und auf die jeweilige Familiensituation abgestimmtes Vorgehen.
Die Gruppen im Heim sind überschaubar (bis zu zehn Kinder und Jugendliche, nur in seltenen Fällen darüber) und werden im Schichtdienst von insgesamt meist vier Betreuern geführt. Gegenseitige Absprachen über Vorgehensweisen, über Erfolge und Misserfolge erleichtern pädagogische Entscheidungen. In Fallbesprechungen werden wenn möglich andere beratende Fachkräfte wie Psychotherapeuten oder familienbetreuende Sozialarbeiter, der Psychologe und das Jugendamt (Vormund) hinzugezogen. Trotzdem gelingt die Integration in die Heimgruppe nicht immer. Es kann sein, dass sich Kinder oder Jugendliche in die gegebene Gruppe nicht eingliedern lassen und nach einer spezielleren Einrichtung, beispielsweise einer psychiatrischen Klinik, als Krisenintervention (zeitlich begrenzte Behandlungsform) gesucht werden muss.

Familienwohnheim, Kinder- und Jugendwohngruppen
Bei öffentlichen wie auch bei freien Trägern haben sich Familienwohngruppen entwickelt.

Bis zu etwa zehn Kinder und Jugendliche leben in einer großen Wohnung oder einem Haus. Ihr Zusammenleben gleicht weitmöglichst einer kinderreichen Familie. Manchmal sind die Gruppen altersgemischt. Viele Wohngruppen sind für Jugendliche ab etwa 14 Jahre konzipiert (geplant).
Es gibt nur noch wenige Heime, in denen die Kinder und Jugendlichen in großen Wohneinheiten untergebracht sind. Auch dann bewohnen die Gruppen einzelne Häuser oder Stockwerke, sodass ein möglichst geringer Heimcharakter besteht und Familienähnlichkeit angestrebt werden kann.
Seit Jahren werden solche Familiengruppen auch von Ehepaaren oder festen Bezugspersonen geführt, die das „Kleinheim" in eigener Trägerschaft leiten und mit den Kindern in einer Wohneinheit zusammenleben. Sie werden von zusätzlichem Personal unterstützt. Die Kinder werden ihnen von den Jugendämtern zugewiesen. Auch im Auftrag eines größeren Heimes können Ehepaare ein Kleinheim leiten. Über einen Tagessatz, der vom Jugendamt für Heimerziehung gezahlt wird, kann die Familiengruppe – manchmal auch Kinderhaus genannt – finanziert werden.

Jugendliche, die nicht in ihren Familien aufwachsen können, benötigen eine intensive Hinführung zur Verselbstständigung. Das betrifft sowohl den lebenspraktischen Bereich (z. B. den Umgang mit Geld, die Ernährung, die Körper- und Wäschepflege) wie auch ihr moralisches und soziales Verhalten. Die Hinführung zu einer abgeschlossenen Berufsausbildung sowie die Beständigkeit innerhalb einer beruflichen Tätigkeit sind weitere Schwerpunkte der Erziehung. Ebenso muss an der Bindungsfähigkeit und der Stabilität von Partnerbeziehungen gearbeitet werden.
Je nach Entwicklungsstand der Jugendlichen und der Gefährdung in ihrer Persönlichkeitsentwicklung wird die pädagogische Betreuung intensiver oder lockerer vorgenommen.
Viele größere Heime haben ein Heimzentrum, in dem einige Gruppen leben. Andere Gruppen sind ausgelagert. Sie wohnen mit unter-

schiedlich intensiver Betreuung in größeren Wohnungen.

Das Leben der Jugendlichen in einer sehr locker betreuten Wohngruppe ähnelt einer Wohngemeinschaft. Jugendliche, die Fortschritte in ihrer Selbstversorgung gemacht haben, können von einer intensiver betreuten Gruppe in eine geringer betreute überwechseln. Bei einer sehr losen Betreuung wird von „betreutem Wohnen" gesprochen, das häufig als Übergang in die völlige Selbstständigkeit und Unabhängigkeit dient. Die Jugendlichen bewohnen dann selbstständig eine kleine Wohnung oder ein Appartement, haben aber noch eine Bezugsperson, die sie regelmäßig besucht und die bei der Bewältigung der selbstständigen Berufs- und Alltagsarbeit hilft.

In der Regel wird die Maßnahme so lange bezahlt, bis der Jugendliche seine Berufsausbildung abgeschlossen hat, vorausgesetzt, dieser Abschluss wird zügig angestrebt. Andernfalls endet die Betreuung mit Vollendung des 18. Lebensjahres bzw. der Volljährigkeit, wenn wichtige pädagogische Gründe nicht dagegen sprechen. Das bedeutet, dass viele Jugendliche, die im Heim aufwachsen, schneller selbstständiger werden müssen als Jugendliche in

der Familie, die auch bei einer abgeschlossenen Berufsausbildung noch in der Familie leben können.

Der Kontakt zur Familie wird in den Heimen – wenn kein gegenteiliger Grund vorliegt – gehalten. An den Wochenenden – in der Regel an jedem zweiten Wochenende – besuchen die Kinder und Jugendlichen ihre Familie. Bei getrennt lebenden Eltern, die beide Besuchsrecht haben, besuchen sie abwechselnd die beiden Elternteile. Beim Abholen und Bringen entstehen kurze Gespräche zwischen Betreuer und Eltern oder es können längere Gespräche geplant werden.

Die Kinder und Jugendlichen haben meist einen Betreuer als ihre Bezugsperson. Dieser Betreuer hält Kontakt mit der Familie, besucht wenn möglich die Familie – in der Regel mit dem Kind oder Jugendlichen – und bestellt die Familie zu Gesprächen ins Heim bzw. in die Wohngruppe. Ziel dieser Gespräche ist die Bearbeitung der Spannungen zwischen Eltern und Kind, der Abbau von pädagogischem Fehlverhalten der Eltern und die emotionale Annäherung zwischen Eltern und Kind. Diese Ziele bestehen auch, wenn keine Aussicht besteht, dass das Kind oder der Jugendliche in die Familie zurückkehren kann. Das Kind braucht auch als

„Die schlechteste Familie ist besser als das beste Heim!"   **„Wer sagt denn das?"**

Erwachsener einen familiären Rückhalt und die Bindung an die Familienmitglieder.

Die schulische Betreuung und die Begleitung während der beruflichen Ausbildung nehmen einen breiten Raum der sozialpädagogischen Arbeit in Heimen ein. Freizeitaktivitäten setzen nicht nur ein Gegengewicht gegen die Anforderungen von Schule und Berufsarbeit, sondern bereiten auch auf die spätere selbstständige Lebensführung vor. Noch gewichtiger für das Wohlgefühl des Heranwachsenden und für die Vorbereitung auf sein späteres Leben ist allerdings die tägliche Beziehungsarbeit mit dem Jugendlichen, d.h. die Gespräche, das Vorbildverhalten, die Gestaltung der Gruppenatmosphäre, die Bearbeitung von Konflikten unter den Jugendlichen, die gemeinsamen Mahlzeiten, die gemeinsame Raumpflege usw. Die Betreuer gestalten in Zusammenarbeit mit der Gruppe den Gruppenalltag.

▼ **Beispiel:**
Ausschnitte aus einem Tagesablauf eines Betreuers in einer Familienwohngruppe

Der Dienst von Ralf beginnt in der altersgemischten Gruppe – sieben Kinder und Jugendliche im Alter zwischen zehn und 19 Jahren – um 13 Uhr. In der Übergabezeit trifft er die Erzieherin Eva, die am Morgen Dienst hatte. Sie hat im Bereitschaftszimmer der Gruppe geschlafen (nächtlicher Bereitschaftsdienst) und die Gruppe morgens geweckt. Außer dem mühsamen Wecken am Morgen sei nichts Besonderes vorgefallen, berichtet sie. Nachdem die Kinder zur Schule gegangen waren, hat sie den Wocheneinkauf vorgenommen, Berichte geschrieben, kurz in der Küche geholfen, denn die Gruppe hat nur eine Halbtagsstelle für eine Hauswirtschaftskraft. Sie benennt einige Punkte, die sie morgen in das Teamgespräch einbringen will, dann geht sie.

Inzwischen sind die fünf Kinder, die zur Schule gehen, eingetroffen. Die beiden anderen sind in einer Lehre und kommen erst gegen Abend. Gemeinsam wird zu Mittag gegessen. Ralf sieht nach, dass der Küchendienst seine Aufgaben gut übernimmt, und hilft bei den Hausaufgaben. Klaus, 14 Jahre, wird schnell ungeduldig, wenn es nicht klappt, und kann dann die ganze Gruppe in Aufruhr bringen. Ralf versucht Ruhe zu bewahren um ihn nicht zu reizen. Die Betreuer überlegen, ob er in der Gruppe tragbar ist oder ob es für ihn und die Gruppe nicht besser ist, wenn er wieder in eine der Kerngruppen im Heimzentrum verlegt wird. Er ist erst seit vier Wochen hier und weiß, dass er eine Probezeit zu bestehen hat.

Nina hat bei den Hausaufgaben erhebliche Schwierigkeiten. Sie ist noch nicht lange in der Gruppe. Das Team hofft, dass sie, wenn ihre turbulenten Gefühle einigermaßen abgeklungen sind, bessere Schulleistungen erbringen wird. Achim klagt über Kopfschmerzen und Übelkeit. Ralf lässt ihn Fieber messen. Nicht nur, um sicherzugehen, sondern auch, um ihn ernst zu nehmen. Er vertröstet Achim auf ein Ausruhen nach den Hausaufgaben. Achim reagiert in Drucksituationen öfters mit körperlichen Symptomen, Kopfschmerzen und Erbrechen. Ralf unterhält sich mit ihm über den heutigen Schulunterricht und erfährt, dass morgen eine Klassenarbeit geschrieben wird.

Fabian ist mit Hausaufgaben fertig und möchte sein Kleidergeld haben. Er will sich Turnschuhe kaufen. Ralf lehnt ab, die Schuhe heute mit ihm zu kaufen, weil er alleine im Dienst ist. Einer der Betreuer ist im Urlaub. Einen selbstständigen Kauf traut er Fabian noch nicht zu und Fabian sich selbst auch nicht, obwohl er schon 15 Jahre alt ist.

Etwa um 17.00 Uhr kommen die beiden Auszubildenden. Abendessen wird um 18.30 Uhr eingenommen. Daran soll, wenn möglich, die Gruppe geschlossen teilnehmen, damit ein Gruppengefühl entstehen kann. Heute klappt es wieder einmal nicht. Klaus, der zum Fußballclub gegangen ist, kann nicht pünktlich zurück sein. Fabian geht um 19.30 Uhr zum Judo. Er muss etwas früher essen. Nach dem Abendessen wird der Küchendienst erledigt. Der Erzieher Ralf wäre gerne heute mit den verbleibenden Gruppenmitgliedern auf einen nahe gelegenen Schulhof gegangen um dort mit Skateboards zu fahren. Leider ist es nicht möglich. Klaus ist überfällig. Er müßte längst vom Fußballclub zurück sein. Als Ralf seinen Dienst der Nachtbereitschaft übergibt, liegen die Gruppenmitglieder, mit Ausnahme der Auszubildenden, im Bett. ▲

Kinderdörfer

Eine eigene Form von Kinderheimen sind die Kinderdörfer. Ein Kinderdorf besteht aus mehreren Häusern, in denen altersgemischte Gruppen möglichst familienähnlich leben. Um die Fluktuation (den Wechsel) des Erzieherpersonals möglichst niedrig zu halten, werden Kinderdorfmütter (vor allem in SOS-Kinderdörfern) oder Ehepaare (zum Beispiel in Albert-Schweitzer-Kinderdörfern) gesucht, die bereit sind eine Gruppe über Jahre hinweg zu leiten.

Elternarbeit oder Rückführung in die Familie werden in der Regel nicht beabsichtigt. Es werden Kinder (seltener Jugendliche) in Kinderdörfer aufgenommen, deren Rückkehr in die Familie unwahrscheinlich erscheint. Häufig sind in Kinderdörfern Geschwister, die bei einer Vermittlung in eine Pflegefamilie getrennt werden müßten, was den Kindern nicht zugemutet werden soll.

Am bekanntesten sind die SOS-Kinderdörfer geworden, die es inzwischen auch in vielen Entwicklungsländern gibt. Weniger bekannt sind beispielsweise die Kinderdörfer kirchlicher Träger.

1.2.2.2 Internat

Im Internat leben Kinder oder Jugendliche, die eine bestimmte, meist dem Internat angegliederte Schule besuchen oder dort eine Berufsausbildung durchlaufen. Da die Kinder/Jugendlichen diese spezielle Schule nicht von zu Hause aus besuchen können, wird das Internat als pädagogisch betreute Wohnmöglichkeit notwendig. In einzelnen Fällen kann das Kind oder der Jugendliche auch wegen der Internatserziehung angemeldet worden sein. Eltern haben z.B. den Wunsch ihren Einzelkindern eine Gemeinschaftserziehung zu ermöglichen, während die Schulausbildung durchaus auch von zu Hause aus möglich wäre.

Internate können sich deshalb sehr unterscheiden. Häufig wird zunächst spontan an Mädcheninternate gedacht, wenn von Internatserziehung die Rede ist. Vor allem den weiblichen Lesern werden Mädchenbücher einfallen, die – auch heute noch – in der Zeit der Pubertät von vielen Mädchen gelesen werden. Die bekannten Internatsromane wie „Hanni und Nanni" von Enid Blyton oder „Trotzkopf" von Emmy von Rhoden beschreiben ein abenteuerreiches Leben junger Mädchen in der altersgleichen Internatsgruppe. Die Romanheldinnen sind erfolgreiche Mädchen, die immer auf der Seite des Guten stehen, auch wenn sie Streiche aushecken. Sie werden von verständnisvollen oder verkrusteten Lehrkräften betreut. Die aus der Sicht der Internatsschülerinnen fragwürdigen Lehrkräfte und Betreuerinnen werden dann erfolgreich bekämpft.

Diese recht unrealistischen Mädchenromane sprechen junge Mädchen an. Sie haben es während der pubertären Loslösung vom Elternhaus und der drängenden Verselbstständigung nicht leicht, ihre Identität zu finden. Die Darstellung einer abenteuerlichen und doch heilen Welt regt die lesenden Mädchen an sich in einer Traumwelt Sehnsüchte und Erfolge zu erfüllen, die ihnen die Realität versagt.

Internate gleichen dieser Fantasiewelt nur wenig. Das Leben im Internat stellt hohe Anforderungen an die Heranwachsenden. Häufig liegt bei ihnen eine häusliche Problematik vor. Viele der Kinder und Jugendlichen in Internaten kommen aus finanziell guten Verhältnissen. Ihre Eltern können ihnen finanzielle Wünsche erfüllen, während emotionale Bedürfnisse manchmal ungestillt bleiben. Manche der Internatsschüler sind durch Verhaltensprobleme in der früheren Schule oder in der Familie aufgefallen. Die Eltern versuchen über Internatserziehung die Probleme zu bearbeiten oder zu verdecken.

Natürlich gibt es auch Eltern, die ihren Kindern entweder durch die Erziehung in einer Gruppe oder durch das pädagogische Konzept der Schule (z.B. Waldorfschulen) eine besonders gute Erziehung ermöglichen wollen.

In den Schulferien sind die Internate in der Regel geschlossen.

Internate gibt es auch für die Berufsausbildung leicht körperlich oder geistig behinderter Jugendlicher, die schwer Berufsausbildungsmöglichkeiten finden. Die Jugendlichen besuchen unterschiedliche angebotene Berufsausbildungen dieser großen Einrichtungen und leben in den angeschlossenen Internaten.

Es gibt auch Internate, die an Schulen für schwerer Behinderte angeschlossen sind wie Blindenschulen oder Schulen für hörgeschädigte Kinder.

In Internaten werden Erzieherinnen und Erzieher zur Gruppenleitung eingestellt. Sie sorgen für ein gutes Gruppenklima, bieten den Kindern oder Jugendlichen Entspannung und Abreaktion nach den schulischen oder beruflichen Anforderungen und fördern vor allem das emotionale Erleben der Kinder und Jugendlichen und das soziale Zusammenleben. Ihre Arbeit kann das Wohlgefühl der Jugendlichen sehr beeinflussen.

An den Wochenenden fährt ein Teil der Jugendlichen gewöhnlich nach Hause.

▼ **Beispiel:**
Internat einer Ausbildungsstätte für leicht körperbehinderte Jugendliche
Die Erzieherin weckt die Gruppe morgens. Vielleicht bereitet sie das Frühstück vor, meist werden die Dienste aber unter den Jugendlichen aufgeteilt. Die Erzieherin beobachtet, ob die Jugendlichen die Gruppe pünktlich und in ordentlichem Zustand verlassen. Ein Jugendlicher bleibt heute im Bett liegen und sagt, dass er krank sei. Sie muss abschätzen, ob eine echte Krankheit oder nur eine Lustlosigkeit vorliegt, und muss versuchen mit dieser Situation angemessen umzugehen.

Während der nächsten Stunde, die sie noch Dienst hat, sind Bestellungen zu erledigen, Erkundigungen einzuholen und Planungen vorzunehmen. Gespräche mit Ausbildungsleitern liegen oft in dieser Zeit. Das Schreiben des Protokolls von der gestrigen Teamsitzung muss sie auf morgen verschieben.

Mittagessen gibt es in dieser Einrichtung in einer gemeinsamen Kantine. Der Dienst der Gruppenbetreuer setzt erst wieder um 16.30 Uhr ein, wenn die meisten Jugendlichen von der Ausbildung zurückkommen. Es wird Kaffee getrunken. Die Erzieherin unterhält sich mit einigen Jugendlichen über ihre Erfahrungen, registriert den Ausgang einzelner Jugendlicher, bespricht Planungen, beobachtet Konflikte innerhalb der Gruppe und deren Bearbeitung. Sie beachtet, dass die Jugendlichen sich an evtl. vorliegende gesundheitliche Vorgaben halten, beispielsweise an das Tragen von Spezialgeräten wie Stützkorsetts. Sie überprüft, ob die Jugendlichen ihre notwendigen gymnastischen Übungen vornehmen, hilft, wo es nötig ist, und sorgt dafür, dass keine therapeutischen Termine vergessen werden.

Nach dem Abendessen können die Jugendlichen sich zu einzelnen Freizeitaktivitäten, die in der großen Einrichtung angeboten werden, abmelden: Sport, Werkkurs und eine Laienspielgruppe. Andere beschäftigen sich in der Gruppe. Die Erzieherin plant mit einer Teilgruppe die Wochenendfahrt und spielt anschließend eine Runde Rommé. Um 22.30 Uhr sollen alle wieder in der Gruppe sein.

Der Nachtdienst betreut mehrere Gruppen gemeinsam. Er geht von Zeit zu Zeit in die Gruppen und kann über Telefon gerufen werden. ▲

1.2.2.3 Kinder- und Jugendpsychiatrie
Kinder und Jugendliche mit schweren Verhaltensauffälligkeiten, die einer intensiven Behandlung bedürfen, finden – wenn die Behandlung nicht ambulant vorgenommen werden kann – vorübergehende Aufnahme in der Abteilung für Kinder und Jugendliche in einer Psychiatrie. Das Bild, das Außenstehende sich von der Kinder- und Jugendpsychiatrie machen, entspricht häufig nicht der Realität. Das betrifft sowohl die Kinder und Jugendlichen selbst als auch das Arbeitsfeld der Erzieherinnen und Erzieher. Jugendliche fühlen sich oft stigmatisiert (= gekennzeichnet), wenn in ihrem Lebenslauf eine Phase psychiatrischer Behandlung vorkommt, und Erzieherinnen schätzen manchmal den Schwierigkeitsgrad der Kinder und Jugendlichen sowie die Arbeitsanforderungen, die an sie gestellt werden, zu hoch ein.

Im Team einer psychiatrischen Klinik wird mit unterschiedlichen Fachkräften zusammengearbeitet. Die Verhaltensauffälligkeiten der Kinder und Jugendlichen werden von verschiedenen therapeutischen Ansätzen her angegangen und von den unterschiedlichen Fachkräften bearbeitet: psychotherapeutische Arbeit durch Psychologen, Körperarbeit durch Krankengymnasten und Motopädagogen (Bewegungstherapeuten). Der Aufbau von Handlungsmotivation und Leistungsfähigkeit wird unter anderem durch Ergotherapeuten angestrebt. Lehrer bearbeiten schulische Defizite, bis die Kinder oder Jugendlichen öffentliche Schulen besuchen können. In Werkstunden werden Ausdrucksformen erprobt und Erfolgserlebnisse erfahren. Hier arbeiten Kunsttherapeuten und Werklehrer. Logopäden arbeiten mit Patienten, die Sprachprobleme aufweisen. Reittherapie trägt zur Stabilisierung bei. Jede Station hat ihren Stationsarzt, der eine psychiatrische Zusatzausbildung hat.

Erzieherinnen und Erzieher erhalten in ihrer Arbeit mit Gruppen deshalb bessere Unterstützungen und Hilfen als ihre Kollegen in den Heimen und Wohngruppen. Auch dort können sehr problematische Kinder und Jugendliche leben, die einer differenzierten und konsequenten Pädagogik bedürfen, weil ihr Lebenslauf keine geregelte Entwicklung zuließ. In psychiatrischen Kliniken ist der Personalschlüssel günstiger als in Heimen und Wohngruppen. Die Anforderungen an Gruppenbetreuer in psychiatrischen Kliniken sind deshalb nicht höher als in der Heimerziehung oder in anderen Berufsfeldern mit verhaltensauffälligen Kindern und Jugendlichen.

Neben Erziehern und Erzieherinnen arbeiten Krankenschwestern und Krankenpfleger in psychiatrischen Kinder- und Jugendkliniken. Die Kliniken sind dem Gesundheitswesen zugeordnet. Der Aufenthalt der Patienten wird von den Krankenkassen bezahlt. Manche Verhaltensabweichungen haben körperliche Ursachen oder müssen in schweren Fällen auch körperlich behandelt werden. Eine medizinische Versorgung muss daher gewährleistet werden.

▼ **Beispiele:**
– Der neunjährige Marco ist ein hyperaktives Kind. In seiner Rastlosigkeit ist er weder in der Schule noch im Heim tragbar. Da die Rastlosigkeit durch Phosphate verstärkt wird, benötigt er eine genaue Diät und wird medizinisch behandelt. Natürlich wird auch pädagogisch mit ihm gearbeitet und über Psychotherapie die Rastlosigkeit zu beeinflussen gesucht.
– Die 13-jährige Kathrin hat in ihrem Alter bereits mehrere Selbstmordversuche hinter sich. Sie ist ernsthaft gefährdet. Für ihre schweren Depressionen sind pädagogische und medizinische Maßnahmen erforderlich.
– Die 16-jährige Silke ist magersüchtig. Sie kam in einem Zustand in die Klinik, der gesundheitsgefährdend für sie war. An ihrer Störung wird insbesondere psychotherapeutisch mit regelmäßigen Sitzungen gearbeitet. Zugleich ist eine gesundheitliche Überwachung notwendig.
– Dagegen leidet die ebenfalls 16-jährige Sabine am gegenteiligen Symptom: Sie hat ständig Hunger. Ihr Leben scheint darauf ausgerichtet zu sein, ihren unstillbaren Hunger zu stillen. Um ihren Hunger dreht sich alles.
- Der zwölfjährige Mustafa gerät bei kleinen Missstimmungen in unkontrollierte Jähzornsanfälle. In diesen Momenten ist er nicht ansprechbar und nicht einsichtig. Selten hilft es, ihn in sein Zimmer zu verweisen. Manchmal muss er in den „Aus-Raum" gebracht werden. Das ist ein Raum, der abschließbar und mit einem Guckloch versehen ist. Es stehen keine Möbel in diesem Raum, damit sich der eingeschlossene Patient in seiner Wut nicht verletzen kann. In extremen Fällen benötigt er auf Grund ärztlicher Verschreibung medizinische Beruhigungsmittel. ▲

Daneben gibt es natürlich auch diejenigen Kinder und Jugendlichen, die ausschließlich über pädagogische und psychotherapeutische Maßnahmen behandelt werden.

▼ **Beispiele:**
– Der zehnjährige Thomas fällt in der Gruppe kaum auf. Seine Problematik ist eine starke Schulangst. Er verließ morgens die Familie,

kam in der Schule aber nie an und erschien nach dem Unterricht wieder pünktlich zu Hause. Wenn er zur Schule gebracht wurde, verschwand er bei jeder Gelegenheit aus dem Klassenzimmer. Alle Versuche der Eltern sowie ambulante therapeutische Maßnahmen haben nicht geholfen. In der Klinik erhält er zunächst vom Kliniklehrer Einzelunterricht. Nach einiger Zeit wird er in kurzen Phasen in einer Kleingruppe unterrichtet um langsam seine Schulangst abbauen zu können.

– Die siebenjährige Miriam ist sexuell von ihrem Vater mißbraucht worden. Sie wurde aus der Familie herausgenommen. Im Heim konnte ihr nicht ausreichend geholfen werden. Sie verhält sich sexuell provozierend, reizt die Jungen zu sexuellen Handlungen und ist durch ihr Verhalten im Heim nicht tragbar. In der Klinik wird psychotherapeutisch intensiv mit ihr gearbeitet.

– Mark, zwölf Jahre, ist erst seit kurzem in der Gruppe und soll bald wieder entlassen werden. Er besucht von der Klinik aus das öffentliche Gymnasium. Seine Hausaufgaben erledigt er selbstständig. Er wurde auf Wunsch der Eltern aufgenommen, weil er zwei Tage lang verschwunden war. Die Schule hat er in dieser Zeit besucht. Es hatte eine starke Spannung zwischen ihm und seinen Eltern gegeben. Die Eltern konnten zu einer therapeutischen Beratung der Problematik aus ihrer Sicht veranlasst werden. Es ist anzunehmen, dass die Missstimmung die Ursache von Marks Verhalten ist und dass die Problematik ambulant aufgearbeitet werden kann. Mark drängt auf seine Entlassung nicht. Er fühlt sich wohl.

– Fred, 14 Jahre, kam wegen wiederholter Diebstähle vor ein Jugendgericht. Der Klinikaufenthalt mit therapeutischer Behandlung geschieht auf Grund richterlicher Anordnung. ▲

Die Ursachen psychischer Störungen liegen in erster Linie in ungünstigen Bedingungen der Umwelt, meist der Familie. Eine intensive Elternarbeit muss deshalb von der psychiatrischen Klinik aus vorgenommen werden. Sie wird in erster Linie von Psychologen geführt. Die anderen Fachkräfte, die mit dem entsprechenden Kind oder Jugendlichen arbeiten, werden – soweit sinnvoll – einbezogen.

▼ **Beispiel:**

Ausschnitt aus einem **Tageslauf von Teammitgliedern** in der psychiatrischen Kinder- und Jugendklinik:

Der Erzieher Frank und die Krankenschwester Petra haben Frühdienst, der um 6.30 Uhr beginnt. Die Gruppenmitglieder – acht Kinder und Jugendliche zwischen sieben und 16 Jahren – haben jeder ein eigenes Zimmer, das mit einfachen, stabilen Möbeln ausgestattet ist. Die Gestaltung des Zimmers mit Postern und anderen Dingen nehmen die Jugendlichen selbst in die Hand.

Petra und Frank sehen zunächst in das Übergabebuch. Die Nachtwache hat ihnen gesagt, dass es gestern wieder einmal drunter und drüber ging. Kathrin war sehr depressiv, sodass die Betreuer besorgt waren und den Arzt einschalteten. Mustafa hatte einen Ausraster und Marco brachte mit seiner Rastlosigkeit die Gruppe in Unruhe. In der Nacht wurde Sabine, die am Vortag verschwunden war, von der Polizei zurückgebracht.

Frank und Petra gehen von Zimmer zu Zimmer und wecken die Patienten mit einer freundlichen Stimme und einem kleinen Scherz. Manchmal stellen sie Musik an oder denken sich eine andere überraschende Weckmethode aus.

Während Frank das Frühstück zubereitet, stellt Petra Medikamente bereit und wiegt die magersüchtige Silke, bevor sie zum Waschen geht. Einmaliges Wecken hat nicht genügt. Frank bemüht sich die Kinder und Jugendlichen aus den Betten zu bekommen. Schließlich sitzen alle beim Frühstück.

Mark, der das öffentliche Gymnasium besucht, hat die Klinik schon längst verlassen. Die beiden Betreuer befassen sich mit den Kindern, die noch kein Programm haben.

Verwaltungsarbeiten, Protokolle, Gespräche mit der Pflegedienstleitung füllen die nächste Stunde aus, dann müssen schon wieder Kinder zu ihren Therapien geschickt werden, während andere zurückkommen. Der Stationsarzt kommt vorbei. Es wird über die Entlassung von Mark, die Maßnahmen für Sabine und die Möglichkeiten einer Heimunterbringung für die siebenjährige Miriam gesprochen. Im nächsten Teamgespräch sollen diese drei Fälle durchdacht werden.

Petra erkundigt sich, ob ein Fahrdienst am Nachmittag zur Verfügung steht. Ein Betreuer aus dem Spätdienst will mit der Gruppe ins Schwimmbad fahren. Sabine darf dann natürlich nicht mit. Frank überprüft die Klinikfahrräder. Morgen, wenn er nachmittags Dienst hat und kaum Therapien stattfinden, will er eine kleine Radtour mit einigen Gruppenmitgliedern (die eine entsprechende Genehmigung von den Eltern haben) unternehmen – vorausgesetzt, er wird nicht in der Gruppe gebraucht. ▲

Die Arbeit in familienersetzenden Einrichtungen bedeutet für Erzieherinnen und Erzieher im Schichtdienst – also auch am Wochenende – zu arbeiten. Für Familienleben und Freundeskreis kann das Einschränkungen mit sich bringen.
Der berufliche Einsatz in familienersetzenden Einrichtungen verlangt auch ein hohes persönliches Engagement. Die Betreuer müssen deshalb einerseits engagiert und motiviert mit den jungen Menschen arbeiten, andererseits mit Gelassenheit und Ruhe den Tag gestalten und sich abgrenzen können.

Natürlich gibt es auch Erzieherinnen und Erzieher, die möglichst häufig im Tagesablauf für eigene entspannende Phasen sorgen, wenn sie beispielsweise die Gruppe vor den Fernseher setzen, obwohl die Gelegenheit wäre etwas Aktives zu unternehmen, oder wenn sie sich für positive Entwicklungsreize bei den Gruppenmitgliedern nur sehr begrenzt zuständig fühlen. Zwischen einem beruflichen Einsatz, der Anstrengungen möglichst vermeidet, und einem Einsatz, der zu einem „Burnout" (Ausgebranntsein) führt, müssen Erzieherinnen und Erzieher einen Mittelweg finden, der den Bedürfnissen der Heranwachsenden und ihren eigenen Kräften gerecht wird.

Familienersetzende Einrichtungen
Anforderungen an

Kinder/Jugendliche	Erzieherinnen/Erzieher
– Wunden und Narben von traumatischen Erlebnissen mit sich tragen und deren Auswirkungen auf seelisches, körperliches und geistiges Leben verkraften müssen	– mit kleinen Gruppen verhaltensauffälliger Kinder und Jugendlicher umgehen können
– viele Misserfolge in Kauf nehmen und auf deren Wirkungen das eigene Leben aufbauen müssen	– ein stärkeres Gewicht auf die Beziehungsarbeit und den Tagesablauf legen als auf die Gestaltung von Aktivitäten
– materiell gut versorgt zu werden, im emotionalen Bereich bewusste und verdrängte Bedürfnisse nicht immer stillen können	– langfristig die Erziehungsarbeit mit den einzelnen Kindern/Jugendlichen planen und spontan in diesem Sinne reagieren
– das eigene Leben ohne verlässlichen und vertrauenden Bezug zur eigenen Familie gestalten lernen	– wertschätzend, aber auch konsequent mit Eltern umgehen, deren Haltung und Handlung (teilweise) nicht bejaht werden kann

Zusammenfassung

- In Heimerziehung werden diejenigen Kinder und Jugendlichen aufgenommen, die vorübergehend oder grundsätzlich nicht in ihren Familien leben können, den Bezug zu ihren Familien aber in der Regel nicht ganz abbrechen. Wo immer die Möglichkeit der Eingliederung in eine Ersatzfamilie besteht, werden Adoptions- und Pflegefamilien der Heimerziehung vorgezogen.

- In der Heimerziehung arbeiten Erzieherinnen/Erzieher mit Kindern und Jugendlichen, die in ihrem Leben mit problematischen Situationen konfrontiert worden sind und deshalb keine geregelte Entwicklung durchlaufen konnten. Die meisten Heimkinder weisen als Folge Verhaltensschwierigkeiten auf und bedürfen einer individuellen, verständnisvollen, aber konsequenten Erziehung.

- Die Heimerziehung ist kein wirklicher Elternersatz. Das Betreuungspersonal hat Dienstzeiten und arbeitet im Schichtdienst. Die Bindung zu den Kindern und Jugendlichen entspricht deshalb auch nicht der elterlichen Bindung. Erzieherinnen und Erzieher und die Heranwachsenden leben vorübergehend miteinander, eine gemeinsame Zukunft verbindet sie nicht.

- Kinderdörfer wollen den Kindern und Jugendlichen einen Familienersatz bieten. Die Gruppen werden familienähnlich alters- und geschlechtsgemischt zusammengesetzt. Die Kinderdorfmutter oder die Kinderdorfeltern führen die Gruppe über viele Jahre. Aufnahme finden vor allem diejenigen Kinder, die für Pflege- oder Adoptivfamilien nicht in Frage kommen und für die eine Rückführung in die eigene Familie weitgehend auszuschließen ist. In Kinderdörfern leben z.B. mehrere Geschwister, Kinder von längerfristig verurteilten Eltern oder Kinder, bei denen sexueller Missbrauch durch die Eltern oder Stiefeltern vorliegt.

- Kinder- und Jugendwohngruppen ermöglichen ein familienähnlicheres Leben als herkömmliche Heime. Sie bieten auch eine bessere Integration ins Gemeinwesen (Wohnumfeld). Bei Jugendlichen steht die persönliche und berufliche Verselbstständigung im Mittelpunkt der pädagogischen Bemühungen.

- Internate können unterschiedliche Ausrichtung haben. Sie sind meist an Schulen oder Berufsausbildungsstätten angeschlossen. Im Mittelpunkt steht deshalb auch die schulische oder berufliche Bildung, die durch das Internat ermöglicht und unterstützt wird. Das Internatsleben bietet den Jugendlichen darüber hinaus einen Ausgleich zu den Leistungsanforderungen in der Ausbildung.

- In psychiatrischen Kinder- und Jugendkliniken arbeitet ein breites Team von Fachkräften zusammen. Die schweren Auffälligkeiten der Kinder werden aus verschiedener Sicht und in der Zusammenarbeit der unterschiedlichen Fachkräfte behandelt. Die berufliche Arbeit von Erzieherinnen, nämlich die Gruppenbetreuung, wird durch das Team und die therapeutischen Maßnahmen mitgetragen und unterstützt.

Anregungen

1. Bewusstmachung der Umwelteinflüsse auf die Entwicklung von Heimkindern

Lesen Sie den folgenden Lebenslauf eines Heimkindes und diskutieren Sie die Zusammenhänge zwischen Umwelteinflüssen (insbesondere der Familie) und den Verhaltensauffälligkeiten des Kindes.

Überlegen Sie, welche pädagogischen Ziele das Team im Heim für Marion anstreben könnte und inwiefern dem Kind im Heim geholfen werden kann.

Nachdem das junge Ehepaar Mangold sich zum Kauf eines Eigenheimes entschlossen hatte, stellte Frau Mangold eine Schwangerschaft fest. Während sie gerne einen Schwangerschaftsabbruch vorgenommen hätte, bat ihr Mann diesen unlegalen Schritt nicht vorzunehmen.
Frau Mangold musste auch nach der Geburt noch berufstätig bleiben. Das Kind ließ sie tagsüber von einer Pflegemutter versorgen, musste aber nach einem halben Jahr die Tagespflegestelle wechseln. Mit eineinhalb Jahren gab sie Marion in eine Krippe. Frau Mangold empfand die Belastungen (Beruf, Haushalt, Kind und neues Haus) als sehr hart.
Bereits im Kindergarten und später im Hort zeigten sich bei Marion Abweichungen im sozialen Verhalten, z.B. hatte sie Schwierigkeiten bei Konfliktlösungen, war häufig eifersüchtig, war nur schwer zu motivieren, mit anderen zu teilen und wurde schnell aggressiv. Auch im Bereich der Leistungsmotivation, der Konzentration und Ausdauer fiel Marion auf.
Die zweite Klasse der Grundschule musste Marion wiederholen, obwohl bei einem Test ein hoher Intelligenzgrad festgestellt worden war (110 IQ). Mit zehn Jahren wur-

de ihr Schulbesuch unregelmäßig. Sie wurde bei kleineren Diebstählen ertappt, trieb sich tagsüber herum und störte den Unterricht durch aggressive Ausbrüche. Freundschaften von längerer Dauer wurden bei ihr nicht beobachtet.
Die Mutter empfand die Tochter als eine Last und geriet oft in Zorn. Der Vater schwankte zwischen schlechtem Gewissen gegenüber seiner Frau, da sie die Hauptbelastung der Erziehung trug, und schlechtem Gewissen gegenüber seiner Tochter, der das Angenommensein fehlte. Abwechselnd schlug er sich mal auf die eine und mal auf die andere Seite ohne sich für das emotionale Wohlergehen Marions wirklich verantwortlich zu fühlen.
Mit zwölf Jahren war Marions Verhalten untragbar geworden. Die Eltern baten das Jugendamt um Unterbringung in einem Heim, was ihnen nach entsprechenden Erkundungen genehmigt wurde.

2. Vergegenwärtigung des eigenen Standorts

– Überlegen Sie möglichst spontan und schnell, welche der umseitigen Aussagen Ihnen am stärksten und welche am wenigsten entspricht. Wenn Sie sich bei keiner Aussage wiederfinden können, formulieren Sie bitte eine eigene.
– Begründen Sie **anschließend** im Kleingruppengespräch Ihre Entscheidung:

3. Konkretisierung und Vergleich von Tagesabläufen in der Heimerziehung

Bilden Sie Gruppen. Schreiben Sie in Stichworten auf ein Plakat den vermuteten Tageslauf eines Kindes oder Jugendlichen im Heim. Vergleichen Sie Ihre Ergebnisse und lassen Sie sich von je-

Ich möchte später im Heim arbeiten, denn:

a) Die Gruppen sind kleiner und die Arbeit ist weniger anstrengend als in Tagesstätten.

d) Ich fühle mich durch verhaltensauffällige Kinder und Jugendliche gefordert. Mit engagiertem und klarem pädagogischem Vorgehen ist diesen Kindern vielleicht noch zu helfen.

b) Ich bekomme dann Heimzulage. Das normale Gehalt für Erzieher entspricht weder der Ausbildung noch der Verantwortlichkeit im Beruf.

e) Ich will mich nicht täglich mit Eltern herumärgern müssen.

c) Ich habe Mitleid mit den Kindern, die vom Schicksal besonders schwer getroffen sind.

f) Im Heim fühle ich mich von einem Team getragen. Ich möchte die pädagogische Verantwortung nicht alleine übernehmen. Gute Teamarbeit empfinde ich als bereichernd und erleichternd.

mandem mit Heimerfahrung beraten. Bedenken Sie allerdings, dass jedes Heim und jeder Tag letztlich einmalig sind.

4. Untersuchung der Darstellung von Heimkindern und Heimleben in der Jugendliteratur
(ggf. im Fach Jugendliteratur)

Suchen Sie in Kinder- und Jugendbüchern (einschließlich Bilderbüchern) nach der Darstellung von Lebensläufen, die das Leben vor, während und nach der Heimerziehung beschreiben:
– Lebensläufe von Kindern/Jugendlichen und die Beschreibung von Umwelteinflüssen, die zu Heimeinweisung führen (können),
– das Leben im Heim,
– das Leben in Internaten (auch typische Mädchenbücher wie „Trotzkopf" von Emmy von Rhoden),
– Probleme von Pflege- und Adoptivkindern,

– Möglichkeiten Heimerziehung zu vermeiden (Hilfe durch die Umwelt; starke Kinderpersönlichkeiten, die sich selbst wieder fangen können, u.a.).

Lesen Sie jeder eins dieser Bücher kritisch. Vergleichen Sie:
a) Welche unterschiedlichen Ansichten haben Studierende über das gleiche Buch und dessen Darstellung von sozialem Abstieg, Heimleben, Adoption, Internatsleben usw.?
b) Wie unterschiedlich wird die Problematik in der Jugendliteratur dargestellt?

5. Untersuchung von rechtlichen Voraussetzungen

Überprüfen Sie im Fach Recht/Rechtslehre, nach welchen Gesetzen und Bestimmungen über die Erziehung eines Minderjährigen in einem Heim oder einer Fremdfamilie entschieden wird.   ❑

1.2.3 Einrichtungen der Gesundheitsfürsorge

Wenn ein Kind aus gesundheitlichen Gründen vorübergehend von zu Hause in ein Krankenhaus oder in ein Kurheim fort muss, bedeutet das für sein psychisches Befinden eine große Belastung. Es ist deshalb wichtig, dass nicht nur in körperlicher Hinsicht für sein Wohlergehen und seine Genesung gesorgt wird. Es muss ihm auch geholfen werden die neue und fremde Situation psychisch zu verkraften, sich in der unbekannten Umgebung einigermaßen wohl zu fühlen und mit der Trennung von zu Hause sowie mit seinen Ängsten fertig zu werden. Aus diesem Grund werden Erzieherinnen eingestellt, die in den Zeiten, in denen keine direkte gesundheitliche Behandlung vorgenommen wird, die Kinder beschäftigen und sich um ein angenehmes Gruppenleben und Gruppenklima bemühen. Durch ihre Zuwendung und ihr Ver-

ständnis tragen sie zur psychischen Stabilität der Kinder wesentlich bei.

In der wissenschaftlichen Forschung und Auseinandersetzung innerhalb der Pädagogik ist dieser Bereich bisher zu kurz gekommen. Es gibt wenig Literatur, die sich mit den Möglichkeiten und Wirkungen pädagogischer Maßnahmen in der Kindererholung befasst.

1.2.3.1 Heime zur gesundheitlichen Förderung
Erholungs- und Kurheime lassen sich in drei Arten gliedern:

1. Kindererholungsheim:
Ihre vorrangige Aufgabe besteht in der Prophylaxe, d.h. in der Vorbeugung und Verhütung von Krankheiten oder auch seelischen Überbelastungen.

2. Kinderkurheime

In Kurheimen werden Kinder zur Behandlung einer bestimmten Krankheit (auch Überernährung) für eine begrenzte Zeit aufgenommen. Im Mittelpunkt steht die gesundheitliche Fürsorge; die Heime sind oft auf bestimmte Krankheiten spezialisiert. Die Kuren sind auf eine begrenzte Zeit festgelegt, meist 4 – 6 Wochen, d.h. die Kinder kommen gemeinsam und gehen auch wieder gemeinsam, es sei denn, es wird eine Kurverlängerung verschrieben.

3. Kindersanatorien

Im Sanatorium handelt es sich um ausgesprochen Heilbehandlungen. Die Kinder benötigen deshalb eine individuelle Länge ihres Aufenthaltes. Sanatorien gibt es z.B. für Tuberkulose oder für Rheumaformen.

Aufgaben der Erzieherin in Erholungsheimen, Kurheimen und Sanatorien:
Die Gestaltung des Gruppenlebens – die Aufgabe der Erzieherin in den Heimen der gesundheitlichen Fürsorge – trägt zu der Genesung oder Besserung wesentlich bei, denn ohne Wohlgefühl sind die Fortschritte in der körperlichen Gesundung eines Menschen weit geringer. Deshalb ist die sozialpädagogische Arbeit der Erzieherin im Zusammenhang mit den gesundheitlichen Erfolgen nicht zu unterschätzen.

Im praktischen Alltag sieht es allerdings häufig so aus, dass im Mittelpunkt physiotherapeutische Maßnahmen stehen: Bäder, krankengymnastische Therapiestunden, Ruhezeiten, Medikamenteneinnahme, Ernährung usw. Die Erzieherin hat dann oft die nicht leichte Aufgabe die Zwischenzeiten für die Kinder angenehm und geregelt zu gestalten und dem Kind/Jugendlichen einen frohen und erlebnisreichen Tagesablauf zu ermöglichen. Ein echtes Gruppenleben mit einem entsprechenden Zusammengehörigkeitsgefühl kann in Heimen mit intensiver gesundheitlicher Behandlung nur mühsam aufgebaut werden.

Für die Erzieherin bedeutet die Arbeit in diesen Einrichtungen sich auf einen starken Wechsel von Gruppen einzustellen. Das Programm als solches wiederholt sich in ähnlicher Form in jeder Kur: die Einführung der Kinder in das Heim oder die Klinik, Hilfe beim Vertrautwerden mit dem Gruppenleben, psychische Unterstützung bei den gesundheitlichen Maßnahmen, Hilfe bei der Überwindung von Heimweh. Die Erzieherin muss den jungen Menschen Möglichkeiten bieten die neue Umgebung zu erforschen, kennen zu lernen und mit ihr vertraut zu werden. Sie bahnt Gruppenprozesse an, bietet Aktivitäten an und sorgt für Bewegung und Aufenthalt im Freien. Zugleich muss sie auch für eine ruhige und beruhigende Atmosphäre sorgen. Zum Schluss der Kur müssen die Kinder auf die Heimfahrt und die Loslösung aus der vielleicht inzwischen lieb gewonnenen neuen Umgebung vorbereitet werden.

Für manche Erzieherinnen bedeutet dieser Prozess und die Einstellung auf immer neue Gruppen eine berufliche Faszination, die sie anderen Berufsfeldern vorziehen.

Müttergenesungsheime

In Müttergenesungsheimen steht in der Regel die Erholungsbedürftigkeit der Mutter, in seltenen Fällen die des Kindes im Mittelpunkt. Während sich die Mütter in freier oder auch angeleiteter Freizeitgestaltung erholen und entspannen sollen, werden die Kinder von Fachpersonal (meist Erzieherinnen) tagsüber betreut. Gewöhnlich handelt es sich um Kinder bis zum Schuleintritt. In den Schulferien ist auch mit älteren Kindern zu rechnen.

Für die Erzieherin ergibt sich ein interessantes Berufsfeld, das die Kinder und die Mütter oder auch Väter einbezieht. Die Erzieherin kann Eltern-Kind-Spielprogramme anbieten, sie kann gemeinsame Spaziergänge und Ausflüge unternehmen, den Eltern pädagogische Ratschläge vermitteln und kleine Feste organisieren.
Zu Beginn der Kur muss sie die Trennung von Mutter und Kind langsam und vorsichtig einleiten.

▼ **Beispiel:**
Die Erzieherin – zuständig für die drei bis sechsjährigen Kinder – bittet zu Beginn der Kur die Mütter möglichst häufig in dem Gruppenraum mit ihren Kindern zu spielen, damit die Kinder sich langsam an die Räumlichkeiten und an sie, die Erzieherin, gewöhnen. In dieser Zeit geht sie langsam auf die Kinder zu, bahnt erste Kontakte an und unternimmt gemeinsame Mutter-Kind-Aktivitäten.
Ein solches Mutter-Kind-Programm kann zum Beispiel so aussehen:
Die Kinder legen sich auf Tapetenpapier, die Mütter sollen sie mit Wachskreide umfahren. Gemeinsam wird das aufgezeichnete Kind angemalt und ausgeschnitten. Wenn die Geduld ausreicht, sollen sich anschließend die Mütter auf Papier legen und umfahren werden. Wenn die Kinder das nicht alleine können, helfen andere Mütter. Die ausgeschnittenen Figuren sollen dann mit Tesafilm an den Schränken im eigenen Zimmer oder im Gruppenraum befestigt werden.
Für den nächsten Tag hat die Erzieherin einen kleinen Ausflug in den Wald geplant. Gemeinsame Naturwahrnehmungsspiele sind vorgesehen. Beispielsweise wird sie ein Seil von Baum zu Baum spannen. Die Mütter und, soweit sie bereit sind, auch die Kinder sollen sich die Augen verbinden, sich am Seil entlang tasten und ihre ertastbare Umgebung, Bäume, Sträucher und Boden bewusst und langsam wahrnehmen. Auch Sonne und Schatten sollen erfüllt werden. (Siehe Cornell 1979, S. 30.)
Anschließend spannen die Mütter mit ihrem Kind jeweils eine Schnur über ein Stück der Waldwiese. Mit einer Lupe soll nun der Wiesenboden entlang der Schnur untersucht und betrachtet werden.
Die Erzieherin hat weitere Spiele zusammengestellt, die sie mit Müttern und Kindern gemeinsam durchführen kann. ▲

Häufig sind auch behinderte Kinder in den Gruppen, da deren Mütter die Erholung besonders benötigen. Es gibt auch Müttergenesungsheime, die sich ausschließlich auf Familien mit behinderten Kindern spezialisieren. Während der Kur der Mütter/Eltern kann ein spezielles Training mit den Kindern vorgenommen werden, beispielsweise Ess- oder Entspannungstraining. Dabei können die Eltern angeleitet werden.

1.2.3.2 Krankenhaus

Größere Krankenhäuser haben heute im Allgemeinen in ihren Kinderabteilungen Spielzimmer, in denen sich diejenigen Kinder, die nicht bettlägerig sind, beschäftigen können. Deshalb bietet sich in diesen Krankenhäusern ein Betätigungsfeld für Erzieherinnen an. Auch die bettlägerigen Kinder werden beschäftigt und betreut.

Dieser Arbeitsbereich unterscheidet sich von den meisten anderen beruflichen Möglichkeiten dadurch, dass es sich um ständig wechselnde Kinder handelt. Eine gezielte Gruppenarbeit ist im Krankenhaus nicht möglich. Die Kinder sind meist nur kurze Zeit in stationärer Behandlung. Viele Kinder sind deshalb in einer Phase der Fremdheit und der Orientierung. Sie fühlen sich unsicher, halten sich häufig zurück und gehen wenig aus sich heraus oder überspielen ihre Unsicherheit mit vorgetäuschter Sicherheit wie Clownerie oder Aggression. Das ungewohnte Leben im Krankenhaus, die häufigen Schmerzen und die Behandlungsmethoden so-

wie die Trennung von zu Hause wirken verunsichernd und bedrückend auf die Kinder. Sie benötigen eine sehr einfühlsame und individuell abgestimmte pädagogische Betreuung.

Wenn die Kinder Besuch von ihren Eltern haben, sind Eltern-Kind-Kontakte zu unterstützen. Die Erzieherin wird sich aber vorrangig mit denjenigen Kindern beschäftigen, die keinen Besuch haben.

▼ Beispiel:

Um 9.00 Uhr ist das Spielzimmer geöffnet. Einige Kinder sind schon vertraut und beschäftigen sich alleine. Andere werden von Krankenschwestern gebracht. Zwischendurch kommen Schwestern und holen Kinder zu einer Behandlung ab. Auch Eltern kommen um ihre Kinder zu besuchen.

Die Erzieherin setzt sich zu einzelnen Kindern, spricht und spielt mit ihnen. Häufig ist die Spielecke, die medizinisches Material enthält, das zum Rollenspiel anregt, von Kindern belegt. Manchmal sitzt ein Kind auch nur da und schaut oder fragt kontinuierlich, wie lange es noch dauert, bis seine Mutter kommt. Eine Zeit lang trägt die Erzieherin ein weinendes Kind herum. Manche Kinder reagieren auch mit Aggressionen auf ihre körperlichen und psychischen Schmerzen und Ängste. ▲

Einrichtungen der Gesundheitsfürsorge

Anforderungen an

Kinder/Jugendliche	Erzieherinnen/Erzieher
– vorübergehende Trennung (manchmal sehr plötzlich) von der Familie verkraften	– körperliche Genesung der Kinder durch psychisches Wohlbefinden unterstützen
– mit gesundheitlichen Beschwerden und deren Bearbeitung umgehen müssen	– Kindern beim Einleben in die Einrichtung und bei der Bearbeitung von Heimweh helfen
– sich an wechselnde Bezugspersonen und wechselnde Bezugsgruppen gewöhnen	– mit wechselnden Gruppen umgehen können und darin eine pädagogische Herausforderung empfinden

Zusammenfassung

- Die Genesung eines Kindes hängt nicht nur von körperlichen Maßnahmen ab. Das psychische Wohlgefühl hat eine starke Wirkung auf das körperliche Wohlbefinden und kann die Genesung beeinflussen.
Für dieses psychische Wohlgefühl setzt sich die Erzieherin mit ihren Fachkenntnissen und ihrer Persönlichkeit ein.

- In der Forschung und im Alltag wird dieser wichtigen Aufgabe, nämlich physische Genesung durch psychisches Wohlgefühl zu unterstützen, noch zu wenig Bedeutung beigemessen.

- In Mutter-Kind-Erholungen hat die Erzieherin neben der Arbeit mit der Kindergruppe konkrete Möglichkeiten, das Zusammenleben und das Verhältnis zwischen Mutter und Kind zu beeinflussen und den Eltern Anregungen für ihre familiäre Erziehung zu geben.

- Im Krankenhaus gehört die Erzieherin zu den wenigen Kontaktpersonen des Kindes, die ihm keine Schmerzen zufügen müssen und die sich nicht um seinen Körper, sondern um sein psychisches Wohlgefühl kümmern. Die Erzieherin ist deshalb eine wichtige Bezugsperson für das kranke und verängstigte Kind.

Anregungen

1. Erinnerung an eigene Trennung vom Elternhaus

Vereinbaren Sie für eine Zeit von mindestens fünf Minuten absolute Stille.
Versuchen Sie in dieser besinnlichen Stille mit geschlossenen Augen Ihre erste oder möglichst frühe Trennung vom Elternhaus zu erinnern. Lassen Sie Gefühle dieser Trennung und Gefühle der Rückkehr in die Familie hochkommen. Wenn die Gruppe diese Besinnungszeit gemeinsam beendet, schreiben Sie auf ein vorher bereitgelegtes Papier Ihre erinnerten Gefühle.
Sprechen Sie in der Gruppe über Ihre Gefühle (kein Redezwang!) und über Möglichkeiten und Grenzen der Erzieherin einem Kind diese Gefühle zu erleichtern.

2. Eindenken in die Situation eines Kindes: Kinderbrief und dessen Beantwortung

a) Versetzen Sie sich in die Rolle eines Kindes und schreiben Sie einen kurzen Brief (höchstens fünf Sätze) aus einer gesundheitsfördernden Einrichtung an Ihre fiktiven (ausgedachten) Eltern.
b) Legen Sie die Briefe verdeckt in die Tisch- oder Kreismitte. Holen Sie sich einen Brief (nicht den eigenen!) und beantworten Sie ihn als Mutter oder Vater. Geben Sie ihn anschließend mit der Antwort dem „Kind" zurück.
c) Sprechen Sie über Ihre Gedanken und Gefühle im Zusammenhang mit diesen Briefen.

3. Bewusstmachung der Bedeutung von (beängstigenden) Gefühlen für ein Kind

Die folgende Skizze wird Ihnen in diesem Buch noch öfters für unterschiedliche Aufgaben begegnen. Skizzieren Sie die Figur hinreichend groß auf ein Blatt Papier. Schreiben Sie in den Bauchraum Gefühle, die ein Kind oder Jugendlicher in Einrichtungen der Gesundheitsfürsorge empfinden kann. Beschränken Sie sich nicht nur auf unangenehme Gefühle.

Versetzen Sie sich anschließend in die Lage dieses Kindes und betrachten Sie mit seinen Augen die fremde Umwelt der Einrichtung. Manche Dinge sieht das Kind vielleicht unrealistisch.

Überlegen Sie jetzt, welche Handlungsmöglichkeiten Sie dem Kind in seine Koffer packen können. Vielleicht packen Sie einen der Koffer mit den unangemessenen Handlungen, die das Kind möglicherweise äußern könnte. In den zweiten Koffer schreiben Sie helfende Handlungen,

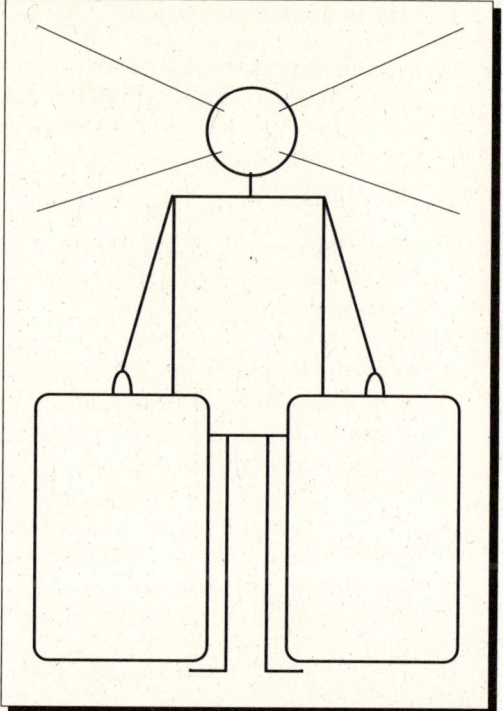

die es selbst oder mit Ihrer Hilfe (Erzieherin oder Erzieher) vornehmen kann.   ❑

1.2.4 Freizeiteinrichtungen

Es gibt Freizeiteinrichtungen, in denen die Gruppenleiter über eine bestimmte Zeit mit einer konstanten Gruppe arbeiten, beispielsweise in der Jugendgruppenarbeit, in einer Ferienfreizeit oder in einem Volkshochschulkurs. Die Kinder und Jugendlichen müssen für diese Freizeitmaßnahme angemeldet sein.

Andere Freizeitangebote sind offener: Zu bestimmten Zeiten ist die Einrichtung geöffnet. Kinder und Jugendliche können jederzeit ohne eine spezielle Anmeldung kommen und an den Angeboten teilnehmen. Dazu gehören vor allem das Jugendzentrum, der (betreute) Spielplatz und das Spielmobil.

In reinen Freizeiteinrichtungen sind Erzieherinnen nur bedingt tätig. In Jugendzentren oder betreuten Kinderspielplätzen arbeiten meist Sozialpädagogen. Andere Freizeiteinrichtungen bieten häufig nur Teilzeitarbeitsplätze.

Aus diesem Grund wird dieser Arbeitsbereich hier nur kurz dargestellt.

1.2.4.1 Arbeit mit konstanten Gruppen im Freizeitbereich
Spielkreise und Hausaufgabenbetreuung

Volkshochschulen, Kirchen, Kommunen oder beispielsweise auch Elterninitiativen bieten „Spielstunden" für diejenigen Kinder an, die keine Tagesstätte besuchen, aber den Kontakt zu Gleichaltrigen erleben sollen.

▼ **Beispiele:**
– Spielstunden für Kleinkinder,
– lockere Freizeitangebote für Schulkinder,

– Spielangebote für Kinder von Asylbewerbern,
– stundenweise Hausaufgabenbetreuung für ausländische Kinder. ▲

Da diese Spielkreise nur stundenweise angeboten werden, handelt es sich kaum um volle Stellen für Erzieherinnen. Für Mütter mit sozialpädagogischer Berufsausbildung kann eine solche Teilzeittätigkeit aber wünschenswert sein. Neben der direkten Gruppenarbeit entstehen Vor- und Nacharbeiten, die in der Regel zu Hause geleistet werden können, aber in die bezahlte Arbeitszeit einbezogen werden.

Die Spiel- und Hausaufgabengruppen setzen manchmal keinen regelmäßigen Besuch voraus. In diesen Fällen hat die Erzieherin mit wechselnden Gruppenzusammensetzungen zu rechnen. Das kann ihre Arbeit erschweren, da kein kontinuierlicher Gruppenprozess entstehen kann.

Jugendgruppenarbeit
Zuweilen werden von Trägern, vor allem den Kirchen, Erzieherinnen als Leiterinnen für Kinder- und Jugendgruppen eingestellt. Die Kinder und Jugendlichen treffen sich regelmäßig an einem Nachmittag oder Abend in der Woche. Im Mittelpunkt stehen die Freizeitgestaltung und das soziale Zusammenleben in der Gruppe. Je nach Trägerschaft können bestimmte pädagogische Richtungen das gemeinsame Treffen bestimmen: religiöse Gedanken bei Kirchengruppen (allerdings nicht grundsätzlich), der Naturbezug bei Pfadfindern oder die helfenden Tätigkeiten bei Rotkreuzgruppen.

Ferienfreizeit
Während der Sommerferien werden von öffentlichen oder freien Trägern Ferienfreizeiten für Schulkinder oder Jugendliche angeboten. Die Gruppen fahren in Schullandheime, Selbstversorgerhäuser oder sie zelten. Zeltplätze für solche Jugendgruppen sind selten öffentlich, sondern sie werden lediglich für eine oder mehrere solcher Freizeiten eingerichtet. Meist steht ein größeres Zelt oder ein Gebäude für den Aufenthalt der Gruppe bei Regen zur Verfügung. Das Leben in und mit der Natur und das soziale Miteinander bei gleichzeitiger materieller Einschränkung lassen Zeltfreizeiten zu besonderen Höhepunkten für die Kinder/Jugendlichen und die Betreuer werden.
Der Dienst ist allerdings anstrengend. Es gibt keinen Achtstundentag. Die Nächte werden oft von abenteuerlichen Ideen der Kinder und Jugendlichen gestört.

Stadtranderholung
Für Stadtranderholungen werden in größeren Städten die Kinder an Sammelpunkten der Stadt abgeholt und fahren mit Bussen in ein Naherholungsgebiet am Stadtrand. In kleineren Städten sammeln sie sich direkt am gemeinsamen Freizeitgelände. Einfache Räume bieten bei Regen einen Aufenthalt im Trockenen.

Häufig sind die Freizeiten so strukturiert, dass die Kinder zwischen unterschiedlichen Angeboten wählen können, sodass Kleingruppen entstehen. Gemeinsame Ausflüge und kleine Feste bieten Höhepunkte und Abwechslung.
Für die Betreuer bedeutet das immer faszinierende Angebote vorzubereiten. Die Aktivitäten sollen möglichst nicht durch hohe materielle Anreize verlocken wie Fahrten in Freizeitparks oder auf Jahrmärkte. Die Kinder sollen Freizeit nicht mit großen Unkosten verbinden, sondern in der Einfachheit, im sozialen Zusammensein und in der Naturbegegnung ihre Ferienfreuden erleben. Hoher materieller Aufwand und vorgefertigte Freizeitangebote würden sie in ihrem oft sowieso schon überzogenen Konsumdenken bestärken und ihnen die Chancen für eigene kreative Entwicklungen nehmen.
Leiter der Kleingruppen von Ferienfreizeiten und Stadtranderholung sind häufig Studierende oder ältere Schüler/innen. Die Gesamtleitung haben im Allgemeinen pädagogische Fachkräfte, vor allem Sozialpädagogen. Erzieherinnen finden deshalb in Freizeiten nur sehr begrenzt einen vorübergehenden Wirkungskreis.

Einzelne Freizeitheime wie Reiterhöfe stellen Erzieherinnen während der Saison ein. Naturbezug und das Gruppenleben stehen auch hier im Mittelpunkt der Freizeitgestaltung.

1.2.4.2 Offene Jugendarbeit
Spielmobil
Das Spielmobil ist in der Regel ein Bus, der mit Spielmaterial und -anregungen ausgestattet ist und regelmäßig in unterschiedlichen Orten Kindern Spiel- und Freizeitmöglichkeiten bietet. Die Kinder kennen durch Bekanntmachung die Tage, an denen das Spielmobil in ihrem Ort oder ihrem Stadtteil Station macht, und nutzen die Spielangebote. Dabei handelt es sich nicht nur um Spielmaterial, sondern auch um Spielprogramme, die von den Spielleitern angeboten werden. Erzieherinnen arbeiten hier häufig zusammen mit Sozialpädagogen. Ihre pädagogische Arbeit besteht vorrangig in offenen Angeboten. Zahl und Zusammensetzung der Gruppen ist allerdings selten voraussehbar. Deshalb ist Flexibilität im Angebot und im Umgang mit den Kindergruppen eine wichtige Voraussetzung für erfolgreiche pädagogische Arbeit.

Betreuter Spielplatz
In größeren Städten werden Spielplätze unterhalten, die pädagogisch betreut werden. Sie bieten den Kindern häufig ein breites Freizeitangebot. Es werden Handwerkszeug, Spielmaterial oder Sportgeräte ausgegeben und es werden angeleitete Aktivitäten durchgeführt. Der Spielplatz selbst bietet in seiner Gestaltung bereits vielseitige Möglichkeiten zum Spiel der Kinder. Manche dieser Spielplätze unterhalten Tiere, die von den Kindern versorgt werden. Bei schlechtem Wetter steht häufig ein überdachter Raum zur Verfügung.
Der Besuch der Kinder auf dem Spielplatz ist unregelmäßig. Gruppengröße und Zusammensetzung sind deshalb ebenso wie beim Spielmobil nicht voraussehbar.
Feste und gemeinsame größere Aktionen bieten Höhepunkte und motivieren die Kinder zusätzlich.

Auch hier arbeiten häufiger Sozialpädagogen als Erzieher.

Jugendzentrum
Größere Kommunen oder auch Kirchen unterhalten Jugendzentren. Das sind Häuser, in denen Jugendliche ihre Freizeit verbringen können ohne sich dafür speziell anmelden zu müssen. Unterschiedliche Angebote geben Anregung und Hilfen für eine sinnvolle Freizeitgestaltung. Zur Verfügung gestellte Räumlichkeiten wie Clubraum, Teestube und Werkräume sowie Materialien wie Tischfußball, Billard, Brettspiele und Handwerkszeug bieten den Jugendlichen Möglichkeiten zu eigengestalteter Freizeit. Außerdem werden in Jugendzentren Kurse und Aktionen angeboten, die eine Anmeldung und regelmäßige Teilnahme voraussetzen. Das kann in Form von wöchentlichen Treffs gestaltet werden, von Wochenendkursen oder auch von Tages- und Wochenprogrammen während der Ferien. Inhaltlich gibt es verschiedene Angebote: Werken, Laienspiel, Arbeit mit dem Computer, Medienumgang usw.
Ein Teil der Jugendlichen kommt in das Jugendzentrum um sich mit Freunden zu treffen. Wenn möglich, stehen deshalb Räumlichkeiten zur Verfügung, die Rückzugsmöglichkeiten für Kleingruppen bieten.
Häufig werden Jugendzentren – vor allem in den Städten – von Sozialpädagogen betreut. Insbesondere dann, wenn die Häuser schon für jüngere Schulkinder geöffnet sind, arbeiten auch Erzieher/innen in Jugendzentren.
Die Arbeit in der offenen Jugendarbeit gliedert sich einerseits in die beschriebenen Angebote und Programme, die von Erzieher(inne)n gelenkt und angeleitet, allerdings oft mit den Jugendlichen geplant werden, und andererseits in ein Zusammenleben, das auf den ersten Blick wie „nichts tun" aussehen könnte. Bei diesem Zusammensein in der Teestube oder beim Kartenspiel laufen aber Gespräche, die Kontakte zwischen den Jugendlichen und den Betreuern anbahnen oder das Verhältnis der Jugendlichen untereinander beeinflussen. Dieses Miteinander ohne Druck und Leistungserwartungen hilft den Jugendlichen ihre Probleme mit jemandem

ansprechen und vielleicht besser verarbeiten zu können. Jugendliche benötigen Zeit und Ruhe um ihren Standort zu finden und sich mit ihrem Erwachsenwerden identifizieren zu können.

▼ **Beispiel:**
A) Zwei Erzieherinnen haben eine eintägige Fahrradtour vorgesehen. Dafür werden zwei Vorbereitungstermine angesetzt:
1. Eine Vorbesprechung mit gemeinsamer Planung der Route und des evtl. Zieles, der Dauer (Beginn und Ende der Tour), der mitzunehmenden Dinge wie Fahrradhelm, Regenzeug, Essen, Getränk und Geld. Fahrradhelme müssen ggfs. dafür ausgeliehen werden.
2. Einen Fahrradreparatur-Nachmittag. Alle Teilnehmer sollen mit ihrem Fahrrad vorbeikommen um seine Funktion zu überprüfen und ggfs. das Reparieren zu erlernen.

B) An jedem Nachmittag und Abend, wenn nicht eine große Veranstaltung wie eine Disko vorgesehen ist, haben zwei der Mitarbeiter kein festes Programm.
Jugendliche Helfer bedienen die Teestube und geben Getränke aus. Einer der Mitarbeiter kümmert sich um diese Dienste und um die Ausgabe von Spielmaterialien wie Billardbällen, Werkmaterialien, Kartenspielen usw. Der zweite Mitarbeiter gliedert sich locker irgendwo ein und steht für Gespräche zur Verfügung. Manchmal wird er oder sie stark in Anspruch genommen, an anderen Tagen kommt ein tiefergehendes Gespräch nicht zustande. Aber auch die weniger tiefgehenden Unterhaltungen sind von Bedeutung. Sie bauen Kontakte auf und erhalten sie. Sie vermitteln Vertrauen, Zugehörigkeit und Akzeptanz. ▲

Freizeiteinrichtungen

Konstante Gruppen
Beispiele:
– Spielstunden
– Hausaufgabenbetreuung
– Ferienfreizeiten

offene Gruppen
Beispiele:
– Spielmobil
– betreuter Spielplatz
– Jugendzentrum

nur begrenzt Arbeitsplätze für Erzieherinnen und Erzieher und/oder Teilzeitarbeit

Anforderungen an

Kinder/Jugendliche	**Erzieherinnen/Erzieher**
– in begrenzten Zeiten erholsame Angebote annehmen und sich anregen lassen	– zeitlich abgegrenzte, erlebnisreiche Angebote und Planungen ausarbeiten und durchführen
– sich in kurzer Zeit in einer neuen Bezugsgruppe vertraut machen, wohl fühlen und wieder lösen können	– schnellen Bezug zu Kindern und Jugendlichen aufbauen, mit immer neuen und wenig vertrauten jungen Menschen arbeiten können
– eigene und fremde Wünsche und Befindlichkeiten wahrnehmen und angemessen damit umgehen	-– Situationen spontan wahrnehmen und pädagogische Reaktionen schnell entscheiden

---

Zusammenfassung

- Bei Freizeitangeboten für Kinder finden Erzieherinnen oft nur begrenzt Arbeitsplätze oder lediglich Teilzeitbeschäftigungen, weil die Kinder nur stundenweise zu Spielkreisen, Hausaufgabenbetreuung oder Jugendgruppen kommen oder weil nur während der Ferien Freizeiten und Spielprogramme angeboten werden.
  In der offenen Jugendarbeit werden weitgehend Sozialpädagogen eingestellt.

- Die Arbeit in Freizeiteinrichtungen gliedert sich in gezielte und strukturierte Angebote und in lockeres Zusammensein mit unverbindlichen Freizeitangeboten und Gesprächsmöglichkeiten. Das bedeutet für die Betreuungsperson, einerseits immer die Gruppe und den Gruppenprozess im Auge zu behalten und zu lenken, andererseits für den einzelnen und seine Probleme offen zu sein und ihm beratend und unterstützend zu helfen.

- Freizeiteinrichtungen während der Ferien (Stadtranderholung oder Ferienfreizeiten) verlangen von den Betreuern einen intensiven Arbeitseinsatz. Die Kinder und Jugendlichen haben eine hohe Erwartung hinsichtlich Erlebnisreichtum und Wohlgefühl innerhalb der Gruppe.
  Bei Ferienfreizeiten schließt der Dienst meist die Beaufsichtigung während der Nacht mit ein.

- Ein großer Teil der Freizeiteinrichtungen, beispielsweise betreuter Spielplatz, Haus der Jugend, Kaufhauskindergarten, wird von den jungen Menschen ohne spezielle Anmeldung besucht. Das bedeutet für die Betreuungspersonen sich nicht auf eine bestimmte Kindergruppe einstellen zu können, sondern äußerst flexibel für unterschiedliche Besucher offen zu sein und entsprechende Angebote vorzubereiten.

Anregungen

1. Erfahrungsaustausch: Erlebnisse und Erfahrungen aus Freizeiteinrichtungen

Sprechen Sie in der Gruppe über Erfahrungen im Rahmen der Freizeitpädagogik und der offenen Jugendarbeit:
a) Erinnerungen an die Teilnahme als Kind und Jugendlicher, beispielsweise an Jugendgruppen, Ferienaktivitäten, Jugendzentren,
b) Erfahrungen als Leiter und Mitarbeiter.

2. Gespieltes Podiumsgespräch: Jugendzentrum in einem Dorf

In einem Ort soll das frühere kleine Rathaus, das in den letzten Jahren den örtlichen Vereinen zur Verfügung gestellt worden war, jetzt als Jugendzentrum Verwendung finden. (Für die Vereine wurde eine andere Lösung gefunden.) In dem Ort ist Unruhe entstanden, weil viele Bewohner einem Jugendzentrum sehr kritisch gegenüberstehen.

Wählen Sie aus Ihrer Gruppe Vertreter aus, die vor einer Gemeindeversammlung zur Einrichtung eines Jugendzentrums Stellung nehmen sollen:
– zwei Mitarbeiter des Jugendzentrums aus dem Nachbardorf, die für diese Veranstaltung gewonnen werden konnten,
– der Bürgermeister,
– ein weiterer Gemeindevertreter,
– zwei Jugendliche, die im örtlichen Turnverein eine führende Funktion haben.
Die restlichen Mitglieder Ihrer Lerngruppe sind Bürger des Ortes, die zu der Veranstaltung gekommen sind und dem Plan des Jugendzentrums teilweise kritisch gegenüberstehen.

Der Bürgermeister hält eine kurze einführende Ansprache, in der er das Anliegen knapp erläutert. Dann beschreibt einer der Jugendlichen die Wünsche und Bedürfnisse der Jugendlichen und begründet die Notwendigkeit eines Jugendzentrums aus deren Sicht. Danach berichtet einer der Mitarbeiter des Jugendzentrums im Nachbarort über die Ziele und die konkrete Arbeit des Jugendzentrums.
Anschließend stehen die Podiumsmitglieder zur Beantwortung von Fragen zur Verfügung.

3. Rollenspiel in Kleingruppen: Aufgaben eines Freizeitleiters

Teilen Sie sich in Kleingruppen auf. Jede Gruppe wählt eine Freizeiteinrichtung aus und spielt dem Plenum eine Szene vor, in der Aufgaben des Freizeitleiters zum Ausdruck kommen.

4. Partnergespräch als Rollenspiel: Problembearbeitung in Freizeiteinrichtungen

Suchen Sie sich einen Gesprächspartner. Einer der beiden Partner spielt einen Jugendlichen, der dem Betreuer im Jugendzentrum oder einer Freizeit von seinen Problemen berichtet. (Der spielende Betreuer kann nachfragen, soll aber kein beratendes Gespräch führen, weil über Techniken der Gesprächsführung in diesem Buch erst später gesprochen wird.) Danach tauschen Sie Ihre Rollen.
Im Plenum können die gespielten Probleme benannt werden um die Vielfalt jugendlicher Problemsituationen, die in Freizeiten zur Sprache kommen, zu verdeutlichen.

5. Ausschreibung einer Ferienfreizeit

a) Durchdenken und formulieren Sie in Gruppen den Text für die Ausschreibung einer Ferienfreizeit. Wählen Sie den Träger (Jugendamt, Kirche, andere freie Wohlfahrtsverbände, Turnverein u.a.) und die Rahmenbedingungen selbst aus. Die Ausschreibung soll die wesentlichen Informationen enthalten, die für die Entscheidung zur Teilnahme für den lesenden Jugendlichen wichtig sind, und soll durch kurze inhaltliche Angaben motivieren. Länge höchstens eine halbe Seite.
b) Schreiben Sie Ihr Angebot auf eine Folie und stellen Sie es dem Plenum zur Stellungnahme vor. Klären Sie dabei auch die Zielgruppe ab: Altersgruppe, Voraussetzungen, Behinderte (?).

Für entstehende kritische Fragen der Aufsichtspflicht oder anderer Rechtslagen kann das Fach Jugendrecht einbezogen werden.

6. Begründung von Freizeitaktivitäten als Rollenspiel

Bilden Sie Gruppen von drei bis sechs Teilnehmern.
Sie sind eine Familie mit mindestens einem Jugendlichen (ggfs. mit Oma oder Opa).
a) Der Jugendliche hat eine der oben ausgeschriebenen Ferienfreizeiten ge-

lesen (Aufgabe 5 oder, wenn diese Aufgabe nicht durchgeführt wurde, ein anderes ausgedachtes Ferienangebot). Er berichtet seinen Eltern davon und bittet darum mitfahren zu dürfen.
Proben Sie eine Szene nach Ihren Vorstellungen. (Evtl. jüngere Geschwister können Stellung nehmen.)
b) Entwerfen Sie eine zweite Szene: Der Jugendliche kommt von der Freizeit zurück oder, wenn er nicht mitfahren

durfte, seine Freunde/Freundinnen – und berichtet von der Freizeit.
c) Spielen Sie die Szenen vor dem Plenum vor.

Wenn Sie fächerübergreifend arbeiten wollen, beziehen Sie Spielprgramme sowie rechtliche, gesundheitliche, pädagogische oder sportliche Probleme usw. mit ein. Klären Sie offene Fragen in diesen Fächern ab.   ❑

1.2.5 Einrichtungen für Behinderte

Die Einrichtungen, die es für nicht behinderte Kinder und Jugendliche gibt, sind in der Regel auch für Behinderte zu finden: Tagesstätten, Heime unterschiedlichster Art, Freizeitangebote. Auch die Arbeit mit behinderten Erwachsenen kann Arbeitsgebiet von Erzieherinnen sein. Dazu gehören Heime und Wohngruppen. Es gibt auch Tagesstätten, in denen sich erwachsene Behinderte tagsüber aufhalten können und Anregungen für Freizeitgestaltung oder die Bewältigung ihrer Alltagsprobleme erhalten. Ambulante Beratung und Hilfe wird in manchen Orten vom „Club für Behinderte und ihre Freunde" (CBF) oder ähnlichen Vereinen übernommen, in denen hauptamtliche und ehrenamtliche Mitarbeiter sowie Zivildienstleistende arbeiten. Die Organisation dieser Arbeit übernehmen Sozialarbeiter und Sozialpädagogen.

Behinderte Erwachsene, die sich weitgehend selbst versorgen können, aber doch noch einer losen Betreuung durch sozialpädagogische Fachkräfte bedürfen, leben häufig in Wohngruppen, die von Sozialpädagogen oder auch Erzieherinnen betreut werden.
Die Arbeit in speziellen Werkstätten, in denen Behinderte einer angemessenen beruflichen Arbeit nachgehen können, ist in der Regel nicht Arbeitsgebiet für Erzieherinnen. Hier werden weitgehend Handwerker, Arbeitserzieher und Sozialpädagogen eingestellt.

1.2.5.1 Anforderungen an Erzieher/innen bei der Arbeit mit behinderten Menschen

Viele Erzieherinnen sind in ihrer Ausbildung zunächst gehemmt mit behinderten Menschen zu arbeiten. Unsicherheit und Unkenntnis lassen sie zögern sich mit diesem Arbeitsgebiet vertraut zu machen. Sobald diese Hemmungen überwunden sind, wird häufig eine starke Zuneigung zu der Arbeit mit Behinderten verspürt. Voraussetzung ist, dass die Erzieherinnen die Maßstäbe, die sie an Nichtbehinderten aufgebaut haben, fallen lassen und offen sind für die Fähigkeiten des behinderten Menschen. Entwicklungsfortschritte und Leistungen dürfen nicht mit Nichtbehinderten verglichen werden und die pädagogischen Fachkräfte müssen Sensibilität und Wahrnehmungsfähigkeit für die Fähigkeiten der Behinderten entwickeln. Der Behinderte ist den Nichtbehinderten nicht in allen Bereichen unterlegen! Beispielsweise können geistig Behinderte häufig ungehemmter auf andere zugehen und können Kränkungen schnell vergessen. Sie sind selten nachtragend.

Was die berufliche Arbeit mit Behinderten für viele so anziehend macht, sind verschiedene Faktoren. Dazu gehören zum Beispiel:
– In der Arbeit mit Behinderten sind Fortschritte sichtbar und erkennbar. Für viele Erzieherinnen, die diese Arbeit nicht genauer kennen, wirkt diese Feststellung paradox: Die Fortschritte sind doch so gering! Wenn sich die Erzieherin aber umgestellt hat und nicht mehr mit dem Nichtbehinderten vergleicht, nimmt sie viel sensibler die oft mühsam errungenen Fortschritte eines behinderten Kindes oder Jugendlichen wahr.

– Die Gruppen sind kleiner, die Atmosphäre ist ruhiger, eine intensive Zuwendung zum einzelnen Kind oder Erwachsenen ist möglich. Aus dieser Sicht ist die berufliche Arbeit zufriedenstellender. Die Erzieherin hat nicht – wie in vielen anderen Einrichtungen – das Gefühl, wichtige Dinge aus Zeitmangel und auch aus Überforderung nicht geleistet zu haben.
– Behinderte, vor allem geistig Behinderte, haben häufig eine emotional stärkere und direktere Ausstrahlung. Die Erzieherin weiß, woran sie mit ihnen ist. Freude, Zorn, Trauer oder Eifersucht, die Gefühle liegen mehr auf der Hand, werden direkter gezeigt und nicht nachgetragen. Der Behinderte lebt voll in der Gegenwart.

Selbst die Arbeit mit schwer behinderten (jungen) Menschen, die nicht sprechen und auch nicht vermitteln können, was sie empfinden, kann von Erzieherinnen als sehr positiv und erfüllend wahrgenommen werden.

Die medizinischen und pflegerischen Grundkenntnisse lassen sich im Allgemeinen schnell aneignen. Dafür gibt es wenig allgemein gültige Regeln, die in der kurzen Berufsausbildung zum Erzieher vermittelt werden können. Jeder Behinderte hat seine eigene Behinderung, die sich von anderen Behinderungen der gleichen Art unterscheidet, und seinen individuellen Behinderungsgrad. Er benötigt eine auf ihn abgestimmte Behandlung, Pflege und Erziehung.

Behinderten gegenüber darf sich die Erzieherin nicht mitleidvoll-nachsichtig verhalten. Auch Behinderte müssen im Rahmen ihrer Fähigkeiten gefordert werden. Das betrifft sowohl körperlich als auch geistig Behinderte. Wenn sie bemitleidet werden, müssen sie sich auch selbst bemitleiden. Im Selbstmitleid können sie sich nicht gut entwickeln. Eine Behinderung muss auch nicht bedeuten, dass das Leben keine Freuden zuließe. Im Gegenteil! Behinderte können sehr frohe Menschen sein.

1.2.5.2 Elternarbeit und Zusammenarbeit im Team

Die Elternarbeit gestaltet sich in Einrichtungen für Behinderte oft schwierig. Der Einzugsbereich ist groß. Die Kinder werden mit Bussen in die Einrichtung gebracht und mit Bussen abgeholt. Die täglichen kurzen Tür-und-Angel-Gespräche, die für Krippen und Kindergärten typisch sind und einen konstanten Elternkontakt ermöglichen, fehlen hier. Die Kinder haben in ihrem Täschchen meist ein Mitteilungsheft. Kurze Nachrichten werden darin zwischen Eltern und Erzieherinnen ausgetauscht, beispielsweise Mitteilungen über das Wohlbefinden des Kindes oder über geplante Unternehmungen. Diese Notizen müssen aus Zeitmangel kurz und sachlich sein. Daneben bieten nur Telefonate eine (regelmäßige) Kontaktmöglichkeit. Wenn Eltern zu Gesprächen oder Elternabenden eingeladen werden, besteht deshalb häufig kein belastbares Vertrauensverhältnis.

Die Eltern haben zu ihren behinderten Kindern sehr unterschiedliche Beziehungen. Manchmal ist ihr Verhältnis durch schwere Schuldgefühle belastet, vor allem, wenn sie die Ursache der Behinderung in einem (vermeidbaren) Verhalten vor und während der Schwangerschaft oder der Geburt sehen.

▼ **Beispiele:**
– versäumte Impfung gegen Röteln und eine Rötelerkrankung während der Schwangerschaft,
– ein Unfall während der Schwangerschaft, der bei achtsamerem oder verantwortlicherem Verhalten vermeidbar gewesen wäre,
– Verkrampfungen oder Medikamente während der Geburt,
– Medikamenten- oder Drogeneinnahme, Rauchen oder Alkoholgenuß vor und während der Schwangerschaft. ▲

Andere Eltern fühlen sich durch die Behinderung ihres Kindes übermäßig und ungerechtfertigt belastet.

▼ **Beispiele:**
– Die Pläne für das eigene Leben mussten wegen der Pflege des Kindes aufgegeben werden.
– Die Ursache der Behinderung liegt bei einem (nicht nachweisbaren) Fehler des Arztes bei der Entbindung.

– Die Schuld für die Behinderung wird beim Ehepartner gesehen oder der Ehepartner entzieht sich seiner Verantwortung.
– Die Ehe ist durch das behinderte Kind zerbrochen.

Die Erzieherin muss sich vorsichtig an die Gefühle der Eltern herantasten. Wenn Eltern beispielsweise ihr Kind sehr verwöhnen, muss das nicht bedeuten, dass sie ein liebevolles Verhältnis zum Kind haben. Sie können – bewusst oder nicht bewusst – ihre ablehnende Haltung durch Verwöhnung vor dem eigenen Gewissen und vor anderen Menschen rechtfertigen und verdecken.

Die Arbeit mit Eltern behinderter Kinder verlangt eine hohe Wahrnehmungsfähigkeit und viel Einfühlungsvermögen und Mitgefühl. Zugleich muss die Erzieherin von den Eltern konsequentes Verhalten gegenüber dem Kind verlangen, beispielsweise die regelmäßige Pflege des Kindes. Häufig muss die Erzieherin eine Reduzierung der Verwöhnung fordern, nämlich wenn Eltern ihrem Kind zu wenig zutrauen, jeden Handgriff abnehmen und ihm dadurch die notwendige Übung von Fähigkeiten nicht ermöglichen.

Auch die Ernährung des Kindes ist in vielen Fällen ein Problem für die Eltern. Viele Eltern geben ihrem Kind zu viel oder zu einseitige Nahrung. Behinderte Kinder zeigen manchmal kein normales Sättigungsgefühl. Andere Kinder verweigern bestimmte Nahrung und können nur über Druck zu gesunder Ausgewogenheit in ihrer Ernährung gebracht werden.

Ein weiteres Problem in den Einrichtungen für Behinderte ist die Integration in das soziale Umfeld. Aus diesem Grund werden – wie schon gesagt – zunehmend integrative Gruppen gebildet. (Siehe Abschnitt 5.2.3: Die integrative Gruppe.)

In der Regel arbeitet die Erzieherin in Einrichtungen für Behinderte eng mit anderen Fachkräften zusammen. Größere Einrichtungen haben fest angestellte Physiotherapeuten und Logopäden, manchmal auch Psychotherapeuten.

In kleineren Einrichtungen kommen diese Fachkräfte in die Einrichtung, oder die Eltern suchen sie in ihren Praxen auf. Die Erzieherinnen erhalten dadurch fachkundige Anweisungen und Hilfe, wie sie mit bestimmten Kindern umgehen und sie fördern können. Die Arbeit mit behinderten Kindern muss sehr individuell aufgebaut werden. Jedes Kind benötigt sein eigenes Förderprogramm, auch dann, wenn gleiche Behinderungen vorliegen. Jede Behinderung hat verschiedenartige Auswirkungen und jedes Kind reagiert anders auf Reize und Förderungsmaßnahmen.

▼ **Beispiel für die pädagogische Arbeit in einem Heim für Kinder mit Mehrfachbehinderungen:**
Die Erzieherin Uta betritt den Schlafraum, sie spricht die Kinder freundlich an und öffnet langsam den Vorhang. Die Kinder sollen nicht durch schnell einflutendes Licht erschreckt werden.
Sie holt die Kinder nacheinander aus dem Bett, hebt sie auf den Wickeltisch, wo sie ihnen scherzend und lachend die Windeln wechselt und Gesicht und Hände wäscht. Für das Heben des ältesten Kindes kommt eine Mitarbeiterin aus dem Nebenraum. Die Kinder werden in ihre Rollstühle gesetzt und in den Gruppenraum gefahren. Eine leise Musik wird angestellt.
Nach dem Frühstück kommt der medizinische Bademeister um ein Kind zum Therapiebad abzuholen. Niko wird in die Ballkiste im Flur gehoben. Hanna wird in die Hängeschaukel im Türrahmen gesetzt. Zwei Kinder liegen auf der Matratze, von Spielzeug umgeben. Sie können krabbeln und greifen, sich deshalb auch selbst eine Zeit lang beschäftigen. Ihre fröhlichen Laute sind überall hörbar. Die Erzieherinnen hören sie und können nachsehen, wenn sie unzufrieden werden.
Die Erzieherin Uta holt sich die blinde Mareike, die auch geistig so schwer behindert ist, dass wahrscheinlich nur über die Haut Wahrnehmungen zu ihr dringen. Sie entkleidet das Kind. Dabei spricht sie mit ihm, obwohl sie nicht weiß, ob Mareike davon etwas wahrnimmt. Sie legt das Kind in die Trockendusche in einer Ecke des Gruppenraumes. Dort hängen weiche

Stoffstreifen an einem Baldachin, mit denen sie über den Körper des Kindes streicht. Später streichelt sie das Kind mit einem Federbusch und mit einem weichen Schwamm. Zuletzt wäscht sie es mit warmem Wasser. Mareike kann nicht lachen, aber am entspannten Körper merkt die Erzieherin, dass sie sich wohl fühlt. Das Kind wird wieder angezogen. Nach einiger Zeit bringt die Erzieherin es in den Raum mit dem Wasserbett und dem roten Himmelvorhang. Von einer Mitarbeiterin, die in dem Raum Aufsicht hat, wird Mareike bei sanfter Musik leicht auf dem Bett bewegt, eine Imitation des pränatalen (vorgeburtlichen) Zustandes. Inzwischen hat die Krankengymnastin Niko zur Therapie abgeholt und wiedergebracht. Sie berichtet strahlend, dass der Junge, der einzelne Schritte gehen kann, den Versuch gemacht hat, einen Fuß alleine auf die Treppe zu setzen und sich am Geländer hochzuziehen.

Hannas Eltern haben sich gegen Abend zu einem Besuch angemeldet, weil sie für vier Wochen in Urlaub fahren und deshalb das Kind über eine längere Zeit nicht sehen werden.

Eine der Erzieherinnen nimmt sich die Zeit, mit den Eltern und Hanna in den Gymnastikraum zu gehen und Hanna auf der Wippe zu heben und zu senken, weil sie sich dabei immer freut und lacht. Heute tut sie das allerdings nicht. Die Erzieherin macht die Eltern darauf aufmerksam, dass Hanna sie möglicherweise als besondere Personen wahrnimmt. Sie schlägt den Eltern vor das Kind beim Abendessen zu füttern und dann noch an dem warmen Sommerabend einen Spaziergang zu machen. Dafür gibt sie ihnen ein Tragetuch und keinen Wagen. Kind und Eltern sollen sich gegenseitig spüren. Nach dem Spaziergang baden die Eltern das Kind und legen es zu Bett. Die Erzieherin, die in dieser Zeit ein anderes Kind versorgt, freut sich über den liebevollen Umgang der Eltern mit ihrem schwer behinderten Kind. ▲

Anforderungen an Erzieher und Erzieherinnen bei der Arbeit mit Behinderten

Arbeit mit Behinderten

– Umstellen auf andere Maßstäbe der Leistung und Entwicklung bei den zu Betreuenden

– medizinische, pflegerische, pädagogische und therapeutische Kenntnisse aneignen und aktualisieren

– nicht mit Mitleid, aber mit einfühlsamer Konsequenz die Gruppenmitglieder individuell abgestimmt anleiten, lenken und versorgen

Arbeit mit den Eltern

– sich in frustrierte und enttäuschte Menschen eindenken und beratende Hilfe bieten

– trotz Verständnis und Mitgefühl für elterliche Einstellungen zum Kind eine angemessene körperliche und psychische Versorgung und Erziehung fordern

–die eigene Zuneigung zum Kind und dessen Wertschätzung überzeugend vermitteln und die Eltern in ihrem Selbstwertgefühl stärken

Für viele Erzieher und Erzieherinnen eine befriedigende und erfüllende berufliche Tätigkeit

---

Zusammenfassung

- In Einrichtungen für Menschen mit Behinderungen finden manche Erzieherinnen eine berufliche Aufgabe, die sie sehr fesselt und erfüllt.
  Geistig Behinderte benötigen durch ihre Mentalität und ihre meist ruhigeren und langsameren Lebensformen einen anderen pädagogischen Umgang als Nichtbehinderte. Das Zusammenleben in der Gruppe ist ruhiger, die Kontakte sind häufig spontaner, die Gefühle werden direkter gezeigt. Dadurch erhält die Erzieherin deutlichere Rückmeldungen auf ihre pädagogischen Handlungen.
  Die Arbeit mit Behinderten kann deshalb sehr motivierend und faszinierend sein.

- Durch kleinere Gruppen wirkt die Arbeit mit Behinderten oft nicht so extrem belastend wie die Arbeit in anderen beruflichen Arbeitsfeldern. Die Erzieherinnen können sich dem Einzelkind mehr zuwenden. Insgesamt ist die Arbeit mit Behinderten in stärkerem Maß eine Arbeit mit dem einzelnen Gruppenmitglied. Gruppenaktivitäten sind seltener.

- Die Elternarbeit gestaltet sich in Einrichtungen für Behinderte oft nicht einfach: Der Einzugsbereich ist sehr groß, die Kinder werden mit Bussen gebracht, sodass die Eltern nur telefonisch oder schriftlich erreichbar sind. Die Beziehung der Eltern zu ihren behinderten Kindern ist oft problembeladen. Dementsprechend kann auch ihr Verhalten zu den Kindern sein. Die Erzieherin muss z.B. mit Eltern arbeiten, die ihr Kind unverhältnismäßig verwöhnen, und anderen Eltern, die das Kind stark vernachlässigen.

- In Einrichtungen für Menschen mit Behinderungen arbeiten unterschiedliche Fachkräfte. Eine gute Zusammenarbeit mit Physiotherapeuten, Sprachtherapeuten, Psychotherapeuten und Ärzten ist deshalb Voraussetzung für die Arbeit mit Behinderten.

- Erzieherinnen können auch in Einrichtungen für erwachsene Behinderte arbeiten. Hierbei kann es sich um Wohnheime mit unterschiedlich intensiver Betreuung – je nach Schwere der Behinderung – handeln oder auch um Wohngruppen bis hin zu einer lockeren Betreuung wie bei Wohngruppen jugendlicher Nichtbehinderter.

Anregungen

1. Gruppengespräch über Motivationen mit Behinderten zu arbeiten

Bilden Sie im Raum oder im Stuhlkreis drei Gruppen.
Gruppe A: Die Teilnehmerinnen sehen einer beruflichen Arbeit mit Behinderten positiv entgegen und können sich vorstellen später mit Behinderten zu arbeiten.
Gruppe B: Die Teilnehmerinnen haben zum jetzigen Zeitpunkt nicht vor später mit Behinderten zu arbeiten.
Gruppe C: Hierhin setzen sich diejenigen, die noch unentschlossen sind.

Sprechen Sie in Ihrer Gruppe über die Gründe, warum Sie sich in diese Gruppe gesetzt haben.

Fassen Sie danach die unterschiedlichen Motivationen oder Abneigungen für dieses Berufsfeld zusammen und stellen Sie Ihre Ergebnisse im Plenum vor.

Sprechen Sie anschließend im Klassenverband darüber, was das Gesamtgespräch für Sie bedeutet hat.

2. Blitzlicht über Gefühle bei der Vorstellung mit Menschen mit Behinderungen zu arbeiten

Jeder Teilnehmer sagt kurz und spontan, welche Gefühle die theoretische und ggfs. praktische Auseinandersetzung mit der beruflichen Arbeit mit Behinderten bei ihm hervorgerufen hat.

Beachten Sie, dass Gefühle weder mit Richtig und Falsch noch mit Gut und Böse in Verbindung gebracht werden dürfen. Gefühle sind da oder nicht da. Sie dürfen nicht beurteilt werden. Sie sind keine Handlungen. Beurteilt werden die Handlungen eines Menschen, nicht die Gefühle. Beachten Sie außerdem, dass bei einem Blitzlicht zunächst keine Kommentare gegeben werden. Erst wenn die Runde zu Ende ist, darf über Gedanken, die durch das Blitzlicht ausgelöst wurden, gesprochen werden.

Bei einem Blitzlicht, insbesondere bei „Gefühlsblitzlichtern", darf kein Redezwang und kein Druck entstehen. Es könnte durchaus sein, dass bei dem vorgeschlagenen Blitzlicht jemand beispielsweise Ekel beim Gedanken an die Arbeit mit Behinderten empfindet und das nicht vor der Gruppe äußern möchte.

Wenn Teilnehmerinnen das Blitzlicht nicht durchführen wollen, darf es nicht erzwungen werden.

3. Besuch in einer Einrichtung für Behinderte

Durchdenken Sie vor dem Besuch der Einrichtung Fragen, die Sie an die Person stellen wollen, die Ihnen eine Einführung geben und Sie durch die Einrichtung führen wird.

Tauschen Sie nach dem Besuch Ihre Eindrücke und Erfahrungen aus und überlegen Sie, ob Sie wichtige Fragen übersehen haben.

Anregungen zur Vertiefung des gesamten Abschnittes: Einführung in sozialpädagogische Arbeitsfelder:

1. Jeder interviewt jeden: berufliche Arbeit in sozialpädagogischen Einrichtungen

a) Wählen Sie, soweit möglich, eine Einrichtung aus, die Sie in der Praxis kennen gelernt haben. Die Bezeichnung, z.B. „Krippe", „Kindergarten", „Tagesstätte für Behinderte", „Spielmobil", wird auf einen Zettel geschrieben und an die Brust geheftet.

Die Gruppe denkt sich Fragen aus, die gegenseitig gestellt werden sollen, zum Beispiel:
– Welche Kinder werden aufgenommen?
– Wie sieht der Tageslauf aus (für Kinder und/oder Mitarbeiter)?
– Mit welchen Mitarbeitern (Berufsbilder) arbeitet die Erzieherin zusammen?
– Welche Arbeitsschwerpunkte hat sie in dieser Einrichtung?
b) Gehen Sie durch den Raum und interviewen Sie sich gegenseitig.

2. Partner- oder Gruppenarbeit: Gewichtung der Aufgabengebiete in einzelnen Einrichtungsarten

Nehmen Sie sich die in der Aufgabe 3 zu Kapitel 1.1 erstellten Karteikarten vor oder schreiben Sie die Anforderungen auf Zettel.

a) Suchen Sie sich einen Partner oder eine Gruppe und einigen Sie sich auf eine Einrichtungsart (Hort, Wohngruppe, Kinderkurheim usw.).

b) Ordnen Sie die Aufgaben nach der Gewichtung. Wird in dieser Einrichtung beispielsweise mehr Einzelarbeit oder mehr Gruppenarbeit verlangt, viele Verwaltungsaufgaben usw.? Vergleichen Sie in der Gruppe Ihre Ansichten.

c) Sprechen Sie im Plenum anschließend über den Prozess, der in Ihrer Gruppe stattfand, nämlich über Fragen wie: Wo lagen für uns Schwierigkeiten, wie schnell haben wir uns geeinigt, wie weit lagen bei uns Kenntnisse vor?

3. Hospitationen in sozialpädagogischen Einrichtungen

Sozialpädagogische Einrichtungen sind gewöhnlich bereit, einzelne Erzieherinnen einen (halben) Tag hospitieren zu lassen oder einer Gruppe eine Einführung in die Arbeitsweise der Einrichtung zu geben.
Für solche Hospitationen oder Einführungen sollten Einrichtungen gewählt werden, die nicht alltäglich sind, beispielsweise die pädagogische Betreuung im Krankenhaus, Arbeit mit Behinderten, Elterninitiative-Einrichtungen usw.

Vorbereitungen und Nachbereitungen von Hospitationen:
Hospitationen bieten nur einen kurzen Einblick in die Einrichtung. Um die Wahrnehmung zu schulen sind Vorbereitungen notwendig. Zur Vorbereitung gehört die Entwicklung eines Katalogs mit Beobachtungskriterien und Fragestellungen. Bei der Nachbereitung muss ein Austausch und Vergleich der Erfahrungen stattfinden, denn die Nachbereitung kann dazu beitragen, subjektive Eindrücke zu relativieren und ggfs. zu verallgemeinern. Wenn

beispielsweise von allen Gruppenmitgliedern bei der Hospitation in unterschiedlichen Horten die Hausaufgabenbetreuung als eine belastende und schwierige pädagogische Aufgabe wahrgenommen wurde, kann davon ausgegangen werden, dass das in der Regel oder zumindest häufig so ist.

4. Bewusstmachungsübung vor und nach einem Praktikum oder einer Hospitation

Vergegenwärtigen Sie sich anhand der folgenden Skizze (die Sie entsprechend groß auf ein Blatt übertragen) Ihre Erwartungen und Befürchtungen:
a) Welche Erwartungen vermute/befürchte ich, die an mich gestellt werden? (Schreiben Sie den oder die Gedanken in die Felder, die in den Kopf des Menschen hineinragen.)

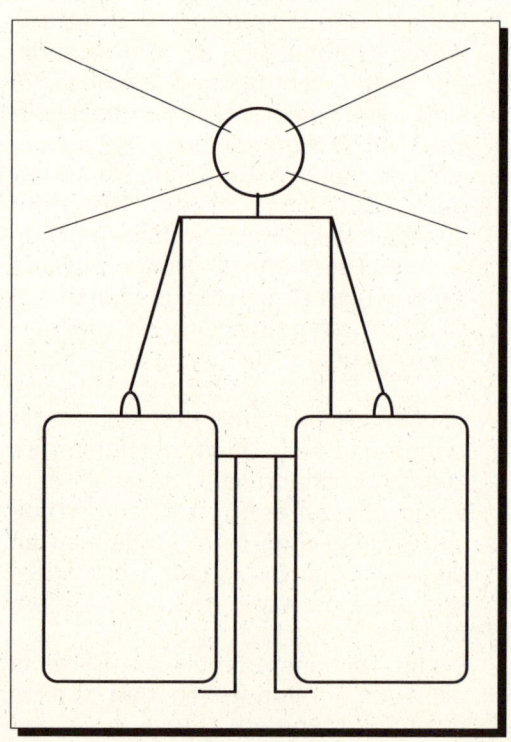

b) Was für Gefühle löst die Vorstellung dieser Erwartungen in mir aus? (In den Körper schreiben)
c) Wie kann ich mit diesen Erwartungen umgehen? (In die Koffer an den Händen schreiben)

Die gleiche Übung kann auch als Nachbereitung vorgenommen werden, beispielsweise:
a) Was habe ich wahrgenommen? (Kopf)
b) Was haben diese Wahrnehmungen für Gefühle in mir ausgelöst? (Körper)
c) Welche pädagogischen Handlungen habe ich in diesem Zusammenhang beobachtet oder kann ich entwickeln? (Koffer)

Beispiele für Befürchtungen im Praktikum:
– Als sich ein Studierender für das erste Praktikum in einem Heim vorstellt, öffnet ein etwa zwölfjähriger Junge die Tür. Das Kind sagt in provozierendem Ton ohne Begrüßung: „Bist du verheiratet?", „Hast du schon mal gefickt?" und rennt davon, den Praktikanten allein lassend. Der Studierende befürchtet ein stark provozierendes Verhalten der Kinder.
Er macht sich jetzt in der Übung bewusst: Im Praktikum wird er eine Fachkraft haben, die sein Praktikum anleiten und ihn beraten wird. Er nimmt sich vor gleich am ersten Praktikumstag diesen Vorfall zu schildern und die Fachkraft zu fragen, wie er auf ein solches Verhalten am sinnvollsten reagieren könnte.

– Eine Studierende stellt sich in einem Kindergarten vor um sich nach den Möglichkeiten einer Blockpraktikantenstelle zu erkundigen: Die Gruppenleiterin sitzt an einem Tisch und bastelt mit den Kindern. Die Zweitkraft schneidet Papier und Stoffe zurecht in der Vorbereitung für einen Elternbastelabend.
Die Studierende befürchtet hohe Erwartungen im Bereich des Bastelns.
Sie entschließt sich einen zweiten Kindergarten anzusehen um Vergleichsmöglichkeiten zu haben. Ggfs. wird sie ihren Eindruck mit der Leiterin besprechen, bevor sie sich zu einer Zusage entscheidet. ❑

1.3 Qualifikationen für den Beruf

Ziele

Dieses Kapitel soll dazu beitragen, dass Sie sich in Ihre Ausbildung und deren Anforderungen eindenken und motiviert sind die nötigen Qualifikationen für den Beruf zu erwerben.
Im Einzelnen soll das Kapitel Ihnen dazu verhelfen,
– Vorurteilen hinsichtlich der sozialpädagogischen beruflichen Arbeit kritisch begegnen zu können,
– bereit zu werden sich in Ihrer ganzen Persönlichkeit sowie mit Ihrem Wissen und Ihren Fähigkeiten in den Beruf und in die berufliche Ausbildung einzubringen und sich den beruflichen Anforderungen zu stellen,
– zu erkennen, dass es keine perfekten Erzieherinnen gibt und dass Perfektionismus auch nicht anzustreben ist, der Beruf aber ein berufslanges Lernen und Sich-Verändern sowie Kritikbereitschaft und Kritikfähigkeit voraussetzt.

Erzieherinnen und Erzieher haben eine sehr lebendige und vielseitige berufliche Arbeit. Kein Tag ist wie der andere, jede einzelne Situation ist einmalig, wenn es auch auf den ersten Blick nicht so erscheint.

▼ Beispiel:

Die Erzieherin Sarah hat an einem Wintertag im Kindergarten gezählt, dass sie 28-mal einen Hosenknopf schließen musste. Die Handlung, nämlich das, was sie mit der Hand tat, das Schließen des Knopfes, war immer gleich. Die emotionale und sprachliche Begleitung dieser Handlung unterschied sich: „Komm, ich helfe dir!", als sie sah, wie ein Kind sich verzweifelt abmühte und sich wohl nicht traute sie um Hilfe zu bitten. „Versuche es erst einmal allein!", reagierte sie bei einem anderen Kind. „Wer könnte dem Marco helfen?" fragte sie beim dritten Kind oder sie sagte Mut machend: „Diese Knöpfe sind wirklich zu schwer. Bei anderen schaffst du es ja schon alleine, Lena." ▲

Studierende, die ein Vorpraktikum geleistet haben, konnten häufig den Eindruck gewinnen, dass sie für den Beruf schon recht gut vorbereitet sind, weil sie anfallende Aufgaben gut bewältigten. Was sie noch als Mangel empfinden, sind vielleicht die Übertragung von Erfahrungen und die zusätzlichen Aufgaben, die sich in anderen Arbeitsfeldern ergeben. Das ist ein typisches Merkmal für diesen Beruf: Zunächst sind viele der beruflichen Anforderungen mit erlernten Kenntnissen und Fähigkeiten zufriedenstellend zu bewältigen. Erst der tiefere Blick zeigt auf, in welchen Situationen sensibler wahrgenommen und differenzierter vorgegangen werden muss.

1.3.1 Kenntniserwerb und die Schulung von Fähigkeiten

Die einzelnen Fächer vermitteln während der Ausbildung breite Grundlagen an Kenntnissen und Fähigkeiten, die für den Beruf erforderlich sind. Das Fach Didaktik/Methodik (in manchen Bundesländern auch Methodenlehre genannt) hat eine besondere Stellung. Es bündelt die In-

halte der einzelnen Fächer und verbindet sie durch den starken Praxisbezug (siehe dazu die Einleitung dieses Buches).

Die Verbindung kann in der Ausbildung aber nur exemplarisch hergestellt werden und das reicht oft nicht aus. Deshalb wird zunehmend versucht den Unterricht handlungsorientierter und projektähnlicher aufzubauen.

Der Erwerb von Kenntnissen und Fähigkeiten ist weitgehend messbar. Leistungsnachweise werden erbracht und geben den Studierenden und den Lehrkräften ein Bild der Lernfortschritte. Die Studierenden erkennen ihre Lernlücken und können daran arbeiten. Manche nicht geschlossene Lernlücke kann erst während der konkreten Arbeit im Berufspraktikum oder im späteren Beruf ausgeglichen oder überbrückt werden.

▼ Beispiele:

– Ausreichende Kenntnisse für die Arbeit mit speziellen Behinderungen werden erst in der Praxis erworben, weil jeder Behinderte ein individuelles Verhalten aufweist.

– Eine Erzieherin, die feinmotorisch nicht geschickt ist und nicht gerne bastelt, kann den jungen Menschen auf anderen Gebieten breite Anregungen geben, die ebenso feinmotorische Fähigkeiten und Kreativität fördern, beispielsweise das Spiel mit Orff'schen Instrumenten oder die Zubereitung von Speisen, während ihre Kollegin den Werkbereich übernimmt.

– Ein Erzieher, der überzeugt ist nicht gerne pflegerische Arbeiten zu übernehmen, sucht sich nicht gerade eine Stelle in einer Krippe oder bei Behinderten.

– Erzieherinnen, die sich nicht gerne mit Verwaltungsaufgaben auseinandersetzen, werden keine Leitungsfunktionen anstreben. ▲

Der Erwerb von Kenntnissen und die Schulung von Fähigkeiten sind aber nur eine Seite der beruflichen Ausbildung und des Lernens im Beruf. Die andere Seite ist die Bereitschaft an der eigenen Persönlichkeit zu arbeiten. In vielen Berufen sind vorrangig Kenntnisse und Fähigkeiten gefragt. Erzieherinnen müssen sich mit ihrer ganzen Persönlichkeit im Beruf einsetzen.

Ihre Geduld, ihre Belastbarkeit, ihre Einstellungen und Haltungen sind Vorbild für die jungen Menschen und beeinflussen deren Entwicklung.

1.3.2 Lernen im Umgang mit der eigenen Persönlichkeit

Es ist für Lehrkräfte eine wesentlich schwerere Aufgabe, Studierende im Umgang mit der eigenen Persönlichkeit anzuleiten als sie in den anderen Lernbereichen zu fördern. Nicht nur für die Lehrkräfte, sondern auch für die Studierenden selbst ist diese Aufgabe schwierig und nur mit hoher Motivation zu leisten. Um an der eigenen Persönlichkeit zu arbeiten muss zunächst das eigene Handeln, Denken und Empfinden wahrgenommen werden. Das allein ist oft schon eine schwierige Aufgabe, weil sie manchmal schmerzlich sein kann.

▼ **Beispiel:**
Eine Erzieherin wurde in ihrer Kindheit häufig folgendermaßen beurteilt:
„Du bist nicht sehr begabt, dafür aber liebevoll und fleißig."
Jetzt wäre es für sie schmerzhaft Ihren Fleiß kritisch anzusehen, denn am Fleiß baut sie – nicht bewusst – einen großen Teil ihres Selbstwertgefühls auf. Ihr Fleiß kann im sozialpädagogischen Beruf aber bedeuten, dass sie das Kind wenig eigenständig handeln lässt. Sie nimmt die Geschehnisse sehr stark selbst in die Hand (Helfersyndrom). ▲

Die Bereitschaft an der eigenen Persönlichkeit in der Berufsausbildung und weiterhin im späteren Beruf zu arbeiten setzt deshalb eine hohe eigene Bereitschaft voraus Hemmungen zu überwinden.
Mit einem Teil meiner Aufgabenstellungen versuche ich in diesem Buch Ihnen Methoden dafür aufzuzeigen und Mut zu machen.

Persönlichkeitsmerkmale, die Sie für Ihren Beruf anstreben sollten, sind vor allem:
1. Die Erzieherin, der Erzieher müssen **stabile und belastbare Persönlichkeiten** sein. Viele Eindrücke strömen zur gleichen Zeit auf sie ein und verlangen Entscheidungen und Handlungen von ihnen. Es gibt häufig Situationen, in denen sie nicht sagen können: „Eins nach dem anderen!" Sie müssen gleichzeitig Mehreres wahrnehmen und reagieren. Einfühlsame und verantwortungsvolle Erzieherinnen werden vieles wahrnehmen, was nach einer pädagogischen Reaktion verlangt. Zeit und Kraft reichen aber nicht aus diese Situationen alle aufzufangen und zu bearbeiten. Erzieherinnen müssen selektieren (auswählen).
Deshalb werden sie häufig noch von beruflichen Gedanken in Anspruch genommen, wenn sie abends nach Hause gehen. Das notwendige Abschalten vom Beruf ist nicht immer einfach, muss aber angestrebt werden, damit sich in der Freizeit neue Kraftquellen erschließen.

2. Erzieherinnen müssen bestimmte **Grundeinstellungen** und Haltungen gegenüber Menschen, insbesondere jungen Menschen, mitbringen. Sie müssen ein Klima schaffen, das nicht einengt, sondern entfalten und wachsen lässt. Dafür benötigen die Heranwachsenden vor allem das Empfinden von Anerkennung und Sicherheit. Wenn sich der junge Mensch anerkannt und sicher fühlen soll, müssen Erzieherinnen sich inbesondere um drei Grundhaltungen und deren Verinnerlichung bemühen:

A) Wertschätzung (Akzeptanz)
Erzieherinnen müssen wertschätzend mit Menschen, vor allem jungen Menschen, umgehen. Ein Kind kann sich nicht gut entwickeln, wenn es in seiner Persönlichkeit abgelehnt wird. Es kann damit umgehen, wenn bestimmte Verhaltensweisen abgelehnt werden. Daraus kann es lernen. Wenn es aber in seiner ganzen Person Ablehnung erfährt, wird es verkümmern.

▼ **Beispiele:**
– Ein Kind im Hort ist schon mehrfach bei kleineren Diebereien aufgefallen. Dieses Fehlverhalten muss abgelehnt werden. Das Kind als solches muss trotzdem als wertvoll empfunden und angenommen werden.
– Im Jugendzentrum besteht die Auflage, dass keine Waffen mitgebracht werden dürfen. Das

Mitbringen von Waffen, zu denen auch Baseballschläger gehören, bedeutet Ausschluss aus dem Jugendzentrum. Fred, der durch sein aggressives Verhalten, seine radikalen rechten Einstellungen und sein auffallendes Aussehen häufig auffällt, hat einen Baseballschläger unter dem Anorak. Er wird für ein halbes Jahr vom Besuch des Jugendzentrums ausgeschlossen. Grund ist das Mitbringen des Baseballschlägers, nicht seine unangenehme Persönlichkeit. ▲

B) Einfühlungsvermögen (Empathie)

Eine Person mit einem starken Einfühlungsvermögen kann sich in ihre Bezugspersonen eindenken und deren Gefühle nachempfinden. Gerade im Umgang mit Kindern ist das überaus wichtig, denn sie können ihre Gedanken und Wünsche oft noch nicht verbalisieren. Auch verhaltensauffällige Kinder und Jugendliche, die psychische Verletzungen und Belastungen hinter sich haben, benötigen besonders sensibles Einfühlungsvermögen. Dabei müssen Erzieherinnen geben, aber auch fordern können. Weder die nur helfenden noch die nur fordernden Persönlichkeiten sind angemessene Pädagogen.

▼ Beispiel:

– Im Heim besteht die Regel, dass die Jugendlichen um 23 Uhr zu Hause zu sein haben. Der Erzieher Andreas sagt den Jugendlichen beim Fortgehen, dass sie pünktlich zurückkommen sollen. Wenn sie dann aber unpünktlich erscheinen, sieht er gutmütig darüber hinweg. Die Folge ist, dass die Jugendlichen sich vorher erkundigen, wer Dienst hat, und es bei ihm grundsätzlich nicht so genau nehmen.
Wenn er dagegen bei einem Jugendlichen, der sonst immer pünktlich ist, einmal wegen eines verpassten Busses eine Ausnahme macht und keine negative Sanktion (Strafe) verhängt, wird er respektiert werden. ▲

C) Echtheit (Kongruenz)

Kongruenz bedeutet Übereinstimmung. Unter Echtheit ist eine Offenheit und hilfreiche Ehrlichkeit zu verstehen, bei der Kopf und Herz übereinstimmen. Verbale Aussagen und nonverbale Äußerungen (in denen häufig Gefühle zum Ausdruck kommen wie durch Mimik, Gestik und Stimme) dürfen sich nicht widersprechen. Das heißt, Pädagogen müssen mit ihren Gefühlen hinter dem stehen, was sie mit dem Verstand entscheiden oder äußern.

▼ Beispiel:

Die Erzieherin Elke lobt das neue Kleid eines eitlen Kindergartenkindes. In Gedanken ärgert sie sich aber über die Eitelkeit dieses Kindes, das ständig wegen seines Aussehens gelobt sein will. Das Kind spürt die Unstimmigkeit, kann sie aber nicht deuten. Es denkt, dass sein Aussehen noch nicht ausreicht und dass es noch mehr auf seine äußere Erscheinung achten muss. ▲

3. Ein weiteres Persönlichkeitsmerkmal, das Erzieherinnen und Erzieher in den Beruf mitbringen oder für den Beruf aufbauen müssen, ist das Verantwortungsbewusstsein. Pädagogen müssen **Persönlichkeiten mit hohem Verantwortungsgefühl** sein. In vielen Berufen sind die Ergebnisse der Berufsarbeit sichtbar und kontrollierbar. Die Erzieherin dagegen kann zwar erkennen, ob die Kinder sie mögen, aber das allein liefert ihr keinen Beweis über die Qualität ihrer Arbeit. Sie hat insgesamt nur sehr wenig Beweise, denn die Entwicklung eines Kindes hängt von vielen Faktoren ab, unter denen ihre Leistungen nur einen Teil ausmachen. Sie kann noch nicht einmal wissen, wie groß dieser Teil ist.

▼ Beispiele:

– Die ängstliche und schüchterne fünfjährige Ince, die vor einem Jahr aus der Türkei kam, hat sich zu einem aufgeschlossenen Mädchen entwickelt, das bereits ungewöhnlich gut Deutsch spricht. War das ein Erfolg der Erzieherin?
– Ninas Jähzornsanfälle sind auffallend zurückgegangen. Welche Einflüsse haben außer der Horterziehung mitgespielt?
– Jakob hat in der ersten Klasse Schulprobleme. Er fügt sich nicht den Anweisungen der Lehrerin und hat oft Streit mit den Kindern. Hätte die Erzieherin ihn stärker auf die Anforderungen in der Schule vorbereiten können? ▲

Grundhaltungen der Erzieherin

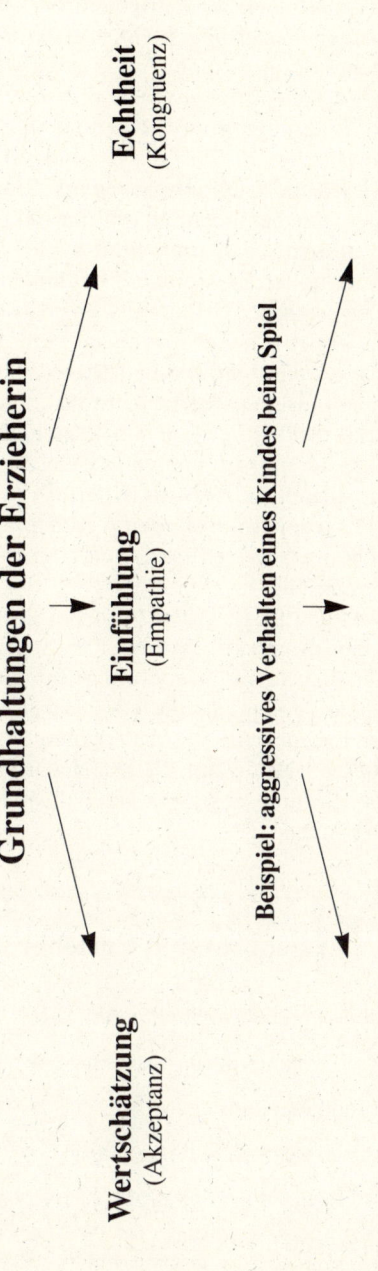

Wertschätzung
(Akzeptanz)

Einfühlung
(Empathie)

Echtheit
(Kongruenz)

Beispiel: aggressives Verhalten eines Kindes beim Spiel

Ich empfinde dich als wertvoll, auch wenn ich deine Verhaltensweise ablehne.

Ich verstehe, dass du zornig bist, denn du würdest gern öfters an die Reihe kommen. Ich kann aber nicht dulden, dass die anderen durch dich gestört werden.

Ich bin sehr über dein Verhalten verärgert, weil ich dir vergeblich erkläre, dass das Spiel so niemandem Spaß macht. Deshalb kann ich dir nicht erlauben weiter mitzuspielen.

Beispiel: verhaltensschwieriger Jugendlicher im Heim

Ich biete dir meine Hilfe an, weil ich dich als wertvoll ansehe und weil ich die Hoffnung habe, dass du in deinem Leben wieder „Boden unter die Füße bekommst".

Ich verstehe, dass du auf Grund deines Lebensweges und auf Grund deiner Gefühle so gehandelt hast. Ich kann aber dein Verhalten, Druck auf andere auszuüben und sie zu negativen Verhaltensweisen anzuleiten, nicht billigen.

Ich bin sehr zornig wegen deines Verhaltens, weil du die Chancen für dich nicht nutzt und anderen geschadet hast. Ich erwarte von dir mehr Einsicht und Bereitschaft dich an meine Anweisungen zu halten. Weil ich das Risiko nicht eingehen möchte, dass sich so etwas wiederholt, muss ich dir engere Grenzen setzen.

Die Tatsache, dass im sozialpädagogischen Beruf Beweise der beruflichen Arbeit nur wenig erkennbar sind, führt manchen Außenstehenden – wie schon gesagt – zu der Annahme, es sei ein leichter Beruf. Dieses Vorurteil veranlasst andererseits viele Erzieherinnen, nach sichtbaren Beweisen und erkennbaren Erfolgen ihrer Berufstätigkeit zu suchen. Beispielsweise basteln manche Erzieherinnen mit den Kindern im Kindergarten viel und stellen die Arbeiten aus oder sie arbeiten mit Vorschulmappen. Hier wird ihre Arbeit sichtbar. Das vertiefte und konzentrierte Spielen eines Kindes, das sie durch die Schaffung einer geeigneten Spielatmosphäre erreicht haben, oder die Konfliktbewältigungen, zu denen sie Kinder hingeführt haben, sind wie alle emotionalen und sozialen Erlebnisse und Lernleistungen nur sehr schwer sichtbar zu machen.

Um sich pädagogische Ziele bewusst zu machen und über das eigene pädagogische Handeln und dessen mögliche Wirkungen nachzudenken sind intensive Reflexionen nötig. Deshalb ist es weit mehr als in anderen Berufen notwendig sich gegenüber anderen – vor allem Mitarbeiterinnen – offenzulegen und sie um Stellungnahme zu bitten. Die Offenlegung und das Annehmen einer Stellungnahme setzen Kritikbereitschaft und Kritikfähigkeit voraus. Insbesondere dann, wenn die Kritik nicht durch sichtbare und messbare Beweise und Vergleiche belegt werden kann, wird sie oft nicht angenommen.

Erzieherinnen und Erzieher arbeiten fast immer im Team. Die Zusammenarbeit kann aber nur dann optimal erfolgreich sein, wenn Unterschiede im pädagogischen Verhalten wahrgenommen werden und bewusst damit umgegangen wird. Kooperation setzt deshalb ebenfalls Kritikbereitschaft und Kritikfähigkeit voraus. Vor Eltern und der Öffentlichkeit müssen Erzieherinnen und Erzieher sich offenlegen. Wer Angst vor Kritik hat, kommt mit der Offenlegung seiner Arbeit nur schwer zurecht.

Die Anwendungsteile dieses Buches zeigen Ihnen viele Möglichkeiten und Methoden auf, wie Sie einerseits an Ihrem pädagogischen Standort arbeiten und zum anderen sich gezielt in Auseinandersetzungen und Schulungen Ihrer Persönlichkeit einlassen können. Dabei ist es wichtig, mutig und zielstrebig voranzugehen, sich aber nicht zu überfordern. Vielmehr kommt es darauf an, Ziele als Wegweiser zu sehen. Wegweiser, die sehr hoch gesetzt sind, zeigen ihre Richtung in einem großen Radius an. Sterne z.B. sind für eine halbe Erdkugel richtungsweisend. Sie sind aber nicht fassbar und nicht greifbar. Erzieherinnen müssen zwar unbedingt in der Richtung ihrer hohen Ziele gehen, sie dürfen aber nicht erwarten sie wirklich fassen zu können. Nur die greifbar nahen Ziele sind konkret erreichbar. Auch dann bleiben Misserfolge in der pädagogischen Arbeit nicht aus. Die Belastbarkeit hat ihre Grenzen. Erzieherinnen und Erzieher müssen viel von sich verlangen, aber sie dürfen nicht erwarten perfekt zu sein. Für die Gruppenmitglieder wären perfekte Menschen auch kein geeignetes Vorbild – wenn es sie gäbe!

Das, was den Erzieherberuf schwierig macht, sind nicht die praktischen oder theoretischen erlernbaren Anteile, sondern die Bereitschaft die eigene Persönlichkeit in den Beruf einzubringen und an sich selbst zu arbeiten.

Wer diesen Beruf wählt, sollte sich darüber im Klaren sein und muss sein Handeln in Frage stellen können.

Erzieherin und Erzieher

stabile und belastbare Persönlichkeit

hohes Verantwortungsbewusstsein

Grundeinstellungen:

– Wertschätzung (Akzeptanz)

– Einfühlung (Empathie)

– Echtheit (Kongruenz)

Kritikfähigkeit und Kritikbereitschaft

Zusammenfassung

- Der Beruf der Erzieherin oder des Erziehers ist vielseitig, aber auch anstrengend. Er setzt eine belastbare Persönlichkeit voraus und verlangt Spontaneität und Flexibilität.

- Sozialpädagogisches Wissen, Fähigkeiten und Methoden sind erlernbar. Die Verbindung der in den einzelnen Fächern erworbenen Befähigungen wird während der Ausbildung angestrebt, aber erst voll in der späteren Praxis erreicht. Studierende haben deshalb häufig den Eindruck einzelne Puzzleteile zu besitzen, deren Zusammensetzung individuell hergestellt bzw. erst im Beruf geleistet werden kann.

- Zukünftige Erzieherinnen und Erzieher müssen bereit sein an ihrer Persönlichkeit zu arbeiten. Besonders wichtige Grundhaltungen, die sie anstreben müssen, sind Wertschätzung, Einfühlung und Echtheit. Kinder und Jugendliche können sich nur dann gut entfalten und wachsen, wenn ihnen diese Einstellungen überzeugend entgegengebracht werden.

- Die Ergebnisse und die beruflichen Erfolge sind im sozialpädagogischen Beruf nur wenig sichtbar und kaum messbar. Deshalb müssen Erzieherinnen nach bestem Wissen und Gewissen entscheiden und ihr Handeln danach ausrichten. Die geringe Feststellbarkeit der Arbeitsergebnisse verlangt ein hohes Verantwortungsgefühl gegenüber der beruflichen Arbeit.

Anregungen

1. Befragung zum Berufsbild von Erzieherinnen

Erstellen Sie einen kurzen Fragebogen zum Berufsbild der Erzieherin, der möglichst nur angekreuzt, ggfs. mit „ja" oder „nein" beantwortet werden oder anderweitig kurz sein muss. Befragen Sie Menschen aus Ihrem Bekanntenkreis oder auf der Straße nach ihren Ansichten (schriftlich oder mit Tonband). Vergleichen und besprechen Sie anschließend Ihre Ergebnisse.
Diskutieren Sie die Bedeutung einer niedrigen gesellschaftlichen Bewertung des Berufsbildes von Erzieherinnen.

2. Einzelarbeit und Partnergespräch: Auseinandersetzung mit der eigenen pädagogischen Grundhaltung

a) Durchdenken Sie, welche Anforderungen Ihnen in der Praxis wahrscheinlich am schwersten fallen werden: Wertschätzung, Einfühlung oder Echtheit.
b) Machen Sie sich an Beispielen bewusst, dass Sie manchmal in Widersprüche geraten werden und einen gangbaren Mittelweg suchen müssen.
Beispiele:
Wenn ich echt und ehrlich bin, kann ich dem rechtsradikalen Jugendlichen im Jugendzentrum keine Wertschätzung entgegenbringen.

Wenn ich wertschätzend und einfühlsam mit dem sechsjährigen eitlen Mädchen umgehen will, kann ich ihm nicht ehrlich sagen, dass mir sein neues Kleid gleichgültig ist oder nicht gefällt.

c) Sprechen Sie mit einem Partner oder in der Gruppe über Schwierigkeiten diesen drei Anforderungen gerecht zu werden.

3. Besinnung im Zusammenhang mit Perfektionismus und Kritikfähigkeit im Beruf

a) Verabreden Sie eine Nachdenkzeit von etwa fünf Minuten, in denen nicht gesprochen wird.

b) Vergegenwärtigen Sie sich einen Menschen in Ihrem Bekanntenkreis, der Fehler zugibt und den Sie kritisieren können ohne Angst haben zu müssen, dass mit Gegenkritik geantwortet wird. Vergegenwärtigen Sie sich Ihre Einstellung zu dieser Person: Vertrauensvoll? Nachahmenswert?
Wenn Ihnen niemand einfällt, vergleichen Sie die Kritikfähigkeit von zwei Menschen Ihres Bekanntenkreises.

c) Unterbrechen Sie nach der abgelaufenen Zeit die Ruhe um in einem erneuten kurzen Zeitabschnitt über die erste Nachdenkphase nachzudenken. (= Meta-Nachdenkphase)
– Wie schwer ist es Ihnen gefallen, einen Menschen zu finden?
– Woran könnte es gelegen haben, dass Ihnen (lange) niemand eingefallen ist? (Sicher nicht, weil die Menschen Ihres Bekanntenkreises perfekt sind, vielleicht eher, weil Sie sich im Alltag nicht bewusst machen, wie Menschen mit Kritik umgehen?)
– Gibt es einen Menschen in Ihrem Bekanntenkreis, den Sie als perfekt einstufen? Was würden Sie darunter verstehen? Kann es sein, dass Sie gerade solche Menschen als vorbildhaft empfinden, die nicht perfekt sind, aber mit

ihren Unzulänglichkeiten konstruktiv umgehen können?

d) Sprechen Sie in Gruppen über Ihre Erfahrungen, Gedanken und Einstellungen im Zusammenhang mit Kritikfähigkeit und Perfektionismus.

4. Auseinandersetzung mit Zielen des Kapitels 1

Lesen Sie die Ziele zu den Abschnitten 1, 2 und 3 und durchdenken Sie:
a) Empfinden Sie diese Ziele als angemessen?
b) Inwieweit vermuten Sie diese Ziele erreicht zu haben?
c) Wären Ihnen andere Ziele wichtiger? Welche?
Tauschen Sie Ihre Gedanken in der Gruppe aus.

5. Reflexion über berufliche Anforderungen:

Erstellen Sie in Gruppenarbeit eine Liste von beruflichen Anforderungen, die Ihnen wichtig erscheinen. (Einigen Sie sich vorher auf eine Anzahl, z.B. 5.) Zeichnen Sie sich für jede Anforderung ein Schema nach folgendem Muster:

1	2	3	4	5

Schätzen Sie ein und kreuzen Sie an: 1 für: „Damit komme ich sehr gut zurecht". 5 für: „Damit komme ich noch gar nicht zurecht". Denken Sie anschließend über Ihre Ergebnisse nach und sprechen Sie darüber, wenn Sie das möchten (in der Gruppe und/oder im Plenum).

Diese Übung lässt sich auch gut nach einem Praktikum einsetzen, wobei Erfahrungen ausgewertet, Erfolge bewusst gemacht und Misserfolge verarbeitet werden können. ❏

2 Geplantes und spontanes Handeln in der sozialpädagogischen Praxis

Einführung

Geplantes Handeln setzt Planung voraus. Planung bedeutet einen Entwurf zu erstellen – ggfs. gedanklich – der ein erwünschtes Ziel und dessen Verwirklichung beschreibt. Planung bezieht sich immer auf ein Ziel.

▼ Beispiel:

Erzieher Markus plant mit der Hortgruppe an einem Ferientag einen Ausflug. In dem Ausflug selbst liegt bereits ein Ziel. Wenn er den Tag konkret planen und vorbereiten will, muss er das Ausflugsziel genauer bestimmen: Soll es eine Wanderung werden, eine Burgbesichtigung, Schwimmen am See oder der Besuch eines Bauernhofes? Natürlich kann er auch einen Ausflug ins Blaue vornehmen. Dann liegt das Ziel darin, sich vom Augenblick anmuten zu lassen, risikobereit jeweils sich ergebende Möglichkeiten ins Auge zu fassen und deren Konsequenzen abzuschätzen sowie die entsprechende Initiative zu ergreifen. ▲

Geplantes pädagogisches Handeln ist zielorientiertes Handeln.

Im Fach Pädagogik werden Erziehungsziele und Lernziele in ihrer Bedeutung und in ihrer Breite ausführlich behandelt. Im Fach Didaktik/Methodenlehre soll erlernt werden, wie Erziehungsziele angemessen in der sozialpädagogischen Praxis einzusetzen sind. Das bedeutet für die Studierenden sich darin zu üben, Lernziele
– situationsangemessen zu erfassen,
– zu formulieren,
– zu begründen,
– in Handlung umzusetzen und
– ihre Wirkung zu überprüfen.

Die Bearbeitung von Lernzielen geschieht deshalb in diesem Buch lediglich aus pragmatischer, d.h. aus handlungsbezogener Sicht.

Natürlich kann die Erzieherin nicht jede ihrer pädagogischen Entscheidungen bewusst an ihren Zielen ausrichten. Sie wird auch häufig spontan handeln. Aber auch ihr spontanes Handeln wird von ihren Erziehungszielen abhängen.

▼ Beispiel:

Für Erzieherin Nicole ist Ordnung ein wichtiges Ziel, für Erzieherin Sabine steht Spontaneität im Vordergrund. Beide beobachten, wie Thomas, ein Zweitklässler, seinen Heftrand bei den Hausaufgaben hübsch bemalt. Erzieherin Nicole wird Thomas vielleicht dazu veranlassen, damit aufzuhören, Erzieherin Sabine wird ihn möglicherweise bestärken. ▲

Sowohl geplantes als auch spontanes Handeln bauen auf Beobachtungen auf. Die Erzieherin nimmt wahr, wo die Gruppe steht und wie die einzelnen Gruppenmitglieder sich verhalten. Darauf reagiert sie spontan oder baut auf diesem Entwicklungsstand und das gezeigte Verhalten ihre Ziele auf. Beobachtung ist deshalb ein wichtiges Element für die pädagogische Arbeit.

Zunächst soll im Folgenden auf Erziehungsziele und deren Bezug zum pädagogischen Alltag eingegangen werden. Im nächsten Teilkapitel wird spontanes pädagogisches Handeln genauer betrachtet und untersucht werden. In beiden Abschnitten wird die Beobachtung einen wichtigen Standort einnehmen.

2.1 Erziehungsziele als Wegweiser

Ziele

Das Kapitel „Erziehungsziele als Wegweiser" soll dazu beitragen, dass Sie
- *Ihnen wichtig erscheinende Ziele finden, formulieren und begründen können,*
- *bereit sind Ihre geplante und spontane pädagogische Arbeit den Zielen unterzuordnen,*
- *das Interesse aufbauen berufliche Situationen einschließlich des eigenen pädagogischen Handelns zu beobachten,*
- *Ihre bisherigen beruflichen Erfahrungen kritisch betrachten, hinterfragen und*
- *motiviert sind Ihre pädagogischen Einstellungen auf Grund neu gewonnener Erkenntnisse zu verändern.*

„Erziehungsziele sind Leitnormen für den Erziehungsprozess im Hinblick auf wünschbare Verhaltensweisen, Kenntnisse, Wertorientierungen, Ausdrucksformen des Denkens und Fühlens." (Hottelet 1980, S. 257)

Erziehungsziele bestimmen das pädagogische Handeln. Von ihnen hängt ab, welche Vorhaben die Erzieherin plant, welche Aktivitäten der Kinder sie aufgreift und verstärkt, wo sie Grenzen setzt, welche Schwerpunkte sie festlegt usw.

▼ **Beispiel:**
Wenn eine Erzieherin es für eine wünschenswerte Verhaltensweise hält, wertschätzend mit Material umzugehen, wird sie vielleicht die Jugendlichen in der Wohngruppe anleiten aus Essensresten wohlschmeckende Speisen zuzubereiten, sie wird im Hort die Kinder bestärken, wenn sie bei ihren Hausaufgaben keine Heftseiten verschwenden, im Kindergarten wird sie den Kindern einen sorgsamen Umgang mit Bilderbüchern vorleben, auf sparsamen Wasserverbrauch und auf gewissenhafte Wertstoffsammlung achten usw. ▲

Häufig sind Erziehungsziele dem Pädagogen nicht bewusst. Er entscheidet, weil er es so gewohnt ist, weil die Entscheidung logisch erscheint oder weil sie seinem spontanen Empfinden entspricht. Das müssen keine falschen

„Ich arbeite lieber spontan, dann bin ich echt!"   **„Vielleicht aber auch echt ratlos."**

oder unangemessenen Entscheidungen sein, aber sie können ihn auch in Richtungen führen, die er gar nicht gehen wollte. Über pädagogische Probleme, die durch die unreflektierte Umsetzung von Wert- und Normvorstellungen entstehen können, wird in diesem Buch noch häufig die Rede sein. Erziehungsziele sind bewusst. Die Auseinandersetzung mit ihnen ist deshalb eine wichtige Aufgabe in der beruflichen pädagogischen Arbeit.

2.1.1 Lernziele: Definition, Abgrenzung und Formulierung

Der Begriff „Erziehungsziel" ist allgemeiner und übergeordneter, während ein Lernziel konkreter das (veränderte) Verhalten beschreibt, das von einem Lernenden am Ende einer Lerneinheit erwartet wird.
In der Fachliteratur wird der Begriff Lernziele teilweise auf kulturelle Inhalte wie Sprache, Kunst und Kulturtechniken bezogen. Deshalb spricht man vor allem im Schulbereich von Lernzielen. Es hat sich aber eingebürgert, Lehr- oder Lernziele auch in anderen Zusammenhängen zu verwenden, und zwar vor allem dann, wenn es sich um eine umgrenzte Zeitphase (Lernabschnitt) und um fassbare Ziele handelt. In der Sozialpädagogik wird deshalb sowohl von Erziehungszielen als auch von Lernzielen gesprochen. Im Lernziel wird formuliert, welches zu erreichende Verhalten, welche Kenntnisse oder Wertorientierungen und welche Ausdrucksformen vom Lernenden erwartet werden. Der Begriff Erziehungsziel lässt den Bezug zum Lernenden oder Lehrenden offen.

Das Lernziel formuliert ein zu erreichendes Verhalten. Es beschreibt den angestrebten Soll-Zustand. Der Lehrende versucht den Lernenden vom Ist-Zustand zum Soll-Zustand zu führen.

▼ **Beispiele:**
– Die Erzieherin beobachtet, dass der vierjährige Bernd keine Versuche macht, sich selbst an- oder auszuziehen. Er wartet, bis jemand kommt und ihm hilft. Wenn das zu lange dauert, beginnt er zu weinen.
Hier entstehen für die Erzieherin gleich zwei wichtige Lernziele (Soll-Zustand):

1. Bernd soll sich alleine aus- und anziehen können.
2. Bernd soll Initiative ergreifen und um Hilfe bitten, wenn er alleine nicht zurechtkommt.
Da das erste Lernziel eine längere Phase beansprucht, wird die Erzieherin wahrscheinlich das zweite Lernziel gezielt angehen, während an dem ersten Lernziel langsam geübt wird.

– Krippenkinder kennen zunächst nicht die Rechte eines Menschen auf Besitz. Konkret kann das beispielsweise bedeuten: Wenn ein Kind sich mit einem Spielzeug beschäftigt, kommt ein anderes Kind und nimmt es ihm weg. Auch hier lassen sich wieder zwei Lernziele, d.h. angestrebte Sollzustände, ableiten:
1. Das Kind soll das Spielzeug und den „Besitz" eines anderen Kindes respektieren und ihm ein Spielzeug nicht wegnehmen.
2. Ein Kind, dem ein Spielzeug weggenommen wurde, soll seine Rechte verteidigen und sich das Spielzeug zurückholen. ▲

Bei dem Lernziel 2 vom Beispiel „Krippenkind" wird deutlich, dass man über Lernziele durchaus unterschiedlicher Meinung sein kann. Lernziele müssen deshalb offen gelegt und begründet werden können.

Richt-, Grob- und Feinziele
Das Lernziel des obigen Beispiels „Bernd soll Initiative ergreifen und um Hilfe bitten, wenn er nicht alleine zurechtkommt", bezieht sich im vorliegenden Fall möglicherweise auf eine Schwäche von Bernd, nämlich selbst Initiative zu ergreifen. Die Erzieherin könnte das Lernziel auch ganz allgemein formulieren: „Bernd soll Handlungsbedarf erkennen und Inititative ergreifen." Damit hat die Erzieherin ein Richtziel beschrieben, weil diese Zielformulierung viele Lernbereiche umfasst und sowohl für einfache als auch für komplizierte Handlungszusammenhänge gilt. Es bezieht sich nicht nur auf einen eindeutig benannten Lernbereich. Es umschließt auch einen längeren Zeitraum, denn es trifft sowohl für jüngere als auch für ältere Kinder und Jugendliche zu. Es kann sich auf jeweils unterschiedliche und altersangemessene Handlungsbereiche beziehen.

Richtziele geben eine Richtung an, sie sind allgemein und weitgehend abstrakt formuliert und enthalten noch keine Konkretisierung.

Im vorliegenden Beispiel hat die Erzieherin das breite Ziel der Eigeninitiative etwas konkretisiert und auf „um Hilfe bitten" eingeschränkt. Das Handlungsdefizit von Bernd ist ihr im Zusammenhang mit dem An- und Ausziehen aufgefallen. Möglicherweise – oder wahrscheinlich – wird sich dieser Mangel auch in anderen Bereichen zeigen, beispielsweise beim Aufräumen von Spielmaterial, bei Konfliktbewältigungen, bei Ängsten usw. Das Lernziel „Bernd soll Initiative ergreifen und um Hilfe bitten, wenn er nicht alleine zurechtkommt" bezieht sich in dieser Formulierung auf unterschiedliche Inhalte. Es ist noch nicht wirklich konkret formuliert. Wir bezeichnen diese Ebene von Lernzielen als **Grobziele**. Sie sind konkreter als die Richtziele, umfassen aber immer noch mehrere kleinere und detailliertere Lernziele.

Die Erzieherin könnte das genannte Lernziel auch auf den Lerninhalt beziehen. „Bernd soll Initiative ergreifen und um Hilfe bitten, **wenn er beim An- und Ausziehen nicht zurechtkommt.**" Diese konkreten Lernziele werden als **Feinziele** bezeichnet. Sie sind überprüfbar. Das heißt, die Erzieherin kann durch Beobachtung feststellen, ob das Kind – in diesem Fall Bernd – das Lernziel erreicht hat.

Konkrete und überprüfbare Lernziele nennt man operationalisierte Lernziele.
Die Operationalisierung von Lernzielen birgt allerdings die Gefahr, dass nur diejenigen Ziele konkret formuliert werden, die überprüfbar sind. Lernziele aus dem Gefühlsbereich, beispielsweise: „Das Kind soll Mitgefühl empfinden", lassen sich kaum operationalisieren, weil Gefühle nicht messbar sind.

Lernziele, die nach ihrer Konkretisierung geordnet werden, können als Pyramide wie in der nachfolgenden Abbildung dargestellt werden.

Neben dieser Gliederung nach drei Abstraktionsebenen werden in der Fachliteratur auch vier und mehr Zielebenen verwendet. Über deren Formulierung gibt es allerdings keine Einigung. Während manche Verfasser von Richtzielen, Grobzielen, Teilzielen und Feinzielen sprechen, gliedern andere mit den Begriffen Leitziele, Richtziele, Grobziele und Feinziele.

Manchmal wird auch nur von Fern- und Nahzielen gesprochen. In diesem Buch wird nach den beschriebenen drei Zielebenen vorgegangen.

Die Grenzen zwischen den einzelnen Zielebenen sind fließend. Die theoretische Gliederung soll dazu beitragen, sich Ziele für die Praxis besser bewusst machen und verdeutlichen zu können.

▼ **Beispiel:**
Wenn eine Erzieherin im Elternabend erklärt, dass ihr soziale Ziele sehr wichtig sind, können Eltern sich wenig oder auch sehr Unterschiedliches darunter vorstellen. Die einen denken vielleicht an Hilfsbereitschaft, Rücksichtnahme, Geduld und Zurückhaltung (was sehr viele unter sozialen Fähigkeiten verstehen), während andere sich möglicherweise Gerechtigkeitsgefühl, Führungsqualitäten, Verantwortungsbewusstsein und Initiative vorstellen. Sie werden nun im pädagogischen Vorgehen der Erzieherin nach denjenigen sozialen Fähigkeiten suchen, die für sie soziales Handeln charakterisieren. Erklärt die Erzieherin dagegen, dass es ihr wichtig ist, den Kindern zu helfen ihre Konflikte gerecht zu lösen, haben die Eltern eine genauere Vorstellung von der pädagogischen Arbeit im Kindergarten ihres Kindes. ▲

R i c h t z i e l (im Kindergarten)

Das Kind soll:

Handlungsbedarf erkennen und verantwortliche Initiative ergreifen

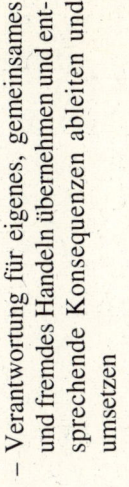

G r o b z i e l e

Das Kind soll:

– eigene Wünsche und Bedürfnisse erkennen und deren Befriedigung mit den realistischen Möglichkeiten abstimmen

– Wünsche und Bedürfnisse anderer erkennen und angemessen damit umgehen

– Verantwortung für eigenes, gemeinsames und fremdes Handeln übernehmen und entsprechende Konsequenzen ableiten und umsetzen

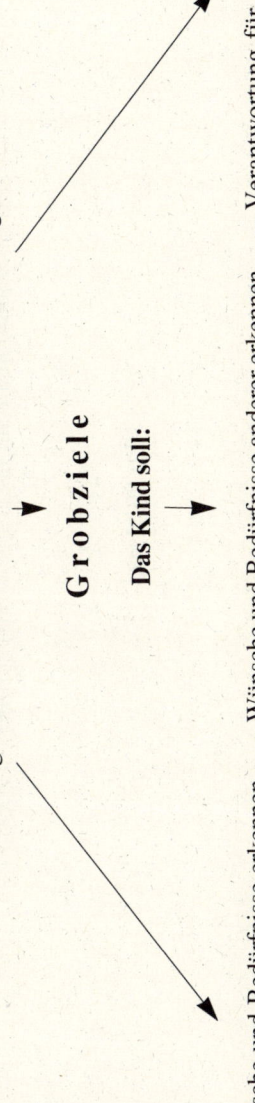
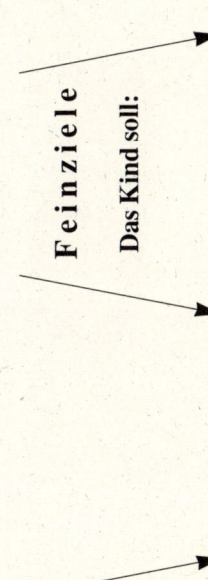

F e i n z i e l e

Das Kind soll:

– sich seine Jacke holen, wenn es friert

– einsehen, dass es seinen Wunsch, im Schlusskreis mehrere Male ein Spiel anzuführen, nicht befriedigen kann, weil andere Kinder die gleichen Rechte haben

– dem jüngeren Kind beim Anziehen helfen, dem älteren Kind, das die Hilfsbereitschaft ausnutzt, die Hilfe freundlich verweigern

– Spielführung, z.B. im Rollenspiel, übernehmen, aber auch abtreten und sich einer angemessenen Spielführung eines anderen Kindes unterordnen

– den Wasserhahn während des Zähneputzens schließen und andere Kinder darauf hinweisen, wenn sie es vergessen

– jemanden, der bei roter Ampel über die Straße geht, darauf hinweisen

Richtziel (im Hort)

Das Kind soll:

seine Hausaufgaben weitgehend ohne fremde Hilfe bewältigen

Grobziele

Das Kind soll:

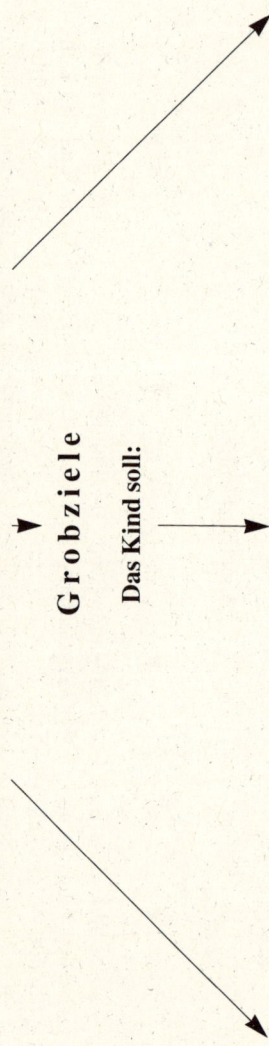

– die Aufgabenstellungen durchschauen und die Aufgaben richtig lösen

– die Hausaufgaben in einer angemessenen und sauberen Form bearbeiten

– bereit und motiviert sein, seine Hausaufgaben selbstständig zu erledigen

Feinziele

Das Kind soll:

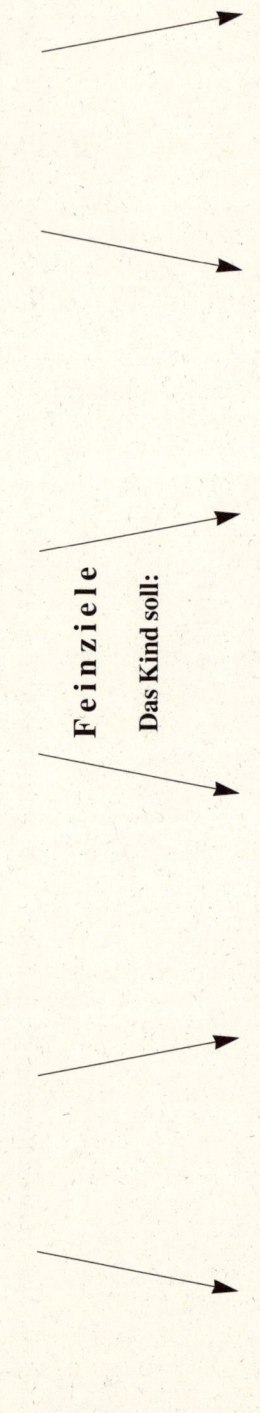

– durch Übungseffekt im Laufe einer Aufgabe sicherer werden

– eine Fehlerquelle von höchstens 10 % aufweisen

– sauber und leserlich schreiben und den Rand einhalten

– seinen Arbeitsplatz sauber halten und sauber verlassen

– spätestens nach Aufforderung die Hausaufgaben beginnen und vervollständigen

– auch mündliche Aufgaben ernst nehmen und gewissenhaft durchführen

Neben der Gliederung der Ziele nach ihrer Konkretisierung können sie auch nach ihrem Inhalt geordnet werden. B. S. Bloom und andere haben Lernziele z.B. in drei Bereiche gegliedert: kognitive, affektive und psychomotorische Ziele. Die kognitiven Lernziele umfassen alle gedächtnismäßigen und intellektuellen Leistungen. Die affektiven Lernziele umfassen Wertorientierungen, Gefühle, Werturteile usw. Psychomotorische Lernziele betreffen motorische Fähigkeiten und Fertigkeiten. Natürlich gibt es Verhaltensweisen, in denen alle drei Bereiche zum Ausdruck kommen.

▼ **Beispiel:**
Bernd soll erst alleine versuchen sich anzuziehen. Dabei soll er auf die richtige Zuordnung der Schuhe (rechts – links) achten. Wenn er nicht zurechtkommt, soll er den Mut haben um Hilfe zu bitten. ▲

In der sozialpädagogischen Arbeit werden die Ziele meist in fünf Bereiche gegliedert. Es wird von – kognitiven – kreativen – sozialen – emotionalen und psychomotorischen – Fähigkeiten gesprochen, um sie besser differenzieren zu können. Aber diese Gliederung birgt auch Schwierigkeiten, weil die Bereiche kaum zu trennen sind. Emotionale und soziale Ziele decken sich teilweise, beispielsweise entspricht „Mitgefühl" beiden Bereichen. Den kreativen und den sozialen Bereich getrennt zu benennen kann aber dazu beitragen, die im sozialpädagogischen Beruf so bedeutsamen emotionalen, kreativen und sozialen Ziele bewusst zu machen und zu formulieren. Natürlich sind sie schwer zu überprüfen.

Die Schwierigkeit der Formulierung von Lernzielen

Die Formulierung von Lernzielen fällt Anfängern häufig schwer. Im schulischen Bereich werden Lernziele meist mit dem Wort „soll" umschrieben: „Das Kind soll Wünsche und Bedürfnisse anderer erkennen und angemessen damit umgehen" (Grobziel). Das Wort „soll" klingt allerdings für damit nicht Vertraute hart, fordernd und dominant. Erzieherinnen fühlen

sich manchmal bei diesem Wort nicht wohl. Dann ließe sich das Ziel auch so formulieren: „Mein Ziel ist, dass das Kind Wünsche und Bedürfnisse anderer erkennt und angemessen damit umgeht."
Bei der Formulierung der Lernziele ist darauf zu achten, dass der Lernende als der Aktive beschrieben wird. In der folgenden Formulierung ist nicht der Lernende, sondern der Lehrende der Aktive: „Mein Ziel ist dem Kind zu vermitteln, dass es Wünsche und Bedürfnisse erkennt..." In diesem Satz kennzeichnet das Wort „vermitteln" eine Aktivität des Lehrenden. Diese Formulierung beschreibt deshalb nicht ein Lernziel, sondern ein Lehrziel. In der praktischen Umsetzung dieses Zieles hat die Erzieherin vielleicht recht gut und überzeugend ihren Teil der Vermittlung übernommen. Das Kind hat aber möglicherweise das Lernziel trotzdem nicht erreicht. Die vorliegende Formulierung sagt gar nicht aus, dass das Kind dieses Lernziel erreichen soll. Der Leser oder Hörer wird das ggfs. vermuten. Um sauber zu formulieren muss die Ausdrucksform so gewählt werden, dass die Aktivität des Lernenden beschrieben wird. Bei der Formulierung mit dem Hilfsverb „soll" ist deshalb darauf zu achten, dass keine Passivsätze gewählt werden. „Dem Kind soll vermittelt werden, dass es...." Dieser Satz beschreibt wieder die Aktivität des Lehrenden. Der Lehrende vermittelt. Das Kind ist in dieser Formulierung passiv. Es lässt etwas mit sich geschehen.
Klar formulierte Lernziele müssen also das zu erreichende Verhalten des Lernenden möglichst konkret beschreiben.

▼ **Beispiel:**
Ich möchte erreichen, dass die Kinder sich durch das Backen der Plätzchen für die gemeinsame Feier verantwortlich fühlen und sich als Gastgeber empfinden (schwer zu überprüfendes Ziel im emotional-sozialen Bereich). ▲

Die Formulierung von Lernzielen ist mühsam und muss in der Ausbildung sorgfältig geübt werden. Im sozialpädagogischen Beruf wird diese Fähigkeit bei der Offenlegung, der Diskussion und Absprache von Lernzielen verlangt.

2.1.2 Die Beobachtung in ihrer Bedeutung für geplantes und spontanes Handeln

Ohne Beobachtung wären Lernziele nicht umsetzbar. Evtl. lassen sich übergeordnete Richtziele ohne Bezug zur Lerngruppe entwickeln, wir wissen beispielsweise, dass wir in jedem Fall junge Menschen dahin führen wollen, dass sie wertschätzend mit sich und ihrer Umwelt umgehen. Aber sobald wir diese allgemeinen Ziele konkretisieren, müssen sie am Stand und der Leistungsfähigkeit des Lernenden ansetzen. Die Erzieherin muss deshalb die Bezugsgruppe und das einzelne Gruppenmitglied beobachten um konkrete Ziele entwickeln zu können. Bei ihrer praktischen Arbeit, der Umsetzung ihrer Ziele, muss sie wahrnehmen, ob und wie die eingesetzten Methoden greifen und von den Lernenden angenommen werden. Sie muss erkennen, ob Teilschritte des angestrebten Zieles erreicht wurden. Sie darf dem Lernenden nicht davoneilen. Nach Beendigung der Lerneinheit muss sie überprüfen, ob die angestrebten Lernziele angemessen waren, und muss durch Beobachtung feststellen, wie weit sie erreicht wurden.

Die Beobachtung steht deshalb im Mittelpunkt einer lernzielorientierten Erziehungsarbeit. Auch dann, wenn die Erzieherin nichts geplant hat, sondern spontan handelt, muss sie intensiv beobachten. Auch die nicht bewussten und nicht verbalisierten Leitnormen wird sie spontan anstreben, und zwar dort, wo sie durch Beobachtung einen Bedarf erkennt. Wenn sie bei Gruppenmitgliedern Mängel im Denken, Empfinden oder Verhalten wahrnimmt, wird sie versuchen daran zu arbeiten, um sie zu verringern. Wenn sie ein Verhalten beobachtet, das sie positiv bewertet, wird sie es verstärken.

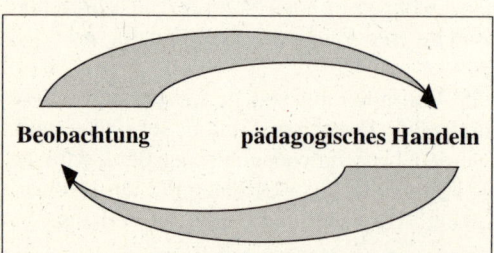

Beobachtung — pädagogisches Handeln

▼ **Beispiel:**

Ein Erzieher im Hort beobachtet, dass Gruppenmitglieder Vorurteile haben und damit anderen schaden. Es fällt ihm auf, dass einzelnen Menschen bestimmte Eigenschaften auf Grund ihrer Gruppenzugehörigkeit oder Subkultur (eigenständige Kultureinheit innerhalb eines Kulturganzen) zugeschrieben werden, ohne dass diese Eigenschaften bei diesen Menschen erlebt oder auf ihre Allgemeingültigkeit hin überprüft wurden. Ansichten werden geäußert wie: Mädchen sind technisch unbegabt, Jungen verstehen nichts von Haushaltsarbeit oder brauchen sie nicht zu tun, ausländische Flüchtlinge sind Schmarotzer, Türken stinken usw. Auch bei ausländischen Gruppenmitgliedern beobachtet er Vorurteile: Sie werten andere Nationen gegenüber der eigenen ab, halten Deutsche grundsätzlich für ausländerfeindlich und Ähnliches. Diese Ansichten werden nicht nur allgemein geäußert, sondern auch auf Gruppenmitglieder bezogen und in abwertender und verletzender Art eingesetzt.

Der Erzieher berichtet seine Beobachtungen im Team. Die anderen Teammitglieder haben Ähnliches beobachtet, bisher aber immer nur spontan in der jeweiligen Situation reagiert.

Das Team nimmt sich jetzt vor die Gruppe genauer zu beobachten und diesen Fehleinstellungen und dem Fehlverhalten intensiver nachzugehen. Jedes Teammitglied will seine diesbezüglichen Beobachtungen zunächst notieren. Im nächsten Teamgespräch soll weiter geplant werden.

In der nächsten Teamsitzung bestätigen sich die anfänglichen Einzelbeobachtungen.

Das Team plant jetzt verschiedene Aktivitäten:

1. Die Teammitglieder wollen in ihrem spontanen Handeln bewusst auf geäußerte Vorurteile eingehen. Entsprechenden Aussagen einzelner Gruppenmitglieder soll sofort nachgegangen und unangemessene Vorurteile sollen hinterfragt und ggfs. widerlegt werden. Das einzelne Gruppenmitglied, das solche Äußerungen macht, darf dabei allerdings nicht verurteilt werden.

2. In die geplanten Aktivitäten und Programme der nächsten Wochen werden Angebote eingeplant, die Vorurteile verringern sollen:

– Erzählungen und Geschichten und deren Auswertung,

– Erarbeiten einer Collage mit Gegenüberstellung,
– Zubereitung von schmackhaftem Essen mit Knoblauch und anschließende Bewusstmachung des Körpergeruchs,
– Gegenüberstellung von Gruppen, die sich auf Grund ihrer Interessen zusammenschließen, wie Parteien, Bürgerinitiativen, bestimmte Vereine, im Gegensatz zur Zugehörigkeit zu bestimmten Volksgruppen auf Grund von Nationalität, Aussehen, Rasse und Religion.

Die Teammitglieder beobachten, wie ihre spontanen und geplanten pädagogischen Maßnahmen ankommen. Ihnen ist klar, dass sie sehr behutsam vorgehen müssen, da die Gruppenmitglieder ihre abwertenden Vorurteile nicht allein aufgebaut haben, sondern sie in ihrem Umfeld, vor allem ihrer Familie erleben. Die Veränderung ihrer Einstellung kann dazu führen, dass sie sich zwischen Familie und Horterziehung entscheiden müssen.

Die Erzieher werden also versuchen sehr sensibel wahrzunehmen, ob und wie ihre Aktivitäten und ihre täglichen Reaktionen auf abwertendes Verhalten ankommen und greifen. Vielleicht werden sie sich auf Grund ihrer Beobachtungen entscheiden, langsamer und vorsichtiger vorzugehen. Möglicherweise beobachten sie, dass ihre Programme nur innerhalb der Aktivitäten zu Erfolgen führen: In der Collage benennen die Gruppenmitglieder Vorurteile und in einer Geschichte verurteilen sie abwertende Pauschalurteile, aber in ihrem Leben selbst behalten sie ihre verletzenden und erniedrigenden Verhaltensweisen bei.

Möglicherweise beobachtet das Team jetzt deutlicher das eigene Verhalten. Es wird beispielsweise darauf geachtet, ob das männliche Teammitglied eine andere Rolle einnimmt als die anderen. Vielleicht haben sie in ihrem Team eine ausländische Mitarbeiterin. Jetzt arbeiten sie bewusst an ihrer Vorbildhaltung und legen ihre eigenen Ansichten und ihr eigenes Verhalten vor den Gruppenmitgliedern deutlich offen.

Es ist nicht gesagt, ob sie bei ihrer nächsten Teamsitzung Erfolge verbuchen können. Viele pädagogische Bemühungen führen nicht zu Erfolgen, jedenfalls nicht zu im Augenblick sichtbaren Erfolgen. ▲

Unterschiedliche Menschen beobachten aus verschiedenen Blickfeldern. Zwei Erzieherinnen in der Gruppe können das Gleiche beobachten, aber ihre Beobachtungen unterschiedlich bewerten und dementsprechend anders reagieren.

▼ Beispiel:
Beide Erzieherinnen in der Kinderkrippe beobachten folgende Szene: Sascha spielt mit zwei Autos. Nurhan geht zu ihm und nimmt ihm eins der Autos weg. Sascha holt sich zornig das Auto wieder zurück. Nurhan beginnt zu weinen. Erzieherin Susanne will Nurhan gerade erklären, dass sie sich ein anderes Spielzeug suchen soll, weil Sascha damit gespielt hat. Aber Erzieherin Petra ist ihr zuvorgekommen. Sie sagt zu Nurhan: „Du musst Sascha darum bitten. Du darfst es ihm nicht einfach wegnehmen. Komm, wir gehen zusammen zu Sascha und bitten ihn, dass er dir ein Auto gibt." ▲

Je nach Situation oder Stimmung kann eine Erzieherin zu verschiedenen Zeiten eine gleiche Beobachtung unterschiedlich bewerten.

▼ Beispiel:
Drei Kinder der Hortgruppe haben sich die Handpuppen geholt und spielen hinter einer improvisierten Handpuppenbühne. Immer mehr Kinder der Gruppe lassen ihr Spielmaterial liegen und setzen sich vor die Bühne um zuzusehen. Auch die Erzieherin setzt sich dazu. Als es Zeit für die ersten Kinder ist nach Hause zu gehen, sieht die ganze Gruppe noch immer fasziniert zu.
Als die Kinder sich am nächsten Tag wieder vor die Bühne setzen oder vorspielen wollen, besteht die Erzieherin darauf, zuerst die angefangenen Spielmaterialien aufzuräumen. ▲

Die Erzieherin hat sich in diesem Beispiel auf Grund der Erfahrung vom Vortag dazu entschieden, beim gleichen Verhalten der Kinder anders zu reagieren. Es könnte natürlich auch andere Gründe geben, die sie zu unterschiedlichen pädagogischen Reaktionen veranlassen: die Gesamtsituation in der Gruppe (z.B. der Grad der Rastlosigkeit und Unruhe), die Unterschiedlichkeit einzelner Gruppenmitglieder (beispielsweise die Motivation, die hinter einem Verhalten steht, oder die Häufigkeit dieses Verhaltens), die eigene Befindlichkeit (wie Erschöpfung, Belastbarkeit oder Resignation).

Für spezielle Beobachtungen eignen sich Beobachtungsbögen. Sie verhelfen zu genaueren und objektiveren Wahrnehmungen.

▼ **Beispiel:**
Robert fällt im Kindergarten durch aggressives Verhalten auf. Erzieher Stefan empfindet das Verhalten als extrem. Auch ihm gegenüber reagiert Robert häufig ungewöhnlich zornig. Erzieherin Jutta empfindet Robert zwar auch als aggressiv, meint aber, das Verhalten sei noch zu akzeptieren. Allerdings verspüre sie auch eine Verschlimmerung. Ihr selbst gegenüber sei Robert aber nicht aggressiv.
Um mit den Eltern von Robert ein Gespräch über sein Verhalten zu führen – was Erzieher Stefan für notwendig hält -, ist es sinnvoll, Robert genauer zu beobachten. Dazu verwenden die beiden Erzieher Beobachtungsbögen, die auch andere Entwicklungsbereiche einbeziehen. ▲

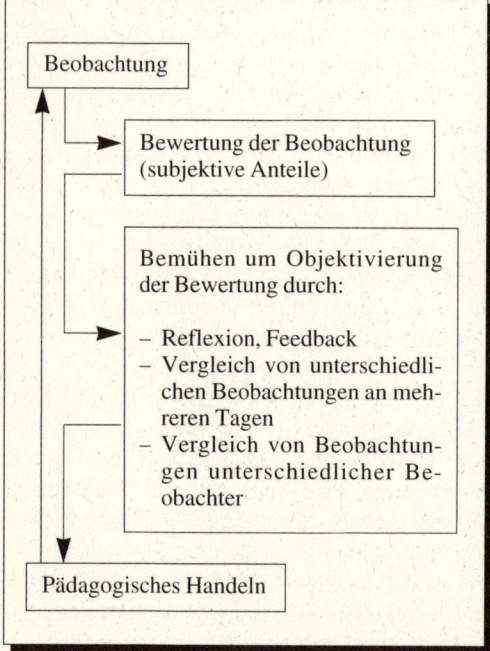

2.1.3 Der Zusammenhang zwischen Lernzielen, Lerninhalten und Methoden

Lernziele müssen mit Lerninhalten gefüllt werden. Viele Lernziele, insbesondere die Feinziele, schließen Lerninhalte in ihrer Formulierung mit ein.

▼ **Beispiele:**
– Bernd soll, wenn er sich nicht alleine aus- oder anziehen kann, jemanden um Hilfe bitten.
– Die Kinder sollen Kleintiere wie Käfer, Würmer und Spinnen mit Interesse betrachten und nicht verletzen oder töten. ▲

Manchmal entscheiden sich Erzieherinnen zunächst für den Lerninhalt, bevor sie sich bewusst machen, welche Lernziele sie im Zusammenhang mit diesem Lerninhalt erreichen wollen.

▼ **Beispiel:**
Die sechsjährigen Kinder im Kindergarten kommen bald in die Schule. Sie sprechen viel vom baldigen Schuleintritt. Die Thematik interessiert sie offensichtlich. Die Erzieherinnen wollen deshalb den Inhalt „Schuleintritt" in der nächsten Zeit in den Mittelpunkt stellen. Nun überlegen sie sich, welches Verhalten, welche Einstellungen und welche Fähigkeiten sie im Zusammenhang mit dem Schuleintritt bei den Kindern erreichen wollen (Lernziele). ▲

Die Lernziele, die Erzieherinnen von ein und demselben Lerninhalt ableiten, können sehr unterschiedlich aussehen. Sie hängen mit ihren Grundeinstellungen zusammen und mit den Schwerpunkten, die sie setzen, das heißt mit ihren Richt- und Grobzielen.

▼ **Beispiel:**
– Bei der Vorbereitung auf den Schuleintritt könnten Erzieherinnen ihren Schwerpunkt auf die kognitiven und motorischen Fähigkeiten der Kinder legen. Dann würden sie beispielsweise Kenntnisse und Erkenntnisse wie Zählen und Zuordnen fördern und mit den Kindern die Handmotorik üben.
– Sie könnten aber auch ihre Lernziele vorrangig im emotionalen und sozialen Bereich ansiedeln.

Dann würden sie z.B. den Kindern vermitteln wollen, wie der Unterricht in einer Schulklasse aussieht, sie würden Ängste vor der Schule abbauen wollen und die Kinder darauf vorbereiten, dass sie im Schulhof nicht mehr wie im Kindergarten die ältesten, sondern die jüngsten Kinder sind und dass das Leben auf dem Schulhof sehr laut, lebhaft und wild sein kann. ▲

Um Lernziele zu erreichen muss der Lehrende entsprechende Methoden einsetzen.

▼ Beispiel:
Im obigen Beispiel von Bernd, der sich nicht an- und auszieht, kann die Erzieherin unterschiedlich vorgehen:
– Vielleicht veranlasst sie Bernd zunächst, in seine Schuhe zu schlüpfen, und fordert ihn dann auf, jemanden zu bitten, sie ihm zu schließen. Bei der nächsten Notwendigkeit die Schuhe anzuziehen geht sie ähnlich vor, um nach einiger Zeit einen weiteren Schritt vorzunehmen.
– Eine andere Methode wäre es, gezielt zu üben, z.B. den Anorak mit in den Gruppenraum zu nehmen und ihn mehrere Male an- und auszuziehen.

– Im Rahmen der Montessori-Pädagogik gibt es Übungsrahmen, mit denen das Schließen verschiedener Techniken wie Reißverschlüsse, Knöpfe und Schnallen geübt werden kann.
– Die Erzieherin könnte schließlich Bernd im Flur eine Zeit lang sitzen lassen, bis er bereit ist, eigene Initiative zu ergreifen. ▲

Ebenso wie bei den Lernzielen gibt es auch bei den Methoden unterschiedliche Möglichkeiten, deren Wirkungen und Nebenwirkungen diskutiert und in Frage gestellt werden können.

Diese drei Bereiche – Lernziele, Lerninhalte und Methoden – sind nicht zu trennen, weil eines das andere bedingt.

Die Bezeichnung des Faches
Die Bezeichnung des Faches Didaktik/Methodenlehre in der Ausbildung variiert regional. Der Begriff Didaktik ist umfassender als Methodenlehre. Er bezeichnete ursprünglich die Wissenschaft vom Lehren und Lernen und schließt in dieser Bedeutung die Methodenlehre mit ein. Heute wird er in unterschiedlicher

„Wollen wir das Ratespiel Teekessel spielen? Ich fange an: Ich kenne ein Wort, das bezeichnet gleichzeitig ein Ganzes und einen Teil von diesem Ganzen."
„Weiß ich! Ich habe den Text auf der nächsten Seite schon gelesen!"

Auslegung benutzt. Dadurch hat dieser Begriff keine klare Abgrenzung. Teilweise wird Didaktik nur auf Unterricht bezogen oder der Begriff beschränkt sich auf die Theorie der Bildungsinhalte. In diesem Fall schließt er die Methodenlehre nicht mit ein. Der Begriff Didaktik kann deshalb je nach Sinnzusammenhang unterschiedlich gedeutet werden.

Der Begriff Methodenlehre bezieht sich deutlicher auf den Handlungsbereich des Lehrenden, d.h. im vorliegenden Fall auf die praktische Arbeit, beschränkt sich aber auf eine geringere Breite und bezieht die Inhalte nicht eindeutig mit ein.

2.1.4 Die Bedeutung der Bewusstmachung, Begründung, Überprüfung und Aktualisierung von Erziehungszielen

Lernziele, die bewusst sind und formuliert werden können, bezeichnet man als explizite Lernziele.

Die alltägliche Erziehungspraxis wird jedoch häufig von impliziten, d.h. unausgesprochenen und oft auch nur teilweise bewussten Zielen bestimmt. Die Formulierung und Festlegung von Erziehungszielen birgt – wie schon betont – die Gefahr, die Erziehung einseitig auf sichtbare und messbare Erziehungsziele auszurichten. Es ist leichter eine sichtbare Verhaltensweise anzustreben und zu benennen, beispielsweise „genaues Ausschneiden" (im Kindergarten), als eine weniger messbare Wertorientierung aus dem emotionalen Bereich wie Wertschätzung der eigenen Person oder eine Verhaltensweise aus dem sozialen Bereich wie faire Konfliktlösung. Es kann deshalb passieren, dass greifbare Erziehungsziele benannt werden, während die persönlichkeitsfördernden Ziele mitlaufen ohne bewusst gemacht und formuliert zu werden.

Über bewusste Ziele kann gesprochen und diskutiert werden. Sie können offengelegt und durchschaubar gemacht werden. Bei impliziten, nicht bewussten Zielen kann der Erziehungsprozess von Erfahrungen und Gefühlen der Erzieherin und den Einflüssen der Umwelt geprägt sein, ohne dass die Wirkungen des entsprechenden pädagogischen Verhaltens von ihr wahrgenommen werden.

▼ **Beispiel:**
Die Erzieherin bemerkt nicht, dass sie die Erwartungshaltung von Eltern umsetzt, wenn sie darauf achtet, dass sich die Kinder beim Spielen nicht zu stark schmutzig machen. Es fällt ihr nicht auf, dass es ihrer eigenen Einstellung nicht entspricht, wenn sie den Kindern verbietet im Matsch zu spielen. Oder: Sie weiß, dass manche Eltern altersgemäße Zeichnungen von ihren Kindern erwarten. Sie sagt dann beispielsweise: „Dein Kind hat ja gar keinen Bauch!", wenn das Kind einen Kopffüßler gemalt hat, der seiner Entwicklungsstufe entspricht. Sie übersieht, dass sie durch die Korrektur die Eigenständigkeit des Kindes, seine Kreativität und sein Selbstwertgefühl beeinträchtigt. ▲

Bewusste und nicht bewusste Ziele können sich widersprechen und das Kind in Widersprüche führen, die es selbst nicht auflösen kann.

▼ **Beispiel:**
Die Erzieherin sieht Kreativität, nämlich den Ideenreichtum der Kinder, als einen wichtigen Förderungsbereich an (bewusstes, explizites Lernziel). Beim Basteln leitet sie die Kinder häufig nach ihren Vorgaben an, weil die Werke dann schöner aussehen. Jedenfalls ist sie überzeugt davon, dass sie dann besser wirken. Außerdem bestätigen ihr das viele Eltern. Mit ihren Vorgaben, z.B. Schablonen, schränkt sie die Kreativität der Kinder ein. Wenn die Erzieherin in einer anderen Situation dann eigenständige Ideen vom Kind erwartet, reagiert es ängstlich und traut sich nichts zu. ▲

Die Erzieherin setzt ihre Erziehungsziele auch nicht allein und unabhängig von der Umwelt fest. Es gibt andere zielsetzende Instanzen, die sie einbeziehen oder mit denen sie sich auseinander setzen muss.

Da ist zunächst das Team, mit dem sie sich absprechen muss. Das Kind gerät in einen Widerspruch, wenn die Erzieherinnen in ihren Zielen stark variieren.

▼ **Beispiel:**

Eine der Gruppenerzieherinnen erwartet vom Kind seine Konflikte möglichst selbst zu lösen, während die andere Konflikte für das Kind regelt und die Lösung vorgibt. ▲

Nicht nur innerhalb der Gruppe, auch in der Gesamteinrichtung muss versucht werden ähnliche Ziele anzustreben. Andernfalls können Missstimmungen bei gruppenübergreifender Arbeit oder zwischen Kindern und Eltern verschiedener Gruppen entstehen.

Neben der Absprache im Team muss die Erzieherin die Erwartungen, die Eltern an die Erziehung ihres Kindes in der sozialpädagogischen Einrichtung stellen, einbeziehen. Sie muss Stellung dazu beziehen und offenlegen, ob und warum sie bestimmte Ziele vertritt oder ablehnt.

Auch der Träger hat oft Vorstellungen von der Erziehung in seiner Einrichtung, beispielsweise werden die Ziele bei konfessionellen Trägern anders sein als bei einer Elterninitiative-Einrichtung.

Ebenso haben übergeordnete Behörden zielsetzende Befugnisse. Beispielsweise empfehlen einige Sozialministerien eine „offene Vorgehensweise" im Kindergarten, bei der die Lebenssituationen der Kinder aufgegriffen und mit den Kindern bearbeitet werden sollen.

Über den pädagogischen Zielen stehen gesetzliche Bestimmungen, denen Erziehungsziele nicht widersprechen dürfen. Danach kann ein Betreuerteam eines Heimes oder einer Freizeit z.B. die Selbstbestimmung der Gruppe nicht so hoch ansetzen, dass Jugendlichen unter 16 Jahren das Rauchen in der Öffentlichkeit erlaubt oder sexueller Verkehr genehmigt wird (§ 9 des Jugendschutzgesetzes von 1985 und § 180 des Strafgesetzbuches von 1987).

Erziehungsziele sind also aus verschiedenen Gründen immer wieder bewusst zu machen, zu hinterfragen und ggfs. zu verändern. Sie bleiben auch nicht immer gleich, der einzelne Pädagoge verändert seine Ziele im Laufe seines beruflichen Lebens. Auch das sich verändernde gesellschaftliche Umfeld ändert seine Einstel-

Instanzen mit zielgebender Funktion

Gesetze
Behörden
Träger
Team

lungen und beeinflusst die einzelnen Erzieherinnen.

In der Kindergartenpädagogik zeigten sich solche gesellschaftlichen Entwicklungen zum Beispiel in den Strömungen der 70-er und 80-er Jahre, als zunächst die Intelligenzentwicklung als ein wichtiges Ziel der Vorschulerziehung angesehen wurde und später die sozialen Ziele wieder stärker in den Vordergrund traten.

Durch gesellschaftliche Entwicklungen entstehen auch neue Ziele, wie beispielsweise die Umweltpädagogik oder die Integration behinderter und ausländischer Kinder.

Bei der Entwicklung neuer Ziele muss zunächst ein Mangel oder ein Bedarf wahrgenommen werden. Dann setzt eine Standortfindung ein. Die Suche nach geeigneten Zielen in Wissenschaft und Forschung ist oft langwierig. Die Erzieherin vor Ort, die den Handlungsbedarf zuerst spürt, benötigt aber häufig schnelle Hilfe für ihre Entscheidungen. Sie muss dann aus ihrem eigenen Standort heraus entscheiden. Eine solche Entscheidungsnotwendigkeit äußert sich z.B. in der Frage, ob es sinnvoller erscheint, eine Integration von Ausländern in unsere Kultur anzustreben oder ob wir zur Akzeptanz multikultureller Lebensformen erziehen sollen. Dann nämlich würden wir ein Nebeneinander von unterschiedlichen Kulturen bzw. einiger ihrer Teilbereiche verwirklichen.

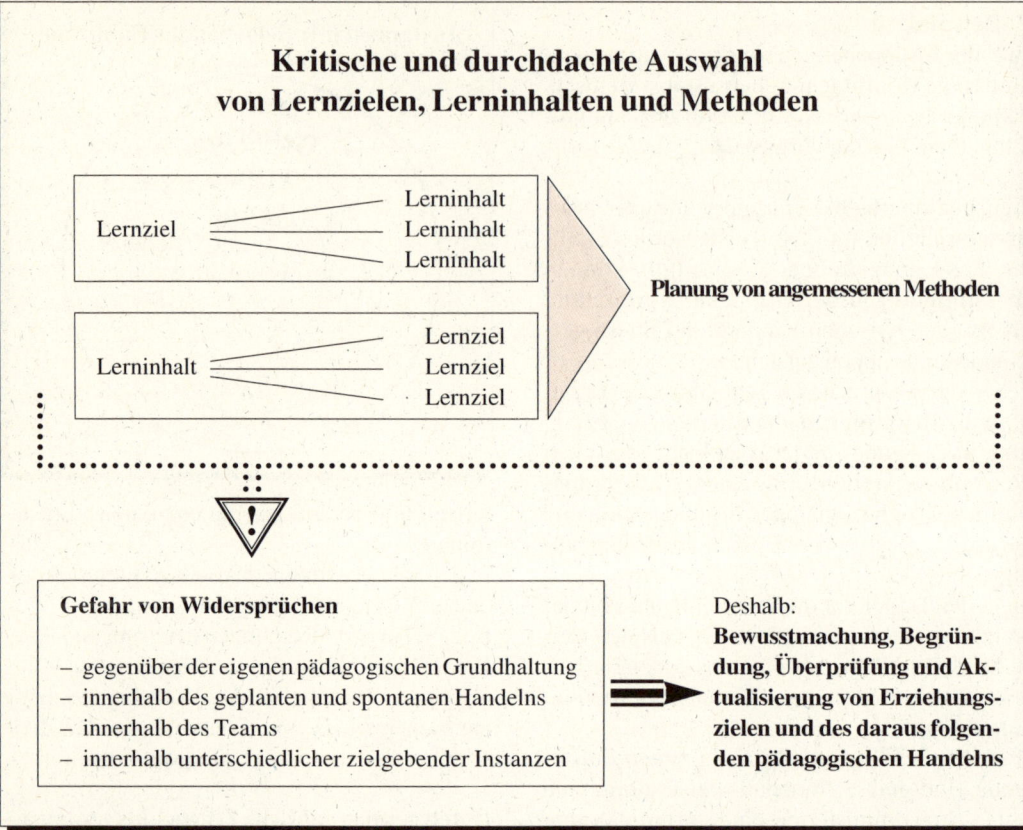

**Kritische und durchdachte Auswahl
von Lernzielen, Lerninhalten und Methoden**

Lernziel — Lerninhalt / Lerninhalt / Lerninhalt

Lerninhalt — Lernziel / Lernziel / Lernziel

Planung von angemessenen Methoden

Gefahr von Widersprüchen

– gegenüber der eigenen pädagogischen Grundhaltung
– innerhalb des geplanten und spontanen Handelns
– innerhalb des Teams
– innerhalb unterschiedlicher zielgebender Instanzen

Deshalb:
Bewusstmachung, Begründung, Überprüfung und Aktualisierung von Erziehungszielen und des daraus folgenden pädagogischen Handelns

Erst nach der Bewusstmachung und Klarstellung der Ziele kann eine begründete pädagogische Arbeit aufgebaut werden.

Da sozialpädagogische Einrichtungen keinen festen Lehrplan haben, wie er für Schulen besteht, hat die Erzieherin einen breiteren Spielraum zur Bestimmung ihrer pädagogischen Arbeit. Das ist Chance und Versuchung zugleich: Chance das zu entwickeln und umzusetzen, was sie für wichtig hält, Versuchung, sich treiben zu lassen und Ziele sowie deren Bearbeitung nicht so ernst zu nehmen.

2.1.5 Konkretisierung: Gegenüberstellung von zwei unterschiedlichen Arbeitsweisen im Kindergarten

Ein weitgehend impliziter (nicht bewusster und nicht verbalisierter) Umgang mit Lernzielen

kann dazu führen, dass eine Erzieherin sich nicht kritisch mit ihren Vorgehensweisen auseinandersetzt und Erwartungshaltungen der Umwelt unhinterfragt erfüllt. Manche Erzieherinnen halten auch aus Gewohnheit an Zielen und Vorgehensweisen fest, die nicht mehr aktuell sind. Es kann auch unter Erzieherinnen äußerst unterschiedliche Ansichten über angemessene Ziele geben. So kann es geschehen, dass Erzieherinnen sehr verschieden arbeiten, möglicherweise sogar in der gleichen Einrichtung.

An der Gegenüberstellung von zwei unterschiedlich arbeitenden Erzieherinnen im Kindergarten soll im Folgenden eine unkritische und eine bewusst ökologisch ausgerichtete Arbeitsweise verdeutlicht und kommentiert werden (Hansen/Pausewang. In: Sozialpädagogische Blätter 4/85).

Zwei Praxisberichte

Es ist Herbst, eine ausgesprochen verregnete Zeit. Zwei Erzieherinnen – jeweils Gruppenleiterinnen in einem Kindergarten – greifen die Situation mit ihrer Kindergruppe auf und befassen sich mit Regen. Allerdings in sehr unterschiedlicher Weise:

Kindergarten I

An den bunt bemalten Fensterscheiben ist der Kindergarten schon von außen zu erkennen: Wolken, Regen, Kinder in Regenmänteln. Im Flur sind zahlreiche Kinderarbeiten ausgestellt. An der Tür des Gruppenraumes steht: „Unser Monatsthema: Regen". Danach folgt eine Liste von Bastelarbeiten, von Liedern, Spielen und Bilderbüchern über Regen und Wetter.

Im Gruppenraum sitzt die Erzieherin mit ein paar Kindern an einem Tisch. Die Kinder haben buntes Tonpapier vor sich, auf dem Regenschirme aufgezeichnet sind. Sorgsam werden die Formen mit einer Nadel ausgestochen. Von der Decke hängen bereits eine Menge Schirme herunter. Sie machen den Raum bunt. Die übrig bleibenden Umrandungen der Schirme werden nicht weggeworfen, sondern mit Transparentpapier hinterklebt und am Fenster angeheftet. Sie ergeben eine lange Reihe leuchtender, farblich unterschiedlicher Schirme. An einer Seitenwand des Raumes hängen Bilder aus Spritztechnik: zarte, pastellfarbene Regenschirme. Ästhetisch schön, aber auch wieder alle gleich. Drei Regenschirme von jedem Kind. Fünfundzwanzig mal drei gleich fünfundsiebzig. An einer Wand hängt ein selbst hergestellter Wetterkalender. Der Kindergarten ist mit Spielmaterial gut ausgestattet. Die Erzieherin achtet auf sorgsamen Umgang mit dem Material.

Sie hat einen freundlichen Umgangston, kann die Kinder gut motivieren und einfühlsam auf einzelne Kinder eingehen. Auffallend ist ihr großes Geschick die Aufmerksamkeit zu teilen, zum Beispiel hier zu werken und dort zu beobachten, wie gespielt wird. Bei Konflikten greift sie schlichtend und vermittelnd ein. Sie beobachtet, ob die Gruppenregeln eingehalten werden, z.B. „nicht mehr als drei Kinder in Bau- oder Puppenecken", „fragen, wenn ein Kind den Raum verlassen möchte" oder „angemessenes Verhalten beim gleitenden Frühstück".

Die Aufmerksamkeit der Erzieherin ist aber stärker an den Basteltisch gebunden als an die Kinder im Freispiel. Die werkenden Kinder benötigen ihre Hilfe und ihre Aufmunterung. Wer mit Basteln fertig ist, darf spielen gehen. Auf den frei werdenden Platz kann ein nächstes Kind zum Basteln kommen. Die Kinder sind zum Herstellen ihrer farbigen Schirme leicht zu motivieren. Sie wissen, dass diese Tätigkeit von ihnen erwartet wird und dass sie dafür gelobt werden, von der Erzieherin, von den Eltern und nicht zuletzt durch das ausgestellte und vergleichbare Werk selbst. Es würde auffallen, wenn von einem Kind kein Schirm aufgehängt werden könnte.

Später am Vormittag wird ein Stuhlkreis gebildet. Im Wetterkalender wird von einem Kind das heutige Wetter eingetragen. Es regnet. Danach führt die Erzieherin ein neues Regenlied ein. Zum Schluss werden Spiele, deren Spielregeln die Kinder schon kennen, gespielt. Kinder dürfen die Spiele selbst vorschlagen und abwechselnd die Spielführung übernehmen. Im Flur warten bereits einige Eltern, die sich die ausgestellten Bastelarbeiten der Kinder betrachten.

Kindergarten II

Im Kindergarten II sieht das Leben anders aus:

An der Tür des Gruppenraumes steht: „Wir befassen uns zur Zeit mit dem Regen. Wer kann uns Ideen und Anregungen beschaffen? Zum Beispiel Bilder, Bücher, Wissenswertes? – Bitte bei Regenwetter Stiefel und Regenmäntel nicht vergessen!"

An der Wand des Flures sind zwei große Collagen zu sehen, die mit den Kindern erstellt wurden: Auf einem Bild sind Kinder, die im Regen spielen, sich am Regen freuen oder auch sehnsüchtig hinter einer verregneten Fensterscheibe stehen und auf schönes Wetter warten. Auf dem anderen Bild sieht man Tiere, die Regen brauchen: Fische, Frösche und Lurche (rot umrandet, weil sie vom Aussterben bedroht sind), Wasser trinkende Vögel und Säugetiere, ein badendes Nilpferd und eine Menge Würmer und Schnecken.

Im Gruppenraum spielen die Kinder in kleinen Gruppen. Es fällt auf, dass die Kinder viel Material aus ihrer Umwelt zum Spielen benutzen, das eigentlich kein typisches Spielmaterial ist: Kieselsteinchen in der Puppenecke als „Essen" oder Geld, ein Zuordnungsspiel aus gesäuberten Obstkernen, Decken für Höhlen und Hütten, selbst hergestellte Tierchen aus Pappmaschee. In einem Setzkasten an der Wand liegen verschiedene Schneckenhäuser. Ein Kind kommt herein und packt aus seiner Tasche weitere Schneckenhäuser aus. Zu zweit vergleichen sie, ob sie doppelte Formen und Muster finden.
Auf der Fensterbank steht ein Terrarium mit Schnecken. Eine Lupe daneben. Ein Kind lässt eine Schnecke über seinen Arm kriechen, ein anderes staunt, will aber die Schnecke nicht anfassen. Sie sprechen darüber, dass die Schnecken jetzt bald wintermüde werden. Dann nehmen Sie die Lupe und suchen vergeblich nach Schneckeneiern. Im Frühsommer haben sie sogar einmal das Eierlegen beobachten können. Selbst die Erzieherin hatte damals gestaunt, weil sie das zum ersten Mal sah.
Die Gruppenleiterin macht die Kinder darauf aufmerksam, dass es wieder dunkler wird, weil draußen Wolken aufziehen. Sie schlägt vor den großen alten Sonnenschirm aus dem Flur in den Sandkasten zu tragen, um vom Fenster aus zu beobachten, wie er den Regen abhält. Ein Kind möchte das „Regenmessgefäß", das sie sich aus einem Glas und einem großen Trichter vor einigen Tagen hergestellt haben, im Hof aufstellen. Als es anfängt zu regnen, stehen ständig ein paar Kinder am Fenster.
Ein Junge kommt herein mit weiteren Bildern, die er mit seiner Mutter aus Zeitschriften gesammelt hat. Kein Platz mehr auf der Collage.

Ein Kind schlägt vor ein Bilderbuch anzufangen, wie sie es neulich von Krankheiten und vom Krankenhaus gemacht haben. Sofort findet sich eine Gruppe von Kindern, die ausschneiden helfen. Die Erzieherin bringt einen Aktenordner und schneidet Tonpapier als Seiten zurecht.
Ein Kind kommt eilig in den Gruppenraum, noch angezogen, und berichtet stolz, dass es wieder einen Regenwurm vom Asphalt gerettet hat. Drei Kinder, die den Bericht hören, planen miteinander, den Hof nach Regenwürmern abzusuchen und sie in das Gärtchen zu tragen, das die Gruppe sich angelegt hat. Die Erzieherin achtet darauf, dass sie sich vorzeigen, bevor sie hinausgehen, damit sie sehen kann, ob sie regenfest angezogen sind. Als sie nach einiger Zeit wiederkommen, haben sie „nur" einen Regenwurm gefunden, und sie schlagen vor die Blumentöpfe in den Regen zu tragen. Sie überlegen mit der Erzieherin, welche Pflanzen das Regenwetter brauchen. Die Blumentöpfe werden durch das geöffnete Fenster hinausgereicht.
Die Erzieherin wendet sich unterschiedlichen Spielgruppen zu, beobachtet die Schnecken im Terrarium, unterhält sich mit den am Fenster stehenden Kindern, die den Regen betrachten. Es tropft vom Schirm und vom Schuppendach am Rande des Hofes.
Später am Vormittag wird ein Stuhlkreis gestellt. Zwei Kinder haben das Regenmessgefäß hereingeholt. Es wird ein Zeichen gemacht, wie hoch der Regen steht. Ein Kind sagt, dass man einen größeren Trichter braucht. Es folgt ein Gespräch über das vom Schirm tropfende Wasser und den sicher trockenen Sand unter dem Schirm. Gespräche über Dächer und Dachrinnen. Eine Frage von einem Kind: „Wohin fließt das Wasser vom Dach?" Die Antwort: Regenrinnen, die gleich in die Kanalisation abgeleitet werden. Ungenutztes Wasser, das zum Gießen geeignet wäre. Schade um den Regen! Aber das Schuppendach hat keine Rinne! „Wenn wir uns eine Rinne bauten und sie in eine Tonne leiteten, könnten wir das Regenwasser sammeln und unseren Garten gießen!", ruft ein

Kind. „Dabei müssten aber Eltern helfen", meint die Erzieherin. Die Kinder wollen zu Hause fragen. Die Erzieherin verspricht den Träger zu fragen, ob er keine Einwände hat.

Dann müssen sie das Gespräch abbrechen um noch schnell, bevor die Kinder abgeholt werden, den Sand unter dem Regenschirm zu untersuchen und nachzusehen, wie es an den Stellen aussieht, auf die das Wasser vom Schuppendach tropft.

Einführung in bestehende gesellschaftliche Werthaltungen im Kindergarten I

Im Kindergarten I arbeitet die Erzieherin – bewusst oder unbewusst – so, wie es von der Umwelt, den meisten Eltern, der Schule erwartet wird und wie es den allgemein anerkannten Erziehungszielen entspricht:

1. Das Kind lernt eine Arbeitshaltung, bei der es vor allem darauf ankommt, zuverlässige Ausführung, Ausdauer, Genauigkeit und Geschicklichkeit zu üben. Für diese sichtbaren und vergleichbaren Produktionen wird das Kind gelobt, es kann sie auch selbst vergleichen und sich einordnen. Es weiß z.B.: einen Teil der Dekoration habe ich selbst gemacht. Bei genauem Hinsehen wird es seine Arbeit wiederfinden. Es wird aber auch den Erzieher mit dessen Arbeitsideen als Vorbild sehen: Produktive Ideen haben und andere anleiten ist eine erstrebenswerte Fähigkeit. Das Kind übt damit Tätigkeiten, die es nicht zu verantworten hat, sondern lediglich ausführt. Es sieht aber auch das Vorbild für spätere Führungspositionen.

2. Das Kind wird die Arbeit deutlich von der Freizeit trennen: Freizeit – materiell gut versorgt – gibt Möglichkeiten zur Entspannung, zur Bedürfnisbefriedigung, zur Kreativität. Freizeit wird aber weniger beachtet und geringer bewertet als Arbeit. Die Erzieherin widmet Aufmerksamkeit, Zuwendung und Lob weit öfter der angeleiteten Tätigkeit als dem Freispiel: Die Ergebnisse des Freispiels sind für das Kind auch weniger sichtbar, es sei denn, es wählt Spielmaterialien, die zu eindeutigen Ergebnissen führen wie Zuordnungsspiele,

Memory, Puzzles, also kognitiv betontes Material, das in das spätere schlussfolgernde Denken einführt. Diese Gewichtung und Trennung von Arbeit und Freizeit kann materielles und profitorientiertes Denken fördern, weil die Arbeit zu stark auf sichtbare und messbare Ergebnisse ausgerichtet ist und die Freizeit zu einseitig eingeordnet wird.

3. Das Kind erfährt Konkurrenz. Es lernt seine Arbeitsergebnisse mit denjenigen anderer Kinder zu vergleichen. Das heißt zugleich auch zu bewerten, und zwar nicht Bewertung in Bezug auf die beabsichtigte Funktion, z.B. ob das gebaute Haus – oder der Regenschirm – zum Spielen geeignet ist. Es geht hier um eine Bewertung im Zusammenhang mit Besser bzw. Schlechter, mit Anerkennung durch „kompetente" Personen. Mit dieser Art von Bewertung wird ebenfalls beginnendes materielles Denken hervorgerufen: Lob wird in Lohn übergehen.

Zugleich behindert Konkurrenz die Entwicklung kooperativer Fähigkeiten. Kooperation und Solidarität werden aber für die Bewältigung der Probleme zukünftiger Größenordnungen unbedingt erforderlich sein. Nur gemeinsam können wir Katastrophen begegnen.

Konkurrenz liegt außerdem nahe an Macht über andere und an Unterdrückung. Was wir in Zukunft aber benötigen, ist Empathie, Einfühlungsvermögen in Menschen unserer Umwelt, in Schwächere, letztlich gegenüber der gesamten Weltbevölkerung.

4. Spiel- und Gruppenregeln können – wenn sie stark eingeübt werden – zum Festhalten an späteren gesellschaftlichen Verhaltensregeln führen. Sie können den Menschen festlegen, anstatt ihn flexibel zu machen, was für zukünftig notwendige Verhaltensweisen aber erforderlich wäre. Sie können Mitläufertum fördern an Stelle eines kritischen, eigenverantwortlichen Handelns. Natürlich sind Regeln notwendig. Sie müssen aber auf ein durchschaubares und notwendiges Maß eingeschränkt werden und dürfen nicht starr werden.

5. Schließlich kommt in diesem Kindergarten das Thema „Natur und Leben" zu kurz. Der

gebastelte Regenschirm könnte – abgesehen von der produktiven Arbeitshaltung – vermitteln: So kannst du Herrschaft über Natur gewinnen und dich von Natur unabhängig machen! Durch das Basteln dieser stereotypen Regenschirme wird das Verhältnis zur Natur konstruiert, nicht erlebt. An dieser Stelle müsste das Spiel als wesentliche Erfahrungsmöglichkeit treten, oder die Auseinandersetzung mit Natur muss aus kindlicher Neugier erwachsen. Dieses Erleben kann eher eine emotionale Beziehung zur Natur aufbauen als die vom Erzieher angeleitete Tätigkeit. Der emotionale Bezug zur Natur muss für das Kind selbstverständlich, d.h. verinnerlicht sein.

Zusammengefasst: Das Kind lernt in diesem Kindergarten wahrscheinlich die gegenwärtigen gesellschaftlichen Einstellungen und Lebensweisen in sich aufzunehmen, zu verinnerlichen und später danach zu leben. Dieses Denken und Handeln hat uns aber in die Sackgasse geführt, in der wir heute stecken. Deshalb benötigen wir gesellschaftliche Veränderungen, zu denen Erziehung beitragen muss.

Zielgerichtete Pädagogik im Kindergarten II

1. Im Kindergarten II wird durchaus auch „gearbeitet", die Erzieherin bemüht sich aber angeleitete Tätigkeit und Freispiel fließend zu halten um damit der späteren Arbeit einen anderen Akzent zu geben: Es darf nicht an erster Stelle stehen, etwas zu produzieren und Geld (= Lob) zu verdienen. Die Motivation für die Arbeit muss der (weitmöglichst nicht materielle) Sinn sein, die Absicht, die mit dem Einsatz verfolgt wird, z.B. das Auffangen des Regenwassers für die Benutzung des Gartens, die Rettung eines Regenwurmes, das Herstellen eines Bilderbuches für die spätere Betrachtung, die Erforschung eines Sachverhaltes, die Beobachtung einer Gegebenheit.

2. Überhaupt wird das Materielle in Zukunft an Bedeutung verlieren müssen. Freilich werden wir weiterhin dafür zu sorgen haben, dass die materiellen Grundbedürfnisse des Menschen befriedigt werden wie Nahrung und Wärme,

aber darüber hinaus werden wir lernen müssen unsere Freude mehr von anderen Dingen abzuleiten, z.B. von sozialen Begegnungen oder emotionalen Erlebnissen. Deshalb soll im Kindergarten weder das Freispiel noch die „Arbeit" – sofern sie überhaupt abgrenzbar ist – durch Materielles geprägt sein. Gegenstände aus der Umwelt können oft ebenso gut Spiel ermöglichen – vielleicht sogar ein kreativeres Spiel als industrielles Spielzeug (auf das wir allerdings kaum ganz verzichten werden). Kreativität ist sowieso eine Fähigkeit, die wir viel mehr fördern müssen, und zwar weniger die musische und mit Produkten zusammenhängende Kreativität, sondern Ideenreichtum für alltägliche Begebenheiten. Der Mensch der Zukunft wird in vieler Hinsicht neue Wege suchen müssen, weil viele der heutigen Wege sich als Irrwege erweisen.

3. Nicht die Beherrschung der Natur, sondern das Einfühlen in Natur und das achtsame Umgehen mit Natur – ohne zerstörend einzugreifen – muss gelernt werden. Dafür ist es notwendig, sich als Teil der Natur wahrzunehmen, Rhythmen der Natur zu spüren, Leben zu achten, die Vernetzung und das empfindsame System der Natur zu ertasten.

4. Der Erzieher muss weitmöglichst vermeiden dem Kind Vorgaben zu machen. Nur durch eigenes Planen, Entscheiden und Verantworten kann das Kind davor bewahrt werden, zum verantwortungslosen Mitläufer zu werden, der sich später für Missstände nicht zuständig fühlt, sondern die Entscheidungen an „höhere und kompetentere" Personen abschiebt und deshalb nur schwer bereit sein wird Veränderungen zu akzeptieren und unangenehme Entscheidungen mitzutragen.

5. Das Leben im Kindergarten, das diese Einstellungen und Handlungsveränderungen anstrebt, muss für das Kind lustbetont sein, damit das Kind motiviert wird und aktiv mitmacht. Diese Lebensweise liegt ihm im Grunde eigentlich mehr als die materielle Ausrichtung. Beispielsweise verkümmert ein Kind nicht bei geringer materieller Ausstattung und Versorgung, solange es nicht erheblichen Mangel leidet, aber es entwickelt schnell Ver-

haltensauffälligkeiten, wenn emotionale Be-dürfnisse nicht voll befriedigt werden. Die Um-welt führt das Kind aber heute stark in materi-elle Denkweisen ein und veranlasst es profit-orientierte und materielle Erwartungshaltun-gen zu verwirklichen. Diese Erwartungshaltun-gen kommen nur teilweise aus der Familie, sie werden ebenso durch z.B. Konsumanreize, Medieneinflüsse oder den Umgang mit Spiel-kameraden hervorgerufen. Gegen diesen Trend muss eine ökologische Pädagogik an-kämpfen.

Zusammenfassung

- Lernziele können explizit sein, d.h. bewusst und formuliert, oder implizit, das bedeutet unausgesprochen und nur teilweise bewusst. Die expliziten Lern-ziele machen den Lehr- und Lernprozess transparent, hinterfragbar und kriti-sierbar. Es besteht aber die Gefahr, dass überprüfbare Ziele betont werden und die weniger überprüfbaren des emotionalen und sozialen Bereichs in den Hintergrund geraten.

- Lernziele können nach ihrer Komplexität in verschiedene Ebenen gegliedert werden. Ein Richtziel wird durch mehrere Grobziele beschrieben, jedes Grob-ziel kann durch zahlreiche Feinziele konkretisiert werden.

- Wer sich als Pädagoge nicht bewusst macht, in welche Richtung er gehen will, muss sich nicht wundern, wenn er im Strom gesellschaftlicher Erwartungen mitschwimmt und zu einem Ziel gelenkt wird, das er nie anstreben wollte.

- Je konkreter ein Ziel formuliert wird, desto eindeutiger muss es auf Beobach-tung aufgebaut werden, denn der Lernende muss dort abgeholt werden, wo er steht. Bei der Umsetzung der Ziele beeinflusst die Beobachtung den Einsatz der Methoden. Die Überprüfung, ob das Lernziel erreicht wurde, fußt ebenfalls auf der Beobachtung. Die Beobachtung ist deshalb Voraussetzung für eine sinnvolle Pädagogik.

- Die sozialpädagogische Arbeit hat einen großen Spielraum hinsichtlich ihrer Zielsetzungen. Sie ist nicht so festgelegt wie die Schule. Das bedeutet, dass Erzieherinnen sehr verantwortungsvoll ihre Ziele entwickeln und umsetzen müssen.

- Die Entwicklung und Umsetzung verantwortlicher emotionaler und sozialer Ziele verlangt von den Erzieherinnen bzw. dem Team häufig ein starkes Selbst-bewusstsein, weil das Umfeld (Eltern, Träger, Öffentlichkeit) die Wichtigkeit dieser Ziele in der Regel zu niedrig einschätzt.

- In der praktischen Umsetzung von sozialen und emotionalen Zielen muss die Erzieherin ihre Arbeit immer wieder offen legen und begründen, weil das Umfeld die Bedeutung und die intensive Arbeit, die hinter dieser Pädagogik steckt, meist nicht wahrnimmt. Das sichtbare Ergebnis einer Bastelarbeit wird z.B. von den Eltern schneller erkannt als das Üben von Konfliktlösun-gen oder der Aufbau von Wertschätzung gegenüber Lebewesen und Mate-rial.

Anregungen

1. Entwicklung von Zielen

Legen Sie in Ihre Kreismitte ein leeres Plakatpapier. Überschrift: „Beängstigende Situationen, die unsere Gesellschaft nicht (ausreichend) bewältigt". Die Teilnehmer schreiben nun kreuz und quer diejenigen Situationen auf, die sie als bedrohend empfinden, vom Ozonloch bis zur Ausländerproblematik. Brechen Sie ab, wenn eine gute Anzahl aufgeschrieben wurde, und sprechen Sie darüber, damit die Bedrohung nicht durch die Vielfalt der Gedanken zu beängstigend wird. Nehmen Sie ein zweites Plakatpapier und schreiben Sie darauf „Fehlende Fähigkeiten". Überlegen Sie, warum wir diese drohenden Situationen, die weitgehend durch Menschen entstanden sind, nicht bewältigen. Welche Fähigkeiten fehlen uns? Sie werden eine Liste wichtiger Fähigkeiten aufstellen können, wie z.B. Wahrnehmungsfähigkeit, Initiativebereitschaft, Verzichtbereitschaft, Verantwortung usw. Damit haben Sie bedeutsame Erziehungsziele (Richtziele) gefunden.

Es kann sein, dass das Gefühl der Bedrohung und Resignation in der Gruppe nun sehr groß geworden ist, weil die Hoffnung gering erscheint aus dem Dilemma unserer gesellschaftlichen Entwicklung herauszukommen. Viele Erzieherinnen wählen den Beruf, weil sie Vorstellungen haben in irgendeiner kleinen Form zur Verbesserung der Welt beizutragen. Der Mut kann bei solch einem methodischen Vorgehen sinken. Vielleicht lässt sich die Hoffnung wieder ein bisschen aufrichten, wenn Sie anschließend eine Bewusstmachung Ihrer Empfindungen vornehmen und ein Gespräch in der Gruppe über Ihre Sorgen und Hoffnungen führen. Methodisch lässt sich das z.B. folgendermaßen vornehmen:

Aus Wegwerfmaterial (Industriemüll wie Schachteln, Netze, Wolle, Papier usw. und/oder „Naturwegwerfmaterial" wie Äste, Blätter, Zapfen) sollen die Teilnehmer in 10 – 15 Minuten etwas herstellen unter dem Motto „So geht es mir jetzt". Die Ergebnisse werden (freiwillig) in der Gruppe vorgeführt und erläutert: von der „Zerrissenheit" bis zum „Gefangensein im Netz" und dem „Rudern in einem Boot".
Ein gegenseitiges symbolisches „Mutmachgeschenk" (Namen vorher verlosen!) kann zusätzlich helfen und den überzeugenden Eindruck vermitteln nicht allein gelassen zu sein.

2. Bearbeitung eines Textes in Einzel- oder Partnerarbeit mit anschließendem Plenumsgespräch

Stellen Sie die Arbeitsweise der beiden Erzieherinnen im folgenden Text gegenüber und durchdenken Sie Fähigkeiten, die bei Christian und Stefan gefördert bzw. gehemmt werden. Sprechen Sie anschließend im Plenum darüber.

Christian im Kindergarten I
Christian verabschiedet sich im Flur von seiner Mutter und betritt den Gruppenraum. Einige Kinder sind schon da. Christian geht zum Taschenwagen und hängt seine Tasche an den Haken.
Die Erzieherin sitzt an einem Tisch, von dem aus sie den Raum gut überblickt. Sie bastelt mit vier Kindern an den gestern begonnenen Fenstertransparenten. Christian weiß, dass er sein Transparent gestern auch noch nicht beendet hat, und er weiß auch, dass er jetzt eigentlich die Erzieherin begrüßen müßte. Aber Iris und zwei weitere Kinder sind in der Bauecke. Mit ihr würde er gerne spielen. Er überlegt, ob er Iris bitten

soll, dass sie ihn mitspielen lässt. – Zu spät! Die Erzieherin hat ihn bemerkt und ruft ihm „Guten Morgen" zu. Sie sagt – wie er es erwartet hat – dass noch ein Platz am Basteltisch frei ist und dass er sein Transparent vom Vortag fertig machen könne.

Christian setzt sich an den Basteltisch. Die Erzieherin reicht ihm die angefangenen Teile. Christian gibt sich große Mühe die Schablonen genau zu umfahren und genau auszuschneiden und trotzdem schnell zu machen. Die Erzieherin lobt ihn dafür. Um schneller fertig zu werden tauscht Christian die Schere mit der von Yusuf, weil er der Ansicht ist, dass diese besser schneidet. Yusuf scheint es nicht bemerkt zu haben.

Als Christian fertig ist, stürzt er in die Bauecke. Schade, es sind bereits vier Kinder beim Spiel. Er überlegt, wie er es anfangen könnte, ein Kind herauszulocken. Es fällt ihm nichts ein. Darum fragt er, ob er mitspielen dürfe. Es kommt zu Verhandlungen, die an Lautstärke zunehmen. Die Erzieherin wird aufmerksam. Sie erkundigt sich nach dem Grund des Streits. „Christian", sagt sie, „lass die Kinder noch fünf Minuten spielen und dann fragst du noch einmal, ob jemand keine Lust mehr hat. Wenn dann immer noch alle spielen wollen, sag es mir. Dann sehen wir, wer schon am längsten in der Bauecke gespielt hat." „Hoffentlich nicht Iris!" denkt Christian, während er sich an den Tisch setzt und wartet.

Stefan im Kindergarten II

Stefan betritt den Gruppenraum. Er beobachtet zunächst, was im Raum vor sich geht. Dann tritt er zu Fatima, die am Fenster steht und Vögel beobachtet. Sie unterhalten sich eine Weile über ihre Beobachtungen. Die Erzieherin tritt zu ihnen und erinnert Stefan daran, dass er sie noch nicht begrüßt hat, und fragt, was es zu sehen gibt. Interessiert wendet sie sich auch den Vögeln zu. Sie sprechen jetzt darüber, wovon sich die Vögel bei dem kalten Wetter ernähren und dass

man ihnen kein Futter hinauslegen soll, solange kein Schnee liegt. Darüber haben sie gestern im Schlusskreis gesprochen. Stefan weiß auch noch den Grund und erklärt ihn Fatima: „Dann verlernen sie sich selbst Futter zu suchen!"

Stefan bemerkt jetzt, dass er seine Tasche noch umhängen hat. Er holt Zeitschriftenseiten mit Vogelbildern heraus, die er mit seiner Mutter in einem Prospekt gefunden hat. Er fragt Fatima, ob sie mit ihm ausschneiden will, damit das Vogelbilderbuch, das sich die Gruppe angelegt hat, noch dicker wird.

Während des Ausschneidens erzählt Stefan, dass er mal in einem Vogelzoo war. Plötzlich hält er inne. Er läuft zur Bauecke und sagt, dass er eine tolle Idee habe. „Wir könnten doch einen Vogelzoo bauen!", schlägt er begeistert vor. „Wir sind schon vier Kinder, du kannst jetzt nicht mitbauen", sagt Anja. „Aber wenn wir uns einigen, können wir auch mehr Kinder sein", versucht Stefan zu verhandeln. „Wir bauen aber gerade eine Stadt", sagt Pedro. „Ja!", ruft Stefan, „die Stadt hätte einen Vogelzoo!" „Na gut!" – Stefan erklärt lautstark seine Ideen. Nach einer Weile bauen alle eifrig, auch Fatima sitzt als sechstes Kind in der Bauecke. Die Erzieherin wird aufmerksam. Sie kommt näher und beobachtet eine Weile. Sie lobt die Ideen und das intensive Spiel und meint, Vögel hätten gerne Bäume oder Äste um darauf zu sitzen. Sie denkt an die gesammelten Äste vom letzten Spaziergang, die sie in der „Natursammelkiste" im Flur aufbewahrt haben, sie spricht diesen Gedanken aber nicht aus. Ihr Impuls hat angeregt. Anja ist hinausgelaufen und kommt mit Zweigen zurück. Große Überlegung, wie man sie zum Stehen bringen kann. Die Erzieherin wartet ab. Pedro fragt, ob man nicht aus dem Pappmaschee, das noch vom Vogelbasteln übrig ist, „Ständer" an die Äste formen kann. Die Erzieherin meint, sie könnten es ja probieren. Sie wisse auch nicht, ob es halte.

3. Auseinandersetzung mit ökopädagogischen Zielsetzungen

Beschaffen Sie sich die „Rede des Indianerhäuptlings Seattle" in einer von Ihnen gewünschten Medienform: Beim Landesfilmdienst unter dem Titel „Home" als Film ausleihbar, als Platte und in Buchform käuflich.

Nehmen Sie sich Zeit, setzen Sie sich bequem und lassen Sie den Text und dessen Untermalung auf sich wirken. Ein Nachgespräch ist nicht unbedingt erforderlich.

4. Bewusstmachung eigener Erfahrungen

Überdenken Sie Ihre eigenen Erfahrungen hinsichtlich zielbewusster Pädagogik aus Ihrer Kindheit und/oder aus Ihren Praktika. Tauschen Sie Ihre Erfahrungen aus.

Gibt es Einrichtungen, die sehr bewusst mit ihren Zielen umgehen? Welche Ziele sind auffallend?

5. Unterschiedliche Darstellung von verschiedenartigen sozialpädagogischen Zielsetzungen

Teilen Sie sich in Gruppen auf. Jede Gruppe soll die unterschiedliche pädagogische Arbeit, wie sie in der Gegenüberstellung des Abschnittes 2.1.5 beschrieben wurde, in irgendeiner methodischen Form darstellen und dem Plenum vorführen (z.B. kurze Podiumsreferate mit anschließendem Plenum, Plakat, Diskussion, Rollenspiel).

6. Entwicklung von Richtzielen für unterschiedliche sozialpädagogische Einrichtungen

Entwickeln Sie in Gruppen für jeweils eine sozialpädagogische Einrichtung Richtziele und vergleichen Sie die Ergebnisse.

7. Übung: Gliederung und Formulierung von Lernzielen

Wählen Sie ein Richtziel aus und konkretisieren sie es beispielhaft mit Hilfe von Grob- und Feinzielen.

Beachten Sie bei der Formulierung, dass Sie keine Lehrziele, sondern Lernziele beschreiben, in denen das angestrebte Verhalten des Lernenden zum Ausdruck gebracht wird. Dazu gehört auch, dass Sie Passivsätze vermeiden.

▼ **Beispiel:**
„Das Kind soll in seiner Selbstständigkeit gefördert werden" = Lehrziel, weil die Erzieherin „fördert". Das Kind fördert nicht. Sie müßten als Lernziel formulieren: „Das Kind soll selbstständig handeln." Wenn Sie konkreter formulieren wollen, müssen Sie die geplante Selbstständigkeit inhaltlich beschreiben. Das Ziel könnte dann etwa so formuliert werden: „Das Kind soll sich seine Werkmaterialien selbstständig holen und ohne (ggfs. mit) Aufforderung gewissenhaft aufräumen" (Feinziel).

Achten Sie auf die Verben: „Ich werde das Kind zu eigenständigen Ideen anregen" ist ein Lehrziel, weil die Erzieherin anregt. Als Lernziel müßte formuliert werden: „Ich erwarte, dass das Kind/der Jugendliche eigenständige Ideen entwickelt". ▲

8. Diskussion über Flexibilität bei pädagogischen Zielen

Übertragen Sie den Spruch von Francis Picabia (1879–1953): „Unser Kopf ist rund, damit das Denken die Richtung wechseln kann" auf die Pädagogik und diskutieren Sie die Notwendigkeit, aber auch die Gefahren von Richtungswechseln in der Pädagogik. ❏

2.2 Spontanes Handeln und Erzieherpersönlichkeit

Ziele

Mit diesem Kapitel wird angestrebt, dass Sie
- *erkennen als Erzieherin und Erzieher neben der Planung und Anleitung von Aktivitäten mit Gruppen und einzelnen jungen Menschen eine bedeutende pädagogische Aufgabe im Zusammenleben zu haben,*
- *die Einsicht gewinnen mit Ihrer Erzieherpersönlichkeit einen bedeutenden Einfluss auf die Ihnen anvertraute Gruppe zu haben,*
- *zunehmend fähiger werden Selbst- und Fremdkritik zu geben und anzunehmen,*
- *bereit sind Ihren spontanen Einfluss auf die Gruppe kritisch zu reflektieren,*
- *die Selbstbestimmung des jungen Menschen als ein hohes Ziel bewerten,*
- *die Motivation entwickeln Ihre pädagogische Arbeit unter die Zielsetzung von persönlich, sozial und ökologisch verantwortlichem Handeln zu stellen.*

Der pädagogische Einfluss der Erzieherin vollzieht sich zu einem großen Teil im Alltag. In zahlreichen unterschiedlichen Situationen muss sie – meist schnell – reagieren. Deshalb müssen Erzieherinnen ihre wesentlichen Ziele so verinnerlicht haben, dass sie zu ihrer Persönlichkeit gehören. Diese Ziele müssen allerdings von Zeit zu Zeit auf ihre Wertigkeit hin überprüft und evtl. verändert werden. Sie werden auch durch Erfahrungen – bemerkt und unbemerkt – beeinflusst und können durch regen kollegialen Austausch bewusst gehalten und bewusst erneuert werden.

An zwei unterschiedlichen Aspekten soll die Notwendigkeit des pädagogischen Reagierens verdeutlicht werden.

2.2.1 Sozialpädagogische Arbeit als Beziehungsarbeit

Während der Lehrer in weiten Teilen seines Unterrichts **vor** der Klasse **steht**, **lebt** die Erzieherin **in** der Gruppe und mit der Gruppe. Der Lehrer plant seine Unterrichtsstunde, leitet Lernprozesse ein, er lenkt sie. Die Erzieherin führt zwar auch einzelne Aktivitäten und Aktionen durch, die sie vorplant und gedanklich durchstrukturiert, bevor sie durchgeführt werden, diese Lernformen sind aber im Verhältnis zu anderen Lernprozessen nur ein geringer Teil. Im Kindergarten sind beispielsweise die Bastelarbeit und die Turnstunde, der Schlußkreis und die Spielrunde vorgeplant und von der Erzieherin gelenkt, im Jugendzentrum der Foto- oder der Batikkurs. Dagegen handelt die Erzieherin im Freispiel, beim Spiel im Freien und den Essenszeiten im Kindergarten und Hort weitgehend spontan. Im Jugendzentrum steht das Zusammenleben der Betreuer mit der Gruppe und den einzelnen Gruppenmitgliedern im Mittelpunkt, z.B. in der Teestube, bei lockeren Gesprächen oder beim Kartenspiel. Die Betreuer entscheiden ihr pädagogisches Handeln in den Situationen selbst: Sie loben, tadeln, verstärken, setzen Freiräume und Grenzen, geben Impulse und strahlen durch ihre Persönlichkeit Nähe, Wärme und Verlässlichkeit aus.

In diesem spontanen Miteinander entstehen vielseitige Beziehungen zwischen Erzieherinnen und Gruppenmitgliedern: Vertrauen, Bindungen, Abgrenzungen. Die Erzieherin beeinflusst auch die Beziehungen der Gruppenmitglieder untereinander. Das gemeinsame Gruppenleben mit seinen vielfältigen Rollen und Einflüssen wird durch die Erzieherin stark geprägt.

Sozialpädagogische Arbeit enthält große Anteile solcher spontaner Pädagogik. Sozialpädagogen sprechen in diesem Zusammenhang von Beziehungsarbeit. Die spontanen Entscheidungen, z.B. wie die Erzieherin auf ein Verhalten oder eine Aussage eines jungen Menschen reagiert, entspringen aus ihrer Persönlichkeit und aus ihren verinnerlichten Erziehungszielen.

▼ **Beispiel:**
– Der zweijährige Mark patscht vergnüglich in eine Pfütze und bespritzt sich mit schmutzigem Wasser und Matsch.
Erzieherin A. sieht wohlwollend zu und freut sich an den Erfahrungen, die Mark macht.
Erzieherin B. erschrickt über das (mutwillige oder unnötige?) Beschmutzen der Kleidung und den damit verbundenen Aufwand, wobei ihr der Aufwand an Arbeit weniger ausschlaggebend ist als der Aufwand an Wasser, Energie

und Waschmittel als Umweltverschmutzung. Sie holt Mark liebevoll aus der Pfütze. ▲

Die Anzahl solcher Situationen, in denen die Erzieherin nicht agiert, sondern reagiert, ist im Laufe eines Arbeitstages sehr hoch. Spontanes Handeln ist nicht unreflektiertes Handeln. Es darf nicht als weniger wertvoll bewertet werden als geplante Aktivitäten.
Ein Lehrer hat in seiner beruflichen Arbeit natürlich auch diese Beziehungselemente, aber die Gewichtung liegt anders, jedenfalls in der heute üblichen schulischen Pädagogik. Sozialpädagogische Arbeit hat viel größere Anteile der Beziehungsarbeit.
Nach außen sieht Beziehungsarbeit oft recht leicht aus. Sie setzt aber den vollen Einsatz der Persönlichkeit voraus. Der Pädagoge muss wachsam und einfühlsam beobachten und in der

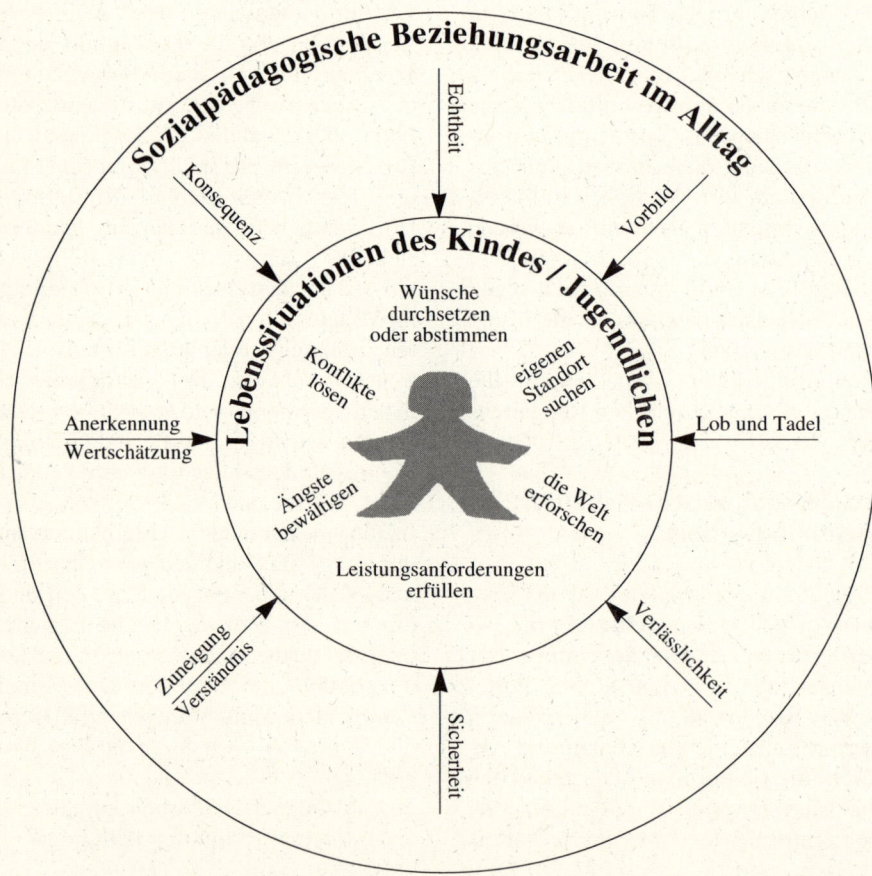

Situation häufig schnell entscheiden, wie er reagiert. Das kann manchmal sehr anstrengend sein und nachdenklich machen. Die Erzieherin/der Erzieher muss sich zur gleichen Zeit voll einbringen und die Dinge mit Abstand und mit Gelassenheit sehen. Dafür muss ein angemessener Mittelweg gesucht und gefunden werden. Nach der Dienstzeit am Abend ist es oft schwer, sich abzugrenzen, nicht die Problematik mit nach Hause zu nehmen, sondern neben dem Beruf das volle Privatleben leben zu können. Engagierte Erzieherinnen und Erzieher werden diesen Pfad zwischen Einsatz und Abgrenzung manchmal als schwer, schmal und steinig empfinden.

2.2.2 Bedeutung und Grenzen von Fremdbestimmung und Selbstbestimmung

„Größtmögliche (optimale) Selbstbestimmung des Kindes" ist eines der bedeutenden Erziehungsziele in sozialpädagogischen Einrichtungen. Das Kind soll, wenn immer möglich und sinnvoll, sein Handeln selbst entscheiden und verantworten (was allerdings nicht mit laissez-fairem Erziehungsstil in Verbindung gebracht werden darf).
Ein Kind, das sich immer gehorsam fügt und alle Erwartungen ausführt ohne eigene Überlegungen oder Wünsche einzubringen, handelt nicht selbstbestimmt.
Selbstbestimmung ist nicht mit Selbstständigkeit gleichzusetzen. Ein Kind kann selbstständig sein, z.B. sich aus- und anziehen oder jeden Tag die Pflanzen unaufgefordert gießen (weil es diesen Auftrag hat), aber im Bereich der Entscheidungen (selbst sein Handeln zu bestimmen) sich von anderen übermäßig leiten lassen.
Das Gegenteil von Selbstbestimmung ist Fremdbestimmung. Autoritäre Erzieherpersonen können eine starke Fremdbestimmung über das Kind ausüben (autoritärer Erziehungsstil). Ihr Handeln, ihr Vorhandensein oder ihre Verstärkungen wie z.B. Lob geben dem Kind möglicherweise keinen ausreichenden Freiraum für Selbstbestimmung.

▼ Beispiele:
– Das Krippenkind klettert auf einen niedrigen

Schrank. Als die Erzieherin zu ihm hinsieht, klettert es wieder herunter. Es nimmt an, dass es nicht erlaubt ist, auf den Schrank zu klettern.
– Yalan betritt den Kindergartenraum. Sie schaut sich um und setzt sich auf einen Stuhl. Die Erzieherin sagt: „Hol dir etwas zum Spielen, Yalan!" Vielleicht wählt sie auch selbst ein Spielzeug aus und stellt es vor Yalan. Als Yalan gehorsam damit spielt, lobt sie das Kind. Sie bemerkt nicht, dass Yalan das Geschehen im Gruppenraum einfach erst einmal nur beobachten möchte. ▲

Selbstbestimmung darf immer nur im Zusammenhang mit verantwortlichem Handeln gesehen werden. Zunächst hat die Selbstbestimmung dort ihre Grenzen, wo sich das Kind in Gefahren begibt.

▼ Beispiel:
Ein Kind darf nicht auf dem Bürgersteig spielen, solange es auf die Straße laufen könnte, auch wenn es eine „Spielstraße" ist. ▲

Solange das Kind die Gefahren nicht erkennt oder unkontrolliert handelt, muss der Pädagoge Fremdbestimmung über das Kind ausüben. Die Fremdbestimmung kann jeweils dann zurückgenommen werden, wenn das verantwortliche selbstbestimmte Handeln des Kindes zunimmt.
Das Kind muss diesen Schutz auch spüren. Es muss sich sicher fühlen, dass der Erwachsene ihm Grenzen setzen wird, wenn es sich in Gefahr bringt. Nur in dieser Sicherheit kann es seine Grenzen austasten und zu erweitern versuchen. Ein Kind, das sich auf die schützenden Grenzen des Erwachsenen nicht verlassen kann, muss ängstlich und vorsichtig bleiben.
Selbstbestimmung kann ihm deshalb nur dort gewährt werden, wo es die Folgen seines Handelns erkennt und die Verantwortung ohne Überforderung selbst übernehmen kann (demokratischer Erziehungsstil).

▼ Beispiele:
- Die Krippenkinder entscheiden, mit welchem Spielmaterial sie spielen wollen. Auf dem Klet-

Freiraum oder Grenzen?

tergerüst können sie selbst abschätzen, was sie sich zutrauen. In der Regel wagen sie nicht mehr, als sie bewältigen können. Sollten sie sich wirklich einmal überschätzt haben, ist die Erzieherin in Rufnähe.

– Kindergartenkinder bedienen sich beim Essen selbst. Sie werden lediglich darauf hingewiesen, sich zunächst wenig zu nehmen.

Sie entscheiden auch selbst, ob sie an einem Angebot teilnehmen. Bei Aktivitäten der Gesamtgruppe wird die Teilnahme allerdings verlangt.

– Hortkinder müssen nach dem Mittagessen nicht sofort ihre Hausaufgaben beginnen. Sie spielen im Hof und können sich darauf verlassen, dass die Erzieherin sie rufen wird, sodass sie die Aufgaben noch beenden können.

Sie können auch weitgehend selbst entscheiden, wie intensiv sie ihre Hausaufgaben erledigen. ▲

Manchmal sind Erzieherinnen allerdings ängstlicher als nötig und bestimmen dort, wo Freiräume möglich wären.

▼ **Beispiel:**

Die dreijährigen Kinder in der Kindertagesstätte werden zum Mittagsschlaf in einen Ruheraum geholt. Ab vier Jahren entscheiden die Kinder selbst, ob sie ruhen wollen.

In einer anderen Kindertagesstätte schlafen die Kinder ohne Aufforderung, wenn sie mittags müde sind. Die zweite Ebene und die Kuschelecke bieten Rückzugsmöglichkeiten. Die Erzieherin achtet lediglich darauf, dass sich alle Kinder mit ruhigen Aktivitäten beschäftigen. Meist liest sie etwas vor. Es kann sein, dass dreijährige Kinder sich nicht legen, während vierjährige, die gar nicht schlafen wollten, in irgendeiner Ecke eingeschlafen sind. Sie holen sich den Schlaf, den sie brauchen. ▲

Zu der Verantwortung gegenüber der eigenen Person kommt die Verantwortung gegenüber anderen Menschen: die soziale Verantwortung.

▼ Beispiel:
Ein Jugendlicher kommt entgegen der abgesprochenen Ausgehzeit von 22.30 Uhr erst um 24.00 Uhr in die Wohngruppe zurück. Damit hat er Sorgen bei der Erzieherin ausgelöst, hat möglicherweise ihre Arbeitszeit verlängert und hat die Regel, die für alle Gruppenmitglieder gilt, in Frage gestellt. ▲

Im Allgemeinen kann diese soziale Verantwortung jungen Menschen einsichtig gemacht werden: gleichmäßig teilen, andere nicht übervorteilen, nicht verletzen, natürlich auch die eigenen Rechte verteidigen oder gegen Ungerechtigkeiten ankämpfen. Je älter das Kind wird, desto größer muss der Bereich werden, für den es, später der Jugendliche und Erwachsene, sich verantwortlich fühlt. Im Kindergarten ist es das andere Kind in der Gruppe oder derjenige, dem das Kind konkret begegnet. Später muss in das eigene Denken und Handeln auch die Verantwortung gegenüber fremden Menschen einbezogen werden, beispielsweise eine wertschätzende Haltung gegenüber Ausländern, gegenüber den Menschen in ärmeren Ländern oder Anerkennung der Rechte Behinderter.

Eine dritte Verantwortung in der Selbstbestimmung liegt im Umgang mit Material: die ökologische Verantwortung. Dazu gehören z.B. die Vermeidung von unnötigem Materialverbrauch oder fahrlässiger Beschädigung von Material, verantwortlicher Umgang mit Umweltgiften, Wertschätzung der Natur und Beachtung ihrer Kreisläufe. Hier können bereits im Kindergarten erste grundlegende Einstellungen aufgebaut werden.

▼ Beispiele:
- Während des Zähneputzens wird der Wasserhahn zugedreht.
- Mit Bilderbüchern muss pfleglich umgegangen werden.

- Käfer und Würmer dürfen weder getötet noch gequält werden. ▲

Wenn die Erzieherin Fremdbestimmung ausübt (ausüben muss), dann wird sie sich ebenfalls an diesen drei Verantwortlichkeiten ausrichten: Sie wird dem Kind überall dort Grenzen setzen, wo es diese Verantwortlichkeiten nicht einhalten kann oder will:
- Verantwortung gegenüber der Person des Kindes/Jugendlichen selbst,
- soziale Verantwortung, wozu auch gehört, dass das Kind der Erzieherin gegenüber verantwortlich handelt, z.B. sie nicht unverhältnismäßig beschimpft oder ihr unangemessene Arbeiten zumutet,
- ökologische Verantwortung.

Abgesehen vom achtsamen Umgang mit eigener Fremdbestimmung über die Kinder muss die Erzieherin das Verhalten der Kinder untereinander beobachten, denn es könnte sein, dass sie versucht ihre eigene Fremdbestimmung niedrig zu halten, dabei aber übersieht, dass sich unter den Kindern kleine Herrscher herausbilden, die über die anderen dominieren und deren Handeln bestimmen, also Fremdbestimmung über andere ausüben.

▼ Beispiel:
Im Kindergarten besetzt ein sechsjähriges Kind, das morgens schon sehr früh kommt, regelmäßig die Bauecke. Wer später mitspielen darf, wird von ihm bestimmt, und zwar nach dem Motto: „Du darfst mitspielen, wenn du tust, was ich sage!" Hier muss die Erzieherin einschreiten. ▲

Kinder mit einem starken Wunsch nach Bedürfnisbefriedigung können unangemessene Fremdbestimmung über andere Kinder ausüben und dadurch Vorteile für sich erkämpfen. Ihr Verhalten kann Nachteile für andere Kinder bedeuten, vor allem dann, wenn starke, durchsetzungsfähige Kinder die soziale Verantwortlichkeit nicht erkennen oder nicht bereit sind sie einzuhalten. Dann siegt der Stärkere und der Schwächere muss möglicherweise sein Handeln anpassen, weil er auf harmonisches Zusammenleben mit dem Starken angewiesen ist.

▼ **Beispiel:**
Auf dem Schulhof muss ein Kind mit Süßigkeiten „bezahlen", damit es von einem größeren Kind, das selbst selten Süßigkeiten bekommt, in Ruhe gelassen wird. ▲

Auch Eltern können Kinder (unbemerkt) zu einem ungleichen Umgang miteinander veranlassen.

▼ **Beispiel:**
Wenn der vierjährige Lukas im Kindergarten weint – und das tut er auffallend oft – unterbricht die fünfjährige Anja ihr Spiel um sich um ihren Bruder zu kümmern. Bei Ausflügen geht sie nur dann mit, wenn Lukas auch mitgenommen wird. Ihre Fürsorge und Dominanz über ihren Bruder ist offensichtlich Wunsch der Eltern. ▲

Im gesellschaftlichen Zusammenleben gibt es natürlich keine völlige Selbstbestimmung. Es wird immer Bereiche geben, die für den Einzelnen nicht beeinflussbar sind und die deshalb fremdbestimmt bleiben: Normen, Regeln, Gesetze usw. Sie bilden einen notwendigen Rahmen für die individuellen Freiheiten.

▼ **Beispiele:**
– Die Erzieherin kann in ihrem Auto zum Einkaufen nur zwei Kinder mitnehmen, weil kein dritter Kindersitz vorhanden ist.
– Im Flur des Kindergartens dürfen jeweils nur drei Kinder aus jeder Gruppe spielen, weil die Räumlichkeiten für das Spiel einer größeren Gruppe nicht ausreichen und die Aufsicht dann zu belastend für die Erzieherinnen wäre.
– Das Team erwartet, dass die Jugendlichen, wenn sie in der Wohngruppe zum Frühstück kommen, einen guten Morgen wünschen. ▲

Verantwortliche Selbstbestimmung darf nicht mit Bedürfnisbefriedigung gleichgesetzt werden. Fälschlicherweise wird das aber oft angenommen. Bedürfnisbefriedigung, die nur ein augenblickliches Verlangen stillt, wie beispielsweise der Genuss von Süßigkeiten, kann langfristig unverantwortlich sein. Daß Süßigkeiten gesundheitsschädlich sind, kann Kindern in der Regel einsichtig gemacht werden. Es gibt aber auch Begründungen kindliche Wünsche und Bedürfnisse nicht zu befriedigen, die Kindern nicht durchschaubar gemacht werden können.

▼ **Beispiele:**
– Die Befriedigung materieller Bedürfnisse kann das Empfinden von emotionalen Bedürfnissen im Keim ersticken: Ein Kind, das mit Kleidung und Spielzeug überhäuft wird, erkennt nicht, dass ihm Zuwendung und Anerkennung seiner Person viel bedeutsamer sind als materielle Geschenke. Es wird möglicherweise dazu erzogen, seinen eigenen Wert zunehmend vom Besitz abzuleiten. Das Haben wird dann ausschlaggebender als das Sein.
– Jugendliche lassen sich von lauter Musik gerne berauschen. Sie sind oftmals weder bereit, einzusehen, dass sie ihrem Gehör schadet, noch, dass andere dadurch gestört werden. ▲

Die Fähigkeit einer verantwortlichen Selbstbestimmung schließt also die Einsicht und Bereitschaft ein die jeweiligen Bedürfnisse nur im Zusammenhang mit Verantwortung gegenüber der eigenen Person sowie sozialer und ökologischer Verantwortung zu befriedigen.

▼ **Beispiele:**
– Der Jugendliche muss bei einer Fete im Jugendzentrum auf Alkohol verzichten, wenn er anschließend mit dem Motorrad nach Hause fahren will.
– Der Lust zu wildem und lautem Spiel darf nur dann nachgegeben werden, wenn die Gruppenmitglieder dadurch nicht gestört werden.
– Die Getränkedose muss zugunsten der Flasche abgelehnt werden, auch wenn der Umgang mit der Dose bequemer ist. Die Umwelt wird durch die Dose mehr belastet. ▲

Kinder empfinden eine Befriedigung, wenn sie gelobt und anerkannt werden. Es ist deshalb möglich, dass sie ihre eigenen Bedürfnisse nicht mehr erkennen und stattdessen eine Befriedigung darin suchen, ihre Bezugspersonen zufriedenzustellen. Die Selbstbestimmung des

Kindes muss deshalb von den Erzieherpersonen äußerst sensibel gehandhabt werden.

▼ **Beispiele:**
– Ein Kind malt jeden Tag mit großer Ausdauer ein Bild. Auf die Frage, ob ihm das Spaß mache, antwortet es: „Meine Mama freut sich, wenn ich ihr ein Bild mitbringe."
– Nina, lernbehindert, steht in der Wohngruppe jeden Morgen früher als die anderen auf um den Tisch für alle zu decken. Sie freut sich über das gelegentliche Lob durch die Gruppenmitglieder und bemerkt nicht, dass über sie gelächelt und ihre Hilfsbereitschaft nicht erwidert wird.
– Uli weigert sich mit Fingerfarben zu malen, sieht bei den anderen Kindern aber interessiert zu. Die Erzieherin weiß, dass seine Mutter großen Wert auf Sauberkeit legt. ▲

Selbstbestimmtes und fremdbestimmtes Handeln eines Kindes oder eines Jugendlichen vollzieht sich im Alltag.

Die Erzieherin muss deshalb nicht nur in ihren pädagogischen Aktionen, sondern besonders in ihren täglichen Reaktionen achtsam, behutsam und zugleich konsequent mit der Selbstbestimmung des Kindes und ihrer eigenen Fremdbestimmung über das Kind/den Jugendlichen umgehen.

Auch hier wird wieder deutlich, wie stark sie ihre Erziehungsziele verinnerlicht und in ihrer Persönlichkeit verankert haben muss.

SELBSTBESTIMMUNG - FREMDBESTIMMUNG

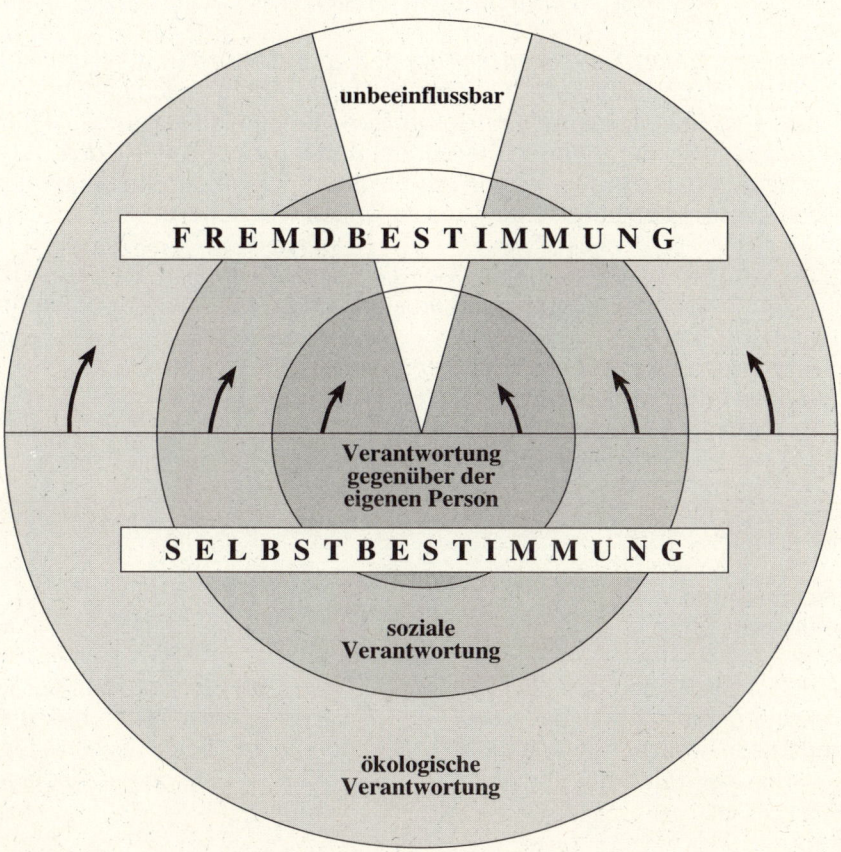

Zusammenfassung

- Ein großer Teil sozialpädagogischer Arbeit vollzieht sich im alltäglichen Zusammenleben mit den zu Erziehenden und nicht in vorgeplanten Aktionen. Sozialpädagogische Arbeit ist in erster Linie Beziehungsarbeit. Auch dafür müssen sich Erzieherinnen und Erzieher ihrer Zielrichtungen bewusst werden.

- Erziehungsziele, insbesondere im emotionalen und sozialen Bereich, müssen deshalb so verinnerlicht werden, dass sie zur Persönlichkeit der Erzieherin gehören und in ihrer Vorbildhaltung sowie den täglichen kleinen spontanen Aktionen und Re-aktionen zum Ausdruck kommen.

- Die sozialpädagogische berufliche Anforderung, durch die eine Erzieherin immer in ihrer ganzen Persönlichkeit in Anspruch genommen wird, muss von ihr akzeptiert werden. Zugleich muss sie sich aber auch abgrenzen können, um nicht über ihre Kräfte und über normale berufliche Beanspruchung vereinnahmt zu werden. Den Mittelweg zwischen dieser Akzeptanz und der Abgrenzung muss sie immer wieder neu abstecken.

- Die Erzieherin hat gegenüber der Gruppe (Kindern und Jugendlichen) eine Machtposition. Mit dieser Macht muss sie selbstkritisch und behutsam umgehen. Sie muss darum bemüht sein, diese Macht so gering wie möglich zu halten.
  Mit ihrer Macht setzt sie Grenzen, die den zu Erziehenden einschränken, die aber auch Halt und sicheren Rahmen für kindliche Entscheidungsfreiheit bieten. Erziehung zu Selbstbestimmung des jungen Menschen setzt deshalb bewussten Umgang mit der eigenen Fremdbestimmung über das Kind voraus. Darüber hinaus muss die Erzieherin die Strukturen von Fremdbestimmmung innerhalb der Gruppe beobachten und zu lenken versuchen.

- Die eigene Fremdbestimmmung über die Gruppe wie auch die Selbstbestimmung der Gruppenmitglieder müssen sich den drei Bereichen von Verantwortung unterordnen:
  - Verantwortung gegenüber der eigenen Person,
  - soziale Verantwortung,
  - ökologische Verantwortung.

Anregungen

1. Bewusstmachung von Beziehungsarbeit

In einem Hort wird nach den Hausaufgaben keine gemeinsame Freizeitaktivität angeboten, weil die Kinder ein starkes Bedürfnis nach individuell bestimmtem Spiel haben.

Definieren Sie Aufgaben der Erzieherin während dieser Phase, beschreiben und begründen Sie die Ziele, die Sie in dieser Zeit für die Gruppenmitglieder anstreben würden.

2. Gesprächsübung: Standortsuche im Zusammenhang mit ökologisch verantwortlichem Verhalten

Michael, vier Jahre, verwendet beim Malen eine Menge von Papier. Angefangene Zeichnungen werden schon nach ein paar Strichen in den Papierkorb geworfen und wieder neu begonnen. Die Erzieherin bittet Michael mehr auf ein Papier zu malen oder mit Malen aufzuhören. Sie begründet, dass Papier wertvoll sei und dass man sorgsam damit umgehen müsse.

Die Zweitkraft versteht die Entscheidung der Gruppenleiterin nicht, da es sich um Papierabfälle einer Druckerei handelt, die nichts kosten und die man jederzeit wieder bekommen kann.

Nehmen Sie in einem Partnergespräch die unterschiedlichen Rollen ein und diskutieren Sie aus der Sicht von Erzieherin und Zweitkraft.

3. Lernkontrolle: Verantwortliche Selbstbestimmung

– Durchdenken Sie, welcher Verantwortlichkeitsbereich den folgenden Beschreibungen zuzuordnen ist (Verantwortung gegenüber der eigenen Person, soziale oder ökologische Verantwortlichkeit).

– Überlegen Sie auch, ob es sich um Selbst- oder Fremdbestimmung handelt.

a) Ich aß jahrelang Schokolade im Übermaß. Ich habe mir das Schokoladeessen abgewöhnt.

b) Vielleicht haben wir bald ein Gesetz, nach dem wir wie in anderen europäischen Ländern nicht über 100 km/h fahren dürfen.

c) Ich bin Raucher. Im Beisein von Nichtrauchern rauche ich nicht.

(Lösungen siehe S. 100.)

4. Textzuordnung: Selbst- und Fremdbestimmung

Ordnen Sie die Sätze a) – d) den unten folgenden Beschreibungen zu.

a) Das Kind kann weitgehend selbstbestimmt handeln.

b) Das Kind ist an einer Selbstbestimmung nicht interessiert.

c) Das Kind hat nicht die ausreichende Kompetenz (Befähigung) um selbstbestimmt zu handeln.

d) Das Kind wird fremdbestimmt und kann deshalb nicht selbstbestimmt handeln.

Eine Mutter sagt:

1. Mein Sohn ist mit seinen Nahrungswünschen sehr vernünftig. Er isst von sich aus kaum Süßigkeiten, auch wenig Obst, dafür aber rohes Gemüse wie Karotten und Gurken. Fleisch mag er kaum, genügend Eiweiß erhält er durch Vollkornbrot und seine Vorliebe für Käse und Quark. Deshalb richte ich den Speiseplan nach seinen Wünschen.

2. Bei Getränken bestimme ich in der Familie. Ich stelle immer selbst hergestellte Säfte oder Tee bereit. Ich halte gekaufte Getränke für weniger gesund.

3. Was seine Kleidung betrifft, da ist es ihm völlig gleichgültig, was er trägt. Er lässt sich alles von mir zurechtlegen und zieht es kritiklos an. Mein Bemühen, dass er selbst mehr entscheidet, führt zu nichts.

4. Vor kurzem ist sein Freund leider in einen anderen Stadtteil gezogen. Ich wünschte, er könnte ihn besuchen, so oft wie er will. Aber mein Sohn kennt die Buslinien noch nicht sicher genug. Deshalb ist er auf meine Begleitung und meine Zeit angewiesen.

(Lösungen siehe S. 100.)

Formulieren Sie selbst Beispiele im Sinne der Aufgaben 3 und 4 und nehmen Sie gegenseitig dazu Stellung in Bezug auf die richtige Zuordnung.

5. Unterscheidung zwischen Selbstbestimmung und Selbstständigkeit

Welches der beiden folgend beschriebenen Kinder handelt selbstbestimmter und welches selbstständiger (im praktischen Bereich)?

Die Kinder spielen im Hof. Es ist kühl. Anja kommt zur Erzieherin und sagt, dass sie friert. Die Erzieherin antwortet, dass sie sich ihre Jacke holen soll. Anja holt sie und zieht sie sich selbstständig an.

Claudia friert auch. Sie kommt zur Erzieherin und sagt, dass sie sich ihre Jacke holt, weil sie friert. Sie kann sie aber nicht allein anziehen. Sie bittet die Erzieherin ihr zu helfen.

6. Überlegungen zu pädagogischem Verhalten bei Fremdbestimmung unter Kindern

Lesen Sie den folgenden Text und arbeiten Sie heraus:

a) In welchen Situationen hat die Erzieherin Fremdbestimmung unter Kindern bemerkt oder vermutet und zu verhindern versucht? Wann hat sie nicht eingegriffen?

b) Welche Erziehungsziele können hinter Christines pädagogischem Verhalten vermutet werden?

Die Hortkinder kommen von der Schule. Sie verfrachten ihre Taschen – meist etwas grob – im Ranzenschrank. Julians Ranzen fällt, wie so oft, daneben. Er rennt hinaus. Nurhan, sieben Jahre, will den Ranzen aufheben. Erzieherin Christine sagt: „Lass ihn liegen, Nurhan. Julian denkt, dass schon jemand die Arbeit für ihn machen wird." Sie ruft Julian und sagt ihm, dass der Ranzen bei dieser Behandlung leidet und dass jemand darüber stolpern kann. Es sei unverantwortlich, ihn einfach vor dem Schrank liegen zu lassen.

Jetzt ruft sie Murat und Maria und fordert sie auf ihren Tischdienst zu beginnen. Sie hört, wie Murat zu Maria sagt: „Wir machen Arbeitsteilung: Ich hole den Wagen und du deckst den Tisch!" Er stürmt davon und holt den Wagen, der von der Haushaltshilfe täglich fertig gemacht wird und in der Küche bereitsteht. Murat schiebt den Wagen in den Gruppenraum und will hinauslaufen. Christine stellt ihn zur Rede. Murat antwortet: „Wir haben Arbeitsteilung gemacht, gell, Maria, du bist einverstanden!" Dabei hebt er die Faust. Maria nickt. Christine sagt: „Aber **ich** bin nicht einverstanden, weil das eine ungerechte Arbeitsteilung ist!" Murat muss beim Decken mithelfen.

Nach dem Essen haben Nina, Handan und Tobias Tischdienst. An Stelle von Nina wischt Ramona die Tische ab. Christine fragt, warum sie denn den Tischdienst mache. „Nina hat ihn mir verkauft." Christine schaut überrascht und erstaunt auf. „Wer hat was dafür bezahlt?" „Nina hat mit einem Kaugummi dafür bezahlt." Christine schüttelt den Kopf und lacht. „Das nächste Mal musst du aber einen höheren Preis verlangen, Ramona!" In der Zwischenzeit hat Handan die Tische abgeräumt. Tobias steht am Teewagen und zeigt Handan, wo noch Geschirr steht. Er sagt, sie solle sich beeilen, er wolle fertig werden.

Lösungen der Aufgabe 3:
a) Verantwortung gegenüber der eigenen Person – selbstbestimmt
b) ökologische Verantwortung – fremdbestimmt
c) soziale Verantwortung – selbstbestimmt

Lösungen der Aufgabe 4:
1. = a) / 2. = d) / 3. = b) / 4. = c)

3 Methoden der sozialpädagogischen Arbeit

Einführung

Jeder Lerninhalt, jedes Lernziel wird über Methoden vermittelt. Genauso wie wir Lernziele bewusst anstreben oder sie uns nicht bewusst machen, verdeutlichen wir uns auch unsere Methoden häufig nicht. Im pädagogischen Beruf ist es aber sinnvoll, sich nicht nur die Ziele, sondern auch Methoden bewusst zu machen um unter der Vielfalt von denkbaren Vorgehensweisen möglichst optimale Methoden auszuwählen. Angemessene Methoden tragen dazu bei, dass die Lernziele möglichst zügig erreicht werden, dass das Lernen reizvoll, motivierend und spannend bleibt und dass keine negativen Nebenwirkungen erzeugt werden.

▼ **Beispiel:**
Lernziel: Die Kindergartenkinder sollen ihr Spielzeug nach dem Spiel geordnet an seinen Platz stellen.

a) Erzieherin A. geht folgendermaßen vor:
Wer sein Spielzeug nicht unaufgefordert und ordnungsgemäß aufgeräumt hat, bekommt auf einer vorbereiteten Liste mit den Kindernamen und ihren Erkennungssymbolen einen Strich. Wer fünf Striche hat, darf eine halbe Stunde nicht spielen.
Wirkung: Die Kinder werden das Lernziel wahrscheinlich schnell erreichen, das Aufräumen wird aber nicht reizvoll für sie sein. Das Selbstwertgefühl der Kinder wird gedrückt. Außerdem fördert die Erzieherin möglicherweise das Verpetzen: Kinder, die nicht gut aufgeräumt haben, werden von anderen Kindern der Erzieherin gemeldet.

b) Erzieher B. verteilt Striche für gutes Aufräumen. Wer fünf Striche hat, bekommt eine Belohnung.
Während Erzieherin A. das negative Verhalten bestraft, bestärkt er das positive Verhalten. Dadurch wird das Aufräumen wahrscheinlich stärker mit positiven Gefühlen verbunden werden. Das Lernziel wird sicher auch wieder schnell erreicht werden. Aber die Nebenwirkungen sind hier ebenfalls fraglich: Erzieher B. bleibt in der gleichen autoritären Rolle wie Erzieherin A. Er erreicht außerdem möglicherweise, dass die Kinder sich nicht in das Spiel vertiefen, sondern möglichst häufig aufräumen, weil sie ein Lob bzw. eine Belohnung erhalten wollen. Wenn es sich um eine materielle Belohnung handelt, z.B. ein Bonbon, wird die Methode zusätzlich fragwürdig, weil sich dann für die Kinder Leistungsanstrengung mit materiellen Erfolgen koppelt. Dann wird Leistung nur noch wegen Ergebnissen und nicht mehr um der Sache selbst willen erbracht. Ganz zu schweigen davon, dass Bonbons ungesund sind und ihr Genuss an anderer Stelle den Kindern vielleicht als fragwürdig hingestellt wird.

c) Erzieherin C. wartet, bis den Kindern vielleicht auffällt, dass manches Spielmaterial gesucht werden muss. Herumliegende Teile, z.B. von Puzzles, sammelt sie in einen großen Kasten. Wenn den Kindern beim Spielen Teile fehlen, müssen sie auf die Suche gehen. Dabei fällt ihnen die Unordnung auf.
Jetzt macht sie in einer Gesprächsrunde den Kindern die unbefriedigende Situation bewusst. Gemeinsam wird nach Ursachen ge-

sucht, beispielsweise, dass jüngere Kinder das Zuordnen und Aufräumen noch nicht so gut beherrschen oder dass manche Kinder oft keine Lust haben. Es wird überlegt, wie diese Situation zu verändern sei. Vielleicht entwickelt die Gruppe Ideen wie: kleinere Kinder brauchen einen älteren „Paten", der ihnen jeweils beim Aufräumen hilft.

Es wird in dieser Gruppe länger dauern als bei den beiden anderen Gruppen, bis das Lernziel erreicht ist. Aber die Gesamtwirkungen werden bei den Kindern wahrscheinlich positiver sein: Sie haben das Aufräumen zu ihrer eigenen Angelegenheit gemacht, fühlen sich dafür verantwortlich

und behalten eine hohe Selbstbestimmung. Sie lernen bei dieser Methode auch nicht nur das Aufräumen, sondern auch, wie sie Konflikte angehen können. Das heißt, sie lernen auch das Lernen. ▲

Es ist deshalb wichtig sich für die Arbeit in (sozial)pädagogischen Arbeitsfeldern mit Methoden der beruflichen Arbeit auseinander zu setzen und sie kritisch zu hinterfragen.

In den folgenden Abschnitten sollen Methoden der Kommunikation wie auch Methoden zur Gestaltung von Spiel- und Arbeitsprozessen dargestellt und erörtert werden.

3.1 Methoden der Kommunikation und der Gesprächsführung

Das Gespräch in seinen unterschiedlichen Formen nimmt in sozialpädagogischen Berufen eine zentrale Stellung ein. Es ist das vorrangige Medium, es ist die Methode, die alles weitere pädagogische Handeln begleitet. Das Gespräch kann nonverbale Eindrücke, z.B. einen als unfreundlich gedeuteten Blick, klarstellen. Es hat nachhaltigen Einfluss auf Gefühle, Selbstwahrnehmung, Fremdwahrnehmung, Erkenntnisse, Erfahrungen, Wissen usw. Von einer guten Kommunikation hängt weitgehend ab, ob das Kind ein stabiles Selbstwertgefühl aufbauen kann. In Familien, in denen eine differenzierte Kommunikation geführt wird, ist die Zahl von Verhaltensauffälligkeiten geringer als in Familien mit eingeschränkter oder einseitiger Kom-

munikation, weil das Kind gelernt hat, Unklarheiten, auch unklare Gefühle und Missverständnisse aufzudecken und zu bearbeiten.
Aus diesem Grund ist es für pädagogische Fachkräfte von ausschlaggebender Bedeutung, sich mit Möglichkeiten und Methoden von Kommunikation auseinander zu setzen. Kommunikation wird deshalb in diesem Buch breit behandelt. Allerdings können Erzieherinnen nicht erwarten während ihrer zweijährigen Ausbildung abschließend für eine umfassende Kommunikationsfähigkeit im sozialpädagogischen Beruf ausgebildet zu werden. Während der Berufstätigkeit werden Fortbildungen in diesem Bereich immer wieder erforderlich sein.

Ziele

Dieses Kapitel soll Ihnen dazu verhelfen,
- *zu erkennen, dass Kommunikation vielfältige beabsichtigte und unbeabsichtigte Wirkungen auslösen kann,*
- *bereit zu sein an der Verbesserung Ihrer Kommunikation zu arbeiten,*
- *Techniken kennen zu lernen, mit denen Kommunikation und Gesprächsführung positiv beeinflusst werden können,*
- *Interesse zu entwickeln diese Techniken auszuprobieren, ihre Wirksamkeit zu testen und in der beruflichen Arbeit anzuwenden.*

3.1.1 Inhalts- und Beziehungsebene einer Kommunikation

Unter Kommunikation ist nicht nur das Reden zu verstehen, sondern auch jede andere Form von Mitteilung: Stimme, Mimik und Gestik, auch unser Handeln. Selbst unser Sein vermittelt dem Sozialpartner Mitteilungen über uns. Deshalb ist es auch unmöglich, nicht zu kommunizieren. Wir geben auch dann Mitteilungen an andere, wenn wir schweigen, z.B. wenn wir lächeln, ernst bleiben, uns abwenden. Auch durch unser Sein geben wir Mitteilungen, beispielsweise dann, wenn wir erschöpft wirken, wenn wir besonders gepflegt aussehen oder unruhig und rastlos sind.

Sprechen ist nur ein geringer Teil der Kommunikation: Spitze eines Eisbergs.

▼ **Beispiel:**
Das Kind würfelt eine Sechs und wirft mit verschmitztem Lächeln das Männchen seines Spielpartners vom Mensch-ärgere-dich-nicht-Brett. Dem Spielpartner stehen die Tränen in den Augen. Gesprochen wurde nichts. ▲

3.1.1.1 Definition und Abgrenzung von Inhalts- und Beziehungsebene
Jede Kommunikation verläuft auf zwei Ebenen, der Inhalts- und der Beziehungsebene. Diese Tatsache lässt sich am besten anhand eines Beispiels erklären:
Ein Gesprächspartner sagt zu einem anderen: „Seit wann hast du das Rauchen aufgegeben." Es ist anzunehmen, dass es sich um eine Frage

handelt und das Fragezeichen hier vergessen wurde. Es könnte sich aber auch um einen Satz mit einem Ausrufezeichen handeln. Ob es sich um einen Frage- oder einen Ausrufesatz handelt, würden Sie im Gespräch wahrscheinlich an der Stimme erkennen. Damit wissen Sie aber noch nicht genau, welche Gefühle und Motivationen hinter dieser Aussage stehen: Misstrauen (ob der Versuch hält), Anerkennung, Bewunderung, Neid? Es kann auch ein Unterschied sein, wer diese Frage stellt. Der Hörer vermutet bei unterschiedlichen Fragenden möglicherweise verschiedene Gefühle und Absichten. Bei den Eltern rechnet er vielleicht mit Misstrauen, bei einem Freund mit Anerkennung. (Überlegen Sie bitte, welche Gefühle Sie bei unterschiedlichen Menschen Ihres Bekanntenkreises hinter der Frage vermuten würden.)
Der Inhalt dieses einfachen Satzes ist lediglich die Frage nach einem Datum. Diese Frage, die mit einem Datum oder einer Zeitspanne beantwortet werden müsste, ist die Inhaltsaussage dieses Satzes. Die Gefühle und Gedanken, die hinter der Aussage stehen, bezeichnet man als den Beziehungsaspekt.

Aus diesem Beispielsatz lassen sich folgende Erkenntnisse ableiten: Jede Aussage hat einen Inhalts- und einen Beziehungsaspekt, oder: Jede Aussage geschieht auf der Inhalts- und der Beziehungsebene.

Je nach Geschehniszusammenhang kann die Beziehungsebene ausschlaggebender als die Inhaltebene sein. (Haben Sie nicht vielleicht eben bei dem Beispielsatz vom Rauchen so stark über die Beziehungsebene nachgedacht, dass Sie die Inhaltebene, nämlich die Frage nach dem Datum, schon ganz verdrängt oder vielleicht gar nicht richtig wahrgenommen hatten?)

Der Beziehungsaspekt wird oft nicht bewusst oder nur diffus ausgesendet und vom Gesprächspartner häufig auch nicht bewusst oder nicht eindeutig wahrgenommen, manchmal auch völlig fehlgedeutet. Dadurch entstehen Missverständnisse, die nicht geklärt werden können, weil keiner der beiden Sozialpartner sie wahrnimmt oder weil über die Deutung nicht gesprochen wird. Manchmal wird auch bewusst nur die Inhaltsebene zum Ausdruck gebracht, um sich in seinen Gefühlen – aus was für Gründen auch immer – nicht zu verraten. Gefühle, die nicht formuliert werden, bieten keine Angriffsfläche, wird dann angenommen. Der Sprecher hofft in diesem Fall sich nicht offen legen zu müssen. Wenn es sich um Gefühle handelt, die den Gesprächspartner verletzen könnten, lässt sich bei einer Rückfrage immer sagen: „Das habe ich nicht gemeint!" Die Offenlegung von Gefühlen macht auch den Sprecher selbst verletzbar. Wenn der Sprecher beispielsweise dem Gesprächspartner rücksichtsloses Verhalten vorwirft, muss er mit einem Gegenangriff rechnen. Manch einer hält sich da gerne ein Hintertürchen offen. Außerdem: Wer gibt schon gerne zu, dass er verletzende oder abwertende Gefühle in sich trägt, wenn nicht offensichtlich eine aggressive Stimmung vorliegt?

▼ **Beispiel:**
„Du wirst deinen Bus verpassen, so spät, wie du wieder aufgestanden bist!", sagt die Mutter verärgert zur jugendlichen Tochter. „Das würde dich ja nur freuen", antwortet die Tochter gereizt.
Die Mutter wird vielleicht nicht zugeben, dass sie sich tatsächlich freuen würde, wenn die Tochter einmal eine solche Lehre bekäme, damit die allmorgendliche Verärgerung und Hetze aufhört. Vielleicht ist ihr auch gar nicht bewusst, dass sie sich wünscht, dass ihre Tochter den Bus einmal verpasst. ▲

3.1.1.2 Umgang mit der Beziehungsaussage im pädagogischen Alltag
Für den pädagogischen Alltag ist ein behutsamer Umgang mit der Beziehungsaussage wichtig. Entstehende Missverständnisse können zwischen Erwachsenen und Kindern besonders schwerwiegend sein, weil die Kinder Unstimmigkeiten nicht durchschauen können und weil sie in einer abhängigen Position stehen. Sie stellen ihre Deutung des Beziehungsaspektes nur selten in Frage.

Anfänglich kleine Missverständnisse können zu größeren Missdeutungen führen und lang anhaltende Fehleinstellungen auslösen (Aufschaukelprozess).

▼ **Beispiel:**
Anke fragt: „Wann fährst du in Urlaub?"
Inhaltlich wird hier nach einem Datum gefragt. Auf der Gefühlsebene kann diese Frage sehr Verschiedenes ausdrücken, das sich vielleicht – vage – an der Stimme und an Mimik und Gestik von Anke ablesen lässt. Nehmen wir an, Anke ist ein junges Mädchen. Sie stellt die Frage „Wann fährst du in Urlaub?" an ihre Mutter. Dahinter kann beispielsweise stehen:

– Angst (dann allein zu sein),
– Vorfreude auf eine selbstständige Zeit,
– Sorge das Haus/die Familie nicht erwartungsgemäß versorgen zu können,
– Trauer oder Neid jetzt nicht auch oder mit der Mutter fahren zu können,
– Mitgefühl, z.B. Freude, dass die Mutter in Urlaub fährt oder Mitleid, weil sie alleine fahren muss,
– Hoffnung, dass sie vielleicht ihre Meinung geändert haben könnte und doch nicht fährt,
– usw.

Die Mutter könnte Stimme und Mimik falsch deuten. Wenn sie über ihre Deutung nicht spricht, bleiben zwischen ihr und ihrer Tochter Unklarheiten, die jetzt oder später oder an anderer Stelle zu Missstimmungen führen können, zum Beispiel:
– in einer unangemessenen Kritik an Ankes „Unselbstständigkeit",
– in differenzierten Aufträgen, welche Sicherheitsvorkehrungen während ihrer Abwesenheit in der Wohnung vorzunehmen sind,
– in einer Kontrolle des (männlichen) Freundeskreises von Anke. ▲

Möglicherweise hat der Zuhörer auch Befürchtungen hinsichtlich der (verschlüsselten) Beziehungsaussage und will sie deshalb gar nicht wissen, denn: „Was ich nicht weiß, macht mich nicht heiß."

▼ **Beispiel:**

Wenn der Mutter bewusst ist, dass sie die Motive von Anke, die hinter der Aussage stehen, nicht kennt, könnte sie nachfragen: „Warum hast du gefragt, Anke?" Nehmen wir an, die Mutter hat die Sorge, Anke würde dann antworten: „Weil ich mich vor dem Alleinsein ängstige!" Die Mutter will oder kann aber auf die Reise nicht mehr verzichten. Die Antwort von Anke „Weil ich mich vor dem Alleinsein ängstige!" würde das Gewissen der Mutter belasten. Also fragt sie besser gar nicht nach. ▲

Je kleiner das Kind ist, desto unabänderlicher und unfehlbarer erscheint ihm das Denken und Verhalten der Erwachsenen. Entsprechende Fehldeutungen und Verunsicherungen können bis zu Fehlverhalten und Verhaltensauffälligkeiten führen.

▼ **Beispiel:**

Die Mutter sagt zum dreijährigen Jens, der auf ihren Schoß möchte: „Ich habe jetzt keine Zeit, warte, bis ich mit dem Baby fertig bin!", und sie wendet sich dem Baby zu, das sie baden und wickeln muss.

Mögliche Gefühlsaussage für den dreijährigen Jens:

– Das Baby ist wichtiger als ich, ich bin nicht wichtig.
– Für kleine Menschen muss man Zeit haben, große erhalten keine Zeit mehr für Zuwendung oder Zärtlichkeit. Es ist deshalb besser, klein zu bleiben.
– Das böse Baby hat mir Mutters Liebe weggenommen.
– Mutter ist böse, weil sie mich nicht mehr mag.
– Ich muss jetzt etwas machen, was sie ärgert, damit sie Zeit für mich hat. ▲

Widersprüche zwischen Inhalts- und Beziehungsaussage können den Empfänger bewusst oder nicht bewusst verunsichern.

▼ **Beispiel:**

Wenn die Mutter die Enttäuschung von Jens spürt, sagt sie vielleicht: „Ich mag dich sehr,

Jens." Zugleich wendet sie sich aber dem Baby zu. Jetzt wird Jens wahrscheinlich die Ausstrahlung „Zuwendung zum Baby" deutlicher wahrnehmen als die Worte „Ich mag dich, Jens". Kinder haben für die Gefühlsebene in der Regel eine sehr sensible Wahrnehmungsfähigkeit. Außerdem ist Jens verunsichert, weil er zwei sich widersprechende Botschaften erhalten hat, nämlich in Worten (Inhaltsaussage): „Ich mag dich sehr, Jens", und in der Gestik (Beziehungsaussage): Abwendung und Zuwendung zum Baby.

Wenn Jens diese Aussage „Das Baby ist wichtiger als ich" häufig wahrnimmt, wird er diese Aussage als Wahrheit annehmen und sich entsprechend verhalten um seine drängenden Bedürfnisse nach Zuwendung befriedigen zu können.

Er wird zum Beispiel:

– sich babyhaft verhalten (babyhafte Sprache, Einnässen),
– durch provozierendes Verhalten auffallen,
– sich zwischen Mutter und das Baby stellen, indem er gegenüber dem Baby aggressiv wird.

Natürlich könnte er auch resignieren und sich selbst entsprechend der wahrgenommenen Aussage für „nicht wertvoll" halten. Mit Sicherheit wäre das keine gute Lösung. ▲

Es ist auch möglich, dass jeder Kommunikationspartner die Situation aus seiner Sicht deutet und sich seiner Deutung gemäß verhält. Jeder sieht das eigene Handeln dann als Folge des Partnerverhaltens. Das kann ebenfalls zu Aufschaukelprozessen führen.

▼ **Beispiel:**

Mutter: Weil Elke bei den Hausaufgaben so trödelt, muss ich sie ständig antreiben.
Elke: Weil meine Mutter mich ständig zur Eile antreibt, muss ich mich gegen diesen Zeitdruck wehren und langsam machen. ▲

Es kommt deshalb in einer Kommunikation darauf an, die Beziehungsebene bewusst und möglichst klar auszustrahlen, ggfs. zu verbalisieren, und vor allem bei Kindern Ambivalenzen (das Nebeneinander widersprüchlicher Gefühle) aufzulösen und zu erklären. Ganz zu

Inhalts- und Beziehungsebene einer Kommunikation

Inhaltsebene (inhaltliche Aussage)   **Beziehungsebene** (Ausdruck von Gefühlen)

Beispiel

Kind zur Erzieherin: Komm und schau dir an, was ich im Flur gemacht habe!

Eindeutige inhaltliche Aussage:
– Eine Bitte an die Erzieherin sich im Flur etwas anzusehen

Mögliche gefühlsmäßige Deutungen:
– Hoffnung auf Hilfe (Hilflosigkeit)?
– Erwartung von Lob (Stolz)?
– Kindliche Beschreibung eines Missgeschicks (Angst)?
– Aussicht ein anderes Kind zu überbieten (Neid, Eifersucht)?

– eindeutig
– erkennbar aus den Worten
– dem Sprecher bewusst
– bei Unklarheit Möglichkeit des Nachfragens durch den Zuhörer

– unterschiedlich deutbar
– evtl. ableitbar aus Mimik, Gestik, Stimme und dem Gesprächszusammenhang
– dem Sprecher teilweise nicht bewusst
– für den Sprecher häufig nicht erkennbar, wie der Zuhörer deutet
– für den Zuhörer oft nicht durchschaubar, dass eine andere Deutung gemeint war

In den meisten Fällen:

Widersprüche zwischen den beiden Ebenen sind möglich und irritierend.

Beispiel:

„Ich würde gerne kommen, aber ich habe keine Zeit!"

Beziehungsebene

Ich habe Dinge zu tun, die mir wichtiger sind, das bedeutet: Ich komme nicht gerne.

Inhaltsebene

Ich komme gerne.

vermeiden sind solche widersprüchlichen Gefühle und Aussagen nicht. Der psychisch stabile Mensch kann damit in der Regel umgehen. In psychisch belasteten Phasen oder bei Kindern können Ambivalenzen das innere Gleichgewicht stark beeinflussen.

Um Widersprüchlichkeiten und Fehldeutungen möglichst gering zu halten, muss der Zuhörer nachfragen, ob er richtig gedeutet hat.

Dafür benötigt er Sensibilität und Erfolgserlebnisse. Wenn er negative Reaktionen auf seine Fragen erhält, wird er das Fragen einstellen. Kinder müssen deshalb erleben, dass Aussagen hinterfragt werden (bei sich selbst und bei anderen) und müssen erfahren, dass sie bereitwillig und ehrlich Auskunft erhalten, wenn sie sich nach einer Auslegung erkundigen.

Zusammenfassung

- Kommunikation geschieht auf der Inhalts- und der Beziehungsebene.

- Die unterschiedliche Deutung des Beziehungsaspektes birgt die Gefahr von Missverständnissen, Konflikten, Problemen und Aufschaukelprozessen.

- Vom Gesprächspartner können Widersprüche empfunden werden, selbst dann, wenn sie nicht so gemeint oder dem Sprecher nicht bewusst sind.

- Aufschaukelprozesse können entstehen, weil jeder Gesprächspartner die Beziehungsebene aus seiner Sicht deutet.

- Kinder halten sich oft mehr an die wahrgenommene Beziehungsebene, wenn sie anders als die inhaltliche Aussage empfunden wird.

- Jüngere Kinder sind nicht in der Lage die Beziehungsebene unterschiedlich zu deuten oder zu hinterfragen. Sie halten sich deshalb an ihre Deutung. Das kann bei Wiederholungen der gleichen Deutung zu Fehlverhalten führen.

- Es ist pädagogisch notwendig, Heranwachsenden vorzuleben, dass der Beziehungsaspekt von Aussagen hinterfragt und bereitwillig sowie ehrlich erklärt wird. Ebenso sind Kinder und Jugendliche zu motivieren und anzuleiten, ihrerseits aufgenommene Beziehungsebenen zu hinterfragen und zu klären sowie ihre eigenen Beziehungsaussagen offen zu legen.

Anregungen

1. Eindenken in unterschiedliche Deutungen von Aussagen. Darstellung im Rollenspiel

Die Anleiterin sagt zur Praktikantin: „Wann bist du heute Morgen gekommen?"

a) Durchdenken Sie mögliche Deutungen dieser Aussage.

b) Simulieren Sie in kurzen Partnergesprächen, wie unterschiedlich diese Aussage aufgefasst werden kann.

c) Spielen Sie die Vielfalt von unterschiedlichen kurzen Verläufen dieses Gesprächs dem Plenum vor. Achten Sie dabei darauf, dass die Frage keineswegs nur als Vorwurf gemeint sein muss. Spielen Sie deshalb auch

Gesprächsverläufe, in denen andere Hintergründe als ein Vorwurf zum Ausdruck gebracht werden.

2. Wahrnehmungsübung von Mimik, Gestik und Körperhaltung als Beziehungsaussagen

Betrachten Sie unterschiedliche Fotos in einer Zeitschrift, z.B. Menschen mit aufrechter Haltung, mit sorgenvollem Blick, lachend usw. Sprechen Sie über Ihre Vermutungen hinsichtlich der Gefühle dieser Menschen ohne einen Kommentar zu diesen Fotos gelesen zu haben.

**Pablo Picasso:
Kind mit Taube**

**E. Munch: Der Schrei
(Lithografie)**

Oder:
Wählen Sie ein Bild eines Malers, z.B. „Der Schrei" von E. Munch oder „Kind mit Taube" von P. Picasso.
a) Vergleichen Sie: Wie unterschiedlich werden die Eindrücke von verschiedenen Betrachtern wahrgenommen?
b) Erfinden Sie unterschiedliche Kurzgeschichten zu einem der Bilder und machen Sie sich bewusst, welche Aussagen die jeweiligen Menschen je nach Geschehniszusammenhang zu machen scheinen. Halten Sie entsprechende Zwiesprache mit dem Menschen des Bildes.

3. Bewusstmachung eines möglichen Aufschaukelprozesses

Wählen Sie eine mögliche Fehldeutung der Beziehungsebene, die zu Aufschaukelprozessen führen kann. Beispiel:
– Er ist gereizt, weil sie nicht zärtlich ist.
– Sie kann nicht zärtlich sein, weil er gereizt ist.

Durchdenken Sie die Schritte Ihres möglichen Aufschaukelprozesses.
Besprechen Sie mit einer/einem Studierenden Ihre Darstellung und nehmen Sie gegenseitig Stellung (oder arbeiten Sie in Gruppen).

4. Beobachtung der Realität und Übung im Alltag

– Verfolgen Sie kurze Gespräche in Ihrem Bekanntenkreis, und achten Sie auf mögliche Beziehungsebenen.
– Gehen Sie bewusst mit wahrgenommenen Beziehungsebenen um und fragen Sie zurück, ob Sie den Sprecher richtig verstanden haben. ❑

3.1.2 Das Zuhören

Zur Kommunikation gehört nicht nur ein Sprecher, sondern auch ein Zuhörer. Das Zuhören ist keine Selbstverständlichkeit. Viele Menschen können kaum zuhören. Echtes Zuhören verlangt ein Eindenken in den Gesprächspartner. Vielen Zuhörern gelingt das nicht. Sie übertragen die gehörten Aussagen lediglich auf die eigene Person.

▼ **Beispiel:**
Zwei befreundete Frauen treffen sich im Supermarkt an der Kasse.
Anja: „Hallo, Barbara! Du hast Blumenkohl geholt. Den könnte ich mir eigentlich auch mitnehmen."
Barbara: „Jan isst Blumenkohl so gerne. Überhaupt Gemüse, und noch mehr Salate!"
A: „Stimmt, Salate essen meine beiden auch lieber als Gemüse. Ich sorge halt immer für Obst."
B: „Komisch, Obst essen Kinder doch meistens gern, aber mein Jan zieht Gurken, Karotten usw. vor. Er ist nicht für Süß."
A: „Schön wär's, wenn ich dem Süßen nicht immer Grenzen setzen müsste! Dieses ewige Schnuckelzeug!"
B: „Nein, da habe ich zum Glück keine Probleme. Da steht bei uns auch nichts rum. Da gibt es erst gar keine Versuchung."
A: „Die größte Versuchung ist das Süßzeug für meinen Mann, seitdem er das Rauchen aufgegeben hat."

B: „Nein, das schaffen wir beide nicht. Ich hab's einmal versucht. Vergeblich!" ▲

Keine der beiden Frauen hat sich in die Situation der Gesprächspartnerin eingedacht. Die Aussage der einen hat die andere dazu angeregt, über ihre eigene Situation nachzudenken.

Beobachten Sie bewusst Smalltalks. Sie werden feststellen, dass sie häufig in dieser Art ablaufen. Solche kurzen Gespräche zwischen Tür und Angel benötigen keinen Tiefgang, hinterlassen allerdings auch kaum ein bereicherndes Gefühl.

3.1.2.1 Passives Zuhören

Echtes Zuhören verlangt sich von der eigenen Person zu lösen und dem Gesprächspartner zugewandt zu sein, sich in seine Gedanken einzudenken. **Der passive Zuhörer hört intensiv zu.** Eigene Beiträge gibt er nicht, das heißt, er gibt sie nur in einer Form, die sein Zuhören bestätigt, z.B. „Ja", „Ich verstehe", Nicken usw. Dieses intensive Zuhören ohne eigene Beiträge nennt man passives Zuhören, weil der Zuhörer sich (äußerlich) passiv verhält. In der Literatur gibt es ein schönes Beispiel, wie bedeutsam Zuhören sein kann. Michael Ende beschreibt in „Momo" die besondere Fähigkeit des Zuhörens, einer Begabung, die das Kind Momo zu einem ungewöhnlichen Kind werden lässt. Im Zuhörenkönnen vereinigen sich in Momo emotionale und soziale Fähigkeiten, die selbst bei

Erwachsenen selten zu finden sind. (M. Ende 1973, S. 14 ff.)

So kam es, dass Momo sehr viel Besuch hatte. Man sah fast immer jemand bei ihr sitzen, der angelegentlich mit ihr redete. Und wer sie brauchte und nicht kommen konnte, schickte nach ihr um sie zu holen. Und wer noch nicht gemerkt hatte, dass er sie brauchte, zu dem sagten die andern: „Geh doch zu Momo!"

Dieser Satz wurde nach und nach zu einer feststehenden Redensart bei den Leuten der näheren Umgebung. So wie man sagt: „Alles Gute!" oder „Gesegnete Mahlzeit!"oder „Weiß der liebe Himmel!", genauso sagte man also bei allen möglichen Gelegenheiten: „Geh doch zu Momo!"

Aber warum? War Momo vielleicht so unglaublich klug, dass sie jedem Menschen einen guten Rat geben konnte? Fand sie immer die richtigen Worte, wenn jemand Trost brauchte? Konnte sie weise und gerechte Urteile fällen? Nein, das alles konnte Momo ebenso wenig wie jedes andere Kind.

Konnte Momo dann vielleicht irgendetwas, das die Leute in gute Laune versetzte? Konnte sie zum Beispiel besonders schön singen? Oder konnte sie irgendein Instrument spielen? Oder konnte sie – weil sie doch in einer Art Zirkus wohnte – am Ende gar tanzen oder akrobatische Kunststücke vorführen?

Nein, das war es auch nicht.

Konnte sie vielleicht zaubern? Wusste sie irgendeinen geheimnisvollen Spruch, mit dem man alle Sorgen und Nöte vertreiben konnte? Konnte sie aus der Hand lesen oder sonstwie die Zukunft voraussagen?

Nichts von alledem.

Was die kleine Momo konnte wie kein anderer, das war: zuhören. Das ist doch nichts Besonderes, wird nun vielleicht mancher Leser sagen, zuhören kann doch jeder.

Aber das ist ein Irrtum. Wirklich zuhören können nur ganz wenige Menschen. Und so wie Momo sich aufs Zuhören verstand, war es ganz und gar einmalig.

Momo konnte so zuhören, dass dummen Leuten plötzlich sehr gescheite Gedanken ka-

men. Nicht etwa, weil sie etwas sagte oder fragte, was den anderen auf solche Gedanken brachte, nein, sie saß nur da und hörte einfach zu, mit aller Aufmerksamkeit und aller Anteilnahme. Dabei schaute sie den anderen mit ihren großen, dunklen Augen an und der Betreffende fühlte, wie in ihm auf einmal Gedanken auftauchten, von denen er nie geahnt hatte, dass sie in ihm steckten.

Sie konnte so zuhören, dass ratlose oder unentschlossene Leute auf einmal ganz genau wussten, was sie wollten. Oder dass Schüchterne sich plötzlich frei und mutig fühlten. Oder dass Unglückliche und Bedrückte zuversichtlich und froh wurden. Und wenn jemand meinte, sein Leben sei ganz verfehlt und bedeutungslos und er selbst nur irgendeiner unter Millionen, einer, auf den es überhaupt nicht ankommt und der ebenso schnell ersetzt werden kann wie ein kaputter Topf – und er ging hin und erzählte alles das der kleinen Momo, dann wurde ihm, noch während er redete, auf geheimnisvolle Weise klar, dass er sich gründlich irrte, dass es ihn, genau so wie er war, unter allen Menschen nur ein einziges Mal gab und dass er deshalb auf seine besondere Weise für die Welt wichtig war.

So konnte Momo zuhören!

Thomas Gordon beschreibt die Wirkung des passiven Zuhörens folgendermaßen (Gordon: Familienkonferenz. Hamburg 1976 [7]. S. 44):

Passives Zuhören als Zeichen der Annahme

Nichts sagen kann ebenfalls deutlich Annahme ausdrücken. Schweigen – „passives Zuhören" – ist eine überzeugende, wortlose Botschaft und kann wirksam angewendet werden um einem Menschen das Gefühl aufrichtiger Annahme zu geben. Professionelle Helfer wissen das sehr wohl und machen bei ihren Interviews ausgiebig vom Schweigen Gebrauch. Ein Mensch, der sein erstes Interview mit einem Psychologen oder Berater beschreibt, stellt häufig fest: „Er sagte kein Wort; gesprochen habe nur ich." Oder: „Ich habe ihm alle die schrecklichen Dinge über mich erzählt, aber er äußerte nicht einmal Kritik." Oder: „Ich *glaubte kein Wort sagen zu können, aber ich habe die ganze Zeit geredet."*

Was diese Menschen beschreiben, ist ihre Erfahrung – höchstwahrscheinlich ihre erste Erfahrung – im Gespräch mit jemandem, der ihnen zuhört. Es kann eine wunderbare Erfahrung sein, wenn einem das Schweigen eines Menschen das Gefühl der Annahme gibt. Keine Mitteilung stellt dann in Wirklichkeit eine Mitteilung dar.

„Schweigen" muss – wie gesagt – nicht heißen absolut nichts zu sagen. Äußerungen, die das intensive Zuhören bestätigen, sind durchaus angebracht.

▼ Beispiel:
Ein Kind kommt von der Schule in den Hort:
Kind: „Frau Meier (Lehrerin) war heute saudoof!"
Erzieherin: „Mmm?"
Kind: „Sie hat uns doppelte Matheaufgaben gegeben. Das mache ich nicht. Ich bin doch nicht blöd!"
Erz.: nickt mit dem Kopf.
Kind: „Nur, weil wir ein bisschen geschwätzt haben. Immer will sie, dass wir ruhig sind!"
Erz.: „So."
Kind: „Sie kann sich einfach nicht durchsetzen. Fortwährend sagt sie: ,Seid still! Seid still!' Davon wird niemand ruhig!"
Erz.: „Ja, das verstehe ich."
Kind: „Sie müsste mal durchgreifen und Konsequenzen, die sie androht, auch durchsetzen."
Erz.: „Hmm."

Kind: „Wenn es in der Klasse ruhig wäre, könnten wir viel schneller mit dem Rechnen vorankommen. Eigentlich hat sie ja Recht, wenn sie sagt, wir müssen die Rechnungen zu Hause fertig machen, zusätzlich zu den Hausaufgaben. Aber wegen ein paar Schwätzern, die immer anfangen, müssen wir alle leiden! Da wird man einfach in Versuchung gebracht mitzumachen!" ▲

Passives Zuhören gibt dem Sprecher das Gefühl ernst genommen zu werden, verstanden zu werden. Der Sprecher fasst Vertrauen, fühlt sich nicht angegriffen, braucht sich nicht zu verteidigen und kann sich so ohne äußeren Druck in seine eigenen Probleme einlassen. Dieses druckfreie Aussprechen der eigenen Gefühle wirkt sehr erleichternd. Sicher haben Sie selbst schon die Erfahrung gemacht, wie wichtig es ist, einen geeigneten Gesprächspartner zu finden, wenn man sich die Probleme „von der Seele reden" möchte. Sie werden gespürt haben, wie erleichtert Sie sind, auch wenn Sie von diesem Menschen keine Lösung Ihres Problems erfahren und keine Ratschläge erhalten haben. Vielleicht suchen Sie gerade solche Menschen auf, die Ihnen nicht alle möglichen guten Ratschläge geben, sondern eben einfach echt, ehrlich und einfühlsam zuhören.
Natürlich wird ein reines passives Zuhören in der Regel nur Abschnitte eines Gesprächs und nicht das ganze Gespräch umfassen. Der Zuhörer muss sensibel sein und erkennen, wann es angemessen ist, eine andere Gesprächsform zu wählen.

Passives Zuhören

Zuhörer	Auswirkung	Sprecher
hört zu: – fast schweigend – bestärkend – annehmend – nicht beurteilend	→	– fühlt sich ernst genommen, verstanden – geht aus sich heraus – erhält tieferen Einblick in seine Situation – findet evtl. selbst die Lösung – findet Selbstvertrauen

3.1.2.2 Aktives Zuhören

Beim aktiven Zuhören handelt es sich ebenfalls um ein **Zuhören**. Aber der Zuhörer ist aktiver als beim passiven Zuhören, nämlich: er meldet zurück, was er verstanden hat.

Mit seiner Rückmeldung signalisiert der Zuhörer noch deutlicher als beim passiven Zuhören, dass er gefühlsmäßig hinter dem Sprecher steht und ihm mit voller Anteilnahme zuhört. An einem Beispiel läßt sich diese Gesprächstechnik anschaulich erklären:

Abdil sagt zur Erzieherin: „Ich will nicht mehr mit Iris spielen."

Die Erzieherin hat verstanden: Abdil will jetzt etwas anderes spielen.

Sie meldet ihm also zurück, was sie verstanden hat: „Du willst lieber etwas anderes spielen, Abdil."

Abdil wird nun erkennen, dass die Erzieherin ihn verstanden hat. Er wird sich nicht angegriffen fühlen, obwohl er eine Kritik von Seiten der Erzieherin befürchtet hatte, weil er ein angefangenes Spiel nicht mehr fortsetzen will. Er wird wahrscheinlich weitersprechen: „Ja, weil Iris immerzu schummelt!"

Vielleicht ist er auch nicht damit einverstanden, wie die Erzieherin seine Aussage auslegt. Dann antwortet er vielleicht: „Ich **will** nicht etwas anderes spielen, aber ich muss, weil Iris immerzu schummelt!" In beiden Fällen ist er auf seine Problematik näher eingegangen.

Wenn die Erzieherin zurückmeldet: „Du willst lieber etwas anderes spielen, Abdil", hat sie die wahrgenommene Inhaltsebene von Abdils Aussage zurückgemeldet. Es könnte auch sein, dass sie die wahrgenommene Beziehungsebene zum Ausdruck bringt. Wenn Abdil beispielsweise mit einem entrüsteten Tonfall gesagt hat: „Ich will nicht mehr mit Iris spielen!", kann die Erzieherin davon ausgehen, dass Abdil sich über Iris geärgert hat. „Du hast dich über Iris geärgert. (?)" Abdil könnte sich wieder bestätigt fühlen und antworten: „Ja, sie schummelt immerzu!"

Möglicherweise hat die Erzieherin die Beziehungsebene aber nicht richtig erfasst. Dann kann Abdil vielleicht antworten: „Nein, habe ich nicht, aber ich darf jetzt in der Bauecke mitspielen."

Die Erzieherin könnte in ihre Rückmeldung auch beide Ebenen einbeziehen: „Du hast dich über Iris geärgert, deshalb willst du jetzt etwas anderes spielen." Auch hier kann Abdil bestätigen, ob er richtig verstanden wurde, und kann klarstellen, wenn das nicht der Fall war. Er wird sich wahrscheinlich in seine Probleme weiter einlassen können, weil die Erzieherin nicht bewertend reagiert und mit ihrer Rückmeldung Einfühlung signalisiert hat. Er wird die Anteilnahme der Erzieherin spüren.

Häufig wird aktives Zuhören zunächst als unnatürlich empfunden, als eine Art Echo, durch die sich der Sprecher auf den Arm genommen fühlen könnte. Deshalb muss aktives Zuhören einfühlsam, behutsam und nicht als eine bloße Gesprächstechnik vorgenommen werden. Der Zuhörer muss sich in den Sprecher eindenken ohne innerlich Stellung zu nehmen. Das heißt, er muss die Aussagen wertfrei und ohne Beurteilung annehmen, und er muss rückmelden, was er verstanden hat. Die Frage etwa: „Warum willst du das tun?" kann zwar pädagogisch angemessen sein, entspricht aber nicht aktivem Zuhören. Sie signalisiert nicht Wertfreiheit, sondern erfragt eine Begründung und damit eine Rechtfertigung.

Der Zuhörer muss die Technik des aktiven Zuhörens gut beherrschen und muss sie bejahen. Die Rückmeldungen müssen echt und ehrlich sein. Es darf nicht vorgetäuscht werden, das heisst, der Zuhörer darf nicht so tun, als hätte er etwas anderes verstanden. Die Wiedergabe des Gehörten darf nicht wörtlich sein, weil sie sonst nur wie ein Echo ankommt. Sie muss sinngemäß formuliert werden. Dabei soll weitmöglichst die wahrgenommene Beziehungsebene einbezogen werden.

Angebracht ist aktives Zuhören insbesondere dann, wenn der Sprecher stark gefühlsmäßig am Gesprächsinhalt beteiligt ist, beispielsweise bei Zorn des Sprechers, bei Ängsten, Enttäuschung, aber auch bei Freude und Begeisterung.

▼ **Beispiel:**

Das Gespräch findet zwischen der Erzieherin und der neunjährigen Petra statt:

Petra: „Ich würde am liebsten meinen kleinen Bruder verdreschen, immer darf er alles und ich muss nachgeben. Nur weil er ein Junge ist."

Erz.: „Du denkst also, er hat Vorteile, weil er ein Junge ist."

Petra: „Nicht nur deshalb. Wahrscheinlich auch, weil er kleiner ist."

Erz.: „Weil er ein Junge und weil er kleiner ist, musst du immer nachgeben."

Petra: „Ja, er spielt immer anders, als ich will, und wenn es dann Streit gibt, steht meine Mutter jedes Mal auf seiner Seite."

Erz.: „Du möchtest, dass sie auf deiner Seite steht."

Petra: „Na ja, nicht immer, aber eben gerecht."

Erz.: „Weil sie so oft gegen dich ist, bist du wütend und willst deinen kleinen Bruder am liebsten verdreschen."

Petra: „Das habe ich ja nicht so gemeint. Meine Mutter ist ja eigentlich auch mit daran schuld, dass ich so wütend bin."

Erz.: „Sie macht dich zornig."

Petra: „Ja, stimmt, eigentlich bin ich auf sie zornig und nicht auf Sebastian. Aber er kriegt es dann immer von mir ab. Glaubst du, sie sieht es ein, wenn ich ihr sage, dass sie ungerecht ist?" ▲

Wenn beim passiven Zuhören der Sprecher in der Regel Erleichterung in Bezug auf seine Gefühle verspürt, so wird diese Erleichterung bei der zweiten Gesprächsform, dem aktiven Zuhören, noch stärker empfunden. Der Sprecher nimmt deutlicher als beim passiven Zuhören wahr, dass er akzeptiert wird und dass der Zuhörer hinter ihm steht. Er wird angstfreier und holt dadurch noch mehr seiner vielleicht verdrängten Gefühle ins Bewusstsein. Mit dem, was nicht bewusst ist, kann man nicht arbeiten. Die Bearbeitung gelingt erst, wenn man weiß, was man bearbeiten will. Manchmal kann dann der Sprecher selbst eine Lösung für sein Problem finden. Das bedeutet ein mehrfaches Erfolgserlebnis:

– Erleichterung finden für die starken Gefühle,
– die eigene Problematik besser in den Griff bekommen
–- und schließlich sogar noch selbst eine Lösung finden.

Natürlich kann man nicht davon ausgehen, dass das immer gelingt.

Aktives Zuhören

Zuhörer		Sprecher
– hört einfühlsam und wertneutral zu		– erkennt, wie seine Aussage angekommen ist
– meldet zurück, was er verstanden hat	**Auswirkung** →	– klärt, wenn seine Aussage missverstanden wurde
– bezieht ggfs. die Beziehungsebene in seine Rückmeldung ein		– bemüht sich um Klarstellung seiner Gefühle und Gedanken
– hält seine eigene Meinung ganz heraus		– kann angstfrei mit seiner Problematik umgehen
		– hat das angenehme Gefühl seine Problematik selbst bearbeiten zu können oder zumindest mehr Klarheit in seine Angelegenheit zu bekommen
		– findet vielleicht selbst eine Lösung

Zusammenfassung

- Zu einer Kommunikation gehören Sprecher und Zuhörer.

- Wirklich zuzuhören ist nicht so einfach, wie man schlechthin meint. Einfühlsames und nicht wertendes Zuhören trägt dazu bei, dass der Sprecher sich in seine Aussagen und Gefühle vertieft einlässt, weil er spürt, dass er nicht angegriffen wird. Dadurch wird er angstfreier und lässt unterdrückte Gefühle hochkommen. Jetzt kann er sie äußern. Durch die Bewusstmachung kann ein Bearbeitungsprozess einsetzen. Gutes Zuhören kann deshalb dazu beitragen, dass der Sprecher nach Lösungen seiner Probleme selbst suchen und sie vielleicht sogar finden kann.

- Gesprächstechniken, die dem Sprecher das Zuhören des Gesprächspartners signalisieren, sind:
a) Passives Zuhören: Das Zuhören wird durch minimale Signale wie „Ja", „So", „Ich verstehe", sowie vor allem durch Mimik und Gestik bestätigt.
b) Aktives Zuhören: Der Zuhörer meldet behutsam zurück, was er verstanden hat. Dabei spielt die Beziehungsebene eine ausschlaggebende Rolle.

- Der Zuhörer muss hinter der Technik stehen und sie bejahen. Außerdem muss er bereit sein einfühlsam, vorurteilsfrei und ohne Abwehrhaltung und Bewertung zuzuhören. Eine Übertragung der Problematik auf die eigene Person und die eigenen Gefühle darf nicht stattfinden. Deshalb ist es auch kaum möglich, passiv oder aktiv zuzuhören, wenn der Zuhörer mit starken Gefühlen in die gleiche Problematik verwickelt ist.

- Die Techniken des passiven und aktiven Zuhörens sind schwieriger, als sie auf den ersten Blick erscheinen, weil sie voraussetzen, dass der Zuhörer äußerst einfühlsam das Gespräch verfolgt, sich aber aus einer inhaltlichen Erörterung heraushält.
Es darf deshalb nicht enttäuschen, wenn diese Techniken nicht schnell erlernt werden. Sie benötigen eine lange Übungszeit.

Anregungen

1. Bewusstmachung der Wirkung von passivem und aktivem Zuhören auf die eigene Person

– Vergegenwärtigen Sie sich, wie unterschiedlich Menschen Ihres Freundeskreises zuhören können. Überlegen Sie sich, warum Sie mit Problemen zu wem gehen, wenn Sie sich Sorgen von der Seele reden oder einen Rat holen wollen.

– Tauschen Sie Ihre Gedanken in der Gruppe aus.

2. Bewusstmachung des Prozesses bei passivem Zuhören

Vergleichen Sie den folgenden Bericht mit dem beschriebenen Prozess des passiven Zuhörens auf S. 111.
Eine Mutter berichtet:

„Gestern hatte ich zum ersten Mal das Gefühl, dass mir jemand richtig zuhört: Ich sprach die Erzieherin an, weil ich in letzter Zeit solche Schwierigkeiten mit meinem Sohn habe.
Sie hat mir einfach zugehört. Ich erinnere mich gar nicht daran, dass sie mir etwas gesagt hätte. Aber ich hatte das Gefühl, dass sie mich mit meinen Problemen wirklich wichtig nimmt.

Ich fühlte mich so erleichtert dabei, dass ich ihr viel mehr erzählte, als ich ursprünglich vorhatte.

Es kam so weit, dass ich mich mit meinem Problem viel stärker auseinander setzte, als ich es bisher getan hatte, und die Situation von verschiedenen Seiten betrachtete.

Und stelle dir vor, plötzlich wurde mir klar, was ich tun könnte um eine Veränderung zu erreichen.

Danach fühlte ich mich richtig gut. Ich spürte, dass ich mehr Fähigkeiten habe, als ich mir zugetraut hatte."

3. Lernkontrolle als Gesprächsübung: die Wirkung von passivem Zuhören

Eine Studierende setzt sich auf einen Stuhl in die Mitte des Raumes, sodass sie von allen gut gesehen wird. Sie simuliert eine Erzieherin und liest folgenden Text:
„Ich führte gestern ein Gespräch mit einer Mutter. Sie hat mir alle ihre familiären Probleme erzählt. Ich konnte mich sehr gut in ihre Lage versetzen, aber ich habe die ganze Zeit nur zugehört.
Danach hatte ich das Gefühl versagt zu haben, weil ich zu ihren Problemen gar nicht Stellung genommen und ihr auch keinen Rat gegeben habe. Doch kam es mir so vor, als ob sie erleichtert weg-

gegangen wäre, obwohl ich ihr überhaupt nicht geholfen habe."

Erklären Sie der Erzieherin in direkter Ansprache (Du-Form), inwiefern sie der Mutter geholfen hat.

4. Finden von Formulierungen für aktives Zuhören

Formulieren Sie aktives Zuhören:
a) Julian, drei Jahre, wirft sich schreiend und strampelnd auf die Erde, nachdem ihm Tanja, fünf Jahre, sein Spielzeug weggenommen hat.
b) Hannes: „Nina ist gemein! Sie will immer bestimmen. Ich will auch mal die Mutter sein!"
– Überlegen und begründen Sie: Haben Sie sich bei Ihrer Antwort nur auf die Inhalts- oder auch (nur?) auf die Beziehungsebene bezogen?
– Welche Wirkung wollen Sie mit Ihrem aktiven Zuhören bei den Kindern erreichen?

5. Übung von aktivem Zuhören als Partnergespräch

a) Finden Sie ein motivierendes Gesprächsthema, bei dem Ansichten und Gefühle zum Ausdruck kommen.
Jeweils ein Partner spricht über seine Ansichten und Gefühle. Der zweite Partner wiederholt die Aussagen sinngemäß.
Sie können einfache Themen wählen wie:
– Was bedeutet es für dich (würde es bedeuten), ein Haustier zu haben?
– Wie sieht dein Aufstehen für dich morgens aus und was bedeutet es für dich?
Schwierigere Themen sind dann angebracht, wenn zwischen den Gesprächspartnern ein Vertrauensverhältnis besteht und wenn der Sprecher über diese Themen sprechen will und kann:
– Was bedeutet deine Berufsausbildung für dich?

– Was denkst und empfindest du im Zusammenhang mit Ausländern in Deutschland?
–– Welche Gedanken hast du im Zusammenhang mit Umweltproblematik?

b) Eine Fortsetzung der Übung aktiven Zuhörens bietet das partnerorientierte Gespräch: A macht eine Aussage. B wiederholt sie sinngemäß. A bestätigt und korrigiert. Jetzt macht B eine Aussage oder bringt ein Argument. A reagiert in aktivem Zuhören. B bestätigt oder korrigiert. Das heißt, die beiden Gesprächspartner wechseln nach jedem bestätigten aktiven Zuhören ihre Rollen. Besonders geeignet ist diese Übung bei gegensätzlichen Ansichten, also bei Gesprächsinhalten mit Pro- und Kontra-Stellungnahmen, beispielsweise:
– Sollten die Benzinpreise drastisch erhöht werden?
– Wäre es sinnvoller, wenn wir den Unterricht zu Hause mehr vor- und nachbereiten müssten?
– Wäre es angemessen, die Berufsausbildung für Erzieher zu verlängern? ❑

3.1.3 Feed-back (Rückmeldung)

„Von jemandem zu erfahren, welche Wirkung die eigene Person und unser Verhalten auf ihn hat, nennen wir Feed-back bekommen." (Schwäbisch/Siems 1974, S. 63)
Feed-back findet im Alltag ständig statt. Unsere Mitmenschen teilen uns beispielsweise mit,
– wie sie uns verstanden haben, wenn sie sagen: „Meinst du damit, dass ...?", „Wie bitte?" oder wenn sie uns staunend ansehen;
– wie sie unsere Aussagen und unser Handeln werten, wenn sie Stellung nehmen: „Das hätte ich auch getan!", „Mutig!", „Genau richtig!", „Hör auf!", oder wenn sie mit den Schultern zucken, nicken oder sich abwenden;
– wie sie unsere Person empfinden, wenn sie ihre Wahrnehmung äußern: „Du siehst müde aus!", „Das steht dir gut!", die Augenbrauen hochziehen.

3.1.3.1 Feed-back in der Berufsarbeit der Erzieherin

Kinder, deren Denken und Verhalten in bestimmte Richtungen gelenkt werden soll, benötigen Feed-back noch mehr als Erwachsene. „Ohne Feed-back ist soziales Lernen nicht möglich." (Schwäbisch/Siems 1974, S. 63)
Im Zusammenleben Erwachsener wird wichtiges Feed-back häufig nicht formuliert, weder positives noch negatives Feed-back. Es wird zurückgehalten oder auch in Verhalten umgesetzt. Der Sozialpartner sagt beispielsweise nicht: „Du redest zu langatmig, dadurch lässt mein Interesse nach", sondern er steht vielleicht auf oder rutscht unruhig auf dem Stuhl herum. Diese Unruhe kann vom Redner ganz anders gedeutet werden, z.B. „Ich muss mich deutlicher erklären, ich werde nicht richtig verstanden", und das Gespräch wird noch langatmiger.
Es ist wichtig, nicht nur über die Notwendigkeit von Feed-back nachzudenken, sondern auch über die Formen, denn es kommt darauf an, Feed-back so einzusetzen, dass es möglichst konstruktiv (aufbauend) und anregend wirkt.
Ebenso ist es nötig, sich bewusst zu machen, wie Missverständnisse durch verbalisiertes, nicht verbales oder auch fehlendes Feed-back entstehen können. (Siehe auch Abschnitt „Inhalts- und Beziehungsebene einer Kommunikation".)

▼ **Beispiele:**
– Das Kind denkt: „Die Erzieherin schaut mich ärgerlich an. Sie glaubt jetzt, ich hätte die Milch verschüttet. Dabei war ich es nicht! Sie wird mir nicht glauben, wenn ich es ihr sage." Die Erzieherin weiß, dass das Kind die Milch nicht verschüttet hat. Aus ihrer Sicht besteht keine Notwendigkeit zu einer Aussage. Sie weiß nicht um die Gedanken des Kindes.
Vielleicht sagt sie auch stöhnend: „Schon wieder!" und meint damit die Häufigkeit des Verschüttens. Das Kind bezieht die Aussage „Schon wieder!" aber auf sein (häufiges) Fehlverhalten.

– Marion berichtet der Erzieherin, dass sie eine Vier in der Mathearbeit hat. Die Erzieherin schweigt, vielleicht, weil im Moment so viel auf sie einstürmt, dass sie nicht auf alles eingehen kann.

Marion deutet das Schweigen vielleicht so: Mehr traut sie mir also nicht zu. Sie hält mich für unbegabt. Das bin ich wohl auch.

Oder: Eine Vier ist ihr also nichts Besonderes. Offensichtlich reicht ihr das aus. Warum besteht sie dann so pingelig auf den Hausaufgaben?

Würde Marion nachfragen: „Warum schweigst du? Was denkst du über meine Vier?", dann bekäme sie vielleicht ein Feed-back, mit dem sie gar nicht gerechnet hätte. Sie hat vorher aber ihre eigene Deutung überhaupt nicht in Frage gestellt. Vielleicht hat sie auch nicht zurückgefragt, weil sie Angst hatte, eine Mitteilung zu hören, die sie gekränkt und in ihrem Selbstwertgefühl gedrückt hätte. ▲

Es ist deshalb im erzieherischen Prozess wichtig, das Kind oder den Jugendlichen zu lehren:
– Feed-back zu erfragen, ggfs. zu hinterfragen,
– Feed-back sachlich annehmen zu können,
– Feed-back angemessen zu geben.

Damit junge Menschen diese drei Fähigkeiten erlernen können, müssen wir uns als Pädagogen folgendermaßen um eigenes Verhalten bemühen:
• Wir müssen dem Kind vorleben, dass wir Feed-back häufig und gern annehmen und auch erbitten, wenn es uns wichtig erscheint. Das heißt nicht ständig eine Bestätigung zu suchen, sondern auch negative Kritik als eine wichtige und weiterführende Mitteilung zu erwarten und anzunehmen.
• Wir müssen Feed-back, das wir erhalten, hinterfragen, wenn es nicht ganz offensichtlich ist. Das Kind lernt an unserem Verhalten und ahmt uns nach.
• Wir müssen Feed-back zunächst anhören und den Feed-back-Geber ausreden lassen. Wir geben kein gutes Beispiel, wenn wir mit Gegenargumenten, Verteidigungen oder Gegenangriffen antworten.

• Wir müssen unseren Sozialpartnern, Kindern wie Erwachsenen, häufiges und ehrliches Feed-back geben und uns dabei hinterfragen lassen. Das bedeutet nicht ständig irgendwelches Lob auszuteilen, sondern rückzumelden, was in uns vorgeht im Zusammenhang mit dem Verhalten oder den Aussagen unserer Sozialpartner.
• Wir müssen versuchen, Feed-back in Form von Ich-Botschaften und nicht von Du-Botschaften zu geben. Diese Form benötigt eine genauere Erklärung:

3.1.3.2 Du- und Ich-Botschaften

Ich- und Du-Botschaften sind besondere Formen des Feed-backs. In Du-Botschaften wird dem Sozialpartner mitgeteilt, wie dessen Verhalten beurteilt wird.

▼ **Beispiel:**
„Du hast dich unfair verhalten!"
„Du wirst dir deine Freunde vergraulen!"
„Das war nicht gerade schlau, was du da gemacht hast." ▲

In Ich-Botschaften wird dem Sozialpartner mitgeteilt, wie sein Verhalten auf einen selbst wirkt.

▼ **Beispiel:**
„Ich fühle mich unfair behandelt."
„Ich würde, wenn ich dein Freund wäre, jetzt wahrscheinlich nicht mehr mit dir spielen wollen."
„Das, was du gerade gemacht hast, hat mich erschreckt, weil..." ▲

Du-Botschaften kommen als eine Form des Feed-backs häufig vor. Sie sagen indirekt aus, wie sich der Sozialpartner zu verhalten hat. Ich-Botschaften wirken manchmal etwas konstruiert und unüblich. Wenn sie nicht mit einem Vorwurf ausgesprochen werden, bieten sie dem Gesprächspartner aber eine bessere Möglichkeit sein Handeln zu überdenken und sich selbstbestimmter für eine Veränderung zu entscheiden. Sie sagen nur, wie das Verhalten oder die Aussage beim Sozialpartner angekommen ist und welche Wirkungen sie bei ihm ausgelöst hat. Ich-Botschaften signalisieren einen partnerschaftlicheren Umgang miteinander und vermitteln dem Gesprächspartner, dass ihm eine Bearbeitung der Problematik nicht vorgegeben, sondern zugetraut wird.

An einem Beispiel soll die Wirkung von Du- und Ich-Botschaften verdeutlicht werden:

▼ **Beispiel:**

Ein Vater hat mit seinem 16-jährigen Sohn Holger abgemacht, dass er um 23 Uhr von der Disko nach Hause kommt. Der Sohn erscheint um 23 Uhr nicht. Der Vater wird allmählich unruhig, besorgt und schließlich ärgerlich.
Der Sohn hat seinen Bus verpasst, weil er ein Mädchen nach Hause begleitete. Als der Sohn gegen 24 Uhr nach Hause kommt, reagiert der Vater, der die Ursache des Zuspätkommens ja nicht weiß, verärgert: „Du bist unzuverlässig, Holger!"
Der Sohn nimmt nun nicht etwa Vaters Sorgen und seine Verärgerung wahr, sondern er versteht, dass der Vater ihn als unzuverlässig empfindet. Der Sohn selbst empfindet sich aber nicht als unzuverlässig, denn die Begleitung des Mädchens sieht er als notwendig und vielleicht gerade als zuverlässig an. Er wird sich nun wahrscheinlich verteidigen, rechtfertigen, möglicherweise auch verärgert reagieren und damit einen Aufschaukelprozess riskieren. Der Vater hat mit seinem Satz „Du bist unzuverlässig, Holger!" das Verhalten des Sohnes beurteilt, in diesem Falle, ohne dass er die Hintergründe für das Verhalten kannte. Er hat dem Sohn eine Du-Botschaft gegeben. Seine eigenen Gefühle hat er mit dieser Aussage nicht vermittelt.
Hätte der Vater, anstatt das Verhalten seines Sohnes zu beurteilen, seine eigenen Gefühle beschrieben, dann hätte er eine Ich-Botschaft geäußert, z.B. „Ich habe mir Sorgen gemacht und ich bin verärgert." In diesem Falle hätte der Sohn wahrscheinlich anders reagieren können. Er hätte vielleicht nicht gleich in die Verteidigung gehen müssen, sondern wäre, da kein beurteilender Vorwurf vorgelegen hätte, in der Lage gewesen sich in den Vater einzufühlen

und über sein eigenes Verhalten nachzudenken. Ohne Vorwurf ist es leichter, sein eigenes Verhalten kritisch zu sehen und Möglichkeiten einer Verhaltensänderung oder ggfs. einer Wiedergutmachung zu suchen. ▲

In dem obigen Beispiel erfährt Holger durch die Du-Botschaft „Du bist unzuverlässig, Holger!", dass er zuverlässiger zu sein und pünktlich nach Hause zu kommen hat. Mit der Ich-Botschaft „Ich habe mir Sorgen gemacht, und ich bin verärgert" wird dem Sohn offen gelassen, ob und wie er sein Verhalten ändern wird. Er hat verschiedene Möglichkeiten, beispielsweise eine Erklärung, eine Entschuldigung, eine Verhandlung über eine andere Regelung für das nächste Mal.
Natürlich spielt das Beziehungsverhältnis insgesamt eine Rolle. Wenn der Sozialpartner mit Vorwürfen rechnet, wird er möglicherweise auch eine Ich-Botschaft als Anschuldigung empfinden und sich zur Rechtfertigung veranlasst fühlen. Außerdem wirkt sich auch die Heftigkeit des Ausdrucks auf die Wahrnehmung des Kommunikationspartners aus.

Gegenüber höher stehenden Personen oder auch fremden Kindern fallen Ich-Botschaften meist leichter. Ein Studierender wird z.B. zu der Lehrkraft eher die Ich-Botschaft sagen: „Ich fühle mich ungerecht behandelt" als die Du-Botschaft „Sie sind ungerecht!". Zu einem fremden Kind sagen wir vielleicht: „Wir fühlen uns gestört, wenn du dazwischen redest." Bei einem vertrauten Kind heißt das möglicherweise: „Du störst!"

Mit der Formulierung von Ich-Botschaften muss man sich langsam vertraut machen. Sie sind nicht nur ungewohnt, sie müssen auch durchdacht formuliert werden. Aussagen, die mit „Ich finde, dass du ..." anfangen, werden häufig als Ich-Botschaften angesehen. Sie können aber bestenfalls als Kombination von beidem gelten. In dem Satz: „Ich finde, dass du störst" wird in erster Linie ausgesagt, wie das Verhalten des Sozialpartners beurteilt wird und nicht, wie sein Verhalten auf einen selbst wirkt.

Feed-back in Form von Du- und Ich-Botschaften

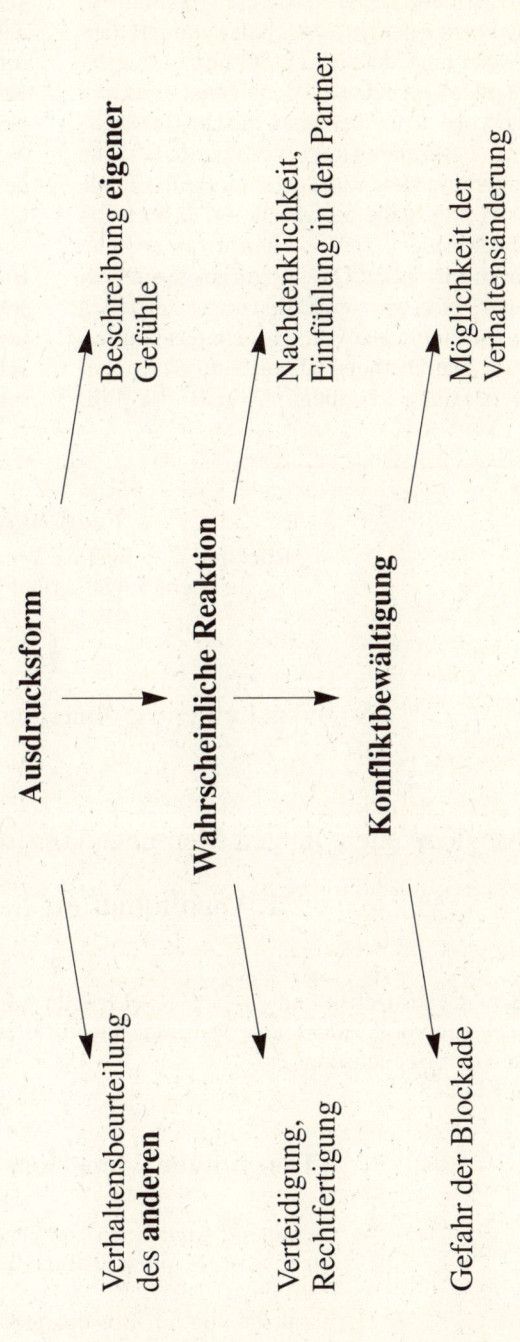

Du-Botschaft

Vater:	„ Du bist unzuverlässig!“	Sohn
besorgt, verärgert		Vater empfindet mich als unzuverlässig

Ich-Botschaft

Vater:	„ Ich habe mir Sorgen gemacht und bin verärgert!“	Sohn
besorgt, verärgert		Vater hat sich wegen mir Sorgen gemacht und ist verärgert

Ausdrucksform → **Wahrscheinliche Reaktion** → **Konfliktbewältigung**

Beschreibung **eigener** Gefühle

Nachdenklichkeit, Einfühlung in den Partner

Möglichkeit der Verhaltensänderung

Verhaltensbeurteilung des **anderen**

Verteidigung, Rechtfertigung

Gefahr der Blockade

Auch beim positiven Feed-back haben Ich-Botschaften in der Regel eine bessere Wirkung. Ein Lob in Form einer Du-Botschaft kann z.B. lauten: „Das hast du ausgezeichnet gemalt!", „Dein Brief ist Klasse!", „Du bist wirklich fleißig!". Auch hier bedeuten die Du-Botschaften eine Beurteilung des Sozialpartners. Eine Beurteilung setzt voraus, dass der Beurteilende objektive Maßstäbe hat, das heißt, dass er von der Materie oder dem Verhalten etwas versteht. Wenn ich z.B. sage: „Das hast du ausgezeichnet gemalt!", muss ich vom Malen etwas verstehen oder gebe zumindest vor, dass ich das beurteilen kann. Damit erhebe ich mich auf eine höhere Ebene. Sage ich aber: „Dein Bild gefällt mir!" oder „Dein Bild regt mich zum Nachdenken, zum Träumen an!", drücke ich aus, wie es auf mich wirkt. Dafür brauche ich nicht zu beurteilen und nicht darüber zu stehen oder meine Kompetenz vorzutäuschen. Wir bleiben auf einer gleichen Ebene.

Natürlich muss man nicht jeden Tadel und jedes Lob als Ich-Botschaft aussprechen. Das könnte manchmal gekünstelt und unecht wirken. Vor allem bei starken Gefühlen wie Zorn, Enttäuschung, Verletzung usw. lassen sich Ich-Botschaften nur schwer formulieren. Sich um sie zu bemühen sollte aber im pädagogischen Beruf ein grundsätzliches Anliegen sein.

Feed-back
Rückmeldung, welche Wirkung eine Person
bei dem Sozialpartner ausgelöst hat

↓

Soziales Lernen ist ohne Feed-back nicht denkbar

Möglichkeiten, jungen Menschen konstruktives Feed-back zu vermitteln:

1. Vorbildhaltung des Pädagogen

angemessenes Geben und Annehmen von Feed-back gegenüber Erwachsenen und Kindern

Rückfragen bei nicht eindeutigem Feed-back

weitgehend Ich-Botschaften formulieren, Du-Botschaften vermeiden

2. Den jungen Menschen unterstützen bei:

- Geben und Annehmen von Feed-back
- angemessener und konstruktiver Formulierung von Feed-back
- Benutzen von Ich-Botschaften
- Erbitten von Feed-back
- Nachfragen bei unklarem Feed-back

Zusammenfassung

- Feed-back ist die Rückmeldung, wie eine Person und ihr Verhalten auf den Feed-back-Geber wirken. Feed-back kann verbal und nonverbal gegeben werden.

- Soziales Lernen ist ohne Feed-back nicht denkbar.

- Erzieherinnen und Erzieher müssen gezieltes Feed-back äußerst sensibel geben, um aufbauend und nicht destruktiv und erdrückend zu wirken.

- Feed-back wird auch gegeben, ohne dass der Feed-back-Geber es bemerkt. Es kann auch sein, dass der Empfänger ein Feed-back nicht wahrnimmt oder es missversteht. Deshalb muss Feed-back immer wieder erfragt, hinterfragt und offen gelegt werden.

- Es gibt Regeln für Feed-back, die dazu beitragen können, möglichst konstruktiv zu wirken. (Siehe S. 123 f.) Solche Regeln sollten Erzieherinnen weitgehend internalisieren (verinnerlichen).

- Eine der Regeln von Feed-back heißt: „Ich-Botschaften sind konstruktiver als Du-Botschaften." Ich-Botschaften vermitteln, wie eine Aussage oder ein Verhalten auf den Sozialpartner gewirkt hat. Ich-Botschaften geben keine Verhaltensanweisungen, sondern lassen offen, für welches Verhalten sich derjenige, der das Feed-back erhält, entscheidet. Insbesondere bei negativem Feed-back sollte deshalb auf Ich-Botschaften geachtet werden.

- Auch positives Feed-back (Lob) hat in Form von Ich-Botschaften eine bessere Wirkung. Es reduziert hierarchische Strukturen und hebt den Feed-back-Empfänger auf eine partnerschaftliche Ebene.

Anregungen

1. Partnergespräch mit bewusster Stellungnahme (Feed-back)

Wählen Sie einen Gesprächspartner aus, bei dem Sie bereit sind Feed-back zu geben, das heißt, zu seiner Person, seinen Aussagen und/oder seinem Verhalten Stellung zu nehmen. Ebenso müssen sie von dieser Person Feed-back annehmen können.

1. Möglichkeit:

Gesprächspartner A sagt dem Gesprächspartner B, was ihm (heute) an ihm aufgefallen ist, und nimmt, wenn möglich, dazu Stellung.

Beispiel:

„Ich hatte heute Morgen den Eindruck, dass du wie immer voller Fröhlichkeit steckst. Ich empfinde diese aufmunternde Stimmung als angenehm."

Der Gesprächspartner kann nun zurückmelden, was dieses Feed-back für ihn bedeutet, muss das aber nicht. Er gibt seinerseits Feed-back:

„Gehe ich recht in der Annahme, dass die Verbindung von Privatleben und Berufsausbildung für dich manchmal schwierig ist?"

2. Möglichkeit:

Gesprächspartner A erzählt von sich. Das kann die Beschreibung eines alltäglichen Tagesablaufes sein oder ein sonstiger unproblematischer Lebensbereich.

Gesprächspartner B nimmt dazu Stellung, z.B.: „Das macht dir sicher Freude", „Das ist bestimmt nicht einfach für dich" usw.

Partnerwechsel nach einer angemessenen Zeit.

Metakommunikation: Sprechen Sie im Plenum darüber, wie leicht oder wie schwer Ihnen diese Übung gefallen ist.

2. Übung von Ich-Botschaften

Antworten Sie jeweils in einer Du-Botschaft und in einer Ich-Botschaft:

– Michael schnickt beim Mittagessen im Hort Erbsen in hohem Bogen über den Tisch.

– Mustafa und Nina spielen Fangen um den Esstisch.

– Hatice deckt unaufgefordert den Mittagstisch im Hort.

– Die Mutter eines Ihrer Kindergartenkinder bringt das Kind regelmäßig später als von Ihnen erwünscht.

– Ihre Mitarbeiterin hat eine neue Frisur.

– Ihre Mitarbeiterin wirkt heute viel ungeduldiger als sonst.

- Ihre Mitarbeiterin hat zwei Kinder sehr geschickt dahin geführt, ihren Konflikt einsichtig zu bearbeiten und zu lösen.

- Der/die Studierende langweilt sich im Unterricht und kann sich nicht konzentrieren (an die Lehrkraft gerichtet).

3. Eindenken in Ich- und Du-Botschaften

Bilden Sie einen Stuhlkreis. Eine Person, die den Mut dazu hat, setzt sich

auf einen Stuhl in die Kreismitte und schließt die Augen. Sie stellt jetzt irgendeine Person dar, nicht sie selbst. Sie zeigt mit der Hand in eine Richtung in den Kreis. Die angezeigte Person sagt irgendeine kritisierende Du-Botschaft, z.B.: „Du bist unzuverlässig!" Die neben ihr sitzende Person formuliert anschließend den gleichen Inhalt in Form einer Ich-Botschaft. (Diese Du- und Ich-Botschaften können vorher abgesprochen werden, damit bei der Übung keine Wartezeiten entstehen.) Nach wenigen Runden stellt sich eine andere Person für den Stuhl in der Kreismitte zur Verfügung.

Im Anschluss an die Übung werden die Erfahrungen, vor allem auch die Gefühle derjenigen, die in der Kreismitte saßen, ausgetauscht und besprochen. Es ist bei dieser Übung wichtig, dass die kritisierenden Stellungnahmen als Beispiele gesehen und nicht als persönliche Beurteilungen aufgenommen werden.

4. Feed-back-Übung im Klassenverband

Versuchen Sie möglichst häufig am Ende einer Unterrichtsstunde oder -einheit eine Zeit für Feedback einzuplanen. Das Feed-back sollte dann sowohl zwischen Studierenden und Lehrkraft wie auch unter den Studierenden vorgenommen werden. Auch Gruppenarbeit kann jeweils mit einem Feed-back beendet werden.

5. Auseinandersetzung mit Feed-back-Regeln und deren Bewertung

a) Diskutieren Sie die folgenden Regeln für Feed-back von Schwäbisch/Siems, inwieweit sie für die Arbeit mit Kindern/Jugendlichen in Frage kommen
und
ob sie im Team einer sozialpädagogischen Einrichtung anzustreben und

auch umsetzbar sind (Schwäbisch/ Siems 1974, S. 69 ff.).

b) Jeweils zwei Partner wählen eine Regel aus und spielen sie als Rollenspiel der Gruppe vor.

1. Gib Feed-back, wenn der andere es auch hören kann.

Achten Sie darauf, ob Ihr Partner sich in einer Situation befindet, in der er auch ruhig zuhören und die Information verarbeiten kann, oder ob er so stark innerlich mit anderen Dingen beschäftigt ist, dass er Ihre Information nicht ungestört aufnehmen kann. Wenn Ihr Partner nicht in einer aufnahmebereiten Situation ist, Sie selbst aber von Ihren Gefühlen platzen, dann machen Sie diesen kurz als Ihren Gefühlen (direkt) Luft und erklären Sie, dass ein ausführlicheres Feed-back zu einer ruhigeren Stunde folgt.

2. Feed-back soll so ausführlich und konkret wie möglich sein.

Feed-back ist keine Information, die man dem anderen ,vor die Füße knallt', um sich dann aus dem Staub zu machen, oder die man schnell einmal am Telefon andeutet um dann den Hörer aufzulegen. Feed-back ist der Anfang eines Dialogs zwischen zwei Menschen, in dem so ausführlich wie möglich die eigene Wahrnehmung, die eigenen Vermutungen und Gefühle mitgeteilt werden können.

3. Teilen Sie Ihre Wahrnehmungen als Wahrnehmungen, Ihre Vermutungen als Vermutungen und Ihre Gefühle als Ihre Gefühle mit.

In diesem und den vorangegangenen Kapiteln haben wir oft darauf hingewiesen, wie gefährlich es werden kann, wenn wir uns der realen Qualität unseres Erlebens nicht bewusst sind und beispielsweise unsere eigenen Gefühle als Eigenschaften anderer wahrnehmen und sie indirekt ausdrücken.

4. Feed-back soll den anderen nicht analysieren.

Machen Sie klar, dass Sie es sind, den beispielsweise etwas stört. Wenn Sie Aussagen über das Verhalten des anderen und seine Motive machen, wird nicht mehr deutlich, dass Sie ein Problem mit ihm haben. Eine gemeinsame Überlegung, warum etwas geschehen ist, wird nützlicher sein. Außerdem kann Ihr Partner besser herausbekommen, welche Motive hinter seinem Verhalten stehen, als Sie es können. Versuchen Sie nicht, die Rolle des ,Mini-Psychoanalytikers' bei anderen einzunehmen!

5. Feed-back soll auch gerade positive Gefühle und Wahrnehmungen umfassen.

Feed-back soll nicht nur dann erfolgen, wenn etwas schief gegangen ist. Es hat noch nie jemand daran gelitten, dass er zu häufig gelobt wurde – eher daran, dass er zuwenig erfahren hat, dass er positive Gefühle in anderen auslöst.

6. Feed-back soll umkehrbar sein.

Was X zu Y sagt, muss auch Y zu X sagen können. Ein Schüler könnte kaum zu seinem Lehrer sagen: „Halt doch mal deinen Mund!", während sich der Lehrer so äußern kann. Die Forderung der Reversibilität ist meist dort verletzt, wo es Rangunterschiede gibt und ein Partner sich wichtiger fühlt als der andere. Die Kommunikation in manchen Familien bestünde bald nur noch aus Befehlen und Aufforderungen, wenn Kinder mit ihren Eltern ebenso sprechen würden, wie diese es mit ihnen tun, wenn ein Kind also beispielsweise zu seinem Vater sagte: „Sitz doch mal gerade!"

7. Feed-back soll die Informationskapazität des anderen berücksichtigen.

Denken Sie daran, dass ein Mensch nur ein bestimmtes Quantum an Information in einer gewissen Zeitspanne aufnehmen kann. Ein ,Zuviel' an Information ist unnötige Kraftvergeudung.

8. Feed-back sollte sich auf begrenztes konkretes Verhalten beziehen.

Stempeln Sie Ihren Sozialpartner nicht mit Eigenschaften ab und geben Sie nicht Feed-back über seine ganze Person. Sie haben nur begrenztes Verhalten wahrnehmen können und das sollte in Ihrer Äußerung deutlich werden.

Kritik wird so vom Feed-back-Empfänger besser zu verarbeiten sein, wenn er merkt, dass nicht seine ganze Person unangenehm wirkt, sondern nur eine bestimmte Verhaltensweise. Das Verhalten, das Sie gesehen haben, sollte aber so genau und konkret wie möglich nicht wertend beschrieben werden. Auf diese Weise kann der andere begreifen, auf welche seiner Verhaltensweisen sich Ihr Feed-back bezieht.

9. Feed-back sollte möglichst unmittelbar erfolgen.

Ein Mensch kann besser lernen, wenn die Rückmeldung auf sein Verhalten unmittelbar und sofort erfolgt. Außerdem ist dann die Gefahr geringer, dass der Feed-back-Geber zu einem späteren Zeitpunkt einen ganzen ‚Sack' öffnet, in dem sich sein aufgestauter Ärger gesammelt hat.

10. Die Aufnahme von Feed-back ist dann am günstigsten, wenn der Partner es sich wünscht.

Wenn der Partner selbst um Feed-back bittet, sind von vornherein beide Gesprächspartner gleichermaßen am Gespräch interessiert, und die Gefahr von unangemessenem Feed-back und dessen Abwehr verringert sich. Wenn der Partner nicht von selbst um Feed-back bittet, dann können Sie ihn zunächst fragen, ob er Ihr Feed-back hören möchte. Meistens wird er neugierig sein und darum bitten, dass Sie ihm mitteilen, was Ihnen wichtig ist.

11. Sie sollten Feed-back nur annehmen, wenn Sie dazu auch in der Lage sind.

Der Erfolg von Feed-back hängt auch von der Haltung ab, die der Feed-back-Empfän-ger dieser Mitteilung entgegenbringt. Wenn Sie ein Feed-back zu einem Zeitpunkt nicht hören wollen, weil Sie glauben nicht angemessen darauf eingehen zu können, so sollten Sie dies deutlich sagen. Geben Sie aber Ihrem Partner die Gelegenheit sein Gefühl kurz loszuwerden, und schlagen Sie einen späteren Zeitpunkt für ein intensives Feed-back-Gespräch vor.

12. Wenn Sie Feed-back annehmen – hören Sie zunächst nur ruhig zu.

Wenn Sie sofort eine Gegenantwort parat haben, bekommt der Feed-back-Geber nicht das Gefühl, dass Sie ihm zugehört und ihn verstanden haben. Die Verarbeitung von Feed-back ist ein schwieriger Prozess, den Sie nicht sofort leisten können. Schieben Sie das Nachdenken erst einmal auf und hören Sie dem Feed-back-Geber intensiv zu. Fragen Sie nach, um Unverstandenes zu klären. Versuchen Sie nicht, sofort etwas ‚klarzustellen' oder sich zu rechtfertigen.

13. Feed-back-Geben bedeutet Information zu geben und nicht den anderen zu verändern.

Feed-back ist ein Prozess, durch den Veränderungen in einem starken Maße ausgelöst werden können. Aber die Veränderung muss von beiden Partnern gemeinsam überlegt werden, wobei die Richtung der Veränderung nicht vorbestimmt ist. Vielleicht ändern sich die Gefühle des Feed-back-Gebers und er lernt Verhalten zu akzeptieren, das ihn vorher störte. Oder es ändert sich das Verhalten des Feed-back-Empfängers. Die Verantwortung aber für die Veränderung kann jeder der Partner nur für sich selbst übernehmen. Wenn Sie Feed-back nur mit der Hoffnung geben, dass der andere sein Verhalten ändert, werden Sie produktive Veränderungen eher behindern. ❑

3.1.4. Erzählen und Vorlesen

Durch die technischen Mittler haben Erzählen und Vorlesen an Bedeutung und Aktualität verloren. Leider, denn sie sind durch Apparate nicht ersetzbar. Um dem Erzählen und Vorlesen ein besonderes Gewicht zu verleihen soll dieser Bereich hier herausgehoben und aus der Sicht angemessener Methoden besprochen werden.

3.1.4.1 Bedeutung von Erzählen und Vorlesen für die Gruppe und die Erzieherin

Durch Erzählen und Vorlesen wird ein literarischer Inhalt oder ein vom Erzähler erdachtes Geschehen dem Kind/Jugendlichen (oder Erwachsenen) über das gesprochene Wort vermittelt. Der Zuhörer erlebt die Einmaligkeit dieses Geschehens, das nicht wie beim Gebrauch eines elektrischen Gerätes beliebig oft wiederholbar ist. Vor allem beim Erzählen, aber auch beim Vorlesen, ist keine Wiederholung gleich. Der Zuhörer nimmt auch die Zuwendung des Erzählers zu ihm wahr und kann Kontakt zum Erzähler aufnehmen. Die Worte rufen Bilder in ihm hervor, die nur er selbst auf Grund des Gehörten sieht und lebendig werden lässt. Diese fantasievolle Vorstellung kann zwar auch durch technische Medien hervorgerufen werden, aber beim Erzählen oder Vorlesen steht sie in Verbindung mit der Person des Sprechers, bleibt einmalig und gewinnt dadurch an Originalität und Wert.

Der Vorteil der technischen Mittler liegt u.a. darin, dass das Kind sie selbst bedienen und dadurch selbstbestimmter damit umgehen kann. Es braucht nicht darauf zu warten, dass der Erwachsene Zeit hat oder bereit ist sich Zeit zu nehmen.

Für die Erzieherin bedeutet das Erzählen und Vorlesen, dass sie den Inhalt gut auswählen und ihn so spannend vortragen muss, dass das Zuhören zum Erlebnis für die Gruppe oder den Einzelnen wird. Einem guten Erzähler gelingt es, den Zuhörer in eine andere Welt – eine Fantasiewelt – zu versetzen. Wahrnehmbar wird dieses Abrücken aus der Realität durch eine sehr ruhige Stimmung im Raum – „man könnte eine Nadel fallen hören" – und durch den Blick, mit dem der Zuhörer am Erzähler hängt.

Die Auswahl der Erzählung oder des Vorlesetextes muss sich eher an den jüngeren Kindern orientieren, um alle Kinder fesseln zu können. Es müssen handlungsreiche Erzählungen sein, weil Handlungen das Gefühl von Spannung hervorrufen. Beschreibungen ermüden die Zuhörer schnell. Der Inhalt muss für die Zuhörer vorstellbar und nachvollziehbar sein.

3.1.4.2 Methodische Überlegungen

Es ist wichtig, dass beim Erzählen oder Vorlesen Unterbrechungen vermieden werden und der Raum ruhig ist. Deshalb ist ein Schild an der Tür „Bitte nicht stören, wir erzählen" sehr sinnvoll. Visuelle und akustische Ablenkung durch die Fenster kann evtl. durch zugezogene Vorhänge verringert werden.

Der Erzähler darf nicht vor dem Fenster sitzen, weil die Zuhörer sonst ins Licht sehen müssen und die Mimik des Erzählers nur schwer erkennen können. Die Pupillen wissen dann nicht, was sie tun sollen: sich wegen des hellen Lichtes im Hintergrund schließen oder wegen des schattigen dunkleren Gesichts des Erzählers öffnen. Deshalb ist mit schnellerem Ermüden der Zuhörer zu rechnen.

Der Erzähler sollte die Tür im Blickfeld haben, damit er evtl. doch vorkommende Störungen sofort bearbeiten oder abweisen kann.

Der Blickkontakt des Erzählers zu allen Zuhörern ist wichtig, weil nicht nur mit der Stimme, sondern auch mit Mimik und Gestik erzählt wird. Ein ungeübter Erzähler sollte einen Stuhlkreis als Sitzordnung wählen. Dichtere Sitzordnungen, z.B. auf dem Bauteppich, können vor allem bei größeren Kindergruppen Unruhe mit sich bringen: Die Kinder berühren und stören sich gegenseitig, sie rutschen möglichst dicht an den Erzähler heran und unruhige Kinder stecken andere mit ihrer Rastlosigkeit an.

Wenn Bilder im Mittelpunkt des Erzählens oder Vorlesens stehen, z.B. die Betrachtung eines Bilderbuches, ist der Kreis ungeeignet. Die Kinder können dann nämlich nicht alle zur gleichen Zeit in das Buch sehen. Während die Erzieherin das Buch herumzeigt, verlieren diejenigen Kinder, die gerade nichts zu sehen haben, ihre Fantasiewelt und kehren zurück in die Realität. Damit ist das „Wegrücken" unterbrochen und das Erzählen verliert für das Kind seine Spannung. Nur wenn das Bild am Ende des Erzählens gezeigt wird, ist die Sitzordnung in Kreisform angemessen, weil dann die langsame „Rückkehr in die Realität" angebracht und gewollt ist.

Bilderbücher lassen sich besser in einer Kleingruppe betrachten: alle Kinder kommen zu Wort, können die Bilder berühren und so eine Nähe zum Buch und zum Erzähler herstellen. Besteht ein Grund ein Bilderbuch in der Gesamtgruppe zu betrachten, dann sind zwei hintereinander aufgestellte Stuhlhalbkreise angebrachter als ein voller Kreis. Die Erzieherin hält das Buch vor sich. Die Lichtquelle ist auf das Buch gerichtet. Eine solche Bilderbuchbetrachtung setzt allerdings voraus, dass die Erzieherin den Text gut kennt.

Für besondere Anlässe, z.B. ein Fest, eignet sich eine Bilderbuchbetrachtung über Dias. In Tageseinrichtungen lassen sich meist Eltern finden, die bereit sind von einem Bilderbuch Dias zu erstellen.

Es ist sinnvoll, vor einer Erzählung für Bewegungsmöglichkeiten der Gruppe zu sorgen, insbesondere bei kleineren Kindern, weil sonst das körperliche Bedürfnis nach Bewegung die Erzählstimmung für die Kinder und den Erzähler negativ beeinflusst.

Dem Erzähler muss es gelingen, sich selbst in die Fantasiewelt zu versetzen. Nur dann kann er die Zuhörer wirklich fesseln. Der gespannte Blick und die aufmerksame Haltung der Zuhörer kann den Erzähler stimulieren. Erzähler und Zuhörer beeinflussen sich gegenseitig. Das Erzählen oder Vorlesen muss lebendig sein, darf in der Modulation der Stimme aber auch nicht übertrieben werden. Manche Erzähler neigen bei Kindern dazu, viele Verniedlichungen, beispielsweise viele Verkleinerungsformen, zu benutzen. Das kann dazu führen, dass die Kinder sich nicht ernst genommen fühlen.

Erzähler, die noch ungeübt sind, sprechen eher zu schnell als zu langsam. Deshalb ist bewusst auf langsames Sprechen zu achten.

Das Ausklingen einer Erzählung sollte ebenfalls langsam geschehen und dem Zuhörer die Möglichkeit geben, allmählich wieder in die Realität zurückzukommen. Dafür eignen sich vor allem Gespräche und Bildbetrachtungen. Durch Bilder kann allerdings die individuelle Fantasie festgelegt werden. Zuhörer können durch Bilder auch enttäuscht sein, weil ihre Fantasiewelt korrigiert wird. Es ist deshalb ratsam, zuweilen auch ohne Bilder zu erzählen oder vorzulesen, auch wenn Kinder sich Bilder wünschen. Das ist insbesondere dann angebracht, wenn der Erzählstoff fantastisch und für die Zuhörer vorstellbar ist, insbesondere bei Märchen.

Die häufig gestellte Frage am Ende des Erzählens: „Hat es euch gefallen?" ist nicht günstig gewählt. Auf diese Frage kann in der Regel nur mit Ja, in seltenen Fällen mit Nein geantwortet werden. Es sei denn, der Erzähler strebt ein freudiges „Jaa!" an. Fragen, die mit einem Verb beginnen, haben als Antwort dieses Ja oder Nein. Sie regen ein Gespräch nicht wirklich an. Dann ist schon eher die Frage geeignet: „Wie hat es euch gefallen?". Die Antwort „Gut!" regt zwar auch nicht sehr viel mehr zum Gespräch an, lässt die Kinder aber zumindest etwas mehr nachdenken. „Was hat euch gefallen?" regt ebenfalls mehr zum Nachdenken an und veranlasst dazu die Geschichte noch einmal geistig abrollen zu lassen. Breiter gefragt wäre z.B.: „Was denkt ihr darüber?". Bei dieser Frage wird das „Gefallen" gar nicht erst vorausgesetzt.

Auch die Aufforderung nach dem Erzählen: „Malt, was euch am besten gefallen hat!" ist kritisch zu betrachten. Was das Kind in der Geschichte am meisten bewegt hat und was es über Malen verarbeiten will, muss nicht immer das sein, was am besten gefallen hat. Vielleicht würde es gerne malen wollen, wie der Wolf das Rotkäppchen verschlungen hat. Aber unter dem Motto „Was am besten gefallen hat" müsste es malen, wie das Rotkäppchen wieder aus dem Bauch herauskam.

Erzählen und Vorlesen

Vorbereitung:
– angemessenen Inhalt auswählen
– für Bewegung der Gruppe sorgen
– ruhige und gemütliche Atmosphäre im Raum schaffen
– entsprechende Sitzordnung wählen

Durchführung:
– sich selbst in die Fantasiewelt versetzen
– langsam, lebendig, aber nicht übertrieben sprechen
– langsam ausklingen lassen
– mit geschickter Fragetechnik zur Verarbeitung des Gehörten anregen

---

Jüngere Kinder (Krippe, Kindergarten) hören Erzählungen gerne mehrfach. Sie erfassen beim ersten Erzählen nicht alles und denken sich bei jeder Wiederholung erneut und vertiefend in das Geschehen ein. Sofort anschließend soll eine Wiederholung allerdings nur dann vorgenommen werden, wenn es sich um eine sehr kurze Dauer handelt (Reime, Fingerspiele). Bilderbücher oder Märchen würden bei einer sofortigen Wiederholung ermüden. Eine direkte Wiederholung eignet sich allerdings, wenn sie in einer anderen Form vorgenommen wird, beispielsweise, wenn anschließend an die Erzählung anhand der Illustration das Geschehen noch einmal durchgegangen wird.

Zur Verarbeitung von Erzählungen eignen sich auch Rollenspiele. Dabei darf aber kein Übungscharakter entstehen. Das Ausschlaggebende von Rollenspielen sollte der Spielwert für den Spieler und sein Eindenken in das Geschehen sein und nicht die Wirkung auf den evtl. Zuschauer.

Zusammenfassung

- Erzählen und Vorlesen wird heute durch Medien stark verdrängt. Die Vermittlung von literarischen Inhalten oder Erlebnissen und Gedanken ist aber durch Medien für junge Menschen nicht ersetzbar, weil nicht nur der Inhalt, sondern auch die Person des Erzählers auf den Zuhörer wirkt.

- Medien haben den Vorteil, dass sie dem Kind mehr Selbstbestimmung ermöglichen und dass der Ablauf meist wiederholbar ist.
  Erzählen und Vorlesen haben einen hohen Wert durch die Einmaligkeit und die innere Begegnung des Zuhörers mit der erzählenden oder vorlesenden Person. Voraussetzung ist allerdings, dass der Zuhörer vom Geschehen gefesselt ist und mit Spannung zuhört.

- Um den Zuhörer in den Bann der Erzählung einzubinden und ihm zu helfen, sich ganz in die Erzählwelt zu versetzen, ist nicht nur auf eine geeignete Auswahl, sondern auch auf angemessene Methoden zu achten.

- Erzählen und Vorlesen darf nicht nur als eine Technik verstanden werden. Der Erzähler muss sich selbst in die Erzählwelt versetzen. Bei einem guten Erzähler stimulieren sich Zuhörer und Erzähler gegenseitig.

Anregungen

1. Skizzieren geeigneter Sitzordnungen

Skizzieren Sie sich jeder Raumpläne in angemessener Größe, in die Sie Türen und Fenster einzeichnen. Durchdenken Sie geeignete Sitzordnungen für Erzählen und Vorlesen. Beachten Sie die Lichtquelle, die Tür und den Blickkontakt zwischen Erzähler und Zuhörern. Vergleichen und begründen Sie in Gruppenarbeit Ihre individuellen Vorschläge.

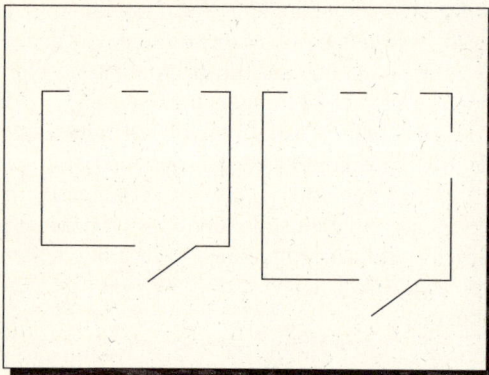

2. Podiumsdiskussion zum Thema Literaturvermittlung bei Kindern

Proben Sie eine Podiumsdiskussion: drei „Fachleute", je ein Vertreter für Erzählen, Vorlesen und Kassettengebrauch, auf dem Podium geben zunächst ein kurzes Plädoyer für die von ihnen vertretene Art der Literaturvermittlung. Ein Diskussionsleiter regelt die Fragen und Argumente der Zuhörergruppe.

3. Übung von Erzählen und Vorlesen

Üben Sie möglichst häufig vor Einzelpersonen oder Gruppen kurze Erzählungen (Erlebnisse, Erfahrungen, gelesene Literatur usw.). Lesen Sie so oft wie möglich laut: vor sich selbst, auf ein Tonband, vor einzelnen Menschen oder einer Gruppe. (Beim Üben von Erzählen eignet sich ein Tonband nicht, weil der Erzähler durch den Zuhörer stimuliert werden muss.) ❏

3.1.5 Gruppengespräche

In ihrer beruflichen Arbeit haben Erzieherin und Erzieher häufig Gespräche zu leiten, zum einen im Rahmen ihrer täglichen Arbeit mit Kindern und Jugendlichen, wie beim Planungsgespräch mit der Gruppe im Hort und im Heim oder beim gemeinsamen Gespräch im Kindergarten. Zum anderen werden sie mit Erwachsenen Gespräche über ihre Arbeit führen, z.B. im Team oder bei Elternabenden: Erzieherinnen benötigen Fähigkeiten in der Leitung von Gruppengesprächen.

Gesprächsrunden können einen stärker informierenden oder einen diskutierenden Charakter haben. Nicht gemeint ist hier der Vortrag (der bei Kindern und Jugendlichen nur in sehr kurzer Form vorkommen sollte), sondern das Gespräch, an dem sich die Gruppenmitglieder aktiv beteiligen.

Die Art der Gesprächsführung kann einen Gesprächsverlauf sehr beeinflussen. Eine gute Leitung kann bewirken, dass die Gesprächspartner sich öffnen, sich beteiligen, angstfreier und damit ehrlicher im Gespräch werden. Eine geschickte Technik des Leiters kann deshalb viel zum Tiefgang eines Gesprächs beitragen. Ebenso wichtig ist allerdings die Grundhaltung des Gesprächsführers. Hier kommen die in 1.3.2 genannten grundlegenden Persönlichkeitsmerkmale wieder stark zum Ausdruck: Wertschätzung, Einfühlung und Echtheit. Wenn der Gesprächsleiter den Gesprächsteilnehmern diese Grundhaltung nicht entgegenbringt, kann er sie bei den Gruppenmitgliedern auch kaum fördern. Nur was er selbst lebt bzw. worum er sich bemüht, wird er überzeugend vermitteln können. Für eine gute Gesprächsführung genügt deshalb eine geeignete Technik allein nicht. Ein Gesprächsleiter, der sich beispielsweise auf Kosten der Gesprächsteilnehmer selbst ins rechte Licht rückt, ist mit der Wertschätzung seines Gegenübers sehr fragwürdig umgegangen. Er muss damit rechnen, dass er keine offene und ehrliche Atmosphäre hervorrufen kann, es sei denn, die Gesprächspartner sind in der Lage ihm ein ehrliches Feedback zu geben und damit eine Veränderung seiner Haltung anzustreben.

3.1.5.1 Inhaltliche Auswahl, Struktur (Aufbau) und Ziele
Inhaltliche Auswahl und Motivation
Die Gesprächsthemen oder Inhalte müssen so gewählt werden, dass die Gruppenmitglieder sich angesprochen fühlen. Sie müssen für den Inhalt motiviert werden können. Manchmal zeigen sie zunächst kein Interesse, können aber von der Notwendigkeit des Gesprächs überzeugt werden, beispielsweise bei einer Konfliktbearbeitung. Manchmal kann ein kurzer Vortrag, ein Bericht, eine Lesung oder die Betrachtung eines Bildes usw. Interesse an einem Gruppengespräch wecken.
Es ist auch möglich – und sollte angestrebt werden – dass die Gruppenmitglieder selbst Gesprächsinhalte vorschlagen. Hort- und Heimkinder können z.B. Inhalte für ein Reflexionsgespräch selbst – zumindest teilweise – einbringen. Die Erzieherin kann im Kindergarten beobachten, über welche Themen die Kinder in der Gruppe untereinander reden, und kann diese Themen aufgreifen, etwa eine von vielen Kindern gesehene Fernsehsendung, ein Erlebnis mit Tieren einschl. Insekten und Würmern, ein Wochenenderlebnis, ein politisches Ereignis (von dem die Kinder berührt sind, wie eine Demonstration, eine Wahl, der Zuzug von Asylbewerbern), die Geburt eines Geschwisters, die Krankheit oder der Tod eines Familienmitgliedes usw. Von Teammitgliedern und Eltern

ist ebenfalls zu erwarten, dass sie Wünsche für Gesprächsinhalte vorschlagen.

Voraussetzung für die Beteiligung der Gruppenmitglieder am Gespräch sind Grundkenntnisse der zu besprechenden Thematik. Ohne Kenntnisse bei den Gruppenmitgliedern kann es in der Regel nur zu Frage-und-Antwort-Gesprächen zwischen dem Gesprächsleiter mit Vorkenntnissen und den „unwissenden" Gesprächsteilnehmern kommen. Aber selbst das ist ohne Vorkenntnisse fraglich, weil auch zum Fragen ein gewisser Überblick vorhanden sein muss. Wer noch gar nichts über ein Thema weiß, hat oft auch keine Vorstellung davon, was er fragen könnte. Das ist beispielsweise bei einem Besuch im Museum leicht beobachtbar. Deshalb ist oft ein informierender Vorlauf für ein Gespräch angemessen (Vortrag, Lesung usw.).

Struktur des Gesprächs
Der Inhalt des Gesprächs muss so aufgebaut (strukturiert, gegliedert) werden, dass die Gesprächsteilnehmer den Gesprächsverlauf durchschauen, verfolgen und ggfs. mitgestalten können.

▼ **Beispiel:**
– Bei einem Gespräch über die Regeleinhaltung muss der Gruppenleiter zunächst klären – ggfs. mit der Gruppe –, welche Regeln diskutiert werden sollen.
– Wenn mit Jugendlichen über die Präventionsmöglichkeiten von AIDS gesprochen werden soll, muss klargestellt werden, dass ihnen die konkrete Lebensgefahr der AIDS-Erkrankung sowie die Ansteckungsgefahren bewusst sind. Wenn die Grundkenntnisse nicht vorher geklärt werden können, muss der Gesprächsleiter während des Gesprächs für die Klärung dieses Vorwissens sorgen. ▲

Ziele und Zielstrebigkeit
Der Gruppenleiter muss sich auch das Ziel eines Gespräches verdeutlichen. Nur wenn er sich über das Ziel im Klaren ist, kann er das Gespräch auch in diese Richtung lenken.

▼ **Beispiele:**

– Das Wissen von den Präventionsmöglichkeiten beim Thema AIDS beispielsweise reicht als Gesprächsziel nicht aus. Zur gleichen Zeit muss auch die Bereitschaft der Jugendlichen angestrebt werden ihr Wissen anzuwenden und die Präventionsmöglichkeiten zu nutzen.

– Wenn am Ende eines Zeitabschnittes (ein Vormittag im Kindergarten, eine Woche im Hort oder Heim, die zwei Wochen einer Ferienfreizeit) ein Rückblick vorgenommen wird, bestehen die Ziele für die Gesprächsteilnehmer wahrscheinlich darin, diesen Zeitabschnitt noch einmal an sich vorüberziehen zu lassen, sich über positive Erfahrungen zu freuen und die weniger erfreulichen Geschehnisse zu verarbeiten. Ein Ziel kann auch sein, neue Verhaltensweisen oder Strategien (geplantes Vorgehen) zu entwickeln um bestimmte Situationen in Zukunft besser zu meistern. ▲

Ein zu langes Verweilen bei einem einzelnen Gesprächspunkt kann die Teilnehmer ermüden. Das bewirkt, dass sie sich am Gespräch nicht mehr richtig beteiligen und zusätzlich ein nächstes ähnliches Gespräch lustlos angehen werden. Ziele müssen deshalb je nach Situation zügig angegangen werden. Hier muss der Gesprächsleiter Fingerspitzengefühl beweisen. Er muss erkennen, ob er bei einem straffen Vorgehen einzelne Gruppenteilnehmer übergeht oder wichtige Gesprächsbeiträge abkürzt und dadurch dem Gespräch einen möglichen Tiefgang nimmt. Umgekehrt kann das Gespräch sich zu langatmig bei Bereichen aufhalten, die für einen Teil der Gesprächsteilnehmer uninteressant sind. Manchmal werden Gesprächsbeiträge von nächsten Gesprächsteilnehmern nur in ähnlicher Form wiederholt. Der Gruppenleiter muss auch erkennen, ob ein Gesprächsteilnehmer einen bedeutenden Aspekt zum Gespräch einbringt und damit konstruktiv zum Gesprächsverlauf beiträgt, oder ob er sich nur gerne reden hört.

▼ **Beispiel für zügiges Vorgehen:**
Ein Gespräch im Team über Verhaltensauffälligkeiten eines Kindes oder Jugendlichen kann

so angegangen werden, dass zuerst jedes Teammitglied die eigenen Beobachtungen und die eigene Einschätzung des Verhaltens aus seiner subjektiven Sicht kurz darstellt. Danach werden die Eindrücke zusammengefasst, und es wird über Maßnahmen nachgedacht. Ein Zurückfallen in erneute Verhaltensbeschreibungen sollte dann möglichst vermieden werden. ▲

Es kann unterschiedliche Ziele eines Gespräches geben. Dazu gehören zum Beispiel:
– Kenntnisse (Wissen) und Erkenntnisse (Einsicht) vermitteln,
– Informationen austauschen,
– etwas planen,
– eine Situation oder ein Geschehen reflektieren und dabei verarbeiten,
– Dinge aus verschiedener Sicht sehen und sich einen Standort bilden,
– eine Entscheidung treffen oder ggfs. Kompromisse schließen.

Gespräche haben auch Ziele, die nicht in ihrem Ergebnis, sondern vorrangig in ihrem Prozess, das heißt im Gesprächsablauf – unabhängig von ihrem Inhalt – zu sehen sind. Das heißt, Gespräche können auch die Schulung von Fähigkeiten der Gesprächsteilnehmer zum Ziel haben. Solche Ziele sind zum Beispiel:
– zuhören können und andere ausreden lassen,
– in einer Gruppe sprechen und eigene Gedanken formulieren können,
– durch das Gespräch ein Gruppengefühl entwickeln,
– in der Gruppe etwas bewirken wollen und können,
– Kompromisse eingehen und sie ertragen können,
– Verantwortung für einen Gesprächsbeitrag, eine Entscheidung, einen Kompromiss übernehmen,
– mit Kritik umgehen können, dazu gehört, sie angemessen zu äußern (auch gegenüber dem Gruppenleiter), aber auch Kritik annehmen und sie aushalten können.

Die Länge eines Gespräches ist schwer zu bestimmen. Es kann bei einer Kleingruppe im Kindergarten Gespräche geben, die sich spannend über eine halbe Stunde ausdehnen, und es kann Gespräche bei Erwachsenen geben, die nach zehn Minuten abgeschlossen und abgerundet sind. In der Regel dürfen Gespräche bei Vorschulkindern nicht so lange durchgeführt werden. 10–15 Minuten sind ausreichend und manchmal schon zu lang. Die Konzentration reicht kaum länger aus, es sei denn, der Inhalt fasziniert sehr und der Gruppenleiter kann das Gespräch spannend lenken. In Gruppen von jugendlichen Heimbewohnern reicht es beispielsweise aus, das wöchentliche Gruppengespräch auf etwa eine halbe Stunde zu begrenzen.

3.1.5.2 Methodisches Vorgehen

Das gute Gelingen eines Gruppengesprächs hängt nicht nur von der Wahl des Gesprächsthemas, seines Aufbaus und der Gesprächsbereitschaft der Gruppe ab, sondern auch vom methodischen Vorgehen.

Ein geschickter Gesprächsleiter muss im richtigen Moment das Richtige sagen um dem Gespräch die nötigen Anstöße zu geben. Solche spontanen Eingebungen sind schwer erlernbar, sie können aber geübt und mit zunehmender Erfahrung erweitert werden.

Darüber hinaus gibt es durchaus methodische Vorgehensweisen, die einsichtig und erlernbar sind und zu einem erfolgreichen Gespräch verhelfen können. Sie beginnen bereits bei der Vorbereitung eines Gruppengesprächs.

Die Sitzordnung

Es ist wichtig, dass die Gesprächsteilnehmer nicht nur den Gruppenleiter sehen (wie beim Erzählen), sondern dass sie sich auch gegenseitig beobachten und aufeinander reagieren können. Deshalb sind die Kreisform und das Sitzen um ein Tischviereck am sinnvollsten.

Die Kreisform stellt im allgemeinen mehr Nähe her, aber auch mehr gegenseitige Beobachtung. Hinter einem Tisch kann man sich eher „verstecken", sich räkeln, es sich bequem machen,

sich abstützen usw. Wenn bei Erwachsenen Getränke ausgeschenkt oder wenn geschrieben werden soll (Team, Eltern), ist die Tischform in jedem Fall angemessener.

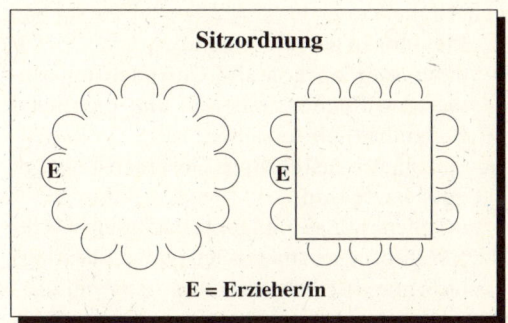

In Gruppen von Kindern oder Jugendlichen kann auch eine zwanglose Sitzordnung angebracht sein: an mehreren Tischen, in Sesseln, auf dem Boden usw. Getränke sind hier nicht angebracht. Sie würden vom Gespräch ablenken.

Der Einstieg in das Gespräch

Vom guten Einstieg hängt oft ab, ob die Gesprächsteilnehmer sich für die Thematik motivieren lassen. Der Einstieg muss nicht vom Gesprächsleiter vorgenommen werden, z.B. können Kinder von einem Konflikt oder einem Erlebnis berichten, Eltern ein Anliegen oder ein Problem darstellen, Teammitglieder einen Vorschlag erläutern usw. Wie schon erwähnt, kann auch ein kurzer Vortrag, eine Lesung, ein Bild, bei kleineren Kindern ein Bilderbuch usw. die notwendigen Grundkenntnisse vermitteln oder wachrufen und damit zum Gespräch motivieren.

Die Leitung des Gesprächs

In kleinen Gruppen ist eine Leitung des Gesprächs gewöhnlich nicht erforderlich. In größeren Gruppen bestehen aber ohne Leitung Gefahren, dass das Gespräch unbefriedigend verläuft. Es kann z.B. sein, dass ruhigere Gesprächsteilnehmer nicht zu Wort kommen, einzelne Gruppenmitglieder das Gespräch zu stark an sich reißen und zu häufig oder zu lang das

Wort ergreifen; dass das Interesse vieler nachlässt, während Einzelne sich ereifern; dass das Gespräch sich im Kreis dreht oder man auf der Stelle tritt. Der Gesprächsleiter hat deshalb für einen entsprechenden Gesprächsverlauf zu sorgen. Er muss :

– Meldungen gerecht annehmen,
– dafür sorgen, dass alle Gesprächsteilnehmer den Redner akustisch und möglichst auch inhaltlich verstehen,
– einzelne zu ausführliche Gesprächsbeiträge ggfs. begrenzen,
– möglicherweise ruhige Teilnehmer zu Gesprächsbeiträgen motivieren (wobei allerdings nicht grundsätzlich jeder etwas sagen muss),
– einzelne Gesprächsbeiträge, wenn nötig, gerafft wiedergeben (ohne dabei in ein Echo zu verfallen),
– Unklarheiten erkennen und klären (lassen),
– möglichst von Zeit zu Zeit den Gesprächsverlauf zusammenfassen.

Der Gesprächsleiter muss die Gesprächsstimmung erfassen, z.B. aufkommende Unruhe, gedankliche Abwesenheit, Erregungen, sich verflachenden Gesprächsverlauf. Hier muss er reagieren, ggfs. die wahrgenommene Stimmung verbalisieren, hinterfragen und bearbeiten oder das Gespräch straffer führen.

Zum Schluss muss er das Gesprächsergebnis klarstellen und für alle verständlich formulieren. Sollte es kein Gesprächsergebnis geben, z.B. bei Erörterungen unterschiedlicher Meinungen, ist es im Allgemeinen sinnvoll, eine anderweitige Zusammenfassung vorzunehmen, etwa die unterschiedlichen Standorte klarzustellen oder der Gruppe einen Vorschlag für das weitere Vorgehen im Zusammenhang mit der besprochenen Thematik zu unterbreiten.

Anregung zu Gesprächsbeiträgen

Da der Gesprächsleiter, insbesondere bei Kindern, durch Fragen oder Impulse die Gruppe oder auch einzelne Gruppenmitglieder zu Beiträgen motivieren muss, ist es von Bedeutung, über entsprechende Techniken nachzudenken:

Wie schon im Kapitel „Erzählen und Vorlesen" erwähnt erhält man auf eine Frage, die mit einem Verb beginnt, in der Regel nur ein Ja oder ein Nein als Antwort. (Probieren Sie es aus!) Solche Fragen regen deshalb nur wenig zu einem Gespräch an.

Vermeiden Sie Suggestiv-Fragen. Das sind Fragen, in denen die erwartete Antwort schon in der Frage deutlich wird: „Das machst du doch bestimmt nicht gerne, oder?"

Günstiger sind solche Fragen, die ein breites Spektrum von Antworten offen lassen bzw. dazu anregen. Dazu können die „W-Fragen" – wenn auch nicht grundsätzlich – zählen: warum, wo, wann, wie lange, welche usw.

Angenommen es wird in der Hortgruppe über die Planung der nächsten Ferienwoche gesprochen, dann gibt die Frage der Erzieherin: „Wer möchte einen Ausflug in den Tierpark machen?" den Kindern nur die Möglichkeit zuzustimmen oder abzulehnen. Es war auch nicht der Vorschlag der Kinder. Die Frage „Was haltet ihr von einem Ausflug in den Tierpark?" lässt bereits eine breitere Stellungnahme zu. Um die Kinder verantwortlicher in die Planung einzubeziehen könnte beispielsweise gefragt werden: „Welche Ausflugsziele könntet ihr vorschlagen?" oder „Wer hat noch eine andere Idee?" Natürlich setzt diese Frage voraus, dass die Erzieherin diese Breite zulassen, damit umgehen und die Gruppe zu einsichtigem Anerkennen von Grenzen führen kann. Die Erzieherin riskiert bei der Breite von Vorschlägen, dass die Gruppe sich in ihren Wünschen verzettelt oder sie (die Erzieherin) sich gegen die Gruppe stellen und ihre Grenzen durchsetzen muss. Ein Grund für solch eine Grenze kann z.B. ihr pädagogisches Anliegen sein. Angenommen, die Kinder schlagen vor, in den Holidaypark zu gehen. Der Erzieherin liegt aber daran, dass die Kinder sich in ihrer Freizeit nicht durch materielle Überangebote animieren lassen, sondern selbst Initiativen ergreifen und umweltverträglichere Ideen entwickeln und umsetzen. Es kommt nun darauf an, ob sie die Diskussion, die bei einem solchen Vorschlag von Seiten der Kinder entstehen würde, zulassen will, weil sie in der Diskussion selbst auch wieder ein pädagogisches Anliegen sieht. Möglicherweise will sie aber auf diesen Konflikt verzichten, weil er die Kinder kaum zu der von ihr gewünschten Einstellung führen würde. Sie zieht es deshalb vielleicht vor, selbst einen Vorschlag zu machen um im Nachhinein der Gruppe bewusst zu machen, wie spannungsreich das Geländespiel am Waldrand oder die Stadtrallye war.

Es muss auch nicht immer eine Frage sein, durch die der Gruppenleiter die Gesprächsteilnehmer zu neuen Gedanken oder zur Vertiefung des Gesprächs anregt. Es eignen sich auch Äußerungen mit Impulscharakter. Solche Äußerungen sollen die Gesprächspartner zu breiten Gedanken anregen und sie nicht in irgendeiner Denkrichtung festlegen. Impulse können, aber müssen nicht als Frage gestellt werden. „Mir fällt heute leider gar nichts mehr ein." „Muss es ein Ausflug sein?" „Vielleicht wäre etwas anderes auch spannend." Impulse kann man auch nonverbal äußern, z.B. durch ein Schulterzucken, ein Nicken, eine aufmunternde Mimik. Ein gut erläutertes Beispiel für einen Impuls gibt die Arbeitsgruppe Vorschulerziehung in: Anregungen I. Zur Pädagogischen Arbeit im Kindergarten (1973, S. 62 f.).

Wie soll man sich eine solche Äußerung mit Impulscharakter vorstellen? Vielleicht hilft das folgende Beispiel: In einem Kindergarten wurde eine didaktische Einheit „Picknik" durchgeführt. Es ging im Wesentlichen darum, dass die einzelnen Schritte dieses Unternehmens von den Kindern selbst unternommen werden sollten. Ein solcher Schritt war zum Beispiel die Herstellung eines Einkaufszettels. Die Kinder sollten selbst entscheiden, was eingekauft wird. Dazu wurden ihnen Karten vorgelegt, auf denen Lebensmittel abgebildet waren. Bei den ersten Karten riefen alle Kinder im Chor: „Das nehmen wir mit." Im Lauf der Zeit bildet sich die Situation heraus, dass Florian, ein dominierendes Kind, bei jeder neuen Karte gleichsam diktiert, was mitgenommen wird und was nicht. Die anderen Kinder stimmen der Entscheidung Florians durch Worte oder Kopfnicken zu. Als nun die Karte mit dem Eis von Florian sofort abgelehnt

wird, äußert die Erzieherin: „Ich mag aber sehr gerne Eis." Darauf setzt bei den übrigen Kindern eine heftige Diskussion ein. Sabine und Claudia: „Ich auch; nehmen wir doch mit." Jan: „Geht nicht; das schmilzt." Renate: „Aber Heide (Erzieherin) will doch." Florian: „Quatsch, geht nicht, schmilzt doch." Felix: „Können wir nicht mitnehmen."

Durch die Äußerung der Erzieherin werden bei der Kindergruppe folgende Reaktionen ausgelöst: Sabine und Claudia entdecken, dass sie Wünsche haben, die sie gegenüber Florian zu äußern sich nicht getrauten. Jan fängt an inhaltlich über die Möglichkeiten zu diskutieren. Renate fasst die Äußerung der Erzieherin als Willensäußerung auf. Sie zeigt damit ihre Abhängigkeit vom Erzieher. Florian bequemt sich dazu, Argumente einzusetzen, um seine Meinung durchzubringen. Felix fasst die Diskussion zusammen.

Die Äußerung des Erziehers „Ich mag aber sehr gerne Eis" hatte in dieser Situation Impulscharakter,
- *weil durch sie das Gespräch wieder belebt wurde, das durch Florians dominierendes Verhalten zu versanden drohte,*
- *weil dieses Gespräch zwischen den Kindern stattfand und nicht so sehr auf den Erzieher ausgerichtet war und*
- *weil schließlich den Kindern insofern eine Hilfe gegeben wurde, als ihnen ihre Wünsche bewusst gemacht und sie zugleich angeregt wurden, sich zu überlegen, wie man diese Wünsche verwirklichen könnte.*
Es wurden demnach zugleich Prozesse angeregt, die Voraussetzung für ein echtes Entscheidungsgespräch sind.

3.1.5.3 Metakommunikation
Metakommunikation heißt Kommunikation über die Kommunikation. Die Metakommunikation ist also eine Reflexion (Rückblick), d.h. auch, eine Form von Feed-back.

Bei Gesprächsgruppen, die dazu in der Lage sind, kann am Ende des Gesprächs ein Rückblick auf den Ablauf des Gesprächs in inhaltlicher und methodischer Sicht vorgenommen werden.

Die Metakommunikation hilft dem Gesprächsleiter und den Gruppenmitgliedern sich den Ablauf des Gesprächs zu verdeutlichen, unterschiedliche Sichtweisen über Inhalt und Ablauf des Gesprächs zu erkennen und daraus für ein nächstes Gespräch zu lernen. Gruppen von Schulkindern können bereits in der Lage sein Metakommunikation in Teilaspekten vorzunehmen.

Der Gruppenleiter kann mit Vorschlägen oder Fragen eine solche Kommunikation einleiten und versuchen möglichst viele Gruppenmitglieder dazu zu motivieren, einen Eindruck über das Gespräch zu äußern.

Fragen für die Einleitung einer Metakommunikation können beispielsweise sein: „Welche Erkenntnisse nehmt ihr aus dem Gespräch für euch mit?", „Wie habt ihr euch während des Gesprächs gefühlt?", „Welche Phasen fandet ihr gut, welche nicht so gut?", „Welche Kritik ist angebracht (positive und negative)?", „Welche Rückmeldung könnt ihr mir und welche kann ich euch geben?" usw.

Bei älteren Gesprächsteilnehmern kann auch ein „Blitzlicht" vorgenommen werden: Jeder Gesprächsteilnehmer sagt in einer kurzen Beschreibung, wie es ihm während des Gesprächs oder nach dessen Beendigung ging. Kommentare werden dann meist nicht mehr vorgenommen.

Allerdings muss bei einer Metakommunikation darauf geachtet werden, dass sie nicht erzwungen wird. Nur wenn Reflexionsgespräche für den Gesprächsteilnehmer ein klärendes und befriedigendes Gefühl vermitteln, werden sie als positiv empfunden und können übertragen werden. Wer mit gelenkten Feed-back-Gesprächen positive Erfahrungen gemacht hat, wird lernen auch ohne einen Anstoß von außen seine Empfindungen über einen abgelaufenen Prozess rückzumelden. Solche Rückmeldungen können ständig im Leben stattfinden: nach einem gemeinsamen Erlebnis, nach einer Lerneinheit, am Ende eines Tages, nach einem Gespräch mit einem Sozialpartner, bei einer Verabschiedung usw.

Bei einer Metakommunikation ist es wichtig, dass der Feed-back-Geber eine positive Rückmeldung erhält, und zwar auch dann, wenn der Beitrag nicht mitvollzogen werden konnte oder vielleicht sogar, wenn er als verletzend empfunden wurde: „Ich kann deine Gedanken nicht nachvollziehen und fühle mich betroffen über diese harte Kritik, aber ich werde darüber nachdenken." Natürlich muss darauf geachtet werden, dass Feed-back in einer angemessenen und nicht aggressiven Form gegeben wird.

Ein abschließender Dank des Gruppenleiters für das Feed-back kann den Gesprächsteilnehmern vermitteln, dass die Reflexion wichtig und erforderlich war.

Gesprächsleiter	Gesprächsteilnehmer
– wertschätzende, einfühlsame und ehrliche Grundhaltung – Auswahl von gruppen- und situationsangemessenen Gesprächsinhalten – Anregen zu Gesprächsbeiträgen und Engagement der Gesprächsteilnehmer – sachkundige und gewandte Gesprächsführung – Abrunden des Gesprächs: Zusammenfassung, Ausblick, Metakommunikation (Feed-back) o.ä.	– Einüben von Gesprächsfähigkeit – Einhalten von Gesprächsregeln – Umsetzen von Einstellungen gegenüber Gesprächspartnern, z.B. Wertschätzung, Ehrlichkeit – Äußern von Gedanken und Gefühlen – Erweitern von Wissen und Erkenntnissen – Finden von Standorten und Wertorientierungen – angemessenes Annehmen und Geben von Kritik – Erlernen von Metakommunikation

Zusammenfassung

- Gesprächsinhalte müssen so ausgewählt oder vorbereitet werden, dass die Gruppe sich angesprochen fühlt und angemessene Beiträge einbringen kann. Bei der Auswahl der Themen oder ihrer Teilbereiche sollten die Gruppenmitglieder, wenn möglich, einbezogen werden, damit sie ihre Verantwortlichkeit am gemeinsamen Gespräch spüren und aufrechterhalten und weil dadurch ihr Selbstwertgefühl gesteigert wird.

- Durch eine geeignete Sitzordnung muss dafür gesorgt werden, dass die Gesprächsteilnehmer untereinander, aber auch mit dem Gesprächsleiter Blickkontakt haben.

- Im Einstieg muss es gelingen, die Gruppe für den Gesprächsinhalt zu interessieren und sie zu Beiträgen zu motivieren. Der Einstieg muss nicht immer vom Gruppenleiter vorgenommen werden.

- Der Gesprächsleiter hat während des Gesprächs vielseitige Aufgaben, die teilweise nur in beobachtender Zurückhaltung zum Ausdruck kommen, aber doch eine starke Aufmerksamkeit und Konzentration benötigen. Er muss im richtigen Augenblick eingreifen und das Gespräch lenken. Dabei ist sowohl auf den inhaltlichen Aussagegehalt der einzelnen Beiträge zu achten, als auch auf die gerechte Beteiligung der einzelnen Gesprächsteilnehmer.

- Um dem Gespräch neue Anstöße zu geben, einzelne Gruppenmitglieder zu Beiträgen zu motivieren oder vielleicht andere Teilnehmer zu Zurückhaltung (inhaltlich oder umfangmäßig) zu veranlassen muss der Gruppenleiter durch Fragen und Impulse oder auch eigene Beiträge das Gespräch lenken. Dabei ist auf eine gesprächsmotivierende Fragetechnik zu achten.

- In der Regel gibt der Gesprächsleiter am Ende des Gesprächs eine Zusammenfassung oder einen Ausblick in Bezug auf die Wirkungen des Gesprächs.

- Metakommunikation, nämlich ein Gespräch über das abgelaufene Gespräch (inhaltlich und methodisch), kann dem Gruppenleiter und der Gruppe den Prozess und die Ergebnisse des Gesprächs verdeutlichen und Erkenntnisse für weitere Gesprächsführungen liefern.

Anregungen

1. Gesprächsübungen mit Zusammenfassungen

Bilden Sie Gruppen von drei Teilnehmern. Ein Teilnehmer übernimmt die Rolle des Beobachters. Die beiden anderen führen ein Gespräch, wobei jeweils der Zuhörer den Gesprächsbeitrag des Sprechers zusammengefasst wiedergibt, bevor er seine eigenen Gedanken ausspricht. (Hierbei wird nur die inhaltliche Aussage zusammengefasst. Es geht nicht um aktives Zuhören.) Der Beobachter

muss aufpassen, ob die Regel auch eingehalten wird, und muss ggfs. darauf verweisen. Am Ende des Gesprächs findet ein kurzes Feed-back statt (jeder sagt, wie er das Gespräch empfunden hat). Durch Rollentausch kommen alle drei Gruppenmitglieder einmal in die Beobachterrolle.
(Vorschläge für Gesprächsthemen siehe weiter unten.)

2. Einführungsgespräche für eine Diskussion und Übung von Diskussionsleitung

Bilden Sie Kleingruppen von etwa vier bis sechs Teilnehmern. In die Tischmitte werden Zettel mit Gesprächsthemen gelegt, die entweder in der Gruppe vorher gesammelt oder vorgegeben wurden.
Jeder Teilnehmer wählt ein für ihn geeignetes Thema aus. Nach entsprechender Überlegungszeit hält er einen etwa einminütigen Vortrag als Einführungsgespräch zu einer Gruppendiskussion. Bei ausreichender Zeit kann die darauffolgende Diskussion durchgeführt werden, wobei derjenige, der das Einführungsgespräch gehalten hat, auch die Gesprächsleitung übernimmt.

Geeignete Themen zu den Aufgaben 1 und 2:
– Aufnahme eines an AIDS erkrankten Kindes in die Krippen-, Kindergarten-Hort- oder Heimgruppe, ja oder nein?
– Läuse in der Gruppe, was tun?
– Erlauben wir das Schießenspielen in der Kindergarten- oder Hortgruppe? Und wenn ja, in welchem Rahmen?
– Schaffen wir für unsere Gruppe ein Fernsehgerät und einen Videorekorder an?
– Sollen im Kurheim Briefe der Kinder unter zehn Jahren an ihre Eltern von den Erzieherinnen vor dem Abschicken gelesen werden?

– Lassen wir die Hortkinder (bis zwölf Jahre) in der Zeltfreizeit geschlechtsgemischt in den Zelten schlafen?
– Bis um welche Uhrzeit sollten Eltern morgens ihre Kinder in den Kindergarten bringen?
– Bierausschank im Jugendzentrum – ja oder nein?
– Mädchengruppe im Jugendzentrum, aber keine spezielle Jungengruppe, weil männliche Besucher sowieso in der Überzahl sind und das Programm weitgehend nach ihren Wünschen ausgerichtet wird?
– Muss beim gemeinsamen Mittagessen jedes Kind von jeder Speise etwas essen oder lassen wir ihnen die Freiheit das zu essen, was ihnen schmeckt?
– Ist es notwendig, sich auf einen Katastrophenalarm in der sozialpädagogischen Einrichtung vorzubereiten, und wenn ja, wie?

3. Gespräche führen und Protokolle schreiben

Bei Diskussionen oder anderen Gesprächen im Unterricht sollten möglichst oft Studierende die Leitung übernehmen. Wie häufig Studierende auch Protokolle schreiben, muss in der Gruppe abgesprochen werden. In jedem Falle sollte jeder Studierende möglichst mehrere Male ein Protokoll geschrieben und eine entsprechende Rückmeldung erhalten haben. Die Rückmeldung muss nicht immer von Lehrkräften erfolgen, sie kann auch untereinander vorgenommen werden.

4. Vortrag unter Einbeziehung der Zuhörergruppe

Jeder informiert sich über eine Organisation, die sich für Randgruppen, für Schwache in unserer Gesellschaft oder in Entwicklungsländern einsetzt oder die für den Erhalt der Umwelt kämpft.

Über diese Organisation wird die Studiengruppe informiert. Dabei steht ein Vortrag im Mittelpunkt, die Gruppe soll aber weitmöglichst über unterschiedliche Methoden angesprochen, einbezogen und aktiviert werden: Solche Methoden können z.B. sein: eine Bildbetrachtung als Meditations- oder Gesprächsanregung, Benutzung eines Tageslichtprojektors, (erstellte) Plakate, eine Erzählung einbeziehen, Vorkenntnisse der Gruppe oder Stellungnahmen und Gesprächsbeiträge herausfordern, kurze Rollenspiele. Wenn Informationsmaterial verwendet wird, das die Organisation zur Verfügung gestellt hat (oder auch sonstiges Material zum Betrachten und Lesen), darf es nicht während des Vortrags oder einer anderen Aktivität verteilt werden, weil sonst die Zuhörer abgelenkt werden.

Geeignete Organisationen sind zum Beispiel:
- Kinderschutzbund
- Wildwasser (sexuell misshandelte Kinder)
- Weißer Ring (Opfer von Kriminalität)
- örtliche Organisationen, die sich um Asylbewerber kümmern
- Frauenhaus, Frauencafé
- AIDS-Hilfe
- Sorgentelefon
- amnesty international (ai)
- terre des hommes
- Bund für Umwelt und Naturschutz
- Greenpeace
- AGISRA = Arbeitsgemeinschaft gegen internationale sexistische und rassistische Ausbeutung (mit Sitz in Frankfurt/M.)
- Tierschutzvereine
- Bürgerinitiativen
- usw.

Eine abschließende Ausstellung könnte die gesamte Aktion zu einem Projekt werden lassen, von dem auch andere Studiengruppen oder die Öffentlichkeit profitieren.   ❑

3.2 Methoden zur Gestaltung von Spiel- und Arbeitsprozessen

Das Kind äußert einen großen Teil seiner Handlungen als Spiel. Im Spiel lernt es. Es wagt sich in neue Auseinandersetzungen und übt seine wachsenden Fähigkeiten. Mit zunehmendem Alter nimmt das Spiel ab, bleibt aber immer als eine Möglichkeit von lustbetonter Auseinandersetzung mit sich selbst und der Umwelt bestehen.
In der sozialpädagogischen Praxis sind deshalb das Mitspielen und die Gestaltung und Lenkung von Spielprozessen eine bedeutende Aufgabe für Erzieherinnen und Erzieher.
Daneben werden die jungen Menschen aber auch zu Tätigkeiten angeleitet, die nicht als Spiel bezeichnet werden können, sondern die Arbeitsprozessen entsprechen. Die Arbeit ist im Gegensatz zum Spiel zweckorientiert. Es muss ein Ergebnis erreicht werden oder zumindest wird es angestrebt. Wenn die Tätigkeit selbst ebenso lustbetont durchgeführt wird wie das Spiel, ist ein angenehmer Nebeneffekt erreicht worden. Spiel kann abgebrochen werden, wenn die Lust schwindet, ohne dass dabei ein Misserfolg verbucht werden muss. Eine abgebrochene Arbeit bedeutet ein Aufgeben vor dem Erreichen eines verbindlichen Zieles und damit einen Misserfolg.

In sozialpädagogischen Einrichtungen wird keineswegs nur gespielt. Im Tagesablauf ergeben sich zahlreiche Arbeitsformen.

▼ **Beispiele:**
– Die Körperpflege, wie das Waschen, Zähne-putzen und Anziehen, ist besonders für das jün-gere Kind ein umfangreicher Arbeitsaufwand.
– Kinder führen kleine Aufträge aus, wie einem anderen Kind helfen, Tisch decken, einkaufen usw.
– Hort- und Heimkinder erledigen ihre Haus-aufgaben.
– Gruppenmitglieder des Jugendzentrums kümmern sich um den Getränkeausschank.
– Behinderte Kinder müssen manche Fähigkei-ten durch intensives Einüben mühsam erlernen, die ihre nicht behinderten Altersgenossen ohne bemerkbaren Arbeitsaufwand beherrschen. ▲

Spiel:

> Beispiel: **Bewegungsspiel**
> weitgehend freie Entscheidung,
> ersetzbar durch andere
> lustbetonte Tätigkeiten

Arbeit:

> Beispiel: **Aufräumen**
> verpflichtend, wegen des Ziels
> notwendig, möglicherweise ver-
> schiebbar, Erledigung in Teilschrit-
> ten, Mithilfe durch andere o.ä.

Da das Kind auch in Arbeitsformen hinein-wachsen und sie zunehmend beherrschen soll, wird die Erzieherin neben dem Spiel auch Ak-tivitäten anbieten, die einen ausgesprochenen Arbeitscharakter haben, ohne dass es sich um Arbeiten handelt, die für einen reibungslosen Tagesablauf geleistet werden müssten.

▼ **Beispiele:**
– Die Erzieherin reinigt mit einer Kindergar-tengruppe Spielzeug oder wäscht mit ihr die Puppenwäsche.
– Ein kleiner Garten wird angelegt.

– Für einen Eltern-Kind-Nachmittag werden Plätzchen gebacken.
– Im Jugendzentrum werden Gruppenvertreter in das Planungsgremium miteinbezogen.
– In der psychiatrischen Klinik und im Heim wird der Jugendliche dazu angeregt, sein Zim-mer ansprechend zu gestalten.
– Im Heim für Behinderte stellen die Erwachsenen unter Anleitung einfache Handarbeiten her. ▲

Spiel- und Arbeitsformen lassen sich nicht eindeutig trennen. Was für den einen Spiel be-deutet, kann für den anderen Arbeit sein, und was als Spiel begann, kann als harte Arbeit en-den.

▼ **Beispiele:**
– Kinder basteln eine Raumdekoration für Fast-nacht.
– Kindergartenkinder wollten spielend das Bad putzen und stehen schließlich vor einer Über-schwemmung, die sie in Ordnung bringen müs-sen.
– Die Erzieherin schlägt der Hortgruppe ein Schreibspiel vor für alle, die ihre Schreibfähig-keiten üben wollen. ▲

Das methodische Vorgehen sieht bei der Arbeit in mancher Hinsicht anders aus als bei der An-leitung und Lenkung von Spielprozessen, wenn sich auch vieles ähnelt.
Die Arbeit muss auf das Ergebnis ausgerichtet werden. Die Gruppe oder die einzelnen Grup-penmitglieder müssen wissen, dass eine Leis-tung von ihnen erwartet wird und dass diese Leistung einen Zweck erfüllt. Die Durch-führung einer Arbeit kann auch unter Zeitdruck stehen, weil das Ergebnis zu einem bestimmten Zeitpunkt benötigt wird: Das Abendessen muss pünktlich fertig sein oder der Jugendliche im Heim muss sein Zimmer aufgeräumt haben, be-vor er am Wochenende nach Hause fährt.
Bei der Anleitung von Arbeiten haben Erziehe-rinnen und Erzieher deshalb Kinder und Ju-gendliche zu Gewissenhaftigkeit und Verläss-lichkeit anzuhalten und Leistungen zu fordern. Das kann manchmal bedeuten Druck ausüben zu müssen.

„Ich wollte, alle Arbeit würde für mich Spiel bedeuten. Dann könnte ich aufhören, wenn ich keine Lust mehr hätte!"
„Das wäre für mich wie Ernährung ohne Kauen. Alles püriert."

Ziele

Durch die Bearbeitung der folgenden Abschnitte soll erreicht werden,
- *dass Sie sich vielfältige Möglichkeiten von Spiel- und Arbeitsprozessen vergegenwärtigen und motiviert sind sie im Sinne reflektierter pädagogischer Zielvorstellungen zu gestalten,*
- *dass Sie Aufgaben des Beobachtens, des Lenkens und des Mittuns miteinander verbinden und pädagogische Entscheidungen von Ihren Beobachtungen ableiten können,*
- *dass Sie sich sensibel in junge Menschen, deren Motivationen und Bedürfnisse eindenken können und bereit sind durch die Lenkung von Spiel- und Arbeitsprozessen einseitige Umwelteinflüsse zu verringern und den jungen Menschen in seiner gesamten Persönlichkeit (Körper, Denken und Gefühle) zu fördern.*

3.2.1 Aufgaben bei der Anleitung von Spiel- und Arbeitsprozessen

Um Spiel- und Arbeitsprozesse zu gestalten hat die Erzieherin unterschiedliche Aufgaben wahrzunehmen. Sie sollen im Folgenden in drei Bereiche gegliedert werden:
– Beobachtung,
– Organisation und Lenkung,
– eigenes Mittun.
Diese drei Funktionen beeinflussen sich gegenseitig.

▼ **Beispiel:**
Der Erzieher Robert beobachtet folgendes Spiel: Zwei Hortkinder, Ralf und Achmet, haben sich im Hof (aus dafür zur Verfügung gestellten großen Klötzen und Brettern) ein Schiff gebaut und spielen begeistert ein fantasievolles Rollenspiel. Ramona fragt die beiden Jungen, ob sie mitspielen darf. „Ja", aber sie soll das Sandspielzeug holen, denn auf dem Schiff muss auch gekocht werden. Sie soll der Koch sein. Ramona ist über diese Rollenzuweisung enttäuscht und versuch, dem Spiel eine andere Wendung zu geben. Es kommt zu einem Konflikt. Die Auseinandersetzung unter den Kindern nimmt zu. Eine Konfliktlösung bahnt sich nicht an. Auch dann noch nicht, als der Erzieher versucht Ramona zu unterstützen und einen Kompromiss nahezulegen.
Er nimmt sich vor in den nächsten Tagen auf das Rollenverhalten in der Gruppe zu achten. Gibt es unter den Kindern Zuweisungen von Frauen- und Männerrollen, oder geht es nur darum, dass Ramona eine untergeordnete Rolle zugewiesen wird?
Für den Augenblick überlegt der Erzieher, ob er eingreifen und damit Aufgaben der Lenkung übernehmen soll um doch noch das Ziel zu erreichen, den Konflikt zu lösen und die Kinder zu ihrem ideenreichen Spiel zurückzuführen. Möglicherweise könnte er aber dieses Ziel über Mitspielen besser erreichen. Er entschließt sich zum Mitspielen und lenkt dabei vom Kochen ab. Er stellt als Matrose fest, dass ein Sturm droht. Deshalb kann jetzt nicht gekocht werden. Ramona wird wegen des Sturmes gebraucht. Er

selbst wird sehr bald seekrank und muss sich legen. Dadurch zieht er sich aus der Führungsrolle unbemerkt wieder heraus, kann aber beobachten und eingreifen, wenn er es für nötig hält. ▲

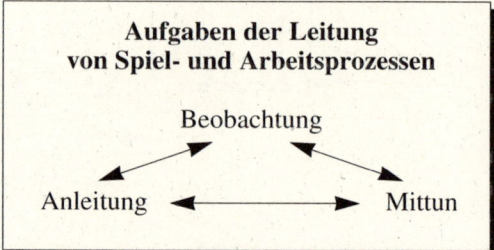

Aufgaben der Leitung von Spiel- und Arbeitsprozessen

Beobachtung

Anleitung ⟷ Mittun

3.2.1.1 Die Beobachtung
Die Beobachtung ist Grundlage für jede Gestaltung von Spiel- und Arbeitsprozessen. Auf Grund von Beobachtungen erkennt der Gruppenleiter, wo die Gruppe und das einzelne Kind stehen. Er sieht Stärken und Schwächen, erfährt Motivationen, Frustrationen, Lernfortschritte, Lernhemmungen usw. Individuell abgestimmtes pädagogisches Vorgehen basiert auf intensiver Beobachtung.

▼ **Beispiele:**
– Die Erzieherin beobachtet, wie Arne die Legosteine wütend auf den Tisch wirft. Sie setzt sich zu ihm und lässt sich zeigen, an welcher Stelle es nicht geklappt hat.
– In der Puppenecke hat Tanja die Mutterrolle an Uli abgetreten. Ein großer Lernfortschritt für Tanja. ▲

Um dem jungen Menschen positive Erfahrungen zu vermitteln und ihn zu intensiven Spiel- und Arbeitsformen anzuregen kann an den Stärken des Heranwachsenden angesetzt werden. Die Kinder und Jugendlichen werden an ihren Erfolgserlebnissen wachsen.

▼ **Beispiele:**
– David zeigt der Erzieherin begeistert ein gemaltes Bild. Die Erzieherin freut sich und fragt ihn, ob er es an die Pinnwand hängen will.
– Anke ist es gelungen, ihren Fahrradschlauch zu reparieren. Der Erzieher schlägt vor, dass sie

den Küchendienst heute nicht übernimmt um Claudia bei der Fahrradreparatur zu helfen. ▲

Es gibt aber auch Gründe, Schwächen festzustellen und den Heranwachsenden zu helfen Lernlücken zu überwinden.

▼ **Beispiele:**
– Christian lässt sich mit fünf Jahren noch immer alle Reißverschlüsse von anderen Kindern schließen.
– Angela, eine erwachsene Behinderte, macht gerne einfache Einkäufe für die Küche, behauptet aber Hausarbeiten nicht zu können. ▲

Spiel und Arbeit bereiten dann besondere Freude, wenn sie einen angemessenen Lernreiz bieten. Das bedeutet, dass Erzieherinnen den Schwierigkeitsgrad richtig einschätzen müssen, den sie dem jungen Menschen in Spiel- und Arbeitsprozessen anbieten. Ein zu geringer Schwierigkeitsgrad langweilt, ein zu hoher frustriert und führt zu Misserfolgen.

▼ **Beispiele:**
– Wenn ein sechsjähriges Kind ein zu einfaches Puzzle zusammensetzen soll, empfindet es keinen Lernreiz.
– Wenn ein Schulkind ein zu schwieriges Buch anfängt zu lesen, wird es das enttäuscht weglegen und vielleicht in der nächsten Zeit nicht freiwillig lesen. ▲

Die Beobachtung ist deshalb die Voraussetzung für die Auswahl der Angebote wie auch für die Lenkung der Prozesse.

▼ **Beispiel:**
In einem Kindergemeinschaftshaus werden mit einer altersgemischten Gruppe zwischen zwei und zwölf Jahren Plätzchen gebacken. Während eins der zwölfjährigen Kinder einen eigenen Teig nach selbst ausgesuchtem Rezept allein herstellt, (vielleicht lediglich überprüfen lässt, ob es richtig gewogen hat), benötigt ein anderes zwölfjähriges Kind, das auf Grund einer Leseschwäche das Rezept nicht versteht, Hilfe beim Zusammenstellen der Zutaten. Mit zwei fünf-

jährigen Kindern bereitet die Erzieherin den Teig gemeinsam zu. Das zweijährige Kind sieht zunächst zu, bekommt dann ein Stück Teig und formt ihn mit sichtbarer Leistungsfreude. ▲

Der Gruppenleiter muss mit geteilter Aufmerksamkeit beobachten. Er muss sowohl das Verhalten der einzelnen Gruppenmitglieder, als auch den Prozess der Gesamtgruppe im Auge behalten. Dabei kann die Gesamtgruppe wiederum aus mehreren Teilgruppen bestehen.

▼ **Beispiele:**
– Wird ein einzelnes Kind unruhig und zappelig oder entsteht insgesamt in der Gruppe (Teilgruppe) zunehmend Unruhe?
– Lässt die Lust eines einzelnen Kindes nach oder besteht Gefahr ein Spiel „totzuspielen", weil der Spannungsbogen überzogen wurde und die Lust aller Gruppenmitglieder schwindet?
– Ist ein einzelnes Kind der Anforderung nicht gewachsen oder schaffen es mehrere/alle nicht, die geforderte Leistung zu erbringen? ▲

Nach dem Abschluss einer Einheit ist die Beobachtung wiederum notwendig für eine angemessene Nachbesinnung.

▼ **Beispiel:**
Angenommen das oben beschriebene Schiffspiel wurde immer wilder. Die Kinder schubsten sich gegenseitig vom Schiff, „weil der Sturm so tobte". Eine kreative Spielatmosphäre wie zu Beginn kam nicht mehr auf.
Robert, der Erzieher, überlegt: auf Grund seiner längerfristigen Beobachtung hätte er vielleicht erkennen können, dass die beiden Jungen leicht vom Spiel ins Toben abgleiten. Einen Sturm vorzuschlagen, war in diesem Fall nicht die richtige Lösung. Sein Mitspielen als seekranker Matrose hat die Kreativität der Kinder nicht angemessenen angeregt. Ramona war zwar jetzt integriert, aber das Spiel kam zu einem Ende. Vielleicht war er als Mitspieler zu zurückhaltend gewesen um die Kinder zu neuer Spiellust zu motivieren und wieder zu fesseln, nachdem das Spiel durch einen Konflikt unterbrochen worden war.

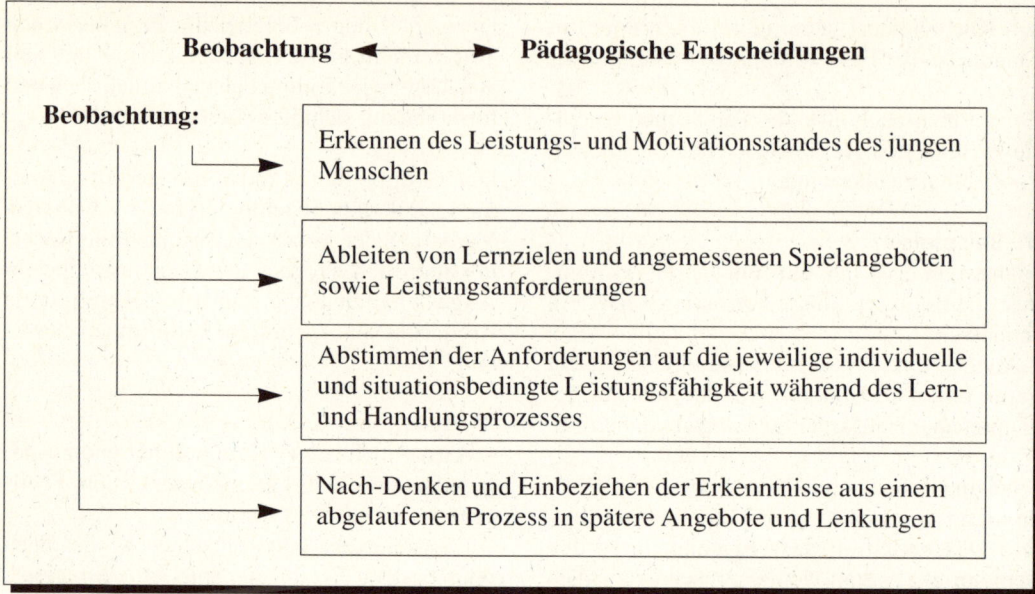

Der Erzieher nimmt diese Erkenntnis in seine nächste Spielführung mit. ▲

Entsprechend seinen Beobachtungen wird der Gruppenleiter pädagogische Konsequenzen ziehen. Die Beobachtung ist Auslöser für pädagogische Entscheidungen.

3.2.1.2 Organisation und Lenkung
Im Rahmen der Organisation und der Lenkung hat der Gruppenleiter unterschiedliche Aufgaben zu leisten. Dazu gehören:

1. Vorbereitete Umgebung und ansprechende Atmosphäre
Der Raum muss so gestaltet werden, dass er Spiel- und Arbeitsformen gut ermöglicht und dazu motiviert. Maria Montessori (1870–1952) legte auf die Gestaltung der Umgebung einen sehr großen Wert. Sie hat den Begriff „vorbereitete Umgebung" geprägt und meinte damit, dass ein geordneter Raum und entsprechendes Material das Kind zur lernenden Auseinandersetzung anrege. In ihrem Kindergarten hat jedes Material einen festen Platz. Das Kind kann sich das Material nach Wunsch holen und räumt es nach Gebrauch auch wieder an den vorbestimmten Platz zurück. Es braucht

nicht zu fragen (wie das zur Zeit von Maria Montessori noch üblich war) und braucht nicht zu suchen, wenn es sich ein Material holen will. Aber es muss auch Ordnung halten.
Damit Kinder sich möglichst selbstbestimmt nicht nur für ihr Spielmaterial, sondern auch für ihren Spielraum entscheiden können, wird in sozialpädagogischen Einrichtungen nach Organisationsformen gesucht, bei denen die Kinder nicht erst die Erwachsenen fragen müssen, wenn sie in einem bestimmten Raum spielen wollen. Die Gruppe erarbeitet Regeln, die den Erzieherinnen einen Überblick geben, wo sich die Kinder aufhalten. Gruppenregeln können zwar einschränkend wirken, ermöglichen aber selbstbestimmtes Handeln innerhalb der Regel.

▼ **Beispiele:**
Im Kindergarten:
– Jeweils drei Kinder dürfen im Flur spielen. Dafür hängen drei Ketten im Gruppenraum. Kinder, die in den Flur gehen wollen, nehmen eine Kette und hängen sie an einen dafür bestimmten Haken.
– Jedes Kind hat ein eigenes Schild mit einem Bild und seinem Namen. An einem Wandbrett sind die einzelnen Räume eingezeichnet. Die Kinder hängen ihr Schild an den entsprechenden Raum, in dem sie sich aufhalten.

Im Heim und in der Wohngruppe:
- Jeder kann am Wochenende aufstehen, wann er will, kann sich ein eigenes Frühstück machen, muss die Küche aber in aufgeräumtem Zustand verlassen.
– Ausgang ist bis zu einer bestimmten Zeit erlaubt und muss nicht jedes Mal erfragt werden. Unpünktliches Zurückkommen ohne vorherige Absprache wird jedoch mit einer Strafe belegt. ▲

Die Raumgestaltung und das Materialangebot können die Art der Spiel- und Arbeitsformen der Kinder und Jugendlichen sehr beeinflussen.

▼ **Beispiele:**
– Viele Lernspiele (Puzzles, Zuordnungs- sowie Zählspiele usw.) und eine übersichtliche Raumgestaltung geben Kindern weniger Möglichkeit zu kreativem Spiel als ein Raum mit Raumteilern, verschiedenen Ebenen, Vorhängen und entsprechendem Spielmaterial.
– Mengen von gekauftem Spielzeug beeinflussen das Kind zu anderem Spiel als Material aus Umwelt und Natur wie Tücher, Theaterkiste, große Kartons, Äste, Zapfen usw. ▲

Die Art des Materials und die Raumgestaltung wirken sich auch auf die Sorgfalt im Umgang mit Material aus.

▼ **Beispiele:**
– Angerissene und bemalte Bilderbücher veranlassen Kinder, auch mit neuen Büchern nicht sehr pfleglich umzugehen.
– Eine Blumenvase oder eine Kerze auf dem Tisch können einen jungen Menschen zu sorgsamerem Tischdecken und Essen anregen als eine blanke Tischplatte ohne Schmuck. ▲

Auch die Stimmung der Erzieherin wirkt sich auf das Verhalten der Gruppe oder das einzelne Kind aus. Eine fröhliche Erzieherin beeinflusst das Spiel- und Arbeitsverhalten positiver als ein erschöpfter Ausdruck und eine gedrückte Stimmung. Natürlich kann die Erzieherin ihre Sorgen nicht einfach wegwischen. Manchmal ist es sinnvoller, der Gruppe mitzuteilen, dass die eigene Belastbarkeit geringer ist als sonst.

Die jungen Menschen sollen den Erwachsenen auch in seinen Begrenzungen erleben und sollen lernen Rücksicht zu nehmen. Ihre eigene Schwermut oder Bedrücktheit ertragen und verarbeiten sie zudem leichter, wenn sie merken, dass andere – auch Erwachsene – bedrückt sein können und darüber sprechen. Manche Kinder sind in solchen Situationen sehr sensibel und einfühlsam.

Zuweilen können Kinder in ihrem Bemühen den Erwachsenen von seinen Missstimmungen abzulenken und wieder seine volle Zuwendung zu erreichen, allerdings auch Aufschaukelprozesse hervorrufen. Der Pädagoge sieht nicht die Motivation des Kindes, empfindet es als aufdringlich und fühlt sich genervt.

▼ **Beispiel:**
Der Erzieher Andreas hat einen Brief von einem Elternteil bekommen, der ihn frustriert und betroffen macht. Seine Gedanken sind bei dem Konflikt. Eins der Kinder bindet ihn immer wieder in (belanglose) Gespräche ein. ▲

Geräusche und andere Ablenkungen wirken sich auf die Konzentrationsfähigkeit der Gruppe aus. Die Erzieherin muss deshalb versuchen Störungsquellen zu vermeiden. Wenn das nicht möglich ist, muss sie das Angebot entsprechend ändern.

▼ **Beispiel:**
Im Spielzimmer des Krankenhauses befasst sich die Kollegin mit einem weinenden Kind, das sich nicht beruhigen lässt. In dieser Situation kann die Erzieherin mit der Gruppe keine Tätigkeit durchführen, die Konzentration voraussetzt, wie eine Bilderbuchbetrachtung oder ein Gespräch. ▲

Konzentrationsmangel muss nicht nur in äußeren Ablenkungen gesucht werden. Auch innere Unruhe, Erschöpfung, Müdigkeit oder Belastungen reduzieren die Konzentrationsfähigkeit.

▼ **Beispiele:**
– Das weinende Kind im Spielzimmer des Krankenhauses wird nicht in der Lage sein sich

auf ein längeres Spiel zu konzentrieren. Vielleicht gelingt es, ihm eine kurzfristige Ablenkung von seinen Ängsten zu ermöglichen.
– Nach der Schule und den Hausaufgaben sind Hortkinder nur selten zu Gruppenaktivitäten zu motivieren. ▲

Die Sitzordnung der Gruppe kann die Motivation und Konzentration beeinflussen. Es ist deshalb angebracht, über eine angemessene Sitz- oder Raumordnung nachzudenken.

▼ **Beispiele:**
– Im Jugendzentrum wurde zu einem Gespräch über Rechtsradikalismus eingeladen. Etwa zehn Jugendliche sind gekommen. Die beiden Gruppenleiter haben eine frontale Sitzordnung gewählt, sie hatten mit einer größeren Gruppe gerechnet. Ein kurzer Vortrag mit Dias sollte vorangestellt werden. Die zehn Gesprächsteilnehmer sitzen nun verstreut zwischen leeren Stühlen und sehen sich gegenseitig teilweise nicht, bzw. nur den Rücken des jeweiligen Sprechers. Die Sitzordnung wird zumHalbkreis umgestellt.

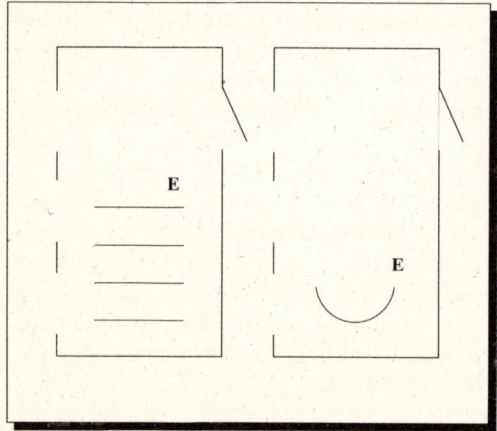

– Im Kindergarten bereitet die Erzieherin während des Freispiels mit einigen Kindern das gemeinsame Frühstück vor. Sie setzt sich so, dass sie den Raum im Blickfeld hat, damit sie evtl. Störungen sehen und reagieren kann, bevor ihre Kindergruppe durch die Störung abgelenkt wird. ▲

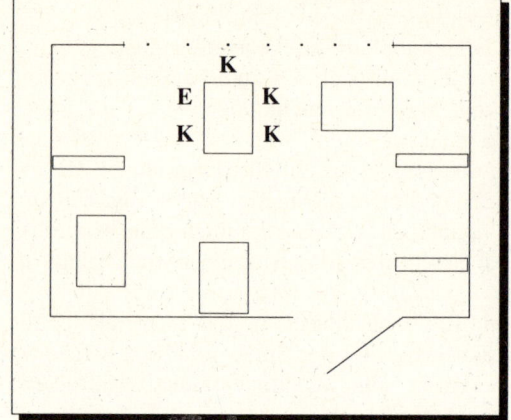

Raumteiler und zweite Ebenen ermöglichen mehr Ruhe für einzelne Spielgruppen während des Freispiels als eine offene und übersichtliche Raumgestaltung. Sie regen zu Kleingruppenbildung und selbstbestimmtem Spiel an.
Über die Wichtigkeit, bei angeleiteten Tätigkeiten die Lichtquelle zu beachten, wurde unter dem Punkt „Erzählen und Vorlesen" schon gesprochen. Die Erzieherin sollte auch möglichst so sitzen, dass sie Fenster und Türen im Blickfeld hat, um Ablenkungen für die Gruppe zu vermeiden.

Mögliche Störungen oder Unterbrechungen können manchmal durch eine entsprechende Vorbereitung vermieden werden. Die Gruppenmitglieder holen z.B. vor Beginn einer angeleiteten Tätigkeit die benötigten Materialien. Zuweilen kann es auch angemessen sein, dass während der Tätigkeit unterbrochen wird um gemeinsam Materialien zu suchen. Die entsprechende Bewegung und Konzentrationspause kann motivations- und konzentrationsfördernd sein. Die Gruppe übernimmt zudem selbst einen Teil der Verantwortung für das Gelingen der Tätigkeit und erhöht dadurch die Selbstbestimmung und Selbsttätigkeit ihres Tuns.
Dagegen ist es ungünstig, wenn die Erzieherin unterbricht, weil sie selbst Dinge holen muss, etwa ein Buch oder das Obst, das für den Obstsalat geschnitten werden soll. Diese Unterbrechung, in der die Kinder nichts zu tun haben, sondern nur warten, kann die Leistungsbereitschaft der Gruppe negativ beeinflussen.

2. Motivation und Auswahl der Angebote

Beobachtung, Auswahl der Angebote und Motivation stehen in einem engen Zusammenhang. Ein gesund entwickeltes Kind und ein nicht übermäßig belasteter Jugendlicher haben ein starkes Neugierverhalten und damit verbunden ein hohes Lernbedürfnis. Wenn es Erzieherinnen gelingt, das jeweilige Lernbedürfnis wahrzunehmen und dafür Möglichkeiten zu schaffen oder Angebote zu machen, verringert sie ihre Probleme, den jungen Menschen zu motivieren.

▼ **Beispiele:**

– Das Krippenkind erforscht seine Umwelt mit all seinen Sinnen. Die Erzieherin stellt zum Einschlafen beim Mittagsschlaf eine Spieluhr an. Das Kind kann sich jetzt auf das stille Hören, das den Tag über in der Fülle der Geräusche zu kurz kommt, ganz konzentrieren. Dabei entspannt es sich und schläft leichter ein.
– Der jugendliche Macho möchte von Mädchen anerkannt werden. Unaufdringliche Gesprächsinhalte über das andere Geschlecht wird er wahrscheinlich mit Interesse aufnehmen.
– Die geistig behinderte Frau freut sich, wenn ihr etwas gelingt. Kleine Arbeiten im Haus erledigt sie gern, wenn sie Bestätigung erfährt.
- Eine kleine Gruppe von Kindern betrachtet im Hof mit der Lupe einen Regenwurm. Hier kann die Erzieherin ansetzen und das Interesse auffangen und verstärken. ▲

Jüngere Kinder lassen sich meist leicht motivieren. Darin liegt die Gefahr der Manipulation, das heißt, einer bewussten Beeinflussung im Sinne des „Auftraggebers".

▼ **Beispiel:**

Die Erzieherin sagt: „Roberta, du kannst das doch so gut! Willst du mir helfen?" (Eigentlich wäre ein anderes – unbequemeres – Kind drangewesen, beim unbeliebten Aufräumen zu helfen.) ▲

Erzieherinnen müssen auch beobachten, ob nicht Kinder untereinander andere zu Diensten veranlassen, die nur ihnen selbst dienen. Da-rüber wurde im Rahmen der Fremdbestimmung (S. 93 ff.) schon gesprochen.

Einfühlsame Erzieherinnen werden versuchen Motivationen und Bedürfnisse, die in den täglichen Lebenssituationen der jungen Menschen entstehen, wahrzunehmen. Sie werden sie hinsichtlich ihrer Wirkung bewerten und sie ggfs. unterstützen.

▼ **Beispiele:**

– Hortkinder haben nach der Schule einen starken Bewegungsdrang. Bewegungsspiele mit lockeren Regeln wie Verstecken entsprechen dem Bedürfnis. Völkerball würde dagegen in dieser Situation zu enge Regeln setzen und eine zu starke Eingliederung verlangen. Toben im Haus ist dagegen unangebracht.
– Wenn Mike und Jakob in der Bauecke begeistert eine Stadt bauen und mit Autos ins Rollenspiel vertieft sind, wäre eine Aufforderung zum Basteln völlig fehl am Platze. ▲

Es gibt im sozialpädagogischen Alltag allerdings auch zahlreiche Tätigkeiten, die von den jungen Menschen verlangt werden müssen, unabhängig davon, ob sie gern gemacht werden oder nicht. Gründe für solche pflichtmäßigen Tätigkeiten können zum einen im reibungslosen Ablauf des Gruppenlebens liegen. Dazu gehören Arbeitsleistungen wie Aufräumen oder Gemeinschaftsdienste wie den Tisch zu decken. Zum anderen gibt es Tätigkeiten, die für die Entwicklung des jungen Menschen notwendig sind: für die eigene Gesundheit sorgen, selbstständig werden, Verantwortung übernehmen, sich nicht bedienen lassen, Rücksicht nehmen, hilfsbereit sein. Hier wird die Erzieherin zunächst versuchen das Kind über Einsicht zu motivieren. Es wird natürlich auch Situationen geben, in denen – wie schon gesagt – Sanktionen (Strafen oder andere unangenehme Konsequenzen) nicht zu vermeiden sind.

▼ **Beispiel:**

Der 15-jährige Matthias ist in einer Freizeit nicht bereit Küchendienst zu übernehmen. Die

Gruppe, die mit ihm den Dienst zusammen ausführt, hat am Vortag bereits seine Arbeit mitgemacht, weil er einfach nicht erschien. Dieses Mal lassen sie seinen Teil stehen. Matthias darf nun an der nächsten Gruppenaktivität nicht teilnehmen, er muss zunächst seinen Dienst erledigen. ▲

Spiele dagegen beruhen auf dem Lustprinzip. Freilich kann es in manchen Fällen ebenfalls Gründe geben, dass einzelne Kinder zu einem Spiel aufgefordert werden, das ihnen keinen Spaß macht. Aber solche Aufforderungen sollten immer einen überzeugenden pädagogischen Hintergrund haben, denn ein erzwungenes Spiel ist kein echtes Spiel, weil ein Merkmal von Spiel die „Lust am Spiel" ist.

▼ Beispiele:
– Frank hat mit anderen ein gemeinsames Spiel angefangen. Weil er zu verlieren droht, will er aufgeben. Die Gruppe und die Erzieherin erwarten, dass er weiterspielt.
– Michaela bewegt sich nur ungern. Sie hat Übergewicht. Beim Bewegungsspiel wird sie aufgefordert mitzumachen. ▲

Häufig ist es eine gute Motivation, wenn Erzieherinnen selbst mitmachen. Kinder werden neugierig, halten die Aktivität für interessant oder suchen die Nähe des Erwachsenen.
Wenn eine Motivation bei einzelnen Kindern oder einer Kindergruppe geweckt werden soll, muss der Erwachsene dahinter stehen. Wenn er nicht selbst mit Lust an eine Sache herangeht, kann er kaum Freude an der Tätigkeit wecken.

Für einzelne Kinder oder Gruppen, die nicht spontan zu motivieren sind, muss der Gruppenleiter nach Methoden suchen um zu der gewünschten Aktivität anzuregen oder zu veranlassen, dass bei nachlassender Lust nicht vorschnell aufgegeben wird.

▼ Beispiele:
Motivation für eine als notwendig angesehene Tätigkeit:
– Das geplante Vorhaben kurz beschreiben, dabei die eigene Vorfreude auf das Tun oder das Ergebnis vermitteln,
- das zu erreichende Endergebnis vorstellen und dessen Verwendung verdeutlichen,
- selbst beginnen, dadurch bei jüngeren Kindern neugierig machen oder bei älteren die Notwendigkeit der Aktivität offenlegen.

Motivation zum Durchhalten einer begonnenen Aktivität:
– Teilschritte aufzeigen und erreichte Teilziele bewusst machen, Mut machend das Ergebnis in Aussicht stellen,
– die Wichtigkeit des Durchhaltens (für die eigene Person oder für andere) verdeutlichen,
– die Aktivität verändern, z.B. leichter, abwechslungsreicher gestalten, verkürzen, Mithilfe anbieten usw. ▲

3. Lenkung während der Aktivität
Lenkung kann bedeuten, dass die Erzieherin die einzelnen Schritte einer Handlung vorgibt und kontrolliert. Lenkung kann aber auch bedeuten, dass die Erzieherin sich zurückhält, beobachtet und lediglich verstärkt und hilft, wenn sie eine Notwendigkeit dafür erkennt oder um Hilfe gebeten wird. Die Form und Intensität der Lenkung kann von der Art der Tätigkeit abhängen.

▼ Beispiel:
Die Erzieherin im Kindergarten setzt sich an den Tisch, faltet ein Haus und klebt es auf ein Blatt Papier. Kinder kommen und schauen zu. Einige wollen auch ein Haus falten. Die Erzieherin zeigt jeden Faltgang und sieht nach (kontrolliert), ob die Kinder richtig gefaltet haben. Nun wird es irgendwo auf ein Blatt aufgeklebt. Danach regt die Erzieherin die Kinder dazu an, über ihr Haus nachzudenken: Wo könnte es stehen? Im Garten, im Wald, in der Stadt? Sie schlägt den Kindern vor sich Farbstifte zu holen und ein Bild um das Haus herum zu malen. Während die Kinder malen, hält sie sich zurück. Jetzt gibt es kein „Richtig" oder „Falsch" mehr. Sie findet die Ideen der Kinder gut, die Bilder schön und lobt oder regt zu weiteren Ideen an. ▲

In diesem Beispiel kam es beim Falten auf Richtig und Falsch an. Die Handlungsabfolge war vorgegeben. Deshalb war es notwendig, die einzelnen Schritte zu zeigen und zu erklären sowie deren Ausführung zu kontrollieren. Andernfalls hätte es zu frustrierenden Misserfolgen kommen können.

Beim Malen sollten die Kinder eigenständige Ideen entwickeln. Vorgaben und Lenkung hätten die Eigenständigkeit behindert. Hier hat sich die Erzieherin zurückgehalten und lediglich verstärkt und motiviert.

Diese Tätigkeit – etwas falten und den Gegenstand dann kreativ und eigenständig ausgestalten – wird in Kindergärten häufig angeboten. Erzieherinnen wissen, dass viele Kinder die kreative zweite Hälfte lieber machen. Darin sehen sie eine Motivationsmöglichkeit auch den ersten Teil, nämlich das Falten, zu erreichen. Kinder, die nicht oft falten, tun das allerdings meist recht gerne, weil das Ergebnis überrascht und der Prozess fasziniert.

Das Falten ist eine vorgegebene und vom Erwachsenen gelenkte Tätigkeit. Erzieherinnen müssen aufpassen, dass sie solche Angebote nicht zu häufig machen, weil sie dann die Kreativität, Initiative und Selbstbestimmung des Kindes einschränken (siehe Abschnitt 2.1.5: Gegenüberstellung von zwei Arbeitsweisen im Kindergarten).

Es gibt im Laufe eines Tages sehr viele Situationen, in denen das Kind von Erwachsenen oder von älteren Kindern lernt. Deshalb sollten im Spiel Vorgaben in einem angemessenen Rahmen niedrig gehalten und dafür der Raum für eigenständige Erfindungen weit abgesteckt werden.

▼ Beispiele für Lernhandlungen, für die Vorgaben notwendig sind:
– die Technik des Zähneputzens, Reihenfolge und Technik des Anziehens,
– sich an eine Regel halten, auch die Spielregel eines Spieles erlernen,
– kochen und backen,
– Umgang mit Geld,
– Hausaufgaben,
– die Uhrzeiten erlernen und einhalten,

– der Gebrauch von Handwerkszeug,
– Sachbücher und Lexika; die erkenntnismäßiges Lernen fördern. ▲

▼ Beispiele für einen breiten eigenständigen Handlungsraum:
– Rollenspiele und Rollenspielmaterialien aller Art,
– konstruktives Spielmaterial wie einfache Bausteine oder Lego,
– Wegwerfmaterialien, Holz, Wildfrüchte, Ton, Werkbank zum Basteln und Werken,
– eigenständige Gestaltung des eigenen Zimmers im Heim,
– Bilderbücher zum Träumen oder Erzählungen zum Selberlesen für ältere Kinder. ▲

Das Maß der Lenkung hängt nicht nur von der Auswahl der Tätigkeit ab. Es wird auch durch Fähigkeiten der Kinder und Jugendlichen für diese Art der Tätigkeit bestimmt.

▼ Beispiel:
Die Heimgruppe plant eine Fahrradtour. Dafür müssen zunächst die Fahrräder überprüft und repariert werden. Bei einzelnen Jugendlichen hilft die Erzieherin nicht, weil sie auf die Fähigkeiten der Jugendlichen und ihre Verlässlichkeit bauen kann. Bei anderen gibt sie genaue Arbeitsschritte vor und kontrolliert sie. ▲

Es gibt kein Rezept, wie eine Aktivität zu lenken ist. Es gibt auch nicht den idealen Spielleiter. Jeder muss seinen eigenen Stil finden. Wichtig ist offen zu sein für jede Anregung und flexibel mit den sich ergebenden Situationen umzugehen. Keine Situation ist wie die andere, jeder Ablauf ist einmalig.

An der Planung darf nicht starr festgehalten werden. Jede Lenkung verlangt Flexibilität und ständige Entscheidungen.

Wichtig ist auch, Erfolge nicht in der eigenen Aktivität zu suchen, sondern sich in der Anleitung zurückzuhalten, wenn der junge Mensch oder die Gruppe alleine das Ziel erreichen können. Hier kann häufig der Ausspruch gelten: „Weniger ist mehr."

Die Erzieherin darf sich auch nicht für alles

verantwortlich fühlen. Die Heranwachsenden sind auch für sich selbst verantwortlich. Wenn ein Kind sich nicht beteiligen will, kann verlangt werden, dass es die Gruppe nicht stört. Die Erzieherin kann sich darum bemühen, seine Bedürfnisse zu erfassen, aber sie muss sich nicht als Versager fühlen, wenn es ihr nicht gelungen ist, das Kind zu motivieren und bei der Stange zu halten.

Eine indirekte Lenkung kann auch über die Gruppenzusammensetzung erreicht werden. Die Erzieherin kann die Beziehungen der Gruppenmitglieder untereinander beeinflussen, indem sie Gruppen zusammenstellt oder zusammenstellen lässt. Sie kann Freundschaften unterstützen oder negative Beeinflussung unter den Gruppenmitgliedern zu verringern versuchen. Freundschaften beeinflussen junge Menschen stark. Jüngere lernen von älteren oder auch umgekehrt, Nähe wird hergestellt, an Beziehungen und deren Gestaltung wird unter Gruppenmitgliedern ständig gearbeitet. Hier kommt es für die Erzieherin wieder sehr darauf an, aufmerksam zu beobachten und behutsam zu lenken.

4. Der Abschluss

Wenn eine Aktivität beendet ist, wollen sowohl die Erzieherin als auch die Gruppenmitglieder einen Erfolg verbuchen können. Es muss nicht immer lustvoll gewesen sein, wie beispielsweise ein schönes Spiel. Auch das Gefühl „Es hat etwas gebracht, ein Ziel wurde erreicht" macht eine Tätigkeit zum Erfolg: Ein Lied wurde gelernt, einem Menschen wurde geholfen, die Wäsche ist gewaschen. Eine Arbeitsleistung, die als unangenehm eingeschätzt und vielleicht wie ein Berg vor sich her geschoben wurde, wird erleichtert als erledigt empfunden. Erfolgserlebnisse können auch darin gesehen werden, dass in unangenehme oder verschwommene Gefühle mehr Klarheit gebracht wurde, z.B. nach einem Gespräch oder dem Malen eines Bildes. (Malen kann auch als Sprache und Ausdruck von Gedanken gesehen werden.)

Bei vielen Aktivitäten kann am Schluss der Tätigkeit das Erfolgserlebnis den Gruppenmitgliedern bewusst gemacht werden, unabhängig davon, ob die einzelnen Teilnehmer die Tätigkeit zu unterschiedlichen Zeiten verlassen oder ob ein gemeinsamer Schluss gefunden wird.

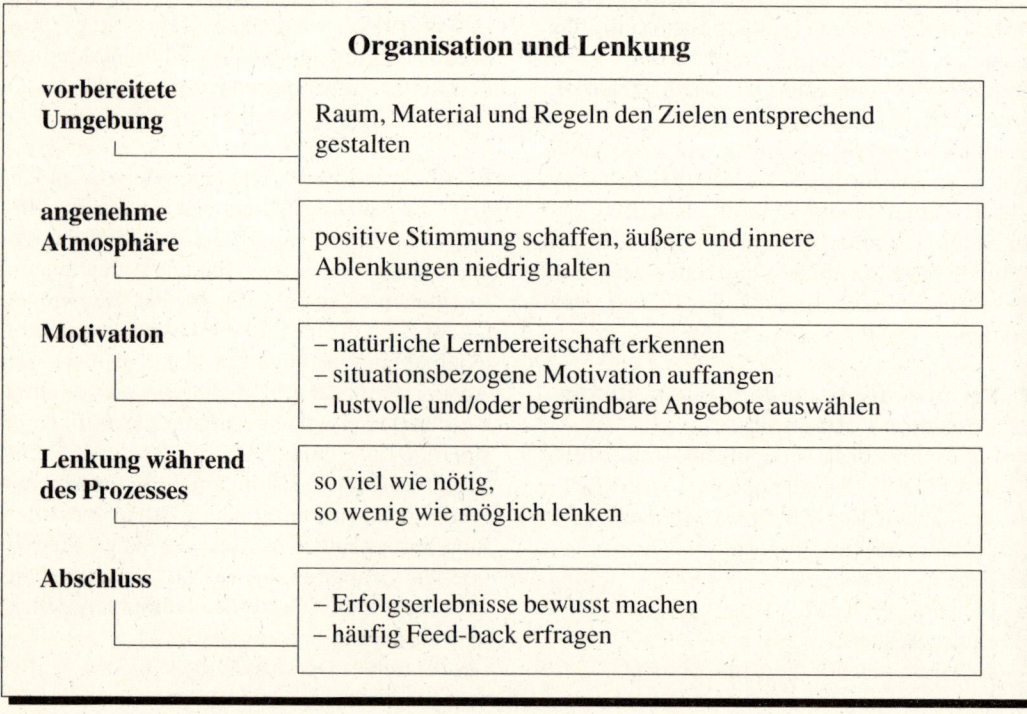

Organisation und Lenkung

vorbereitete Umgebung	Raum, Material und Regeln den Zielen entsprechend gestalten
angenehme Atmosphäre	positive Stimmung schaffen, äußere und innere Ablenkungen niedrig halten
Motivation	– natürliche Lernbereitschaft erkennen – situationsbezogene Motivation auffangen – lustvolle und/oder begründbare Angebote auswählen
Lenkung während des Prozesses	so viel wie nötig, so wenig wie möglich lenken
Abschluss	– Erfolgserlebnisse bewusst machen – häufig Feed-back erfragen

▼ **Beispiele:**

– Die Erzieherin nimmt zum Ergebnis oder zum Ablauf Stellung, wenn sie etwa sagt:

„Ihr hattet einmalige Ideen!"

„Dein Fahrrad ist jetzt wieder voll funktionsfähig."

„Das Aufräumen ist zwar mühsam, aber ist das Gefühl hinterher nicht erleichternd und angenehm?"

– Nach einer Tätigkeit, die im Zusammenhang mit einer größeren Einheit steht, weist die Erzieherin auf das Gesamtergebnis hin: Nach dem Üben von Laternenliedern im Kindergarten sagt sie, dass der Laternenumzug schön werden wird und dass sie sich darauf freut. „Ihr doch sicher auch?"

– Nach einer Tätigkeit mit einem gemeinsamen Schluss nimmt die Erzieherin eine kleine Feed-back-Runde vor (siehe Feed-back auf Seite 116 ff.). ▲

3.2.1.3 Eigenes Mittun

Eigenes Mittun ist eine wichtige Voraussetzung um Spielfreude und Arbeitsbereitschaft bei den Gruppenmitgliedern zu wecken. Die eigene Motivation überträgt sich auf die Gruppe. Wer aber meint Erzieherin zu sein sei ein leichter und angenehmer Beruf, weil da so viel gespielt werden könne, der sieht die Situation oberflächlich.

Das Mittun verlangt eine ständige beobachtende Aufmerksamkeit und ein Erfassen von Situationen. Die Erzieherin kann sich nicht einfach in das Spiel einlassen, als sei sie eine Mitspielerin wie alle anderen. Sie hat immer abzuwägen und zu entscheiden: zwischen Distanz und Nähe, zwischen Verantwortung übernehmen und Verantwortung abgeben, zwischen lenken und sich lenken lassen. Das eine Mal wird sie das Spiel beginnen und sich vielleicht irgendwann zurückziehen, ggfs. die Spielführung einem Kind übergeben. Das andere Mal wird sie sich mittendrin (vorübergehend) einschalten oder das Spiel zu einem angemessenen Ende führen. Manchmal wird sie auch – wenn die Restgruppe sie nicht fordert – ganz dabei bleiben und damit der Gruppe die Wichtigkeit von Spiel und ihre Spielfreude vermitteln. Ihr Mittun kann die Kinder begeistern und deren Spielfreude erhöhen. Allerdings greift sie dabei auch dominierend in das selbstbestimmte Spiel der Heranwachsenden ein.

▼ **Beispiele:**

– Bei der Einführung eines neuen Brettspieles spielt die Erzieherin so lange mit, bis die Regeln von der Gruppe verstanden worden sind.

– In der Puppenecke beobachtet sie ein Rollenspiel, bei dem ein Kind zu stören beginnt, weil ihm die Rolle als Hund der Familie offensichtlich zu langweilig ist. Die Erzieherin klopft an und meldet sich als Besuch an. Sie stellt als „Hundefreundin" fest, dass der Hund krank ist und zum Tierarzt muss. Vielleicht spielt sie anschließend den Tierarzt. Möglicherweise entschließt sie sich auch dazu die Arzthelferin zu sein, damit eins der Kinder die Tierarztrolle übernehmen kann. Der Hund bzw. das Kind, das ihn spielt, steht jetzt im Mittelpunkt. Der Spielverlauf wurde allerdings von ihr bestimmt. ▲

Es wird auch Situationen geben, in denen es angemessener erscheint, die Kinder und Jugendlichen allein ihre Wege suchen zu lassen, damit sie die Erfolge oder fragwürdigen Konsequenzen ihres Handelns deutlich wahrnehmen.

▼ **Beispiele:**

– Die Erzieherin beobachtet eine Konfliktlösung unter Kindern und greift erst ein, wenn es zu Ungerechtigkeiten kommt. Wenn die Kinder ohne ihre Hilfe einen Kompromiss finden, wird sie ihnen eine ehrliche Anerkennung aussprechen.

– Während zwei Kinder der Heimgrupppe das Abendessen zubereiten, zieht der Betreuer sich ganz zurück, ist aber für Fragen erreichbar. Er will die Verantwortung und das Erfolgserlebnis des Gelingens ganz den Kindern überlassen. Erst wenn er befürchtet, dass etwas schief laufen könnte, macht er mit um das Erfolgserlebnis nicht in Gefahr zu bringen. Bei zwei anderen Jugendlichen greift er vielleicht auch dann nicht ein, weil er es in diesem Fall für wichtiger ansieht, dass die Jugendlichen die Folgen ihres Handelns selbst verantworten. ▲

Zusammenfassung

- Im Spiel setzt sich der junge Mensch lustvoll mit seiner Umwelt auseinander und erprobt seine wachsenden Fähigkeiten. In unterschiedlichen Arbeitsformen muss er sein Können beweisen und zweckorientiert einsetzen.
  Der Gruppenleiter hat beide Tätigkeitsformen für das einzelne Gruppenmitglied und für die Gruppe zu gestalten und zu lenken.

- Die Beobachtung ist die Basis für pädagogische Entscheidungen. Auf Grund von Beobachtungen entscheidet sich die Erzieherin für die Auswahl des Angebotes wie auch für einzelne Schritte der Lenkung von Spiel- und Arbeitsprozessen.

- Um Kinder zu ausgewählten und zielgerichteten Tätigkeiten motivieren zu können muss der pädagogische Rahmen stimmig sein: Raumgestaltung und Atmosphäre unterstützen die Bereitschaft zu bestimmtem Tun, äußere und innere Ablenkungsquellen müssen beachtet, wenn möglich reduziert werden.

- Die natürliche Lernbereitschaft sowie Motivationen und Bedürfnisse, die im Lebenszusammenhang des jungen Menschen entstehen, bieten eine Fülle von möglichen Aktivitäten, die das Kind oder den Jugendlichen in seiner Entwicklung weiterbringen. Diese vorhandene Lernbereitschaft gilt es zu erkennen, aufzufangen und zu bestärken.
  Darüber hinaus muss die Erzieherin auch zu Aktivitäten motivieren, die sie aus pädagogischen oder organisatorischen Gründen für notwendig hält.

- Die Lenkung während einer Aktivität kann sehr unterschiedlich aussehen. Sie hängt von der Art der Tätigkeit ab, aber auch von den Fähigkeiten und Motivationen der Teilnehmer. Im allgemeinen kann gelten: so wenig wie möglich, so viel wie nötig.

- Eigenes Mittun soll mit entsprechender Motivation und Aktionslust geschehen, weil sich die eigene Motivation auf die Gruppe überträgt. Die Lust an der Tätigkeit ist aber nicht Selbstzweck für die Erzieherin. Mitmachen ist eine Methode und muss aus pädagogischer Verantwortung heraus gestaltet werden.

- Lenkung und Mittun müssen weitgehend in der Situation selbst entschieden werden. Die Erzieherin beobachtet das Verhalten ihrer Gruppenmitglieder und reagiert spontan. Hinter dieser Spontaneität stehen aber ihre Erziehungsziele und geben ihren Entscheidungen die Richtung und die Begründung.

- Eine Tätigkeit soll, wenn möglich, mit einem Erfolgserlebnis für die Teilnehmer und die Erzieherin enden. Erfolgserlebnisse können nach Abschluss einer Tätigkeit bewusst gemacht und Feed-back kann vorgenommen werden. Dadurch erhalten sowohl die Teilnehmer als auch der Gruppenleiter ein klareres Bild über den Verlauf und das Ergebnis der Aktivität.

Anregungen

1. Gespräch über Motivation und Lenkung von Aktivitäten in Anlehnung an die Methode Fishbowl
(nach Peter Müller 1982, S. 173)

Die Teilnehmergruppe sitzt im Kreis. In der Mitte stehen fünf Stühle. Vier Stühle werden von Gesprächsteilnehmern besetzt. Ein Stuhl ist frei für einen vorübergehenden „Zusteiger" aus dem äußeren Kreis. Die vier Gesprächsteilnehmer wählen eine der unten stehenden Fragen (oder eine selbst gewählte) aus und sprechen darüber. Wer von dem Außenkreis Argumente einbringen oder Fragen stellen will, setzt sich dafür auf den freien Stuhl. Nach Beendigung seines Gesprächsbeitrags räumt er seinen Platz wieder, damit ihn andere einnehmen können.
Für eine evtl. nächste Gesprächsrunde wechseln die Teilnehmer.
Beispiele für Gesprächsimpulse:
– Wie bin ich als Kind motiviert worden?
– Wovon hängt es ab, dass ich manche Tätigkeiten gern, andere ungern mache? (Die Frage, *welche* Tätigkeiten gern oder ungern gemacht werden, birgt die Gefahr nur in eine Aufzählung zu geraten.)
– Was ist für mich Spiel und was ist Arbeit? Wodurch unterscheidet sich das?
– Welche Tätigkeiten würde ich von Kindern verlangen (auch unter Druck) und welche stelle ich frei? Begründung?
– Wie unterschiedlich haben sozialpädagogische Kräfte, die ich beobachtet habe, die Kinder und Jugendlichen motiviert? Haben sie ausgeübten Leistungsdruck begründet?
– Welche nachahmenswerte und welche fragwürdige Lenkung von Spiel- und Arbeitsprozessen habe ich erlebt? Wie begründe ich meine Bewertung „nachahmenswert" oder „fragwürdig"?

Gegebenenfalls muss ein Gesprächsleiter gewählt werden, damit die Gesprächsrunden nicht abgleiten oder sich festfahren.
Im Anschluss ist wieder eine Metakommunikation (Kommunikation über die Kommunikation) angebracht.

2. Durchdenken von angemessener und wünschenswerter Raumgestaltung

Suchen Sie sich einen Partner oder bilden Sie Kleingruppen. Durchdenken und skizzieren Sie auf ein Plakatpapier die Gestaltung eines Gruppenraumes für eine sozialpädagogische Einrichtung nach Ihrer Wahl.
Erklären Sie anschließend im Plenum Ihre Darstellungen.
(Klären Sie vorher ab, ob Sie bei realen Möglichkeiten bleiben oder auch unrealistische Vorstellungen einbeziehen wollen, weil dadurch vielleicht echte Kinderbedürfnisse und Kinderträume bewusst gemacht werden können.)

3. Wiederholung des Kapitels

Nehmen Sie sich die Zusammenfassung dieses Kapitels (S. 150) vor.
Bilden Sie Gruppen. Jedes Gruppenmitglied wählt einen Abschnitt der Zusammenfassung aus, erklärt seinen Abschnitt mit eigenen Worten und belegt ihn mit einem selbst ausgedachten Beispiel.

4. Beobachtung im Praktikum

Beobachten Sie Gruppenleiter/innen im sozialpädagogischen Beruf: Versuchen Sie zu erkennen, wie Ihre Beobachtungsperson zwischen Beobachtung, Lenkung und Mittun wechselt und welche Lenkungsschritte sie vornimmt. Geben Sie ihr ein Feed-back.

5. Feed-back bei Gruppenarbeit

Nehmen Sie nach Gruppenaktivitäten in Ihrer Studiengruppe möglichst häufig ein Feed-back-Gespräch vor, bei dem Sie sich gegenseitig fragen, wie Sie sich als Gruppenmitglieder oder in Ihrer Funktion der Lenkung empfunden haben. Erbitten Sie sich z.B. folgende Rückmeldungen:
– Wie habe ich auf euch gewirkt?

– Stellt mich bitte über ein gemaltes Bild dar (symbolhaft).
– Zeichnet bitte in Form einer Kurve, wie ihr meine Lenkung empfunden habt.

6. Planung einer Aktivität

Planen Sie eine Aktivität mit einem Kind oder einer Gruppe (auch der Studiengruppe, z.B. Spiele im Kreis). Achten Sie dabei auf Ihre Rolle bei Beobachtung, Lenkung und Beteiligung.
Erfragen Sie anschließend ein Feedback. ❏

3.2.2 Methoden zur Vermittlung von Erfahrungen

In mancher Hinsicht haben viele der heutigen Kinder ein sehr breites Erfahrungsfeld. Sie haben ein vielfältiges Spielzeugangebot, mit dem sie experimentieren und Erfahrungen sammeln können. Die meisten Eltern sind mobil und vielen Kindern wird ein großer Erlebensradius erschlossen: vorschulische und außerschulische Programme, Freundeskreis, Ausflüge, Urlaubsreisen. Durch die Medien werden Erlebnisse und unterschiedliche Erkenntnisse vermittelt. Und doch ist dieses breite Erfahrungsfeld häufig eingeschränkt. Das Kind erlebt bzw. erfährt ohne handeln zu können. Seine Eindrücke kann es oft nur mit Auge und Ohr wahrnehmen, nicht mit seinen anderen Sinnen. Es erlebt aus zweiter Hand, es steht nicht mitten im Geschehen. Es sieht die Welt zu häufig nur durch die Scheibe: die Fensterscheibe, die Autoscheibe, die Mattscheibe (Medienscheibe).

Aus diesem Grund ist es wichtig, in den sozialpädagogischen Einrichtungen die Wahrnehmungen mit allen Sinnen, die Begegnung mit der Realität und das Handeln und Experimentieren des jungen Menschen in den Mittelpunkt des gemeinsamen Erlebens zu stellen.

3.2.2.1 Förderung der Wahrnehmung und des Experimentierens

Bereits das kleine Kind wird mit Wahrnehmungen überschüttet. Wir sprechen von Reizüberflutung. Dadurch ist das Kind gezwungen, zu selektieren (auszuwählen) und nur bestimmte Wahrnehmungen aufzunehmen. Sein Erfahrungsfeld ist durch die Fülle eingeschränkt. Feinheiten können oft nicht mehr so genau wahrgenommen werden und Wahrnehmungen werden einseitig. Daraus ergeben sich Konsequenzen für die Arbeit in sozialpädagogischen Einrichtungen.

1. Vielfältige Erfahrungen mit Natur und den natürlichen Urelementen

Kinder – vor allem aus städtischem Umfeld – haben nur geringe Erfahrungen mit der Natur und den natürlichen Grundstoffen wie Erde, Wasser, Luft und Feuer und deren Vorgängen. Tiere und Pflanzen kennen sie mehr aus den Medien als aus der Realität. Es muss deshalb eine wichtige Aufgabe der Erzieherin sein dem Kind einen natürlichen Lebensraum zu erschließen und ihm vielfältige Experimente in der Natur zu ermöglichen.

Solche Naturbegegnungen können sehr unterschiedlich aussehen:
– Spiel mit Wasser in der warmen Jahreszeit: im Hof in einer aufgestellten Wanne, mit dem Schlauch, im Sand und in der Erde, beim Spaziergang, im Becken im Bad usw. dass dabei das Wasser nicht nutzlos laufen gelassen werden darf, wenn es sich um Leitungswasser handelt, können Kinder lernen.

Wasser muss auch in den unterschiedlichen Formen erlebt und ausprobiert werden. Viele Kinder erfahren heute nur noch selten, wie es ist, in gefrorene Pfützen zu treten. Eher kennen sie Eis aus dem Kühlschrank. Schnee und Regen müssen ausprobiert, Wasserdampf und Nebel müssen bewusst erlebt werden.

– Der Umgang mit Erde ist für viele Kinder selten geworden. Sie kennen fast nur den Sandkasten. Der Hof der Einrichtung darf deshalb nicht ganz versiegelt werden. Es muss ein Stück Erde frei bleiben zum Graben und Experimentieren und für Gartenarbeit, auch wenn man dabei schmutzig wird.
Ein Barfußparcours mit unterschiedlichem Bodenbelag bietet wenigstens eine nachgemachte unterschiedliche Bodenbeschaffenheit.

– Viele Kinder erfahren nur „schönes" Wetter auf ihrer Haut. Bei schlechtem Wetter sitzen sie hinter der Scheibe. Der Spruch, dass es gar kein schlechtes Wetter gibt, sondern nur falsche Kleidung, ist in pädagogischen Kreisen längst bekannt. (Allerdings sind Eltern in dieser Hinsicht manchmal anderer Meinung.) Das Kind soll die unterschiedlichen Temperaturen, den Wind, die Niederschläge, die Luftfeuchtigkeit erleben können und soll Helligkeit und Dunkelheit, das langsame Verwandeln der Welt vom nächtlichen Grau in die Farbe der Morgendämmerung, die Wolken, den Himmel und die Gestirne bewusst wahrnehmen.

– Der Umgang mit Feuer wird aus Sorge vor Unfällen häufig gemieden. Dadurch fehlen dem Kind grundlegende Erfahrungen. An ungefährlichen Stellen kann durchaus Feuer entzündet und ausprobiert werden, was brennt und was nicht brennt, es kann Essen auf offenem Feuer – und nicht nur auf dem Grill – gekocht werden. Lagerfeuer sind einmalige Erlebnisse.

– Bei Spaziergängen, Wanderungen und Spielen im Freien kann die Natur erforscht werden. Überall bieten sich Experimente an, vom blinden Abtasten des Baumes oder dem Barfußlaufen über den Waldweg bis zum Staudammbau-

en und Über-Stämme-Balancieren. Lupen helfen auch kleine Dinge staunend betrachten zu können, Ferngläser ermöglichen einen entfernten Gegenstand heranzuholen. Bei jüngeren Kindern können einfache Röhren dazu anregen, sich einen Naturausschnitt genauer zu betrachten, bei älteren trägt der Fotoapparat dazu bei.

– Die Verwendung von Naturmaterialien kann in vielen sozialpädagogischen Einrichtungen verstärkt werden. Vor allem in Kindergärten wird viel mit Papier gebastelt. Papier macht keinen Schmutz, ist ungefährlich und die Ergebnisse sehen meist recht ansehnlich (für das Auge der Erwachsenen) aus. Während einige Naturmaterialien in der entsprechenden Jahreszeit einbezogen werden, wie Blätter (sehr papierähnlich!) oder teilweise Wildfrüchte (Kastanien, Eicheln, Zapfen usw.), wagen sich manche Erzieherinnen nur wenig an Holz. Gemeint ist hier nicht Sperrholz, sondern Äste und Schreinerabfälle. Häufig sind Erzieherinnen besorgt, die Kinder könnten sich und andere mit den Holzwerkzeugen verletzen. Aber Kinder gehen sorgsam mit Handwerkzeug um, wenn ihr Arbeitsplatz groß genug ist. Der Gebrauch von Hammer, Zange und Säge fasziniert so sehr, dass nach einer entsprechenden Einführung die Angst vor Missbrauch unbegründet ist. Allerdings sollten im Kindergarten Laubsägen nur unter Aufsicht verwendet werden, auch bei jüngeren Hortkindern. Wenn das Sägeblatt reißt, kann der Bügel mit starkem Druck ins Gesicht des Kindes schlagen, weil der Sicherheitsabstand von den Kindern nicht immer eingehalten wird. Mit kleinen Bügelsägen, Feinsägen und ggfs. auch Fuchsschwänzen können Kindergarten- und Hortkinder dagegen durchaus umgehen.

▼ **Beispiel:**
In einem Seitenraum steht eine Werkbank in Kinderhöhe. Kinder, die daran arbeiten wollen, sagen der Erzieherin Bescheid. (Die Handhabung des Schraubstockes und des Handwerkszeuges wurde vorher in Gruppenaktivitäten gezeigt und geübt.) Die Erzieherinnen achten darauf, dass die Kinderzahl begrenzt bleibt und ausreichend Platz vorhanden ist. ▲

2. Angemessenes Angebot von Spielmaterial

Das vielfältige Spielzeugangebot versetzt den jungen Menschen in eine Welt, die von den Erwachsenen speziell für ihn geschaffen wurde. Teilweise wird ihm mit dem Spielzeug ein verkleinertes Abbild der Erwachsenenwelt geboten: Material für das Rollenspiel, Bausteine, Spielzeugautos usw. Das Spielmaterial ist oft den Originalen in der Realität täuschend ähnlich nachgemacht. Das Kind braucht sein Spielmaterial nicht mehr zu erfinden. Es wird ihm alles kindgerecht (wie die Erwachsenen meinen, in Wahrheit aber eher industrie- und konsumgerecht) angeboten. Dabei macht es dem Kind großen Spaß, sein Spielmaterial selbst zu erfinden. Im Erfinden ist es Meister, wenn ihm die Möglichkeit dazu nicht genommen wird. Ein Großteil des heutigen Spielmaterials fordert die Erfindungsgabe des Kindes leider kaum mehr heraus.

In sozialpädagogischen Einrichtungen sollte deshalb möglichst viel von solchem Spielmaterial verwendet werden, das einen großen Handlungsraum zulässt und dem Kind Reize zum Erfinden bietet.

▼ Beispiele:

- Bausteine, die „mitwachsen", weil ihre Handhabung vom Leichten zum Schweren zu steigern ist,
- Puppen, deren Gesichter nur angedeutet sind,
- Sportgeräte, die in unterschiedlichen Schwierigkeitsgraden und für unterschiedliche Funktionen benutzt werden können, wie Bälle, Seile, Fahrgeräte. ▲

Daneben gibt es viele Dinge aus der Umwelt, die sich zum Spielen eignen: Decken zum Häuser- und Höhlenbau, abgelegte Kleidung für die Theaterkiste, große leere Kartons als Spielhäuser usw.

Beim Erfinden von Spielen ist der Erwachsene häufig nicht erwünscht. Junge Menschen müssen Rückzugsmöglichkeiten haben um eigenständig ihre wachsenden Fähigkeiten auszuprobieren und sich an ihren Erfolgserlebnissen zu erfreuen. Eine eigene Erfindung kann ein hohes Erfolgserlebnis bedeuten, insbesondere wenn vorher Versuch und Irrtum den Schwierigkeitsgrad der Erfindung deutlich gemacht haben. Das Erfolgserlebnis ist weit geringer, wenn der Erwachsene lächelnd daneben steht und weiß, wie es gemacht wird, aber geduldig wartet, bis das Kind oder der Jugendliche es selbst erfasst hat.

3. Wahrnehmungsspiele und -übungen

Dem jungen Menschen können Aktivitäten angeboten werden, die nicht vom Spielmaterial abhängen, aber intensive Wahrnehmungen und Experimente ermöglichen. Das bieten vor allem alle Wahrnehmungsspiele (Kimspiele), bei denen bestimmte Sinne, vor allem der Gesichtssinn (das Sehen), ausgeschaltet werden. Sie veranlassen dazu, bewusst mit den anderen Sinnen wahrzunehmen.

▼ Beispiele:

- mit geschlossenen Augen etwas ertasten: einen Gegenstand, einen Menschen, einen Baum;
- mit geschlossenen Augen ein Geräusch und seinen Standort identifizieren, sich mit geschlossenen Augen von jemandem führen lassen;
- ohne zu hören erraten, was Menschen tun oder sagen, ohne Sprache eine Botschaft vermitteln;
- eine Dämmerungs- oder Nachtwanderung, bei der die Welt mit anderen Augen und Ohren wahrgenommen wird, nicht nur, weil das fehlende Tageslicht und die vielfältigen Geräusche einen anderen Blick eröffnen, sondern auch, weil die Stimmung ungewohnt und verunsichernd ist. ▲

In der Fülle der Wahrnehmungen geht die differenzierte Wahrnehmung der eigenen Person und der Mitmenschen häufig unter. Übungen und Spiele zur Selbst- und Fremdwahrnehmung können sehr spannungsreich und faszinierend für Kinder und Jugendliche sein.

▼ Beispiele:

- Rhythmische Übungen, in denen der eigene Körper bewusst eingesetzt und wahrgenommen wird, wie Bewegungs- und Atmungsübungen, die Funktionen der Glieder bewusst erfassen („Was kann meine Hand, dieses Wunderding, eigentlich alles?"), autogenes Training, Yoga, Meditationen,

– Partnerspiele und Übungen, in denen der andere wahrgenommen und gemeinsam experimentiert wird, wie Vergleichen durch Beschreiben und Malen, durch einen Steckbrief bei älteren Kindern und Jugendlichen, symbolhafte Beschreibung („Was wäre ich als Pflanze, als Tier, als Gebäude?"),

– Geschichten und Erzählungen, die das Denken und Empfinden anderer Menschen nachvollziehbar offen legen, wie das in der Realität nur selten gelingt,

– Spiele, bei denen kooperiert werden muss und damit Gemeinsamkeit erprobt wird. ▲

4. Ausprobier- und Experimentierphasen

Vor einer gezielten Handhabung mit neuen Gegenständen muss das Kind (auch der Erwachsene) damit experimentieren dürfen. Beispielsweise kann die Erzieherin nicht Orff'sche Instrumente verteilen und sofort erwarten, dass die Kinder damit nach Anleitung ein einfaches Stück spielen. Von den Fähigkeiten her wäre das vielleicht durchaus möglich, aber das Bedürfnis nach Ausprobieren ist so groß, dass die Konzentration für ein gemeinsames und geordnetes Spielen nicht ausreichen würde.

Ebenso würde es der Erzieherin beim Einführen einer neuen Maltechnik, z.B. der Spritztechnik, ergehen oder beim Umgang mit einem unbekannten Handwerkszeug. Das Kind und der Jugendliche wollen erst ausprobieren, bevor sie ein Gerät gezielt einsetzen.

Natürlich ist das Vormachen und Nachmachen auch eine anschauliche Methode jungen Menschen eine Lernhandlung zu vermitteln. Wenn das eigene Ausprobieren einen zu langen Umweg bedeuten würde oder kaum zu einem richtigen Ergebnis führen würde, ist Vormachen angebracht. Oft will der Lernende zunächst den Gegenstand allein – ungezielt – ausprobieren, um dann dem Vorzeigen gegenüber offen und aufnahmebereit zu sein.

▼ **Beispiele:**

– Ältere Krippenkinder benutzen Hohlbausteine zunächst ungeordnet wie andere Bausteine um später durch Vormachen zu erkennen, wie damit gebaut werden kann und wie sie ineinander geordnet werden.

– Ein Hortkind ist fasziniert von einem neuen Dosenöffner. Es will sich nicht zeigen lassen, wie er funktioniert, und will ihn erst einmal selbst ausprobieren. ▲

Der Wunsch des Lernenden, das Können alleine und ohne Hilfe auszuprobieren, bedeutet für die Erzieherin Zurückhaltung. Sie darf nicht sagen, was sie weiß. Sie darf den Weg, den sie kennt, nicht vorgeben, sondern muss auch den Irrtum zulassen. Dabei muss sie beobachten. Es kann Gründe geben, dass sie eingreift, beispielsweise, wenn Gefahr besteht, dass das Kind sich oder anderen schadet, wenn Material unverhältnismäßig verbraucht wird (etwa beim Spiel mit Wasser, beim Kochen, beim Werken) oder wenn das Kind zu resignieren droht. Wenn die Erzieherin sich zurückhält, geht sie zugleich das Risiko eines Misserfolgs ein. Sie muss sich zwischen Zurückhaltung und Eingreifen entscheiden. Das ist wieder eine der vielen Situationen im sozialpädagogischen Beruf, für die ein überzeugender Mittelweg gefunden werden muss.

5. Veranschaulichung bei der Vermittlung von Erfahrungen

Wenn der Erwachsene dem jungen Menschen etwas erklären will, eine Aufgabe, ein Spiel, eine Handhabung, muss er anschaulich vorgehen. „Anschaulich vermitteln!", heißt der pädagogische Grundsatz. Mit Anschaulichkeit ist nicht nur das Schauen gemeint, sondern eine möglichst vielseitige Wahrnehmung. Der Gegenstand oder der Vorgang soll dem Lernenden durchschaubar werden. Wenn immer möglich, muss z.B. Berühren erwünscht (und nicht verboten!) sein. Das heißt, es sollen möglichst viele Sinne beim Lernen angesprochen werden. Die Worte „erfassen" und „begreifen", die einen geistigen Vorgang beschreiben, stammen nicht umsonst aus dem körperlichen Zusammenhang: von „fassen" und „greifen". Ein Säugling, der z.B. wegen einer spastischen Lähmung weniger greifen kann als andere, gerät in Gefahr auch seinen Geist nicht wie andere entwickeln zu können.

▼ **Beispiele:**
– Wenn die Erzieherin im Kindergarten ein Spiel erklärt, beispielsweise „Hund und Knochen", würde eine nur verbale Erklärung ein Abstraktionsvermögen voraussetzen, das Kinder in diesem Alter nicht haben.
Sie würde dann z.B. beschreiben: „Wir stellen einen Stuhl in die Kreismitte. Ein Kind setzt sich darauf und schließt die Augen. Wir legen einen Schlüsselbund unter den Stuhl, ein Kind aus dem Kreis..." Wesentlich anschaulicher erklärt sie es, wenn sie die Handlungen vormacht: Sie stellt einen Stuhl in die Kreismitte oder bittet ein Kind darum. Ein Kind soll sich nun auf diesen Stuhl setzen. Die Erzieherin legt einen Schlüsselbund unter den Stuhl... Ihre Handlungen wird sie mit erklärenden Worten begleiten.
– Beim Zubereiten eines Obstsalates lässt sie die Kinder das Obst berühren. Sie lässt die Kinder vor und nach dem Schälen und Schneiden das Obst riechen und macht auf den unterschiedlichen Geruch aufmerksam.
– Ein Gespräch, eine Erklärung oder ein Vortrag werden durch Bilder oder anderes Anschauungsmaterial lebendiger, abwechslungsreicher und einprägsamer. ▲

3.2.2.2 Methoden zur Verarbeitung von Erfahrungen

Der Mensch, vor allem das Kind, hat einen natürlichen Drang neu erlernte Fähigkeiten zu üben und zu erproben, bis sie sicher beherrscht werden. Nur wenn das Lernen nicht reizvoll, zu einfach oder zu ermüdend war und das Ergebnis nicht verlockend ist, unterbleibt dieser Wiederholungsdrang. Erst was sicher in das Verhaltensrepertoire aufgenommen wurde, kann wieder abgerufen werden. Ab diesem Zeitpunkt bietet die Wiederholung keinen Reiz mehr, es sei denn, sie wird mit anderen Handlungen gekoppelt und erweitert.

▼ **Beispiele:**
– Das zweijährige Kind springt so lange von der ersten Treppenstufe, bis es sicher geworden ist. Danach beginnt es von der zweiten Stufe zu springen.
– Ein Puzzle, das reibungslos beherrscht wird, holt sich das Kind nur noch selten, dagegen reizt ein entsprechend schwereres. ▲

Möglicherweise bleib das Ergebnis reizvoll. Dann wird die Handlung wegen des Ergebnisses, nicht wegen des Lernreizes wiederholt.

▼ **Beispiel:**
– Die Jugendliche in der Wohngruppe backt mit Wonne einen Kuchen. Als sie gebeten wird für einen Geburtstag den gleichen Kuchen nochmals zu backen, tut sie es nur, um dem Wunsch nachzukommen. Sie verspürt keine Begeisterung mehr am Tun. Oder sie wählt ein neues Rezept aus und kann dann vielleicht mit der gleichen Spannung ihren Arbeitsprozess begleiten. ▲

Mit neuer lernten Fähigkeiten wird experimentiert. Das Können wird in unterschiedlichen Zusammenhängen angewendet.

▼ **Beispiele:**
– Ein Kind hat die Handhabung eines Kassettenrecorders erlernt. Nun läuft es herum und nimmt alle möglichen Geräusche auf.
– Das Spiel mit Legosteinen ist jahrelang für Kinder interessant, nachdem sie die Technik durchschauen. Es reizt sie, neue Ideen zu entwickeln und ihre Vorstellungen zu realisieren. ▲

Die Notwendigkeit, Neuerlerntes zu wiederholen und zu üben, muss von der Erzieherin berücksichtigt werden. Sie muss den ihr anvertrauten jungen Menschen die Gelegenheit und die Möglichkeit dazu geben. Dabei muss sie einen individuellen Spielraum beachten: Nicht alle Gruppenmitglieder wiederholen und erproben ihr Können in gleicher Weise.

▼ **Beispiele:**
– Kindergartenkinder haben das Falten von Schiffchen erlernt. Im Freispiel steht ihnen

Material zur Verfügung diese Faltform beliebig oft zu wiederholen. Ein Wasserbecken im Bad oder im Freien regt zusätzlich an das Falten erneut auszuprobieren, weil das Schwimmenlassen Spaß macht und auch, weil in manche Schiffchen beim Ausprobieren Wasser läuft und sie aufweichen. Die Kinder falten unterschiedlich viele Schiffe in verschiedenen Größen.
– Die Erzieherin hat mit einer Teilgruppe ein Bilderbuch betrachtet. Später zeigt eins der Kinder das gleiche Buch einem anderen Kind, das bei der Bilderbuchbetrachtung nicht anwesend war. Ein weiteres Kind betrachtet das Buch alleine zum wiederholten Mal.
- Das Tischfußballspiel wird von einigen Jugendlichen des Jugendzentrums nur benutzt, wenn sie Gegenspieler haben, die ihnen in etwa gewachsen sind. Mit wesentlich schwächeren Spielern wird nicht gern gespielt. Andere suchen sich gerade schwächere Spieler um ihren Sieg auszukosten und keine Niederlage einstecken zu müssen. ▲

Nicht nur erlernte Fähigkeiten, auch Wissen und Erkenntnisse werden durch Wiederholung verfestigt. Ebenso werden Gefühle noch einmal nachempfunden. Das Bedürfnis danach ist oft sehr stark, weil die Gefühle durch das Wiederholen verarbeitet werden. Deshalb drängt der Mensch danach, Gefühle vor allem in Gesprächen nachzuerleben. In Träumen, auch in Tagträumen, werden Gefühle und Erlebnisse gedanklich wiederholt und verarbeitet. Kinder wiederholen viele ihrer Erlebnisse und Gefühle im Rollenspiel. Auch Malen kann eine Form von Wiederholung und Verarbeitung bedeuten. Die Erzieherin muss deshalb dafür sorgen, dass den jungen Menschen genügend Zeit für solche Verarbeitungs-, Wiederholungs- und Anwendungsphasen geboten wird. Eine entsprechende Atmosphäre ohne Zeitdruck und Leistungserwartung ist dafür Voraussetzung. Die Erzieherin muss sich selbst als Ansprechpartner zur Verfügung stellen und sich Zeit für Gespräche oder andere Ver- und Bearbeitungsformen der Heranwachsenden nehmen.

Neben den Anregungen und Lernhandlungen, die der junge Mensch durch die Erzieherin er-

fährt, müssen auch Eindrücke und Lernerfahrungen aus der Familie, der Schule und später der Berufsausbildung sowie aus den Medien verarbeitet werden. Deshalb muss in sozialpädagogischen Einrichtungen dem individuellen Spiel und Gespräch sowie der ungelenkten Aktivität viel Zeit eingeräumt werden. Aus diesem Grund ist auch der Anteil der Beziehungsarbeit (siehe Kapitel 2.2.1) für sozialpädagogische Fachkräfte so hoch.

▼ **Beispiele:**
– Der Kindergartenmorgen beginnt mit Freispiel. Die Kinder können über Malen, Rollenspiele, Gespräche oder auch starke Bewegung im Freien (oder im beaufsichtigten Turnraum) ihre Erlebnisse und Erfahrungen von zu Hause bearbeiten. Montags ist diese Phase länger als an anderen Tagen.
– Im Hort wird ähnlich vorgegangen, wenn die Kinder aus der Schule kommen.
– Im Heim muss sehr gezielt für individuelle Verarbeitungsphasen gesorgt werden, weil die Kinder und Jugendlichen auf Grund ihres Schicksals viel zu schlucken und zu verdauen haben. ▲

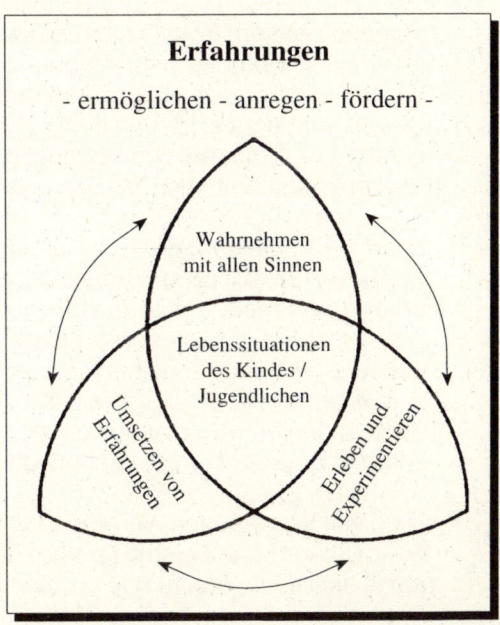

Erfahrungen

- ermöglichen - anregen - fördern -

Wahrnehmen mit allen Sinnen

Lebenssituationen des Kindes / Jugendlichen

Umsetzen von Erfahrungen

Erleben und Experimentieren

Zusammenfassung

- Kinder und Jugendliche werden in der heutigen Zeit (in den Industriegesellschaften) oft mit vielfältigen, aber einseitigen und zu schnell wechselnden Wahrnehmungen konfrontiert. Sie können nur selten bei einer Wahrnehmung verweilen und sich in einen Ausschnitt vertiefen. Sie erleben das Geschehen oft auch zu wenig. Sie betrachten, anstatt zu erleben. Diese Einseitigkeiten muss die sozialpädagogische Einrichtung im Rahmen ihrer Möglichkeiten ausgleichen.

- Viele Kinder erfahren Gegebenheiten und Prozesse der Natur mehr aus den Medien als in der Realität selbst. Hier muss die Erzieherin ebenfalls versuchen einen Ausgleich zu schaffen. Das Erleben in der Natur, die Betrachtung von Dingen und die Beobachtung von Prozessen der Natur, der Umgang mit Urelementen der Natur wie Erde, Wasser, Luft und Feuer oder die Verwendung von Naturmaterialien zum Spiel und zum Werken sind Möglichkeiten eines naturnahen Lebens und Lernens.

- Perfektioniertes Spielmaterial, das dem Kind nur einen sehr geringen Freiraum für eigene Erfindungen lässt, muss kritisch betrachtet und darf nur begründet eingesetzt werden. Das Kind hat Freude am Erfinden und stärkt sein Selbstwertgefühl durch seine erfinderischen Erfolgserlebnisse.

- Gezielte Wahrnehmungsspiele und -übungen können sowohl bei kleinen Kindern als auch bei Jugendlichen dazu verhelfen, einen Ausschnitt aus der Realität differenziert (und vielleicht staunend) zu betrachten, die eigene Person (Körper, Gefühlswelt und geistige Fähigkeiten) bewusst in ihrer Vielfältigkeit und Einmaligkeit wahrzunehmen und dem Mitmenschen wahrnehmungsfähiger und wertschätzender zu begegnen.
  Deshalb können Wahrnehmungsspiele und -übungen den Alltag sehr bereichern.

- Der junge Mensch benötigt für einen angemessenen Lernprozess häufige Experimentierphasen. Er will selbst ausprobieren, um Funktionen von Dingen selbstständig zu erkennen oder Abläufe zu durchschauen und zu steuern. Erlerntes Wissen und Können will er selbstständig anwenden.
  Die Erzieherin muss deshalb Möglichkeiten zu individuell unterschiedlichem Experimentieren bieten. Das verlangt von ihr neben der eigenen Zurückhaltung und Risikobereitschaft auch,Misserfolge in Kauf zu nehmen.

- Erlernte Fähigkeiten, Wissen, Gefühle und Einstellungen müssen wiederholt werden um verinnerlicht zu werden. Der junge Mensch hat in seiner natürlichen Lernbereitschaft meist ein Bedürfnis nach Verfestigung und Wiederholung. Dieses Üben kann in einfachen Wiederholungen bestehen oder kann in andere Tätigkeiten eingebunden werden. Die sozialpädagogische Praxis muss ein breites Feld für solche Internalisierungsprozesse bieten. Nicht nur in der Einrichtung erlerntes Wissen wird hier verfestigt, sondern auch Eindrücke und Lernerfahrungen aus Umwelt, Medien, Schule und Berufsausbildung.

- Für diese Vertiefungen, Verarbeitungen und Verfestigungen muss eine geeignete Atmosphäre ohne Leistungs- und Zeitdruck geschaffen werden. Die Erzieherin muss sich für verarbeitende und vertiefende Gespräche zur Verfügung stellen.

Anregungen

1. Meditation und Bewusstmachung von Kindheitserinnerungen im Zusammenhang mit Spiel und Spielmaterial

Legen Sie Papier und Stifte (Wachsmalstifte) bereit. Bilden Sie einen Stuhlkreis. Setzen Sie sich bequem und schließen Sie die Augen (wenn geschlossene Augen auf Sie nicht beängstigend wirken). Sprechen Sie in der Meditationsphase und danach nicht.

Ein Gruppenmitglied liest den folgenden Text sehr langsam und mit entsprechenden langen Pausen oder erfindet einen ähnlichen Text:

„Ich denke jetzt zurück an meine Kindheit. Ich sehe mich in meiner Familie, in unserer Wohnung, in unserem Ort oder Stadtteil. (Pause) Ich versuche mich an meine Spiele zu erinnern. (Pause) Ich lasse Bilder hochkommen, die Spiel mit einem angenehmen Gefühl oder Spiel mit einem unangenehmen Gefühl verbinden. (Pause) Ich versuche, mit meinen Erinnerungen sehr weit zurückzugehen, mich an meine frühesten Spiele zu erinnern. (noch längere Pause) Jetzt werde ich in meinen Gedanken wieder langsam, sehr langsam älter. (Pause) Ich erlebe meine Jugend und erinnere mich daran, dass ich eine Berufsausbildung begonnen habe. (Pause) Ich nehme jetzt wieder meine Gegenwart wahr, dass ich hier im Raum auf einem Stuhl sitze. Ich spüre meinen Körper und öffne langsam die Augen. (Pause) Schreibt jetzt, ohne zu sprechen, auf jeweils ein Blatt eine möglichst frühe Spielerinnerung."

Nachdem die Gruppenmitglieder ihre Spielerinnerungen notiert haben, kann mit den Erinnerungsblättern gearbeitet werden. Sie werden im Stuhlkreis auf dem Boden nacheinander unterschiedlichen Gesichtspunkten zugeordnet. Nach jeder Zuordnung werden Gedanken und Assoziationen ausgesprochen. Beispiele für Zuordnungen:

– Spiele im Freien/Spiele im Raum,
– Spiele allein/Spiele mit anderen,
– Spiele mit Material/Spiele ohne Material,
– Spiele in und mit der Natur/Spiele ohne Bezug zur Natur.

2. Eindenken in die Situation von Kindern und in die eigene Rolle als Erzieher/in

Besorgen Sie sich einen Reifen, Wollreste, Wegwerfmaterialien und ein symbolisches Kind, das Sie am besten aus Wachs oder einem anderen formbaren Material herstellen.

Legen Sie den Reifen auf den Boden in die Mitte des Stuhlkreises und das Kind in den Reifen. Binden Sie jeder einen Wollfaden an den Reifen und nehmen Sie das andere Ende des Fadens in Ihre Hand.

Denken Sie sich in die Symbolhaftigkeit dieses formbaren Kindes und in Ihre Rolle als Erzieher/in ein. Durchdenken Sie Ihre Möglichkeiten und Grenzen der Beeinflussung und Organisation von Erfahrungen für dieses Kind.

Nach einer schweigenden Nachdenkphase stellen Sie in etwa 10 bis 15 Minuten aus Industrie-Wegwerfmaterial oder aus Naturmaterialien ein symbolisches Geschenk für dieses Kind her. Stellen Sie das Geschenk vor Ihre Füße auf den Boden.

Auf freiwilliger Ebene werden die Geschenke im Plenum nun beschrieben und erläutert.

3. Ausprobieren von Wahrnehmungsspielen

Spielen Sie Kimspiele und andere Wahrnehmungsspiele um selbst die Erfahrung zu machen (und zu staunen), welche Empfindungen und Gefühle ausgelöst werden, wenn die eigene Person, die Mitmenschen oder die Umwelt bewusst in einem Ausschnitt wahrgenommen werden. Wählen Sie dafür nicht nur Kinderspiele, wie einen Gegenstand blind zu ertasten oder mit geschlossenen Augen einen Geschmack zu erraten, sondern erhöhen Sie die Spannung durch Spiele, die sich für Jugendliche eignen.
Beispiele:
– sich mit geschlossenen Augen führen lassen (im Raum, im Gebäude oder im Freien, beispielsweise auf Umwegen zu einem Baum und wieder zurück, um den Baum dann mit offenen Augen wieder zu finden),
– sich gegenseitig abtasten und erraten,
– einen leise tickenden Wecker im Raum verstecken; wer ihn gefunden hat, setzt sich stillschweigend auf seinen Platz.

4. Gruppengespräch mit dem Ziel, das eigene Lernverhalten bewußt zu machen und zu steuern

Bilden Sie Gruppen und sprechen Sie über Aspekte im Zusammenhang mit eigenen Lernerfahrungen.
Anregende und strukturierende Fragenstellungen können sein:
– Wie lerne ich einen Stoff für den Unterricht am besten? Über Lesen (leise oder laut), Abschreiben, mit eigenen Worten erklären oder Schreiben, auf Kassette sprechen?
– Zu welcher Tageszeit und in welchen zeitlichen Abschnitten lerne ich besser oder schlechter (z.B. morgens, abends, eine Stunde oder kürzer, länger)?
– Welches Lernen bereitet(e) mir besonderen Spaß (Schule, Alltag, Forschen, Fernsehen, Lesen, Ausprobieren usw.)?
– Wie könnte mir am besten beim Erlernen von Wissen, Erkennen, Können und Bewerten geholfen werden? Gibt es ein lehrendes Vorgehen, das ich nicht gerne mag? Gibt es Menschen, von denen ich besonders gerne etwas lerne? Warum?

5. Beobachtung von Kindern und Jugendlichen in ihrem Lernverhalten

Beobachten Sie ein Kind oder eine Gruppe von Kindern und Jugendlichen über einen kurzen Zeitabschnitt. Unterscheiden Sie zwischen: etwas Neues lernen, etwas Erlerntes wiederholen und anwenden oder auch eine Verbindung von beidem. Notieren Sie kurz Ihre Beobachtungen. Vergleichen Sie in Gruppengesprächen Ihre Erfahrungen und Zuordnungen. Übertragen Sie Ihre Beobachtungen und Erkenntnisse auf die eigene Person und vergleichen Sie!

6. Stellungnahme zum gelesenen Text von Kapitel 3.2.2 (Methoden zur Vermittlung von Erfahrungen)

Diskutieren Sie in Gruppen, ob Sie diesem Text zustimmen oder (in Teilen) nicht zustimmen. Belegen Sie Ihre Gedanken mit eigenen Erfahrungen. Vergleichen Sie mit eigenem Lernverhalten und mit Erfahrungen aus dem Praktikum. Entwickeln Sie pädagogische Absichten für Ihren späteren Beruf. (Wie stellen Sie sich Ihre berufliche Arbeit im Zusammenhang mit der Vermittlung von Erfahrungen vor? Worauf werden Sie achten?) ❑

4 Didaktische Planung

Einführung

In der sozialpädagogischen Arbeit müssen unterschiedliche Arbeitsbereiche geplant und durchdacht werden: Aktivitäten und Projekte mit der Gruppe, der Umgang mit einzelnen Kindern, Feste, Teamsitzungen, Elterngespräche und -abende usw. Erzieherinnen müssen sich deshalb in ihrer Ausbildung mit Planungen auseinander setzen. Wenn der Aufbau einer Planung grundlegend erfasst wurde, ist die Übertragung auf unterschiedliche Planungsaufgaben relativ einfach.

▼ **Beispiele:**
– Wenn Erzieherinnen gelernt haben sich bei der Planung von Gruppenaktivitäten zunächst zu fragen, wo die Gruppe steht, können sie die Teilnehmer an ihren Kenntnissen und Fähigkeiten abholen und sich mit ihnen in Bewegung setzen. Ist ihnen diese Situationserfassung vertraut, wird sie auch bei anderen Planungsformen als wichtig angesehen und vorgenommen, z.B. bei einem Erziehungsplan, einem geplanten Gruppengespräch oder einem Elternabend.
– Erzieherinnen, die Wert darauf legen, sich die Ziele deutlich zu machen, bzw. die Richtung, in der sie mit der Gruppe gehen wollen, werden diese Bewusstmachung auch bei anderen Planungen angehen, z.B. nicht nur bei der Tageslaufgestaltung, sondern auch bei Gruppenaktivitäten oder Teamsitzungen. ▲

Die verschiedenen Planungen müssen zueinander passen, d.h., dass sie die gleichen Richtziele verfolgen und dass sich die Arbeit des Teams in den unterschiedlichen Aufgaben ergänzt und nicht widerspricht.

▼ **Beispiele:**
– Wenn die Erzieherin eine hohe Selbstbestimmung des Kindes oder Jugendlichen anstrebt, darf sich diese Zielsetzung beispielsweise nicht nur in ihrer Anleitung bei Aktivitäten zeigen, sondern auch in der Menge und Art ihrer Regeln oder in der Hinführung zu Selbstständigkeit im alltäglichen praktischen Bereich. Dieses Ziel muss sie, wenn möglich, mit der Mitarbeiterin absprechen, damit die Gruppe die Sicherheit hat etwa gleiche Verhaltenserwartungen vorzufinden. Außerdem können sich die beiden Teammitglieder gegenseitig Feed-back geben, wie sie Grenzen der Selbstbestimmung wahrnehmen, einschätzen und bewerten.
– Erzieherinnen, die im Teamgespräch entscheiden, dass die Kinder sich beim Essen selbst bedienen können und nicht Fleisch oder Fisch essen müssen, binden die einzelnen Teammitglieder an diese Regel. ▲

Das folgende Kapitel wird in zwei Teile gegliedert: Zunächst wird ein Planungsschema erarbeitet und auf unterschiedliche Arbeitsbereiche angewendet. Dabei erhalten Sie Hilfe um selbst differenzierte Planungen vornehmen und schriftlich festhalten zu können.
Im zweiten Teilkapitel werden verschiedene Planungskonzepte vorgestellt und ihre Übertragbarkeit auf praktische Arbeitsbereiche diskutiert. Schließlich werden Möglichkeiten beschrieben, wie in einer sozialpädagogischen Einrichtung ein eigenständiges Konzept erarbeitet werden kann.

4.1 Planung als Arbeitsinstrument in sozialpädagogischen Arbeitsbereichen

Wenn es um organisatorische Planungen geht, wie beispielsweise um einen Dienstplan (wer hat wann welchen Dienst?) oder um die Raumbelegung, den Speiseplan, die Festvorbereitungen usw., ist die Notwendigkeit von Planung jedem einsichtig, weil durch die Planung die einzelnen Schritte und die Arbeitsverteilung offen gelegt und für jeden sichtbar werden. Im direkten pädagogischen Bereich, wie etwa der Planung einer Spielstunde oder einer Bastelaktivität, wird Planung von zukünftigen Erzieherinnen häufig als zu stark bindend empfunden. Es wird befürchtet, dass man sich durch Planung festlegen und seine Flexibilität und Spontaneität aufgeben müsse. Diese Befürchtung ist insofern unangemessen, als Planung niemals bedeuten darf unflexibel an der vorgenommenen Vorgehensweise festzuhalten, wenn pädagogische Gründe dagegen sprechen. Im Gegenteil: Eine Planung kann der Erzieherin die nötige Sicherheit geben, die sie braucht um flexibel zu sein.

Ein Beispiel soll die Notwendigkeit von Planung verdeutlichen:
Ein Hortkind wünscht sich für seine Geburtstagsfeier eine Spielstunde. Die Erzieherin möchte für die Auswahl der Spiele die spontanen Wünsche des Geburtstagskindes und der anderen Gruppenmitglieder mit einbeziehen. Sie plant die Spielfolge daher nicht vor. Sie will spontan bleiben. Bei der Durchführung wünscht sich das Geburtstagskind zunächst ein Spiel, das sehr bekannt ist und deshalb keinen besonderen Spielreiz bietet, nämlich „Mein rechter Platz ist leer". Die Motivation der Gruppenteilnehmer sackt ab. Die Erzieherin reagiert und bittet um einen neuen Vorschlag, „damit es auch allen Spaß macht". Das Spiel, das jetzt vorgeschlagen wird, bedeutet für einen großen Teil der Kinder längere Wartezeiten: „Die Reise nach Jerusalem". Diejenigen Kinder, die zuerst ausscheiden, müssen bis zum Spielende warten (sofern die Erzieherin nicht die Spielregel verändert und die Kinder nur jeweils für eine Runde ausscheiden lässt).

Als die Erzieherin die Unruhe der wartenden Kinder bemerkt, reagiert sie wieder. Vielleicht kann sie jetzt selbst ein Spiel spontan vorschlagen, das dem augenblicklichen Bewegungs- und Aktionsbedürfnis der Gruppe entspricht. In jedem Falle verspürt die Erzieherin den Druck, unter dem sie jetzt steht. Flexibilität und Spontaneität sind aber unter Druck wenig lebbar.

Die Erzieherin hätte sich vor der Spielstunde die Voraussetzungen für die Geburtstagsfeier bewusst machen und ansatzmäßig ein Programm entwickeln müssen:
1. Sie hätte sich die Gruppensituation vergegenwärtigen sollen: Schulfrust? Vorangegangene Bewegungsarmut bei den Hausaufgaben? Rastlose und unruhige Kinder? Beliebte und unbeliebte Spiele? Spielreiz durch unbekannte, neue Spiele? usw.
2. Die Überlegung, was sie an diesem Nachmittag für das Geburtstagskind und die anderen erreichen will (Ziele), hätte ihrem Programm eine Richtung gegeben, z.B. Spaß? Ausgleich zur Schule? Kooperation? Wetteifer?
3. Nach diesen beiden Vorüberlegungen hätte sie sich Spiele ausdenken können, die der Gruppensituation und ihrer Zielsetzung weitgehend gerecht werden. Dabei wäre ihr wahrscheinlich aufgefallen, dass die Spiele spannungs- und bewegungsreich sein und die Wartezeiten gering gehalten werden müssen.
Diese Vorüberlegungen und die gedankliche Bereitstellung von angemessenen Spielen (ggfs. auch die konkreten Vorbereitungen wie Materialbeschaffung usw.) hätten ihr geholfen auf die entstehenden Situationen besser vorbereitet zu sein und auch auf die spontanen Wünsche der Kinder eingehen zu können. Sie hätte nämlich dann kaum Ängste zu haben brauchen auf den von ihr als wichtig erkannten Weg nicht zurückfinden zu können, wenn durch die Vorschläge der Kinder die Spielfreude nachgelassen hätte.

Das Beispiel macht deutlich: Durch Planung kann entsprechende Sicherheit gewonnen werden, die für Flexibilität, Kreativität und Spontaneität notwendig ist.

4.1.1 Verlaufsmodell

Jede Planung läuft im Grunde nach dem gleichen Schema ab. Für eine anschauliche Darstellung dieses Schemas eignet sich ein Beispiel aus dem Privatleben: eine Ferienreise.

In der Regel werden Ferienreisen geplant. Gehen wir davon aus, zwei Freundinnen wollen ihre Reise gemeinsam unternehmen. Zunächst haben sie noch kein Ziel vor Augen.

1. Ihr erster Schritt wird wahrscheinlich sein, ihre **Voraussetzungen** bewusst zu machen: Urlaubszeiten, finanzielle Möglichkeiten, Dauer der Reise, Interessen, Wetterbedingungen usw.

2. Nun werden sie nach einem **Ziel** ihrer Reise Ausschau halten. Das Ziel kann in dem Reiseort bzw. -land gesehen werden, es kann aber auch sein, dass sie das Ziel ihres Urlaubs in der Form der Anregung oder Entspannung sehen, die sie anstreben: Wandern, Fahrrad fahren, Strandurlaub, kulturelle Anregung usw.

Natürlich kann es auch sein, dass der Schritt 2 vor dem Schritt 1 liegt: Sie stellen fest, dass sie sich für den gleichen Urlaub interessieren, und fangen dann erst an ihre Gegebenheiten zu überprüfen, um zu erkennen, ob sich ein gemeinsamer Urlaub verwirklichen lässt. In diesem Falle ist ihnen also zuerst das Ziel klar und danach untersuchen sie die Voraussetzungen und Möglichkeiten.

3. Nachdem festliegt, wohin sie fahren wollen und welche Inhalte der Urlaubsreise sie anstreben, werden sie ihre Reise durchdenken und strukturieren: Landkarten werden gewälzt, Informationen eingeholt, unterschiedliche Möglichkeiten vorüberlegt. Dieser Teil beinhaltet die **konkrete Planung**, d.h. die detaillierten Entscheidungen.

4. Jetzt beginnen die praktischen **Vorbereitungen**. Einkäufe werden getätigt, Reiseutensilien in Ordnung gebracht, die Abwesenheit von der Wohnung vorbereitet.

5. Die Reise beginnt. Die **Durchführung** der Reise hatte einen langen Vorlauf. Trotz aller Vorbereitungen ist es keineswegs gesagt, dass sich die Reiseteilnehmer an ihren Plan halten. Ihr Plan gibt ihnen die Voraussetzung Kenntnisse darüber zu haben, was sie unternehmen wollen. **Wenn sich Planungen an Ort und Stelle als nicht sinnvoll erweisen, wird spontan anders vorgegangen**, aus was für Gründen auch immer.

6. Nach der Reise haben die Teilnehmer in der Regel ein starkes Bedürfnis Erlebnisse wieder aufleben zu lassen. Man trifft sich, erinnert sich anhand von Fotos an einzelne Begebenheiten, erzählt anderen von den Erlebnissen und gibt Erfahrungen und Tipps weiter. Man überdenkt, ob die anfänglichen Hoffnungen und Wünsche sich verwirklicht haben, welche Veränderungen man bei einer nächsten Reise vornehmen wird und worauf man in Zukunft achten will.

Damit findet eine **Reflexion** statt. Die Erkenntnisse aus der Reflexion werden in die nächste Urlaubsplanung hineingenommen.

Übertragen auf die sozialpädagogische Praxis kann das Verlaufsmodell der Planung folgendermaßen dargestellt werden (in Anlehnung an Ernst Martin, 1989, S. 64):

Verlaufsmodell der didaktischen Planung

1. Analyse: Feststellen und Untersuchen der Gegebenheiten und Voraussetzungen. Dadurch werden Kenntnisse erreicht über:
– Zielgruppen mit ihren Bedürfnissen, Fähigkeiten, Interessen,
– die Arbeitsbedingungen,
– die äußeren Gegebenheiten wie Zeit, Raum usw.,
– die Erwartungshaltungen der unterschiedlichen Beteiligten.

2. Ziele: Bewußtmachen der angestrebten Verhaltensweisen, Fähigkeiten,
Kenntnisse, Gefühle und Einstellungen. Dabei ist es sinnvoller,
sich auf wenige Ziele zu beschränken, und zwar auf solche, die
tatsächlich inhaltlich und methodisch bearbeitet werden.

3. Entscheidungen: Planung der inhaltlichen Auswahl und der methodischen Vorge-
hensweise:
– Entwerfen von Themen und Inhalten,
– Einholen von Informationen und Kenntnissen,
– Entwickeln von angemessenen Methoden,
– Einsetzen von Medien und Materialien,
– Durchdenken der räumlichen Gestaltung und des organisatori-
schen Ablaufs,
– Einbeziehen weiterer Personen
– usw.

4. Vorbereitung: Konkrete Vorarbeiten für eine reibungslose Durchführung:
– Beschaffen und Bereitstellen von Material,
– Vorbereiten des Raumes,
– ggfs. Ausprobieren,
– Vorgespräche mit Beteiligten
– usw.

5. Durchführung: Umsetzung der geplanten Aktivität, dabei wird Flexibilität
verlangt, wenn Situationen eine Abweichung vom Plan
sinnvoll erscheinen lassen.

6. Reflexion: Kritischer Rückblick auf die unterschiedlichen Planungsschritte
und auf die Durchführung:
– Überdenken der anfänglichen Einschätzungen (Analyse) und
der Angemessenheit der beabsichtigten Ziele,
– Nachvollziehen der einzelnen Schritte hinsichtlich der Wirkung auf die unterschiedlichen Beteiligten,
– Hinterfragen der Gründe für Erfolge und Misserfolge oder für
Fehleinschätzungen und ähnliches,
– Bewußstmachen von Konsequenzen für die Fortführung der
pädagogischen Arbeit oder die Planung eines ähnlichen Projektes.

4.1.1.1 Situationsanalyse

Häufig beginnt eine Planung nicht (bewusst) mit dem ersten Schritt: Feststellen der Voraussetzungen. Erzieherinnen werden durch die gegebene Situation sofort mit Teil 3, „Entwerfen von Themen und Inhalten", konfrontiert, beispielsweise, wenn es darum geht, einen Ausflug oder ein Fest zu planen oder eine bestimmte Aktivität mit einer Kindergruppe durchzuführen. Dabei ist es möglich, dass die Schritte 1 und 2 auf Grund der Alltagserfahrung wie selbstverständlich einbezogen werden.

▼ **Beispiele:**

Die Erzieherin weiß, wie viel sie den Kindern beim Basteln zutrauen kann oder welche Auffassungsgabe sie beim Erzählen haben. Sie braucht darüber nicht erst lange nachzudenken. Sie kennt auch die Interessen und Motivationen der Kinder.

Die Ziele erscheinen ihr vielleicht selbstverständlich, beispielsweise, dass es ihr beim Basteln nicht auf Genauigkeit und Fingerfertigkeit der Kinder ankommt, sondern auf Ideenreichtum und Erfolgserlebnisse.

Beim Erzählen ist es ihr wichtig, dass die Kinder sich in die Erzählwelt eindenken, eigene Vorstellungen entwickeln und sich mit den Helden der Erzählung identifizieren. Sie denkt darüber nicht weiter nach. ▲

Eine entsprechende Bewusstmachung sollte aber auch dann von Zeit zu Zeit vorgenommen werden, damit sie ihre Angebote genauer auf die Fähigkeiten und Bedürfnisse der Kinder abstimmen und die Kinder wirklich dort abholen kann, wo sie stehen.

Dass eine Situationsanalyse wichtig ist, wird deutlich, wenn es sich um eine unbekannte Gruppe handelt, zum Beispiel bei einer Freizeit. Die ersten Unternehmungen werden sicher von der Erzieherin so gewählt werden, dass möglichst alle Kinder motiviert bei der Sache sind, dass spezielle Fähigkeiten noch nicht gefordert und Ängste möglichst vermieden werden. Die Situation der Kinder ist ihr noch nicht vertraut. Sie muss deshalb versuchen, Motivationen, Fähigkeiten und Ängste der Kinder

wahrzunehmen, um die Aktivitäten, die sie der Gruppe vorschlägt, darauf abzustimmen.

Wenn eine Aktivität nicht gut verlaufen ist, wird die Notwendigkeit der Situationsanalsye auch deutlich. Die Erzieherin oder das Team fragt sich dann, woran es gelegen haben könnte, beispielsweise, ob die Gruppe oder die einzelnen Teilnehmer über- oder unterfordert wurden, ob vorhandene Motivationen wahrgenommen und berücksichtigt wurden usw.

4.1.1.2 Ziele

Das Bewusstmachen der Ziele wirkt auf Erzieherinnen, die darin nicht geübt sind, oft behindernd. Sie fürchten – wie schon zu Beginn dieses Kapitels gesagt – ihre Spontaneität zu verlieren. Das kann durchaus zunächst auch so sein. Der Blick auf das angestrebte Ziel kann die spontane Reaktion auf das Verhalten der Gruppe oder die eigene Kreativität einschränken. Nach einiger Übung kommt diese Spontaneität aber wieder zum Ausdruck. Die pädagogische Arbeit läuft jetzt gezielter ab und hat durch die Bewusstmachung an Richtung und Tiefgang gewonnen.

▼ **Beispiele:**

– Eine Erzieherin bastelt häufig mit den Kindern im Kindergarten. Grundlage für ihre Bastelarbeiten sind meist Schablonen oder auch Faltarbeiten. Die verzierten Gegenstände dekorieren den Gruppenraum. Die Eltern haben daran ihre Freude. Die Arbeiten sind mit den Namen der Kinder gekennzeichnet und dadurch für die Eltern erkennbar. Wenn die Erzieherin nach ihren Zielen befragt würde, wäre ihre Antwort möglicherweise: „Kreativität der Kinder". (Kreativität ist die Fähigkeit originell zu denken und dieses Denken in Handlungen umzusetzen.) Erst wenn sie wirklich darüber nachdenkt, erkennt sie, dass ihr Augenmerk viel mehr auf Genauigkeit und Fingerfertigkeit der Kinder gerichtet war.

Sie wird nun seltener Schablonen verwenden und wird viel weniger als vorher vorgeben. Sie wird dann vielleicht auch nicht mehr so stark auf die Genauigkeit achten und wird die Kinder loben, wenn sie eigenständige Ideen entwickelten. Sie wird ihnen bei der Umsetzung dieser Ideen helfen. Damit verändert sie zugleich ihre eigene Rolle. Während sie vorher diejenige war, die sagte, wo es langgeht, die Wissende und Lenkende, wird sie jetzt viel mehr zu derjenigen Person, die das Kind unterstützt. Von der autoritären Rolle ist sie in die stärker demokratische Umgangsform geglitten, die sie von ihrer Einstellung her auch überzeugender vertritt.

Möglicherweise war ihr vorher gar nicht bewusst, dass die motorischen Fähigkeiten der Kinder (Genauigkeit) nicht ihr wichtigstes Ziel waren. Hier fehlte ihr der Bewusstmachungsprozess.

– Ein Team plant das Sommerfest. Um nicht das gleiche vom vergangenen Jahr zu wiederholen werden andere Spiele gewählt. Das heißt, es wird der Inhalt verändert, nicht aber die Ausrichtung des Festes. Der Charakter der Wettspiele bleibt beispielsweise erhalten.

Das Team hat vielleicht grundsätzlich die Einstellung Konkurrenz und Konkurrenzspiele niedrig zu halten. Außerdem ist ihm gesunde Ernährung (vor allem zuckerarm) wichtig. Das Sommerfest wird aber wie im vergangenen Jahr mit Wettspielen geplant. Als Preise soll es Süßigkeiten geben.

Bei einer Bewusstmachung von Zielen kommt das Team auf den Gedanken in der Spielfreude als solcher einen festlichen Höhepunkt zu sehen und nicht die Konkurrenz als Anreiz benötigen zu müssen. Jemand hat die Idee Eltern und Kinder zu gemeinsamem Spiel anzuregen und dafür „Ecken" zu schaffen, in denen gesägt und gehämmert, gemalt und gebaut wird. Eine andere Mitarbeiterin schlägt vor, verschiedene Parcours einzurichten, die auch ohne Preise Spaß machen: einen Tastparcours an einem Seil entlang, sehend und mit geschlossenen Augen; einen Barfußparcours über unterschiedlich beschaffene Wege, einen Gehörparcours, an dem Töne angeschlagen werden müssen; einen Parcours mit unterschiedlichen Möglichkeiten die Welt zu sehen (liegend, erhöht, durch ein Rohr, einen Spiegel, ein ungefülltes Kaleidoskop usw.), vielleicht auch einen Fahrradparcours.

Das Sommerfest entspricht jetzt der Grundeinstellung und den grundlegenden Zielen des Teams. Da es keine Preise gibt, wird das Essen des Festes nicht mehr in der Verbindung Sieger = Süßigkeiten stehen, sondern es wird vielleicht als wohlschmeckende Vollwertnahrung für den entstandenen Hunger einen natürlichen, genussreichen Standort bekommen. ▲

Die Bewusstmachung von Zielen kann für die Erzieherinnen/das Team eine klarere Harmonie zwischen Denkrichtung und Konkretisierung bringen. Nicht bewusste oder halb bewusste Disharmonien zwischen pädagogischen Vorstellungen und der gelebten Wirklichkeit können reduziert werden.

Nach einer gewissen Übungszeit wird die Bewusstmachung der Gegebenheiten und der Ziele zum natürlichen pädagogischen Werkzeug. Situationsanalyse und Zielbeschreibung sind die Grundlagen für die Offenlegung der eigenen beruflichen Arbeit im Team, bei den Eltern und anderen Bezugsgruppen, dem Träger und in der Öffentlichkeit. Die Begründung des eigenen pädagogischen Handelns beruht auf der Sichtweise der vorgefundenen Situation und der beabsichtigten Richtung (den Zielen). Fundierte pädagogische Arbeit kann deshalb auf diese beiden theoretischen Denkleistungen nicht verzichten.

4.1.1.3 Planung und Vorbereitung

Die Teile 3 und 4, die gedankliche Planung und die konkrete Vorbereitung, fallen den Erzieherinnen in der Regel nicht schwer. Aber es handelt sich oft um eine mühsame Arbeit mit zahlreichen Details. Die beiden Teile sind nicht immer zu trennen. Schritte der Planung lösen Vorbereitungen aus. Erfahrungen bei den Vorbereitungen verändern die Planung. Auch die inhaltliche Auswahl und das methodische Vorgehen beeinflussen sich gegenseitig.

▼ **Beispiel:**

In einem Jugendzentrum besuchen nur wenige Mädchen das Haus, obwohl es gleichermaßen für Jungen und Mädchen geöffnet ist. Tischfußball, Billard, Werkraum und anderes werden weitgehend von Jungen belegt (Situation, Teil 1).

Um die Mädchen stärker anzusprechen soll ein Programm entwickelt werden, das die Mädchen motiviert und ihnen die Voraussetzung gibt, sich willkommen und damit auch sicherer im Jugendzentrum zu fühlen (Ziele, Teil 2).

Das Team entscheidet sich einen Batikkurs für Mädchen anzubieten. Nun setzen planende Überlegungen und konkrete Vorbereitungen möglicherweise abwechselnd ein. Die Erzieherin, die sich dafür bereit erklärt, muss sich vielleicht selbst erst Kenntnisse aneignen und Informationen einholen. Sie wird erstes Material beschaffen und selbst ausprobieren. Sie wird für ihren Kurs Werbung machen, vielleicht in Plakaten, möglicherweise nicht nur im Jugendzentrum selbst. Wahrscheinlich wird sie in diese Vorbereitungen bereits einige Mädchen einbeziehen. Damit hat das Projekt eigentlich schon begonnen.

Sie wird sich eine sinnvolle Reihenfolge der Batikstunden ausdenken, vielleicht vom Leichten zum Schweren, vom Kleinen zum Großen oder von der Einzelarbeit zur Gemeinschaftsarbeit. Sie wird auch ihr eigenes Verhalten durchdenken: mitmachen oder nur behilflich sein? Bei Fehlern korrigieren, aber auch loben usw. Eine mühsame, zeitaufwändige Arbeit, die von Außenstehenden oft nicht gesehen wird.

Zum Schluss vor dem eigentlichen Beginn sind noch eine ganze Reihe kurzfristig vorzunehmender praktischer Vorbereitungen zu bedenken: die Beschaffung des Materials, vielleicht die Vorbereitung des Materials (wie Vorwaschen und Zuschneiden des Stoffes), das Herrichten des Raumes, das Ausrechnen der Preise usw. ▲

4.1.1.4 Durchführung

Bei der Durchführung darf die Erzieherin – wie schon gesagt – nicht am Plan „kleben". Es kann sich erweisen, dass die Ziele nicht angemessen waren. Ebenso kann es sein, dass Inhalte und Methoden verändert werden müssen um die Ziele zu erreichen.

▼ **Beispiel für Veränderung der Ziele:**
In einer Freizeit wird eine Nachtwanderung ge-

plant und durchgeführt. Zwei Ziele haben sich die Betreuer – vielleicht sogar in Absprache mit der Gruppe – vorgenommen:

1. Die Kinder sollen die nächtliche Stimmung sensibel wahrnehmen: Sterne, Mond, Finsternis, Silhouetten, Stille, Geräusche usw.
2. Die Kinder sollen ein leichtes Gruseln erleben, d.h. Spannung erfahren, an den Rand von Angst geraten, aber nicht wirklich Angst erleben.

Nun erweist es sich aber nach Beginn der Nachtwanderung, dass die Ängste der Kinder so hoch sind, dass sie nächtliche Stimmungen gar nicht wahrnehmen können. Auch das Gruseln erübrigt sich. Es entsteht ein völlig neues Ziel, nämlich: Die Kinder müssen zunächst ihre Ängste und Fehleinstellungen vor nächtlichen Gefahren verringern. Natürlich bedeutet die Veränderung der Ziele auch ein verändertes Vorgehen. War beispielsweise vorher ein möglichst leises Gehen und Lauschen beabsichtigt (natürlich nicht während der gesamten Nachtwanderung), wird jetzt erzählt und gesungen, es werden breitere Wege als vorher geplant gegangen usw. ▲

▼ **Beispiel für veränderte Inhalte:**
In dem oben erwähnten Beispiel der Mädchenarbeit im Jugendzentrum zeigt es sich zunehmend, dass nur wenige Mädchen an der Batikarbeit teilnehmen und sich statt dessen Interesse an der Herstellung von Modeschmuck entwickelt. Nun wird die Erzieherin möglicherweise ihr Programm umstellen, weil ihr das Ziel, nämlich die Mädchen zu motivieren und ihnen ein Zugehörigkeits- und Sicherheitsgefühl zu geben, wichtiger war als der Inhalt. ▲

4.1.1.5 Reflexion

In der Reflexion sollten die einzelnen Schritte von der Situationsanalyse bis zur Durchführung noch einmal kritisch durchdacht werden. Der praktische Ablauf darf nicht nur aus der Sicht „War die Gruppe motiviert?" betrachtet werden, sondern muss in den Zusammenhang mit allen Teilen des Verlaufsmodells gestellt werden. Im Mittelpunkt steht das eigene pädagogische Verhalten mit seinen positiven und negativen Wirkungen und Nebenwirkungen.

Unter dem Druck der Arbeit unterbleibt in der Realität oft die Reflexion. Erzieherinnen nehmen sie dann mit in ihr Privatleben. Die Heimfahrt, der Abend, die Nachtruhe sind von Nachdenklichkeit geprägt. Diese Nachdenklichkeit kann aber oft nicht konstruktiv sein, weil sie neben anderen Tätigkeiten läuft und weil für eine strukturierte und zielgerichtete Reflexion starke Konzentration erforderlich ist.

Bei Misserfolgen können durch die Reflexion Ziele neu gesteckt und ein anderes pädagogisches Verhalten abgeleitet werden. Würde die Erzieherin in Ruhe ein verändertes pädagogisches Verhalten durchdenken können, wäre die erlebte Frustration leichter zu ertragen, weil Misserfolge am besten mit der Aussicht auf Erfolge verarbeitet werden können.

▼ Beispiel:

Mohammed war beim Turnen rastlos, albern und provozierend. Die geringe Motivation der Gruppe stand möglicherweise mit dem Verhalten von Mohammed im Zusammenhang. Die Erzieherin nimmt sich vor, das nächste Mal bewegungsreichere Turnübungen zu wählen und Mohammed zu loben, wenn er sich positiv beteiligt. Sie erinnert sich: Er reagiert gewöhnlich provozierend, wenn er getadelt wird. ▲

Eine erste Reflexion kann häufig bereits in der Gruppe, mit der die Aktivität durchgeführt wurde, vorgenommen werden. Dafür ist allerdings die Frage „Hat es euch gefallen?" – wie schon gesagt – wenig geeignet. Sie fordert oft nur dazu auf, ein höfliches „Ja" oder ein ehrliches oder provozierendes „Nein" zu antworten. Stellen Sie Fragen, die zum Nachdenken und zu einem Rückblick anregen, zum Beispiel: Worüber denkt ihr jetzt nach? Was habt ihr zu Beginn erwartet, wie es enden würde? Wie wäre es euch lieber gewesen? (Siehe Kapitel Feedback, S. 116 ff.)

Für Anfängerinnen ist es wichtig, die Reflexion nicht allein vorzunehmen, sondern mit anderen

darüber zu reden. Das Gespräch mit Kollegen, die an der Aktivität beteiligt waren oder zuschauten, bietet eine gute Möglichkeit der Reflexion, vorausgesetzt, die Mitarbeiter sind in der Lage, sensibel zu beobachten sowie ehrlich und wertschätzend Rückmeldung zu geben. Eine Rückmeldung, hinter der die bewusste oder unbewusste Absicht steht, den anderen klein zu machen – vielleicht um selbst zu glänzen – bringt niemandem etwas. Zu sanfte Rückmeldungen werden vor allem dann gegeben, wenn der Feed-back-Geber Verletzungen befürchtet. Häufig will er den Sozialpartner nicht verletzen, weil er selbst sehr verletzbar ist.

Bei angemessenem echtem Feed-back können Sichtweisen zu Tage treten, die von der ausführenden Erzieherin erst durch die Gesprächshinweise gesehen werden.

Wenn die Erzieherin von ihrem Vorgehen und dessen Erfolgen einer unbeteiligten, aber interessierten Person erzählt, kann sie auch neue Blickfelder und Einsichten gewinnen. (Siehe passives und aktives Zuhören, S. 109 ff.)

▼ Beispiel:

Die Berufspraktikantin berichtet ihrer Freundin (keine Erzieherin) von ihrem heutigen Frust in der Heimgruppe. Sie erzählt, dass die Jugendlichen bei den Hausaufgaben die Musik nicht ausstellen wollten und – nachdem sie den Raum verlassen hatte – wieder anstellten. Bei den anderen Betreuern versuchten sie das nicht. Diese Situation wäre nicht die einzige gewesen, in der sie sich nicht durchsetzen konnte.

Die Freundin fragt, was das für sie bedeutet hätte. „Ich fühlte mich nicht ernst genommen!" Mit dieser Erkenntnis wird der Berufspraktikantin klar, dass sie den Jugendlichen nicht mit so viel Verständnis entgegenkommen darf. Sie muss wie die anderen Betreuer mehr darauf bestehen, dass ihre Anweisungen auch eingehalten werden. Bisher hatte sie das strenge Vorgehen der Teammitglieder in Frage gestellt. ▲

Im pädagogischen Alltag besteht nicht die zeitliche Möglichkeit Reflexionen häufig vorzunehmen. Sie müssen auf bestimmte Abschnitte beschränkt werden, etwa wenn eine Planung vorlag, deren erfolgreicher Ausgang in Frage stand oder mit Spannung erwartet wurde, wenn ein bestimmter Abschnitt zu Ende ging, wenn etwas Neues erprobt wurde oder Misserfolge eine Reflexion notwendig machen.

Wenn möglich, sollte allerdings auch von Zeit zu Zeit bei eingefahrenen und gewohnten Abschnitten eine Reflexion vorgenommen werden. Solche Reflexionen machen Erfolge und Misserfolge deutlich, geben Anregungen das pädagogische Verhalten zu überdenken und verhelfen zu Flexibilität.

Wichtig ist, dass bei Reflexionen alle Teammitglieder teilnehmen, die an der Aktivität beteiligt waren. Durch die gemeinsamen Reflexionen werden Sichtweisen relativiert, wird zu Flexibilität angeregt, Kreativität im Team geweckt und – bei wertschätzendem Umgang miteinander – gegenseitig Mut gemacht.

Zusammenfassung

- Planungen verlaufen immer nach einem ähnlichen Schema (siehe Verlaufsmodell auf S. 164).

- Bewusste Planung darf nicht nur auf die Organisation oder den reibungslosen Ablauf bezogen werden, sondern muss grundsätzlich auch eine Auseinandersetzung mit den Zielen, der inhaltlichen Auswahl und der methodischen Vorgehensweise enthalten.

- Im Druck der täglichen Praxis können gedankliche Teile der Planung nicht ständig vorgenommen werden. Die Bedeutung der Bewusstmachung darf aber nicht unterschätzt und die bewusste Planung nicht unterlassen werden.

- Die kritische Reflexion (Rückblick) bietet der Erzieherin die Möglichkeit ihr Vorgehen und ihren pädagogischen Einfluss zu erkennen, auszuwerten und ggfs. zu verändern. Reflexionen sollten deshalb häufig vorgenommen und auf unterschiedliche Planungsabschnitte bezogen werden.

- Gezielte Reflexionen innerhalb der Arbeitszeit – wenn möglich mit (beteiligten) Teammitgliedern – helfen Erziehern und Erzieherinnen ihre pädagogischen Eindrücke, Frustrationen und Probleme zu verarbeiten und sie nicht so stark in ihrem Privatleben mittragen zu müssen.

- Gemeinsame Reflexion setzt einen wertschätzenden Umgang miteinander voraus. Bei verschwiegenen Beziehungsspannungen kann eine gemeinsame Reflexion kaum Tiefgang erreichen. Mangelndes Selbstwertgefühl kann den Blick für eigene sinnvolle pädagogische Verhaltensänderungen verstellen.

Anregungen

1. Kurven zeichnen mit dem Ziel bewusster Selbstwahrnehmung

Zeichnen Sie mit unterschiedlichen Farbstiften Kurven für einen abgelaufenen Zeitabschnitt, in dem Sie pädagogisch aktiv waren (eine durchgeführte Aktivität, das Praktikum, eine Leistung im Studienverband usw.). Die horizontale Linie kennzeichnet die Zeit, die vertikale die Stärke der eigenen subjektiven Einschätzung.

Mögliche Kurve für die individuelle Motivation einer Studierenden während des Praktikums

➤

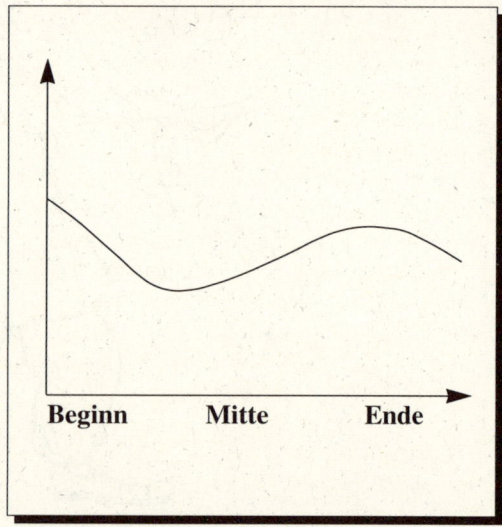

Beginn   Mitte   Ende

Zeichnen Sie entsprechende Kurven beispielsweise für:
– mein Wohlgefühl,
– mein Sicherheitsgefühl,
– die wahrgenommene Motivation und Leistungsbereitschaft der Beteiligten,
– meine Lenkung (Führungsrolle),
– meine Flexibilität usw.

Die Kurven bieten eine Grundlage für ein Reflexionsgespräch über den entsprechenden Zeitabschnitt.

2. Feed-back-Übung nach einer Unterrichtseinheit

Legen Sie in die vier Ecken des Raumes je ein Plakat mit unterschiedlichen Aspekten zu den Unterrichtsinhalten und den Methoden einer Unterrichtsstunde oder einer abgeschlossenen Unterrichtseinheit. Anschließend stellen sich die Teilnehmer in diejenige Ecke, die ihrem Empfinden am meisten entspricht. Durch die Nähe oder Entfernung zu einer Ecke kann die Übereinstimmung mit einer Aussage symbolisiert werden.
Begründen Sie Ihren Standort.
Beispiel für entsprechende Aspekte:

Zum Inhalt:
a) Ich empfinde den Inhalt als berufsrelevant und bin davon fasziniert.
b) Der Inhalt erscheint mir berufsbezogen, ein anderer Inhalt wäre mir aber wichtiger gewesen.
c) Ich denke, dass ich diesen Inhalt für den Beruf kaum benötigen werde, aber ich bin froh, dass wir uns damit auseinandergesetzt haben, weil er mich interessiert.
d) Der Inhalt konnte mich nicht faszinieren, und ich denke auch, dass ich ihn im Beruf nicht benötigen werde.

Zur Methode:
a) Methodisch empfand ich den Abschnitt als sehr spannend, faszinierend und für den Beruf brauchbar.
b) Die Methoden fand ich unterschiedlich: von spannend bis zu wenig motivierenden Abschnitten.
c) Mich konnten die Methoden nicht fesseln, aber ich denke, dass es für den Beruf gut war sie auszuprobieren.
d) Diese Methoden fand ich langweilig und/oder bereits genügend erprobt.

3. Reflexionsgespräch über eine Unterrichtseinheit

Bitten Sie Lehrkräfte nach einer Unterrichtsstunde oder -einheit um ein Reflexionsgespräch über Ziele, Inhalte und Methoden des abgelaufenen Unterrichtsabschnittes. Vergleichen Sie die unterschiedlichen Standorte der Lernenden untereinander und zwischen den Lehrenden und den Lernenden. Machen Sie sich dabei auch bewusst, ob die positive oder negative Kritik sich auf Ziele, Inhalte oder Methoden des Unterrichts bezieht.
Versuchen Sie die Erkenntnisse aus diesem Reflexionsgespräch als Planungsratschläge oder Planungsabsichten für den folgenden Unterricht zu formulieren.

4. Übertragung des Verlaufsmodells auf eine selbst geleitete pädagogische Aktivität

Vergegenwärtigen Sie sich das Verlaufsmodell einer Planung anhand eines erlebten und selbst durchgeführten Beispiels in der sozialpädagogischen Arbeit.
Gehen Sie jeden einzelnen der sechs Schritte durch und überlegen Sie, wie weit Sie diese Schritte bewusst oder auch nicht bewusst vollzogen haben. Können Sie Ihr spontanes Handeln im Nachhinein als angemessen einordnen? ❑

4.1.2 Anwendung des Verlaufsmodells auf unterschiedliche Arbeitsbereiche

Der Kern des Verlaufsmodells bleibt bei unterschiedlichen Planungen gleich. Ob es sich um kurzfristige oder langfristige Planungen handelt, um wiederkehrende Abschnitte wie den Spielkreis am Ende eines Kindergartentages oder eine einmalige Aktivität wie eine Stadtrallye im Hort. Auch organisatorische Pläne wie der Dienstplan laufen im Prinzip nach diesem Schema ab.

Nicht immer kann – wie schon gesagt – bewusst geplant werden. Vieles geht in Routine über oder es wird spontan gehandelt. Das ist auch gut so und notwendig, denn eine ständige bewusste Planung würde überfordern.

Im Folgenden soll an verschiedenen Beispielen die Breite der sozialpädagogischen Planung dargestellt werden. Die einzelnen Schritte des Verlaufsmodells werden dabei jeweils sichtbar gemacht.

4.1.2.1 Fallbesprechung

Fallbesprechungen werden vor allem im Heim, in psychiatrischen Kliniken, in Tagesstätten für verhaltensauffällige Kinder und in Einrichtungen für Behinderte durchgeführt. In allgemeiner familienergänzender Erziehung und in Freizeiteinrichtungen werden sie gewöhnlich nur bei besonders problematischen Kindern vorgenommen. In Tageseinrichtungen der Elterninitiativen dagegen sind Fallbesprechungen über jedes Kind üblicher. Hier sind die Gruppen kleiner, die Erziehung kann stärker auf das einzelne Kind abgestimmt werden.

In großen Einrichtungen für Kranke, Behinderte und Verhaltensauffällige, in denen gewöhnlich unterschiedliche Fachkräfte mit den Kindern oder Jugendlichen arbeiten, werden Fallbesprechungen besonders differenziert vorgenommen. Für jeweils eines der Gruppenmitglieder, insbesondere kurz nach der Aufnahme, wird ein detaillierter Erziehungsplan erstellt. Die unterschiedlichen Teammitglieder tragen zu allen Teilschritten des Verlaufsmo-

dells mit bei, je nach ihren Kenntnissen, Fähigkeiten und Spezialisierungen. Der Sozialarbeiter, der mit der Familie Kontakt und vielleicht das Kind/den Jugendlichen aufgenommen hat, wird über Lebenslauf und Familienverhältnisse berichten können. Der Psychologe ergänzt die Anamnese (Vorgeschichte) durch seine psychologischen Explorationen (Untersuchungen und Befragungen). Die Gruppenerzieher beschreiben das Verhalten in der Gruppe, der Arzt berichtet über die körperlichen Symptome usw. Das augenblickliche Verhalten des Kindes/Jugendlichen wird bewusst gemacht und die Hintergründe dieses Verhaltens werden erforscht (Schritt 1: Situationsanalyse).

Ziele – langfristig und kurzfristig – werden gesucht und formuliert (Schritt 2: Ziele). Dabei müssen alle Entwicklungsbereiche beachtet werden: emotionale, soziale, kognitive und motorische Fähigkeiten des Kindes/Jugendlichen müssen erfasst und in überschaubaren Zielen beschrieben werden. Im emotionalen Bereich kann das z.B. bedeuten, dass die Aggressionen eines Kindes reduziert werden müssen oder dass ein gehemmtes Kind langsam dazu geführt wird, seine Gedanken und Wünsche zu äußern. Im sozialen Bereich werden sich gerade diese beiden Störungen stark auswirken. Es muss deshalb auch überlegt werden, ob die Gruppe evtl. das Fehlverhalten verstärkt und wie sie zu einem Abbau von problematischem Verhalten beitragen kann.

Möglicherweise wird das Team zunächst versuchen das aggressive Kind oder den Jugendlichen in seinen Aggressionen gegenüber Gruppenmitgliedern zu beeinflussen, damit kein Aufschaukelprozess zwischen ihm und den Gruppenmitgliedern entsteht. Aggressionsabbau gegenüber den Teammitgliedern oder gegenüber Material ist vielleicht erst der nächste Schritt. Im kognitiven Bereich kann bei einem gestörten Kind vielleicht zuerst eine Bereitschaft zum Schulbesuch angestrebt werden. Verlässliche Hausaufgaben werden als nächstes angegangen. Möglicherweise sind eine sportliche Betätigung und sportliche Erfolge für das eine Kind ein Ausgleich und eine

Abreaktion für Aggressionen, beim anderen für Hemmungen oder für kognitive Überforderungen.

Es wird besprochen, wer von den Teammitgliedern welche pädagogischen oder gesundheitlichen Aufgaben übernehmen und wie gemeinsam am gleichen Strang gezogen werden kann (Schritt 3 und 4: konkrete Planung, pädagogische Entscheidungen). Über einen (meist vorher bestimmten) Zeitabschnitt wird nun von allen Teammitgliedern in der besprochenen Weise gearbeitet (Schritt 5: Durchführung).

Manchmal muss bereits vor dem angesetzten Termin eine neue Fallbesprechung einberufen werden, weil die geplanten Maßnahmen nicht oder anders greifen als beabsichtigt. Die erneute Fallbesprechung beginnt mit der Reflexion, dem Rückblick: Die einzelnen Schritte werden dabei wieder durchlaufen. Der erste Schritt, die Situationsanalyse, bezieht sich nun auf den Jetzt-Zustand des Kindes, auf Veränderungen, Fortschritte, Rückschritte. Die einzelnen Teammitglieder berichten von ihren Erfolgen und Misserfolgen. Es wird gegenseitig Stellung genommen, Erfahrungen des einen können den anderen auf neue Gedanken bringen und sein pädagogisches Handeln bereichern. Die Ergebnisse der pädagogischen Bemühungen werden mit den ursprünglichen Zielen verglichen und die Ziele möglicherweise revidiert. Neue Ziele können gesetzt werden. Vielleicht ergibt sich auch eine veränderte Aufteilung der pädagogischen Aufgaben. Die einzelnen Schritte des Verlaufsmodells werden bei dieser erneuten Fallbesprechung beibehalten.

Bei älteren Kindern und Jugendlichen kann es durchaus angebracht sein, die Betroffenen in die Fallbesprechung einzubeziehen. Damit kann häufig ein eigenes konstruktiveres Mitarbeiten des Jugendlichen an seiner Entwicklung erreicht werden. In den meisten Fällen wird der Betroffene zumindest vom Ergebnis oder Teilen der Fallbesprechung informiert. Der Jugendliche soll ernst genommen werden und im

Rahmen der Möglichkeiten selbstbestimmt mitarbeiten.

4.1.2.2 Tagesablauf im Kindergarten

In der Situationsfeststellung eines Kindergartens wird bemerkt, dass die Kinder sich zunehmend unruhig verhalten, dass sie unkonzentriert sind, bewegungsreiche Spiele wählen und keine Ausdauer zeigen.

Die Bewusstmachung ihrer familiären Situation in einer Hochhaussiedlung macht deutlich, dass sie an Bewegungsmangel leiden: Die Wohnungen bieten wenig Bewegungsmöglichkeiten. Statt der Treppen wird der Aufzug benutzt. Fernsehen und Video verstärken die Bewegungsarmut, denn die Kinder sitzen stundenlang ruhig vor dem Apparat. Der durch die Sendung entstehende innere Stress und die Spannung würden aber gerade Bewegung zur Abreaktion und Verarbeitung benötigen. (Kinder bewegen sich spontan bei starken Gefühlen wie Freude, Begeisterung oder Zorn.) Das Spiel im Freien ist wegen des Verkehrs nur mit Erwachsenen möglich, und wenn es stattfindet, dann nur auf gleichförmigen, langweiligen Spielplätzen. Die Fahrt in den Kindergarten geschieht vielleicht mit dem Auto usw. (Situationsanalyse).

Es wird deutlich: Die Kinder müssen sich im Kindergarten mehr bewegen (Ziel).

Nun wird durchdacht, wie der Tageslauf umgestaltet werden kann. Einzelne Möglichkeiten werden erörtert. Dabei ergibt sich auch eine Veränderung der Raumgestaltung, des Spielmaterials und der Aufgaben für einzelne Erzieherinnen. Möglicherweise werden auch Eltern einbezogen. Die Veränderungen werden nicht auf einmal vollzogen. Sie ergeben sich nacheinander.

Es werden Tische aus den Gruppenräumen herausgenommen, denn die Erzieherinnen kommen zu der Ansicht, dass die Kinder nicht immer an Tischen sitzen müssen und das auch gar nicht wollen. Die Puppen-, Kuschel- und Bauecken werden vergrößert. Eine erhöhte Ebene mit einer Treppe wäre schön. Sie würde für Bewegung und Rückzugsmöglichkeiten der Kinder sorgen. Sie lässt sich aber zur Zeit noch nicht bezahlen. Vielleicht lassen sich Eltern dafür gewinnen. Die Flure werden für kleinere Kindergruppen einbezogen. Dafür werden von Eltern ein improvisierter Kaufladen und ein Auto (teilweise aus alten Autoteilen wie Lenkrad und Gangschaltung) hergestellt. Das war für Eltern eine leichtere Arbeit als eine zweite Ebene. Tücher für Höhlenbau werden zur Verfügung gestellt.

Morgens hat eine Erzieherin im Freien Aufsicht. Die Kinder können sich, wenn sie gebracht werden, erst einmal draußen austoben, solange sie noch angezogen sind. Einzelne verlässliche Kinder dürfen auch später noch allein ins Freie, allerdings nur in Sichtweite der Gruppenraumfenster. Im Sommer wird der Kindergartentag noch mehr ins Freie verlegt, indem auch Tische sowie Spiel- und Bastelmaterial in schattige Plätze im Hof getragen werden.

Eine zweite Erzieherin hat vormittags im Turnraum Aufsicht. Die Kinder können sich in ihren Gruppen abmelden und an den zur Verfügung gestellten Turngeräten (Bewegungsbaustelle) aktiv werden.

Vor ruhigen Gruppenspielen und -aktivitäten wie Erzählen oder Sitzkreis wird die Gruppe erst in Bewegung gebracht: durch Bewegungsspiele im Flur und im Freien, auf dem Boden im Gruppenraum, mit Hilfe der Stühle, durch bewegungsreiche Singspiele usw.

Die Kinder haben jetzt im Kindergarten Gummistiefel, damit auch bei schlechtem Wetter ins Freie gegangen werden kann. Auch im Freien hat sich einiges verändert. Es gibt mehr bewegungsreiches Spielmaterial wie Bälle, Reifen, Seile, Murmeln, Wagen zum Beladen (in die man auch selbst einsteigen kann), Fahrräder (mit Helm), Dreiräder, Rollbretter, schiefe Ebenen usw. Ein Bewegungsparcours wird geschaffen, auf dem die Kinder zum Steigen, Springen, Bücken, Kriechen, Balancieren usw. veranlasst werden. Im Sommer soll er in einen Barfuß-Tast-Parcours verwandelt werden. Demnächst soll noch eine Matschkuhle für den Sommer eingerichtet werden.

Durch die Bewusstmachung einer unbefriedigenden Situation und das Erkennen eines notwendigen neuen Zieles hat sich ein Kindergarten in vieler Hinsicht verändert. Die Schritte 3, 4 und 5 (Entscheidung, Vorbereitung und Durchführung) sind hier ineinander übergegangen und haben fortschreitend zu neuen Ideen angeregt. Immer wieder hat zwischendurch ein Rückblick (Schritt 6) stattgefunden (spontan und geplant) und hat auf Grund der festgestellten Erfolge zu weiteren Entscheidungen motiviert.

Voraussetzung für diesen Prozess war allerdings, dass das Team wertschätzend miteinander umging. Das Team hat mit Wohlwollen und Akzeptanz Vorschläge einzelner Teammitglieder angenommen, auch wenn sie den bisherigen Erfahrungen widersprachen. Es hat Experimentierphasen für Teammitglieder ermöglicht. Voraussetzung war auch, dass offen und ehrlich zueinander Stellung genommen wurde.

4.1.2.3 Gruppenabend im Heim

Für gemeinsame Aktivitäten ist im Heim für Jugendliche nicht viel Zeit. Die Gruppenmitglieder sind durch Schule und Schulaufgaben oder Lehre sehr beansprucht. Dazu kommen Freizeitaktivitäten außerhalb des Heimes. Solche Aktivitäten müssen ermöglicht und gefördert werden, weil die Integration in das Gemeinwesen und die Öffnung nach außen für die Jugendlichen eine wichtige Vorbereitung für ihre spätere Selbstständigkeit und ihre Entlassung aus dem Heim bedeuten. Außerdem müssen hauswirtschaftliche Ämter in der Gruppe erledigt werden, die ebenfalls auf die Selbstständigkeit vorbereiten und dem Jugendlichen die nötigen lebenspraktischen Kenntnisse und Fähigkeiten vermitteln (Situationsanalyse).

Trotzdem ist es ein Ziel für das Team, eine Zeit zu finden, in der die Gruppe gemeinsam etwas unternimmt, damit ein Gruppengefühl entsteht und die Bewohner des Heimes sich auch untereinander einigermaßen verstehen und miteinander umgehen lernen (Ziel).

Im Team findet ein vorbereitendes Planungsgespräch statt. Dann werden die Gruppenmitglieder in die Planung einbezogen. Die Situation wird bewusst gemacht, nämlich, dass die Jugendlichen mehr neben- als miteinander leben und ihre Konflikte unangemessen austragen. Die Betreuer bemühen sich den Jugendlichen das Ziel, das hinter einem Gruppenabend steht, bewusst zu machen und sie zu motivieren.

Nachdem ein gemeinsamer Abend gefunden worden ist, werden die ersten Treffen geplant. Es kommt darauf an, die Aktivitäten so zu gestalten, dass die Jugendlichen sie nicht als lästig empfinden (inhaltliche und methodische Planung, Vorbereitung).

Nachdem einige Gruppenabende stattgefunden haben, vielleicht schon nach dem ersten, gibt es einen Rückblick (Reflexion). Es wird über Erfolge und Misserfolge gesprochen. Möglicherweise wird getrennt – Team und Jugendliche – reflektiert um danach die Eindrücke auszutauschen. Es wird versucht werden zukünftige Planungen so zu gestalten, dass erlebte Misserfolge möglichst vermieden oder zumindest gering gehalten werden.

4.1.2.4 Beispiel eines Rasters für eine schriftliche Ausarbeitung

Um sich als angehende Erzieherin in der Planung zu üben ist es sinnvoll, die Planung für ein pädagogisches Vorhaben (Gliederung des Verlaufsmodells) schriftlich festzuhalten.

Diese schriftliche Planung fällt zukünftigen Erzieherinnen gewöhnlich recht schwer. Vieles, was als pädagogische Selbstverständlichkeit erscheint, kann nur mit großer Mühe bewusst gemacht und formuliert werden. Es muss dabei gelingen Selbstverständliches oder nicht Bewusstes „aus dem Bauchraum heraufzuholen in den Kopf", d.h. ins Bewusstsein, und dann in Worte zu fassen. Der schwierigste Teil ist meist der Abschnitt „Entscheidungen", nämlich die Frage: „Wie werde ich vorgehen?". Die Beschreibung von geplantem methodischen Verhalten könnte beispielsweise lauten: „Ich werde überprüfen, ob alle Kinder den Pinsel richtig halten, Wasser und Farbe gut mischen und den Pinsel nicht zu fest aufdrücken" oder „Wenn die Kinder malen, werde ich mich mit Anregungen zurückhalten, ich werde die Kinder aber loben und in ihren Ideen bestärken".

Solche Aussagen sind für viele Studierende eine pädagogische Selbstverständlichkeit. Eben weil sie eine Selbstverständlichkeit sind, können sie nicht formuliert werden.

Ein Schritt zur Vorübung einer schriftlichen Ausarbeitung kann darin bestehen, sich eine bereits abgelaufene Aktivität im Nachhinein in den einzelnen Schritten zu vergegenwärtigen, etwa nach folgendem Schema:
a) Was gab den Anlass für mein Vorhaben? (Situationsanalyse)
b) Welche Ziele hatte ich mir gesetzt? (Ziele)
c) Wie bin ich vorgegangen? (Ablaufbeschreibung mit didaktisch-methodischen Überlegungen = Zusammenfassung der Schritte 3, 4 und 5)
d) Wie denke ich im Nachhinein darüber? (Rückbesinnung)

Wenn diese Übung gelungen ist, fällt es leichter, Aktivitäten, die noch nicht durchgeführt wurden, zu durchdenken und zu formulieren.

Es kommt bei dieser Bewusstmachung nicht darauf an, nur Gruppenaktivitäten im Sinne einer „Beschäftigung" zu wählen, d.h. geplante Aktivitäten mit einer vorher bestimmten Teilnehmerzahl. Auch andere zielgerichtete pädagogische Handlungen können für eine bewusste Planung geeignet sein.

▼ **Beispiele:**
– das tägliche Zähneputzen mit einem behinderten Kind,
– das morgendliche Wecken im Heim oder die letzte halbe Stunde vor dem Schlafen,
– das Mittagessen im Hort (das zur Zeit unbefriedigend verläuft, weil große Unruhe herrscht, mit Erbsen geschnickt und mit Apfelsinenschalen gespritzt wird),
– die Hausaufgabenbetreuung mit einem lernschwachen Kind. ▲

Für eine schriftliche Ausarbeitung kann folgendes oder ein ähnliches Raster gewählt werden. In dem vorgeschlagenen Raster werden die Schritte 3 (Entscheidungen) und 5 (Durchführung) als Durchführungsplanung zusammengefasst.

Schriftliche Ausarbeitung einer didaktisch-methodischen Übung

Name: .... **Geplante Aktivität am:** .... **Datum:** ....

Thema: ....
(Art der Tätigkeit muss hier erkennbar gemacht werden)

Kindergruppe: ....
(Voraussichtliche Zahl, ungefähres Alter, ggfs. Besonderheiten, z.B. Ausländerkinder, behinderte Kinder, besondere Stärken oder Schwächen)

1. Situationsanalyse: ....
Beschreibung der Situation, die den Anlass gibt die beabsichtigte Planung mit den angegebenen Zielen vorzunehmen

2. Lernziele: ....
Klare Formulierungen der Lernziele als angestrebte Verhaltensweisen, wobei Sie sich auf wenige Ziele beschränken sollen, und zwar auf solche, die Sie auch wirklich methodisch umsetzen wollen. Zwischen Situationsanalyse und Lernzielen soll eine Verbindung erkennbar sein.

3. Praktische Vorbereitung
3.1 Vorbereitende Tätigkeiten:
Hier sollen Vorbereitungen beschrieben werden, die Sie für die geplante Tätigkeit bereits vorgenommen haben oder noch vorhaben. Das können Handlungen von Ihnen selbst sein, wie z.B. Vorübungen, Einkäufe u.a., oder auch Vorbereitungen mit der Kindergruppe. Wenn keine speziellen Vorbereitungen stattfinden, fällt dieser Punkt weg.

3.2 Materialaufzählung: ....
Nur aufzählen, kein erläuternder Text!

3.3 Raumplan: ....
Skizze mit Fenstern und Türen. Text ist in der Regel nicht nötig. Manchmal ist ein beschreibender Text sinnvoller, z.B. „Wir sitzen im Kreis", zuweilen ist ein Raumplan nicht nötig.

4. Didaktisch-methodische Planung: ....
Beschreiben Sie hier, wie Sie den Ablauf planen, beachten Sie dabei die Lernziele, die Sie anstreben. Machen Sie deutlich, was Sie tun wollen um die Lernziele auch wirklich zu erreichen. Beginnen Sie diesen Teil damit zu beschreiben, wie Sie die Kinder motivieren wollen. Wenn Sie annehmen, dass die Kinder bereits motiviert sind, weil z.B. am Vortag über die Tätigkeit gesprochen wurde, machen Sie das hier deutlich. Gehen Sie in diesem Abschnitt in erster Linie auf Ihr geplantes Erzieherverhalten ein. (Methode ist z.B. auch: „Ich halte mich zurück, ich beobachte, lobe" usw.)

5. Nachbesinnung: ....
(Wird nach Ablauf der Tätigkeit geschrieben) Rückblick auf die abgelaufene Tätigkeit unter Einbezug verschiedener Aspekte, z.B.: – Wie waren die Kinder während des gesamten Ablaufes motiviert? – Wie sehen Sie im Nachhinein Ihr methodisches Vorgehen? – Waren Sie flexibel genug von Ihrem Plan abzugehen, wenn es die Situation erforderte? – Haben Sie die angestrebten Ziele erreicht? – Woran erkennen Sie das? – Wenn nicht, woran könnte es gelegen haben? – Wie sehen Sie rückblickend Ihre Zielsetzungen?

Zusammenfassung

- Planung findet in allen Bereichen der sozialpädagogischen Berufsarbeit statt. Das Verlaufsschema bleibt im Wesentlichen immer gleich. Es lässt sich auf die unterschiedlichen Planungen übertragen.

- Die Bewusstmachung pädagogischer Arbeit im Sinne des Verlaufsschemas ist eine Voraussetzung zu reflektiertem pädagogischem Handeln.

- Bewusste Planungs- und Reflexionsphasen benötigen Zeit und inneren Abstand. Sie können deshalb nicht ständig, sondern nur nach bestimmten Abschnitten vorgenommen werden. Sie sollten aber so oft wie möglich einbezogen werden.

- Planungen und Reflexionen im Team verhelfen im Vergleich zu einer individuellen Bearbeitung zu breiterer Sicht und zu einer objektiveren Wahrnehmung der abgelaufenen oder der zu planenden Phase sowie zu größerem Ideenreichtum und einer angemessenen Arbeitsteilung. Allerdings ist der Zeitaufwand meist höher.

- Planungen und Reflexionen im Team setzen Akzeptanz, Toleranz, Risikobereitschaft, Flexibilität und wertschätzenden Umgang der Teammitglieder untereinander voraus.

- Im Rahmen der Möglichkeiten sollte die Bezugsgruppe (ältere Kinder, Jugendliche und Erwachsene) an Planungs- und Reflexionsphasen teilnehmen. Ihre Sichtweise kann für die pädagogische Arbeit von Bedeutung sein. Sie fühlen sich ernst genommen und werden verantwortlich einbezogen, wenn es darum geht, Wege zu suchen, um ihnen in ihrem Entwicklungsprozess weiterzuhelfen.

Anregungen

Neben der Anregung zu einer gezielten und bewussten Planung werden im Folgenden vor allem Methoden für Reflexionen dargestellt. Reflexionen sollten aus verschiedenen Blickpunkten vorgenommen werden, damit jeweils unterschiedliche Aspekte erkannt und besprochen werden. Dafür eignen sich auch nonverbale Methoden, weil sie helfen können Halbbewusstes ins Bewusstsein zu heben und zu verbalisieren.

1. **Einzelarbeit mit anschließendem Gruppen- oder Plenumsgespräch: Übertragung des Verlaufsmodells auf unterschiedliche sozialpädagogische Aufgabenbereiche**

Gehen Sie die unterschiedlichen Aufgabenbereiche in Kapitel 1.1.2, Seite 11 ff. durch. Verteilen Sie die Aufgabenbereiche in der Lerngruppe. Jeder Teilnehmer überlegt, ob und wie in diesem Aufgabenbereich Planungen vorgenommen werden (können). Diese Aufgabe kann schriftlich, mündlich im Zweiergespräch oder auch nur in Gedanken vorgenommen werden.

Besprechen Sie anschließend Ihre Erkenntnisse in der Gruppe oder im Plenum. Dabei sollen nicht die detaillierten Überlegungen berichtet, sondern Stellung genommen werden, ob die Übertragung des Verlaufsmodells möglich war und welche Schwierigkeiten mit dieser Aufgabe verbunden waren.

2. Planungsübungen

a) Wählen Sie eine Aktivität aus, die Sie in letzter Zeit durchgeführt haben, und durchdenken Sie nach dem Schema auf S. 175 in den vier angegebenen Schritten Ihr Vorgehen (wenn möglich schriftlich).

b) Wählen Sie eine Aktivität aus, die Sie in nächster Zeit durchführen werden und halten Sie Ihre Planung in den ersten vier Schritten nach dem Ausarbeitungsschema auf S. 176 (oder nach einem anderen vereinbarten Raster) schriftlich fest.

Nach der Durchführung durchdenken Sie Ihre Planung und den Durchführungsablauf. Beachten Sie dabei auch, ob Sie die Ausgangssituation angemessen eingeschätzt und die Ziele sinnvoll gesetzt haben. Die Ziele müssen wie ein roter Faden die Vorbereitungen und die Durchführung durchlaufen.

Überprüfen Sie, ob es Ihnen gelungen ist, die Ziele wirklich in methodisches Handeln umzusetzen. Wenn Sie zum Beispiel bei einem Gruppengespräch als Ziel nur Sprachförderung vorgesehen haben (als Feinziel bzw. operationalisiert formuliert: „Ich möchte erreichen, dass sich jedes Gruppenmitglied mit mindestens einem Gedanken zum Thema äußert"), dann können Sie dieses Ziel immer abhaken, wenn die Teil-

nehmer überhaupt gesprochen haben. Wenn Sie Ihr Ziel höher setzen wollen, schreiben Sie beispielsweise: „Ich möchte erreichen, dass die Gruppenmitglieder konstruktiv zur Lösung des Konflikts beitragen." Jetzt wird die Hinterfragung, was Sie selbst getan haben um dieses Ziel bei den Kindern zu erreichen, sehr viel intensiver und die Beiträge der Gruppenmitglieder können in der Nachbesinnung deutlicher gewertet werden.

Wenn Sie die Reflexion in der Gruppe und nicht nur allein vornehmen, wird die Übung an Breite und Objektivität gewinnen.

3. Spontane Reflexionsübung nach einer durchgeführten Aktivität

Beantworten Sie nach einer durchgeführten Aktivität die folgenden Fragen möglichst spontan und schnell mit „ja", „teilweise" oder „nein". Anschließend suchen Sie im Gruppengespräch nach den Begründungen.
1. War die Wahl meines Themas sinnvoll?
2. Waren meine Ziele angemessen?
3. Empfinde ich meine Vorgehensweise als positiv?
4. Habe ich die Gruppe motivieren können?
5. Würde ich bei einer Wiederholung genauso vorgehen?

4. Positive und positiv formulierte Rückmeldung nach einer durchgeführten Aktivität (Feed-back)

Wenn Sie Beobachtende/r einer Aktivität waren, beantworten Sie schriftlich kurz die Feed-back-Aspekte 1a und 1b. Wenn Sie Durchführende/r waren, beantworten Sie die Selbsteinschätzungen 2a und 2b. Tauschen Sie danach Ihre Ansichten mündlich aus und begründen Sie.

1a) Beobachtende: „Das hat mir bei deiner Aktivität gut gefallen: ... "

2a) Durchführende: „In Folgendem bin ich mit mir zufrieden: ..."

1b) Beobachtende: „Daran musst du noch arbeiten und/oder etwas verändern. ..."

2b) Durchführende: „In dieser Hinsicht will ich noch an mir arbeiten. ..."

5. Rückblick: „Das war ich"

Schreiben Sie in eine skizzierte menschliche Figur, wie Sie sich bei einer bestimmten Aktivität empfunden haben und welches Verhalten von Ihnen ausging. Benutzen Sie dabei die symbolhaften Körperstellen wie Kopf für Denkleistungen, Brust und Bauch für Gefühle, Hände für Arbeit, Füße für Fleiß, Unruhe und Hektik u.a. Suchen Sie nicht (nur) nach negativen, sondern in erster Linie nach positiven Aspekten! Anschließend muss eine Aufarbeitung im Gespräch folgen.

6. Symbolhaftes Werken und Malen als Reflexionsübung

Stellen Sie aus Industriemüll (Schachteln, Wolle, Karton, Netze usw.) oder aus Naturmaterial einen Gegenstand her, der symbolisiert, wie Sie sich bei der abgelaufenen Tätigkeit gefühlt haben. Geeignet ist auch ein gemaltes Bild, das nicht gegenständlich sein muss, sondern symbolhaft in Farben und Formen Ihre Empfindungen ausdrücken soll.
Besprechen Sie in der Gruppe Ihr Werkstück oder Bild und Ihre Empfindungen.

Die Darstellungen können auch gegenseitig vorgenommen werden: Wie habe ich dich und wie hast du mich wahrgenommen?

7. Bewusstmachung: Wahrnehmung, Gefühle und pädagogische Handlung

Im Abschnitt „Einführung in sozialpädagogische Arbeitsfelder", S. 48, wurde eine Skizze u.a. zur Bewusstmachung für die Vorbereitung oder die Reflexion eines Praktikums vorgeschlagen. Die Darstellung eignet sich auch als Hilfe für die Reflexion einer eigenen pädagogischen Handlung oder eines Abschnittes sowie für die Beobachtung von Aktivitäten anderer Erziehungspersonen.

Notieren Sie:
a) Was habe ich bei mir wahrgenommen? (In das linke Feld des Kopfes schreiben)
   Was habe ich bei dir wahrgenommen? (Feld des rechten Kopfes)
b) Was für Gefühle haben die Wahrnehmungen in mir ausgelöst? (Bauchraum)
c) Welche Gedanken und Erkenntnisse leite ich ab? Welche alternativen Handlungen wären angemessen?

(Koffer links: Schlussfolgerungen für das eigene Handeln, rechts: Ratschläge für den Partner).

8. Bewusstmachung von eigenen Fähigkeiten und eigenen Lernlücken

Betrachten Sie das Verlaufsmodell auf S. 164 und machen Sie sich die sechs Planungsschritte bewusst. Überlegen Sie, wie sicher Sie sich bei den einzelnen Schritten fühlen. Erstellen Sie für jeden Schritt eine Grafik nach unten stehendem Muster und schätzen Sie ein: „Bei diesem Schritt fühle ich mich sehr sicher": = Kreuz in erstes Kästchen, „Bei diesem Schritt fühle ich mich sehr unsicher": = Kreuz in fünftes Kästchen.

1	2	3	4	5

Sprechen Sie in der Gruppe darüber, wie Sie Planungsschritte, in denen eine größere Unsicherheit besteht, üben könnten, und setzen Sie geeignete Vorschläge um.

9. Gruppendiskussion: Pro und Contra zu schriftlich festgehaltener Planung

Bilden Sie zwei Gruppen, die sich gegenüber sitzen. Eine der Gruppen tritt gegen eine schriftliche Ausarbeitung von Planungen ein, die andere ist dafür (natürlich nicht bei jeder Aktivität!). Argumentieren Sie zunächst aus der Sicht Ihrer Gruppe. Ab einem abgesprochenen Zeitpunkt wechseln die Gruppenmitglieder zur anderen Gruppe über, wenn sie von deren Standpunkt überzeugt sind, und argumentieren nun aus echter Überzeugung. Nach Abschluss der Diskussion wird das entstandene Gruppenverhältnis festgestellt und über die individuellen Prozesse wie auch über den gesamten Prozess während der Diskussion gesprochen. ❏

4.2 Konzepte der sozial-pädagogischen Arbeit

Die Ähnlichkeit, die durch das grundsätzlich gleiche Verlaufsmodell alle Planungen verbindet, bezieht sich nur auf den Prozess einer Planung, nicht auf deren inhaltliche Ausrichtung. Das heißt, Ziele, Inhalte und Methoden werden durch das Verlaufsmodell nicht bestimmt. Allerdings werden sie bewusst gemacht und können intensiver bearbeitet werden. Um eine inhaltliche Übereinstimmung von verschiedenen Planungen innerhalb einer Einrichtung zu erreichen muss ein Konzept (grundlegender Entwurf) bewusst gemacht werden. Ein pädagogisches Konzept beschreibt die grundlegenden Ziele und Methoden der beruflichen Arbeit. Konzepte können sich unter anderem durch die pädagogische Lenkung unterscheiden, nämlich ob der Heranwachsende stark geführt oder ob ihm ein möglichst großer Freiraum zur Selbstbestimmung vorgegeben wird.

Im Folgenden werden zunächst zwei Grundkonzepte dieser Ausrichtung gegenübergestellt: die stark strukturierte (geschlossene) Planung und die flexibel gehandhabte (offene) Planung.

Im weiteren Verlauf werden Beispiele konkreter Planungskonzepte im Rahmen der geschlossenen und der offenen Planung für die Kindergartenarbeit vorgestellt und ihre Übertragung bzw. Anwendung auf andere sozialpädagogische Arbeitsfelder diskutiert. Zum Schluss wird die individuelle Erarbeitung eines Konzeptes im Team einer sozialpädagogischen Einrichtung behandelt werden.

Ziele

Die Bearbeitung der folgenden Abschnitte soll Ihnen dazu verhelfen,
– *zu erkennen, dass in sozialpädagogischen Einrichtungen nach unterschiedlichen Konzepten gearbeitet werden kann,*
– *fähig zu werden unterschiedliche Planungskonzepte zu vergleichen und zu bewerten,*
– *offene und geschlossene Planungen zu unterscheiden,*
– *die Vorteile offenen bzw. situationsorientierten Vorgehens für die Gruppenarbeit zu erkennen,*
– *motiviert zu sein Planungskonzepte stimmig zu entwerfen und einzusetzen,*
– *die Bereitschaft zu entwickeln, in Ihrer späteren beruflichen Arbeit die unterschiedlichen Planungsansätze kritisch zu bewerten und situationsangemessen einzusetzen, im Team offen zu legen und sich um ein stimmiges Konzept für die Einrichtung zu bemühen.*

Geschlossene Planung	**Offene Planung**
schritt- und stufenweises Vorgehen	gemeinsam Möglichkeiten finden

4.2.1 Grundkonzepte: geschlossene und offene Planung

In sozialpädagogischen Einrichtungen arbeitet so gut wie nie eine sozialpädagogische Fachkraft allein mit einer Gruppe Heranwachsender. Das bedeutet, dass die pädagogische Arbeit miteinander abgesprochen werden muss, damit die jeweiligen Angebote und Erziehungsstile nicht zusammenhanglos nebeneinander herlaufen oder sich gar widersprechen.

▼ **Beispiele für wenig abgestimmte Vorgehensweisen:**
– In den einzelnen Gruppen der Einrichtung oder bei unterschiedlichen Erzieherinnen herrschen unterschiedliche Regeln.
– Die Kinder und Jugendlichen wissen, dass sie bei den Teammitgliedern Unterschiedliches erreichen können, und gehen dementsprechend diplomatisch vor oder spielen die Erzieherinnen gegeneinander aus. ▲

Allerdings ist die Bewusstmachung der pädagogischen Richtung auch dann notwendig, wenn es sich nicht um gegenseitige Absprachen handelt. Ohne Bewusstmachung des pädagogischen Grundkonzeptes kann die Erzieherin sich in den verschiedenen pädagogischen Handlungsweisen auch selbst widersprechen (ohne dass sie es bemerkt) und damit das Kind irritieren oder einschränken und hemmen.

▼ **Beispiel:**
– Die Erzieherin sieht eigenständiges Handeln als wichtiges Ziel an und sagt den Kindern, dass sie selbst Ideen entwickeln sollen. In den konkreten Situationen, zum Beispiel beim Basteln oder bei Konfliktbearbeitungen, gibt sie die einzelnen Schritte und Lösungen sehr genau vor und bietet der Gruppe keine Entscheidungsmöglichkeiten. ▲

Die Gegenüberstellung von geschlossener und offener Vorgehensweise soll zur Bewusstmachung grundlegender pädagogischer Konzepte beitragen.

4.2.1.1 Geschlossene Planung

Planung in der geschlossenen Form baut auf den Kenntnisvorsprung des Lehrenden auf: Der Lehrende kennt die Lernlücken oder das Fehlverhalten des Lernenden und führt ihn zielstrebig durch sorgsam ausgewählte Inhalte und Methoden zum Schließen dieser Lernlücken oder zum Erreichen eines gewünschten Verhaltens. Damit setzt der Lehrende auch die Lernziele fest. Der Lernende akzeptiert in der Regel das Lernprogramm, häufig wünscht er es sogar, und lässt sich leiten; oder er ist – wie z.B. ein Kind – darauf angewiesen, sich dem Programm zu fügen, auch wenn keine Motivation vorliegt. Jeder von uns hat in seinem Leben viele solcher Schulungen durchlaufen, beispielsweise das Schreibenlernen in der Schule sowie zahlreiche andere schulische Lernprogramme, einen Schwimmkurs, das Erlernen eines Musikinstrumentes, Kochen (das wir von unseren Eltern oder dem Kochbuch erlernten) usw. Selbst einfach strukturierte Lernhandlungen wie das Schleifebinden gehören dazu. Manchmal kann der Lernende sich für ein solches Lernprogramm selbst entscheiden und kann zwischen unterschiedlichen Angeboten auswählen, zum Beispiel, ob und welchen Schreibmaschinenkurs er belegt oder wo der Führerschein gemacht wird. Der Lehrende kann seine Ziele und (zumindest teilweise) seine Vorgehensweisen offen legen. Nach Ablauf des Lernprogramms kann er meist das Ergebnis überprüfen. Auch die Lernenden können in der Regel deutlich erkennen, welche Lernfortschritte sie gemacht haben. Wenn das Lernprogramm mit Kindern vorgenommen wurde, sehen auch die Eltern die Ergebnisse.
Solche Lernprogramme können vom Lehrenden selbst entwickelt werden. Er kann sich aber auch einschlägige Hilfe von fachkompetenten Personen und Kreisen holen.

▼ **Beispiele:**
– Fachbücher,
– Lernprogramme, die in Fachkreisen entwickelt und erprobt wurde wie Schwimmlernkurse, musikalische Früherziehung, Verkehrserziehungsprogramme, Lernprogramme für be-

hinderte Kinder (z.B. Koordinierungsschulungen), Vorschulmappen, Montessori-Übungsrahmen zum Erlernen der Schleife oder des Schließens von Reißverschlüssen,
– Kurse, Berufsausbildungen. ▲

Der Aufbau geschlossener Lernprogramme wird systematisch vorgenommen, die einzelnen Lernschritte werden klar gegliedert und meist vom Leichten zum Schweren aufgebaut. Das geplante Lernprogramm ist oft schon vor Beginn der Einheit festgelegt und kann offen gelegt werden. Eltern oder andere Bezugspersonen sehen nicht nur die Ergebnisse, sondern können den geplanten Verlauf erkennen und ggfs. auch in die Mithilfe eingeführt werden.
Innerhalb eines Lernprogramms werden Abweichungen und Ablenkungen möglichst gering gehalten, damit die Lernergebnisse zügig erreicht werden.
Je geschlossener der Plan vorgenommen wird, desto festgelegter sind die einzelnen Aktivitäten. Selbstverständlich wird dabei versucht die Tätigkeiten freudig und motivierend zu gestalten und die natürlichen Lerninteressen der Heranwachsenden aufzufangen.

Geschlossene Lernprogramme haben vor allem dort ihren Sinn, wo es sich um kognitive, das heißt um erkenntnismäßige, und um psychomotorische Fähigkeiten handelt. In diesen messbaren Lernbereichen kann das Geführtwerden durch eine qualifizierte Person, die den Überblick hat, angebracht und sinnvoll sein. Der Lernende ist hier auch bereit – sofern ihm das Lernziel und der Lernbereich entspricht – seinen Wunsch nach Selbstbestimmung zurückzunehmen und sich führen zu lassen.

▼ Beispiele:
– Mathematikunterricht,
– Nachhilfeunterricht,
– sportliche Übungen,
– das Erlernen einer Technik wie der Umgang mit unbekanntem Handwerkszeug. ▲

Sinnvoll kann das geschlossene Programm auch dann sein, wenn ein eingeschränktes Ver

halten vorliegt, das durch den Lernenden selbst nicht über natürliche Lernbereitschaft ausgeglichen werden kann. Zum Beispiel können Behinderte ohne Vorgaben und ohne systematisches Üben bestimmte Handlungen nicht erlernen (manchmal nur unter Druck). Diese Fähigkeiten sind aber möglicherweise für ihre weitere Lebensqualität wichtig.
Verhaltensgestörte Kinder können zuweilen über systematische Schulung ein Fehlverhalten abbauen und dadurch mit sich und ihrer Umwelt besser zurechtkommen.
Für durchschnittlich entwickelte Kinder und Jugendliche ist in sozialpädagogischen Einrichtungen vor allem in den emotionalen, sozialen und kreativen Entwicklungsbereichen ein starkes Geführtwerden in der Regel nicht angemessen, im Gegensatz, sogar hinderlich. Es schränkt die Motivation des Lernenden ein eigene Lernwege zu suchen, und regt nicht dazu an, das Lernen zu lernen, denn der Lernweg wird nicht vom Lernenden gesucht, sondern vom Lehrenden vorgegeben. Geschlossenes Vorgehen behindert Forscherdrang und Experimentierfreude. Außerdem ist dieses Lernen vom Leben sehr abgehoben. Es findet nicht im Alltag statt, sondern in einer abgeschirmten Lernsituation im Lernkurs.
Die erlernten Fähigkeiten können dann zwar in den Alltag herübergenommen werden, aber eben nur dann, wenn sie Grundlagen vermitteln, die im Alltag gebraucht und weiterentwickelt werden.
Dieses Trainieren von Fähigkeiten und Verhaltensweisen sollte deshalb in sozialpädagogischen Einrichtungen auf Grund des lebensfernen und eingeschränkten, fremdbestimmten Lernens auf ein notwendiges Mindestmaß beschränkt werden.

Weil sich geschlossene Lernprogramme gut nach außen offen legen lassen, neigen manche Erzieherinnen dazu, geschlossener vorzugehen, als es für ihre sozialpädagogische Arbeit nötig wäre. Das heißt, sie geben den Kindern Lernhandlungen vor, die Kinder auch ohne Aufgliederung in Lernschritte und Übungsstunden erlernen könnten, Lernvorgaben, durch die sie möglicherweise unnötig eingeschränkt werden.

▼ Beispiele für fragwürdige geschlossene Lernprogramme im Kindergarten:

– Vorschulmappen: Die Kinder können die hier zu lernenden Zuordnungen oder kommunikativen Fähigkeiten auch im Alltag lernen, weil das alltägliche Leben diese Fähigkeiten ebenfalls fordert, beispielsweise Zuordnungen beim Aufräumen und Spielen oder Beschreibungen von Geschehnissen in der täglichen Kommunikation. Hier hilft es dem Kind mehr, wenn es im Alltag differenziert handeln kann und durch neue Anreize gefordert wird.

– Basteln nach genauen Vorgaben wie Schablonen: Kinder basteln viel lieber, wenn sie dabei eigene Kreativität entwickeln können. Durch Schablonen wird ihre Entwicklung mehr behindert, als sie gefördert wird. Eigentlich wird nur das Ausschneiden auf einem Strich gefördert, sonst fast nichts.

– Jeden Monat wird von der Kindergartengruppe eine Thematik bearbeitet, dafür wird von der Erzieherin ein Plan ausgearbeitet, bei dem die einzelnen Förderbereiche der Kinder berücksichtigt werden (siehe Rahmenplan auf S. 201). ▲

Die Lebenssituationen der Kinder bleiben weitgehend unberücksichtigt, wenn der Plan streng eingehalten wird.

Geschlossene Planung darf allerdings nicht so eng gesehen werden, dass nicht auch einmal vom Plan abgewichen oder der Plan unterbrochen, ggfs. auch abgebrochen wird. Wenn die Gruppe durch ein aktuelles Interesse abgelenkt ist, etwa weil ein Handwerker gekommen ist, weil ein Kind etwas Interessantes mitgebracht hat oder wenn die Kinder aufgeregt von einem politischen Ereignis sprechen, wird jede vernünftige Erzieherin diesem Interesse nachgehen und die aktuelle Motivation (kurz) auffangen. Auch in Situationen, in denen eine angemessene Motivation nicht zu erreichen ist, etwa durch Ermüdung, Ablenkung, psychische Belastungen usw., wird die Erzieherin

die Lernhandlung nicht erzwingen. Sobald das Interesse am Programm wieder geweckt werden kann, wird die Erzieherin mit geschlossenem Planungskonzept zu ihrem Plan zurückkehren.

Geschlossene Planung bezieht sich nicht nur auf Lernprogramme. Die Vorgehensweise einer sozialpädagogischen Einrichtung kann insgesamt geschlossener sein, beispielsweise, wenn bestimmende Regeln vorgegeben werden, wenn der Entscheidungsraum der Gruppenmitglieder gering gehalten wird, wenn die Heranwachsenden häufig um Erlaubnis fragen müssen, wenn der Handlungsradius der Gruppenmitglieder klein ist.

▼ Beispiele:

– In der psychiatrischen Klinik ist die Gruppentür abgeschlossen, der Schlüssel ist nur in der Hand der Betreuer. Auch das Zimmer der Betreuer darf von den Gruppenmitgliedern nicht betreten werden. Der Tagesablauf ist in seiner Struktur genau vorgegeben und muss eingehalten werden. Für die verhaltensgestörten Kinder und Jugendlichen ist diese Eingrenzung nötig, weil die jungen Menschen in ihrer bisherigen Umwelt gelernt haben (durch die Umwelteinflüsse lernen mussten), den Anforderungen oder gestellten Regelungen auszuweichen.

– Zu Beginn der Kur dürfen die einzelnen Gruppenmitglieder die Gruppe nicht verlassen, nicht ohne Aufsicht im Freien spielen und keine Räume im Kurheim ohne Auftrag oder ohne Begleitung betreten. (Später, wenn die Kinder sich mehr auskennen und ihr Verhalten von den Gruppenleitern eingeschätzt werden kann, werden die Regeln gelockert.)

– Kindergartenkinder müssen beim Spaziergang auf dem Bürgersteig (nicht in Feld und Wald!) zu zweit angefasst und vor der Erzieherin (in ihrem Blickfeld) gehen. ▲

In der Schule wird auf Grund des Lehrplans, der Fächeraufgliederung, der Lehrbücher und der speziellen Lernmaterialien sowie auf Grund des schulischen Bildungsauftrages viel geschlossener gearbeitet als in sozialpädagogischen Einrichtungen.

4.2.1.2 Offene Planung

Offene Planung ist weniger festgelegt. Sie nutzt die natürlichen Lernmotivationen und selbstständigen Lernfähigkeiten des Heranwachsenden. Der Lehrende bemüht sich darum die Lerninteressen der Kinder und Jugendlichen zu erkennen und den Handlungsbedarf der jungen Menschen in ihrem Alltag wahrzunehmen. Hier setzt er mit seinen Lernangeboten an. Dabei hält er genaue Lernvorgaben möglichst gering. Er bevorzugt dagegen breit gehaltene Anregungen, Impulse, Bestärkungen und Unterstützungen der vorhandenen Motivationen, Ideen und Lernleistungen des Heranwachsenden.

▼ **Beispiele:**

– Wenn Kindergartenkinder sich mit großem Interesse nach Dinosauriern erkundigen, wird die Erzieherin dieses Interesse auffangen, zum Beispiel gemeinsam mit einer Kleingruppe Bücher in einer Bibliothek ausleihen, sich mit den Kindern über Dinosaurier unterhalten, zum Malen und Werken anregen und vielleicht mit der Gruppe in ein Museum gehen. Im Laufe der Unternehmungen wird sie Ideen von den Kindern aufgreifen und einbeziehen. Das Programm besteht zu Beginn lediglich aus einer gemeinsam zusammengestellten Ideensammlung.
– Wenn es Möglichkeiten gibt Krippenkindern genügend Kletter- und Bewegungsgeräte und andere Bewegungsmöglichkeiten zu bieten und die Kinder diese Chancen auch nutzen, erübrigen sich systematische Turnstunden.
– Wenn Kinder Maltechniken erlernt haben, zum Beispiel den Umgang mit Wasserfarben oder Spritztechnik, sind inhaltliche Vorgaben nur noch als Motivation, nicht als ein abzuleistendes Programm anzusehen. ▲

Bei offener Planung wird die Selbstbestimmung des Lernenden oder der Gruppe so weit wie möglich zugelassen bzw. herausgefordert. Dadurch handelt der Lernende selbstständiger und gewinnt den zutreffenden Eindruck Lernziele, Lernwege und Lernergebnisse weitgehend selbst gefunden zu haben. Sein Selbstwertgefühl leitet er nicht mehr davon ab, ob er die geforderten Lernschritte nachvollziehen und das Lernergebnis möglichst optimal (und mit anderen Lernenden vergleichbar und konkurrierend) erreicht hat. Er wächst an dem Prozess, an seiner eigenen Planungs- und Entscheidungsmitarbeit. Er erhält das Bewusstsein, dass er sein Lernen und Handeln selbst in die Hand nehmen und seine Lernfortschritte selbst weitgehend steuern kann. Offenes Vorgehen hebt den Lernenden aus seiner Abhängigkeit und reduziert das hierarchische Gefälle zwischen Lehrenden und Lernenden. Der Lehrende ist auch tatsächlich nicht immer der Wissende, weil er sich mit den Lernenden in Lernbereiche begibt oder Lernwege beschreitet, die auch für ihn neu sind. Die Fremdbestimmung über die Kinder wird reduziert, der Gruppenleiter wird mehr zum Partner.

▼ **Beispiele:**

– Das Kripppenkind hat einen kleinen Handwagen umgekippt. Es stellt ein mit Sand gefülltes Gefäß auf ein in die Luft ragendes Rad. Es dreht (zufällig?) am Rad und stellt mit Erstaunen fest, dass das Gefäß herunterfällt. Es probiert diese Handlung mehrfach aus. Die Erzieherin staunt und überlegt, ob sie dem Kind weitere Möglichkeiten anbieten kann, die diese Lernhandlung bestärken und weiterführen.
– In der altersgemischten Familiengruppe hat ein Hortkind angefangen ein Flugzeug zu falten und zwar nach einer Faltform, die der Erzieherin unbekannt ist. Sie lässt sich den Faltvorgang zeigen. Weitere Kinder kommen dazu. Ein anderes Kind kennt auch eine eigene Faltform. Es wird eifrig gefaltet. Zwischendurch wird ausprobiert. Einzelne Kinder gehen ins Freie um die Flugzeuge dort fliegen zu lassen. Kleinere Kinder, die eine solche Faltform noch nicht schaffen, wollen auch mitmachen. Die Erzieherin zeigt ihnen, wie sie sich Wollfäden an ihre ungefalteten, vielleicht ausgeschnittenen „Flugzeuge" binden können um sie hinter sich herzuziehen. Die Rutschbahn und das Klettergerüst erhalten eine neue Funktion als Startbahn für Flugzeuge.
Im Rückblick war es ein kreativer, bewegungsreicher Nachmittag, an dem auch feinmotorische Fähigkeiten geschult wurden, denn die genau gefalteten Flugzeuge flogen am besten. ▲

Die Gruppenmitglieder werden bei der offenen Planung weit weniger auf bestimmte Lernschritte im vorgeschriebenen Ablauf festgelegt, innerhalb des Plans haben sie einen möglichst breiten Handlungsspielraum.

Wenn die Gruppe durch ein aktuelles Ereignis abgelenkt wird, werden die Erzieherinnen überprüfen, ob die vorangegangenen Inhalte noch aktuell sind, und werden beobachten, ob die Gruppe bereit ist zur ursprünglichen Thematik zurückzukehren. Natürlich wird sich das Kind auch hier daran halten müssen, angefangene Dinge zu Ende zu bringen, wenn das aus pädagogischen oder anderen Gründen sinnvoll erscheint. Nach einer vorübergehenden Ablenkung können bisherige Motivationen meist wieder wachgerufen werden. Insgesamt werden bei offener Planung die Interessen der Kinder breiter aufgefangen. Dort, wo sie das Kind echt bewegen und nicht nur vorübergehend aufgetaucht sind, können sie den Anlass zu einer neuen Planung – jetzt oder später – geben. Das wird insbesondere dann der Fall sein, wenn es sich um Erlebnisse der Kinder handelt, die Angst auslösen, Konflikte bereiten, das Kind verunsichern oder einen Handlungsbedarf im Alltag signalisieren.

Ebenso wie bei geschlossenem Vorgehen äußert sich offene Arbeitsweise nicht nur in der Art der Lernangebote. Der gesamte Tageslauf ändert sich bei offener Planung, weil auch hier die Mitbestimmung der Gruppe stärker einbezogen und die Führungsposition der Gruppenleiterinnen verringert wird.

▼ Beispiele:

– Regeln bestehen, über ihre Handhabung kann in gegebenen Situationen aber häufig gesprochen werden, beispielsweise wenn im Flur des Kindergartens einmal mehr Kinder spielen wollen, als in der Regel festgelegt worden ist.
– Kinder halten sich nach Wunsch auch in anderen Gruppen auf als der eigenen oder die Gruppenzugehörigkeit wird ganz aufgehoben, die Gruppen sind offen.
– Der festgelegte Tagesrhythmus mit Freispiel, Frühstück, Spiel im Freien, Stuhlkreis usw. wird gelockert.

– In der Heimgruppe wird der Plan für die Woche wie Speiseplan, Unternehmungen am Wochenende und die anstehenden Themen für das wöchentliche Teamgespräch mit der Gruppe gemeinsam entwickelt. An einer dafür vorgesehenen Pinnwand kann jeder seine Gedanken schon im Voraus festhalten oder Gesprächsthemen den anderen zum Vorüberlegen bekannt geben.
– Ältere Schulkinder und Jugendliche, die in ein Heim aufgenommen werden sollen, haben die Möglichkeit einen Probetag in einer in Frage kommenden Gruppe (ggfs. in mehreren Heimen) zu erleben. Sie sollen selbst mitbestimmen können, wo sie leben möchten. ▲

Die Öffnung gegenüber den unterschiedlichen Anregungen, die von den Gruppenmitgliedern eingebracht werden oder sich auf Grund anderer Einflüsse ergeben, verlangt Flexibilität und Kreativität innerhalb der Planung. Vieles läuft anders ab, als die Erzieherinnen es sich vorgestellt haben.

Nicht nur in der Gruppenarbeit, auch nach außen zeigt sich der Grundsatz einer offenen Arbeit, und zwar in doppelter Hinsicht:
1. Der Gruppenleiter muss das Umfeld mit seinen Einflüssen in die pädagogische Arbeit einbeziehen, denn lebensnahes Lernen kann nicht nur auf die Gruppe in der Einrichtung bezogen bleiben. Das Leben der Gruppe spielt sich auch im Gemeinwesen ab.
2. Das Betreuerteam muss sich selbst offen legen und darf sich nicht hinter Mauern verstecken.

▼ Beispiele:

– Mit der Gruppe oder einzelnen Gruppenmitgliedern wird häufig etwas im Gemeinwesen unternommen: Spaziergänge, Einkäufe, Besuche in Einrichtungen wie Polizei, Gemeindeverwaltung, Bibliothek.
– Die Fenster werden nicht bemalt, weil sie als (symbolisches) offenes Tor nach innen und außen wirken sollen.
– Die Erzieherin berichtet im Elternabend von den abgelaufenen Aktivitäten und Spielen der Gruppe, begründet ihr Vorgehen und regt zur

Beteiligung an Programmen oder Materialbeschaffung an.

Am Tor der Einrichtung hängt ein Schaukasten, der öfter aktualisiert wird, von Zeit zu Zeit gibt es einen Tag der offenen Tür. ▲

Die Zusammenarbeit mit unterschiedlichen außenstehenden Personen und Gruppen fordert von dem Gruppenleiter Kooperation und Koordination (gegenseitige Abstimmung).

4.2.1.3 Der Einsatz der beiden Planungsformen

Die Entscheidung für eine stärker geschlossene oder eine offene Planung richtet sich nicht allein nach den Lernbereichen, für die eine Planung vorgenommen wird. Sie kann auch von Situationen in der Einrichtung oder vom Verhalten und dem Entwicklungsstand des einzelnen Kindes oder Jugendlichen abhängen. Letztendlich liegt sie im Ermessen der Erzieherin und bzw. des Erziehers oder des Teams.

▼ **Beispiele:**

– Im Kindergarten N. wird sehr offen vorgegangen. Unter anderem können sich einzelne Kinder bei der Gruppenleiterin abmelden und im Hof spielen. In der letzten Zeit ist es einige Male vorgekommen, dass Nele und Aishe, als sie ankamen, gleich in den Hof gegangen sind, ohne dass sie das der Erzieherin mitteilten. Die Erzieherin war deshalb nicht informiert, dass die Kinder anwesend waren. Sie benötigt aber im Rahmen ihrer Aufsichtspflicht das Wissen, welche Kinder anwesend sind. Nachdem Ermahnungen nicht helfen, wird die Regel eingeschränkt. Nele und Aishe dürfen nicht mehr allein im Freien spielen. Möglicherweise erweist es sich, dass dieser lockere Umgang mit der Wahl des Spielortes insgesamt eingeschränkt und geschlossener gehandhabt werden muss.

– David, sechs Jahre alt, kommt im Sommer in die Schule. Während er in den meisten Entwicklungsbereichen die Schulreife gut erreichen wird, lehnt er jede Form von Malen ab. Er ist feinmotorisch etwas unbeholfen. Die Erzie-

herin vermutet, dass er durch Misserfolge frustriert ist. Möglicherweise ist er in der Lage, seine Ergebnisse mit denen anderer zu vergleichen, oder vielleicht wird er auch zu Hause auf Schwächen hingewiesen. (Im Gespräch hat die Mutter das allerdings verneint.) Die Erzieherin verlangt nun von David, dass er jeden Tag etwas mit einem Stift oder einem Pinsel malt, und bezieht ihn entgegen ihrer sonstigen Gewohnheit bei feinmotorischen Aktivitäten mit ein, auch wenn er das selbst nicht möchte. Sie erhofft sich einerseits eine Förderung, andererseits wird sie durch Bestärkungen (Lob) Erfolgserlebnisse für David anstreben. Vielleicht wächst dann seine Motivation.

Ein ausgesprochenes Vorschulprogramm lehnt sie aber ab. David soll bei seinem Malen inhaltlich nicht festgelegt werden. Damit hat die Erzieherin in einem offenen Grundkonzept für David eine geschlossenere Vorgehensweise in diesem Bereich für angemessen angesehen und realisiert.

– In der Jugendwohngruppe besteht die Regel, dass die Jugendlichen am Wochenende morgens aufstehen, wann sie möchten. Peter, ein 14-jähriger Junge, kann mit diesem Freiraum nicht umgehen. Wenn die Gruppe etwas unternehmen will, steht er nicht rechtzeitig auf, sodass alle auf ihn warten müssen. Es wurde auch schon einmal ein Zug verpasst. Die Unternehmung musste ins Wasser fallen. Peter wird jetzt auch am Wochenende geweckt und muss aufstehen. ▲

Manchmal muss in dieser Weise mit einzelnen Kindern und Jugendlichen in bestimmten Bereichen geschlossener vorgegangen werden, während die Planung für die Gruppe möglichst offen gehalten wird. Mit behinderten Kindern und Jugendlichen muss häufig so gearbeitet werden. Behinderte benötigen systematische Förderung, weil sie allein durch natürliche Lernmotivationen ihre Fähigkeiten nicht voll entwickeln können. Das folgende Beispiel soll diese These belegen und typische Merkmale der geschlossenen Vorgehensweise konkret veranschaulichen.

▼ **Beispiel für geschlossene Planung: Erziehungsplan: Sauberkeits- und Esstraining mit einem behinderten Kind**

Frank ist fünf Jahre alt. Er wird als behindertes Kind von zu Hause sehr verwöhnt, das heißt, seinen Wünschen wird nachgekommen, er wird dadurch wenig gefordert und entwickelt sich langsamer, als er es auf Grund seiner Lernfähigkeiten könnte.

Im lebenspraktischen Bereich zeigt sich das insbesondere bei der Sauberkeitserziehung und beim Essen. Er spürt, wenn er Wasser lassen muss, teilt dies aber noch nicht mit. Er will sich füttern lassen, obwohl er den Löffel zum Mund führen kann. Allerdings kann er das nur mit der linken Hand, die rechte Hand benutzt er auf Grund einer spastischen Teillähmung kaum. Bewegungen mit der rechten Hand müssen aber dringend geübt werden, damit sich die Muskulatur entwickelt. Das Team entwirft bei einer Fallbesprechung folgenden Plan:

Frank wird morgens, sofort nachdem er gekommen ist, auf die Toilette gesetzt. Wenn er etwas gemacht hat, wird er gelobt. (Er reagiert auf Lob.) Wenn er nichts macht, muss er bis zu fünf Minuten sitzen. Das Gleiche geschieht nach dem Mittagessen und nach dem Kaffeetrinken. Zweimal täglich wird mit ihm ein Greifspiel gespielt, wobei darauf geachtet wird, dass er die rechte Hand benutzt und möglichst den Pinzettengriff übt. Dabei erhält er intensive Zuwendung und Lob.

Beim Essen darf er vorerst die linke Hand gebrauchen. Die ersten etwa fünf Löffel muss er alleine essen. Bei weiteren etwa fünf Löffeln wird ihm der Löffel in die rechte Hand gegeben und die Hand wird geführt. Der Rest wird gefüttert.

Nach zwei Wochen ist die nächste Fallbesprechung vorgesehen.

Wenn Frank diese fremdbestimmte Förderung nicht erfahren, sondern den Tag nach eigenen Interessen gestalten würde, könnten die beschriebenen Fähigkeiten nicht trainiert werden, weil dafür keine natürliche Lernmotivation vorhanden ist. Hier ist die geschlossene Planung und Vorgehensweise notwendig.

Wenn Frank eine integrative Kindergartengruppe besucht, kann es sein, dass in der Gruppenarbeit möglichst offen gearbeitet wird. Die Lernmotivationen der Kinder sind so hoch, dass ein festgelegtes Programm für die anderen Kinder nur selten erforderlich ist. ▲

▼ **Beispiel für offene Planung: Gruppenarbeit im Kindergarten: Einblick in die Berufsarbeit der Eltern**

Der Erzieherin ist aufgefallen, dass die Kinder im Kindergarten im Rollenspiel die Berufsarbeit der Eltern nie spielen, sondern durch fiktive Beschreibungen ersetzen: „Du wärst arbeiten gegangen und kämest jetzt nach Hause.". Außerdem fällt auf, dass die berufliche Arbeit fast ausschließlich dem Vater und die Hausarbeit der Mutter zugeordnet wird.

Die Erzieherin will deshalb in der nächsten Zeit „Berufsarbeit" mit den Kindern bearbeiten.

Sie beginnt mit einem Gespräch im Stuhlkreis über die Berufe der Eltern. Ihre Beobachtungen vom Rollenspiel bestätigen sich dabei.

Sie regt die Kinder dazu an, von der Arbeit ihrer Eltern Bilder zu malen. Auch hier zeigt sich, dass die Kinder kaum konkrete Vorstellungen von Berufsarbeit haben.

Sie bespricht im nächsten Stuhlkreis mit den Kindern, was man tun könnte um mehr über die Arbeit der Väter und Mütter zu erfahren. Die Kinder bringen Ideen ein, z.B. einen Vater oder eine Mutter bei der Arbeit zu besuchen. Die Erzieherin hat sich die Berufe der Eltern in der Kartei angesehen und bittet nun bestimmte Kinder, ihre Eltern zu fragen, ob eine Gruppe von Kindern ihre Arbeit ansehen darf: Busfahrer/in, Bauer, Verkäufer/in, Gärtner/in usw.

Alle Kinder werden ihre Eltern fragen, was sie in ihrem Beruf machen.

Manche Kinder wissen, dass ihre Eltern im Beruf mit einer Schreibmaschine oder einem Computer arbeiten. Die Erzieherin gibt Zettel an die Eltern mit und fragt, wer eine alte Schreibmaschine zur Verfügung stellen könnte. Nach wenigen Tagen trifft eine Maschine ein und wird von den Kindern eifrig benutzt.

Eine Kaufladenecke wird gemeinsam eingerichtet. Darin werden zunächst die Kleider aus der

Verkleidungskiste verkauft. Dann kommen Kinder auf die Idee, alle Spielsachen, die von den Kindern ins Freispiel geholt werden, zu „verkaufen". Zunächst wird fiktiv mit Geld bezahlt, d.h. so getan als ob. Dann zeigt die Erzieherin, wie man sich Geld abpausen kann. Unterschiedliche Papiersorten und Stifte werden dafür ausprobiert. Besuche bei berufstätigen Eltern sind nun organisiert worden und bestimmen in der nächsten Zeit die Aktivitäten in der Gruppe. Im Flur wird beispielsweise ein Bus gebaut, Buskarten werden erstellt, Rollenspiele entstehen.
Die Beteiligung der Kinder ist freiwillig. Lediglich bei Gruppengesprächen werden alle Kinder einbezogen. ▲

Die Lernmotivation der Gruppe ist hoch. Eine geschlossene Planung ist nicht erforderlich.
In sozialpädagogischen Einrichtungen soll in der Regel möglichst offen geplant werden. Mehrere Sozialministerien schlagen in ihren Empfehlungen für die Kindergartenarbeit grundsätzlich eine offene Planung vor.

Hortkinder sind schon in der Schule durch die weitgehend geschlossene Planung stark gefordert. Ein geschlossener Plan, der ihnen wieder Lernleistungen vorgibt, würde sie einseitig überfordern. Das Hortkind benötigt lockere, wenig verbindliche Angebote, zu deren Ideenentwicklung es beitragen kann, also eine ausgesprochen offene Planung. Lediglich AGs im Hort, die gewöhnlich einmal oder höchstens zweimal in der Woche meist auf Grund von Wahlmöglichkeiten stattfinden, können ein mehr geschlossenes Programm anbieten. Regeln müssen dagegen oft sehr strikt eingehalten werden, weil die Kinder lernen müssen Grenzen zu akzeptieren und sich an Regeln zu halten. Innerhalb dieser Grenzen können sie ihren Handlungsraum möglichst selbstbestimmt erproben. Allerdings sollten Regeln auf ein notwendiges Mindestmaß beschränkt und den Gruppenmitgliedern durchschaubar gemacht werden (siehe Abschnitt 5.3.2).

Freizeitgruppen wie Schwimm- oder Musikunterricht fordern vom Kind vorgegebenes und strukturiertes Lernen, das dann allerdings nur in Bereichen wahrgenommen werden sollte, die dem Kind ausgesprochen Spaß machen oder als eine wichtige Basis für weitere Lernleistungen angesehen werden. (Was als wichtig angesehen wird, ist allerdings eine subjektive Bewertung. Deshalb werden manche Kinder mit solchen Kursen von den Eltern auch überfordert.)

In der Heimerziehung zeigt sich die Tendenz zu offener Planung schon allein durch die Umstrukturierung der Heimerziehung von den großen, häufig am Ortsrand gelegenen Heimen in Wohngruppen, in denen familienähnlich mit möglichst hoher Selbstbestimmung der Gruppenmitglieder vorgegangen wird.

In therapeutischen Arbeitsbereichen der Sozialpädagogik, nämlich der Arbeit mit behinderten oder verhaltensgestörten Kindern und Jugendlichen, ist geschlossene Planung – wie beschrieben – häufig notwendig. Wenn es wie im Beispiel des behinderten Kindes Frank darum geht, dass ein Kind nicht aus natürlicher und eigener Motivation in Bereichen lernen kann, die für seine weitere Entwicklung ausschlaggebend sind, muss der Plan in seinen Teilschritten sehr systematisch aufgebaut sein und muss eingehalten werden. Alle Beteiligten (Team, oft auch die Eltern) müssen ihn überschauen können und auf ihre Weise dazu beitragen. Behinderte sind oft auf regelmäßige und immer wiederkehrende Übungen angewiesen. Eine Veränderung wirft sie in ihrem erlernten Verhalten sofort zurück. Erzieherinnen, die mit behinderten Kindern arbeiten, kennen das: nach den Ferien, oft schon nach dem Wochenende, hat das Kind verlernt, was es gerade mühsam eingeübt hatte.
Solche Programme sind neben dem Esstraining und dem Toilettengang z.B. das Üben des An- und Ausziehens, das Trainieren bestimmter notwendiger Bewegungen, die das Kind ohne Übung meidet oder nicht erlernt, die Wahrnehmungs- und Koordinationsschulung usw. In Schulen für Behinderte verlangt die Einführung der Kulturtechniken ebenfalls eine ge-

schlossenere Vorgehensweise als bei Nichtbehinderten. Auch bei älteren Behinderten in Wohnheimen sind geschlossenere Formen notwendig als bei Nichtbehinderten. Beispielsweise muss die Körperpflege oder die Haushaltsführung systematisch eingeübt und häufig regelmäßig kontrolliert werden. Teilhandlungen werden sonst vergessen, weil die Zusammenhänge oft nicht erkannt werden. In Einrichtungen für Behinderte gibt es deshalb immer Aufgabegebiete, in denen geschlossener gearbeitet werden muss als in anderen sozialpädagogischen Einrichtungen.

Das Gleiche kann in Einrichtungen für verhaltensgestörte Kinder und Jugendliche zutreffen. Die Verhaltenstherapie arbeitet weitgehend mit geschlossenem Vorgehen.

▼ **Beispiel:**

In der Psychiatrie darf ein magersüchtiges Mädchen nur telefonieren (Kontakt mit außenstehenden Personen aufnehmen), wenn es eine entsprechende Menge gegessen hat. Da es häufig sein Essen nach der Aufnahme wieder erbricht, kann nicht die Menge des Essens gemessen werden, sondern die Gewichtszunahme. Da das Mädchen sich wiederum Techniken angeeignet hat falsches Körpergewicht vorzutäuschen, nämlich Wasser vor dem Wiegen zu trinken, muss es zu unregelmäßigen Zeiten gewogen werden. Dieser Plan muss von allen Mitarbeitern strikt eingehalten werden, wenn er Erfolg haben soll. Langsam wird das Programm dann erweitert: Besuch empfangen, Ausgang erhalten usw.
Magersucht kann so weit gehen, dass sich die Jugendlichen bleibende gesundheitliche Schäden zuziehen. Eine konsequente und ggfs. harte Vorgehensweise ist deshalb notwendig. ▲

Natürlich wird es in jeder sozialpädagogischen Einrichtung Abschnitte geben, die jeweils unterschiedlich in ihrer Offenheit strukturiert sind. Regeln müssen beispielsweise klarer und eindeutiger aufgestellt und eingehalten werden als Spielprogramme.

Kinder, die an Fremdbestimmung gewöhnt sind (z.B. stark autoritäre Erziehungsformen im Elternhaus), können zunächst mit offener Planung nur schwer umgehen. Sie müssen langsam zu höherer Selbstbestimmung geführt werden.

Bei beiden Planungsarten (geschlossen und offen) hat die Beobachtung wie immer in der pädagogischen Arbeit einen wichtigen Standort. Die Auswahl und Zusammenstellung der Aktivitäten, die Frage, ob der Plan offener gehalten werden kann oder geschlossener strukturiert werden muss, werden von den Beobachtungen abgeleitet.

▼ **Beispiele:**

– Die Erzieherin will im Rahmen der Einheit „Berufstätigkeit der Eltern" die Aufgaben der Polizei bearbeiten, obwohl im Zusammenhang mit den Berufen der Eltern dafür kein Grund besteht. Diese Tatsache hat die Erzieherin nicht wahrgenommen. Kein Elternteil ist Polizist oder Polizistin, die Kinder haben nicht die Vorstellung, dass ihre Eltern Polizisten sein könnten. Ein Polizist nimmt bei den Kindern eher eine Angst auslösende Rolle ein, denn sie erleben beispielsweise, dass auch der Vater am Steuer Angst vor der Polizei hat oder dass die Eltern über die Polizei schimpfen wie über keinen anderen Beruf. Wenn die Erzieherin die Aufgaben der Polizei mit der Einheit der Berufsarbeit von Eltern verbindet, wäre diese Thematik den Kindern sehr aufgestülpt. Die Aufgaben der Polizei müssten mit der Gruppe aus einer anderen Sicht bearbeitet werden, beispielsweise aus der Diskrepanz, die sie im Zusammenhang mit Polizei im Alltag erleben: „Viele Menschen haben Angst vor der Polizei – ich auch -, was bedeutet dann der Satz: ,Die Polizei, dein Freund und Helfer!'?"

– Wenn die Erzieherin beobachtet, dass Gruppenmitglieder breit gesetzte Regeln nicht einhalten, muss sie fremdbestimmter vorgehen und die Regeln enger setzen, z.B. die Durchführung von Ämtern in der Jugendwohngruppe, die Benutzung von Werk- und Turnraum, die Erledigung der Hausaufgaben. ▲

Ein evtl. Vorteil in Bezug auf den Zeitaufwand besteht für die Erzieherin bei geschlossener Planung für Gruppenaktivitäten darin, dass ein erarbeitetes Programm wiederholbar ist und dadurch weniger Vorbereitung benötigt als die offene Planung, die wesentlich stärker auf die jeweils vorhandene Situation der Kinder aufbaut. Offene Planung muss für individuelle Gegebenheiten und für jede Gruppe speziell vorgenommen werden. Sie kann in Teilen wiederholt werden, wird aber immer durch die Offenheit und die gegebenen unterschiedlichen Situationen gewisse Einmaligkeit behalten.
Bei der Planung im Kindergarten werden deshalb z.B. jahreszeitliche und andere Programme, die sich jährlich wiederholen, oft geschlossener vorgenommen als Einheiten, die seltener durchgeführt oder die deutlicher auf Lebenssituationen der Gruppe aufgebaut werden, wie die Berufsarbeit der Eltern im vorliegenden Beispiel. Solche Wiederholungen bergen aber die Gefahr von Routine und geringerer Lebendigkeit und Spannung.

Weil sich Erzieherinnen bei geschlossener Planung eher an etwas festhalten können und es leichter haben, ihre Arbeit zu planen und offen zu legen, wird in vielen Einrichtungen geschlossener gearbeitet als nötig. Das pädagogische Anliegen einer hohen Selbst- und Mitbestimmung des Kindes wird dabei eingeschränkt, die Kinder erfahren zudem nicht genügend, dass sie für ihr reales, alltägliches Leben und die bessere Bewältigung ihres Alltags lernen, und sie erlernen nicht das Lernen selbst, weil ihnen Lernhandlungen vorgegeben werden. Sie lernen nicht, Möglichkeiten für die bessere Bewältigung einer Situation selbst zu suchen und zu erproben.

In sozialpädagogischen Einrichtungen sollte deshalb so offen wie möglich und so geschlossen wie dringend nötig gearbeitet werden.

Geschlossene Planung	Offene Planung
– Die Erzieherin plant differenziert vor und/oder verwendet vorgegebene Lernprogramme.	– Die Planung hat den Charakter einer Ideensammlung. Die Gruppe wird in die Planung einbezogen.
– Lernziele werden an den Fähigkeiten der Kinder und an zu erwartenden entwicklungsangemessenen Leistungen ausgerichtet.	– Lernziele werden an den Erfahrungsbereichen und Lebenssituationen der Kinder ausgerichtet (Einbezug des Umfeldes).
– Das Lernen wird in Lernschritte gegliedert und klar strukturiert.	– Das Erlernen von Sachkompetenzen und soziales Lernen werden nicht getrennt (Leben und Lernen werden verbunden).
– Das Lernen wird häufig durch speziell entwickelte Lernmaterialien unterstützt.	– Unterschiedlichste Anregungen werden während des Projektes aufgenommen und einbezogen.
– Die Erzieherin beobachtet die Lernfortschritte und korrigiert die Lernleistungen. Es entsteht stärkere Fremdbestimmung für das Kind.	– Die Erzieherin unterstützt die Ideen der Kinder und versucht Fremdbestimmung für die Kinder niedrig zu halten.

Zusammenfassung

- Geschlossene Planung eignet sich auf Grund ihrer vorstrukturierten Vorgaben für diejenigen Erziehungsbereiche, in denen Kinder/Jugendliche nur durch klar gegliederte Lernschritte bestimmte Fähigkeiten erlernen können.

- Offene Planung bezieht die Bezugsgruppe mit in die Planung ein und kann durch ihre Offenheit und die Flexibilität jederzeit erweitert und verändert werden. Sie beinhaltet deshalb für die Bezugsgruppe kreative und verantwortliche Mitgestaltung.

- Offene Planung leitet ihre Lerneinheiten von den Lebenssituationen der Gruppe ab. Sie verbindet Leben und Lernen.

- Der Übergang zwischen geschlossener und offener Planung ist nicht eindeutig abgrenzbar. Ein geschlossenes Konzept kann in Teilaspekten Merkmale der offenen Planung enthalten und umgekehrt, ein grundsätzliches offenes Vorgehen kann vorübergehend geschlossener durchgeführt werden.

- Im Allgemeinen wird in sozialpädagogischen Einrichtungen offene Planung bevorzugt, weil sie die Selbstbestimmung der Heranwachsenden erhöht und ihnen nicht nur Fähigkeiten vermittelt, sondern das Lernen selbst lehrt. Es gibt aber auch Situationen, die eine geschlossene Planung erfordern. Dazu gehört beispielsweise das Verhaltenstraining Behinderter oder die verhaltenstherapeutische Arbeit mit verhaltensgestörten jungen Menschen.

- Geschlossene Planung für Gruppenaktivitäten ist in der Regel weniger zeitaufwändig. Sie ist weitgehend wiederholbar.
  Offene Planung verlangt einen hohen persönlichen Einsatz der Gruppenleiter, weil sie individuell entwickelt und in den gegebenen Situationen verändert und gestaltet wird. Sie ist als Ganzes nicht wiederholbar, lediglich in Teilen, weil sie auf die individuelle Situation der Gruppe abgestimmt wird.

- Geschlossene Planung als Erziehungsplan muss für jeden Menschen auf Grund seiner einmaligen Persönlichkeit individuell erarbeitet werden.

Anregungen

1. **Lesen und Vergleichen von Arbeitsweisen im Kindergarten in Bezug auf geschlossene und offene Planung**

Lesen Sie die Gegenüberstellung der unterschiedlichen Arbeitsweisen von zwei Erzieherinnen im Winter. Vergleichen Sie das Vorgehen der Erzieherinnen hinsichtlich folgender Merkmale:

a) Konkret oder breit und offen vorgeplant?
b) Grad der Selbst- und Mitbestimmung für die Kinder?
c) Bezug zum Lebensalltag und den alltäglichen Erlebnissen und Erfahrungen der Kinder?
d) Im nächsten Jahr in dieser Form wiederholbar?

e) Arbeitsweise ist für die Eltern erkennbar?

f) Menge des Arbeitsaufwandes für die Erzieherin?

Kindergarten I

Schon von draußen ist an den bemalten Fensterscheiben zu erkennen, dass der Schnee aktuell ist: Schneebilder, von Kindern gemalt, zeigen an, womit sich die Gruppe befasst. Auch im Flur und an den Raumwänden sind Winterbilder zu sehen: Schneemänner, aus weißem Papier ausgeschnitten, auf farbiges Papier geklebt, bilden einen bunten Fries, formschön, von der gestalterisch begabten und geübten Erzieherin entworfen und von den Kindern (vielleicht mit einer Schablone) nachvollzogen. Von der Decke hängen Schneemänner aus Watte und weißen Kugeln und gefaltete Vögel auf winterlichen Zweigen. Auf einem Wandbord stehen Schlitten, aus festem Tonpapier nach einer Vorlage ausgeschnitten, fast kleine Kunstwerke. Ein großes winterliches Gruppenbild nimmt eine breite Wandfläche ein.

Die Kinder spielen verteilt im Raum. Die Erzieherin sitzt mit einer kleinen Gruppe an einem Tisch. Weißes, zartes Papier wird gefaltet und zu Sternen geschnitten: Schneekristalle. Die Kinder falten ihre Gebilde auf und sind überrascht über die vielfältigen Formen, die sie geschnitten haben. Die Erzieherin teilt ihre Aufmerksamkeit zwischen der Bastelarbeit, die sie geduldig anleitet, und der Beobachtung der spielenden Kindergruppe. Von Zeit zu Zeit wird eins der bastelnden Kinder fertig, geht ins Freispiel zurück oder frühstückt, und andere Kinder nehmen seinen Platz am Werktisch ein. Als es dunkler wird, weil es wieder zu schneien beginnt, bittet die Erzieherin ein Kind das Licht einzuschalten. Später am Tag wird ein Stuhlkreis gestellt. Die Erzieherin beginnt ein Gespräch über Vögel, die jetzt bei dem Schneewetter Hunger leiden. Sie schlägt vor am nächsten Tag ein großes Winterbild zu malen. Die Kinder finden das eine gute Idee. Dann wiederho-

len sie das Lied vom Schneeflöckchen und lernen ein bisschen lustlos ein neues Winterlied. Am Schluss des Vormittags wird im Freien gespielt.

Kindergarten II

Im Kindergarten II sieht der Ablauf des Vormittags anders aus:

Erste Kinder kommen. Die Erzieherin macht eine Bemerkung zu ihren kalten Händen und Gesichtern. Es wird verglichen, wie unterschiedlich angenehm und unangenehm sich warme und kalte Haut anfühlt. Dann gehen sie zusammen ans Fenster, wo draußen sichtbar ein Vogelhaus hängt. Sie beobachten zusammen eine kleine Weile die Vögel. Sie wissen, Vögel sollen eigentlich nicht gefüttert werden. Das ausnahmsweise gestern ausgestreute Futter ist auch noch da. Im Dunkeln können diese Vögel nicht fliegen und nicht fressen. Sie reden über Tagvögel und Nachtvögel. Ein nächstes Kind gesellt sich zu ihnen. Sie sprechen jetzt von der Kälte, wie sich Vögel davor schützen können und welchen Schutz andere Tiere haben oder nicht haben, ein Thema, mit dem sie sich in den letzten Tagen öfter auseinander gesetzt hatten.

Ein weiteres Kind kommt. Es hat Bilder aus Zeitschriften von Tieren im Winter mitgebracht. Es setzt sich an den Tisch um diese Bilder für das gemeinsame Bilderbuch, das sie in einem Ringbuch angelegt haben, auszuschneiden. Ein Kind gesellt sich zu ihm um zu helfen. Die anderen spielen jetzt verteilt im Raum. Die Erzieherin sitzt in der Puppenecke. Es wird dunkler. Die Erzieherin bemerkt es, sagt aber nichts. Ein Kind stellt fest, dass es ihm zu dunkel ist. Es schaltet deshalb das Licht an. Die Kinder werden aufmerksam. Einige gehen zum Fenster. Schneewolken verdunkeln den Himmel. Ein Kind beginnt „Schneeflöckchen" zu singen. Andere und die Erzieherin fallen ein. Jemand schlägt vor ein dunkles Papier auf die Fensterbank zu legen, damit die Kinder beobachten können, wie der Schnee darauf fällt. Die Erzieherin findet die Idee gut. Es wird gemacht. Die Schneeflocken tauen auf dem Papier sehr schnell und machen das Papier weich. Gemeinsam wird überlegt, was sich besser eignen könnte. Ein dunkles Backblech, schlägt ein Kind vor. Geht nicht – zu warm! Wir könnten es vorher kühlen oder draußen kalt werden lassen. Trotzdem wird es auf die Fensterbank gelegt, wie es ist. Ein zweites Backblech wird ins Tiefkühlfach gelegt und dann erst hinausgetragen. Unterschiede werden beobachtet. Kinder, die jetzt kommen, ziehen sich teilweise nicht aus, weil sie der Gruppe ihre schneebedeckten Mützen zeigen wollen. Mit der Lupe wird das Tauen beobachtet. Ein faszinierender Vorgang. Schneekristalle können in vielen Farben schimmern. Sie sind nicht nur weiß. Ein Kind beginnt mit Fingerfarben Schneekristalle zu malen. Andere Kinder kommen dazu, machen mit. Die Erzieherin zeigt, dass man sie auch aus gefaltetem Papier ausschneiden kann. Einige Kinder probieren das aus. Eine Kindergruppe ist inzwischen in den Flur zum Spielen gegangen. Sie bauen sich eine Höhle, in der Bären leben. Eine hellere Decke wird oben auf die Höhle gelegt. Sie soll Schnee bedeuten. Es entsteht eine Diskussion darüber, ob die Bären in der schneebedeckten Höhle jetzt mehr oder weniger frieren. Die Erzieherin wird gefragt. Sie weiß es auch nicht.

Später spielen die Kinder im Freien. Die Erzieherin schlägt vor auszuprobieren, mit den bloßen Händen durch den Schnee zu „gehen", als wären die Hände Vogelfüße. Warum frieren die Vögel nicht an ihren Füßen? Im Abschlusskreis sprechen sie über ihre Erlebnisse und Erfahrungen dieses Vormittags, über die Freude am Schnee, über seine Schönheit, aber auch über seine Bedeutung für die Tiere und Pflanzen. Wer kann zu Hause fragen, ob es Bären in der schneebedeckten Höhle wärmer oder kälter haben?

Als die Kinder abgeholt werden, haben sie nichts vorzuweisen, kein neues Lied, keine Werkarbeit. Aber sie gehen behutsam durch den Schnee, der für manche Lebewesen Freude, für andere Härte bedeutet und über dessen Wirkung sie keineswegs alles wissen. Vielleicht auch nicht die Erwachsenen.

2. Lernkontrolle: Definition von offener Planung

Antworten Sie mit „ja"oder „nein", vergleichen Sie anschließend Ihre Antworten in der Gruppe. (Ergebnisse stehen auf S. 195.)

1. Die Erzieherin kann von offener Planung sprechen, wenn sie ihren Rahmenplan, den sie sich vorgenommen hat, vorübergehend unterbricht um etwas Aktuelles, das die Kinder fesselt, zu besprechen: Ein Kind hat ein interessantes Bilderbuch mitgebracht, die Topfpflanze am Fester beginnt zu blühen, ein Kind berichtet erregt, dass in einer Chemiefabrik ein Unfall gewesen ist, auf der Straße ganz nahe bei der Einrichtung haben Kinder einen überfahrenen Frosch gesehen. (?)

2. Es handelt sich um offene Planung, wenn die Erzieherin mit der Gruppe überlegt, wie die Gruppenregeln überdacht und verändert werden können, damit das Zusammenleben angenehmer wird. (?)

3. Zu offener Planung gehört, dass das alltägliche Leben als Lern- und Handlungsbereich der Gruppe angesehen wird, z.B. Müll- und Wegwerfverhalten, Kochen für die Gruppe, gesunde Ernährung, angemessenes Verhalten bei unterschiedlichen Wetterbedingungen, Konfliktbearbeitung, sinnvolle Hygiene, wertschätzender Umgang mit Material usw. (?)

4. Die Erzieherin hat Recht, wenn sie sagt: „Wir planen nicht, wir arbeiten offen." (?)

5. Bei offener Planung muss die Erzieherin das Umfeld einbeziehen: Eltern, Gemeinwesen, ggfs. Lehrer usw. (?)

3. Unterscheidung und Beurteilung von geschlossener und offener Planung

a) Ordnen Sie die folgenden Beispiele der stärker geschlossenen oder der weitgehend offenen Planung zu.
b) Beurteilen Sie die Beispiele der *geschlossenen* Planung nach „gut" und „weniger gut".
c) Begründen und diskutieren Sie anschließend Ihre Ansichten in der Gruppe. (Ergebnisse unten und S. 196.)

1. Die Erzieherin legt morgens in den Gruppenraum der Krippenkinder gesammelte Kastanien und ein paar leere Schuhkartons. Als sie später sieht, dass ein Kind einen Karton halb gefüllt hat und ihn hin- und herschiebt, zeigt sie ihm, wie es eine Schnur zum Ziehen befestigen kann.
Sie lobt ein anderes Kind, das einen Deckel schräg gelegt hat und Kastanien hinunterrollen läss.

2. Mit den Kindern, die im Sommer in die Schule kommen, wird einmal in der Woche an Vorschulmappen gearbeitet, unter anderem müssen die Kinder aufgezeichnete Kreise in bestimmten Farben anmalen.

3. In der psychiatrischen Klinik hat jedes Kind seinen „Stundenplan". Schule, Therapiestunden, Ämterzeit, Krankengymnastik, Gruppenaktivität, Ausgang (wenn nichts vorgefallen ist) usw.

4. Nach den Hausaufgaben können die Hortkinder die Zeit nach ihren Wünschen gestalten: freies Spiel drinnen und draußen oder freiwillige Teilnahme an Angeboten.

5. Die Erzieherin hat die „Umweltpuppe Knud" oder eine andere Handpuppe eingeführt. Im Schlusskreis redet Knud mit, er beantwortet Kinderfragen, äußert Gedanken zum abgelaufenen Vormittag, nimmt Stellung zu umweltverträglichem und umweltunverträglichem Verhalten und dreht auch kleine Witze. Die Kinder unterhalten sich gut mit ihm.

6. Für das spastisch gelähmte Kind wird vom Team ein Übungsprogramm aufgestellt: Greif- und Laufübungen. Dabei wird vom Leichten zum Schweren aufgebaut und möglichst der Spielcharakter der Übungen eingehalten.

4. Merkmale der offenen Planung erkennen

Lesen Sie das Beispiel „Tagesablauf im Kindergarten" auf S. 173 f., und suchen Sie nach konkreten Merkmalen der offenen Planung, nachdem das Team den Tagesablauf umstrukturiert hat. Besprechen und vergleichen Sie Ihre Gedanken.

Auflösung der Aufgabe 2, S. 194:
1. Nein, dieses Merkmal allein genügt nicht. Es gehört zu jeder vernünftigen Pädagogik.
2. Ja, denn die Gruppe wird in die Planung einbezogen. Es geht auch um die Bearbeitung von Lebenssituationen.
3. Ja, ein typisches Merkmal für offene Planung. Allerdings können bei geschlossener Planung auch Lernprogramme mit diesen Inhalten entwickelt werden.
4. Nein, offene Planung *ist* Planung, allerdings eine flexible und breite Planung.
5. Ja, denn es wird in den Lebenssituationen und für die Geschehnisse und Situationen im Alltag gelernt und gehandelt.

Auflösung der Aufgabe 3:
1. Offene Planung
2. Geschlossene Planung: fragwürdig,

weil ein hoher Grad an Fremdbestimmung vorgegeben wird, während die Kinder auch auf andere Weise die richtige Haltung eines Stiftes oder Sorgfalt und ähnliche Fähigkeiten lernen können.

3. Geschlossen: in der Regel sinnvoll, da die Kinder und Jugendlichen in der psychiatrischen Klinik erhebliche Störungen aufweisen und über freiwillige Lernleistungen ihr Verhalten meist nicht ändern können. Es gibt allerdings auch Therapien mit stärker tiefenpsychologischem Charakter, bei denen in offener Vorgehensweise und mit hoher Selbstbestimmung der Kinder und Jugendlichen gearbeitet wird.

4. und 5. offen

6. Geschlossen: Wegen der Behinderung ist systematisches Üben erforderlich. ❑

4.2.2 Ausgearbeitete Planungskonzepte in geschlossenem und offenem Vorgehen

Für die pädagogische Arbeit im Kindergarten wurden in den letzten Jahrzehnten sowohl geschlossene als auch offene Planungskonzepte entwickelt und wissenschaftlich fundiert. Um aufzuzeigen, aus welchen Zusammenhängen heraus diese Konzepte entstanden sind und wie sie sich begründen, ist es angebracht, einen kurzen geschichtlichen Rückblick vorzunehmen:

In den 60er-Jahren veränderten sich die allgemeinen bisherigen Auffassungen, nach denen angenommen wurde, dass die Lernfähigkeit des Menschen vorrangig auf erbbiologischer Grundlage beruhe. Die Sozialisationsforschung betonte die Bedeutung der Umwelteinflüsse und unterstrich die Möglichkeiten der Erziehung und der Bildung. Zugleich führten entwicklungspsychologische Forschungen zu der Erkenntnis, dass die Intelligenz des Kindes in den ersten acht Lebensjahren stark zunimmt und in dieser Zeit grundlegend gefördert werden sollte. Der Kindergarten, der bis dahin in der pädagogischen Forschung nur eine sehr untergeordnete Rolle eingenommen hatte, rückte ins Rampenlicht. Wissenschaftlich fundierte Lernmodelle wurden für die Kindergartenerziehung ausgearbeitet.

Hintergrund dieser Entwicklung waren unter anderem politische und wirtschaftliche Motive: Die Steigerung von Leistung und Wirtschaftskraft stand im Mittelpunkt, es kam dafür darauf an, die Intelligenz des Menschen optimal zu fördern. In der logischen Schlussfolgerung wurden unter anderem Programme zur Intelligenzentwicklung des Vorschulkindes benötigt. Zugleich wurden auch schulische Lehrpläne reformiert. In den Mittelpunkt rückten Lernziele, während die Lehrpläne vorher weitgehend aus Stoffsammlungen bestanden. Die neue Form der Lehrpläne mit ihrem wesentlich höheren Anspruch an Wissenschaftlichkeit sowie an Begründung und Kontrollmöglichkeiten wurde durch die Bezeichnung „Curriculum" gekennzeichnet.

In den Curricula werden an erster Stelle Lernziele formuliert. Mit beispielhaften Lerninhalten werden die Lernziele konkretisiert, und es werden methodische Hinweise gegeben. Curricula können die einzelnen Aktivitäten in ihrer inhaltlichen und methodischen Struktur bestimmen, lassen dem jeweiligen Lehrenden aber Spielraum für eigenständige Gestaltung.

Für die Arbeit im Kindergarten wurden zunächst schulische Lernformen und Konzepte auf das Verständnis der drei- bis sechsjährigen Kinder transformiert (umgewandelt). Damit wurde den Kindergärten die Arbeit in geschlosseneren Vorgehensweisen vorgeschlagen, als Erzieherinnen das bis dahin kannten. Unter der gesellschaftlichen Erwartungshaltung waren die Erzieherinnen weitgehend bereit, schulische Lernformen zu übernehmen und ihre Lernangebote nach vorgeschlagenen Lernschritten und Vorgehensweisen auszurichten.

Um die Kinder intensiver auf den Schuleintritt vorzubereiten, wurden die fünf- bis sechsjährigen Kinder innerhalb des Kindergartens in Lerngruppen, sogenannten Vorschulgruppen, zusammengefasst und in unterschiedlichen Bereichen geschult.

Während mehrerer Jahre wurde diskutiert und erprobt, die fünfjährigen Kinder in einer Vorklasse in die Schule aufzunehmen, um sie intensiver fördern zu können. An einzelnen Schulen bestehen diese Vorklassen auch heute noch, haben aber weitgehend den starken Lerncharakter zu Gunsten von spielorientierterem Vorgehen aufgegeben.

Von den verschiedenen wissenschaftlich fundierten Planungsansätzen, die in den 60er und Anfang der 70er-Jahre entwickelt wurden, hat sich das funktionsorientierte Vorgehen bis heute in manchen Kindergärten gehalten. Andere curriculare Vorschläge haben sich nicht bewährt und spielen kaum noch eine Rolle.

Zwei dieser curricularen Ansätze in geschlossener Planung will ich kurz beschreiben, um das funktionsorientierte Vorgehen durch die Abgrenzung deutlicher charakterisieren zu können.

Wissenschaftsorientierter Ansatz

Dieser Ansatz fußt auf der Bedeutung der Wissenschaftsdisziplinen für unsere Gesellschaft. Die Kinder sollten bereits im Kindergarten erste Grundlagen, Gedanken und Begriffe der Wissenschaften erlernen.

„Bildungspolitischer und wirtschaftlicher Hintergrund war unter anderem die Erkenntnis, dass sich Bildungsinvestitionen langfristig im Hinblick auf das Wirtschaftswachstum auszahlen. Lernprogramme wurden also vom Schulin das Vorschulalter vorverlegt und die Vorschule zu einer lerntheoretisch orientierten Anstalt gemacht... Vor allem sollten schon im Kindergarten Fähigkeiten vermittelt werden, die bisher erst im Erwachsenenalter zum wissenschaftlichen Arbeiten benötigt wurden, wie Vergleichen, Zuordnen, Wahrnehmen von Beziehungen u.a." (Belardi u.a. 1980, S. 103)

Natürlich wurden die zu vermittelnden Kenntnisse didaktisch für die drei bis sechsjährigen Kinder aufbereitet. Die Arbeit mit Logischen Blöcken, mathematische Tischspiele, Mengenlehre, Frühförderung des Lesens, physikalische Experimente für Vorschulkinder, aber auch Fremdsprachen wurden in die Kindergartenpädagogik aufgenommen. Die Lernmaterialien wurden nach dem Grundsatz entwickelt: „Jedem Kind kann auf jeder Entwicklungsstufe jeder Lehrgegenstand in einer intellektuell redlichen Form erfolgreich gelehrt werden." (Bruner, Berlin 1970, S. 44, zitiert in Belardi, ebd.) Da die Lernprozesse als solche für das Kind nicht immer faszinierend sind, wurde versucht, durch ansprechende Aufmachung der Lernmaterialien die Kinder zu fesseln und zu begeistern.

Der wissenschaftsorientierte Ansatz hat sich kaum umsetzen lassen. Das Lernen war für die Kinder abstrakt und lebensfern. Es entwickelten sich Gegenströmungen gegen einen derart verschulten Kindergarten.

Der kompensatorische Ansatz

Da Kinder auf Grund ihres jeweiligen Umfeldes unterschiedliche Anregungen und Förderungen erhalten, entwickeln sie Stärken, es entstehen aber auch Defizite, z.B. bei Kindern aus unterprivilegierten Familien, bei Vernachlässigungen, einseitigen Anforderungen, Überforderungen usw. Diese Defizite soll der Pädagoge im kompensatorischen (= ausgleichenden) Ansatz erkennen und weitmöglichst aufarbeiten. Dafür wurden Programme entwickelt, beispielsweise systematische Sprachschulung oder kognitiv betonte Programme, auch Programme, in denen durch Zusatzaufgaben den lernschwächeren Kindern Übungsmöglichkeiten geboten werden sollen.

Insgesamt haben kompensatorische Programme wenig Erfolge gezeigt, weil die Kinder isoliert von ihrem Lebensumfeld (Gruppenleben und Familie) gefördert wurden und weil kurzfristige Fortschritte wieder verloren gingen, wenn die Förderung nicht gezielt fortgesetzt wurde.

Kompensatorische Programme gerieten aus verschiedenen Gründen in scharfe Kritik und hatten keine Überlebenschance. Gemeinsame Erziehung aller Schichten in Kindergärten und im schulischen Bereich in Gesamtschulen erwiesen sich erfolgreicher als spezielle Schulungen von unterprivilegierten Kindern.

4.2.2.1 Funktionsorientierter Ansatz: geschlossene Planung im Kindergarten

Die Funktionen (= Fähigkeiten) des Kindes bieten hier den Ausgangspunkt für die Entwicklung von Lernzielen und Lernangeboten. Fähigkeiten, die das Kind für sein Leben entwickeln und ausformen muss, um die Probleme seines Alltags und die späteren gesellschaftlichen und beruflichen Anforderungen zu bewältigen, werden in systematischen Schulungsprogrammen gefördert. Im Vordergrund standen zunächst kognitive Fähigkeiten wie Wahrnehmung, Zuordnung, Herstellung von Beziehungen, Verbalisierung, Begriffsbildung usw. Es gibt inzwischen aber auch funktionsorientierte Vorschläge für andere Lernbereiche wie für soziales Lernen, motorische Fähigkeiten usw.

Der funktionsorientierte Ansatz hat insofern Ähnlichkeiten mit dem wissenschaftsorientierten Ansatz, als Lernbereiche bestimmt werden, in denen das Kind geschult wird (d.h. geschlossene Planung). Ein Unterschied ist darin zu sehen, dass die ausgewählten Lernbereiche in der Regel dem Leben, den Bedürfnissen und den Interessen der Kinder etwas mehr entsprechen und nicht so abgehoben und abstrakt sind wie im wissenschaftsorientierten Vorgehen.

Solche funktionsorientierten Programme sind teilweise heute noch in Kindergärten üblich.

▼ **Beispiele:**
– Das Spielrepertoire eines Kindergartens enthält zahlreiche Zuordnungsspiele (Memory, Farbspiele, Bilderlotto usw.).
– Um der heutigen Konkurrenz schon im Vorschulalter entgegenzuwirken werden bewusst kooperative Tischspiele eingesetzt.
– Die Erzieherin wählt eine Gruppe von Kindern aus, die in ihrem Sprachverhalten ihrem Alter nicht voll entsprechen (oder auch ausländische Kinder), und übt mit ihnen beispielsweise anhand von Bildern einen klaren und vollständigen Satzbau.
– Mit Hilfe von Vorschulmappen werden fünf- bis sechsjährige Kinder angeleitet feinmotorische Voraussetzungen für das Schreibenlernen zu entwickeln, etwa durch Schwungübungen, Koordinationsschulungen von Auge und Hand, Linienführung usw.
– Im Frühling wird mit den Kindern über die Veränderungen der Natur gesprochen, entsprechende Bastelarbeiten werden erstellt, Lieder gesungen und Gedichte gelernt. ▲

Aspekte der kompensatorischen Erziehung werden in den funktionsorientierten Ansatz einbezogen, wenn mit Kindern bestimmte Fähigkeiten, in denen sie Defizite aufweisen, geübt werden.

Allen drei Ansätzen ist gemeinsam, dass bei der Entwicklung der Lernziele, der Lerninhalte und der Methoden die augenblickliche konkrete Lebenssituation des Kindes wenig berücksichtigt und einbezogen wird. Das Kind erlernt Fähigkeiten und Kenntnisse, die es in einer entsprechenden Lebenssituation, in die es früher oder später kommen wird, anwenden soll. Das Kind lernt für die Zukunft, die es im Augenblick der Lernleistung noch nicht sieht. Es lernt nicht oder kaum seine aktuellen Probleme und Handlungen in seinem direkten Alltag besser zu bewältigen. Kritiker stellen in Frage, ob das Kind erlernte Leistungen ohne Hilfestellung in seinen Alltag übernehmen kann. Es hat sich beispielsweise erwiesen, dass Kinder, die im Kindergarten in Sprachtrainingsstunden das Sprechen vollständiger Sätze beherrschten, die erlernten Sprachformen nicht oder kaum in ihrem Alltag anwandten. Aus den Übungsstunden wieder ins Freispiel entlassen, zeigte ihr Sprachverhalten keine erkennbare Veränderung.

Es gibt unterschiedliche Möglichkeiten nach dem funktionsorientierten Ansatz vorzugehen:
1. Die Erzieherinnen stellen Fähigkeiten zu-

sammen, in denen Kinder geschult werden sollen. Diese Fähigkeiten leiten sie von den allgemeinen Entwicklungsbereichen ab (siehe Abschnitt 2.1.1, S. 75):

Kognitiver Entwicklungsbereich: Dazu gehören erkenntnismäßiges Denken wie zuordnen können, Zusammenhänge erkennen, schlussfolgerndes Denken, differenzierte Wahrnehmung, Sprachkenntnisse usw.

Kreativer Bereich: Kreative Fähigkeiten sind das Entwickeln und Umsetzen von eigenen Ideen (fälschlicherweise wird in sozialpädagogischen Kreisen häufig jede Art von Werken und Malen dem kreativen Bereich zugeordnet).

Motorischer Bereich: Hierzu zählen die Grob- und Feinmotorik.

Emotionaler und sozialer Bereich: Emotionale und soziale Fähigkeiten sind kaum zu trennen: Gefühle zu empfinden steht häufig in einem Zusammenhang mit dem Partner oder der sozialen Gruppe. Gefühle beeinflussen und bestimmen das soziale Verhalten.

In einem systematischen Aufbau, meist vom Leichten zum Schwereren, werden die ausgewählten Fähigkeiten mit der Kindergruppe, meist Kleingruppen, gelegentlich auch einzelnen Kindern, geschult. Am bekanntesten sind die Programme im kognitiven und feinmotorischen Bereich, wie ich sie in der Darstellung der geschlossenen Planung bereits beschrieben habe: Vorschulmappen, didaktische Spiele, Übungen zur Schulung der Farbbenennung, des Zählens usw.

2. Die Erzieherinnen wählen ein Thema aus, das sie für die Kinder als interessant empfinden, und versuchen innerhalb dieses Themas Aktivitäten zu entwerfen, durch die das Kind in seinen unterschiedlichen Fähigkeiten geschult und gefördert wird.

Solche Planungen, in denen die vorgesehenen Programme unter einem Thema für einen Zeitraum von meist mehreren Wochen zusammengestellt werden, sind unter der Bezeichnung Rahmenplan bekannt. Allerdings sagt diese Bezeichnung nicht unbedingt aus, dass es sich um funktionsorientiertes Vorgehen und um eine weitgehend geschlossene Planung handelt. Erzieherinnen können das Wort Rahmenplan auch für offene Planungsformen verwenden. In der Regel sprechen sie dann aber von Stoff- oder Ideensammlungen.

Einen weitgehend geschlossenen funktionsorientierten Rahmenplan, wie er in dieser strengen Form heute in Kindergärten meist nicht mehr erstellt wird, will ich im Folgenden exemplarisch darstellen. Das Vorgehen wird in Kindergärten heute im Allgemeinen insofern offener gehalten, als weder Lernbereiche noch Zeitvorgaben eindeutig festgelegt werden, wie ich das in meinem Plan beschreibe. Aber auch bei einer etwas lockereren Handhabung bleibt dem funktionsorientierten Vorgehen eigen, dass die einzelnen Aktivitäten oder Lernschritte durch die Erzieherin systematisch aufgebaut und von ihr vorgegeben werden. Die Kinder werden an der Planung wenig beteiligt.

Auf S. 188 f. wird als Beispiel für offene Planung ein Planungsabschnitt beschrieben, durch den Kindergartenkinder einen Einblick in die Berufsarbeit ihrer Eltern gewinnen sollen. Angenommen, eine Erzieherin, die geschlossener als ihre Kollegin in jenem Kindergarten arbeitet, erstellt zu dem gleichen Thema einen funktionsorientierten Rahmenplan. Sie sieht es als wichtig an, dass die Kinder einen Einblick in das Berufsleben der Eltern gewinnen, weil sie über deren Leben und Geldverdienen viel lernen können. Kinder erkennen auf diese Weise einfache Zusammenhänge im gesellschaftlichen Leben, lernen Berufsbilder kennen und erweitern ihr Allgemeinwissen. Außerdem sind Kinder für eine solche Thematik leicht zu motivieren, weil das Leben der Erwachsenen, besonders ihrer Eltern, sie sehr interessiert. Die Erzieherin kann deshalb im Rahmen dieser Thematik viele Angebote entwickeln, die auf reges Interesse stoßen und die Kinder in ihren Fähigkeiten fördern werden.

Sie erstellt deshalb Wochenpläne. Dabei achtet sie darauf, dass die Angebote abwechslungsreich sind und dass möglichst viele Lernbereiche angesprochen werden. Um nicht verkrampft alle Angebote unter die Thematik von

Berufsarbeit zu stellen bleiben bestimmte Aktivitäten außerhalb des Rahmenplans bestehen wie die Turnstunden oder das Schleifenbinden mit einigen älteren Kindern, die daran interessiert sind. (Solche Angebote außerhalb der zu bearbeitenden Thematik würde ihre Kollegin im Kindergarten mit offener Planung ebenfalls durchführen.)

Die Wochenpläne hängt die Erzieherin an die Gruppentür, damit die Eltern sehen, welche Aktivitäten (an welchem Tag) vorgesehen sind. Selbstverständlich wird sie die Kinder nicht zwingen. Wenn eine geplante Aktivität nicht zustande kommt, kann sie das auch überzeugend mit ihrer pädagogischen Einstellung begründen: Lernangebote und Lernreize ja, Lernzwang nein.

Die Erzieherin kann den Plan auf unterschiedliche Weise erstellen. Zwei Formen sollen hier beispielhaft dargestellt werden. Der gleiche Plan wird zuerst nach Tätigkeiten, die in den einzelnen Tagesabschnitten mit der Gruppe durchgeführt werden sollen, strukturiert und danach nach Lernbereichen aufgelistet. Dabei wird chronologisch nach Tagen vorgegangen. (Ich betone noch einmal, dass der Plan etwas überzeichnet ist um ihn deutlich zu machen. Erzieherinnen werden ihn heute nicht mehr in dieser strengen Form durchführen.)

Den ersten Plan hat die Erzieherin nach den Angeboten für Kleingruppen im Freispiel, für gemeinsame Gruppenaktivitäten sowie den Angeboten am Nachmittag gegliedert. Sie erhält dadurch einen guten Überblick, welche Arten von Tätigkeiten sie anbieten will, und kann für Abwechslung in Lernbereichen und Methoden im Laufe der Woche sorgen. Beim zweiten Plan hat sie den deutlichen Überblick über die Lernbereiche. Der zweite Plan ist allerdings arbeitsaufwändiger als der erste. In dieser Form wird er heute kaum noch vorgenommen. Auch der erste Plan ist nicht mehr sehr üblich. Häufig besteht der sichtbare und lesbare Plan lediglich in einer Sammlung und Aufzählung von Aktivitäten.

Als geschlossener, funktionsorientierter Plan ist er anzusehen,

1. wenn die Erzieherin den Plan festgelegt hat und dessen Einhaltung bestimmt und wenn die Gruppe nicht oder kaum in die Planung und Gestaltung einbezogen wurde,

2. wenn durch den Plan in erster Linie Fähigkeiten gefördert werden und die Bearbeitung von Alltagssituationen der Gruppenmitglieder wenig Berücksichtigung findet und

3. der Aufbau des Planes aus lernpsychologischen Gründen weitmöglichst eingehalten werden soll (natürlich kann, wie schon gesagt, aus lernpsychologischen Gründen auch abgewichen werden).

In den vorliegenden Rahmenplan wird das Umfeld durch den Besuch beim Bäcker einbezogen, allerdings vorrangig nur mit informierendem Charakter. Das Verhalten des Kindes im Umfeld (Gemeinwesen) und damit sein Alltag, beispielsweise die Frage: „Wie kaufe ich etwas beim Bäcker ein?", wird (noch?) nicht bearbeitet. Damit hat der Erwerb von Wissen Vorrang vor der Bewältigung der Lebenssituationen. Die beiden Bereiche: instrumentelles Lernen (= Aneignung von Fähigkeiten und Sachkompetenzen) und soziales Lernen (= Umgang miteinander) werden nicht oder kaum verbunden.

Wenn die Erzieherin den Plan in einer Art Ideensammlung ohne zeitliche Struktur und Festlegung aufgestellt und an die Gruppentür gehängt hätte, wäre für den Leser, beispielsweise für die Eltern oder die Mitarbeiter, nicht unbedingt erkennbar gewesen, ob sie offen oder geschlossen arbeitet.

Aus der Aufstellung von Aktivitäten ist für Außenstehende häufig nicht ableitbar, wie stark die Lebenssituationen der Kinder bearbeitet werden, ob die Kinder in die Planung einbezogen werden und ob der Plan locker und flexibel gehandhabt wird.

Aus dem bisher Gesagten dürfte offensichtlich geworden sein, dass Rahmenpläne im Sinne von strengem funktionsorientiertem Vorgehen fragwürdige Anteile enthalten und in Kindergärten oder anderen sozialpädagogischen Einrichtungen vermieden werden sollten.

1. Beispiel für einen Rahmenplan im Kindergarten: Thema: Die Berufsarbeit der Eltern

	Während des Freispiels (auch als freiwilliges Angebot)	Gemeinsame Aktivitäten während des Vormittags oder im Stuhlkreis	Nachmittag
Montag:	–	Turnstunde Gespräch über die Berufsarbeit der Eltern und über unterschiedliche Berufe Auftrag an die Kinder, zu Hause nach der Berufsarbeit der Eltern zu fragen Mitbringen eines Elternfotos	–
Dienstag:	Erstellen einer Collage (Beginn) Kindernamen, Elternfotos, gemaltes oder ausgeschnittenes Bild vom Beruf der Eltern	Gespräch über Handwerker Vorbesprechung eines Besuchs beim Bäcker Spiellied: Wer will fleißige Handwerker sehen Handwerker-Ratespiel	Arbeit an der Collage
Mittwoch:	–	Besuch beim Bäcker, Nachgespräch	Bild malen vom Bäcker
Donnerstag:	Geschmacksim mit Backwaren Rollenspiel: Backstube und Laden	Nachgespräch vom Bäckereibesuch Gespräch über unterschiedliche Backwaren Wiederholung Handwerker-Spiellied und Ratespiele	–
Freitag:	Brötchen backen	Gemeinsames Frühstück mit selbst gebackenen Brötchen	Rollenspiel: Backstube und Verkauf der Waren
Montag:	Rollenspiel: Verkaufen in unterschiedlichen Läden: Lebensmittel, Kleidung, Schuhe, Spielzeug Einbeziehen des Flures	Gespräch über Verkaufen und über Geld	Herstellen von Spielgeld: Abpausen von Münzen, ausschneiden

2. Rahmenplan: Die Berufsarbeit der Eltern (nach Lernbereichen gegliedert)

	Wissen/Kenntnisse Begriffsbildung	Gestalterische Tätigkeiten	Umwelterfahrung	Musikerziehung	Sinneswahrnehmung	Motorischer Bereich
Mo:	Arbeitsbereiche Eltern: Berufe und Beschreibung beruflicher Tätigkeiten	freies Spiel	Einblick in das Gemeinwesen	–	–	Turnstunde
Di:	unterschiedliche Handwerker und ihre Tätigkeiten	Collage Brötchen und Brote aus Ton formen	Handwerker	Lied: Wer will fleißige Handwerker sehen	unterschiedliche Fotos Ratespiel: Handwerker	Bewegungsspiel
Mi:	Bäcker und seine Aufgaben	freies Spiel	praktische Verkehrserziehung beim Spaziergang	–	–	Spaziergang
Do:	Backwaren, Backen	Backwaren formen	Bäcker und seine Rolle im Gemeinwesen	Wiederholung von Liedern	–	–
Fr:	Backwaren, Bäcker	freies Spiel	Bäcker und seine Rolle im Gemeinwesen	Gebetslied beim Frühstück	Geschmackskim: Backwaren	Bewegungsspiele im Schlusskreis
Mo:	Verkäufer, Waren, Geld	Münzen abpausen und ausschneiden	Bedeutung des Geldes	–	–	Turnstunde

4.2.2.2 Der Situationsansatz im Kindergarten: offene Planung

Der situationsorientierte Ansatz entstand, nachdem sich Kindergartenpädagogen gegen die geschlossene Planung mit ihren verschulten Inhalten und Methoden wehrten. Als Gegenströmung gegen die Verschulung des Kindergartens wurde nach Wegen gesucht lebensnahes Lernen mit Betonung des sozialen und emotionalen Erlebens in den Mittelpunkt zu stellen und wissenschaftlich zu begründen. Zugleich sollte das Kind in seinen eigenen Lernreizen und Motivationen bestärkt werden. Die starke Fremdbestimmung wurde abgelehnt.

Unter der Bezeichnung „Curriculum Soziales Lernen" wurde von der Arbeitsgruppe Vorschulerziehung des Deutschen Jugendinstitutes in München unter der Leitung von Jürgen Zimmer situationsorientiertes Vorgehen Anfang der 70er-Jahre entwickelt und begründet. Das Curriculum Soziales Lernen wurde zunächst in einigen Bundesländern in Modelleinrichtungen erprobt und wissenschaftlich begleitet, später auf breiterer Ebene durchgeführt und hinsichtlich seines Erfolges erforscht. Die Empfehlungen der Sozialministerien für eine offene und situationsorientierte Vorgehensweise basieren auf diesen Modellversuchen.

Die Autoren sehen das Ziel vorschulischer Erziehung darin, Kinder verschiedener sozialer Herkunft und unterschiedlicher Lebens- und Lerngeschichte zu befähigen in Situationen ihres gegenwärtigen und zukünftigen Lebens zunehmend selbstbestimmt und selbstständig handeln zu können (Arbeitsgruppe Vorschulerziehung: Anregungen I, 1973, S. 14). Damit enthält dieses Vorgehen auch kompensatorische Anliegen.

Lerninhalte im Situationsansatz

Der Situationsansatz unterscheidet sich grundsätzlich von den drei vorgenannten Vorgehensweisen. Hier werden das Lernen des Kindes und die entsprechenden Lernangebote von seinen Lebenssituationen im Alltag her aufgerollt. **Das Kind soll in seinem Alltag und für eine bessere Bewältigung seiner gegenwärtigen Lebenssituationen lernen**. Damit wurde die offene Vorgehensweise konkretisiert und wissenschaftlich fundiert.

Im situationsorientierten Ansatz untersucht der Pädagoge zunächst die Lebenssituationen seiner Kindergruppe im Hinblick darauf, wie weit sie das Leben der Kinder bestimmen, von ihnen bewältigt werden können und welche Kompetenzen (Befähigungen, Fähigkeiten) von ihnen verlangt werden, um diese Situationen angemessen zu handhaben. Erzieherinnen beobachten, welche Handlungsdefizite die Kinder aufweisen, die sich aus fehlenden Kenntnissen, mangelnden Fähigkeiten, Vorurteilen, unangemessenen Gefühlen usw. ergeben.

▼ Beispiele:

– Kinder ängstigen sich im Spätsommer vor den vielen Wespen oder zertreten Würmer und Käfer. Sie sind überzeugt, dass sie durch diese Tiere gefährdet sind, oder sie ekeln sich vor kleinen Tieren.

– Kinder sind ahnungslos im Umgang mit Müll, obwohl sie eine ganze Menge davon verstehen und sachgemäßer damit umgehen könnten.

– Kinder sind entsetzt beim Anblick eines totgefahrenen Frosches und begreifen nicht, warum für Frösche Zäune an den Straßen errichtet werden.

– Viele Kinder leben in Kleinstfamilien, das Leben mit beiden Elternteilen und Geschwistern wird aber häufig als Ideal angesehen. Sie sehnen sich möglicherweise nach einem idealisierten Traumbild von Familie.

– Kinder haben Konflikte in ihrer Gruppe, vielleicht zwischen älteren und jüngeren oder zwischen deutschen und ausländischen Gruppenmitgliedern. Diese Konflikte werden durch Unkenntnis und Vorurteile verstärkt. Kooperation, Empathie und entsprechende Handlungsmöglichkeiten sind eingeschränkt.

– Eltern werden arbeitslos, Kinder erleben hilflos die veränderten Gefühle und ein ungewohntes Verhalten der Eltern.

– Vor den Sommerferien scheiden die älteren Kinder aus der Kindergartengruppe aus, jüngere werden nach den Ferien aufgenommen, neue Gruppenkonstellationen entstehen, in denen die einzelnen Kinder eine andere Rolle einnehmen. ▲

Diese Beispiele beziehen sich auf die direkte Gegenwart des Kindes. Aufzugreifende Situationen können auch seine nahe Zukunft betreffen.

▼ **Beispiele:**

– Die älteren Kinder kommen bald in die Schule. Erwachsene sagen, sie sollen sich darauf freuen. Manchmal drohen sie auch mit der Schule. Ältere Geschwister finden die Schule blöd. Was bedeutet Schule?

– Jedes Kind kann einmal unerwartet ins Krankenhaus kommen. Was geschieht dort mit ihm? (Das ist eine der 24 Einheiten, die bei der Entwicklung des situationsorientierten Ansatzes Anfang der 70er-Jahre von der Arbeitsgruppe Vorschulerziehung in München beispielhaft erarbeitet und in Modellkindergärten erprobt wurden. Allerdings konnten die Beispiele den Praktikern nur Anregungen geben. Die individuelle Planung muss vor Ort geschehen.) In diesem Zusammenhang interessieren – und ängstigen – das Kind auch der Arzt und Zahnarzt mit ihren Maßnahmen und Behandlungen. ▲

Es werden im situationsorientierten Vorgehen nach dem ursprünglichen Konzept also nicht irgendwelche Situationen aufgegriffen, sondern insbesondere solche, in denen das Kind in seinem alltäglichen Handeln kompetenter werden und größere Selbstbestimmung erreichen kann. Heute wird von Schlüsselsituationen gesprochen. Die Erzieherinnen fragen nach häufig auftretenden Situationen, in denen Kinder handeln müssen, oder sie entscheiden sich für Situationen, in denen die Kinder nach einer Handlungserweiterung drängen oder ihre Unsicherheiten überwinden möchten.

▼ **Beispiele:**

– Kinder erfahren im technisierten Haushalt und bei fertig angelieferten Kita-Mahlzeiten kaum noch, wo Lebensmittel herkommen und wie sie zubereitet werden. In der Konsequenz muss der Kindergarten so etwas wie einen „vormodernen" Alltag bieten, damit die Gruppe Alltagsabläufe erlebt und entsprechende Wertschätzung aufbauen kann.

– Kinder verstehen nicht, warum die Erzieherin erwartet ungesüßten Tee zu trinken. Die Zusammenhänge zwischen Ernährung und Gesundheit sind ihnen nicht klar.

– Manche Kinder kennen außer dem Weg zum öffentlichen Spielplatz das Gemeinwesen fast nur durch ihren Blick aus dem Autofenster.

– Kinder haben Rechte. Zwischen eigenen Rechten und Rechten anderer müssen Kompromisse gefunden werden. Entstehende Konflikte zu bearbeiten setzt breite Fähigkeiten voraus. ▲

Natürlich muss es sich nicht immer um Problemsituationen handeln. Auch Situationen, die einfach nur Freude machen und Lernreize bieten, können aufgegriffen und vertieft werden.

▼ **Beispiele:**

– Vorschulkinder sind von Dinosauriern meist sehr fasziniert.

– Die Gruppe hat keine direkten Handlungsschwierigkeiten mit ausländischen Gruppenmitgliedern. Aber die Andersartigkeit des Lebens dieser Kinder ist von hohem Interesse.

– Die in die Schule kommenden Kinder werden eine dreitägige Zeltfahrt mit ihren Erzieherinnen unternehmen. Diese Fahrt, die für manche Kinder die erste mehrtägige Trennung von den Eltern ist, wird intensiv vor- und nachbereitet. ▲

Ziele des Situationsansatzes

Durch entsprechende Angebote und Auseinandersetzungen wird im Situationsansatz versucht das Kind zu einer stärkeren **Autonomie** (= Selbstbestimmung) und zu entsprechenden Handlungsfähigkeiten anzuleiten um in den gegebenen Situationen seines Alltags besser zurechtzukommen oder einfühlsamer und kenntnisreicher, d.h. mit höherer **Kompetenz** (= Zuständigkeiten, Befähigungen) handeln zu können. Dabei ist solidarisches Handeln ein wichtiges Ziel. **Solidarität** (= Zusammengehörigkeitsgefühl, Eintreten für Schwächere) umfasst die soziale und die ökologische Verantwortung. Damit erhalten die Verantwortlichkeiten gegenüber der eigenen Person, den Mitmenschen und der Umwelt in dieser Vorgehensweise einen hohen Stellenwert. Diese

Ziele (Autonomie, Kompetenz und Solidarität) werden in einen Bezug zum Lebensalltag des Kindes gesetzt, werden für diesen Lebensalltag konkretisiert und im alltäglichen Handeln umgesetzt und gelebt.

▼ **Beispiele:**
– Wenn Konflikte bearbeitet werden, verändert sich das Zusammenleben in der Gruppe und wenn möglich – unterstützt durch Elternarbeit – auch die Konfliktbearbeitung in der Familie. Das Kind soll in seinen individuellen Lebenssituationen handlungsfähiger (kompetenter) werden.
– Wenn Konsum und Wegwerfverhalten zum Thema gemacht werden, verändert sich das Verhalten des Kindes im Alltag. Zum Beispiel benutzen die Kinder dann Brotdosen für ihr Frühstück und keine Frühstückstüten. Getränkedosen und -kartons werden abgelehnt, überflüssiges Gruppenspielzeug wird aussortiert, der Wasserhahn beim Zähneputzen abgedreht usw.
– Wenn die Zeltfahrt vorbereitet wird, geht es darum, dass die Kinder die Trennung von den Eltern gut verkraften, sich während der Fahrt wohl fühlen und die Anregungen eines solchen Erlebnisses voll nutzen können. Konkret kann das so aussehen, dass sie im Kindergarten oder im Hof ein Zelt aufstellen und das Zelten spielen, dass sie sich einen kleinen Kissenbezug als Traumkissen mit Stofffarben bemalen, den Zeltplatz vielleicht im Dia schon sehen, im Kindergartenhof Lagerfeuer spielen, sich lange Spieße zum Würstchenbraten schnitzen, den Rucksack zwei Tage vorher von zu Hause mitbringen und allein aus- und einpacken üben usw. ▲

Merkmale des Situationsansatzes
Das Anliegen, das Kind für die Bewältigung seiner Alltagsprobleme vorzubereiten und das Lernen darauf auszurichten, verlangt in vieler Hinsicht eine grundlegende Veränderung der pädagogischen Arbeit im Gegensatz zu geschlossener Planung: Situationsorientiertes Vorgehen verlangt offene Planung:
1. **Es kann keine fest vorgegebenen Programme geben**, denn die Lebenssituationen

der Kinder sind unterschiedlich und die Befähigung zu höherer Kompetenz der Kinder in ebendiesen Situationen muss vor Ort durchdacht werden. Hilfreich können hier nur Sammlungen von Ideen sein, die dem Praktiker Anregungen und Anhaltspunkte oder Mut geben, eigenständige Schritte zu wagen. Erzieherinnen und Erzieher müssen in der gegebenen Situation ihre Aktivitäten selbst entwickeln.
2. Nicht nur die curricularen Ideensammlungen, die von Wissenschaftlern für die Praxis entworfen wurden, sind sehr offen, auch der Praktiker muss vor Ort **mit großer Offenheit planen**. Festgelegte Programme würden die Nähe zur erlebten Lebenssituation nicht ermöglichen.
3. **Die Gruppenmitglieder müssen an der Planung beteiligt werden.** Zur Bearbeitung einer Situation gehört auch die Planung. Wenn Kinder eine Situation besser bewältigen wollen, müssen sie auch lernen, wie sie vorgehen können um zu Erfolgen zu kommen. Der Erwerb von Kompetenzen allein genügt nicht.
4. **Das Umfeld** der Gruppe **muss** in diese projektähnliche Vorgehensweise **einbezogen werden**, denn das Kind lebt und handelt nicht nur in der Einrichtung. Sein Alltag wird von vielerlei Einflüssen aus dem Umfeld bestimmt. Dieses Lernen kann deshalb nicht nur hinter geschlossenen Türen des Kindergartens (der Einrichtung) stattfinden.
5. **Die Rolle der Erzieherin verändert sich.** Sie ist nicht mehr nur diejenige, die leitet und lenkt. Sie lernt oft mit der Gruppe.
6. *Soziales und instrumentelles Lernen* (= fachliches Lernen) **werden miteinander verbunden**, denn die Lernanlässe entspringen aus dem Alltag und dem sozialen Zusammenleben und führen dorthin zurück.
7. **Der Tageslauf** in der Einrichtung **wird anders strukturiert**. Es gibt nicht mehr die traditionelle Teilung von Freispiel und „Beschäftigung". Beides steht gleichwertig nebeneinander und ergänzt sich. Das Kind lernt und handelt im Freispiel genauso wie bei angeleiteten Tätigkeiten. Anregungen aus dem einen Bereich werden im anderen Bereich umgesetzt und vertieft. Es wird auch viel mehr mit Klein-

gruppen gearbeitet. Die Aktivitäten mit der Gesamtgruppe reduzieren sich auffallend.

8. **Eine gemischte** (heterogene) **Gruppenzusammensetzung** kommt dem Arbeiten nach dem Situationsansatz sehr entgegen, denn hier lernen Kinder nicht nur von der Erzieherin, sondern auch von Kindern. Eine solche Gruppenzusammensetzung **entspricht dem realen Leben.** (Siehe auch Abschnitt 5.2.1.2)

9. **Im Team muss** eine **gute Zusammenarbeit bestehen.** Alle Teammitglieder müssen sich um die Verwirklichung dieser Konzeption bemühen. Wenn einzelne Teammitglieder aus dieser Arbeitsweise herausfallen, wirkt die pädagogische Arbeit nicht mehr überzeugend auf die Gruppe und verwirrt das Kind.

Es dürfte offensichtlich geworden sein: Der *Prozess* ist wichtiger als das Ergebnis.
Der Unterschied des situationsorientierten Vorgehens zur offenen Planung ist gering: Situationsorientiertes Vorgehen **ist** offene Planung. Der situationsorientierte Ansatz ist lediglich konsequenter in seiner Verankerung im Lebensbezug des Kindes. Offene Planung lässt sich auf viele Bereiche übertragen, beispielsweise auf die Aufstellung und Handhabung der Regeln oder auf die Öffnung aller Gruppen für alle Kinder der Einrichtung. Der Situationsansatz würde sich ebenfalls mit einer strengen Regeleinhaltung nicht vereinbaren. Situationsorientiertes Vorgehen als solches bezieht sich aber deutlicher auf die Verbindung von Leben und Lernen und beruht auf der Bestärkung des Kindes, die Situationen seines Alltags besser und kompetenter bewältigen zu können. Genau genommen ist offene Planung das wichtigste Merkmal des Situationsansatzes.
In der Fachliteratur werden die Begriffe manchmal synonym (= übereinstimmend) gebraucht.

Die Auswahl von Themenbereichen und der Aufbau von Projekten

Im klassischen Sinne wird bei der Erstellung eines Planes nach dem Situationsansatz in bestimmten Schritten vorgegangen. Bei der Entwicklung des situationsorientierten Vorgehens sprach man von didaktischen Einheiten. Heute

werden Begriffe wie „Projekte" oder „Themenschwerpunkte" gewählt. Dadurch wird die Offenheit der Planung noch deutlicher formuliert. Im Folgenden sollen die Auswahl und der Aufbau einer Einheit zur Erklärung an einem Beispiel verdeutlicht werden:

▼ Beispiel : Umgang mit Spinnen

Im Kindergarten beobachtet die Erzieherin folgende Situation: Beim Spiel im Hof zerquetscht ein Kind mit einem Stock eine Spinne und äußert dabei Ekel und Entsetzen. Auf die Frage der Erzieherin, warum es das Tier getötet habe, hört sie: „Spinnen sind böse, Spinnen stechen." Die Erzieherin weiß, dass eine verbale Aufklärung nur den Verstand des Kindes erreicht, nicht aber seine Gefühle, und dass Gefühle stärker sind als der Verstand. Die Erklärung, dass Spinnen bei uns nicht stechen, wird vom Kind kaum aufgenommen werden und kann noch weniger seine Gefühle und sein Fehlverhalten verändern.
Hellhörig geworden erforscht die Erzieherin die Einstellungen anderer Kinder und beobachtet in den nächsten Tagen ähnliche Verhaltensweisen und Gefühlsausdrücke. Offensichtlich bestehen bei mehreren Kindern Ekel, Angst und Fehlverhalten.
Sie durchdenkt, welche Aussicht besteht die Gefühle und das Verhalten der Kinder zu beeinflussen. Natürlich muss sie sich auch selbst fragen, ob sie in der Lage ist, diese Thematik zu bearbeiten. Bei eigenem starken Ekel vor Spinnen kann sie auf Grund ihrer Vorbildfunktion bei den Kindern keinen Ekel abbauen, auch wenn sie ihre Gefühle zu verbergen versucht.
Nach der Entscheidung, dass sie es sich zutraut, spricht sie in einem der nächsten Gruppengesprächskreise über die Thematik „Spinnen". Sie bemerkt Interesse, natürlich auch Ängstlichkeit der Kinder. Sie beschließt das Thema aufzugreifen. Sie fragt die Kinder nach Vorschlägen, wie man sich mit Spinnen befassen könnte um mehr von ihnen zu erfahren und dabei nicht Angst haben zu müssen. Einige Ideen der Kinder wird sie mit Sicherheit aufgreifen.

Sie schreibt einen Informationsbrief für die Eltern an die Gruppenzimmertür. Darin wird kein

Programm angegeben, sondern lediglich der Hinweis:

„Wir haben festgestellt, dass sich viele unserer Kinder vor Spinnen ängstigen und falsche Kenntnisse über ihr Leben haben. Wir wollen uns deshalb in der nächsten Zeit mit Spinnen befassen. Wer hat Bilder und anderes Informationsmaterial für uns?"

Nun beginnt das erste Projekt. Die Erzieherin holt ein altes Aquarium aus dem Keller und richtet es als Spinnenterrarium mit Sand und Stöcken ein, natürlich zusammen mit den Kindern. Das Terrarium wird mit Tüll abgedeckt. Eine Spinne ist schnell gefunden und wird mit einem Glas und einem Papier eingefangen. Die Erzieherin versichert sich, dass kein Kind in seinen Gefühlen überfordert wird. Die Lupe wird bereitgelegt, das Tierlexikon nach dem Leben von Spinnen befragt.

Die Spinne im Terrarium muss mit Mücken gefüttert werden. Das ist keine leichte Angelegenheit, aber es funktioniert! Über einen Aushang an der Gruppentür werden die Eltern informiert und eingeladen, sich das Terrarium anzusehen, wenn es sie interessiert.

Mit Pappmaschee und Pfeifenputzern können diejenigen Kinder, die das möchten, Spinnen werken. Dabei werden Berührungsängste hervorgerufen und bearbeitet. Aus trockenen Kardenblüten, die beim gesammelten Naturmaterial entdeckt werden, lassen sich auch Spinnen herstellen. Um die Spinne möglichst echt darzustellen zählen die älteren Kinder die Beine nach. Acht Beine! So viele! Sie werden mit den Beinen anderer Tiere verglichen. Das Tierlexikon sagt auch Erstaunliches über die Augen von Spinnen aus. Die Kinder erfahren, wie sie ihre Netze spinnen, und beobachten das sogar im Terrarium.

Während im ersten Projekt das Leben der Spinnen und ihr Aussehen erforscht wurden, kommt im zweiten Projekt die Vielfalt der Spinnen hinzu. In den nächsten Tagen treffen Informationen, auch Bilder von Spinnen ein, die von den Eltern zusammengetragen wurden. Kinder entwickeln Ideen: Die Bilder werden ausgeschnitten, auf ein großes Plakat geklebt und an die Wand gehängt. Öfters steht ein Kind davor um die Spinnen zu betrachten. Die Bilder machen deutlich, dass es viele verschiedene Spinnen gibt. Ein „Spinnen-Such-Spaziergang" ist angesagt, natürlich mit Lupen. Die feinen Spinnennetze zwischen Ästen von Sträuchern sind mit der Lupe gut erkennbar. Im Kindergarten stellt die Erzieherin mit Kindern ein Spinnennetz aus Ästchen und Wollfäden her. Es wird an die Wand des Gruppenraumes gehängt. Die Kinder staunen, was Spinnen alles können.

Über das Beobachten lernen die Kinder die Spinnen in ihrer Vielfalt und in ihrer Lebensweise kennen. Der Umgang mit Spinnen wird langsam vertrauter. Über das Vertrautwerden kann Wertschätzung entstehen. Die Auseinandersetzung findet dabei keineswegs nur in Angeboten statt. Im Freispiel wird die Spinne beobachtet, gefüttert, Spinnenbilder werden betrachtet und verglichen. Beim Spiel im Freien verändert sich die Aufmerksamkeit gegenüber Kleintieren. Vielleicht hat sich auch in der Raumgestaltung etwas verändert, weil ein etwas abgeschirmter Platz für das Terrarium geschaffen werden musste. (In dem Terrarium werden übrigens möglicherweise nach einiger Zeit Schnecken leben.)

Die Erzieherin zeigt nun einen naturkundlichen Spinnenfilm. Sie geht davon aus, dass die Kinder jetzt die Spinnen so weit kennen, dass sie vor den vergrößerten Spinnen auf der Leinwand nicht erschrecken. Kinder erzählen, dass sie Riesenspinnen in Filmen gesehen haben, die Menschen fressen und die ganz böse sind. Die Erzieherin erkennt, dass sie mit den Kindern über Trickfilme sprechen und ihnen durchschaubar machen muss, wie sie gemacht werden. Mit der Lupe wird ausprobiert, wie man Dinge vergrößert sehen kann. Die Kinder erfassen, dass in den Filmapparat so etwas wie eine Lupe eingebaut ist und dass die Riesenspinnen im Film gar keine großen Spinnen sind. Als die Erzieherin die Einheit „Spinnen" plante, ist sie gar nicht auf die Idee gekommen, dass Kinder Spinnen-Horrorfilme sehen und dass ihre Angst teilweise daher kommen kann. Mit einem Kopiergerät im Pfarrhaus oder auf der Gemeinde zeigt sie den Kindern, wie man Vergrößerungen und Verkleinerungen nebeneinander setzen und damit täuschen kann.

Eltern berichten, dass ihr Kind zu Hause darauf achtet, dass keine Spinnen beim Putzen mehr getötet werden. Sie müssten ins Freie gesetzt werden, weil sie Mücken fressen, hat ihnen das Kind erklärt. Ältere Kinder erkennen noch mehr, nämlich den Kreislauf der Natur: Die Spinne frisst Mücken und Fliegen, deshalb ist sie uns nützlich. Aber sie ist auch Nahrung für andere Lebewesen. Es gibt Vögel, die Spinnen fressen.
Im Hof fällt auf, dass die Kinder nun behutsamer mit Spinnen und anderen Kleintieren umgehen. Die meisten Kinder wollen noch immer keine Spinnen berühren, aber das war auch kein Ziel bei diesem Vorhaben. Dort, wo die Spinne stört, wird sie mit einem Glas eingefangen und ins Freie gesetzt. Das Verhalten der Kinder und ihre handlungseinschränkenden Gefühle (Angst und Ekel) haben sich verändert. ▲

Bis hierhin das Beispiel. Welche Schritte hat die Erzieherin vorgenommen?
Das Vorgehen nach dem Situationsansatz kann in fünf wesentliche Teile gegliedert werden:
1. **Wahrnehmung von Situationen, die das Leben der Kinder** (der Bezugsruppe) **bestimmen**, und zwar solche Situationen, die sich in der Regel nicht auf ein einmaliges Erlebnis beziehen (einmalige Erlebnisse lassen sich meist kurzfristig bearbeiten), sondern Empfinden und Handeln der Kinder auf breiterer Ebene beeinflussen. Dazu gehören auch solche Situationen, deren Wirkungen sich auf ähnliche Lebensbereiche übertragen lassen. Deshalb wird von **Schlüsselsituationen** gesprochen.

Nur selten wird es möglich sein, Lebenssituationen von nur einem einzelnen Kind aufzuarbeiten. In der Heimerziehung mit kleineren Gruppen ist die Arbeit mit einzelnen Gruppenmitgliedern eher machbar. Die Erzieherin im Kindergarten wird deshalb in der Regel solche Situationen aufgreifen, die mehrere Kinder betreffen.

2. Diese Situationen müssen untersucht und erforscht werden im Hinblick auf ihre Entstehungszusammenhänge, ihre Wirkungen, ihre Beeinflussbarkeit. Das heißt, es muss eine **Situationsanalyse** dieser Schlüsselsituationen vorgenommen werden. Die Analyse führt dann zur Entscheidung, ob diese Situation aufgegriffen und mit der Gruppe, bzw. einer Teilgruppe, bearbeitet werden kann.

3. Die Erzieherin muss **Kompetenzen** (Zuständigkeiten und Befähigungen) **ableiten**, die das Kind benötig, um eine optimalere Handlungsfähigkeit in der betreffenden Lebenssituation entwickeln zu können. Es kann auch sein, dass Fehleinstellungen (z.B. unangemessene Gefühle) oder Vorurteile verändert werden können. Das bedeutet, die Erzieherin muss sich über die **Qualifikationen (Ziele)** klar werden, die sie mit der Einheit erreichen möchte. Dabei muss sie auch die eigenen Fähigkeiten und Möglichkeiten realistisch einschätzen. Eine Erzieherin, die selbst unangenehme Gefühle im Zusammenhang mit einem Themenbereich hat, sollte sich eine solche Thematik nicht vornehmen. Sie könnte ggfs. selbst dabei lernen, ihre unangemessenen Gefühle zu bearbeiten, aber nur dann, wenn die Bearbeitung keine zu starke Überwindung von ihr verlangt. Wissenslücken lassen sich leichter vorbereitend oder in Zusammenarbeit mit der Gruppe reduzieren als Gefühle.
In dem beschriebenen Beispiel bestanden die Ziele vorrangig im Abbau unangenehmer Gefühle sowie Fehlinformationen und im Aufbau eines angemessenen Verhaltens gegenüber Spinnen und Kleintieren.

4. Für die Untersuchung der Situation und ihrer Hintergründe sowie für die Ideensammlung, Planung und Vorbereitung von möglichen Aktivitäten werden die Gruppe und andere Beteiligte oder Bezugspersonen einbezogen. Das heißt, die Gruppe führt nicht nur die Ideen der Erzieherin aus, sondern **Erzieherin und Gruppe** (ggfs. Eltern und andere betroffene Personen) **planen gemeinsam**. Auch Literatur und Erfahrungen (eigene und fremde) können verwertet werden.

Einzelne Aktivitäten werden geplant und zu Projekten zusammengefasst. Dabei soll das Umfeld einbezogen werden. Flexibilität und Offenheit ermöglichen der Erzieherin und den Gruppenmitgliedern die Projekte zu verkürzen, zu verändern, zu verlängern oder neue Projekte auf Grund entstandener Situationen zu entwickeln. Dabei beteiligt sich die Gruppe bei reflektierenden und planenden Gesprächen im Rahmen ihrer Möglichkeiten. Über Aushänge und andere Informationen können Eltern den Prozess verfolgen und zugleich einbezogen werden.

Wenn die Gruppe innerhalb eines Projektes an Stellen gerät, die sie ohne neue Kompetenzen nicht bewältigen kann, wird die Aneignung dieser Kompetenzen weitmöglichst einbezogen. Es werden aber nur solche Kenntnisse vermittelt oder Fähigkeiten geschult, die notwendig sind um innerhalb der Bearbeitung im Sinne einer höheren Autonomie (Selbstbestimmung) voranzukommen. Im vorgegebenen Beispiel war die Auseinandersetzung mit Vergrößerungen im Film eine solche Schleife.

Solidarisches Verhalten wird immer als eine grundlegende Zielsetzung im Auge behalten. Sowohl Freispiel als auch gelenkte Tätigkeiten können für die Auseinandersetzungen genutzt werden.

5. In der **Reflexion** während oder nach einer Einheit muss u.a. bewusst gemacht werden, ob die Kinder tatsächlich für ihre gegenwärtige Lebenssituation eine höhere Selbstbestimmung und eine angemessenere Handlungsfähigkeit erreicht, dabei auch solidarisches Denken und Handeln im Rahmen ihrer Möglichkeiten empfunden und verwirklicht haben. Das verantwortliche Handeln und das Lernen des Kindes beziehen sich jedoch nicht nur auf das Ergebnis, sondern auch auf den Prozess.

Abgrenzung des Situationsansatzes gegenüber anderen Vorgehensweisen

Wie bei der offenen Planung ist auch beim situationsorientierten Vorgehen nicht davon auszugehen, dass diese Arbeitsweise immer in reiner Form eingesetzt werden kann. Es wird

vorübergehende Situationen geben, in denen Lernen und Handeln in der Gruppe stärker von der Erzieherin bestimmt werden. Das wird beispielsweise der Fall sein, wenn die Erzieherin vermehrt Wahrnehmungsspiele einsetzen will, weil das Wahrnehmen im Alltag oft zu kurz kommt, oder wenn sie häufig Geschichten und Märchen erzählt um Emotionalität, Fantasie und Empathie anzuregen, wenn einmal wöchentlich gekocht wird, weil Kinder Nahrungszubereitung wenig erleben. So eine „Schulung" wird aber immer ihren Bezug zum Lebensalltag des Kindes haben.

Situationsorientiertes Vorgehen heißt auch nicht, dass die Erzieherin ihre Angebote nur nach den festgelegten Themenbereichen ausrichtet. Im Alltag bieten sich viele Möglichkeiten, Kindern kurzfristig in einer Situation zu helfen oder kindliche Interessen aufzufangen bzw. zu wecken.

▼ **Beispiele:**

– Von einem Spaziergang wurden kleine Äste mitgebracht. Jetzt wird damit gewerkt. Die Erzieherin erklärt unter anderem, wie sich Kinder Flöße herstellen können.

– Die Kinder haben einen toten Schmetterling im Hof gefunden. Er wird interessiert mit der Lupe betrachtet. Die Erzieherin zeigt, wie symmetrisch gemalte Schmetterlinge über eine Falttechnik entstehen. Vielleicht entwickelt sich aus dieser Anregung sogar ein größeres Projekt, das mit einem Schmetterlingsfest endet.

– Ein Kind bringt ein Taschenmesser mit. Mehrere Kinder möchten schnitzen. Die Erzieherin ist voll damit beschäftigt, den Kindern Regeln des Schnitzens zu vermitteln und sie zu beaufsichtigen. ▲

Solche Interessen werden im Situationsansatz wahrscheinlich häufiger als im funktionsorientierten Vorgehen von der Erzieherin aufgefangen. Der Situationsansatz darf aber nicht mit einer pädagogischen Arbeit verwechselt werden, die manche Pädagogen mit **„Anlasspädagogik"** bezeichnen (vgl. Armin Krenz 1994, S. 66–71): Die Erzieherin beobachtet die Gruppe und greift spontan Situationen auf, die ihr angemessen und sinnvoll für eine Vertiefung erscheinen. Diese Situationen geben ihr den Anlass für eine pädagogische Maßnahme oder eine Aktivität. Mit Anlasspädagogik ist eine Vorgehensweise gemeint, die weitgehend ungeplant und kurzfristig ist. Diese ungeplanten, spontanen Reaktionen stehen dem Situationsansatz sehr nahe, aber sie sind nicht der Situationsansatz, sie ergänzen ihn nur. Sie gehören ganz allgemein zum pädagogischen Alltag.

▼ Weitere Beispiele:
– Ein Handwerker kommt ins Haus, die Kinder schauen zu und interessieren sich für die Arbeit. Ihre Fragen werden beantwortet. Die Erzieherin bemerkt das Interesse und besorgt ein altes Radio und andere Geräte sowie Handwerkszeug zum Zerlegen. (Kabel erst abschneiden!)
– Ein Gruppenmitglied hat sein kleines Geschwisterchen mitgebracht, das jetzt im Mittelpunkt steht. Es wird in den Arm genommen, gewickelt, gefüttert, spazieren gefahren.
– Hortkinder sind über ein Ereignis in der Schule erregt und reden lange Zeit nur darüber. Die geplante Aktivität fällt deshalb aus. Die Erzieherin nimmt sich Zeit für ihre Probleme.
– Beim Spaziergang im Wald finden die Kinder Vogelfedern. Zu Hause wird im Vogellexikon nachgesehen, von welchem Vogel die Federn stammen. Die Lebensweise des Vogels wird erkundet. ▲

Dieses pädagogische Vorgehen, bei dem die Erzieherin
– auf die aktuellen Interessen der Kinder eingeht,
– entstehende Fragen beantwortet,
– Neugierde und Wissbegierde stillt,
– aufkommende Motivationen auffängt und nutzt,
ist eine pädagogische Selbstverständlichkeit. Eine gewissenhaft arbeitende Erzieherin wird immer in dieser Form handeln, gleichgültig, nach welchem Konzept sie vorgeht. Diese Arbeitsform ergänzt, ersetzt aber nicht sozialpädagogische Planung. Sie hat als Planungskonzept keinen anerkannten Standort in der

wissenschaftlichen Auseinandersetzung. Anlasspädagogik kann in einzelnen Zeitabschnitten angemessen sein, beispielsweise als Planungspause zwischen verschiedenen Einheiten, in personellem Engpass oder in Erschöpfungsphasen. Als Planungskonzept fehlt ihr die Richtung und die Struktur. Anlasspädagogik darf deshalb nicht als Konzept gesehen werden. Erzieherinnen, die den Situationsansatz im Sinne von Anlasspädagogik deuten, haben mit Recht oft Schwierigkeiten den Tiefgang dieses Konzeptes zu erkennen.

4.2.2.3 Übertragung des Situationsansatzes auf andere sozialpädagogische Einrichtungen
Wie bereits erwähnt haben andere sozialpädagogische Einrichtungen das situationsorientierte Vorgehen übernommen. Natürlich kann nicht immer so intensiv vorgegangen werden, wie das im Kindergarten (allerdings nur bei ausreichendem Personal!) möglich ist. Der Unterschied liegt u.a. darin, dass die Angebote noch freier, offener und individueller sind und noch weniger Lerncharakter haben als im Kindergarten. Das Kindergartenkind erwartet von der Erzieherin Anregungen und Angebote zur Auseinandersetzung und zur Konfrontation mit neuem Wissen und Können. Es möchte Neues lernen, ist voller Neugierde und Wissensdrang. Das Schulkind im Hort oder im Heim ist durch die Schule in seiner Lernfähigkeit stark gefordert. Es sucht in der sozialpädagogischen Einrichtung Abreaktion und Entspannung. Das bedeutet, dass hier in die Planung ebendiese Situation einbezogen werden muss. Die Bearbeitung von Lebenssituationen wird deshalb noch stärker die Bedürfnisse berücksichtigen, die Hort- und Heimkinder nach ihrem individuell erlebten Schultag und familiären Alltag entwickeln.

▼ In Beispielen könnte das so aussehen:
– Die Hort- oder Heimerzieherinnen erfahren von Ängsten der Kinder in der Schule. Jüngere Kinder werden von älteren Kindern erpresst und müssen ihnen zu Gefallen sein. Andere

Bearbeitung von Themenschwerpunkten nach dem Situationsansatz

Ziele sowie Auswahl und Aufbau der einzelnen Schritte im Überblick

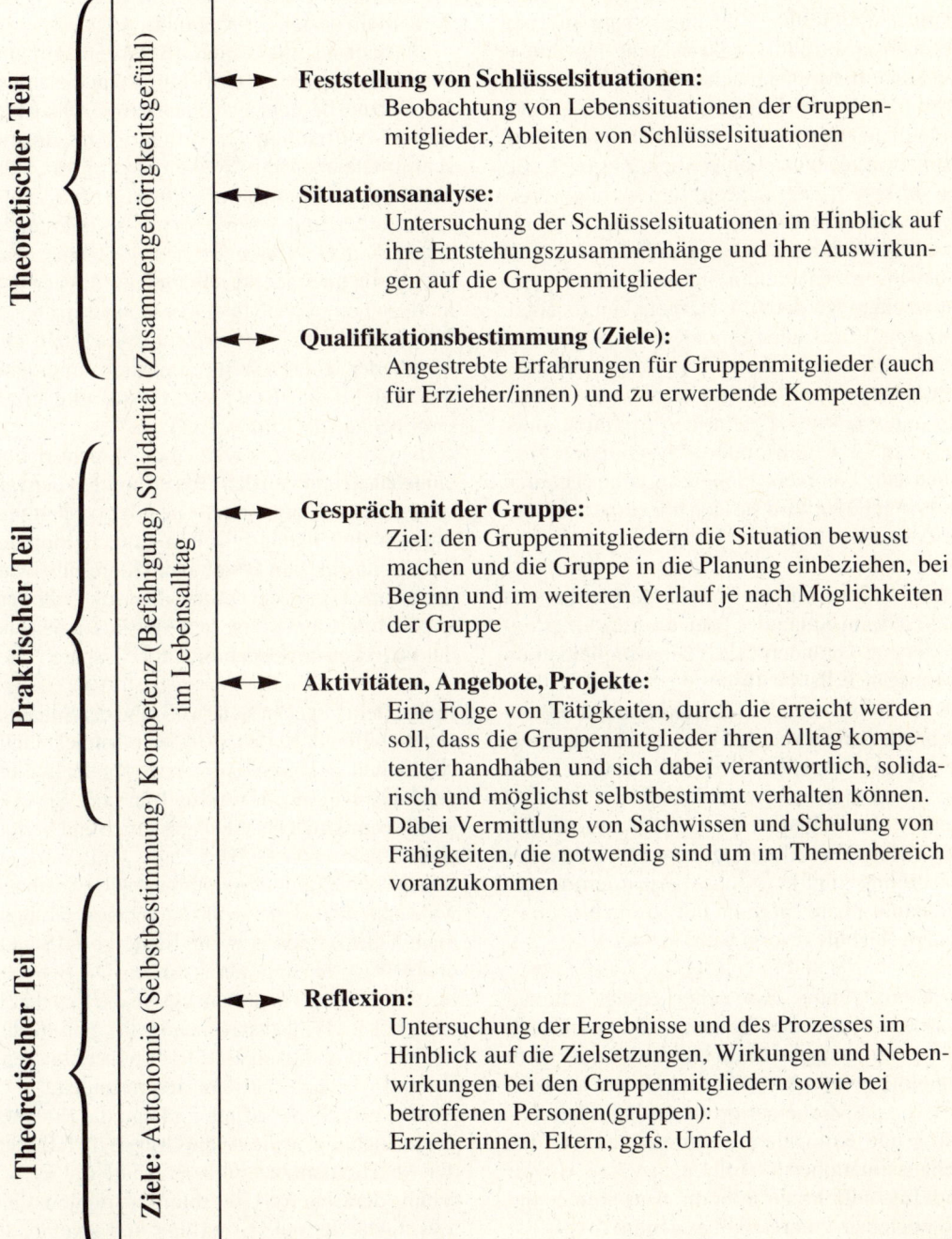

Theoretischer Teil

Feststellung von Schlüsselsituationen:
Beobachtung von Lebenssituationen der Gruppenmitglieder, Ableiten von Schlüsselsituationen

Situationsanalyse:
Untersuchung der Schlüsselsituationen im Hinblick auf
ihre Entstehungszusammenhänge und ihre Auswirkungen auf die Gruppenmitglieder

Qualifikationsbestimmung (Ziele):
Angestrebte Erfahrungen für Gruppenmitglieder (auch
für Erzieher/innen) und zu erwerbende Kompetenzen

Praktischer Teil

Gespräch mit der Gruppe:
Ziel: den Gruppenmitgliedern die Situation bewusst
machen und die Gruppe in die Planung einbeziehen, bei
Beginn und im weiteren Verlauf je nach Möglichkeiten
der Gruppe

Aktivitäten, Angebote, Projekte:
Eine Folge von Tätigkeiten, durch die erreicht werden
soll, dass die Gruppenmitglieder ihren Alltag kompetenter handhaben und sich dabei verantwortlich, solida-
risch und möglichst selbstbestimmt verhalten können.
Dabei Vermittlung von Sachwissen und Schulung von
Fähigkeiten, die notwendig sind um im Themenbereich
voranzukommen

Theoretischer Teil

Reflexion:
Untersuchung der Ergebnisse und des Prozesses im
Hinblick auf die Zielsetzungen, Wirkungen und Neben-
wirkungen bei den Gruppenmitgliedern sowie bei
betroffenen Personen(gruppen):
Erzieherinnen, Eltern, ggfs. Umfeld

Ziele: Autonomie (Selbstbestimmung) Kompetenz (Befähigung) Solidarität (Zusammengehörigkeitsgefühl) im Lebensalltag

Kinder erhalten zwingende Angebote, gegen die sie sich nicht wehren können: Gegen Bezahlung versprechen ihnen die älteren Kinder sie vor Angriffen zu schützen.

Das Hort-Team entschließt sich diese Problematik aufzugreifen. Ziel dieses sehr offenen Themenschwerpunktes ist es nun, den jüngeren Kindern Mut zu machen und ihnen zu vermitteln, wie sie sich gegen stärkere Kinder wehren und durchsetzen oder sich aus der Konfrontation zurückziehen können. Zugleich sollen stärkere Kinder in positivem sozialem Verhalten unterstützt werden. Sie sollen möglichst ihre egoistischen und angebenden Verhaltensweisen, mit denen sie jetzt oder später schwächere Kinder zu Untergebenen machen, abbauen. Eine solche Einheit wird nicht als eine in sich geschlossene Thematik bearbeitet werden. Sie wird sich in Gesprächen äußern, hin und wieder vielleicht in Aktivitäten, oder sie wird in Teilen anderer Aktivitäten zum Ausdruck kommen. Neben anderen Themen und Angeboten wird sie sich über eine sehr lange Zeit erstrecken.

– Der Umgang mit den Hausaufgaben läss sich vielleicht im Sinne des Situationsansatzes dahingehend verändern, dass die Möglichkeiten optimaler Selbstbestimmung für die Kinder ausgeschöpft werden. Vielleicht müssen dann nicht alle Kinder zur gleichen Zeit beginnen; eine gegenseitige Hilfe wird stärker angeregt um die Abhängigkeit von der Erzieherin zu reduzieren; Nachschlagwerke werden angeschafft und Ähnliches. Allerdings muss trotzdem für eine ruhige und konzentrationsfördernde Arbeitsatmosphäre (notfalls mit streng einzuhaltenden Regeln) gesorgt werden. ▲

Im Heim kommt – wie schon gesagt – hinzu, dass auf Grund der kleineren Gruppen auch stärker mit dem einzelnen Kind oder mit einem Jugendlichen Projekte entwickelt werden können, die das Ziel einer größeren Selbstbestimmung und Kompetenz in ihren individuellen Lebenssituationen verfolgen. Anlässe Kinder und Jugendliche zu höherer Autonomie und Kompetenz zu führen gibt es genug.

▼ **Beispiele:**
– Einige Gruppenmitglieder sind in der 8. und 9. Klasse der Hauptschule. Es wird jetzt aktuell für sie, eine Lehrstelle zu suchen und sich dort vorzustellen. Dafür fehlen ihnen Kenntnisse. Außerdem bestehen erhebliche Ängste.
– Michael ist mit seinen 16 Jahren sehr unselbstständig. Er hat den Hauptschulabschluss erreicht und besucht jetzt eine Berufsfachschule. Seine schulischen Leistungen sind durchschnittlich, aber im Alltag entspricht sein Verhalten nicht seinem Alter: er führt Aufträge aus, entscheidet und verantwortet sie aber nicht selbst. Mit Geld kann er nicht umgehen. Bei Wegen in die Stadt besteht Gefahr, dass er sich nicht zu helfen weiß, wenn er sich verirrt hat.
– Die Gruppe hat keinen Zusammenhalt. Die Mitglieder leben neben-, aber nicht miteinander. (Siehe das Beispiel „Gestaltung eines Gruppenabends" auf S. 174 f.)
– Die Gruppenregeln werden nicht mehr richtig eingehalten und von den Gruppenmitgliedern als wenig sinnvoll angesehen. Die Gruppenbetreuer müssen ihre pädagogischen Entscheidungen ständig ausführlich begründen. Klare, überzeugende Gruppenregeln würden ihnen die Arbeit erleichtern und der Gruppe lange Diskussionen und das Feilschen um Genehmigungen ersparen. ▲

Im Kurheim ergeben sich auf Grund der Situation des Kuraufenthaltes lebensnahe und projektähnliche Einheiten: Die ankommenden Kinder und Jugendlichen sind noch fremd und unsicher. Sie wolen die neue Umgebung kennen lernen und sich sicherer fühlen können. Das Haus wird erforscht; Regeln werden teils angenommen, teils wird ihnen widersprochen. Jeder will die anderen Gruppenmitglieder kennen lernen und den eigenen Standort im Gruppengefüge herausfinden. Die Betreuer werden getestet. Hierauf muss sich die Erzieherin einstellen und ein entsprechendes Programm entwickeln, das diesen Bedürfnissen entgegenkommt, aber auch klare Grenzen vermittelt.

Nach dieser Standortfindung kann die Erzieherin die Planung, in die sie die Gruppe im Rahmen der Möglichkeiten einbezieht, auf die Erforschung der weiteren Umgebung ausrichten. Ralleys, Geländespiele, Ausflüge und spannende

Gegenüberstellung von funktionsorientiertem Vorgehen und dem Situationsansatz

an der | Fähigkeit | der Kinder ausgerichtet

→ funktionsorientiertes Vorgehen

Beispiele für Fähigkeiten, die geschult werden:

– Zuordnen, ordnen, gliedern, sortieren

– Biologische Kenntnisse und angemessenes Verhalten im Umgang mit Tieren

Die Erzieherin/das Team entscheidet, welche Fähigkeiten für die Gruppe erforderlich sind und geschult werden sollen.

Die Erzieherin entwickelt ein Programm, ggfs. mit Hilfe von vorgegebenen Lehrmaterialien.

| Funktionen |
→
| Lebenssituationen |

werden geschult um sie in späteren

anzuwenden

Beispiel: Zuordnen → Aufräumen

---

an | Lebenssituationen | der Kinder ausgerichtet

→ situationsorientiertes Vorgehen

Beispiele für Situationen, die aufgegriffen werden:

– In der Gruppe entstehen Probleme beim Aufräumen.

– Kinder finden einen unterernährten Igel oder Kaulquappen in einer langsam vertrocknenden Pfütze und erforschen ihre Lebensweise um ihnen zu helfen.

Die Erzieherin/das Team beobachtet die Schlüsselsituationen (und Interessen) der Gruppe und greift sie auf, wenn die Aussicht besteht, dass die Kinder eine höhere Kompetenz in ihrem Alltag erreichen können.

Die Erzieherin macht den Kindern die Handlungsmängel bewusst und stellt die bessere Lebensbewältigung in Aussicht. Einbezug der Gruppe in die Planung.

| Situationen |
→
| Qualifikationen |

werden aufgegriffen, durch ihre Bearbeitung werden entsprechende

vermittelt

Beispiel: Aufräumen → Zuordnen

213

Gruppenaktivitäten entsprechen meist den Interessen. Dabei muss viel Zeit für individuelle Gespräche zwischen Erzieherinnen und einzelnen Gruppenmitgliedern bleiben, denn der Abstand von der Familie und dem Schulalltag verlangt häufig bei den Kindern und Jugendlichen nach einer Abklärung und Standortfindung.

In der offenen Jugendarbeit können ebenfalls Angebote entwickelt werden, die einen Bezug zum Lebensalltag aufweisen und die Jungen und Mädchen für ihren alltäglichen Handlungsbedarf stärken und kompetenter machen. Jugendliche können in die Planung und Gestaltung einbezogen werden.

▼ **Beispiele:**
– Auseinandersetzungen mit der geschlechtsbezogenen Rolle und Sexualität (siehe Abschnitt 5.2.1.1),
– Berufsfindung und Auseinandersetzung mit beruflichen Anforderungen,
– Werkstattstunden mit Anleitungen für Fahrrad- und Mopedreparaturen. ▲

Leider hat diese Art von Lernen, nämlich den Handlungsbedarf im Lebensalltag aufzuarbeiten, bisher wenig Eingang in Schulen und auch kaum in die Berufsausbildung von Erzieherinnen und anderen sozialpädagogischen Berufen gefunden.

Zusammenfassung

- In den 60er-Jahren rückte der Kindergarten in das Blickfeld bildungspolitischer Interessen. Es wurden Bildungsprogramme entwickelt, Curricula, die mit unterschiedlichen Zielsetzungen und mit verschiedenen methodischen Vorgehensweisen dem drei bis sechsjährigen Kind gezieltes Lernen ermöglichen sollten.

- Die zunächst entwickelten Curricula boten Lernprogramme in geschlossenem Vorgehen an. Dazu gehören vor allem der wissenschaftsorientierte, der funktionsorientierte und der kompensatorische Ansatz. Das funktionsorientierte Vorgehen wird heute teilweise noch praktiziert, der kompensatorische Ansatz wurde weiterentwickelt und wird im Situationsansatz umgesetzt.

- Der situationsorientierte Ansatz (seinerzeit konkretisiert im Curriculum Soziales Lernen, das vom Deutschen Jugendinstitut in München entwickelt wurde) hat sich in den Kindergärten und in anderen sozialpädagogischen Einrichtungen am stärksten durchsetzen können, weil seine offene Vorgehensweise der Zielsetzung sozialpädagogischer Arbeit sehr entspricht. Er verlangt allerdings einen hohen Arbeitsaufwand und engagierte Arbeitsbereitschaft der Gruppenleiter/innen.

- Im Situationsansatz werden Lebenssituationen der Kinder/Jugendlichen aufgegriffen, in denen die Handlungsfähigkeit der Gruppe oder Rinzelner erhöht werden kann. Die Erzieherin untersucht die jeweiligen Schlüsselsituationen ihrer Gruppe bzw. Teilgruppe. In gemeinsamer Planung mit den Gruppenmitgliedern werden Aktivitäten entwickelt, die dazu beitragen, dass die Betroffenen in diesen Situationen kompetenter handeln können. Damit vermittelt die Erzieherin nicht nur Fähigkeiten, sondern sie lehrt auch das Lernen. Das situationsorientierte Vorgehen verhilft dem jungen Menschen deshalb zu mehr Selbstständigkeit und zu höherer Selbstbestimmung. Zugleich wird verantwortliches solidarisches Handeln gefördert.

- In die Planung von Einheiten im Rahmen des Situationsansatzes wird die Gruppe nach Möglichkeit mit einbezogen, weil das Ziel – kompetenterer und selbstbestimmterer Umgang mit der Situation im Lebensalltag – sich nicht nur auf das Ergebnis, sondern auch auf den Prozess bezieht. Der Heranwachsende soll lernen, seine Lebenssituationen selbst kritisch wahrzunehmen, sie zu analysieren und im Rahmen seiner Möglichkeiten daran zu arbeiten, sie kompetenter zu handhaben oder zu verändern.

- Bei der Vorgehensweise nach dem Situationsansatz wird ein Themenbereich in projektähnlichen Aktivitäten bearbeitet. Die Beteiligung der Kinder ist weitgehend freiwillig. Soziales Lernen und die Vermittlung von Fachkenntnissen werden verbunden (Verbindung von sozialem und instrumentellem Lernen). Der Tagesablauf wird weniger untergliedert, die Kinder sollen sich in eine Sache vertiefen können. Das Freispiel ist genauso wichtig wie angeleitete Tätigkeiten. Außerinstitutionelle Lernorte werden einbezogen.
Die Kooperation mit Kollegen, Eltern und anderen Beteiligten ist Voraussetzung für eine überzeugende Vorgehensweise.

- Die Gruppenarbeit soll nach heutigen Erkenntnissen in sozialpädagogischen Einrichtungen situationsorientiert geplant werden, weil dieses Vorgehen dem vor- und außerschulischen Lern- und Handlungsbedürfnis des jungen Menschen am meisten entspricht.

- Daneben wird es Situationen geben, die spontan aufgefangen werden. Interessen von Kindern und Jugendlichen werden verstärkt ohne daraus ein geplantes Projekt zu entwickeln. Nicht immer wird längerfristig geplant. Anlasspädagogik ist aber keine wissenschaftlich fundierte Vorgehensweise, sondern entspricht – in begrenztem Rahmen – als Ergänzung zu geplantem Vorgehen eher einer pädagogischen Selbstverständlichkeit.

- Es wird manchmal Situationen geben, in denen geschlossener nach dem funktionsorientierten Ansatz vorgegangen wird. Entwicklungsdefizite auf Grund einseitiger Umwelterfahrungen, oder individuelle Entwicklungseinschränkungen können im situationsorientierten Vorgehen nicht immer genügend aufgefangen und bearbeitet werden.

Anregungen

1. Zuordnungsübung: funktionsorientiertes Vorgehen und Situationsansatz

Wenn Sie den Text von Kapitel 4.2.1 gelesen haben, können Sie funktions- und situationsorientiertes Vorgehen bereits jetzt unterscheiden ohne den Abschnitt 4.2.2, der diese Vorgehensweise beschreibt, gelesen zu haben. Folgende kurze Information kann Ihnen helfen: Das funktionsorientierte Vorgehen ist ein weitgehend geschlossenes curriculares Lernmodell. Das wesentliche Merkmal des Situationsansatzes ist die offene Planung.

Ordnen Sie die folgenden Beschreibungen den beiden Planungsansätzen zu. Beachten Sie, dass „pädagogische Selbstverständlichkeiten" dazwischen gesetzt wurden, weil sie dazu beitragen, die curricularen Modelle von einer alltäglichen Pädagogik abzugrenzen. (Auflösung auf S. 218)

1. Arbeit mit Vorschulmappen.
2. Die Erzieherin bemerkt, dass die Gruppe sehr unruhig ist. Sie lässt deshalb ihren Plan, etwas zu erzählen, fallen und geht mit der Gruppe ins Freie.
3. Auf einem Spaziergang sehen die Kinder einen Krötenzaun und Frösche in einem Auffangeimer. Die Erzieherin erklärt den Kindern, warum der Zaun angelegt worden ist und dass die Frösche auf diese Weise vor dem Überfahren gerettet werden.
4. Die Erzieherin ruft beim Bund für Umwelt und Naturschutz an, der den Zaun angelegt hat. Sie erfragt, ob sie mit der Gruppe einmal zusehen kann, wie die Frösche über die Straße getragen werden. Sie erfährt, dass das eigentlich in der Morgendämmerung gemacht wird, aber dass man ihr entgegenkommen kann. Die Erzieherin bespricht den Plan mit der Gruppe. In den nächsten Tagen wird viel von Fröschen geredet, es werden Bilder betrachtet, gemalt und Lexika gewälzt. Als sie beim Transportieren der Frösche zusehen und helfen (Vorsicht, Verkehr!), wissen sie bereits eine Menge über das Leben von Fröschen.
5. Von den Hortkindern will heute keines im Raum bleiben. Nach den Hausaufgaben strömen alle hinaus. Die Erzieherin holt Spielsachen aus dem Vorratsraum, die längere Zeit nicht benutzt wurden: Pferdeleinen, Springseile, Stelzen.
6. Asylbewerber werden in neu errichteten Container-Wohnungen einquartiert. Deren Kinder besuchen die Grundschule. Die Hortkinder berichten davon. Die Erzieherin bemerkt Unkenntnis, Vorurteile, Abwertung und Abweisung. Sie informiert sich und bearbeitet in der nächsten Zeit mit der Gruppe Fragen im Zusammenhang mit den Kindern der Asylbewerber und deren Schicksal.
7. Die Erzieherin hat einen Plan für Aktivitäten während der Woche aufgestellt. Als Thema hat sie den Frühling gewählt. Sie achtet darauf, dass die Kinder vielseitig angeregt und gefördert werden: im Wissensbereich, der Feinmotorik, der Sprache, dem Erkennen von Zusammenhängen und anderem.
8. Nach mehreren Regentagen kommt die Sonne heraus. Die Erzieherin unternimmt einen Spaziergang mit der Gruppe, der vorher nicht vorgesehen war.

2. Vergleich von funktions- und situationsorientiertem Vorgehen

Durchdenken Sie und vergleichen Sie Ihre Gedanken mit anderen Mitgliedern aus Ihrer Lerngruppe: In welchen der beiden Vorgehensweisen (funktionsorientiert – situationsorientiert) kommen folgende Merkmale stärker zum Ausdruck? Begründen Sie!
– Offenheit,
– Lenkung durch den Erwachsenen,
– Lebensnähe,
– Ähnlichkeit mit schulischem Lernen.
(Auflösung auf S. 218)

3. Gruppengesprächsduell zu funktions- und situationsorientiertem Vorgehen

Bilden Sie zwei Gruppen, die sich gegenübersitzen. Eine der Gruppen vertritt funktionsorientiertes Vorgehen, die andere den Situationsansatz. Denken Sie sich ein und argumentieren Sie für Ihre Vorgehensweise. Dafür wird es günstiger sein, eine bestimmte Lernsituation auszuwählen und nicht allgemein zu argumentieren, weil man dann leichter aneinander vorbeireden kann. Der eine denkt dann vielleicht an die Förderung eines behinderten Kindes, der andere an die Hortarbeit.

Ein Beispiel soll die Argumentation verdeutlichen:

Situation: ausländische oder auch deutsche Kinder mit Sprachproblemen in der Gruppe:

Argumente der funktionsorientierten Vertreter: Ohne gezielte Schulung lernen die Kinder langsamer, die Sprache bleibt oberflächlich und unvollständig. Die Kinder begnügen sich mit ihrer eingeschränkten Sprachfähigkeit, weil es ihnen ausreicht, wie sie sich verständlich machen können, vor allem dann, wenn der Alltag keine höheren sprachlichen Anforderungen von ihnen verlangt.

Argumente der situationsorientierten Vertreter: Was sie in gezielten Übungen erlernen, nehmen sie nur in sehr geringem Maß in den Alltag hinüber. Wenn die Erzieherin im Alltag mit ihnen klar und differenziert spricht, machen Kinder die gleichen Fortschritte. Sie sprechen dann, weil sie etwas zu sagen haben, und nicht, weil die Erzieherin es von ihnen verlangt.

Beispiele für Lernsituationen, über die diskutiert werden kann:
– Conny kennt mit sechs Jahren noch nicht die Uhr,
– das Erlernen von Farben im Kindergarten,
– die Schulung der Feinmotorik für die fünf- bis sechsjährigen Kinder (schneiden, malen, Perlen fädeln und Ähnliches).

4. Brainstorming: Überlegungen zu einer Planungseinheit nach dem Situationsansatz:

Wählen Sie eines der auf den Seiten 210/212 beschriebenen Beispiele für Lebenssituationen von Kindern und Jugendlichen im Hort oder Heim aus. Suchen Sie in einer Arbeitsgruppe, die ein Team darstellen soll, nach Möglichkeiten, wie diese Situation mit der Hort- oder Heimgruppe bearbeitet werden könnte. Gehen Sie dabei nach den Spielregeln von Brainstorming vor:

a) Begrenzen Sie vor Beginn die Zeit auf etwa 10 Minuten. Halten Sie diese Zeit ein. Es werden Einfälle in den Raum gerufen, die von einer Person auf ein Plakat geschrieben oder auf ein Tonband aufgenommen werden. Jeder darf alles sagen, was ihm einfällt. Die Gedanken dürfen verrückt und unsinnig sein. Es darf keinerlei Bewertung stattfinden. Die Überprüfung der Ideen geschieht erst im nächsten Schritt.

Unterbrechung des Brainstormings durch Zwischenbemerkungen oder Diskussionsbeiträge ist nicht erlaubt.

Oder

schriftliches Brainstorming:

Jeder schreibt eine Idee auf ein Blatt und reicht es weiter. Angeregt durch die bereits auf dem Blatt stehenden Beiträge wird jeder Einzelne ideenreicher.

b) Nach der vereinbarten Zeit wird das Brainstorming beendet; die Gedanken werden in der Gruppe ausgewertet.

c) Stellen Sie Ihre bearbeiteten Vorschläge mit Hilfe eines Tageslichtprojektors oder auf einem Plakat dem Plenum vor.

5. Versuch von situationsorientiertem Vorgehen in der eigenen Lerngruppe

Überlegen Sie sich Bereiche, in denen Sie selbst für Ihr Leben oder Ihre berufliche Arbeit Defizite oder eingeschränkte Handlungsmöglichkeiten empfinden. Geeignet sind auch Bereiche, in denen Sie einfach weiterkommen wollen. Für die Suche solcher Bereiche können Sie die Methode des Brainstormings (siehe Aufgabe 4) benutzen.

Beispiele für mögliche Lernbereiche:
- Umgang mit eigenen Vorurteilen,
- ich als Erzieher/in in einer multikulturellen Gesellschaft,
- ich als Frau oder Mann **und** als Erzieher/in.

Bei ausreichender Zeit suchen Sie nach Konkretisierungsmöglichkeiten, wie diese (nicht) bewussten Handlungseinschränkungen aufgearbeitet werden könnten.
Gehen Sie dabei in folgenden Schritten vor:
a) Situationsfeststellung, Situationsanalyse und Zielsetzung
b) Planung
c) Durchführung von konkreten Bearbeitungsschritten (wobei b und c wechselweise ineinander übergehen können)

d) Wenn Sie dieses Projekt für sich selbst tatsächlich in Angriff nehmen, müsste nach einiger Zeit eine Reflexion der Ergebnisse und der Prozesse erfolgen.

Möglicherweise eignet sich eine solche Thematik für ein umfassenderes Projekt innerhalb der Berufsausbildung.

Lösung für Aufgabe 1:
situationsorientiert: 4, 6,
funktionsorientiert: 1, 7,
pädagogische Selbstverständlichkeit: 2, 3, 5, 8.

Lösung der Aufgabe 2:
situationsorientiertes Vorgehen: Offenheit und Lebensnähe,
funktionsorientiertes Vorgehen: stärkere Lenkung durch den Erwachsenen, Ähnlichkeit mit schulischem Lernen. ❏

4.2.3 Das Konzept einer Einrichtung

Das Konzept einer Einrichtung beschreibt die wesentlichen Merkmale der pädagogischen Arbeit in dieser Einrichtung.
Angenommen Sie denken daran, sich zu bewerben. Mehrere freie Stellen stehen Ihnen zur Verfügung. Nun werden Sie wissen wollen, wie die in Frage kommenden Einrichtungen arbeiten, um sich für diejenige Stelle zu entscheiden, deren Arbeitsweise Ihren Vorstellungen und Idealen am meisten entspricht. Um das zu erfahren werden Sie sicher nach einem Konzept der Einrichtung fragen. Wenn die Einrichtung ein schriftliches Konzept hat und die beschriebene Arbeitsweise sagt Ihnen zu, wird Ihr nächster Schritt wahrscheinlich sein, einige Stunden in dieser Einrichtung zu hospitieren. Sie werden erleben wollen, ob die praktische Arbeit tatsächlich Ihren Vorstellungen und den Beschreibungen entspricht, denn es könnte sein, dass unter Begriffen nicht immer das Gleiche verstanden wird. Was beispielsweise der eine

als offene Planung versteht, kann dem anderen noch viel zu eng und bestimmend sein.

4.2.3.1 Inhalt und Aufbau eines Konzeptes
Wer das Konzept liest, muss sich vorstellen können, wie in dieser Einrichtung mit der Bezugsgruppe gearbeitet wird und welche vorrangigen Ziele angestrebt werden. Er muss sich ein Bild von der pädagogischen Arbeit machen können, und zwar sowohl von den Zielen als auch von den Methoden.

Ein Konzept kann unterschiedlich umfassend sein. Es kann sich auf wesentliche Aussagen beschränken oder auch die Arbeit detailliert beschreiben und begründen.
Die bedeutendsten **Ziele** der pädagogischen Arbeit in der Einrichtung sind der Kern des Konzeptes. Ziele sind nicht immer für alle Kinder oder Jugendlichen gleich. Auch Einrichtungen der gleichen Art können unterschiedliche Ziele haben, denn Ziele leiten sich häufig aus der Situation und dem Umfeld ab.

▼ **Beispiele:**

– Das Team einer Kindertagesstätte in einem sozialen Brennpunkt benennt als eins seiner Ziele: „Die Kinder erfahren durch Regeln einen festen und verlässlichen Rahmen für ihren Alltag. Zugleich lernen sie Regeln einzuhalten. Auf Regeln und deren Einhaltung wird deshalb sehr geachtet." Dieses Ziel begründet sich aus dem familiären Leben eines Großteils der Kinder in dieser Kindertagesstätte. Viele Kinder erleben zu Hause ein fast regelloses Leben. Dadurch fehlt ihnen die Sicherheit, die andere Kinder durch Regeln und Regelmäßigkeit erfahren. Der Umgang mit Regeln ist ihnen wenig vertraut. Dementsprechend fällt es ihnen schwer, allgemein gültige gesellschaftliche Regeln und im jugendlichen Alter Gesetze anzuerkennen und einzuhalten.

– In anderen Kindertagesstätten wird möglicherweise ein offenerer Umgang mit Regeln angestrebt, damit die Kinder lernen Regeln flexibel und situationsangemessen zu handhaben. In dem Spielzimmer eines Krankenhauses wäre genaue Regeleinhaltung unangebracht, weil die Kinder häufig verängstigt sind, bei ihrem kurzen Aufenthalt Regeln kaum kennen lernen, geschweige denn sie einhalten können. Strenge Regeln würden sie zusätzlich verunsichern und ihr Einleben erschweren. Die Erzieherin muss ihnen mit Verständnis und Nachsehen begegnen, wenn sie Regeln, die es natürlich auch hier geben muss, nicht einhalten können.

– Bei der Arbeit mit Behinderten kann die Regeleinhaltung wieder ein bedeutsames Ziel sein. Viele Kinder und Jugendliche (auch erwachsene Behinderte) benötigen die Regelmäßigkeit, da sie ohne klaren Rhythmus und eindeutige Verhaltensanweisungen verunsichert sind und sich langsamer entwickeln. Sie lernen vorrangig durch Wiederholung. ▲

Die Beispiele machen deutlich: Eine **Begründung der Ziele** ist in einem Konzept sinnvoll, damit dem Team und den Lesern die Zusammenhänge, die zu diesen Zielen geführt haben, durchschaubar sind. Das bedeutet, dass ein et-was ausführlicheres Konzept auch eine **Situationsanalyse**, d.h. eine Beschreibung der Situation, enthalten wird, aus der heraus sich die Ziele ableiten.

Konzepte benennen innerhalb allgemein gültiger Ziele also ihre speziellen Schwerpunkte, die sich aus ihrer jeweiligen Situation und dem Auftrag ihrer Einrichtung ergeben.

▼ **Beispiele:**

– Im heilpädagogischen Hort arbeiten die Erzieherinnen mehr als in Regeleinrichtungen daran, dass die jungen Menschen in gesellschaftliche Werte und Normen eingeführt werden und sie akzeptieren lernen.

– Im Rehabilitationszentrum, in dem Kinder und Jugendliche lernen mit einer gesundheitlichen Schädigung oder Behinderung in ihrem Alltag zurechtzukommen, werden die Stärkung des Selbstwertgefühls und die praktische Bewältigung des Alltags bedeutsame Ziele sein.

– In einem Mutter-Kind-Kurheim besteht ein wichtiges Ziel in der Bearbeitung von Mutter-Kind- bzw. Kind-Mutter-Beziehungen. Dazu gehören z.B. der Umgang mit Trennungsängsten und die Kommunikation (wie sprechen Mutter und Kind miteinander?). ▲

Es kann in Einrichtungen auch für einzelne Kinder oder Jugendliche oder für Teilgruppen, ggfs. auch für einen bestimmten Zeitabschnitt besonders wichtige Ziele geben. Das bedeutet, dass ein Konzept auch zeitliche oder auf eine Bezugsgruppe bezogene Schwerpunkte setzen kann.

▼ **Beispiele:**

– Für die dreijährigen Kinder im Kindergarten bestehen andere Ziele als für die Fünf- bis Sechsjährigen. Zu Beginn eines Schuljahres, wenn viele Kinder aufgenommen werden, sind andere Ziele von Bedeutung als am Ende eines Schuljahres, wenn ältere Kinder ausscheiden.

– In der Kur sind die Ziele zu Kurbeginn anders als bei Kurende.

– Im Jugendzentrum gibt es unterschiedliche Ziele für Mädchen- und Jungenarbeit.

Die Beschreibung grundlegender **Methoden** ist ein weiterer wichtiger Punkt im Konzept. Das Team muss sich beispielsweise darüber einig werden, in welchem Erziehungsstil es arbeiten will. Es muss klären, ob es eine offene Vorgehensweise anstrebt und in welchen Bereichen geschlossener gearbeitet werden muss (vor allem bei verhaltensschwierigen oder behinderten Kindern und Jugendlichen). Die Tagesablaufgestaltung kann Einblick in die Methoden geben, auch Raumgestaltung und Spielmaterialangebot geben Aufschluss über Ziele, Inhalte und Methoden.

▼ **Beispiele:**

– Das Team einer heilpädagogischen Tagesstätte hält fest:

Nach Beginn ihrer Aufnahme werden die Kinder und Jugendlichen motiviert sich an unseren Angeboten zur Freizeitgestaltung zu beteiligen. Zunehmend wird versucht sie in das Gemeinwesen zu integrieren und sie zu veranlassen an Vereinen oder öffentlichen Freizeitangeboten teilzunehmen. Insgesamt achten wir darauf, dass der finanzielle Aufwand niedrig gehalten wird.

– Das Team eines Hortes schreibt:

„Wenig gemeinsame Gruppenaktivitäten, dafür Zeit für Angebote mit Kleingruppen oder für individuelle und nicht angeleitete Tätigkeiten. Reichlich Zeit für abreagierende Gespräche mit den Erzieherinnen. Konsequente Regeln beim Essen und den Hausaufgaben, viel Freiraum in den Freizeiten." ▲

Aufbau eines Konzeptes

Ein Konzept hat in der Regel mindestens folgende Teile:

1. Ziele und deren Begründung
   (ggfs. mit Situationsbeschreibung oder mit Gewichtung der Ziele)
2. vorrangige oder grundlegende Methoden
3. häufig, aber nicht immer:
   Kontrollmöglichkeiten der pädagogischen Arbeit

Ausführliche Konzepte zeigen auch Möglichkeiten auf, wie das pädagogische Handeln überprüft werden kann. **Kontrollmöglichkeiten** sind z.B. regelmäßige reflektierende Teamgespräche, Beobachtungsprotokolle, Fallbesprechungen, Elterngespräche, Berichte an das Jugendamt und Ähnliches.

4.2.3.2 Die Erstellung eines Konzeptes

Ein Konzept ist nicht nur für Bewerber oder außenstehende Personen gedacht. Es hilft den Teammitgliedern ihre Arbeit miteinander abzusprechen und aufeinander abzustimmen. Das Erstellen eines Konzeptes oder die Überprüfung, ob ein vorhandenes Konzept noch Gültigkeit hat, veranlasst die Teammitglieder über ihre Arbeit, deren Ziele und Methoden nachzudenken, ihr pädagogisches Handeln im Team offen zu legen und zu begründen. Ohne ein Konzept würde jedes Teammitglied möglicherweise mit anderen Zielen und Methoden arbeiten.

In der Regel erstellt das Team einer Einrichtung das Konzept für seine Institution.

Es gibt allerdings durchaus Konzepte für mehrere Einrichtungen, beispielsweise kann ein Träger, etwa die Kirchen, für seine Kindergärten in einer Region Konzepte entwickeln und damit die pädagogische Arbeit in Grundzügen festlegen. Solche Konzepte können aber nur Rahmenbedingungen liefern. Ihre Aussagen müssen zwangsläufig allgemein bleiben. Teams der einzelnen Einrichtungen müssen diese Rahmenbedingungen für sich konkretisieren und mit nachvollziehbaren Vorstellungen füllen.

▼ **Beispiel:**

Der Träger sagt: „Religiöse Erziehung hat bei uns einen hohen Stellenwert."

Nun muss das Team klarstellen – in der Regel in Zusammenarbeit mit dem Träger –, welche konkreten Ziele im Rahmen der religiösen Erziehung angestrebt werden und in welchen Methoden die religiöse Erziehung vorgesehen ist. Heißt religiöse Erziehung beispielsweise, dass ethische Einstellungen und entsprechende Verhaltensweisen bei den jungen Menschen gepflegt und gefördert werden, wie Toleranz, verbale Konfliktbearbeitung und Wertschätzung von Menschen und Dingen? Oder bedeutet religiöse Erziehung, dass die Kinder und Jugendlichen über Jesus, sein Leben und seine Lehre informiert werden?

Wird religiöse Erziehung in den Alltag eingebunden oder werden bestimmte Angebote mit religiösem Inhalt regelmäßig mit oder ohne Teilnahmezwang durchgeführt? Werden Gebete – und wenn ja –, in welcher Form und mit welchem Inhalt in den Alltag einbezogen? Gehört der Kirchgang der Heimbewohner zu religiöser Einstellung und erwartetem Verhalten? Wie werden religiöse Feste gefeiert? ▲

Es ist eine sehr aufwändige Aufgabe für ein Team, ein Konzept zu erstellen, aber eine Arbeit, die sich lohnt! Unter Zeitdruck ist ein Konzept kaum zufriedenstellend zu erarbeiten. Da es sich bei dem Konzept um die Grundzüge der Arbeit aller Teammitglieder handelt, müssen auch alle Teammitglieder beteiligt sein. Es ist zwar möglich, dass Untergruppen gebildet werden oder dass einzelne Erzieherinnen oder Erzieher Teile eines Konzeptes erarbeiten, aber das kann dann nur so etwas wie eine Vorarbeit sein. Das Gesamtteam muss entscheiden, ob die

wesentlichen Anliegen hereingenommen und stimmig formuliert wurden.

Es ist deshalb kaum möglich, Konzepte von anderen Einrichtungen zu übernehmen. Solche Konzepte eigenen sich allerdings als Vorlage für die Bewusstmachung und Formulierung der eigenen Arbeit.

Es muss nicht sein, dass ein Konzept schriftlich niedergelegt ist. Durch Absprachen können die Teammitglieder ebenfalls eine Übereinstimmung von wesentlichen Zielen und Methoden erreichen. Ein schriftlich formuliertes Konzept hat aber den Vorteil, dass es intensiver durchdacht wird, klar formuliert ist und nachgelesen werden kann. Von jedem Teammitglied kann bei einem schriftlichen Konzept erwartet werden das Konzept zu kennen. Veränderungen können deutlich gemacht werden. Neue Mitarbeiter werden in die Arbeitsweise gut und verständlich eingeführt. Missverständnisse sind bei einem schriftlichen Konzept geringer und können leichter ausgeräumt werden.

Das schriftliche Konzept hat außerdem den Vorteil, dass außenstehende Personen über die Einrichtung informiert werden können: Eltern, Behörden, das Umfeld.

Zusammenfassung

- Das Konzept einer Einrichtung beschreibt die Grundzüge der pädagogischen Arbeit und benennt deren Schwerpunkte. Es wird vom Team einer Einrichtung erstellt und muss von Zeit zu Zeit auf seine Gültigkeit hin überprüft und ggfs. aktualisiert werden.

- Die wesentlichen Teile eines Konzeptes sind die Ziele und die Methoden der sozialpädagogischen Einrichtung. Sie müssen auf die spezielle Bezugsgruppe abgestimmt werden. Dabei kann es sein, dass bestimmte Ziele und Methoden sich auf Teilgruppen oder einen begrenzten Zeitraum beziehen.

- Durch die Erstellung eines Konzeptes wird die sozialpädagogische Arbeit in der Einrichtung bewusst gemacht, im Team abgestimmt und nach außen offen gelegt.

- Die Erstellung eines Konzeptes ist sehr arbeitsaufwändig und erfordert eine weitgehend gemeinsame Erarbeitung ohne Zeitdruck.

Anregungen

1. Erkennen von Konzeptteilen auf Grund einer Beschreibung

Lesen Sie das Beispiel „Tageslauf im Kindergarten" auf S. 173 f. Stellen Sie sich beim Lesen folgende Fragen:
a) Welche neuen Ziele hat das Team entwickelt?
b) Wie haben sich Methoden verändert?
Mit der Beantwortung dieser Fragen haben Sie Teile eines Konzeptes für dieses Team herausgearbeitet. Vergleichen Sie Ihre Gedanken in der Gruppe.

2. Bewusstmachung erlebter Konzepte

Sicher haben Sie im Unterricht, z.B. in der Reflexion eines Praktikums, bereits Konzepte verglichen, möglicherweise ohne sich bewusst zu machen, dass es sich um Konzeptionen handelte. Stellen Sie in Partnergesprächen klar, welche konzeptionelle Arbeit Sie bereits erfahren haben, welche Sie gut fanden und welche Sie sich für Ihren späteren Beruf wünschen. Denken Sie auch darüber nach, ob Sie schriftliche Konzepte kennen gelernt haben.

3. Erkennen von konzeptionellen Unterschieden auf Grund von Stellenbeschreibungen

Lesen Sie die nebenstehenden Stellenangebote und sprechen Sie in Gruppen über die erkennbaren konzeptionellen Unterschiede.

4. Stellungnahme zu Thesen im Zusammenhang mit der Bedeutung von Konzepten

Bilden Sie kleine Diskussionsgruppen. Wählen Sie eine der folgenden Behauptungen aus und nehmen Sie dazu Stellung:
a) Wenn im Team häufig die berufliche Arbeit offen gelegt wird, ist die Erstellung eines arbeitsaufwändigen Konzeptes nicht erforderlich.
b) Einrichtungen, die kein schriftlich festgelegtes Konzept haben, sind nicht bereit, ihre Arbeit offen zu legen.
c) Wenn ich mich um eine

St. Christophorus ~~Pforzheim~~

Im Juli 19.. eröffnen wir einen neuen viergruppigen Kindergarten. Deshalb suchen wir eine/n erfahrene/n

Kindergartenleiter/in, Erzieher/innen und Kinderpfleger/innen.

Reizt es Sie, einen neuen, christlich orientierten Kindergarten (mit entsprechender, ökologisch orientierter Architektur) mit zu planen und aufzubauen?

Wir bieten Vergütung nach BAT mit allen üblichen Sozialleistungen des öffentlichen Dienstes.

Bitte senden Sie Ihre Bewerbung an das:
Katholische Pfarramt St. Christophorus
~~...~~ **straße 28**
~~...~~

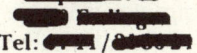
Stelle bewerbe, erfrage ich das Konzept der Einrichtung und hospitiere mindestens einen halben Tag. Eins von beidem (Konzept oder Hospitation) würde mir nicht ausreichen.

5. Aufbau und Organisation einer Ausstellung über unterschiedliche Konzepte

Versuchen Sie sich schriftliche Konzepte von sozialpädagogischen Einrichtungen zu beschaffen. Arbeiten Sie die wichtigsten Merkmale heraus und organisieren Sie eine Ausstellung. (Wesentliche Merkmale müssen herausgehoben werden, z.B. auf Plakaten, weil Ausstellungsbesucher die umfangreichen Konzepte nicht lesen können. Sie würden auch nicht die Fragestellungen entwickeln können, die nötig sind um unterschiedliche Konzepte erfassen und vergleichen zu können.)
An Stelle von Konzepten, die in den Einrichtungen entwickelt wurden, können Sie auch selbst die wesentlichen pädagogischen Zielsetzungen von erlebten sozialpädagogischen Einrichtungen, z.B. in Ihren Praktika, zusammenstellen.

Die Ausstellung kann dann einer interessierten Gruppe, beispielsweise anderen Klassen, vorgestellt werden und als Anregung für die Wahl eines Praktikumsplatzes dienen.

6. Erstellen eines Wunschkonzeptes

Schreiben Sie jeder drei Ihnen wichtig erscheinende Richtziele in Form von Schlagworten auf je einen Zettel, z.B. „angemessene Konfliktbearbeitung". Legen Sie diese Zettel auf den Boden und sortieren Sie sie nach einer sinnvoll erscheinenden Gliederung. Ergänzen Sie fehlende wichtige Ziele.

Jetzt werden für eine ausgewählte Einrichtung Ziele im Sinne eines Konzeptes zusammengestellt (Einzel-, Partner- oder Gruppenarbeit).

Durchdenken Sie anschließend Methoden, mit denen Sie in der von Ihnen gewählten Einrichtung Ihre Ziele erreichen können/wollen. Beachten Sie, dass zu Methoden Vorgehensweisen zählen wie: Vorbildverhalten, Lob, Tadel, Strafe, Spiel, Aktivitäten, Projekte, offene und geschlossene Vorgehensweise u.a. (Vielleicht können Sie im Inhalts- und Sachwortverzeichnis dieses Buches Anregungen finden.)

Achten Sie bei der Zusammenstellung darauf, dass Sie nur wesentliche Aspekte herausarbeiten, damit Ihr Text kurz und dadurch eindrucksvoll wird.

Beraten Sie sich gegenseitig und besprechen Sie zum Schluss die Ergebnisse.

Diese Besprechung könnte z.B. folgendermaßen vorgenommen werden:

Jeder heftet zu seinem erstellten Konzept ein leeres Blatt. Die Konzepte werden verlost. Nun wird vom Empfänger des Konzeptes auf das Beiblatt eine Stellungnahme geschrieben (bitte nicht in Form von einer Note, sondern geben Sie in Textform Ihren Eindruck wieder, z.B.: „Ich kann mir die Arbeit gut/noch nicht so gut vorstellen. Wenn ich bei dir arbeiten würde, empfände ich als angenehm, dass ... ", „... würde ich nachfragen bezüglich ... ."

Eine zweite Verlosung wäre gut, damit eine als subjektiv empfundene Stellungnahme relativiert wird.

Wenn die Wunschkonzepte formal schön auf ein Plakatpapier geschrieben werden (Vorübung für spätere Elternarbeit), eignen sie sich gut für eine Ausstellung.

7. Vorübung eines Elternabends

Denken Sie sich in eine spätere berufliche Situation ein. Angenommen Sie hätten vor kurzem eine Gruppe übernommen (Art der Gruppe nach Ihrer Wahl). Sie wollen jetzt den ersten Elternabend halten, bei dem Sie Ihr Konzept darstellen werden, denn die Eltern haben ein Recht darauf zu erfahren, wie Sie mit ihren Kindern arbeiten. Außerdem liegt Ihnen selbst viel daran, Ihre Arbeit offen zu legen, damit Sie eine gute Kooperation mit den Eltern erreichen können.

Durchdenken Sie Ihren Elternabend inhaltlich und auch methodisch. An Stelle eines Elternabends kann auch eine andere Form von Offenlegung der beruflichen Arbeit gewählt werden, z.B. eine Beschreibung für den Träger, den Bürgermeister oder die Nachbarschaft, einen Zeitungsbericht schreiben, einen Aushang im Schaukasten erstellen u.a. Hinsichtlich des Einsatzes von Methoden ergeben sich z.B. Fragen wie:

– Nur vortragend oder auch Gesprächsrunden? (Vorsicht mit Diskussionen! Lassen Sie sich Ihr Konzept von den Eltern nicht zerpflücken und nicht aus der Hand nehmen!)

– Verteilung von Texten? (Allerdings nicht während Sie vortragen, weil die Eltern dann nicht mehr zuhören.)

– Einbezug des Tageslichtprojektors oder eines Plakates?

– Verwendung von Anschauungsmaterial wie Dias, Bücher, Zeitschriften, Spielmaterial u.a.?

Einzelne Elternabende können mit der Lerngruppe als Eltern in Form einer Trockenübung ausprobiert werden. ❑

5 Sozialpädagogische Gruppenarbeit

Einführung

Die wissenschaftliche Richtung der Pädagogik, die sich mit den Prozessen und Wirkungen innerhalb von Gruppen und mit Fragen der Gruppenlenkung auseinander setzt, ist noch jung. Sie begann in den USA in den 30er-Jahren unter der Bezeichnung „groupwork". Nach dem Zweiten Weltkrieg kamen erste Anregungen nach Deutschland. Im deutschen Sprachgebrauch wurde die Bezeichnung „soziale Gruppenarbeit" verwendet, wenn es sich um den Bereich der Sozialpädagogik und Sozialarbeit handelte. Damit wird soziale Gruppenarbeit von anderen Formen des Gruppeneinsatzes wie z.B. der Gruppenarbeit in der Schule oder im Arbeitsbereich abgegrenzt. Das Wort „Gruppenpädagogik" wird teilweise synonym (gleichbedeutend) benutzt. Zunehmend wird „Gruppenpädagogik" aber auf die allgemeine Erziehung von Kindern und Jugendlichen in Gruppen bezogen, während „soziale Gruppenarbeit" weitgehend auf die Sozialarbeit beschränkt wird. Soziale Gruppenarbeit bezieht sich z.B. auf die Arbeit mit Gruppen von Menschen, die durch die Bewältigung gleicher Probleme Gemeinsamkeiten haben und in der Gruppe die Probleme besser bearbeiten können, wie Pflegeelterngruppen, sozialpädagogische Arbeit mit Strafgefangenen, die Arbeit in einem sozialen Brennpunkt, Selbsthilfegruppen usw.

In diesem Buch geht es um eine Gruppenpädagogik, bei der die Arbeit an der Persönlichkeit des einzelnen Gruppenmitglieds im Mittelpunkt steht, ohne dass deshalb gezielt therapeutisch gearbeitet wird. Gruppenarbeit kann allerdings immer therapeutische Wirkungen auf die einzelnen Mitglieder haben. Im Berufsfeld der Erzieherin hat weder die therapeutische Gruppenarbeit einen zentralen Stellenwert noch die soziale Gruppenarbeit im Sinne der gruppenpädagogischen Problembearbeitung. Deshalb werden im folgenden Text die Bezeichnungen Gruppenpädagogik, Gruppenarbeit oder sozialpädagogische Gruppenarbeit verwendet und synonym eingesetzt.

Da sich das vorliegende Buch mit Inhalten und Methoden der praktischen sozialpädagogischen Arbeit befasst und sich weniger mit pädagogischen Theorien auseinander setzt (die in anderen Fächern, vor allem in den Erziehungswissenschaften, behandelt werden), wird hier auf eine Erörterung von „Gruppe" und deren Bedeutung im soziologischen, allgemein psychologischen und pädagogischen Sinne verzichtet. Theoretische Grundlagen werden nur insoweit einbezogen, als sie konkrete pädagogische Handlungsmöglichkeiten erklären.

An einigen ausgewählten Teilbereichen werden im folgenden Kapitel wichtige Aspekte der sozialpädagogischen Gruppenarbeit im Rahmen der Berufsarbeit von Erziehern und Erzieherinnen beleuchtet. Dabei werden zunächst die Veränderungen von Gefühlen und Verhalten der Gruppenmitglieder beschrieben, die sich ergeben, wenn eine Gruppe eine längere Zeit zusammenlebt. Der pädagogische Einfluss auf diesen Gruppenprozess wird diskutiert. Danach wird auf unterschiedliche Gruppenzusammensetzungen in sozialpädagogischen Einrichtungen sowie auf deren erzieherische Herausforderungen eingegangen. Pädagogische Überlegungen, die dazu beitragen können, eine Gruppe angemessen zu leiten und sie zu vertiefenden Gruppenerlebnissen und Gruppenbeziehungen zu führen, werden im weiteren Teil dieses Kapitels erörtert.

5.1 Der Gruppenprozess und seine Bedeutung für den Gruppenleiter

Ziele

Dieses Kapitel beschreibt einen Prozess, wie er in unterschiedlichen Gruppen in ähnlicher Weise abläuft. Mit der exemplarischen Darstellung dieses Prozesses und der Auseinandersetzung mit pädagogischen Konsequenzen, die sich davon ableiten lassen, will das Kapitel bei Ihnen erreichen, dass Sie
- *den allgemeinen Gruppenprozess in seinen Abschnitten und in seinem Ablauf erkennen,*
- *diesen Prozess oder seine Teile in erinnerten und gegenwärtigen Gruppenerfahrungen wiederfinden,*
- *pädagogische Verhaltensweisen als Reaktion auf die Entwicklung der Gruppenbeziehungen und als deren Förderung ableiten können,*
- *bereit sind in der beruflichen Arbeit Gruppenprozesse wahrzunehmen und pädagogisch angemessen zu steuern.*

Wenn sich Menschen zu einer Gruppe zusammenfinden und in dieser Gruppe für bestimmte Zeitabschnitte zusammenleben, entwickelt sich ein Prozess, der in seinen Grundzügen immer ähnlich verläuft: ob in einer Schulklasse, in einem Arbeitsteam oder im Turnverein. Saul Bernstein und Louis Lowy haben diesen Prozess erstmalig untersucht und ihn in fünf Phasen eingeteilt (Lowy/Bernstein 1969, S. 54 ff.). Sehr anschaulich hat Irene Klein in „Gruppen leiten ohne Angst" (Klein 1992, S. 26 ff.) diese fünf Phasen beschrieben. Für die folgende Darstellung werden die Bezeichnungen, die sie für die fünf Phasen wählt, verwendet und die Bezeichnungen von Bernstein/Lowy dahinter gesetzt, soweit sie sich unterscheiden.

Wer als Gruppenleiter diese fünf Phasen kennt, wird durch das sich verändernde Verhalten der Gruppe nicht überrascht, sondern kann damit umgehen und die Gruppe angemessen lenken. Im Folgenden werden die fünf Phasen erklärt und die Aufgaben des Gruppenleiters beschrieben. An einem fortlaufenden Beispiel wird die theoretische Darstellung konkretisiert. Als Beispiel wird eine Freizeitgruppe gewählt, weil die einzelnen Phasen hier besonders deutlich und manchmal sehr gerafft auftreten können. In abgeschwächter Form lassen sie sich aber in allen Gruppen wiederfinden. Allerdings können Gruppen in den Anfangsphasen stehen bleiben und das Ziel eines Gruppenprozesses nie erreichen. Um den Prozess zu verdeutlichen, wird ein auffallend positives Beispiel gewählt.

Die typischen Merkmale des Gruppenprozesses haben Sie sicher schon alle erlebt. Sie treten unterschiedlich stark bei jedem und in jeder Gruppe auf.

5.1.1 Fremdheitsphase (Orientierung)

Wenn Sie daran denken, wie Sie sich in einer Ihnen noch unbekannten Gruppe bei Ihrem ersten Treffen gefühlt haben, z.B. in einer Gruppe Studierender, in einem neuen Arbeitsteam oder einem Freizeitverein, dann werden Sie sich sicherlich an Gefühle der Unsicherheit erinnern. Sie werden feststellen können, dass Sie selbst wie auch die anderen Teilnehmer zunächst zurückhaltend waren und sich beobachtend verhielten. Sie wussten noch nicht so recht, was auf Sie zukommt. Sie wollten erst einmal sehen, wie die anderen sind und welche Erwartungen an Sie gestellt werden. Die meisten von Ihnen wollten sich auch noch nicht offen legen, weil sie nicht wussten, was die Gruppe dann von Ihnen hält. Der erste Eindruck ist oft ein bleibender Eindruck, also Vorsicht! Wie schnell wird man sonst in einer Rolle festgelegt, die man gar nicht einnehmen möchte.

Aufgaben des Gruppenleiters

Wenn die Gruppenmitglieder zurückhaltend sind, muss die Initiative vom Gruppenleiter ausgehen. Dabei muss er klar, aber behutsam vorgehen. Er kann nicht zu schnell verlangen, dass die Gruppenmitglieder sich offen legen, denn davor schrecken sie zurück. Er wird Kontakte zu den Einzelnen in der Gruppe aufnehmen, allerdings keine Nähe und Intimität erwarten.

Seine beabsichtigten Gruppennormen wird er zu entsprechenden Gelegenheiten offen legen. Beispiele für solche Gruppennormen wären: Jeder hat das Recht der Meinungsäußerung, Kritik darf geäußert werden, die notwendigen Arbeiten werden von allen erledigt usw. Der Gruppenleiter muss zu Beginn diejenigen Regeln des Zusammenlebens erklären, die für den Anfang von Bedeutung sind, ohne die Gruppe zu überhäufen. Das einzelne Gruppenmitglied muss wissen, was von ihm erwartet wird. Es darf nicht Gefahr laufen versehentlich gegen Regeln zu verstoßen und sich dadurch zu blamieren.

Die Programm-Angebote müssen so gewählt werden, dass möglichst alle Gruppenmitglieder ohne große Hemmungen mitmachen können.

Die erste Phase des Gruppenprozesses in einer Ferienfreizeit

Das Jugendamt einer Stadt veranstaltet eine Ferienfreizeit. Die 10- bis 14-jährigen Jungen und Mädchen lernen sich während der Busfahrt kennen. Möglicherweise lassen sich während der Fahrt bereits Zimmergruppen zusammenstellen. Im Freizeitheim angekommen werden die Zimmer bezogen. Zaghafte Annäherungen, die durchaus auch provozierend aussehen können, sind in den kleinen Zimmergruppen zu beobachten.

Die erste gemeinsame Mahlzeit wird von den Betreuern – vielleicht auch mit Hilfe einzelner Gruppenmitglieder – organisiert. Dabei werden wichtige Regeln bekanntgegeben: Dienste, Abendruhe, Aufstehen, Mahlzeiten. Danach wird gemeinsam oder in Kleingruppen die Umgebung erforscht. Niemand muss sich dabei bloßstellen.

Vielleicht werden auch zuerst Kennenlernspiele in einer gemeinsamen Spielrunde durchgeführt. Dadurch wird das Bedürfnis befriedigt, die Gruppenmitglieder kennen zu lernen. Außerdem entstehen dabei deutlichere Beziehungen in der Gesamtgruppe. Die Gruppe zerfällt nicht gleich in Kleingruppen und die Betreuer lernen die Gruppe kennen und können sich selbst der Gruppe besser offen legen und darstellen. Die Spiele sind allerdings so ausgewählt, dass die Gruppenmitglieder dabei nicht allzu persönlich gefordert werden: Namen und Alter werden spielerisch bekannt gegeben, die Einzelnen erfahren etwas von den anderen, und körperliche Nähe wird bei Platzwechsel-Spielen hergestellt.

Nicht geeignet wären in dieser Phase Gruppenspiele wie z.B. Rate- und Rollenspiele, weil sich einzelne Teilnehmer blamiert oder zu stark herausgefordert fühlen könnten und sich vor der Gruppe noch nicht darstellen wollen.

Am Abend treffen sich die Teamer um den ersten Tag zu reflektieren. Sie hoffen auf einen guten Gruppenprozess, denn die Beziehungen in der Gruppe bestimmen weitgehend das Wohlgefühl der einzelnen Gruppenmitglieder und beeinflussen die Programmgestaltung.

Die Teamer tauschen erste Eindrücke über die Kinder aus. Sie versuchen dabei dem einzelnen nicht vorschnell charakterliche Eigenschaften zuzuschreiben um sich nicht durch Vorurteile in ihren Einstellungen festzulegen.

5.1.2 Orientierungsphase, Phase der „Platzfindung" (Machtkampf)

Das erste „Beschnüffeln" hat jetzt bereits stattgefunden. Der Einzelne hat eine vage Vorstellung, wo er in der Gruppe steht, z.B.: „Hier gibt es Leute, die können nicht so viel wie ich, und es gibt andere, die können mehr", „Viele sind ängstlich, manche sind Angeber, die Erzieherin ist okay".

Jetzt geht es darum, für sich eine solche Rolle zu suchen und zu finden, in der sich der Einzelne wohl fühlt. Das kann bei dem einen die dominante und beim anderen die zurückhaltende

Position sein. Der eine will gefordert, der andere vielleicht in Ruhe gelassen werden und seine eigenen Wege gehen können. Es gibt Clowns, die über Scherze und Albernheiten ihre Anerkennung suchen. Manche machen bereits durch Programmvorschläge unmissverständlich klar, dass sie beabsichtigen mitzubestimmen und sich durchzusetzen oder jedenfalls sich nicht unterbuttern zu lassen. Auch der Gruppenleiter wird getestet. Wie viel lässt er sich gefallen? Nimmt er die aufgestellten Regeln ernst? Bietet er Schutz? Versteht er Spaß? Sind seine Programme und Vorschläge brauchbar? Lowy und Bernstein haben diese Phase „Machtkampf und Kontrolle" genannt (Lowy/Bernstein 1969, S. 72 ff.). Es muss nicht immer ein sichtbar ausgetragener Machtkampf sein. Er kann still und versteckt stattfinden, hinter freundlichen und lächelnden, aber doch etwas misstrauischen Gesichtern. Keiner gibt sich wirklich locker, denn man ist noch darauf bedacht, für eigene Rechte zu kämpfen oder sich gegen Ansprüche anderer abzugrenzen.

Aufgaben des Gruppenleiters

Für den Gruppenleiter ist diese Phase schwierig, wahrscheinlich die schwierigste der fünf Abschnitte. Er muss die Gruppe intensiv beobachten und sich dabei fragen: Welche Rollen bilden sich heraus? Wie wird mit dem Machtkampf untereinander und auf Kosten von wem umgegangen?

Zugleich muss er sich selbst gelassen prüfen lassen, er muss klare Grenzen setzen und doch Spontaneität und Lebendigkeit ausstrahlen. Er muss entstehende Konfliktsituationen bearbeiten, zu fairem Verhalten anregen, Entmutigte wieder aufbauen und Dominante zur Zurückhaltung veranlassen.

Sein Programm darf noch keine zu große Offenheit der Gruppenmitglieder erfordern. Er muss Aktivitäten anbieten, die möglichst lebhaft sind, damit Frust abgelassen werden kann, Programme, die auf keinen Fall Einzelne isolieren.

In manchen Gruppen, z.B. in einem Hort oder auch bei einzelnen Gruppenmitgliedern, kann diese Phase sehr lange dauern. Es gibt auch Gruppen, die in der Orientierungsphase stecken bleiben.

Der Prozess in der Ferienfreizeit

In der Ferienfreizeitgruppe hat der etwas dickliche Junge Mark eine Clownrolle eingenommen. Offensichtlich befürchtet er, dass über sein Aussehen gelacht wird. Deshalb zieht er es vor, die Lacher bei den anderen bewusst auszulösen, indem er herumkaspert.

Bei der Verteilung der Ämter fiel auf, dass Jungen sich vor „hausfraulichen" Arbeiten zu drücken versuchen. In einem der Zimmer sah ein Betreuer, wie sich der ältere Junge Carsten von einem jüngeren das Bett machen ließ, weil er das angeblich nicht könne. Vorsichtig, aber bestimmt hat der Betreuer klargestellt, dass Bettenmachen von allen erlernbar sei. Eine Betreuerin musste einschreiten, weil versucht wurde Ämter über Druck weiterzugeben oder auch für Süßigkeiten und Geld zu „verkaufen".

Auf den Wunsch von einigen männlichen Gruppenmitgliedern, dass die Ämter zwischen Jungen- und Mädchenarbeiten getrennt werden sollen, hat das Team sich nicht eingelassen. Das Team übernimmt selbst auch gleichwertige Ämter wie die Gruppenmitglieder um über das Vorbildverhalten zu wirken.

Silke, eines der älteren Mädchen, hat erkannt, dass dieser Vorschlag von Jungen darauf beruht, den Mädchen die unangenehme Hausarbeit zuzuschieben. Sie spricht zunächst mit den Mädchen in ihrem Zimmer darüber, sich auf keinen Fall von den Jungen dominieren zu lassen. Später holt sie das zweite Mädchenzimmer dazu. Die Mädchen scheinen sich zusammenzuschließen.

Am Abend ist ein Teamgespräch unter den Betreuern dringend nötig um gemeinsames Vorgehen bei Konflikten und der Entstehung unerwünschter Rollen abzusprechen. Dabei soll auch über die möglicherweise entstehende Spannung zwischen Mädchen und Jungen gesprochen werden.

Über die Wanderung, die heute gemacht wurde, soll reflektiert und ein Schwimmbadbesuch für morgen vorgeplant werden.

5.1.3 Vertrautheitsphase

Allmählich weiß jeder, welche Position er in der Gruppe einnimmt. Jeder kennt die anderen Gruppenmitglieder, deren Stärken und Schwächen. Der Einzelne fühlt sich sicherer und zugehörig. Er kann weitgehend einschätzen, wie die Gruppe reagiert. Die Konflikte der zweiten Phase haben sich verringert. Das heißt aber nicht, dass es keine Konflikte mehr gäbe. Aktivitäten werden jetzt nicht mehr nur vom Gruppenleiter vorgeschlagen, sondern auch von der Gruppe entwickelt. Es entstehen Gruppenregeln, -normen und -ziele. Dazu gehören unter anderem Aufgabenverteilung, gemeinsame Vorstellungen von Kameradschaft wie „Es wird nicht gepetzt" und gemeinsam entwickelte Unternehmungen. Das „Wir-Denken" beginnt. Das Wort „wir" wird häufig gebraucht. Jeder möchte dazugehören. Vielleicht sucht sich die Gruppe Gruppenzugehörigkeitssymbole wie Abzeichen oder bestimmte Kleidung. Diese Phase kann sehr befriedigend für die einzelnen Teilnehmer verlaufen, weil das Zugehörigkeitsgefühl Sicherheit vermittelt.

Es gibt aber auch negative Entwicklungen, nämlich dann, wenn das Sicherheitsstreben zu groß ist und Konflikte aus Angst vor dem Gruppendruck nicht mehr ausgetragen werden. Einzelne haben dann die Sorge die eigene Sicherheit oder die harmonisch erscheinende Gruppenphase aufs Spiel zu setzen. Die vermeintliche Sicherheit ist aber nur oberflächlich, wenn einzelne Gruppenmitglieder ihre wahren Gefühle und Spannungen „unter den Teppich kehren".
Es besteht auch Gefahr, dass Einzelne durch den Gruppendruck gegen ihr eigentliches Bedürfnis oder gegen ihre persönliche Moral handeln um ihre Zugehörigkeit zur Gruppe nicht zu gefährden. Es werden Leistungen erbracht, die eine Zugehörigkeit zur Gruppe garantieren. Das können Dienste sein oder der Kauf von Dingen für die Gruppenmitglieder oder auch eine Bewährungsprobe wie z.B. ein Diebstahl als Zeichen des Mutes und der Verschwiegenheit. Ein Diebstahl als Eintrittspreis in die Gruppe macht

den Einzelnen zugleich von der Gruppe abhängig, denn die Gruppe weiß um den Diebstahl. Der starke Wunsch nach Gruppenzugehörigkeit kann außerdem bewirken, dass die Gruppe sich nach außen stark abgrenzt. Das kann bedeuten, dass andere Gruppen abgewertet werden und eine Art von „Elitedenken" entsteht: „Wir sind besser als andere!"
Die Gruppe kann auch in Kleingruppen zerfallen, die jeweils unterschiedliche Prozesse durchlaufen. Große Gruppen, etwa über 15 Teilnehmer, werden sich fast immer in Kleingruppen gliedern, weil soziale Bezüge zu so vielen Gruppenmitgliedern nicht möglich sind. Dann kommt es darauf an, dass die Kleingruppen sich gegenseitig tolerieren und sich nicht bekämpfen, damit der Gesamtgruppenprozess positiv verläuft und die einzelnen Kleingruppen einbindet. Aber nicht immer gelingt das.

Aufgaben des Gruppenleiters
Die Rolle des Gruppenleiters verändert sich von der anfänglichen Dominanz zu einem stärker partnerschaftlichen Verhalten, vorausgesetzt, die Gruppe hat seine Verhaltensbedingungen und Regeln akzeptiert. In diesem Fall kann er sich etwas zurücknehmen. Er muss aber aufpassen, dass er nicht aus der Gruppe herausgedrängt wird, zumal die Gruppe jetzt selbst Aktivitäten plant. Wichtig bleibt für ihn, die Rollen in der Gruppe zu beobachten, insbesondere den Einfluss der Führungspersonen sowie den fairen Umgang miteinander.
Er muss wachsam sein und beobachten, ob der Prozess einen guten Verlauf nimmt. Das ist dann der Fall, wenn sich die Gruppenmitglieder auch mit Kritik einbringen können, wenn sie individuelle Wünsche äußern und wenn sie die Gruppenregeln und -normen nicht bedingungslos akzeptieren aus Angst vor Sanktionen durch die Gruppe oder durch einzelne dominante Gruppenmitglieder.
Abgrenzungen zu anderen Gruppen sind in dieser Phase normal. Solange sie im Rahmen allgemein moralischen Verhaltens bleiben, ist nichts dagegen einzuwenden.
Der Zerfall in Kleingruppen kann sinnvoll sein, wenn die Gesamtgruppe zu groß ist. Dann muss

der Gruppenleiter sich darum bemühen, die Kleingruppen so zu lenken, dass sie sich nicht gegenseitig anfeinden, sondern wenn auch vielleicht konkurrierend, so doch fair miteinander umgehen. Entsprechende Programme, aber auch seine tägliche Beziehungsarbeit können dazu beitragen.

In manchen Gruppen, z.B. im Hort oder Heim, kann diese Phase eine mühevolle Kleinarbeit für den Gruppenleiter bedeuten. Handlungen Einzelner, die als solches positiv wirken oder auch abzulehnen sind, können unter Gruppendruck entstanden sein. Die Gruppe kann sich gegenüber dem Gruppenleiter – ggfs. auch unter Gruppendruck – sehr verschließen.

Die Entwicklung und Lenkung des Gruppenprozesses in der Ferienfreizeit

Die Freizeitgruppe hat an allen Zimmertüren des Freizeitheimes ein „Gruppenzugehörigkeitssymbol" befestigt. Die Gruppe hat sich Raubtiere als Symbol gewählt. Jedes Zimmer bekommt einen Tiernamen. Die jüngeren Mädchen müssen sich mit „Wiesel" begnügen, obwohl sie das gar nicht wollen. Die älteren Jungen sind die Adler.

Über die zweite Freizeitgruppe, die sich auch im Heim befindet, wird häufig gelästert. Alle finden sie blöd. Wenn möglich, wird versucht ihr eins auszuwischen.

Bei einer Nachtwanderung war es einem Jungen offensichtlich sehr gruselig. Er wagte aber nicht das zu sagen. Als ihm ein Betreuer vorsichtig anbot in seiner Nähe zu gehen, lehnte er energisch ab. Möglichst unauffällig ging er in der Mitte anderer Kinder. Dagegen verhielt sich Mark, der Junge, der öfters durch seine Clownereien aufgefallen war, ruhig und unauffällig. Einige der älteren Gruppenmitglieder hatten vor der Nachtwanderung darüber gesprochen, ob es nicht besser sei, wenn er zu Hause bliebe, weil er sich nicht ruhig verhalten könne. Er würde die Eulen und andere Waldtiere mit seinem lauten Verhalten verjagen. Die Betreuer konnten den Konflikt positiv lenken und die Gruppe motivieren Mark nicht auszuschließen.

Silke hatte vorgeschlagen, dass Mädchen und Jungen getrennt wandern und sich an einem Zielort treffen. Die Betreuerin Monika hat die Hintergründe für diesen Wunsch bei den Mädchen hinterfragt und bearbeitet. Sie konnte die Mädchen davon überzeugen, dass dann ein Zerfall der Gesamtgruppe in eine Mädchen- und eine Jungengruppe entstehen könnte. Dadurch bestände Gefahr einen Bruch im Gruppengefühl für die gesamte Freizeit auszulösen. Insgesamt war die Nachtwanderung ruhig und doch stimmungsvoll verlaufen. Die Teamer waren zufrieden.

Einer der älteren Jungen übernimmt häufig die Führung. Es wird ihm kaum von jemandem widersprochen. Da seine Ideen und sein Umgang mit den Gruppenmitgliedern von den Betreuern als recht positiv empfunden werden, stehen sie im Zwiespalt: Sollen sie die Dominanz – weil sie positive Führungsqualitäten zum Ausdruck bringt – anerkennen und durch gezielte Führungsaufgaben lenken oder wird durch die Dominanz die Selbstbestimmung und Mitverantwortung der anderen eingeschränkt und niedrig gehalten? Sie wollen den Prozess weiter beobachten und die Entscheidung, wie sie vorgehen könnten, erst einmal überschlafen. Das Betreuerteam wird in jedem Fall darauf achten, dass auch Wünsche anderer Kinder einbezogen werden.

Die Betreuer beobachten die Kontakte der Gruppenmitglieder untereinander. Wer spielt, spricht, plant mit wem und in welcher Form? Wer kommt bei Gruppengesprächen nie zu Wort? Wer kann wie aktiviert werden, aus sich herauszugehen um innerhalb der Gruppe mutiger zu werden? Wie lassen sich faire Konfliktlösungen anbahnen?

Unternehmungen lassen die Betreuer jetzt weitmöglichst von der Gruppe entwickeln, behalten sich aber Änderungen vor; beispielsweise haben sie die vorgeschlagene Nachtwanderung verändert und einen kürzeren und bekannteren Weg zur Bedingung gemacht, weil sie die Befürchtung hatten, dass über Ängste auf einige Kinder Druck ausgeübt werden kann (oder soll). Sie versuchen auch bei den Unternehmungen die Kleingruppen immer wieder anders zusammenzustellen, damit Konkurrenzverhalten, z.B. zwischen den Zimmergruppen, niedrig gehalten wird.

Die Teamer regen zu einem allabendlichen „Gruppen-Reflexionsgespräch" an. Dabei wird allerdings meist nur über das Programm gesprochen. Es ist schwierig, die Konfliktbearbeitung zum Gesprächsinhalt zu machen. Die Jugendlichen lassen sich nicht darauf ein.

Die Teamer wollen über ihre Vorbildwirkung Einfluss nehmen. Sie sagen positive und auch negative Kritik gegenüber Jugendlichen und auch Teamern möglichst in Ich-Botschaften und erfragen auch Stellungnahmen zu ihrem Verhalten. Sie leben ihr positives Verhältnis zu den Teamern der anderen Freizeitgruppe vor und sprechen bei entsprechenden Situationen darüber.

5.1.4 Differenzierungsphase

Wenn die Vertrautheitsphase positiv bewältigt wurde, gelangt die Gruppe in die Differenzierungsphase. Andernfalls bleibt sie in der dritten Phase und kommt über die möglicherweise ängstlichen und vielleicht auch provozierenden oder moralisch fragwürdigen Bemühungen Einzelner in der Gruppe Anerkennung zu finden nicht hinaus. Differenzieren heißt unterscheiden. Der Gruppenzusammenhalt ist jetzt so fest geworden, dass die einzelnen Gruppenmitglieder sich unterscheiden (= differenzieren) können, d.h. unterschiedlich sein können, ohne Angst vor Abweisung zu haben. Die vierte Phase beginnt, wenn die Gruppenmitglieder anfangen, sich in ihrer Unterschiedlichkeit zu akzeptieren. Der Einzelne kann sich jetzt angstfrei und locker geben. Er ist sich seiner Zugehörigkeit sicher. Auch Außenkontakte können jetzt wieder problemloser aufgenommen werden, können allerdings immer noch konkurrierend empfunden werden. Andere Gruppen als gleichwertig anzusehen kann selbst in dieser Phase schwerfallen.

Insgesamt ist diese Phase nicht nur Prozess, sondern auch Ziel des Gruppenlebens. Der Einzelne wird als Individuum anerkannt und fühlt sich zugleich auch als Gruppenmitglied sicher. Damit sind die beiden wichtigen Grundbedürf-

nisse, Anerkennung und Sicherheit, erfüllt.

Die einzelnen Gruppenmitglieder fühlen sich für das Gruppenleben verantwortlich und gestalten es mit.

Aufgaben des Gruppenleiters

Der Gruppenleiter kann sich jetzt etwas ausruhen. Natürlich ist immer Wachsamkeit geboten, aber die Gefahr negativer Entwicklungen innerhalb der Gruppe ist jetzt gering. Die Programme werden gemeinsam besprochen. Kritik kann von den einzelnen Gruppenmitgliedern eingebracht werden. Konflikte werden in dieser Phase weitgehend fair gelöst.

Der Gruppenleiter muss auf seinen eigenen Standort achten. Er wird zunehmend Partner. Er muss auch die Außenkontakte der Gruppe beobachten und ggfs. zu beeinflussen versuchen. Gemeinsame Spiele und Unternehmungen in der Gruppe, bei denen auch Leistungsschwächere akzeptiert werden, können jetzt gut unternommen werden. Spielangebote, die voraussetzen, dass sich Einzelne offen legen, werden bereitwillig aufgegriffen. Auch Spielstunden mit anderen Gruppen sind angebracht. Auf faires Verhalten muss dann allerdings immer noch geachtet werden.

Die Differenzierungsphase in der Ferienfreizeit

In der Freizeitgruppe geben die Betreuer Anregung zu Gruppenspielen und sorgen für Höhepunkte ohne das Programm als solches zu bestimmen. Gruppenspiele machen jetzt Spaß. Deshalb schlagen die Teamer eine Rallye vor, bei der Teilgruppen bestimmte Aufgaben zu lösen haben. Ausgearbeitet wird diese Rallye von einem Betreuer und einigen Gruppenmitgliedern gemeinsam.

Einzelne Kinder wünschen sich Wettspiele. Die Teamer schlagen eine „Rollenspielolympiade" vor. Die Gruppe plant: Jede Teilgruppe soll am Abend ein Rollenspiel auf Grund einer ausgedachten Gruselgeschichte vorspielen. Die Kinder geben sich dabei locker und frei. Sie haben keine Angst nicht anerkannt zu werden. Gegenüber der zweiten Freizeitgruppe hält die Gruppe fest zusammen. Angriffe auf eines der

Gruppenmitglieder werden meist verteidigt. Gegenseitige humorvolle Streiche werden ausgeheckt, ohne dass dabei zu hart vorgegangen wird. Die Teamer regen zu einem gemeinsamen Abend mit der zweiten Freizeitgruppe an, der von beiden Gruppen freudig aufgegriffen wird. Er wird als Disko-Feier geplant. Wie die Betreuer das auch vermuten, tanzen die Gruppen zunächst nur unter sich. Im Verlauf des Abends ist die erhoffte Vertrautheit und bunte Mischung der Tanzpaare und -gruppen eingetreten.

In jeder Ecke hocken Kinder und Jugendliche und knüpfen „Freundschaftsbändchen" aus Stickgarn, die sie in der dritten Phase schon angefangen hatten. Diese Bändchen werden am Hand- oder Fußgelenk so verknotet, dass sie beim Abnehmen zerstört würden. Ein Symbol für endlose Bindung und Freundschaft.

Die Teamerin Monika hat die Bitte von zu Hause erhalten ihre erkrankte Mutter zu versorgen. Die Gruppe ist bedrückt, weil Monika geht; die Teamer ebenso, aber sie sind auch besorgt, dass der positiv verlaufende Gruppenprozess zusammenbrechen könnte. Monika hatte insbesondere mit dem Mädchen Silke gute Kontakte aufgebaut. Dadurch konnte sie Silke, die bei den Mädchen eine führende Stellung eingenommen hat, für gruppenpädagogische Gedanken offen halten. Der Tendenz von Silke, die Mädchen in einen eigenen Gruppenprozess einzubinden konnte Monika entgegenwirken.

5.1.5 Abschlussphase
(Trennung oder Ablösung)

Es kann sein, dass die Auflösung vorgegeben ist: Die Freizeit ist zu Ende, die Schulausbildung abgeschlossen, einzelne Mitglieder des Turnvereins ziehen um usw.

Diese Auflösung ist für die Gruppenmitglieder schmerzhaft und traurig. Man verspricht sich Freundschaft zu halten, sich anzurufen und zu schreiben, Freundschaftssymbole werden ausgetauscht. Die Gedanken an die Trennung werden so weit wie möglich hinausgeschoben.

Es kann aber auch sein, dass die Gruppe sich von innen her auflöst: Das Zusammensein ist nicht mehr so spannend, man hat sich nicht mehr so viel wie früher zu sagen, die Ideen für Unternehmungen lassen nach, Einzelne kommen nicht mehr regelmäßig usw. Das Zusammenleben wirkt starr und unlebendig, als würde dem Teig die Hefe fehlen. Man spricht jetzt mehr darüber, wie schön es früher war.

Solche Auflösungen können sich z.B. in Freundeskreisen ergeben, bei Pfadfinder- und anderen Jugendgruppen, im Turnverein, vielleicht auch im Hort, im Team, bei einem Gruppenurlaub usw.

Dann kann es sein, dass Schuldige gesucht werden, die den Zerfall der Gruppe verursacht haben könnten. Dadurch kann die letzte Phase neben der Trauer über das Ende auch Schuldzuweisungen und Gewissenskonflikte für Einzelne mit sich bringen.

Aufgaben des Gruppenleiters

Wenn die Auflösung von außen gegeben ist, muss sie vorbereitet werden, damit die Gruppe sich langsam auf die Trennung einstellt. Gespräche über die zusammen erlebte Zeit, Abschiedsfeste, Gedanken an das Leben, das die Gruppenmitglieder nach der Trennung erwartet, erleichtern den Abschied.

Wenn die Gruppe sich ihrer selbst überdrüssig geworden ist, sollte die Gruppenauflösung nicht unbedingt verhindert werden. Ursachen und Motive können mit der Gruppe aufgearbeitet werden. Vielleicht ist diese Bewusstmachung der Anfang für eine neue Gruppenbildung, indem einzelne Gruppenmitglieder sich anderen Gruppen anschließen oder indem die Gruppe sich neu zusammensetzt. Wenn (beispielsweise in einem Hort) die Gruppe bestehen bleiben muss, kann eine neue Zusammensetzung der Anfang für einen erneuten Gruppenprozess bedeuten.

Das Ende der Ferienfreizeit

Die Freizeit geht ihrem Ende zu. Niemand mag an zu Hause denken.

Die Betreuer versuchen mit einzelnen Kindern über die Pläne nach der Freizeit zu sprechen. Das bringt aber nicht viel, weil dann die Schule beginnt, über die keiner reden möchte. Einer der Teamer macht Gruppenfotos. Sie werden über Nacht entwickelt. Jedes Kind bekommt einen Abzug und eine Ansichtskarte des Freizeitheimes. Das Ganze wird vom Gruppengeld bezahlt. Die Kinder sollen zu Hause beim Erzählen etwas vorzeigen können. Wer noch Andenken kaufen will, kann das jetzt tun. Ein Vormittag ist dafür ohne gemeinsames Programm vorgesehen.

Ein Nachtreffen wird für einen der nächsten Samstage geplant. Wer Fotos gemacht hat, soll sie dann mitbringen, vor allem auch Dias. Die ausgeschiedene Teamerin Monika muss dann unbedingt auch kommen.

Es wird darüber gesprochen, ob im nächsten Jahr wieder eine Freizeit stattfinden kann.

Am letzten Abend wird lange gefeiert.

Auf der Heimfahrt im Bus schlafen einige Kinder ein. Die anderen erzählen sich Erlebnisse aus der Freizeit, albern, sind unruhig und laut. Manche sprechen auch von zu Hause. Vorfreude auf die Heimkehr wird jetzt sichtbar.

Die Teamer sitzen hinten zusammen. Sie äußern ihre Freude über den positiven Verlauf des Gruppenprozesses. Einer der Betreuer findet auch den Prozess einzelner Gruppenmitglieder erfreulich. Beispielsweise habe Mark, der gleich zu Beginn als Clown aufgefallen war, an Selbstbewusstsein gewonnen. Zum Schluss habe er kaum noch gekaspert. Nur mit Carsten gab es bis zum Ende noch Probleme, weil er immer wieder versuchte, Unannehmlichkeiten von sich abzuwälzen und „Dumme" zu finden, die für ihn arbeiteten. Allerdings hat er auch manche Begrenzungen von der Gruppe einstecken müssen.

Als gut empfanden die Teamer auch, dass es zwischen Mädchen und Jungen keinen Bruch gab. Das haben sie zu einem Teil der Betreuerin Monika zu verdanken, die immer wieder die Mädchen in die Gesamtgruppe einband und bei den gemeinsamen Aktivitäten zu motivieren verstand.

Das Ausscheiden von Monika hat zum Glück erst stattgefunden, als sich die Gruppe in der vierten Phase befand und relativ gefestigt war. Die Gruppe wurde dadurch nicht in eine frühere Phase zurückgeworfen.

Unter den Teamern hat natürlich auch ein Gruppenprozess stattgefunden. Er verlief so stark, dass die Teamer jetzt mit Schwermut an die Trennung denken. Allerdings sind sie auch erschöpft und freuen sich auf die Entspannung. Sicherlich hat ihre gute Zusammenarbeit zur Entwicklung des positiv verlaufenden Gruppenprozesses bei der Gruppe beigetragen. Zwei der Teamer haben schon öfters Freizeiten mitgemacht. Sie wissen, dass es nicht immer so gelingt, die Gruppe bis in die vierte Phase zu führen. Das starke Zusammenwachsen der Teamer, ihr behutsames, zielbewusstes Vorgehen, aber auch ihre offene Konfliktbearbeitung haben sicher mitgewirkt. Aber eine günstige Gruppenkonstellation der Jugendlichen hat diesen Prozess überhaupt erst möglich gemacht.

5.1.6 Die Bedeutung von Akzeptanz, Zugehörigkeit und Sicherheit innerhalb der Gruppe

Ob ein Gruppenprozess positiv verläuft, hängt in erster Linie von den Gefühlen der Anerkennung, der Zugehörigkeit und der Sicherheit ab. Eine Isolation innerhalb einer Gruppe ist für den Einzelnen nur schwer zu ertragen. Er wird nach Wegen suchen müssen mit seiner Position und den damit verbundenen Ängsten fertig zu werden. Das kann sich in auffallendem Verhalten äußern, denn es ist einfacher, eine selbst ausgelöste Isolation zu ertragen als von anderen abgelehnt zu werden. Dabei hilft es auch, wenn derjenige glaubt, dass er die Position durch sein auffallendes Verhalten selbst gewählt hat. Die Hilflosigkeit ist größer, wenn man davon überzeugt ist, dass die Isolation von den anderen ausgelöst wurde und von ihnen gesteuert wird.

Wie gut oder wie schlecht ein Gruppenprozess verläuft, hängt deshalb in erster Linie von der Integration der einzelnen Gruppenmitglieder ab. Dabei ist das subjektive Gefühl der einzelnen

Der Gruppenprozeß in seiner Bedeutung für die Gruppe und den Gruppenleiter

5 Phasen	Verlauf des Prozesses	Aufgaben des Gruppenleiters
1. Fremdheitsphase (Orientierung)	Personen machen sich miteinander bekannt, Zurückhaltung und Beobachtung	Gruppenleiter bahnt Kontakte an, Initiative geht von ihm aus
2. Orientierungsphase (Machtkampf)	Jeder Teilnehmer will herausfinden, wo er steht, um Positionen wird gerungen	Gruppenleiter beobachtet Machtkämpfe, lenkt behutsam, sorgt dafür, dass Normen und Regeln eingehalten werden, muss sich selbst gelassen prüfen lassen
3. Vertrautheitsphase	Wir-Denken beginnt, Sicherheitsgefühl wächst, Gruppenziele werden gesucht und gefunden, Ängste vor Gruppendruck, Zurückweisung und Ausschluss	Gruppenleiter zieht sich langsam zurück, gibt Impulse zu Gruppenzielen und -aktivitäten, lenkt Konfliktbearbeitungen
4. Differenzierungsphase	Starker Gruppenzusammenhalt, Gruppenmitglieder werden in ihrer Unterschiedlichkeit akzeptiert, Gefahr der Abgrenzung nach außen	Gruppenleiter kann sich zurückziehen, Gruppenleitung wird zur gemeinsamen Aufgabe, Elitedenken der Gruppe beachten
5. Abschlussphase (Trennung/Ablösung)	Interesse an Gruppenaktivitäten lässt nach, die Gruppe wird zunehmend unbeweglich, die Gruppe spricht von vergangenen Zeiten	Gruppenleiter erzwingt nicht die Fortdauer, sucht mit der Gruppe nach Gründen und klärt, Initiative muss wieder stärker von ihm ausgehen. Bei Auflösung von außen auf das Ende hinarbeiten

Gruppenmitglieder ausschlaggebend. Wenn das Gruppenmitglied sich selbst akzeptiert fühlt, die Gruppe oder der Gruppenleiter aber meinen, derjenige sei nicht integriert, dann ist das weniger belastend für das Wohlgefühl als umgekehrt.

▼ Beispiel:

– Sabine fühlt sich in der Gruppe angenommen und integriert. Sie ist äußerst lebhaft, hat viele Ideen, die sie initiativ durchsetzt. Sie findet immer Spielpartner, die ihre Ideen aufgreifen. Für die Gruppenleiterin ist sie schwierig, weil sie die Planungen durch Gegenvorschläge häufig über den Haufen wirft und damit durch ihre immer neuen Gedanken die Gruppenleitung erschwert. Die Erzieherin empfindet sie als unruhig und störend und sieht in ihr eine Außenseiterin.

– Dirk ist still und zurückhaltend. Eigene Wünsche äußert er nicht. Er macht willig bei allem mit. Er empfindet sich selbst als unbeliebt. Er ist überzeugt nur deshalb als Spielpartner gewählt zu werden, weil er niemandem Schwierigkeiten bereitet und alle Aufträge ausführt. Er geht davon aus, dass er von den anderen nicht ins Spiel einbezogen werden würde, wenn beliebtere Kinder anwesend wären. Er schätzt sich als Außenseiter ein.
Die Erzieherin empfindet ihn als integriert. ▲

Der Gruppenleiter muss deshalb versuchen wahrzunehmen, wie sich die Gruppenmitglieder selbst empfinden. Unerwünschte oder bedenkliche Verhaltensweisen innerhalb der Gruppe können mit mangelndem Anerkennungs- und Zugehörigkeitsgefühl und dadurch mit fehlender Sicherheit zusammenhängen. Das können unangenehme und unsoziale Verhaltensweisen sein wie: Druck auf andere ausüben; sich in unangemessene Rollen, beispielsweise Führungsrollen, drängen; Clownereien oder provozierendes Verhalten. Selbst Diebstähle können hier ihre Ursachen haben. Ebenso können sich Unsicherheit und das mangelnde Gefühl von Akzeptanz in weniger auffallendem Verhalten zeigen: Zurückgezogenheit, Verschwiegenheit, Trauer, Depression. Die zweite, mehr nach innen gekehrte Art, die in der Regel weniger auffällt, kann noch schwerer bearbeitet werden als die erste, nach außen gerichtete Demonstration von Unbehagen.

Die Ursachen solch subjektiver Gefühle sind manchmal nicht im Verhalten der Gruppe und ihrer Mitglieder, sondern in der Lebensgeschichte des jungen Menschen selbst zu suchen. Deshalb sind diese sachlich unangemessenen, aber subjektiv empfundenen Gefühle über die Lenkung von Gruppenprozessen nicht immer beeinflussbar.

Mit Hilfe der Lenkung von Gruppenprozessen kann lediglich zur Voraussetzung beigetragen werden, dass sich die einzelnen Gruppenmitglieder anerkannt, zugehörig und sicher fühlen. Ob sie es dann wirklich schaffen, hängt von ihrer individuellen Lebensgeschichte ab und natürlich auch vom Verhalten der Gruppenmitglieder. Die Bemühungen um eine gute Lenkung des Gruppenprozesses sind nicht immer erfolgreich.

Irene Klein hat den Verlauf des Gruppenprozesses aus der Sicht des Bedürfnisses nach Anerkennung, Zugehörigkeit sowie Sicherheit überzeugend in einem Überblick dargestellt (Klein 1992[4], S. 46/47), siehe nächste Seite.

Wenn der Gruppenprozess in unterschiedlichen Gruppen auch immer ähnlich in dieser Abfolge der fünf Phasen verläuft, so kann er doch im Einzelnen sehr variieren. Manche Gruppen kommen über die dritte Phase nicht hinaus. Das eigentliche Ziel einer Gruppe, nämlich alle Gruppenmitglieder in ihrer Individualität anzuerkennen und ihnen Sicherheit in der Gruppe zu vermitteln, was erst in der vierten Phase erreicht wird, erleben sie nicht.
Kinder im Vorschulalter schaffen das auf Grund ihrer Entwicklung noch nicht. Selbst das Wir-Denken in der dritten Phase ist für sie oft noch ein nicht zu erreichender Schritt. Auch Gruppen älterer Kinder und Jugendlicher überwinden manchmal nicht die zweiten Phase. Wenn ein Gruppenmitglied ausscheidet oder ein anderes dazukommt, kann der Gruppenprozess in die erste oder zweite Phase für eine kürzere oder längere Zeit zurückfallen.

Gruppenentwicklung im Überblick

+ = eher positive Entwicklung
– = eher negative Entwicklung

Bedürfnis nach Anerkennung und Zugehörigkeit und nach Sicherheit

Fremdheit

Wer sind die anderen?
Wie wird es mir mit ihnen gehen?
Vor- und zurückgehen; unsicher sein,
tasten, probieren.

Beide Bedürfnisse sind
nicht erfüllt;
alles ist ganz offen
und unsicher.

Orientierung

Passe ich zu den anderen?
Werde ich einen Platz finden?
Wie darf ich sein?

Beginnende Orientierung
betreffs Personen und
Gruppenregeln;

Beginn von Zugehörigkeit
(zu einigen) und Sicherheit
– beides ist aber noch sehr
gefährdet.

+

Beziehungen sind
vorläufig geklärt;
ich habe einen
Platz gefunden.

–

Ich finde keinen
Platz; ich werde
„festgeschrieben".

Vertrautheit

Wir gehören zusammen!
Wir können viel miteinander tun!
Wir passen zusammen, wir verstehen uns!

Gefühl von Zusammengehörigkeit
und Sicherheit,
weil Zusammenleben und
-arbeiten sich eingespielt
hat (Regeln);
unter der Oberfläche evtl.
Angst: werden sie mich
auch akzeptieren, wenn ich
ganz ich bin?

+

Ich gehöre zu euch;
ich kann ziemlich
so sein, wie ich bin.

–

„Wir" ist alles!
Konformität – „Ich"
bin nicht gefragt.

Differenzierung

Ich bin ich und du bist du.
Wir können Rollen verhandeln und tauschen.
Unterschiedlich sein und Konflikte haben
gehören zur Gruppe.

Echte Anerkennung, Zugehörigkeit
und Sicherheit,
weil jeder akzeptiert wird,
wie er ist, und sich nicht
verstellen muss.

Ende

Werden wir uns trennen?
(Müssen wir uns trennen?)
Was wird dann mit uns/mit mir geschehen?
Ist unsere gemeinsame Zeit vorbei?

Angst vor Verlust der Zugehörigkeit;
Sicherheit kommt ins Wanken;
Orientierungsverlust;
auch:
Freude über das Vergangene;
Hoffnung auf die Zukunft.

+

Was haben wir
erlebt? Was gewon-
nen?
Wie will ich
weitergehen?

–

Ich/wir haben ver-
sagt;
wer ist schuld?

Abschluss

Irene Klein 1992 (4), S. 46/47

Die Dauer der einzelnen Phasen ist nicht festzulegen. Sie hängt unter anderem mit der Größe der Gruppe, der Intensität des Zusammenlebens und den Fähigkeiten und Bedürfnissen der Gruppenmitglieder zusammen.

▼ **Beispiele:**
— Fünf Jugendliche unternehmen eine einwöchige Wandertour im Gebirge. Sie sind in dieser Zeit stark aufeinander angewiesen und fühlen sich durch das gemeinsame Interesse am Wandern und der Natur sehr verbunden. Sie erreichen vielleicht schon am zweiten Tag die vierte Phase.
– Ein Turnverein trifft sich einmal in der Woche. Innerhalb der sportlichen Aktivitäten entwickelt sich Kameradschaft. Die sportlichen Leistungen sind aber sehr unterschiedlich. Die einzelnen Mitglieder haben andere Gruppen, in denen sie sich eingebunden fühlen und Sicherheit empfinden. Die vierte Phase erreichen sie erst, als sie nach einem Jahr für eine Aufführung üben.
– Die Jugendwohngemeinschaft NN setzt sich aus sehr unterschiedlichen Jugendlichen zusammen. Mehrere von ihnen empfinden sich als unfreiwillig und notgedrungen in dieser Gruppe, weil es zu Hause Spannungen gab oder weil sie dem Jugendamt negativ aufgefallen sind. Sie wollen so bald wie möglich die Wohngemeinschaft verlassen und alleine leben. Sie streben selbst keinen Gruppenprozess an, weil sie sich nicht als Mitglied dieser Gruppe fühlen wollen. Der Wechsel von Gruppenmitgliedern und Betreuern trägt zudem dazu bei, dass der Gruppenprozess nur zwischen der ersten und der zweiten Phase hin- und herpendelt. ▲

Zusammenfassung

- Gruppen entwickeln sich nach einem stets ähnlichen Prozess, der in fünf Phasen gegliedert werden kann. Die vierte Phase (Differenzierung) ist Höhepunkt und Ziel des Gruppenprozesses. Sie bietet den Gruppenmitgliedern eine hohe Anerkennung durch die anderen sowie Zugehörigkeit und Sicherheit innerhalb der Gruppe. Diese Phase wird nicht immer erreicht. Manche Gruppen bleiben in der zweiten Phase (Orientierung) hängen oder gelangen nicht über die dritte Phase hinaus.

- Eine zeitliche Dauer der einzelnen Phasen ist nicht festzulegen. Sie kann zwischen Tagen und Monaten liegen.
  Es können sich auch Untergruppen bilden, die sich in unterschiedlichen Phasen befinden.
  Ein ausscheidendes oder neu hinzukommendes Gruppenmitglied oder ein anderer Anlass können eine Gruppe in die erste oder zweite Phase zurückführen.

- Gruppenleiter, die diese fünf Phasen kennen, wissen, worauf sie achten müssen um den Gruppenprozess und die Beziehungen der einzelnen Gruppenmitglieder untereinander möglichst positiv zu beeinflussen.

- Das Wissen um den Gruppenprozess hilft dem Gruppenleiter auch angemessene Gruppenprogramme zu entwickeln und die Gruppe zur Mitverantwortung und Gestaltung des Gruppenlebens hinzuführen.

- Das Sicherheitsgefühl der einzelnen Gruppenmitglieder hängt nicht nur vom Gruppenprozess und dem Verhalten der Gruppenmitglieder ab, sondern wird auch durch die individuelle Lebensgeschichte beeinflusst. Einzelne Gruppenmitglieder können sich subjektiv als abgelehnt empfinden oder auch eine Ablehnung befürchten und sich aus diesen Ängsten heraus unangemessen verhalten.
  Dabei sind sowohl nach außen gekehrte, provozierende als auch nach innen gerichtete, zurückgezogene Verhaltensweisen möglich.

Anregungen

1. Gruppengespräch: Bewusstmachung von erlebten Gruppenprozessen im Klassenverband und in anderen Gruppen

Bilden Sie Gruppen durch Losverfahren. Durchdenken Sie folgende Fragen und vergleichen Sie miteinander:
a) Wie ist es mir am ersten Tag in dieser Klasse ergangen? Mit welchen Gefühlen bin ich gekommen?
b) Welche Gefühle habe ich heute innerhalb der Klasse? Wie haben sich die Gefühle verändert?
c) Hat diese gefühlsmäßige Veränderung bei mir in anderen Gruppen auch stattgefunden, beispielsweise im Turnverein, im Team meines Vorpraktikums, in einem neuen Freundeskreis?
d) Wann fühle ich mich in einer Gruppe besonders wohl? Was muss mir die Gruppe bieten und was möchte ich einer Gruppe geben?
e) Wie geht es mir, wenn sich eine Gruppe, zu der ich gehöre, auflöst oder wenn ich ausscheide?

Sprechen Sie über Veränderungen in den Gruppenbeziehungen und den Gefühlen zueinander von Beginn einer Gruppenbildung an bis zur Auflösung.

Vergleichen Sie Ihre Erkenntnisse mit den Ergebnissen der anderen Gruppen.

2. Definitionsübung

Bezeichnen Sie folgende Beschreibungen mit den Namen der entsprechenden Gruppenphasen.

a) Die Erzieherin muss damit rechnen, dass Rivalitäten ausgetragen werden.
Sie sollte dabei zu fairem Verhalten anregen. Sie muss sich selbst ruhig und gelassen prüfen lassen.

b) Die Gruppe fühlt sich stark. Jetzt können Aktivitäten geplant werden, bei denen sich der Einzelne persönlich darstellen muss, z.B. Theaterspiele. Die Gruppenmitglieder werden in ihrer Unterschiedlichkeit akzeptiert.

c) Die Gruppenmitglieder bemühen sich darum, zur Gruppe zu gehören. Die Erzieherin beobachtet die Bearbeitung der Konflikte, denn wer sich nicht gruppenkonform verhält, kann von der Gruppe unter Druck gesetzt werden.

d) Mit Distanz der Gruppenmitglieder ist zu rechnen. Die Erzieherin wählt ein Programm, bei dem möglichst niemand blamiert werden kann. Behutsam bahnt sie Beziehungsverhältnisse zwischen sich und den einzelnen Gruppenmitgliedern an.

e) Meist ist diese Phase mit einer gewissen Bitterkeit für die Erzieherin und die Gruppenmitglieder verbunden. Da das Gruppenleben nicht mehr so schön empfunden wird wie früher, gibt es manchmal Schuldzuweisungen.

3. Symbolhafte Darstellung: Gruppenarbeit und Vorstellen vor dem Plenum

Stellen Sie in Ihrer Kleingruppe die fünf Phasen (oder eine der fünf Phasen) symbolhaft dar, z.B. Gruppenstandbild, Gegenstand aus Wegwerfmaterial, Plakat erstellen, Rollenspiel, Pantomime, Gesprächssequenz, Hörspiel).

4. Durchdenken der Wirkung des Prozesses auf die Gruppenmitglieder: Einzel- oder Gruppenarbeit und Vergleich

Zeichnen Sie in ein Koordinatenkreuz Kurven für einzelne Aspekte des Gruppenprozesses nach unten stehender Abbildung. Die fünf Abschnitte auf der X-Achse bedeuten die fünf Phasen des Gruppenprozesses. Die jeweils subjektiv eingeschätzte Höhe wird auf der Y-Achse eingetragen.
Beispiel:
Eine Kurve, mit der die erforderliche Lenkung während der fünf Phasen dargestellt wird, könnte in etwa so aussehen:

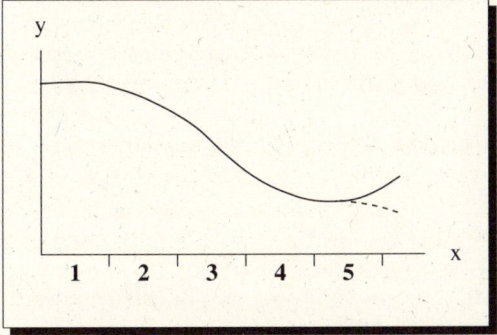

Zunächst muss der Gruppenleiter stark lenken. In der dritten und vor allem der vierten Phase wird die notwendige Lenkung abnehmen. In der fünften Phase kann die Kurve unterschiedlich aussehen, je nach der Entwicklung der Gruppe.

1. Sicherheitsgefühl des Einzelnen in der Gruppe,
2. Einfluss der Gruppe auf den Einzelnen, auch im Falle negativen Verhaltens wie Diebstahl oder Drogeneinnahme,
3. Anzahl der Konflikte innerhalb der Gruppe,
4. Gefahr für die Entstehung unerwünschter Rollen.

Durchdenken Sie mögliche Kurven für die benannten Aspekte und diskutieren Sie Ihre Ansichten in der Gruppe. An Stelle von Skizzen auf Papier ist eine andere Technik gut geeignet: Feuchte Baumwollfäden lassen sich auf Papier, vor allem auf Glanzpapier, z.B. der Rückseite von Kalenderblättern, gut legen. Sie können von den Gruppenmitgliedern während der Diskussion verschoben werden. ❑

5.2 Die Gruppenzusammensetzung in ihrer Bedeutung für das Gruppenmitglied und den Gruppenleiter

Nicht immer haben Erzieherinnen und Erzieher bzw. das Team Einfluss auf die Zusammensetzung einer Gruppe. Im Kindergarten kann beispielsweise häufig nur entschieden werden, in welche Gruppe das aufzunehmende Kind gegeben wird oder ob ein weiteres Ganztagskind zu verkraften ist. In Heimen kann – nicht immer – das Team mitentscheiden, ob bei einer Anfrage vom Jugendamt das beschriebene Kind oder der Jugendliche mit seinen individuellen Problemen für eine Gruppe tragbar ist, bzw. ob ihm in der gegebenen Gruppenkonstellation geholfen werden kann. (Nach dieser Teamentscheidung kann der Jugendliche sich in der Regel einen Tag in der Einrichtung aufhalten, um zu erkennen, ob er sich vorstellen kann in dieser Gruppe zu leben.)

Natürlich kann eine Erzieherin bei der Suche nach einer für sie geeigneten Stelle darauf achten, welche Gruppenzusammensetzung ihr wichtig ist. Beispielsweise muss sie sich bewusst machen, dass in einer Kindertagesstätte im sozialen Brennpunkt anders gearbeitet wird als im Vorort oder in einem Dorf. Sie kann eine Einrichtung mit großem Ausländeranteil wählen. Bei entsprechendem Stellenangebot kann sie sich für ein Kinderhaus (Familiengruppe) entscheiden. Eine Einrichtung für Behinderte oder eine integrative Gruppe (Behinderte und Nichtbehinderte) bietet ihr eine ganz andere Gruppenzusammensetzung. Im Heim oder in Jugendwohngemeinschaften muss sie sich auf verhaltensauffällige Kinder und Jugendliche einstellen.

Eine Gruppe kann möglichst homogen (= gleichartig) oder heterogen (= ungleichartig) zusammengesetzt sein.

Homogen und heterogen kann auf unterschiedliche Bereiche bezogen werden: Alter, Geschlecht, Nationalität, Schichtzugehörigkeit, Verhaltensauffälligkeiten, Entwicklungsstand u.a.

An drei verschiedenen heterogenen Gruppenstrukturen sollen im Folgenden pädagogische Möglichkeiten und Schwierigkeiten von unterschiedlichen Gruppenzusammensetzungen aufgezeigt werden.

Ziele

Dieses Kapitel soll dazu beitragen, dass Sie
- *Vorteile, aber auch Schwierigkeiten heterogen zusammengesetzter Gruppen erkennen,*
- *sich für eine bestimmte Gruppenzusammensetzung in Ihrem späteren Beruf entscheiden oder auf eine bestehende bzw. entstehende Gruppenzusammensetzung sensibel und flexibel reagieren können,*
- *die pädagogischen Anforderungen, die heterogen zusammengesetzte Gruppen an Sie als Gruppenleiterin oder Gruppenleiter stellen, als reizvolle Herausforderung empfinden,*
- *Möglichkeiten erkennen, Lernchancen der Gruppenmitglieder untereinander anzuregen und zu verstärken.*

5.2.1 Die geschlechts- und altersgemischte Gruppe

Die Zusammenfassung mehrerer Jahrgänge in einer Gruppe ist in sozialpädagogischen Gruppen üblich: drei bis sechsjährige Kinder in einer Kindergartengruppe, sechs- bis zwölfjährige Kinder im Hort, Erholungskuren fassen oft Kinder von fünf bis acht oder acht bis zwölf Jahren zusammen usw. Alterstrennung wie in Schulklassen gibt es in sozialpädagogischen Einrichtungen nur noch sehr selten.

Die geschlechtsgemischte Gruppe ist ebenfalls in fast allen sozialpädagogischen Einrichtungen einschließlich Heimerziehung selbstverständlich geworden. In der Heimerziehung gibt es allerdings, vor allem für junge Mädchen, auch wieder geschlechtsgetrennte Gruppen. Anlass dafür gaben unter anderem das Bekanntwerden und die Beachtung des häufigen sexuellen

Missbrauchs von Kindern. Ein Teil der jugendlichen Mädchen (auch Jungen), die in Heimen leben, haben negative und belastende Erfahrungen im sexuellen Bereich hinter sich. Verhaltensauffälligkeiten können damit in einem Zusammenhang stehen. Ein Gruppenleben ohne das andere Geschlecht kann möglicherweise entlastend wirken und dazu beitragen, die Erlebnisse aufzuarbeiten. Ob sich geschlechtsgetrennte Heimerziehung bewährt, ist noch nicht abzusehen.

In der offenen Jugendarbeit, z.B. in Jugendzentren oder in Jugendgruppen, werden Mädchen- oder Jungengruppen organisiert um geschlechtsspezifischen Interessen entgegenzukommen.

Da die geschlechts- und altersgetrennten Gruppen in der sozialpädagogischen Arbeit jedoch selten sind, soll hier nur auf die heterogene Gruppenzusammensetzung eingegangen werden.

5.2.1.1 Geschlechtsgemischte Gruppenzusammensetzung und geschlechtsbezogene Erziehung

Wenn das Kind im Kindergartenalter bemerkt, dass es zwei Geschlechter gibt und dass es einem der beiden Geschlechter angehört, fängt es an sich für die Unterschiede zu interessieren und sich mit der Rolle als Frau oder Mann auseinander zu setzen und zu identifizieren. Diese Auseinandersetzung und die Identifikationsversuche äußern sich in Wissbegierde, interessierter Beobachtung, Fragen, im Rollenspiel usw.

▼ **Beispiele:**
– Doktorspiele sind beliebt, bei denen der Körper berührt und das Geschlechtsteil (des eigenen und des anderen Geschlechts) unbefangen betrachtet werden kann.
– Kinder halten sich lange auf der Toilette auf. Hier lässt sich der Körper betrachten und die Art der Körperausscheidungen beobachten.
– Kindergartenkinder fragen nach Schwangerschaft und Geburt.
– Entsprechende Bilderbücher werden mit Interesse betrachtet. ▲

Bei dieser Wissbegierde muss sich die Erzieherin offen und unbefangen zeigen. Das Kind hat einen Anspruch auch in diesem Bereich seinen Wissensdrang befriedigen zu können. Allerdings haben auch Kinder bereits ein Gefühl für den Intimbereich und kennen Schamgefühl. Hierauf muss von der Erzieherin und den Gruppenmitgliedern Rücksicht genommen werden. Für viele Eltern ist die sexuelle Aufklärung ein Gebiet, das sie gerne selbst übernehmen wollen, weil ihnen z.B. wichtig ist, dass das Kind Sexualität nicht nur mit dem Körper und körperlichen Handlungen, sondern auch mit emotionaler Begegnung in Verbindung bringt. Um diese Zusammenhänge sollte sich allerdings die Erzieherin auch bemühen, z.B. in der Art ihrer Aufklärung oder in der Auswahl der zur Verfügung gestellten Bilderbücher. Manche Eltern meinen auch, dass dem Kind eine zu frühe Aufklärung schade und es verunsichern könne. Es wird auch von Pädagogen empfohlen, das Kind grundsätzlich nur so weit aufzuklären, wie es Fragen stellt und Interesse zeigt. Das wiederum ist für die Erzieherin nicht einfach, denn sie bearbeitet solche Fragen meist in der Gruppe und nicht mit einem einzelnen Kind. Sie muss deshalb achtsam vorgehen und abschätzen, wie weit sie in einem Gruppengespräch gehen kann.

Im Bereich der Rollenidentifikation äußern sich die Auseinandersetzungen des Kindes vor allem im Rollenspiel.

▼ **Beispiele:**
– Mutter- und Vaterrollen werden im Rollenspiel differenziert.
– Jungen spielen häufiger Schießspiele als Mädchen, denn das Machtsymbol Schießen erleben sie als Zeichen männlicher Stärke (vor allem in den Medien). ▲

Erzieherinnen müssen sich bemühen den Heranwachsenden keine festen Rollenzuschreibungen zu vermitteln, damit sie keine Vorurteile bilden und damit sie Rollenflexibilität entwickeln können. Die Kinder erleben allerdings häufig die unterschiedlichen Rollen und Rollenzuschreibungen in ihrer Umwelt, wobei sie oft den Mann als mächtiger im Vergleich zur Frau wahrnehmen werden.

▼ **Beispiele:**
– Der Vater (Mann) besitzt ein größeres Auto als die Mutter und sitzt bei gemeinsamen Fahrten meist am Steuer.
– Die Mutter erledigt die tägliche Haus- und Kocharbeit, der Vater setzt sich ein, wenn es um mehr Kraft oder um kraftvolle Maschinen geht.
– Der Vater verdient das Geld und hat oft das letzte Sagen, obwohl die Mutter den Tag über zu Hause ist. ▲

Es ist eine wichtige und nicht einfache Aufgabe des Erziehers, der Erzieherin, dem Kind bei der Identifikation mit dem eigenen Geschlecht und der Auseinandersetzung mit dem anderen Geschlecht zu helfen. Dazu gehört vor allem die Vorbildhaltung. Dass der Anteil der männlichen

Erzieher in sozialpädagogischen Einrichtungen, vor allem bei jüngeren Kindern, so gering ist, wird in diesem Zusammenhang besonders negativ spürbar. Viele Kinder erleben Männer zu wenig und zu einseitig.

Geschlechtsspezifisches Empfinden und Verhalten muss dem Kind und Jugendlichen verdeutlicht, aber auch problematisiert werden. Über Kenntnisse und Erfahrungen finden junge Menschen zu einer (bewussten oder nicht bewussten) Bewertung.

▼ **Beispiele:**
– Männer sind härter und haben weniger Gefühle (?)
– Frauen schaffen es leichter, Beruf und Familie zu vereinbaren (?) ▲

Die Bewertung muss hinterfragt werden und muss von Wertschätzung gegenüber beiden Geschlechtern getragen sein, damit die Identifizierung mit dem eigenen Geschlecht nicht mit einer Überbewertung oder Abwertung der eigenen Person verbunden wird. Auch dem anderen Geschlecht darf keine einschränkende oder über- bzw. abwertende Rolle zugewiesen werden.

Der Heranwachsende benötigt sowohl einen Einblick in das Leben und Empfinden gleich- und andersgeschlechtlicher Gleichaltriger als auch in das Leben der Erwachsenen, insbesondere des Mannes, weil das Kind Frauen mehr erlebt als Männer. Behindernd wirken sich hier auch die Medien aus. Viele Kinder sehen diesbezüglich keine kritische Auswahl von Filmen, sondern erleben klischeehafte Darstellungen von Männern und Frauen. Einseitigen Einflüssen müssen Erzieherinnen und Erzieher, wenn möglich, entgegenwirken.

▼ **Beispiele:**
– Die Erzieherin plant mit Kindern eine Einheit: „Berufsarbeit der Eltern" (siehe S. 188 f.).
– Im Rollenspiel macht die Erzieherin deutlich, dass nicht immer die Frau am Herd stehen muss, sondern dass die Arbeit geteilt werden kann, und dass es auch Hausmänner gibt.
– Mädchen und Jungen werden gleiche Fähigkeiten zugetraut. Die zu leistenden Aufgaben

werden gleichmäßig verteilt. Es wird darauf geachtet, dass die Selbstbestimmung von Mädchen nicht durch Jungen eingeschränkt wird.
– Die Erzieherin achtet darauf, dass sie selbst Rollenzuweisungen vermeidet wie z.B. Mädchen häufiger in die Küche zu schicken und Jungen Fahrräder reparieren zu lassen. ▲

In täglichen Beziehungsgesprächen macht die Erzieherin möglichst häufig Gefühle bewusst, damit die Gruppenmitglieder die Gefühle des eigenen und des anderen Geschlechts deutlicher wahrnehmen: Dabei darf sie Gefühle nicht abwerten. (Ich erinnere daran: Gefühle sind jenseits von Gut und Böse!)

▼ **Beispiele:**
– „Du warst sicher froh, Ulrike."
– „Ich war da ganz schön zornig!".
– „Weine ruhig, ich würde an deiner Stelle jetzt auch weinen, Julian." ▲

Die entwicklungsbedingten Interessen und Spielmotivationen können allerdings auch zu Problemsituationen führen, bei denen Gruppenleiter einschreiten müssen. Solche Verhaltensweisen entstehen vor allem dann, wenn die jungen Menschen keine geborgene und wertschätzende familiäre Erziehung erfahren haben und deshalb nicht einfühlsam mit Menschen (des anderen Geschlechts) umgehen können oder über den sexuellen Bereich provozieren wollen. Auch angsterregende und brutale Filme können zu kritischem Verhalten führen, durch das Kinder abreagieren wollen oder ihre Verzweiflung zum Ausdruck bringen. Wenn auch ein Verständnis für die Situation des Kindes vorliegt, kann doch nicht jedes Spiel oder Verhalten im Zusammenhang mit geschlechtsbezogener Auseinandersetzung zugelassen werden:

▼ **Beispiele für notwendige Grenzen:**
– Bei Doktorspielen wollen Kinder mit einem Stöckchen im Darm Fieber messen oder einen Gegenstand in die Vagina stecken.
– Abwertende Worte aus dem sexuellen Bereich werden als Schimpfworte verwendet.

– Jungen halten sich für bestimmte Aufgaben nicht zuständig oder kommandieren die Mädchen herum. ▲

Es gibt andere Situationen, in denen Erzieherinnen sehr behutsam vorgehen müssen um zu vermeiden, dass geschlechtsbezogenes Verhalten nicht in oberflächlichem Denken stecken bleibt.

▼ **Beispiele:**
– Mädchen sehen ihr Ideal im äußeren Erscheinungsbild: Kleidung, Schminken, Frisuren sind für sie unverhältnismäßig wichtig. Wenn es sich nicht um eine vorübergehende Phase handelt, z.B. in der Pubertät, muss versucht werden das Selbstwertgefühl des Mädchens zu stärken.
– Jungen halten sich an die Vorbilder des Fernsehens und erproben die vermeintliche Macht in Form von lärmenden und störenden Schießspielen. Verbote, die sich auf das Schießspielen beziehen, helfen dem Jungen nicht sich mit Macht auseinander zu setzen, die er doch meint erreichen zu müssen. Dagegen kann von ihm erwartet werden, nicht zu stören und das Schießspielen wegen des Lärms und der Wildheit aufzugeben oder ggfs. nach draußen zu verlegen. ▲

Jugendliche stellen weitere Anforderungen an Erzieherinnen und Erzieher. Sie benötigen Hilfe im Aufbau von gegengeschlechtlichen Freundschaften und im ersten Anbahnen von Partnerschaft. Die geschlechtsgemischte Erziehung kann ihnen helfen das andere Geschlecht kennen zu lernen, wertzuschätzen und einen natürlichen und selbstverständlichen Umgang zu leben. Der Gefahr den andersgeschlechtlichen Partner in erster Linie als Sexualpartner, nicht aber als ganzheitlichen Menschen zu sehen und zu werten kann in geschlechtsgemischter Erziehung eher vorgebeugt werden als in geschlechtsgetrennten Gruppen.

▼ **Beispiele:**
– Erzieherinnen und Erzieher achten auf einen wertschätzenden Umgang der Jugendlichen

miteinander und schreiten ein, wenn einseitige Rollenzuweisungen festzustellen sind.
– Es wird darauf geachtet, dass beiden Geschlechtern ein ausreichender Intimbereich zugesichert wird, z.B. kein Eintritt in das Bad des anderen Geschlechts. In Heimen darf häufig kein gegengeschlechtlicher Besuch im eigenen Zimmer empfangen werden oder wenn, dann nur kurzfristig, und der Raum darf nicht abgeschlossen werden. Bei körperlicher Berührung wird Zurückhaltung gefordert, wenn der andere das nicht möchte.
– Erzieherinnen und Erzieher legen ihre eigene Rolle im Team im Zusammenhang mit dem anderen Geschlecht in angemessenem Rahmen offen: Arbeiten werden gleichmäßig verteilt, es gibt keine Aufgliederung in männliche und weibliche Aufgaben und Führungsaufgaben übernehmen beide Geschlechter. ▲

In einer weiteren Hinsicht bringen geschlechtsgemischte Gruppen für Jugendliche Vorteile: Das Steuern der Gefühle gelingt den Jugendlichen im Beisein des anderen Geschlechts meist besser: Zorn wird manchmal etwas zurückhaltender geäußert, vor allem bei Jungen, und Mädchen steigern sich oft nicht so schnell in Selbstmitleid. Umgekehrt werden Mädchen durch das Vorbild der Jungen veranlasst, ihren Zorn zu äußern und Jungen dazu angeregt, sanfte Gefühle nicht so stark zu unterdrücken.

Besonders schwierig ist der Umgang mit sexuell gestörten Kindern. Sie verhalten sich nicht immer, wie so oft geglaubt und erwartet wird, depressiv und bedrückt, sondern häufig provozierend und distanzlos. Ein solches Verhalten kann durch verletztes Selbstwertgefühl verursacht worden sein. Es ruft bei dem Gruppenleiter und den Gruppenmitgliedern nicht Mitgefühl, sondern oft Zorn hervor. Dadurch kann ein Aufschaukelprozess entstehen. Bei allem Verständnis für die Situation misshandelter Kinder und Jugendlicher müssen ihnen oft konsequente Grenzen gesetzt werden. Dabei kann es zahlreiche Situationen geben, in denen das Team sich einen Standort erarbeiten und ein überein-stimmendes pädagogisches Verhalten ab-sprechen muss.

▼ Beispiele für notwendige Grenzen:
– Ein sexuell misshandeltes sechsjähriges Mädchen im Heim legt sich breitbeinig auf die Erde und fordert den männlichen Erzieher auf, sich ihr zu nähern.
– Kinder (auch geistig behinderte) spielen im Rollenspiel den Beischlaf.
– Ein elfjähriges Mädchen provoziert einen 14-jährigen Jungen und umgekehrt.
- Ein Jugendlicher verlässt nachts die Wohn-gruppe und kommt morgens zurück. ▲

Aufklärung, sexuelle Erziehung und koeduka-tives (geschlechtsgemischtes) Zusammenle-ben in der Gruppe müssen vor allem von Wert-schätzung getragen werden. Die Hinführung zu Wertschätzung und Verantwortlichkeit ge-genüber der eigenen Person und dem anderen Geschlecht muss als Erziehungsziel das ge-plante und spontane pädagogische Handeln der Erzieherin und des Erziehers bestimmen. In dieser Zielsetzung werden sicher Einbrüche und Frustrationen erlebt werden, vor allem in Gruppen Jugendlicher im Heim oder im Ju-gendzentrum. Jugendliche, die kein positives Vorbild in der Familie erlebt haben, können häufig nicht dahin geführt werden, im körper-lichen wie auch psychischen Umgang mit ei-nem Partner oder einer Partnerin einfühlsam, rücksichtsvoll und verantwortungsbewusst zu handeln sowie die Möglichkeit einer Zeugung oder die Gefahr der Ansteckung an AIDS aus-zuschließen.

An Stelle emotionaler Nähe wird oft Sexualität gesucht. Ohne emotionale Begegnung bleibt Sexualität aber leer und hinterlässt – vor allem bei Mädchen – ein unausgefülltes Gefühl und eine Abwertung der eigenen Person. Das Mäd-chen fühlt sich sexuell benutzt.

Auf die sexuelle Erziehung soll hier nicht wei-ter eingegangen werden, sie ist in der Ausbil-dung in stärkerem Maß ein Gegenstand der Unterrichtsfächer Psychologie, Pädagogik oder Erziehungswissenschaften.
Die Identifikation mit dem eigenen Geschlecht und die Auseinandersetzung mit dem anderen Geschlecht geschehen nicht nur in der Begeg-nung der Geschlechter. Auch in geschlechtsho-mogenen Gruppen kann zur Auseinanderset-zung mit dem eigenen und dem anderen Ge-schlecht angeregt werden. Jugendzentren bieten beispielsweise oft spezielle Mädchen- und Jungengruppen an, in denen geschlechts-spezifische Fragestellungen und Probleme auf-gearbeitet werden.

In größeren Städten werden im Zuge der Eman-zipation von Frauen und mit der zunehmenden Beachtung der Unterdrückung von Frauen auch eigene Freizeit-Mädchengruppen angeboten. Wenn jugendliche Mädchen in Frauenhäusern oder ihnen angegliederten Mädchenwohngrup-pen bzw. Mädchenzufluchten aufgenommen werden, ist Männerbesuch nicht erlaubt. Hier muss meist zunächst bei der Verarbeitung von traumatischen Erlebnissen im Zusammenhang mit Männern geholfen werden. Diese heil-behandelnde Arbeit kann allerdings nicht nur Aufgabe der Erzieherinnen sein, therapeu-tische Berufsausbildungen sind dafür notwen-dig.

In Erholungsheimen, in denen die Kinder und Jugendlichen nur eine kurze Zeit verbringen, werden bei älteren Kindern und Jugendlichen die Gruppen geschlechtsgetrennt zusammen-gestellt. Eine stationäre geschlechtsgemischte Erziehung von Jugendlichen ist nur in kleinen Gruppen leistbar. Sie verlangt auch ein langsa-mes Vertrautwerden mit den Gruppenmitglie-dern des anderen Geschlechts und eine behut-same, aber wachsame und konsequente Erzie-hung. Das ist in der kurzen Zeit einer Kur nicht möglich. Die Auseinandersetzung der Mäd-chen und Jungen mit dem eigenen und fremden Geschlecht wird hier weniger in Aktivitäten und Projekten zum Ausdruck kommen als viel-mehr im Auffangen der alltäglichen Gefühle und Äußerungen, also in der täglichen Bezie-hungsarbeit.

Geschlechtsbezogene Erziehungsziele

– Identifikation mit dem eigenen Geschlecht
– Wertschätzung des anderen Geschlechts
– Vermeidung von geschlechtsspezifischen Einstellungen und Verhaltensweisen
– Kenntnisse im sexuellen Bereich, verbunden mit hoher emotionaler Wertung der Sexualität
– einfühlsamer Umgang mit gegengeschlechtlichen Partnern bei Jugendlichen
– verantwortliches sexuelles Verhalten

5.2.1.2 Die pädagogische Arbeit in altersgemischten Gruppen

In Kindergärten hat sich in den Gruppen die Altersmischung der drei- bis sechsjährigen Kinder durchgängig durchgesetzt. Es gibt nur noch selten Kindergärten, in denen die Gruppen nach Alter strukturiert werden. Die positiven Erfahrungen mit altersgemischten Gruppen veranlassten einzelne Träger – wie schon gesagt – die noch größere Altersmischung in den Familiengruppen der Tagesstätten, auch Kinderhäuser genannt, zu erproben. In einigen Bundesländern liefen Anfang der 90er-Jahre solche Modellversuche, teilweise unter der Bezeichnung „Orte für Kinder", begleitet vom Deutschen Jugendinstitut in München. Elterninitiative-Einrichtungen erproben diese Altersmischung erfolgreich schon seit den 70er-Jahren. In den neuen Bundesländern sind sie durch die Zusammenlegung von Krippen, Kindergärten und Horten entstanden. Allerdings darf eine solche Gruppenzusammensetzung nicht von einer Gruppenstärke wie in einem Kindergarten ausgehen und benötigt einen besseren Personalschlüssel.

In vielen Heimen, z.B. den Kinderdörfern, war die familienähnliche Gruppenzusammensetzung schon lange ein Prinzip.

Über die Vor- und Nachteile einer großen Altersspanne in den Gruppen gibt es unterschiedliche Auffassungen. Die einen vertreten die Ansicht, dass das einzelne Kind nicht seinen Bedürfnissen und seiner Entwicklung entsprechend gefördert werden kann, weil die Erzieherinnen von unterschiedlichen Teilgruppen beansprucht werden und jeweils nur die dringendsten Probleme bewältigen können. Manche Erzieherinnen lehnen eine große Altersmischung auch ab, weil sie ihnen als sehr schwierig in der Erfüllung der verschiedenen Aufgaben erscheint.

▼ **Beispiel:**
In der Familiengruppe einer Kindertagesstätte mit Kindern vom Säuglings- bis zum Schulalter sind die Erzieherinnen morgens damit beschäftigt, die beiden Krippenkinder von der Mutter zu übernehmen. Für die etwas älteren Kinder bleibt wenig Zeit. Wenn die Vorschulkinder am Vormittag den Raum in Beschlag nehmen und sich in Puppen-, Bau- und Tobeecke ausbreiten, krabbeln die kleineren Kinder dazwischen und stören. Während der Schlafenszeit der Kleinen und später während der Hausaufgaben der Schulkinder müssen die anderen jeweils Rücksicht nehmen. ▲

Die Kleinen benötigen einen anderen pädagogischen Umgang als die Großen. Starke gegenseitige Rücksichtnahme und Einschränkungen unter den Gruppenmitgliedern sowie Überforderungen der Erzieherinnen können die Folge sein. Zumindest können Erziehrinnen das so empfinden, wenn sie Wert darauf legen, selbst in starkem Maß den Kindern Lernreize zu bieten und Aktivitäten anzuleiten.

Andere Pädagogen betonen die Vorteile einer breiten Altersmischung, insbesondere für den hohen Prozentsatz derjenigen Kinder, die ohne Geschwister in ihren Familien aufwachsen. Sie sehen die Vorteile als weit bedeutsamer an als die Nachteile.

1. Geringere Dominanz der Erzieherin

In der altersgemischten Gruppe ist die Erzieherin nicht diejenige, die über allem steht und die Fäden in der Hand hält, während die einzelnen Gruppenmitglieder – in großem Abstand zum Können der Erzieherin – sich als klein empfinden müssen. Die Kinder erleben innerhalb ihrer Gruppe unterschiedliche Fähigkeiten und Kompetenzen und lernen untereinander. Es geht dabei nicht nur darum, dass die Kleineren von den Großen lernen. Auch die Größeren lernen, wenn sie ihr Können bei den Kleinen anwenden und weitergeben. Die Kinder erleben die unterschiedlichen Entwicklungsstufen. Kleinere nehmen sich Größere zum Vorbild und erfahren, dass auch die Älteren nicht alles können. Zuneigung und Zärtlichkeit haben vielfältigere Möglichkeiten als in altersgleichen Gruppen.

Die Dominanz der Gruppenleiterin wird etwas zurückgenommen. Das entspricht dem Bemühen um partnerschaftliche Erziehung und macht den Kindern Mut neue Erfahrungen zu sammeln, Initiative zu ergreifen, Lernschritte in Angriff zu nehmen und nicht so schnell zu resignieren, wenn es nicht gelingt.

Natürlich muss die Erzieherin darauf achten, dass unter den Kindern nicht unangemessene Führungsansprüche ausgetragen werden, dass z.B. die Älteren ihre Machtposition gegenüber den Jüngeren nicht zum eigenen Vorteil ausnutzen.

▼ **Beispiele für den Umgang mit positiven Lernreizen:**

– In der Puppenecke spielen ein sechsjähriges Mädchen und ein dreijähriger Junge. Das Mädchen ist Mutter und übernimmt die Führung. Der Junge akzeptiert die Handlungsanweisungen und scheint sich unter der Spielanleitung wohl zu fühlen. Dieses Wohlgefühl muss von der Erzieherin allerdings beobachtet werden.

– In der Bauecke kann ein fünfjähriges Kind bei gleichaltrigen oder älteren Kindern keine Führungsposition erringen. Es kommt gegen die Spielführung der anderen nicht an. Bei jüngeren Kindern kann es Spielführer sein und

wächst an der Verantwortung, die es damit für den Spielverlauf übernimmt. Langsam wird die Erzieherin versuchen es zur Auseinandersetzung mit Gleichaltrigen und Älteren zu motivieren.

– Bei den Hausaufgaben im Hort helfen ältere Kinder oft bereitwillig den Jüngeren. Sie freuen sich über ihr Können und fühlen sich bestätigt. Allerdings muss darauf geachtet werden, dass sie sich nicht großtun und überheblich verhalten. Es besteht manchmal auch die Gefahr, dass sie die Hausaufgaben nicht mit den, sondern für die jüngeren Kinder erledigen.

– Für ein Hortkind in der Familiengruppe kann die Beschäftigung mit einem Kleinkind Ausgleich und Abreaktion von Frustrationen sein, wenn es Misserfolge in der Schule verkraften musste. Die Zuneigung und herzliche Freude des Krippenkindes baut das Hortkind wieder auf. Das kleine Kind hat in dieser Zeit seinen Bedarf an Zuneigung stillen können ohne die Zeit der Erzieherin zu beanspruchen.

Freilich kann das Schulkind mit seinem eigenen Zärtlichkeitsbedürfnis das kleine Kind auch überhäufen. Es ist deshalb darauf zu achten, dass das Schulkind sich in die Bedürfnisse des Kleinkindes einfühlt. ▲

Die Erzieherin muss ihre Angebote für Kleingruppen planen um allen Kindern gerecht zu werden. Häufig eignen sich auch solche Angebote, bei denen die Gruppenmitglieder den Schwierigkeitsgrad selbst wählen können.

▼ **Beispiele:**

– Die Erzieherin bietet einer Kleingruppe eine Märchen-Vorlesestunde an. In der anderen Gruppe wird eine nicht einfach herzustellende Marionette gewerkt. Die älteren Kinder können wählen, wohin sie gehen möchten.

– Die Erzieherin schlägt das Herstellen von Fastnachtshüten vor. Dafür hat sie Pappschüsseln mit einem Rand gekauft. Die Kinder verzieren ihre Hüte nach eigenem Ermessen und Können.

– Die in die Schule kommenden Kinder zeigen zunehmend Interesse an der Schule. Eins von ihnen setzt sich mit den Schulkindern in den

Hausaufgabenraum und erfindet eigene „Hausaufgaben". Die Erst- und Zweitklässler spielen im Rollenspiel mit ihnen Schule. Die Schulkinder werden im Unterricht und in der Pause von den in die Schule kommenden Kindern besucht (mit der Lehrkraft abgesprochen). ▲

2. Geringeres Konkurrenzverhalten

Durch die unterschiedlichen Fähigkeiten und Kompetenzen unter den Gruppenmitgliedern und die verschiedenartigen Aufgaben, die sie übernehmen, wird das Konkurrenzverhalten verringert. Sowohl die Gruppenmitglieder als auch die Gruppenleiter kommen weniger in Versuchung, Leistungen zu vergleichen, weil gleichartige Leistungsergebnisse nur bei gleichaltrigen Kindern zu erwarten sind.

▼ **Beispiele:**
– Das körperlich etwas schwerfällige sechsjährige Kind hat in der Turnstunde nicht nur gleichaltrige „Könner" neben sich, sondern auch jüngere Kinder, bei denen ebenfalls nicht jeder Versuch gelingt. Es muss nicht mit Altersgleichen konkurrieren. Allerdings kann ein älteres Kind auch frustriert sein, wenn es in seiner Entwicklung von einem jüngeren Kind überholt wird.
– Der Heranwachsende kann sich unterschiedlichere Partner wählen. Freundschaften entstehen nicht nur zwischen Gleichaltrigen.
– Beim Basteln, den Hausaufgaben oder anderen Gruppenaktivitäten mit vergleichbaren Leistungen bekommt die Tendenz einiger Kinder, besser als die anderen sein zu wollen wenig Nahrung. Leistungsvergleiche bieten sich weniger an. ▲

Natürlich darf die Erzieherin auch nicht zu konkurrierenden Gedanken anregen. Es wäre z.B. unangemessen zu sagen: „Tobias ist jünger als du und kann das schon viel besser." Der Ansporn über einen Vergleich muss im Rahmen der Möglichkeiten mit der eigenen Person eingesetzt werden: „Gestern ist dir das besser gelungen!" oder „Hast du dich wirklich so angestrengt, wie du das sonst auch tust?"

3. Stärkere Betonung auf emotionalem und sozialem Lernen

Insbesondere für das Einzelkind aus der Kleinfamilie bietet die altersgemischte Gruppenzusammensetzung eine Chance für soziales Lernen. Das Kind erlebt die älteren und jüngeren Kinder nicht nur in ihrer Leistungsfähigkeit, sondern auch in ihrer unterschiedlichen Emotionalität und in verschiedenartigem sozialem Verhalten. Die Leistung steht nicht mehr so stark im Mittelpunkt.

▼ **Beispiele:**
– Die Kinder beobachten die ungebremste Freude oder Trauer und andere Gefühle des Kleinkindes oder die weggedrückten Tränen des älteren Kindes.
– Ein kleineres Kind kann ein größeres sehr liebevoll trösten, das größere dem kleinen in anderer Weise helfen. ▲

Der im Kindergarten übliche Stuhlkreis findet nur noch selten statt, und wenn, dann in einer anderen Form.

4. Konstante Bezugsgrupppen

Wenn Kinder in altersgemischten Gruppen leben, müssen sie diese Gruppe nach Erreichen eines bestimmten Alters nicht wechseln. Das wird bei der Familiengruppe in Tagesstätten besonders deutlich. Das Kind braucht nicht von der Krippe in den Kindergarten und beim Schuleintritt in den Hort zu wechseln. Die Erfahrung in Familiengruppen zeigt, dass die Kinder im Schulalter weniger belastet zu sein scheinen, wenn sie in der vertrauten Gruppe verbleiben. Die Familiengruppen wirken stabiler und die Kinder ausgeglichener als in einer vergleichbaren Hortgruppe.

Homogene Alterszusammensetzung ist dann angebracht oder üblich, wenn wie in der Schule gemeinsames Lernen in klar begrenzten Gebieten und in zu gliedernden Lernschritten verlangt wird. Sozialpädagogische Einrichtungen haben vorrangig emotionale und soziale Ziele, für deren Umsetzung gleiche Lernvoraussetzungen nicht notwendig sind, ja sogar hinderlich sein können. Heutige sozialpädagogische Einrichtungen wollen im Rahmen ihrer Möglichkeiten soziales Lernen und den Erwerb von Kompetenzen verbinden (siehe die Kapitel „Offene Planung" und „Situationsorientiertes Vorgehen"), dafür ist die lebensnähere altersgemischte Zusammensetzung nahe liegend und angemessen.

5. Anforderungen an die Erzieherin
Die pädagogische Arbeit in einer Gruppe mit großer Altersheterogenität bedeutet für Erzieherinnen eine differenziertere, aber auch eine breitere und abwechslungsreichere Aufgabe.

Manche Erzieherinnen fühlen sich von dieser beruflichen Arbeit sehr angezogen, vor allem dann, wenn sie situationsorientiert arbeiten wollen, bei kleineren Gruppen stärker auf individuelle Erziehungsformen eingehen und nicht so gerne die Organisation großer Gruppen übernehmen wollen.

Es könnte sein, dass wegen der kleineren Gruppenstärke und dem höheren Personal- und Sachaufwand Familiengruppen in den nächsten Jahren aus finanziellen Gründen nicht mehr in wünschenswertem Maß gefördert werden können.

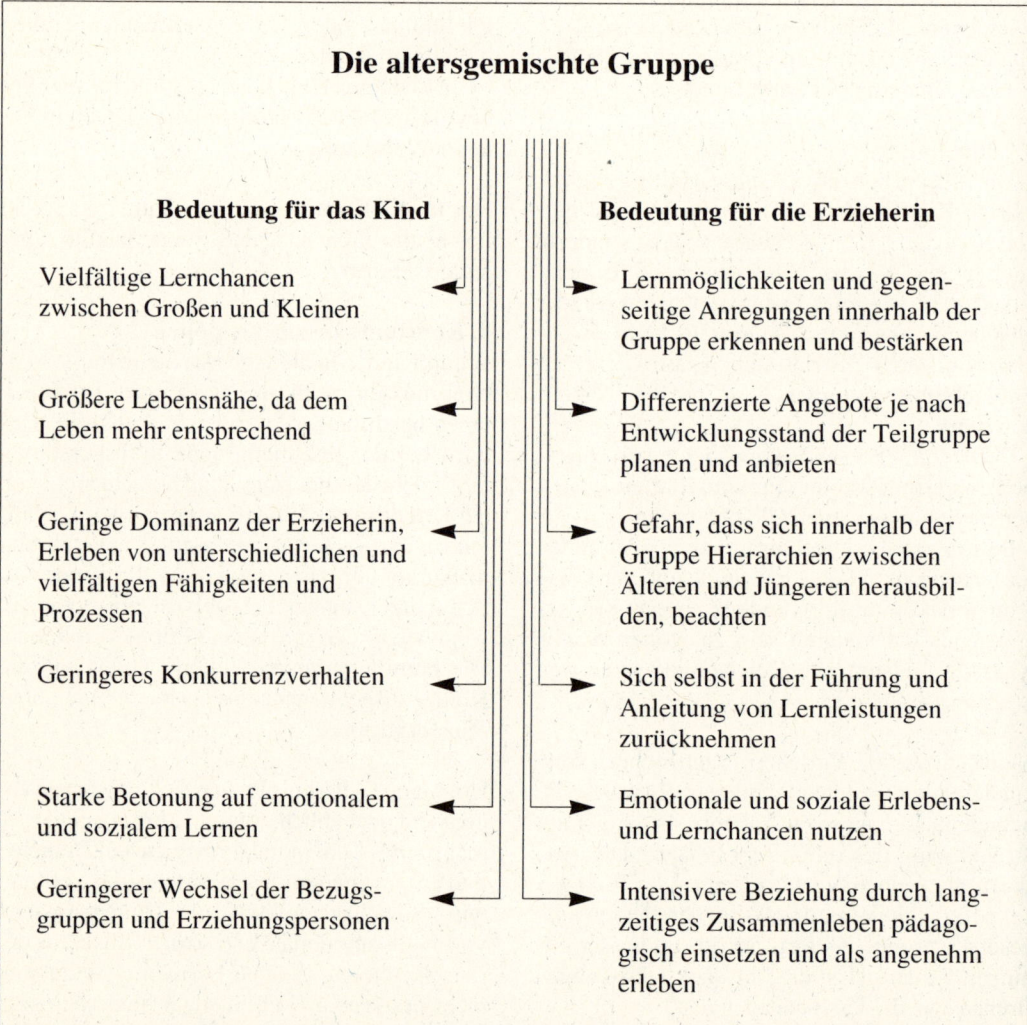

Die altersgemischte Gruppe

Bedeutung für das Kind	Bedeutung für die Erzieherin
Vielfältige Lernchancen zwischen Großen und Kleinen	Lernmöglichkeiten und gegenseitige Anregungen innerhalb der Gruppe erkennen und bestärken
Größere Lebensnähe, da dem Leben mehr entsprechend	Differenzierte Angebote je nach Entwicklungsstand der Teilgruppe planen und anbieten
Geringe Dominanz der Erzieherin, Erleben von unterschiedlichen und vielfältigen Fähigkeiten und Prozessen	Gefahr, dass sich innerhalb der Gruppe Hierarchien zwischen Älteren und Jüngeren herausbilden, beachten
Geringeres Konkurrenzverhalten	Sich selbst in der Führung und Anleitung von Lernleistungen zurücknehmen
Starke Betonung auf emotionalem und sozialem Lernen	Emotionale und soziale Erlebens- und Lernchancen nutzen
Geringerer Wechsel der Bezugsgruppen und Erziehungspersonen	Intensivere Beziehung durch langzeitiges Zusammenleben pädagogisch einsetzen und als angenehm erleben

Zusammenfassung

- Geschlechtsgemischte Erziehung ist in sozialpädagogischen Einrichtungen auch bei Jugendlichen heute weitgehend üblich. Diese Gruppenzusammensetzung vermittelt ein natürlicheres Zusammenleben und kann auf das spätere Leben als Erwachsener besser vorbereiten. In einzelnen Einrichtungen werden geschlechtsgetrennte Gruppen beibehalten oder neu erprobt, beispielsweise in Erholungs- oder Heimgruppen für Jugendliche.

- Für eine ausgewogene Erziehung zur Identifikation mit dem eigenen Geschlecht und der Auseinandersetzung mit dem anderen Geschlecht wäre ein höherer Anteil an männlichen Erziehern dringend nötig.
  Sexuelle Erziehung und die Anleitung im Umgang mit Gruppenmitgliedern des anderen Geschlechts benötigt sensible Wahrnehmung und behutsame, aber konsequente Lenkung.

- Kinder, die im sexuellen Bereich oder im Zusammenhang mit der geschlechtsbezogenen Entwicklung negative Erfahrungen machen mussten, bedeuten eine schwierige pädagogische Aufgabe für Gruppenleiter/innen. Die traumatischen Erlebnisse führen keineswegs immer zu depressiven Stimmungen. Die Kinder und Jugendlichen können distanzloses und provozierendes Verhalten zeigen, das im Widerspruch zu den erlittenen seelischen Verletzungen zu stehen scheint. Sie benötigen einfühlsames Verstehen, aber zugleich klare und konsequente pädagogische Hilfe.

- Die altersgemischte Gruppenzusammensetzung kommt den Zielen sozialpädagogischer Einrichtungen entgegen: Die Dominanz des Gruppenleiters und die Konkurrenz unter den Gruppenmitgliedern werden reduziert und das emotionale und soziale Erleben wird bereichert.

Anregungen

1. Untersuchung von Kinder- und Jugendliteratur zum Thema Sexualerziehung und Partnerschaft

Jeder aus der Studiengruppe wählt ein Kinder- oder Jugendbuch zum Thema Sexualerziehung oder Partnerschaft aus, das er für empfehlenswert hält. Es eignen sich sowohl Sachbücher mit aufklärendem und informierendem Inhalt als auch Erzählungen. Achten Sie darauf, dass Partnerschaft in gegenseitiger Wertschätzung, aber mit der Darstellung realer Problembereiche beschrieben wird.

Stellen Sie sich die Bücher gegenseitig vor. Dafür eignen sich am besten Gruppen von sechs bis acht Teilnehmern. Eine größere Zahl würde ermüden.
Gut wäre es, wenn die Gruppe anschließend ein Resümee ihrer Erkenntnisse ins Plenum brächte, beispielsweise Gedanken zur erfahrenen Vielfalt, Unterschiede in der Bewertung durch die einzelnen Gruppenmitglieder, Sorgen hinsichtlich der Vermittlung dieser Inhalte in der Praxis.
Eine Ausstellung aller vorgestellten Bücher mit kurzen Rezensionen (kritischen Besprechungen) könnte diese

Aufgabe zu einem kleinen fächerübergreifenden Projekt werden lassen, von dem auch andere Studierende profitieren.

2. Entwicklung von Programmideen für eine Mädchen- oder eine Jungengruppe

Bilden Sie Gruppen. Entscheiden Sie sich für eine jugendliche Gruppe von Mädchen oder von Jungen in einem Jugendzentrum. Jeder Teilnehmer schreibt auf einen Zettel eine Idee für eine Aktivität mit dieser Gruppe. Auch unrealistisch erscheinende Ideen dürfen dabei sein. Die Zettel werden in einer Richtung dem nächsten Gruppenmitglied weitergegeben. Die Ideen, die bereits auf dem Zettel stehen, lösen bei den Lesern meist neue Gedanken aus.
Nach einer bestimmten Zeit werden die Ideensammlungen vorgelesen. Jetzt kann nachgefragt und Kritik geäußert werden. Brauchbar erscheinende Ideen und deren Zielsetzungen werden anschließend dem Plenum vorgestellt. Dabei muss kritisch hinterfragt werden, warum bestimmte Aktivitäten jeweils einem Geschlecht zugeordnet werden, beispielsweise ein Kochkurs für Mädchen.

3. Praxisbezogene Gruppendiskussion

Teilen Sie Ihre Studiengruppe in zwei Hälften. Drei oder vier Studierende jeder Hälfte bilden ein Team einer von ihnen gewählten sozialpädagogischen Einrichtung für ältere Schulkinder oder Jugendliche. Die anderen sind Eltern. Sie haben in Ihrer Einrichtung altersund/oder geschlechtsgemischte Gruppen. Begründen Sie Ihrer Elterngruppe Ihre Gruppenstruktur und beantworten Sie kritische Fragen. ❏

5.2.2 Multikulturelle Zusammensetzung: das ausländische Kind in der Gruppe

Ausländische Kinder kommen aus einem anderen Kulturkreis und sprechen in ihrer Familie meist eine andere Sprache. Manchmal sprechen sie kein Deutsch, wenn sie in die Einrichtung kommen. Sie leben in Deutschland in einer Subkultur. (Subkultur ist eine relativ selbstständige Kultureinheit innerhalb eines größeren Kulturganzen.) In ihrer Familie werden große Teile der Kultur, d.h. auch der Werte und Normen, des Heimatlandes aufrechterhalten.
Es gibt auch deutsche Kinder, die in Subkulturen leben, wenn die Lebensformen, Werte und Normen der Familie bzw. des Kreises, in den die Familie eingebettet ist und sich zugehörig fühlt, von den Einstellungen des größeren Umkreises abweichen. Solche subkulturellen Einflüsse sind insbesondere bei Kindern aus Randgruppen zu finden: Kinder aus sozialen Brennpunkten, Schaustellerkinder, Kinder aus strengen religiösen Gemeinschaften. Benachteiligt sind dabei diejenigen Kinder, die aus sozialschwachen Randgruppen kommen. Im Vergleich zu ausländischen Kindern ist bei ihnen aber das Sprachproblem geringer. Sie verstehen und sprechen Deutsch, wenn auch manchmal mit geringerem Wortschatz und eingeschränktem Sprachgebrauch, der sich von der Sprache der Mittelschicht unterscheidet. Für Kinder aus deutschen Subkulturen können aber – vor allem wenn sie diskriminiert werden – durchaus ähnliche oder sogar gravierendere Probleme entstehen als für ausländische Kinder, die sich mit ihrer heimatlichen Kultur wertschätzend identifizieren können. Ausländische Kinder, deren Eltern eine positiv bewertete soziale Stellung einnehmen, haben ebenfalls weniger Probleme als Kinder ausländischer Mitbürger aus weniger anerkannten Berufen. Es gibt auch nationale Unterschiede.
Vielerorts sind im Elementarbereich ausländische Kinder regelmäßig anzutreffen. In Horten oder anderen sozialpädagogischen Einrichtungen ist der Prozentsatz geringer, weil ausländische Eltern die Kinder im Schulalter seltener in

sozialpädagogische Fremderziehung geben. Erst in der offenen Jugendarbeit, vor allem in Jugendzentren, wenn die Jugendlichen selbst entscheiden, wo sie ihre Freizeit verbringen, ist der Ausländeranteil wieder höher.

In Einrichtungen für behinderte Kinder entspricht der Ausländeranteil weitgehend der Bevölkerungsstruktur. Hier spielt der Ausländeranteil in der Gruppe aber kaum eine Rolle. Lediglich in der Elternarbeit kommt er zum Tragen.

Für die Erzieherin erfordern ausländische Kinder einen höheren Einsatz, und zwar in doppelter Hinsicht:
1. Das ausländische Kind benötigt behutsame Integration.
2. Die deutschen Kinder müssen zu Toleranz und Akzeptanz geführt werden.
Der Einbezug von Randgruppen in die Gesellschaft verlangt immer eine Anpassung beider Bezugsgruppen.
Multikulturelle Gruppen bedeuten für die Erzieherin aber nicht nur Integrationsbemühungen, sie bieten zusätzliche Chancen für Erlebnisvielfalt und können als Möglichkeit gesehen werden allgemein gegen die Diskriminierung andersartiger Menschen zu erziehen. Das heißt, multikulturelle Gruppen bieten differenziertere pädagogische Möglichkeiten.

5.2.2.1 Problematik der Erziehung ausländischer Kinder und Jugendlicher

Ausländische Kinder sind aus unterschiedlichen Gründen nach Deutschland gekommen:
a) Ihre Eltern haben hier eine Arbeitsstelle, oft nur vorübergehend, manchmal für eine unbestimmte Zeit.
b) Ihre Eltern suchen hier Asyl und wissen nicht, ob der Antrag genehmigt wird. Ihre Rückkehr und damit ihre Zukunft ist ungewiss und mit Ängsten verbunden.
c) Eltern der Aussiedlerkinder kommen mit der Absicht hier zu bleiben, sie erhalten die deutsche Staatsangehörigkeit. Sie leben aber häufig trotzdem in einer Art Subkultur.
d) Die Eltern sind Flüchtlinge aus Krisengebieten; sie möchten, sobald es die politische Situation erlaubt, wieder zurück in ihr Heimatland.

Das sind sehr unterschiedliche Voraussetzungen für die Integration des Kindes. Am schwierigsten dürfte es für diejenigen Kinder sein, deren Zukunft ungewiss ist oder deren elterlichen Pläne sehr vage sind und sich vielleicht von Jahr zu Jahr verändern.

1. Identitätskonflikte

Allen ausländischen Kindern ist gemeinsam, dass sie sich in zwei unterschiedlichen Kulturen einschließlich Sprachen zurechtfinden müssen. Während die einen allerdings die Herkunftskultur in ihren Familien streng einhalten (z.B. viele Türken), versuchen andere sich der hiesigen Kultur anzupassen. Aber auch in diesem Fall können familiäre Traditionen noch sehr bindend sein oder ihre Veränderung kann schmerzlich empfunden werden, beispielsweise moralische Vorstellungen, Werte und Normen, Festgestaltung, Kleidung usw. Für die Kinder bedeutet das, dass sie in zwei unterschiedlichen Kulturen leben und sich nach zwei verschiedenen Sozialisationsinstanzen zu richten haben.

Sie müssen manchmal zwischen diesen beiden Lebensbereichen eine klare Grenze ziehen, denn es kann sein, dass das gleiche Verhalten in einer der beiden Instanzen erwünscht, in der anderen bestraft wird. Solche Situationen ergeben sich im Laufe des Tages möglicherweise öfters.

▼ Beispiele:

– Im Kindergarten oder Hort wird das Kind gelobt, wenn es seine Meinung äußert und selbstbestimmt handelt, zu Hause wird es dafür getadelt.
– In der sozialpädagogischen Einrichtung wird Fastnacht gefeiert, zu Hause wird das Fest als moralisch fragwürdig abgelehnt.
– In der Einrichtung werden Speisen gegessen, deren Genuss in der familiären Subkultur grundsätzlich abgelehnt wird. ▲

Natürlich erleben auch deutsche Kinder solche Konflikte. Auch ein deutsches Kind muss beispielsweise zu Hause bei familiären Diskussionen schweigen, während es in der sozialpädagogischen Einrichtung mitreden und sich für Entscheidungen mitverantwortlich fühlen soll. Die Unterschiede für ein ausländisches Kind können aber größer und deshalb verunsichernder sein und die Identitätsfindung des Kindes stärker beeinträchtigen.

Vor allem haben in diesem Zusammenhang deutsche Kinder eine bessere Zukunftsaussicht. Sie wissen, dass sie sich als Erwachsene für diejenigen Normen entscheiden können, die ihnen mehr entsprechen. Das ausländische Kind ist hinsichtlich seiner Zukunft häufig auf Fremdbestimmung angewiesen und bleibt im Unsicheren, ob die Familie zurückkehrt oder nicht und welcher Kulturkreis in seinem späteren Leben für es bestimmend sein wird.

Auch in der Gegenwart wird es möglicherweise zwischen der emotional warmen und Sicherheit bietenden Familienstruktur und dem größeren Selbstbestimmungsfreiraum der Einrichtung hin und her schwanken und nicht wissen, ob es Deutscher sein möchte oder seinem Heimatland treu bleiben will. Familiäre Erwartungen können zusätzlich einen moralischen Druck ausüben.

Für das Kind deutscher Randgruppen, vor allem aus sozial schwachen Schichten, besteht ebenfalls Unsicherheit seine Lebensweise verändern zu können. Seine Erziehung, sein Wohnumfeld, seine oft unvollständige Schulbildung und mangelnde Berufsausbildung geben ihm nicht die Möglichkeit einen angemessenen Beruf auszuüben, eine gesicherte Arbeitsstelle zu finden und einer geregelten Berufstätigkeit nachzugehen. Hier kann das Kind ausländischer Arbeitnehmer einen Vorteil haben: Seine Eltern haben eine berufliche Stellung, und sie selbst haben berechtigte Hoffnung auf einen Arbeitsplatz in Deutschland oder in ihrem Heimatland.

Die Erzieherin muss sich in diese schwierige Situation des ausländischen Kindes (und des deutschen Kindes aus Randgruppen) eindenken und es behutsam in die Normen, Werte und Regeln der sozialpädagogischen Einrichtung und des Lebens in Deutschland einführen. Da es in der Gruppe unmöglich ist, nach unterschiedlichen Erziehungszielen und Verhaltensrichtlinien vorzugehen, muss sich das ausländische Kind anpassen.

▼ **Beispiele:**

– Der türkische Junge braucht Verständnis dafür, dass er sich für seine (vielleicht ältere) Schwester verantwortlich fühlt und für sie entscheidet. In der Einrichtung, in der optimale Selbstbestimmung des einzelnen Kindes ein wichtiges Ziel ist, muss er seinen Schutz und seine Fremdbestimmung über die Schwester langsam zurücknehmen.

– Während die Hortkinder an einem heißen Sommertag sich im Unterhöschen vom Rasensprenger abkühlen lassen, steht das ausländische Kind abseits und schwankt zwischen lustvollem Bedürfnis und familiärer Moral. Die Erzieherin muss ihm vermitteln, dass sie die familiäre Erziehung des Kindes anerkennt, zugleich aber das fröhliche Spiel moralisch in Ordnung findet. Die Entscheidung kann sie dem Kind bestenfalls erleichtern, nicht aber abnehmen. ▲

2. Überforderungen und Misserfolgserlebnisse

Das Kind muss sich die deutsche Kultur und die deutsche Sprache aneignen. Seine Eltern können ihm dabei häufig nicht helfen. Es entfremdet sich von den Eltern auch in dieser Hinsicht. Das deutsche Kind ist ihm im Sprachbereich und den damit verbundenen Ausdrucksfähigkeiten sowie in kulturellen Vorerfahrungen überlegen. Das ausländische Kind muss deshalb Misserfolge im Vergleich zu Altersgleichen einstecken.

▼ **Beispiele:**

– Es versteht die Sprache teilweise nicht und kann sich nicht ausdrücken.

– Es muss Gewohnheiten, Traditionen und Kenntnisse, die dem deutschen Kind selbstverständlich sind, erst lernen, wie beispielsweise Tischsitten, Umgang mit Spielmaterial, Feste, Märchen, Lieder. Die deutschen Kinder interessieren sich dagegen nicht für das entsprechende Kulturgut des ausländischen Kindes. ▲

Für Kinder aus deutschen sozial schwachen Randgruppen ist die Situation sehr ähnlich.

3. Gefahr von Abwertung der Persönlichkeit des Kindes

Menschen, die Druck erleben und ihn nicht verarbeiten können, geben ihn häufig an Schwächere weiter. Auch Kinder verhalten sich so. Für deutsche Kinder ist das ausländische Kind in vielen Bereichen der Schwächere. Nicht nur, weil es nicht die gleichen Leistungen erbringen kann, sondern auch, weil es sich gegen Druck und Abwertung nicht so wehren kann. Der Beschimpfung als Ausländer vermag es kaum etwas entgegenzusetzen. Das ausländische Kind muss deshalb zusätzlich zu seinen vielen Frustrationen die Abreaktionen deutscher frustrierter Kinder ertragen. Die gesamtgesellschaftliche niedrige Bewertung der meisten Ausländer geht auch an Kindern nicht spurlos vorbei. Die Ängste werden für die Kinder zusätzlich belastend sein, wenn sie auch erleben müssen, dass die Eltern Angst haben.

4. Probleme bei der Suche nach Gruppenzugehörigkeit

Menschen sind keine Einzelwesen, sie brauchen die Gemeinschaft, besonders Kinder. Das ausländische Kind sucht ebenso wie das deutsche Kind Sicherheit in der Gruppe. Hier kann es in eine Zwickmühle geraten: Sehnsucht nach der Gruppenzugehörigkeit und damit nach Sicherheit, zugleich aber Ausschluss und Abwertung seiner Person durch die Gruppe. Es muss möglicherweise seine Peiniger aufsuchen und lieben, weil sie die Gruppe verkörpern. Das Kind braucht die Gruppenzugehörigkeit für sein Sicherheits- und Anerkennungsbedürfnis. Diese Zwickmühle vergrößert seine Unsicherheit. Die Unsicherheit kann zu unangemessenem Verhalten führen. Ein Aufschaukelprozess beginnt.

Zugleich steht das Kind in einer zweiten Zwickmühle: Die sozialpädagogische Gruppe lebt eine andere Moral, hat andere Wert- und Normvorstellungen. Wenn das Kind sich zunehmend als zugehöriges Gruppenmitglied fühlt, muss es zugleich eine Entfremdung von der eigenen Familie und verringerte Sicherheit in der familiären Subkultur spüren. Das heißt, das Kind muss in zwei Welten leben.

Das bedeutet allerdings nicht immer einen Nachteil. Misserfolge in einer der beiden Bezugsgruppen können durch Erfolge in dem anderen Lebensbereich ausgeglichen und besser verkraftet werden.

▼ **Beispiele:**
– Das Kind erfährt, dass seine Sprachkenntnisse aus dem Kindergarten zu Hause gebraucht werden und dass es möglicherweise in dieser Beziehung seinen Eltern überlegen ist.
– Das Gefühl, als Mädchen weniger wert zu sein als der Bruder, wird im Kindergarten nicht bestätigt. Das Selbstwertgefühl kann dort wachsen.
– Religiöse Traditionen und moralische Vorstellungen der Familie gelten im Kindergarten nicht und führen das Kind vielleicht zu Toleranz und Akzeptanz andersartiger (religiöser) Überzeugungen. ▲

5. Ungenügende Bearbeitung traumatischer Erlebnisse

Viele ausländische Kinder haben traumatische Erlebnisse hinter sich (= seelisch verletzende Erlebnisse wie große Angstsituationen, Verlassenheit, Krieg, Flucht, Hunger usw.). Sie benötigen besondere Geborgenheit und Sicherheit um ihr Gleichgewicht wiederzufinden und mit den teilweise verdrängten Erlebnissen fertig zu werden. Diese notwendige Sicherheit und Geborgenheit können die Kinder aber häufig weder von ihrer Familie noch von ihrer Umwelt erhalten.

6. Unzureichende Elternarbeit

Die Arbeit mit ausländischen Eltern ist für die Erzieherin schwierig. Die Sprachprobleme sind nur einer von mehreren Gründen. Ausländische Eltern sind oft gehemmt, unsicher, verängstigt. Zu Elternabenden kommen sie selten. Gespräche mit der Erzieherin suchen sie oft nicht, aus Angst vor Kritik, vor Missverständnissen usw. Die Erzieherin kann deshalb über diesen Weg den Kindern nur selten helfen eine Brücke zwischen beiden Kulturkreisen zu schlagen. Das Kind muss mit dem Graben alleine fertig werden.

Erlebnisvielfalt

Ausländische Kinder bringen also zweifellos zusätzliche Belastungen für die Erzieherin, aber es darf nicht übersehen werden, dass sie eine Gruppe sehr bereichern können. Sie bringen durch ihre Kultur und ihre andere Sprache Vielfalt in das Gruppenleben.

▼ Beispiele:

– Ausländische Kinder singen Lieder ihres Landes, drücken Gefühle und Gedanken manchmal anders aus, erzählen von ihrem Leben und ihrem Land.
– Deutsche Kinder besuchen ausländische Kinder in ihren Familien. ▲

Der Umgang mit Ausländern verlangt von den deutschen Kindern Empathie und Hilfsbereitschaft.

▼ Beispiel:

– Das ausländische Kind benötigt Hilfe um die neue und andersartige Umwelt in der Gruppe zu erfassen und um sich einordnen zu können (Tagesablauf, Regeln, Umgang mit Spielmaterial). ▲

Die ausländischen Kinder sind darin geschult, Mitteilungen auf der Beziehungsebene wahrzunehmen und zu geben, weil sie die Sprache mit ihrer Inhaltsebene nicht entschlüsseln können. Dadurch bereichern sie das emotionale Erleben der Gruppe. Die Gruppenmitglieder und die Erzieherinnen erfahren viele Erfolgserlebnisse im Zusammenleben mit ausländischen Kindern, beispielsweise durch deren Fortschritte in der deutschen Sprache, in ihrer Sicherheit, Fröhlichkeit oder Selbstverteidigung.

Erlebnisvielfalt oder Belastung?

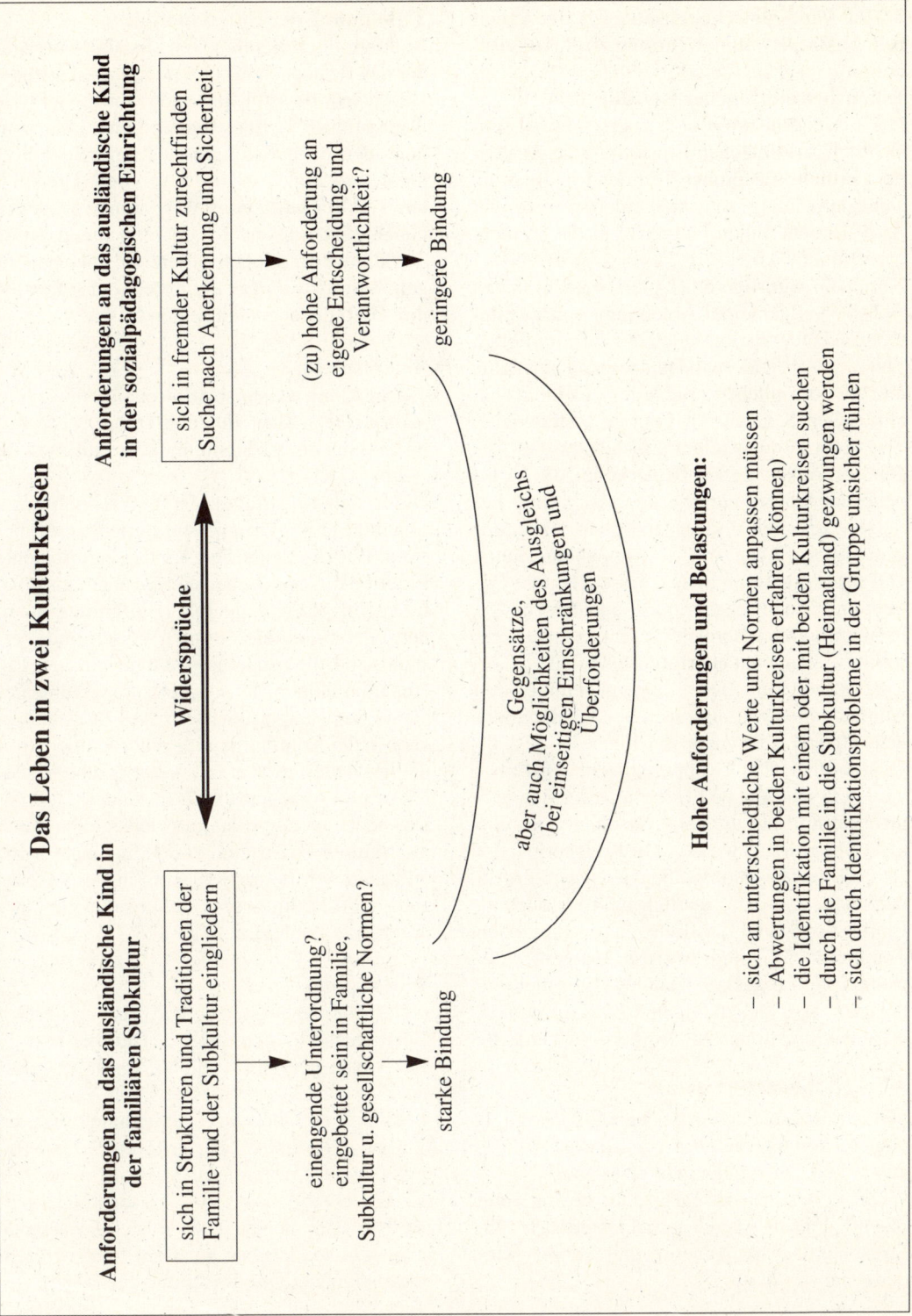

Das Leben in zwei Kulturkreisen

Anforderungen an das ausländische Kind in der familiären Subkultur

sich in Strukturen und Traditionen der Familie und der Subkultur eingliedern

einengende Unterordnung? eingebettet sein in Familie, Subkultur u. gesellschaftliche Normen?

starke Bindung

Widersprüche

Gegensätze, aber auch Möglichkeiten des Ausgleichs bei einseitigen Einschränkungen und Überforderungen

Anforderungen an das ausländische Kind in der sozialpädagogischen Einrichtung

sich in fremder Kultur zurechtfinden Suche nach Anerkennung und Sicherheit

(zu) hohe Anforderung an eigene Entscheidung und Verantwortlichkeit?

geringere Bindung

Hohe Anforderungen und Belastungen:

– sich an unterschiedliche Werte und Normen anpassen müssen
– Abwertungen in beiden Kulturkreisen erfahren (können)
– die Identifikation mit einem oder mit beiden Kulturkreisen suchen
– durch die Familie in die Subkultur (Heimatland) gezwungen werden
– sich durch Identifikationsprobleme in der Gruppe unsicher fühlen

5.2.2.2 Pädagogische Ansätze für die Arbeit mit ausländischen Kindern und Jugendlichen

1. Bearbeitung eigener Gefühle

Die Erzieherin muss sich zuerst einmal hinsichtlich ihrer eigenen Einstellung zu Ausländern prüfen. Ein großer Teil der Bevölkerung sieht den Zuzug von Ausländern mit Sorge. Auch Erzieherinnen können sich davon nicht ganz freimachen.

Nun kann natürlich ein Unterschied bestehen zwischen allgemeiner Ablehnung eines weiteren Ausländerzuzugs oder der bereits hohen Zahl von Ausländern in Deutschland einerseits und der persönlichen Zuneigung zu einem ausländischen Kind in der Gruppe andererseits. Trotzdem können allgemeine Haltungen gegenüber Ausländern unbemerkt auf die Gruppenarbeit übertragen werden, vor allem bei Schwierigkeiten und zusätzlichen Belastungen. Erzieherinnen sind als Gruppenleiterinnen viel beansprucht und stark gefordert. Die Betreuung ausländischer Kinder bedeutet, dass sie in einem anderen Bereich kürzer treten müssen, wenn sie sich nicht überfordern wollen.

Eine sorgenvolle Einstellung gegenüber den Anmeldungen von ausländischen Kindern oder dem täglichen Umgang mit ihnen ist deshalb verständlich. Die Gruppenleiterin wird aber vielleicht eine solche Einstellung bei sich verurteilen und als unsozial ansehen. Deshalb kann sie verdrängt werden. Die Erzieherin muss sich dieser Einstellung aber bewusst werden. Nur dann kann sie sachlich damit umgehen. Einstellungen und Konflikte, die sie „unter den Teppich kehrt", sind zwar im Moment nicht sichtbar und brauchen das Gewissen nicht zu belasten, aber sie sind da und können in unerwarteten Situationen zur Stolperfalle werden.

▼ **Beispiele:**
- Die Erzieherin reagiert bei Yusufs Clownereien gereizter als bei denen von Markus ohne es zu merken. Die Kinder merken es aber.
– Die Erzieherin hat Yusuf hart bestraft und macht sich am Abend deshalb Vorwürfe. Im Stress des nächsten Tages reagiert sie aber wieder genauso. ▲

2. Betonung der Emotionalität

Im kognitiven Bereich sind ausländische Kinder den deutschen oft unterlegen, weil sie psychisch sehr belastet sind und nicht so viel freie Kapazität für Lernleistungen haben. Sie können auch die Leistungen aus ihrer Subkultur nicht so zeigen, z.B. ihre Zwei- oder Dreisprachigkeit, ihr kulturelles Wissen usw. Dagegen haben ausländische Kinder manchmal große Stärken im emotionalen Bereich. Hier benötigen sie auch weniger die Sprache. Sie können ihre Gefühle leben und zeigen.

▼ **Beispiele:**
– Sie können sich lebhaft freuen,
– sie zeigen Mitgefühl und Trauer,
– sie können sich in Stimmungen einlassen. ▲

Die Erzieherin sollte deshalb versuchen Emotionalität in der Gruppe stark erlebbar zu machen. Für die deutschen Kinder kann gelebte Emotionalität das Lebensgefühl ebenfalls positiv beeinflussen. Empathie (Einfühlung in andere) setzt Gefühle voraus. Wissen und Verstand sind für Empathie weniger gefragt. Ein empathiefähiger Mensch kann die Gefühle des anderen nachempfinden. Er wird Beziehungsebenen der Kommunikation wahrnehmen. Empathie wiederum ist eine Voraussetzung für Toleranz und Akzeptanz von Ausländern.

Das bedeutet, emotionales Erleben kann durch multikulturelle Zusammensetzungen gefördert und zugleich bereichert werden. Voraussetzung ist allerdings eine behutsame Lenkung durch die Erzieherin.

▼ **Beispiele:**
– Gefühle bewusst machen (verbalisieren): „Jetzt freust du dich, gell?", „Darüber hast du dich sicher geärgert!" (Siehe Abschnitt „aktives Zuhören")
– Stimmungen bewusst wahrnehmen und der Gruppe vermitteln; dazu gehören Sonne, Regen, Gewitter, Dämmerung usw. Stimmungen der Jahreszeiten vielseitig wahrnehmen, z.B. Herbstblätter nicht nur als Bastelgegenstände benutzen, sondern sie auch am bunten Baum betrachten und ihr Rascheln am Boden ge-

nießen, wenn man hindurchläuft oder wenn der Wind sie bewegt.

Auch in der Gruppe gibt es Stimmungen, die wahrgenommen werden können: Ruhe beim vertieften Spiel, Rastlosigkeit, gespannte Erwartungshaltung.

– Körperlichen Kontakt zulassen und fördern, vor allem bei Kindergartenkindern, bei denen noch keine Hemmungen vorliegen;

– Selbst- und Fremdwahrnehmungsspiele häufig einsetzen (z.B. Kimspiele = sehen, tasten, hören), bei denen die eigene Person, der Partner und die Umwelt bewusst wahrgenommen werden;

– Rollenspiele den Regelspielen und den didaktischen Spielen (z.B. Memory und Puzzles) vorziehen, da sie breitere Gefühle hervorrufen und zur Abreaktion anregen. ▲

3. Kooperation statt Konkurrenz

Gruppenleben ist immer stark von Konkurrenz geprägt. Es entsteht Konkurrenz, wenn es um Zuneigung geht, um Spielmaterial oder um Lob und Bestätigung. Im konkurrierenden Verhalten (vor allem auf Leistung bezogen) zieht das ausländische Kind häufig den Kürzeren.

Konkurrenz führt nicht zusammen, sondern treibt auseinander, verstärkt die Unterschiede. Das Spannungserlebnis bei Konkurrenzspielen bezieht sich auf das Siegen, nicht auf das Verlieren. Konkurrenzspiele und Konkurrenzverhalten setzen deshalb gleich starke Partner voraus, die sich angemessen und mit gleichen Chancen aneinander reiben. Der Dauerverlierer wird durch Konkurrenz nicht gestärkt und der Sieger wird kaum zu Toleranz geführt. Konkurrenz schadet dem gemeinsamen Handeln und dem Gruppengefühl. Konkurrenzspiele sollten deshalb im Rahmen der Möglichkeiten reduziert werden.

▼ Beispiele:

– Wettspiele können verringert werden. Wenn sie in bestimmten Situationen für sinnvoll angesehen werden, dann kann die Erzieherin versuchen sie um des Spielens willen und nicht wegen des Gewinnens spielen zu lassen. Memory im Kindergarten können die Kinder spielen ohne den Kartenstoß am Ende zu vergleichen;

Würfelspiele können abgebrochen werden, bevor der Sieger ermittelt wurde, wenn die Lust bei den Kindern nachlässt.

– Bei sportlichen Gruppenspielen mit Wettcharakter muss auf eine gerechte Zusammensetzung der Gruppen geachtet werden. Spiele mit Einzelsiegern sollten reduziert werden.

– Tätigkeiten mit Leistungsvergleich sollten möglichst selten vorgenommen werden. An Stelle von gleich aussehenden Bastelarbeiten ist es besser, individuell unterschiedliches Werken vorzunehmen, bei dem die Kinder einen breiteren kreativen Spielraum haben und die Endergebnisse nicht so ohne weiteres vergleichbar sind. Dann hat nicht jedes Kind einen gleich aussehenden Nikolaus aus Toilettenrollen gebastelt, sondern einen eigengestalteten Nikolaus aus unterschiedlichen Schachteln, Papprollen und Kartonresten. ▲

4. Hinführung zu angemessenem Konfliktlöseverhalten

Dem Konfliktlöseverhalten des Kindes muss ein großer Wert beigemessen werden. Dazu gehören unter anderem: seine eigenen Rechte angemessen einzuschätzen, zu verteidigen und zu rechtfertigen, fremde Rechte anzuerkennen, Kompromisse zu finden – und zwar selbst zu finden und sie sich nicht von der Erzieherin vorgeben zu lassen -, stolz zu sein auf die eigenständig gefundenen (gerechten) Lösungen.

Ein positives Konfliktlöseverhalten muss der Gruppe bewusst gemacht und kann in kleinen Abschnitten eingeübt werden. Dafür eignen sich u.a. Bilderbücher und Geschichten. Kinder können sich mit den dargestellten Helden identifizieren ohne in die entsprechenden Gefühle wie Zorn oder Enttäuschung real verwickelt zu sein. Deshalb ist eine objektivere Einfühlung in die unterschiedlichen Personen möglich als in realen Lebenssituationen. In kurzen Rollenspielen können Vorgehensweisen spielerisch ausprobiert werden.

Im Alltag muss die Erzieherin das Konfliktverhalten beobachten. Sie muss positive Ansätze loben und Erfolgserlebnisse vermitteln (siehe Abschnitt 5.4: „Angemessene Konfliktbearbeitung").

Eine Erzieherin, die sich in langen Abschnitten des Vor- und Nachmittags bereithält Konflikte der Kinder und ihre Lösungsansätze zu verfolgen, sie ggfs. zu bestärken oder auszugleichen, Impulse zu setzen, Sichtweisen zu erweitern usw. braucht kein schlechtes Gewissen zu haben, weil sie mit den Kindern nicht gebastelt oder keine anderen sichtbaren Leistungen erbracht hat (siehe Abschnitt 5.4.2).

5. Verantwortliches Handeln im sozialen und ökologischen Zusammenhang

Im Abschnitt „Bedeutung und Grenzen von Fremd- und Selbstbestimmung" (2.2.2) wurde auf die Bedeutung des sozial und ökologisch verantwortlichen Handelns hingewiesen. Im Zusammenhang mit der Akzeptanz des ausländischen Kindes/Mitbürgers wird diese Bedeutung sehr sichtbar.

Vielleicht mag es zunächst ungewöhnlich erscheinen, ökologisches Handeln in einen Zusammenhang mit dem ausländischen Mitbürger zu stellen. Bei genauerem Nachdenken wird aber klar werden, dass das soziale Denken letztlich den Weltbürger und die Dritte Welt einschließen muss. Ökologisches Fehlverhalten hat nicht nur lokale (örtliche und nationale), sondern auch globale Folgen. „Denke global, aber handle lokal!" Unser ökologisch schädliches Verhalten beeinflusst die Menschen in der Dritten Welt stärker als uns selbst (Abholzung, Zerstörung der Ozonschicht, Klimaerwärmung, Müll, Monokulturen usw.). Wenn wir soziales Verhalten breit fassen, schließt es die Mitverantwortung für die Überlebenschancen der ausländischen Menschen in ihrem Land ein. Wir dürfen nicht unseren Wohlstand auf Kosten ärmerer Menschen aufbauen. Aus politischer Sicht besteht die größte Chance den Zuzug von Wirtschaftsflüchtlingen einzudämmen darin, die Überlebensmöglichkeiten im Ursprungsland zu verbessern.

Mit der Kindergruppe kann in Teilbereichen sozial und ökologisch bedachtes Handeln im Zusammenhang mit dem ausländischen Menschen auf einfacher Ebene gelebt und für das Kind erkennbar gemacht werden.

▼ Beispiele:

– Wenn sich im Stuhlkreis ein Kind ein Spiel wünscht, das dann auch mit ihm in der Hauptrolle gespielt wird, ist zu überlegen, ob eine egoistische oder eine sozial motivierte Mitbestimmung vorlag. Es muss keinesfalls so sein, dass das Kind, welches sich das Spiel gewünscht hat, auch die Hauptrolle einnimmt.

Die Erzieherin könnte der Auswahl eine soziale Tendenz geben: „Wer kann ein Spiel vorschlagen, das den jüngeren Kindern Freude machen würde?" oder „Welches Spiel könnten wir spielen, bei dem man nicht viel reden muss, damit es diejenigen spielen können, die das Sprechen noch nicht so gut können?"

Wenn trotzdem ein zu starkes Bedürfnis der Kinder vorliegt selbst möglichst lange und häufig Spielführer zu sein, können Spielregeln verändert werden: Wer ein Spiel vorschlägt, bestimmt zugleich, wer das Spiel in der ersten Runde anführen soll. Möglicherweise sind noch weitere Veränderungen nötig, weil manche Kinder auch dann noch trickreich dafür sorgen, öfter als andere dranzukommen.

– Der hohe Verbrauch von ständig zur Verfügung stehenden Ressourcen wie Papier, Wasser, Nahrung, Strom, Benzin für das Auto usw. kann dem jungen Menschen bewusst gemacht werden. Eine Bewusstmachung ist vor allem dann sinnvoll, wenn die Problematik den Handlungsbereich des Heranwachsenden betrifft. Insbesondere bei Kindern im Vorschulbereich darf nicht – oder kaum – über das fragwürdige Verhalten von Erwachsenen (den Eltern) gesprochen werden. Bereiche, in denen das Kind keinen Einfluss hat, würden es nur ängstigen, z.B. Atomkraft, Meeresverschmutzung, Abholzung.

Das Vorschulkind kann aber durchaus zu Sparsamkeit im Umgang mit Ressourcen hingeführt werden:

– unnötiges Licht ausschalten,
– den Wasserhahn zudrehen, wenn das Wasser nicht gebraucht wird,
– nicht mit dem Auto fahren wollen, wenn das nicht nötig ist (Elternarbeit!) usw.

Nicht aber: „Iss deinen Teller leer, Kinder in Afrika wären froh, wenn sie hätten, was du hast!" Diese Argumentation ist oberflächlich und unlogisch. Sie muss das Kind erniedrigen, weil es sich nicht ernst genommen fühlt. Denn auch das Kind weiß, dass das afrikanische Kind keinen Bissen mehr bekommt, wenn es selbst sich den letzten Rest hineinstopfen muss.
Dagegen: „Nehmt euch wenig, ihr könnt euch immer noch nachholen!" oder „Wir wollen zuerst essen, was von der letzten Mahlzeit noch übrig geblieben ist, um nicht mehr als nötig kaufen zu müssen" sind angemessene pädagogische Verhaltensweisen und überzeugende Logik.

– Patenschaften für eine Einrichtung in einem Entwicklungsland können von Kindergärten und anderen sozialpädagogischen Einrichtungen übernommen werden. Dabei ist das Sammeln von Geld eine sichtbare Hilfsbereitschaft. Der Kontakt und die Zuneigung können andere Zeichen von Wertschätzung sein.
Das Sammeln von Kleidung und Spielmaterial ist dagegen häufig fragwürdig, weil die ausländischen Menschen dadurch in eine abhängige Position gebracht werden. Was für uns nicht mehr gut genug ist ... Außerdem tragen Menschen in anderen Ländern andere Kleidung und benötigen auch unser Spielmaterial kaum. Sinnvoller wäre es, auf einem Flohmarkt abgelegte und zu klein gewordene Kleidung und Spielmaterial zu verkaufen und das Geld für eine Patenschaft zu verwenden. Den entsprechenden Arbeitsaufwand müssten allerdings die Eltern leisten.

– Der Einkauf von in der Region erzeugten Lebensmitteln oder von biologisch angebauten Nahrungsmitteln kann Kindern im Schulalter und Jugendlichen erklärt und mit ihnen gemeinsam (weitgehend) beschlossen werden. Sie sind auch in der Lage, die Zusammenhänge zu verstehen, welchen Schaden z.B. Monokulturen der Großgrundbesitzer in Entwicklungsländern anrichten. Sie können erkennen, welchen guten Dienst die Gruppe tut, wenn sie beispielsweise für ein Fest Kaffee aus Bauernkooperativen kauft (und das den Gästen auch kundtut) oder statt der großen Banane mit einer kleineren aus umweltfreundlichem Anbau zufrieden ist. ▲

Die Lebenssituation einer multikulturellen Gruppe wird auch von den Gegebenheiten ausländischer Kulturen beeinflusst. Das Zusammenleben erhält vielfältigere Anregungen sowohl im Bereich von Wissen und Fähigkeiten als auch im emotionalen Bereich. Verantwortliches Handeln im sozialen Zusammenhang wird in der Gruppe selbst erprobt und gelebt.

▼ **Beispiele:**
Lieder und Spiele der fremdländischen Kultur in einer fremden Sprache können einen großen Lernreiz ausüben. Gespräche (deutsch) über das Land und seine Menschen haben einen direkten Bezug zum Gruppenleben. Geeignete Bilderbücher und Bildbände über das Leben in anderen Ländern stehen der Gruppe zur Verfügung. Die Erzieherin macht die Gruppe auf das emotionale Erleben der ausländischen Kinder aufmerksam: Ängste, Sprachprobleme, Unsicherheiten, Freude, Trauer usw. ▲

Das Befassen mit der anderen Kultur muss von Wertschätzung getragen werden. Es ist allerdings einseitig, die Wertschätzung von Ausländern auf den Bereich der Nahrung und Nahrungszubereitung zu beschränken. Es ist einfach, das chinesische, türkische oder griechische Restaurant zu loben. Im Restaurant sind die Besucher – wir – die Herren. Der ausländische Koch und der Kellner bedienen uns. Das ist keine angemessene Basis für Gleichberechtigung und Wertschätzung, wenn nicht andere Lebensbereiche dazugenommen werden.

6. Sprachförderung
Viele Erzieherinnen empfinden es unnatürlich, wenn sie mit Kindern gezielt Sprache üben, beispielsweise, indem sie die Kinder bewusst ganze Sätze formulieren lassen oder Bildbeschreibungen und Sprachmappen verwenden. Sie wissen, dass die Kinder am besten dann sprechen lernen, wenn es etwas zu sagen gibt, das für einen selbst oder den Sozialpartner von Bedeutung ist. Das ist nämlich dann der Fall,

wenn das Sprechen einen Sinn und Bezug zum Leben hat. Das betrifft sowohl das deutsche als auch das ausländische Kind.

In eine solche sinnbezogene Kommunikation kann natürlich die Gruppe einbezogen werden. Deshalb muss die Erzieherin für ein kommunikationsförderndes Umfeld sorgen. Dabei ist möglichst darauf zu achten, dass die Kinder in kleinen Gruppen spielen, weil sie dann unbefangener sprechen als in der Großgruppe.

▼ **Beispiele:**

– Im Kindergarten und Hort werden Spielecken eingerichtet, in denen sich Kleingruppen bilden können, wie Bauecke, Schmuse-, Schmink- und Puppenecke; auch im Flur und, wenn möglich, im Freien. Bei Jugendlichen im Heim steht ein Aufenthaltsraum zur Verfügung, in dem kein Fernseher steht, sondern sprachanregende Spiele bereitstehen. Im Jugendzentrum regen ebenfalls Spiele, auch die Teestube zu Kontakten und Gesprächen an.

– In Gruppen jüngerer Kinder werden für Rollenspiele vielseitige Materialien angeschafft, da Rollenspiele stärker zum Sprechen anregen als z.B. Konstruktionsspiele oder didaktisches Spielmaterial. Bei Rollenspielen selbst kann die Erzieherin, wenn möglich, häufig mitspielen oder das Spiel beachten und verstärken.

– Erlebnisse müssen geschaffen werden, die zu Rollenspielen anregen, wie gemeinsamer Arzt- oder Zahnarztbesuch, Einkauf mit einer Kleingruppe, Beobachtungsspaziergänge zu einer Baustelle, in die Natur (mit Lupe und Korb zum Sammeln von Naturmaterial) usw.; Besuche bei Handwerkern, der Polizei und der Feuerwehr und vieles mehr.

– Ämter sollten möglichst von zwei Gruppenmitgliedern gemeinsam übernommen werden, damit miteinander gesprochen wird.

– Die Erzieherin kann versuche, Gruppenmitglieder, die häufig allein spielen, behutsam in Partner- oder Kleingruppenspiele einzuführen. ▲

Natürlich muss die Erzieherin selbst auch versuchen, die passive und aktive Sprache (Sprachverständnis und gesprochene Sprache) des Heranwachsenden zu schulen. Die wichtigste Methode

ist dafür in jedem Fall das ganz natürliche Sprechen im Alltag. Donata Elschenbroich stellt im Rahmen von erprobten Projekten im Vorschulbereich (Deutsches Jugendinstitut in München) weitere Methoden zusammen, die aber jeweils auch Nachteile mit sich bringen (Elschenbroich, Projektgruppe Gastarbeiterkinder, 1983, S. 241 ff.). Sie können das natürliche und spontane Miteinander-Sprechen bestenfalls ergänzen.

1. Die Erzieherin kann versuchen eigene Handlungen und Situationen sprachlich zu begleiten und zu kommentieren, beispielsweise: „Ich gebe dir deine Jacke, weil wir jetzt hinausgehen wollen." Nachteil kann hierbei sein, dass sich nur der passive Wortschatz des Kindes erweitert.

2. Sie kann wortlose Kontakte des Kindes versprachlichen, z.B. fragt sie, wenn das Kind ihr wortlos den Fuß hinhält: „Willst du, dass ich dir den Schuh zubinde?". Die Gefahr hierbei ist, dass die Beziehung leiden kann: Die Erzieherin weiß, was das Kind will, und täuscht Nichtwissen vor, wenn sie fragt. Die Beziehung kann aber als wichtiger angesehen werden als das Sprechen.

3. Manche Erzieherinnen versuchen es in der „Echo-Methode". Die Erzieherin wiederholt im „richtigen" Satz, was das Kind fehlerhaft oder nur in Bruchstücken gesagt hat. Auch hierbei kann die Beziehung leiden, weil das Kind sich korrigiert fühlt.

4. Rhythmisches Sprechen in Form von Reimen, Gedichten und Liedern hat oft sehr positive Wirkungen. Auch deutsche Kinder lernen gerne ausländische Lieder ohne den Text zu verstehen. Rhythmus und einfache Melodien sprechen Kinder an und motivieren. Erste Hemmungen können überwunden werden. Manche Erzieherinnen scheuen allerdings gemeinsames Sprechen. Es wirkt altmodisch.

Es gibt Kinder, die bereits lange Zeit ein Sprachverständnis und einen großen passiven Sprachschatz haben, bevor sie zu sprechen anfangen. Dann aber machen sie oft überraschend schnelle Fortschritte.

Jugendliche lernen eine Sprache langsamer als Kinder. Auch das akzentfreie Sprechen der Fremdsprache ist dann oft nicht mehr möglich.

Zusammenfassung

- In sozialpädagogischen Einrichtungen, insbesondere im Kindergarten, nimmt der Anteil an ausländischen Kindern und Jugendlichen zu. Dadurch entstehen Mehrbelastungen für die Erzieherinnen, aber auch Chancen für Erlebnisvielfalt. Multikulturelle Gruppen bieten Ansätze, junge Menschen zu Toleranz und Akzeptanz andersartiger Menschen zu erziehen. Allerdings darf die Wirkung der Familien und des sonstigen Umfeldes nicht unterschätzt werden.

- Die Erzieherin muss dem ausländischen Kind und Jugendlichen mit behutsamer Einfühlung in seine schwierige Situation begegnen; schwierig deshalb, weil der junge Ausländer in zwei unterschiedlichen Sozialisationsinstanzen aufwächst, häufig eine unklare Zukunft vor sich hat und mit traumatischen Erlebnissen, Misserfolgen und Abwertung seiner Person fertig werden muss.

- Erzieherinnen in multikulturellen Gruppen müssen mit ihrer eigenen Einstellung zu ausländischen jungen Menschen ehrlich umgehen. Wenn es ihnen gelingt, die Stärken des ausländischen Kindes und Jugendlichen zu erkennen und in das Gruppenleben einzubeziehen, können ausländische Gruppenmitglieder eine wertvolle Bereicherung für die Gruppe bedeuten.

- Die Einstellung und das Verhalten des deutschen gegenüber dem ausländischen Gruppenmitglied muss die Erzieherin aufmerksam beobachten und vorsichtig lenken um Wertschätzung für den andersartigen Menschen zu erreichen.

- Ausländische Kinder und Jugendliche können auf Grund ihrer Problemsituationen Fehlverhalten aufgebaut haben, die das Zusammenleben in der Gruppe und die Hinführung zu Akzeptanz und Wertschätzung erschweren. Deshalb können ausländische Gruppenmitglieder auch aus dieser Sicht zusätzliche pädagogische Anforderungen stellen.

Anregungen

1. Bewusstmachung der eigenen Situation in einer zunehmend multikulturellen Gesellschaft

Durchdenken Sie die Aussagen des umseitigen Plakates eines unbekannten Verfassers und diskutieren Sie die Problematik des Ausländerzuzugs in seiner Bedeutung für Ihr Leben und Ihren Beruf.

2. Empathie-Übung: Geringschätzung von Ausländern

Schreiben Sie auf drei Zettel je eine abwertende Aussage über Ausländer, die Sie schon gehört haben oder für möglich halten. Nationalitäten sollen dabei nicht genannt werden. (Ausländer sind wir alle, fast überall. Deshalb ist die Identifikation mit dem Wort Ausländer

Dein Christus ein Jude
Dein Auto ein Japaner
Deine Pizza italienisch
Deine Demokratie griechisch
Dein Kaffee brasilianisch
Dein Urlaub türkisch
Deine Zahlen arabisch
Deine Schrift Lateinisch
Und Dein Nachbar nur ein Ausländer?

Quelle: DSR – Deutsche Städte-Reklame

leichter als mit der Bezeichnung einer fremden Nationalität.)

Legen Sie die Zettel verdeckt in die Kreismitte. Ziehen Sie zwei andere Zettel. Stellen Sie jetzt einen Stuhl in die Kreismitte. Ein Teilnehmer setzt sich auf diesen Stuhl. Er verbindet sich die Augen oder schließt sie, solange er auf dem Stuhl sitzt. Die Gruppe wechselt die Plätze. Der Spieler in der Kreismitte zeigt in eine Richtung. Die entsprechende Person sagt oder liest in möglichst abwertendem oder verletzendem Ton die beiden Aussagen auf dem Zettel. Es können nacheinander mehrere Personen aus dem Kreis zum Lesen aufgefordert werden. Wenn die angezeigte Person ihre Zettel schon gelesen hat, liest ein/e Nachbar/in.

Es soll möglichst jeder in der Kreismitte gesessen haben. Gelesene Zettel werden nach jeder Runde verdeckt in die Mitte zurückgelegt und gegen andere ausgewechselt.

Anschließend muss unbedingt noch Zeit bleiben um über die erlebten Gefühle zu sprechen und die unterschiedlichen Erfahrungen auszutauschen.

3. Bewusstmachung der Bedeutung von Freundschaften zu Ausländern

a) Bilden Sie einen Stuhlkreis. Legen Sie große Zettel und Wachsmalstifte bereit. Setzen Sie sich bequem hin, schließen Sie, wenn möglich, die Augen und legen Sie einige Minuten eine schweigende Besinnungsphase ein. Denken Sie in dieser Zeit an Begegnungen mit Ausländern – in Deutschland und ggfs. im Ausland. Lassen Sie diese Begegnungen langsam gedanklich an sich vorüberziehen und versuchen Sie wahrzunehmen, welche Gefühle Sie damit verbinden.

b) Schreiben Sie in großer Schrift auf die Zettel Gedanken oder Gefühle, die Ihnen in der Nachdenkphase bewusst wurden, jeweils einen Gedanken auf einen Zettel.

Nehmen Sie sich dafür ausreichend Zeit.

c) Jeder legt seine(n) Zettel vorlesend oder mit einem kurzen Kommentar vor seinen Stuhl auf den Boden.

d) Sprechen Sie über Ihre Erfahrungen mit Ausländern und über erlebten Umgang mit diesen Menschen.

e) Durchdenken Sie die Bedeutung für Sie später mit ausländischen Kindern und Jugendlichen im Beruf zu arbeiten.

4. Planung eines Festes

Planen Sie in Gruppen ein Fest für eine Einrichtung Ihrer Wahl, bei dem Wertschätzung des Auslandes und seiner Bewohner und/oder ökologisch verantwortliches Denken und Handeln möglichst umfangreich zum Ausdruck kommen sollen.

Achten Sie darauf, dass der Ausländer nicht nur in dem (fast einzigen?) bereits anerkannten Bereich, nämlich dem Gaststättengewerbe bzw. der Nahrungszubereitung, Anerkennung findet.

Vielleicht lässt sich das Fest in Zusammenarbeit mit einer sozialpädagogischen Einrichtung als Projekt durchführen.

5. Verkauf von Getränken (und Speisen) aus ökologischem Anbau während der Schulpause

Sofern in Ihrer Schule möglich: Organisieren Sie einen Pausenverkauf von Kaffee, Tee und evtl. Speisen aus umweltverträglichem Anbau und von landwirtschaftlichen Kooperativen (käuflich in Umweltläden und Eine-Welt-Läden). Informieren Sie die Käufer über die Herkunft der Getränke.

Verkaufen Sie ohne eigenen Erlös oder verwenden Sie den Erlös für ein Projekt in einem Entwicklungsland. (Eine-Welt-Läden kennen und unterstützen in der Regel solche Projekte und Initiativen.) ❏

5.2.3 Die integrative Gruppe

„Integration" heißt Herstellung einer Einheit, eines Ganzen.

Unter integrativer Erziehung ist die Eingliederung von Randgruppen zu verstehen. Der Einbezug von ausländischen Kindern kann deshalb als integrative Erziehung bezeichnet werden. Im Sprachgebrauch der pädagogischen Praxis wird die Bezeichnung „integrative Erziehung" aber auf die gemeinsame Erziehung von Nichtbehinderten und Behinderten bezogen, wenn aus dem Gesprächszusammenhang nicht ein anderer Integrationsaspekt erkennbar ist.

Nachdem lange Zeit die getrennte Arbeit mit Behinderten üblich war, begannen Ende der 70er-Jahre Zweifel, ob spezielle Fördereinrichtungen mit Zentralisierung und Isolierung sowie den sich daraus ergebenden langen Anfahrtswegen für die behinderten Kinder eine angemessene Förderung bedeuten konnten. Die Folge waren erste Versuche in sozialpädagogischen Einrichtungen – vor allem in Sonderkindergärten – behinderte und nicht behinderte Kinder gemeinsam zu erziehen. Sonderkindergärten richteten integrative Gruppen ein, in dem sie nichtbehinderte Kinder aufnahmen. Zunächst wurde die gemeinsame Erziehung mit leicht behinderten Kindern erprobt. Später wurden auch schwerer Behinderte einbezogen. Modellprojekte wurden eingerichtet und wissenschaftlich begleitet. Eine führende Rolle für die Betreuung und wissenschaftliche Begleitung integrativer Einrichtungen im Elementarbereich übernahm wieder, wie schon bei der Entwicklung des situationsorientierten Vorgehens und der Ausländerintegration, das Deutsche Jugendinstitut in München.

Nach den ersten Erfahrungen trauten sich zunehmend auch Regelkindergärten zu, behinderte Kinder in ihre Gruppen aufzunehmen. Inzwischen gibt es auch zahlreiche integrative Schulen. Im sozialpädagogischen Bereich hat die Integration behinderter Menschen weiter zugenommen: In Freizeiten, Wohngemeinschaften u.a. wird in einzelnen Fällen integratives Zusammenleben erprobt.

5.2.3.1 Ziele, Rahmenbedingungen und Wirkungen integrativer Einrichtungen

Integrative Erziehung darf nicht so verstanden werden, dass der Behinderte dem Nichtbehinderten möglichst angeglichen wird und nicht mehr auffallen soll. Ziel einer Integration muss sein, dass der Behinderte mit seinen Defiziten anerkannt und wertgeschätzt wird. Das heißt, die vorrangige Zielsetzung einer Integration Behinderter betrifft die Nichtbehinderten. Sie sollen Behinderte kennen lernen, Hemmungen im Umgang mit ihnen verlieren, Nähe zu ihnen aufbauen, sie in ihrer Person mögen und im Zusammenleben mit ihnen Freude empfinden. Dabei darf kein Zwang aufkommen.

Die Behinderten müssen spüren, dass sie willkommen sind. Nur dann können sie Selbstwertgefühl aufbauen und mit sich selbst zufrieden sein. Wenn sie in der Lebensgemeinschaft der Einrichtung erfahren haben, dass ihr Zugehen auf andere Menschen positiv begrüßt und verstärkt wird, können sie ihren Radius erweitern und sich auch im Gemeinwesen unbefangener verhalten.

Körperbehinderte und leicht geistig behinderte Menschen werden selbst eine Integration in die Gruppe anstreben und versuchen anerkannt zu werden. Schwer geistig Behinderte merken den Unterschied meist nicht. Aus ihrer Sicht streben sie keine Integration in die Gruppe an. Natürlich muss eine Integration für jedes einzelne Kind individuell entschieden werden, denn nicht jede Gruppe kann einem behinderten Kind gerecht werden und nicht jedes behin-

derte Kind kann sich in eine Gruppe integrieren. Verhaltensauffällige Kinder in der Gruppe können z.B. für das behinderte Kind zu belastend sein und eine Überforderung für die Erzieherin bedeuten. Um den Bedürfnissen, der Versorgung und den speziellen Schulungsprogrammen der behinderten Kinder nachzukommen muss der Personalschlüssel erhöht und die Gruppenstärke reduziert werden. Das nicht behinderte Kind darf hierbei nicht in den Hintergrund geraten. Es muss die Möglichkeit haben trotz Integration einen entsprechenden Spielpartner wählen zu können. Beim Kindergartenjahresbeginn kann es allerdings passieren, dass größere und selbstständige Kinder weniger beachtet werden, weil das Gruppenteam überfordert ist.

Wenn behinderte Kinder Regeleinrichtungen besuchen, müssen natürlich die speziellen Therapien fortgeführt werden. Sie finden in ambulanter Behandlung oder auch in der sozialpädagogischen Einrichtung statt. Täglich notwendige gezielte Fördermaßnahmen wie Ess- und Sauberkeitstraining, Greif- und Gehübungen usw. werden im Rahmen der Möglichkeiten von den Erzieherinnen nach einer Einführung durch Therapeuten durchgeführt. Wenn Einrichtungen für Behinderte sich für die Integration öffnen und nicht behinderte Kinder aufnehmen, kann den Behinderten auf Grund der Hilfsmittel und des geschulten Personals oft besser geholfen werden, vor allem, wenn es sich um schwerer behinderte Kinder handelt.

a) Wirkungen integrativer Erziehung auf behinderte Kinder

Die Behinderten profitieren von der gemeinsamen Erziehung mit Nichtbehinderten auf mehrfache Weise:

Geringere Isolation der Behinderten und ihrer Familien

Wenn behinderte Kinder in ihrem Wohnumfeld einen Kindergarten besuchen, bedeutet das, dass sie das Zusammenleben mit Nichtbehinderten erleben und erlernen. Sie werden nicht von ihrem Umfeld isoliert, wie das der Fall war, als sie in weit entfernten Sondereinrichtungen den Tag mit anderen Behinderten verbrachten und ihr Wohnumfeld kaum kannten.

Die Familien Behinderter fühlen sich selbst auch häufig isoliert, weil sie sich vom Umfeld abgelehnt empfinden oder weil sie die Unsicherheit anderer Menschen ihnen gegenüber spüren. Durch die Integration des Kindes in die normalen pädagogischen Einrichtungen sollen die Voraussetzungen für eine Normalisierung der Lebensbedingungen nicht nur der behinderten Kinder, sondern auch für ihre Familien geschaffen werden.

Die Elternarbeit gestaltet sich im Wohnumfeld ebenfalls natürlicher und unproblematischer als in den entfernten Sondereinrichtungen. Über Elternabende und Elternkontakte entstehen Bekanntschaften und Freundschaften mit Eltern nicht behinderter Kinder.

Zugleich kann durch integrative Erziehung dazu beigetragen werden, dass behinderte Menschen als Mitglieder unserer Gesellschaft akzeptiert werden. Die Behinderten leben im Wohnumfeld, begegnen den Menschen ihrer Nachbarschaft, werden mit ihren individuellen Fähigkeiten und Möglichkeiten erlebt. Der Umgang mit ihnen rückt etwas mehr in den Alltag.

Verkürzung der Fahrtzeiten

Die oft langen Anfahrten in die Sondereinrichtungen werden vermieden. Behinderte Kinder müssen manchmal bis zu einer Stunde angeschnallt im Auto des Fahrdienstes sitzen, um ihre sonderpädagogische Einrichtung zu erreichen. Das bedeutet für sie eine hohe und einseitige Anforderung, insbesondere bei impulsiven und aktiven Kindern.

Lernen durch Nachahmung

Es hat sich erwiesen, dass die behinderten Kinder durch die Nachahmung der nich behinderten Kinder überraschende Lernfortschritte aufweisen konnten. Der mögliche Mangel an speziellen Fördermaßnahmen wird dadurch teilweise ausgeglichen.

b) Bedeutung für nicht behinderte Kinder

Die nicht behinderten Kinder erfahren im Zusammenleben mit behinderten Kindern einen hohen Zuwachs an emotionalen und sozialen Fähigkeiten: Empathie (Einfühlungsvermögen), Hilfsbereitschaft, Rücksichtnahme, Verantwortlichkeit usw. werden im natürlichen Lebensraum der Kinder gefordert und gefördert. Im emotionalen und sozialen Bereich sind die

Nur geben oder auch empfangen?

nicht behinderten Kinder keineswegs immer überlegen: Behinderte haben oft weniger Schwierigkeiten auf andere zuzugehen. Sie vermitteln meist eine warme und willkommene Atmosphäre, vor allem, wenn sie sich angenommen fühlen.

Die nicht behinderten Kinder bauen Bezüge zu den Behinderten auf. Sie werden sich auch später als Erwachsene ungehemmter und akzeptierender gegenüber Behinderten verhalten können. Diese akzeptierende Einstellung kann sich insgesamt auf andersartige Menschen übertragen.

Das Zusammenleben mit den behinderten Kindern muss allerdings von den Eltern akzeptiert werden, nicht nur, weil hier Elternrechte berührt werden, sondern auch, weil das Kind keine wertschätzende Haltung aufbauen kann, wenn ihm zu Hause möglicherweise eine Abwertung von andersartigen Menschen vorgelebt wird.

5.2.3.2 Bedeutung für die Arbeit der Erzieherin

Persönlichkeit der Erzieherin

Integrative Erziehung setzt eine persönliche Haltung voraus, die im Umgang mit Menschen – nicht nur mit dem behinderten Kind – keine Unterschiede in der Bewertung macht. Der Mensch darf nicht nach seiner Leistungsfähigkeit bewertet werden. Er wird in seiner Ganzheit anerkannt und angenommen. Eine solche Haltung zeigt sich nicht nur im Umgang mit Behinderten.

▼ Beispiel:

– Die Entscheidung, ob die Leiterin oder die Kinderpflegerin wegen eines nicht abgeholten Kindes länger in der Einrichtung bleibt, hängt nicht von ihrer Position ab. Wenn dafür keine Überstunden angerechnet werden, ist es für beide der gleiche private Zeitaufwand. ▲

Kenntniserwerb

Die Erzieherin muss sich mit den einzelnen Behinderungen, ihren Folgen, Entwicklungschancen und -möglichkeiten auseinander setzen und sich entsprechende Kenntnisse an-

eignen. Dazu kommt die Zusammenarbeit mit Therapeuten. Für gegenseitigen Kenntnis- und Erfahrungsaustausch muss sie immer offen sein.

Planung und Vorgehensweise

Situationsorientiertes Vorgehen ist mit behinderten Kindern in der integrativen Gruppe weitgehend möglich. Eine große altersgemischte Spanne in der Gruppe würde ähnliche Arbeitsbedingungen bieten wie eine integrative Gruppe, so lange es sich nicht um Schwerbehinderte handelt. Allerdings benötigen Behinderte individuelle Zuwendung und Behandlung. Sie können auch nicht immer in alle Aktivitäten einbezogen werden.

Bei der Planung müssen die Lernmotivationen und Interessen aller Gruppenmitglieder erfasst und muss auch für die Behinderten angemessen geplant werden. Die Erzieherin wird darauf achten, auch die Lebenssituationen des behinderten Kindes oder Jugendlichen einzubeziehen und zu bearbeiten. Für das behinderte Kind gilt nach dem Situationsansatz ebenso wie für das nicht behinderte Kind solche Situationen seines Lebens aufzugreifen, in denen es über eine Bearbeitung und eine Erweiterung seiner Fähigkeiten zu größerer Selbstständigkeit und Selbstbestimmung finden kann. Dabei muss die Festigung und Steigerung seines Selbstwertgefühls ein wichtiges Anliegen sein.

▼ Beispiele:

– Die Bearbeitung von Ängsten des behinderten Kindes,
– Abbau von möglicher Überbehütung und deren Folgen,
– Hilfe bei der Zurechtfindung in der Einrichtung und im Gemeinwesen, beispielsweise unterschiedliche Räume und Materialien finden, einkaufen, den öffentlichen Spielplatz aufsuchen und Ähnliches,
– pädagogische Arbeit im Zusammenhang mit der vielleicht geringen Bereitschaft des behinderten Kindes bestimmte Fähigkeiten zu erlernen wie das selbstständige Essen oder das An- und Ausziehen. ▲

Für angeleitete Aktivitäten und Projekte kann das bedeuten, dass mit Kleingruppen unterschiedliche Tätigkeiten durchgeführt werden. Nicht alle Gruppenmitglieder machen das Gleiche. Diese Arbeitsweise ist auch bei einer altersgemischten Gruppenzusammensetzung notwendig und vor allem auch im situationsorientierten Vorgehen erwünscht, muss bei integrativen Gruppen aber noch stärker differenziert werden. Natürlich werden auch bei integrativen Gruppen die Aktivitäten mit der Gesamtgruppe nicht völlig ausfallen. Gemeinsames Singen, kurze Gesprächs- und Spielrunden, manchmal auch Erzählen oder eine Bildbetrachtung und Ähnliches sind bei vielen behinderten Kindern und Jugendlichen möglich. Daneben bedarf das behinderte Kind einer individuellen Zuwendung und Förderung.

Konsequente Erziehung und Förderung des behinderten Kindes

Das behinderte Kind benötigt eine äußerst konsequente Erziehung. Es lernt nicht so leicht wie das nicht behinderte Kind. Viele Fähigkeiten, die das nicht behinderte Kind sich ohne Lernaufwand im Alltag aneignet, muss das behinderte Kind mühsam trainieren. Regeln, die nicht regelmäßig gelten, können viele Behinderte nicht verinnerlichen. Handlungen, die nicht geübt werden, vergessen sie wieder. Natürlich bedeutet diese Konsequenz auch bewusste und kontinuierliche Teamarbeit, denn unterschiedliche Vorgehensweisen und Anforderungen können das behinderte Kind verwirren und Verweigerungshaltungen nach sich ziehen.

Die Erzieherin muss aber die Grenzen des behinderten Kindes anerkennen. Sie muss das Ziel ihrer Förderung darin sehen, dem behinderten Kind zu optimaler Lebensqualität im Rahmen seiner Behinderung zu verhelfen. Sie darf nicht versuchen – wie schon erwähnt – das behinderte Kind den Nichtbehinderten unbedingt gleichstellen zu wollen. Darin läge die Gefahr, dem behinderten Kind die eigene Identität zu nehmen. Es würde dann möglicherweise wegen seiner eingeschränkten Fähigkeiten unzufrieden werden, weil es die Erwartungshaltung der Bezugspersonen verinnerlicht.

Elternarbeit

Die Elternarbeit in der integrativen Einrichtung setzt ein hohes Einfühlungsvermögen der Erzieherin voraus. Eltern behinderter Kinder sind oft durch Schuldgefühle, Enttäuschung und Resignation bedrückt. Sie können verschlossen, ängstlich, manchmal abweisend, auch gleichgültig sein.

Bei allem Verständnis muss die Erzieherin im Sinne einer kooperativen Erziehung zwischen Einrichtung und Elternhaus aber konsequente Erziehung verlangen. Viele Entwicklungsfortschritte des Kindes stagnieren, weil die Eltern – aus was für Gründen auch immer – die abgesprochenen Vorgehensweisen, beispielsweise das Kind alleine essen zu lassen, nicht regelmäßig einhalten.

Bekanntschaften und Freundschaften zwischen den Eltern Behinderter und Nichtbehinderter können in der Elternarbeit manchmal angeregt werden. Bei Tür-und-Angel-Gesprächen, in Elternabenden und bei Festen können Kontakte hergestellt werden. Die Eltern der Nichtbehinderten werden den Bezug zu Behinderten aufbauen, wenn sie deren Eltern in ihren Sorgen, ihren Belastungen und ihrer möglichen Isolation kennen lernen.

Probleme bei der Arbeit in integrativen Gruppen

Wie schon beschrieben muss die Arbeit in integrativen Gruppen differenzierter vorgenommen werden als in anderen Gruppen. Es müssen mehr Kleingruppen gebildet werden und behinderte Kinder benötigen zusätzliche Zuwendung und individuelle Förderung. Das bedeutet, dass die Gruppengröße reduziert und der Personalschlüssel verbessert werden muss. Einzelne Bundesländer geben dafür Richtlinien heraus. Aber auch bei einer verbesserten Personalsituation kann es zu Engpässen kommen, wenn beispielsweise eine Fachkraft (vorübergehend) ausfällt oder wenn eins der behinderten Kinder abgemeldet wird und die neue Gruppensituation den verbesserten Personalschlüssel nicht mehr rechtfertigt. Ein einzelnes behindertes Kind in der Gruppe läuft Gefahr in eine Sonderstellung zu geraten, sei es durch Verwöhnung oder durch Isolation. Die Arbeit in integrativen Gruppen kann deshalb dazu führen, dass den Bedürfnissen der behinderten Kinder oder der Gruppe der Nichtbehinderten nicht mehr zufriedenstellend nachgekommen werden kann.

Ein weiteres Problem entsteht durch die mangelnden Fachkenntnisse der Erzieherinnen. Die fachgerechte Unterstützung von ausgebildetem Personal muss garantiert sein. Ein behindertes Kind kann durchaus in der Gruppe versorgt werden und es können ihm interessante Lernreize geboten werden. Die speziellen Förderungen, z.B. im motorischen Bereich, haben Erzieherinnen nicht gelernt und nicht geübt. Hierfür benötigen sie kontinuierliche Anleitung, die nicht immer gewährleistet wird. Die speziellen Hilfs- und Lernmaterialien, die größere Einrichtungen für Behinderte zur Verfügung haben, fehlen in Regeleinrichtungen, die sich auf Integration umstellen, häufig.

Auch im emotional-sozialen Bereich müssen Erzieherinnen häufig Misserfolge einstecken. Die Kooperation und Integration, die sie beispielsweise am Vormittag erreicht haben, wird zu Hause am Nachmittag nicht fortgesetzt. Die behinderten Kinder werden von anderen Kindern und deren Eltern oft nicht eingeladen. Sie nehmen z.B. an Kindergeburtstagen nicht teil. Behinderte und ihre Eltern bleiben oft trotz aller Integrationsbemühungen der Erzieherinnen letztlich doch sehr isoliert.

Die Arbeit mit Behinderten verlangt eine intensive Absprache und Kooperation im Team. Behinderte sind auf eine gleichmäßige Förderung angewiesen. Für Fallbesprechungen und die Koordinierung der pädagogischen Arbeit muss genügend Zeit eingeplant werden.

Ein weiteres Problem ergibt sich durch die uneinheitlichen finanziellen Regelungen und Bestimmungen, weil Regelkindergärten der Jugendhilfe und Sondereinrichtungen dem Bundessozialhilfegesetz zugeordnet werden.

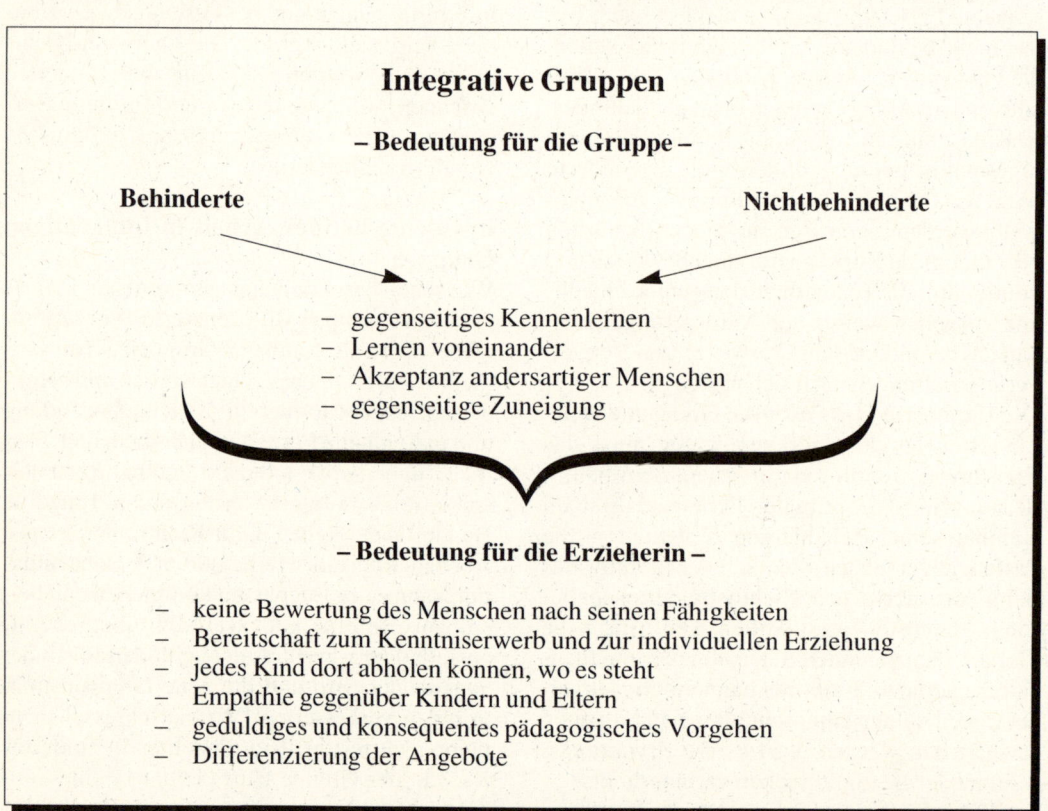

Integrative Gruppen

– Bedeutung für die Gruppe –

Behinderte   **Nichtbehinderte**

- gegenseitiges Kennenlernen
- Lernen voneinander
- Akzeptanz andersartiger Menschen
- gegenseitige Zuneigung

– Bedeutung für die Erzieherin –

- keine Bewertung des Menschen nach seinen Fähigkeiten
- Bereitschaft zum Kenntniserwerb und zur individuellen Erziehung
- jedes Kind dort abholen können, wo es steht
- Empathie gegenüber Kindern und Eltern
- geduldiges und konsequentes pädagogisches Vorgehen
- Differenzierung der Angebote

Zusammenfassung

- In integrativen Gruppen leben behinderte und nicht behinderte Kinder oder Jugendliche zusammen. Integrative Erziehung nimmt im schulischen und sozialpädagogischen Bereich zu, weil das Leben in Einrichtungen nur für Behinderte einseitig und isolierend wirkt. Die Behinderten werden nicht in das Umfeld integriert. Allerdings muss im Einzelfall entschieden werden, ob der behinderte Heranwachsende die intensive Förderung in einer Einrichtung für Behinderte benötigt.

- Die den Kindern zugewandte und wertschätzende Haltung von Erziehern und Erzieherinnen gegenüber andersartigen Menschen ist Voraussetzung für ein wirkungsvolles pädagogisches Vorgehen. In integrativen Gruppen sind nicht nur die Nichtbehinderten die Gebenden. Es gibt auch Bereiche, vor allem bei emotionalen und sozialen Fähigkeiten, in denen sie von den Behinderten lernen können. Ihr Tageslauf wird durch Erlebnisvielfalt bereichert.

- Bei der pädagogischen Arbeit in integrativen sozialpädagogischen Einrichtungen muss der unterschiedliche Entwicklungsstand der Gruppenmitglieder beachtet werden. Einzelbeschäftigungen und Kleingruppenarbeit werden deshalb einen breiteren Raum einnehmen als in anderen Einrichtungen.

- Integrative Einrichtungen beugen einer Ausgrenzung und Isolierung des behinderten Menschen vor und dokumentieren die Geschlossenheit aller Menschen in einer Gesellschaft.

- Angemessene integrative Arbeit ist nur leistbar, wenn die Gruppenstärke der Regeleinrichtungen reduziert, der Personalschlüssel verbessert und die therapeutischen Hilfen für die behinderten Kinder garantiert werden.

Anregungen

1. Nachempfinden von Behinderungen

Nehmen Sie sich jeder für einen bestimmten Zeitabschnitt vor sich in eine Behinderung einzudenken: für eine Pause, eine Unterrichtsstunde, vielleicht auch einen Tag.

Versuchen Sie diese Behinderung realistisch zu erleben, indem Sie z.B. eine Augenbinde anlegen (und nicht abnehmen!), Ihre beiden Beine zusammenbinden (Amputation oder Lähmung eines Beines), einen Arm fest an den Körper binden, die Ohren mit Ohropax verschließen, im Rollstuhl fahren.

Erleben Sie die Einschränkung mit möglichst vielen Wahrnehmungen: irgendwo nicht mitmachen können, vieles nicht mitbekommen, um Hilfe bitten müssen. Beachten Sie die Reaktionen Ihrer Mitmenschen: Wirken sie hilflos? Nehmen sie Ihren Versuch ernst? Sind sie entgegenkommend? Wenden sie sich ab?

Sprechen Sie später über Ihre Erfahrungen.

2. Gegenüberstellung von sozialpädagogischer Arbeit mit Behinderten und Nichtbehinderten (Methode Zwiebelschale)

Bilden Sie einen inneren und einen äußeren Stuhlkreis. In den inneren Kreis setzen sich Studierende, die bereits mit behinderten Kindern gearbeitet haben und daran Freude hatten, oder Studierende, die vorhaben mit Behinderten zu arbeiten. Sie wenden sich mit ihren Stühlen dem Außenkreis zu.

Im Außenkreis sitzen Studierende, die nicht vorhaben mit Behinderten zu arbeiten oder sich das nur schwer vorstellen können.

Im Partner- oder Kleingruppengespräch werden die unterschiedlichen Motivationen erläutert.

Nach einer bestimmten Zeit rücken beide Kreise in entgegengesetzter Richtung um eine abgesprochene Stuhlzahl weiter. Nun ergeben sich neue Gesprächsgruppen. Gedanken aus dem ersten Gespräch können in das zweite mit eingebracht werden.

In einem Reflexionsgespräch wird im Plenum über die unterschiedlichen Gesprächsinhalte und Gesprächsabläufe gesprochen.

3. Besuche und Hospitationen in Einrichtungen für Behinderte

Im ersten Kapitel (Einführung in sozialpädagogische Arbeitsfelder) habe ich bereits Hospitationen dringend empfohlen und Methoden für ihre Bearbeitung aufgezeigt. Neben Hospitationen eignen sich auch Einführungen in bestimmte Arbeitsbereiche durch Vertreter aus der Praxis. Dafür können entsprechende Personen in die Schule eingeladen werden. Lebendiger und eindrucksvoller, allerdings auch zeitaufwändiger ist es, wenn die Studiengruppe für die Einführung die Einrichtung besucht und die Räumlichkeiten kennen lernt. Bei der Arbeit mit Behinderten ist das besonders wichtig, da es viele Hilfsmittel und Therapien gibt, die in der Einrichtung kennen gelernt werden können.

4 Gespräch über Lernziele in der Ausbildung zur Erzieherin

Gisela Dittrich und Lore Miedaner haben im Zusammenhang mit der Integration behinderter Kinder folgende Lernziele für die Ausbildung von Erzieherinnen zusammengestellt (Dittrich/Miedaner 1983, S. 46 f.).

Diskutieren Sie diese Lernziele und die Möglichkeiten sie zu erreichen:

– *die Fähigkeit zur genauen Beobachtung der Kinder und zu einer angemessenen Interpretation des Beobachteten sowie zum Entwickeln einer entsprechenden Handlungskompetenz;*

– *die Fähigkeit der Gruppe und einzelnen Kindern differenzierte, die Gesamtpersönlichkeit der Kinder fördernde pädagogische Angebote machen zu können;*

– *das Bewusstsein an den Stärken der Kinder ansetzen zu müssen und Einschränkungen der Möglichkeiten der Kinder auf Grund ihrer Behinderung als Teil ihrer Person und Persönlichkeit akzeptieren zu wollen;*

– *die Absicht, Solidarität innerhalb der Kindergruppe erreichen zu wollen, also Leistungs- und Konkurrenzdruck so weit wie möglich zu verhindern;*

– *die Fähigkeit kreative Lösungsmöglichkeiten bei der Bewältigung der täglichen „Probleme" zu finden;*

– *die Bereitschaft und Fähigkeit zur gleichberechtigten Kooperation mit Angehörigen verschiedener Berufsgruppen;*

– *die Fähigkeit sich mit Erwachsenen, z.B. mit Eltern, auseinandersetzen zu können;*

– *die Bereitschaft eigene Barrieren gegenüber behinderten Menschen aufzu-*

arbeiten und durch die Gesellschaft vermittelte, eigene Normen (z.B. Leistungs-, Sauberkeits- und Schönheitsnormen) in Frage stellen zu können.

5. Übung eines Teamgesprächs: Aufnahme eines behinderten Gruppenmitglieds

Simulieren Sie in der Gruppe ein Team einer (bisher nicht integrativen) sozialpädagogischen Einrichtung und diskutieren Sie, wie Sie die Anfrage eines Elternpaares beantworten wollen: Die Eltern bitten um die Aufnahme ihres behinderten Kindes (Behinderung nach Wahl).

Vergegenwärtigen Sie sich im Teamgespräch die Konsequenzen Ihrer Entscheidung für das behinderte Gruppenmitglied, für das Team und die Gruppe, die Eltern und Sie selbst.

6. Zusammenfassende Aufgabe zum Kapitel 5.2: Durchsicht von Fachzeitschriften in Bezug auf Gruppenzusammensetzungen

Durchforsten Sie Fachzeitschriften im Hinblick auf ihre Beiträge zu Themen der pädagogischen Arbeit bei spezieller Gruppenzusammensetzung. Beziehen Sie auch die Integration von Randgruppen, beispielsweise Kinder aus sozialen Brennpunkten, mit ein. Berichten Sie sich gegenseitig von Ihren Erkenntnissen, der vorgefundenen Aktualität der Themen, den Schwerpunkten und den Sichtweisen in den unterschiedlichen Zeitschriften (Fachzeitschriften siehe S. 372 ff.). ❑

5.3 Regeln und Entscheidungsspielräume für Gruppenleiter und Gruppe

Wenn Sie in einer neuen Stelle Ihre Arbeit beginnen, werden Sie wahrscheinlich beobachten und sich erkundigen, welche Regeln üblich sind. Solange Sie nicht die wesentlichen Regeln kennen, werden Sie sich unsicher fühlen. Es wird Regeln für die Gruppe geben, z.B. wann und wie aufgeräumt wird, auch Regeln für das Team, beispielsweise wo geraucht werden darf. Sie werden sicher auch so etwas wie Regeln für Ihr pädagogisches Verhalten erfahren. Ratschläge oder pädagogische Grundsätze, die Ihnen Hilfe für Ihre täglichen Entscheidungen geben sollen. „So musst du dich immer verhalten, wenn ..." Diese Ratschläge werden Sie nicht immer befolgen wollen, weil sie vielleicht nicht Ihrer pädagogischen Grundeinstellung entsprechen. Ebenso werden Sie möglicherweise nicht alle Gruppenregeln als gut empfinden. Regeln und pädagogische Grundsätze können unangemessen sein, sie können starr und unflexibel eingesetzt werden und können den individuellen Entscheidungsfreiraum einschränken. Sie bieten aber auch Hilfe für pädagogische Entscheidungen.

Der folgende Abschnitt befasst sich mit pädagogischen Ratschlägen (Grundsätze oder Prinzipien genannt) und mit Gruppenregeln. Er stellt dar, inwieweit pädagogische Entscheidungen durch sie erleichtert werden können. Zugleich wird aber darauf hingewiesen, dass Prinzipien und Regeln kritisch zu bewerten sind und dass sie selbst bei einer positiven Bewertung häufig trotzdem individuelle Entscheidungen verlangen.

Darüber hinaus wird in diesem Kapitel auch erörtert, ob und wie weit Gruppenmitglieder in Führungsaufgaben eingeführt und darin bestärkt und gelenkt werden können.

5.3.1 Hilfe durch gruppenpädagogische Prinzipien

Mit pädagogischen Prinzipien sind allgemein gültige, grundlegende pädagogische Verhaltensweisen gemeint. Pädagogische Prinzipien sollen (dem Anfänger) die sich wiederholenden individuellen pädagogischen Entscheidungen erleichtern.
Jeder wird schon irgendwann einmal solche Grundsätze gehört und auch in diesem Buch gelesen haben: „Beim Erzählen nicht vor das Fenster setzen!", „Zu Beginn eines Gruppenprozesses als Gruppenleiter die Führung in die Hand nehmen, später die Gruppe in die Planung möglichst einbeziehen!" usw.
Willi Erl nennt in seinem Buch „Gruppenpädagogik in der Praxis" sechs wichtige gruppenpädagogische Prinzipien (Erl, 1973, S. 25 ff.):
- *Da anfangen, wo die Gruppe steht, und sich mit ihr in Bewegung setzen.*
- *Mit der Stärke eines jeden Einzelnen arbeiten.*
- *Zusammenarbeit ist besser als Einzelwettbewerb.*
- *Raum für Entscheidungen geben.*
- *Erzieherisch notwendige Grenzen setzen.*
- *Sich als Gruppenleiter entbehrlich machen.*

Es gibt unzählige weitere Grundsätze, die ergänzt werden könnten. Sie sind nicht immer auf die gesamte Gruppe, sondern auch auf den pädagogischen Umgang mit dem einzelnen Kind oder Jugendlichen anzuwenden, z.B. „Lob und Tadel nicht auf die ganze Person beziehen, sondern nur auf einzelne Verhaltensweisen!"
Andere Prinzipien helfen in erster Linie dem Gruppenleiter in seiner Leitungsfunktion. Es ist z.B. angebracht, eine Gruppe zu Beginn etwas strenger als gewohnt anzuleiten. Die Gruppenmitglieder wollen zunächst die Grenzen des Gruppenleiters austesten. Weit gesteckte Grenzen können nur schwer später enger gesetzt werden. Der umgekehrte Weg ist leichter und für die Gruppe auch eher nachvollziehbar.
Natürlich müssen solche Prinzipien, die in erster Linie dem Gruppenleiter dienen, dahin gehend überprüft werden, ob sie auch der Gruppe nicht schaden. Das Prinzip „Vertrauen ist gut, Kontrolle ist besser" kann dem Gruppenleiter zwar helfen, vermittelt den Gruppenmitgliedern aber, dass ihnen nicht vertraut wird. Ohne einen vorhandenen Grund – einen Vertrauensbruch von seiten der Gruppenmitglieder – würde dieses Prinzip das Selbstwertgefühl der Gruppenmitglieder drücken. Natürlich kann es trotzdem berechtigte Gründe für den Gruppenleiter geben dieses Prinzip einzuhalten.

▼ **Beispiel:**
Eine neue Erzieherin bittet die Hortkinder, sich bei ihr abzumelden, wenn sie in anderen Räumen oder im Freien spielen wollen. Sie benötigt den Überblick. Obwohl sie keine Übertretung dieser Bitte festgestellt hat, kontrolliert sie die Räume und den Hof. ▲

Insbesondere bei starker Belastung ist es für den Gruppenleiter besser, ein Prinzip zur eigenen Entlastung einzusetzen, als sich selbst zu überfordern und z.B. ungehalten oder zornig zu werden. Die Gruppe weiß dann nicht, woran sie ist, und reagiert verunsichert oder trotzig. Ein Aufschaukelprozess kann entstehen.

Viele positive pädagogische Verhaltensweisen lassen sich als pädagogische Grundsätze formulieren, und zwar dann, wenn sie grundlegend, also in der Regel immer umsetzbar, und wenn sie grundsätzlich zu empfehlen sind.

Kritischer Umgang mit pädagogischen Grundsätzen

Pädagogische Grundsätze müssen in doppelter Hinsicht kritisch betrachtet werden. Sie müssen überprüft werden, ob sie der pädagogischen Grundhaltung entsprechen, und sie müssen flexibel gehandhabt werden. Sie dürfen nicht als Rezept eingesetzt werden. Jede pädagogische Situation ist einmalig und nicht wiederholbar. Deshalb verlangt jede Entscheidung ebenfalls Einmaligkeit. Pädagogische Grundsätze können als Leitlinien angesehen werden, aber nicht als mehr. Sie erleichtern die individuelle Entscheidung, ersetzen sie aber nicht.

▼ Beispiel:

Sie kommen als Gruppenerzieherin in das Dreibettzimmer der Heimgruppe um gute Nacht zu sagen. Es ist Sommer. Sie sehen die Sonne durch das Westfenster des Zimmers tief am Himmel hängen. Die Gruppe möchte eine Kurzgeschichte vorgelesen bekommen, eine fast allabendliche Tradition. Alle drei Mädchen bitten Sie sich dafür auf ihr Bett zu setzen. Sie kennen den Grundsatz: „Beim Erzählen und Vorlesen nicht vor das Fenster setzen!" Auch die Begründung ist Ihnen klar: Zuhörer hören nicht nur zu, sie sehen auch. Also sollen sie nicht ins Licht blicken.

Nach diesem Grundsatz müssten Sie sich auf das Bett C setzen, notfalls auf das Bett B, in keinem Fall aber auf das Bett A, weil dann die Jugendliche C Sie nur in der Silhouette gegen die untergehende Sonne sehen würde. Sie könnten sich allerdings gerade für dieses Bett entschei-

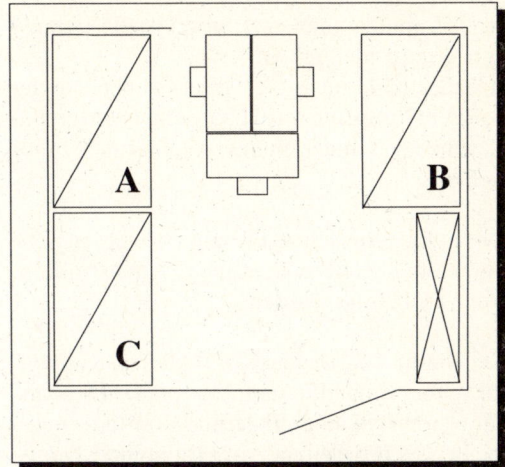

den, weil Sie dadurch C unbemerkt veranlassen beim Vorlesen „in den Sonnenuntergang zu träumen". Vielleicht ist Ihnen im Moment auch die Frage wichtiger, welchem Kind Sie sich mit Ihrer Nähe zuwenden wollen. Möglicherweise wurde auch eine Reihenfolge mit den Mädchen abgesprochen um allabendliche Konflikte zu vermeiden. Und schließlich entscheiden Sie sich ganz anders: Alle kuscheln sich in das Bett A und Sie unterbrechen das Vorlesen, wenn die Sonne den Horizont erreicht hat, um sie zu beobachten. ▲

Von den zahlreichen pädagogischen Ratschlägen müssen viele als fragwürdig angesehen werden, z.B. wenn sie den drei grundlegenden Haltungen des Gruppenleiters nicht entsprechen: Wertschätzung (Akzeptanz), einfühlendes Verstehen (Empathie), Echtheit (Kongruenz). Alle pädagogischen Grundsätze müssen deshalb kritisch beurteilt werden. Sie dürfen nur dann in das eigene Handeln übernommen werden, wenn sie mit der eigenen pädagogischen Grundeinstellung übereinstimmen. Und auch dann bedürfen sie immer einer individuellen Entscheidung.

Diese Forderung soll an Beispielen erläutert werden:
Drei Erzieherinnen halten sich jeweils an einen der folgenden Grundsätze:

A: Zusammen spielende Störenfriede trennen und auseinander halten!
B: Jedes Kind muss das Gefühl haben ständig von der Gruppenleitern beobachtet zu werden.
C: Einzelne Kinder nicht vor der Gruppe bloßstellen!

Diese pädagogischen Prinzipien würden sehr unterschiedliche Einstellungen ausstrahlen, wenn sie befolgt würden:

Erzieherin A vermeidet Konflikte von Kindern. Ihr fehlen Empathie und Akzeptanz. Die Kinder werden bei ihr nicht lernen Konflikte angemessen zu bearbeiten. Auf Grund ihrer Dominanz oder ihres starken Harmoniestrebens schiebt sie Konflikte einfach weg. Sie sind unsichtbar. Ihre eigene Situation hat sie in diesem Fall vielleicht erleichtert. Eine solche pädagogische Einstellung ist nicht sinnvoll, weil sie das Kind nicht weiterbringt.
Trotzdem kann es Situationen geben, in denen diese Form von Konfliktbearbeitung als einzig mögliche im augenblicklichen Zusammenhang gesehen werden kann. Das wird etwa der Fall sein, wenn vergeblich intensive Bemühungen vorausgegangen sind den Konflikt mit den betroffenen Kindern zu lösen. Ein anderer angemessener Grund für den Einsatz dieses Prinzips könnte die Belastung der Erzieherin sein. Es ist oft nicht möglich, bei jedem Konflikt mit Kindern eine differenzierte Konfliktbearbeitung vorzunehmen. Weder die Zeit noch die Belastbarkeit der Erzieherin sind grenzenlos. Auch für die Gruppe gibt es Grenzen, Konflikte Einzelner zu ertragen.

Erzieherin B richtet sich nach dem Prinzip: „Jedes Kind muss das Gefühl haben ständig von der Gruppenleiterin beobachtet zu werden!" Sie scheint eine noch stärkere Dominanz als Erzieherin A zu leben. Sie reduziert die Selbstbestimmung und Eigenverantwortlichkeit der Gruppe auf ein Mindestmaß, das noch nicht einmal in der Krippe angemessen wäre. Denn selbst in diesem Alter soll das Kind Möglichkeiten haben sich ungesehen zu bewegen und ins Spiel zu vertiefen, beispielsweise in der Puppen- oder Kuschelecke, im Spielhaus oder im Freien hinter Büschen.
Und doch gibt es auch hier Situationen, in denen ein solches pädagogisches Verhalten Voraussetzung für mutige Lernbereitschaft des Kindes ist, weil das Kind sich dann sicher fühlt, z.B. im Schwimmbad bei Kindern, die noch nicht schwimmen können, oder bei neuen wagemutigen Turnübungen.

Erzieherin C hat das Prinzip verinnerlicht: „Einzelne Kinder nicht vor der Gruppe bloßstellen!" Sie signalisiert mit ihrem Grundsatz Wertschätzung des Kindes und Anerkennung seiner Persönlichkeit. Ein Grundsatz, der zu bejahen ist. Möglicherweise kann es aber auch für sie Situationen geben, in denen sie von ihrem Grundsatz abweichen muss. Zum Beispiel: Ein dominanter und uneinsichtiger Jugendlicher hat die Gruppe unter seinen negativen Einfluss gebracht. Die Gruppe soll erkennen, dass sie sich von der Bevormundung durch diesen Jugendlichen lösen muss. Hier kann es angebracht sein, das beispielsweise egoistische und ausnutzende Verhalten des „Gruppenführers" der Gruppe offen zu legen, allerdings möglichst in Gegenwart des Jugendlichen selbst.

Wer pädagogische Grundsätze rezeptähnlich anwendet im Sinne von: „Immer, wenn das und das eintritt, reagiere ich so und so", wird sich zwar manche Entscheidungen erleichtern können, aber er wird den individuellen Situationen nicht gerecht. Pädagogen sprechen deshalb manchmal bewusst von Rezepte, um die Fragwürdigkeit einer Wenn-dann-Logik deutlich zu machen.

Die praktische Arbeit mit gruppenpädagogischen Prinzipien
An einem weiteren (sinnvollen) gruppenpädagogischen Grundsatz soll die Hilfe, die pädagogische Prinzipien bieten können, erläutert und auf die sozialpädagogische Praxis übertragen werden: Nach Willi Erl heißt das erste und wichtigste Gruppenprinzip: „Die Gruppe dort abholen, wo sie steht, und sich mit ihr in Bewegung setzen.".
Dieser Grundsatz entspricht:

Ich bin genau nach dem Rezept vorgegangen! Beim Suppekochen gelingt mir das immer. In der Pädagogik kommt jedes Mal etwas anderes heraus!

1. einer wertschätzenden Grundeinstellung der Erzieherin, nämlich das Kind/den Jugendlichen in seiner Person anzuerkennen, und
2. der grundlegenden Hoffnung die Gruppe weiterführen zu können, „Bewegung" mit ihr zu suchen.

Der Grundsatz entspricht auch der zweiten Grundhaltung, die vom Gruppenleiter erwartet wird: einfühlendes Verstehen, denn die Erzieherin muss erfassen, wo das Kind oder der Jugendliche steht. Die dritte Grundhaltung, Echtheit, muss sich bei der Umsetzung zeigen, nämlich, ob es der Erzieherin gelingt, ihre echten Gefühle und Überzeugungen offen zu legen und nichts Falsches vorzutäuschen.

Der Grundsatz „Die Gruppe abholen ..." setzt voraus, dass eine Gruppe sehr sensibel beobachtet werden muss, damit man erkennt, wo sie steht. Die Beobachtung muss den ganzen Menschen einbeziehen und darf sich nicht nur auf beabsichtigte Lernleistungen beziehen.

▼ **Beispiel:**
Mit der Gruppe im Kurheim (übergewichtige Jugendliche) wird abgesprochen, am Nachmittag ein Ballspiel vorzunehmen, weil die gesundheitsfördernde Kur durch viel Bewegung unterstützt werden soll. Die Gruppe einigt sich auf Volleyball, ein Spiel, das allen bekannt ist (= „Die Gruppe abholen, wo sie steht").

Beim Spiel selbst wird deutlich, dass die Jugendlichen die Regeln weitgehend beherrschen. Trotzdem scheiden mehrere Jugendliche nacheinander aus, und zwar auffallend dann, wenn an ihrem Können Kritik geübt wurde oder sie sich als Versager fühlten. Die Erzieherin hat vorher nicht wahrgenommen, dass das Selbstwertgefühl einiger Jugendlicher so gering ist, dass sie Kritik und Gruppendruck nicht ertragen können.

Sie unterbricht das Spiel und schlägt ein Gruppengespräch vor. Sie sagt, dass sie es nicht gut fände weiterzuspielen, wenn mehrere ausscheiden. Sie könne verstehen, dass einige keine Lust mehr hätten, weil die Vorerfahrungen so unterschiedlich seien.

Sie fragt die Gruppe nach Lösungsmöglichkeiten. Jemand schlägt vor, dass die guten Spieler sich gleichmäßig in beide Mannschaften verteilen sollten. Der Vorschlag wird aber nicht angenommen. Die schlechten Spieler würden damit auch nicht besser, meint eine von den Ausgeschiedenen. Sie einigen sich darauf, die Spielregel zu vereinfachen um allen Gruppenmitgliedern die Chance zu geben mitzuspielen.

Die Erzieherin musste die Gruppe auch hinsichtlich ihrer Frustrationstoleranz dort abholen, wo sie stand. Dabei war Vorsicht geboten, nicht zu verletzen, und doch ehrlich die eigenen Gefühle zu äußern. ▲

Wenn sich die Erzieherin mit der Gruppe in Bewegung setzt, wird sie versuchen, die Richtung vorzugeben, in die gegangen werden soll. Bei der Größe der Schritte muss sie die Fähigkeiten der einzelnen Gruppenmitglieder wieder berücksichtigen.

▼ Beispiel:

In der Krabbelstube will die Erzieherin einen Stuhlkreis einführen um die Kinder zu ersten gemeinsamen Gruppenaktivitäten zu führen. Die beiden unruhigsten Kinder setzt sie links und rechts neben sich.

Sie nimmt sich zwei Spiellieder vor, die der Gruppe bekannt sind, weil sie auf der Matratze mit einzelnen Kindern oder mit Kleingruppen schon öfters diese Lieder gesungen und gespielt hat. Nach dem ersten Spiellied werden einzelne Kinder unruhig. Die Erzieherin bricht ab. Der Schritt **eines** gemeinsamen Liedes war für den Anfang groß genug. Wenn sie sich auch das zweite Lied vorgenommen hätte, wären nicht alle Kinder in der Lage gewesen ihr zu folgen. Sie hätte sich nicht mit ihnen in Bewegung gesetzt. ▲

Zusammenfassend kann festgestellt werden: Das pädagogische Prinzip „Die Gruppe dort abholen, wo sie steht, und sich mit ihr in Bewe-

gung setzen" kann der Erzieherin helfen, die Gruppe sensibel wahrzunehmen und behutsam zu leiten.

Pädagogische Prinzipien bündeln einzelne Entscheidungen. Dadurch werden diese Entscheidungen zugleich weitgehend bewusst gemacht, und die entsprechenden Prinzipien können offen gelegt und diskutiert werden. Pädagogische Prinzipien sind deshalb nicht nur Entscheidungshilfen in konkreten alltäglichen Situationen, sondern sie tragen auch zur pädagogischen Standortsuche bei. Sie helfen das eigene Verhalten bewusst zu machen, zu klären und zu begründen.

▼ Beispiel:

Im Team einer Heimgruppe wird verglichen, wie unterschiedlich sich die Gruppe gegenüber den Teammitgliedern verhält und wie verschieden ihr Verhalten wahrgenommen wird. Die einen empfinden Gruppenmitglieder als motzig, widerspenstig und aufsässig. Andere Teammitglieder beschreiben sie als zugänglich und meist einsichtig.

Nun wird darüber gesprochen, wie unterschiedlich die Teammitglieder den Jugendlichen begegnen. Während die einen sagen: „Einmal ausgesprochene Sanktionen (Strafen) werden grundsätzlich nicht zurückgenommen", beschreiben andere ihr diesbezügliches Verhalten: „Wenn Jugendliche eine Strafe als ungerechtfertigt empfinden, lasse ich immer mit mir reden." Durch die Beschreibung dieses grundsätzlichen Verhaltens werden den Teammitgliedern unterschiedliche Vorgehensweisen und vielleicht auch gegensätzliche pädagogische Maßnahmen bewusst. Über Bewusstes kann gesprochen werden. Nicht Bewusstes kann nicht in Frage gestellt werden. ▲

Pädagogische Prinzipien haben deshalb nur dann Sinn, wenn sie ermöglichen pädagogisches Handeln bewusster, sensibler und diskutierbar zu machen. Bei unreflektierter und starrer Handhabung kann es sein, dass sie mehr schaden als helfen. Der Pädagoge verliert seine Flexibilität und die Heranwachsenden können kaum individuell geführt und gelenkt werden.

Pädagogische Prinzipien
= allgemein gültige pädagogische Verhaltensweisen

können Hilfe bieten

bei kritischer Auswahl und
sensibler Handhabung

– einzelne pädagogische Entscheidungen erleichtern

– zu angemessenem pädagogischem
Verhalten anregen

– pädagogisches Verhalten bewusst
und dadurch diskutierbar machen

können Gefahr bedeuten

bei unreflektierter Anwendung
und starrem Einsatz

– individuelles pädagogisches
Handeln einschränken

– im Sinne der Arbeitserleichterung
nur der Erzieherin und nicht der
Entwicklung des Kindes dienen

– unangemessen auf Grund der Machtposition der Erzieherin eingesetzt
werden

Beispiele:
– Die Gruppe dort abholen, wo sie steht, und sich mit ihr in Bewegung setzen.
– Vertrauen ist gut, Kontrolle ist besser.

5.3.2 Reflektierter Umgang mit Gruppenregeln

Gruppenregeln beziehen sich auf das Zusammenleben in der Gruppe und betreffen die
Gruppenmitglieder.
„Hier ist nichts geregelt, alles läuft chaotisch
ab!", „Bei dieser starren Regelung bleibt für
den Einzelnen kein Handlungsspielraum!",
„Keiner hält sich an die Regeln!" Diese Aussagen machen deutlich, dass es zu wenig und zu
viele Regeln geben und dass ihre Handhabung
zu locker und zu streng sein kann. Schon wieder
ein Bereich, in dem die Erzieherin vor ständigen Entscheidungen steht! Dabei sollen Regeln
gerade dazu beitragen, individuelle Entscheidungen zu erleichtern, zu „regeln", d.h. eine

Ordnung vorzugeben. Die einzelnen Entscheidungen werden für die Gruppenmitglieder und
auch für die Gruppenleiter durch Regeln zusammengefasst und gemeinsam entschieden.

Begründete Aufstellung von Regeln
Um Regeln angemessen aufzustellen und zu
handhaben muss die Erzieherin sich mit der
Notwendigkeit und den Gefahren von Regeln
auseinander setzen:
1. Regeln haben dort einen Sinn, wo sie **das Zusammenleben erleichtern und den Einzelnen
schützen**. Solche Regeln können einen angemessenen Umgang miteinander beschreiben
und dem Einzelnen schützende Grenzen setzen,
die er aus eigenem Antrieb nicht einhalten würde. Sie können eine gerechte Verteilung von

Gütern regeln (zu denen auch Zuwendung, Raumbenutzung und Umgang mit Materialien und Lebensmitteln usw. zählen) und sie können einen Handlungsrhythmus vorgeben, der dem Miteinander einen gewohnten Rahmen gibt und so zum Sicherheitsgefühl der Einzelnen in einer Gruppe beiträgt. Damit sind unter anderem Begrüßungs- und Verabschiedungsformen oder Regeln der Ordnung gemeint.

▼ **Beispiele:**
– Wenn das Kind in den Kindergarten kommt, wird die Jacke an den Haken gehängt, ebenso die Tasche, die Hausschuhe werden angezogen, die Erzieherin wird begrüßt.
Hier findet ein Annäherungsrhythmus statt, der die Loslösung von der Mutter und das Hineinfinden in die Gruppe erleichtern kann. Außerdem trägt diese Regel zur Ordnung bei.
– Im Heim
- müssen die Kinder und Jugendlichen nach Alter gestaffelt zu bestimmten Zeiten zu Hause sein,
- dürfen Jugendliche unter 16 Jahren nicht rauchen,
- ist Rauchen nur in bestimmten Räumen erlaubt.
Hier geht es um gesetzliche Bestimmungen und um gesundheitliche Maßnahmen, die geregelt werden müssen, weil die Jugendlichen sie aus eigenem Antrieb nicht einhalten.
– Drogen im Jugendzentrum bedeuten: Ausschluss aus dem Jugendzentrum für eine längere Zeit, eine Regel, die vom Team strikt eingehalten wird.
Es geht um den Schutz und die Gefährdung Jugendlicher.
– Benutzte Materialien der Einrichtung müssen nach Gebrauch aufgeräumt werden (Geschirr, Spielmaterialien, Bücher usw.).
Diese Regel sorgt für ein gerechtes Miteinander, damit auf Grund von Bequemlichkeitshaltungen der einen die anderen keine Nachteile in Kauf nehmen müssen. ▲

Regeln haben nicht nur den Sinn das Zusammenleben der Gruppe zu erleichtern, sondern sie können auch den Gruppenleiter entlasten.

Allerdings bergen Regeln die Gefahr die Individualität einzuschränken. Ein Jugendlicher kann beispielsweise abends eine ihn fesselnde Veranstaltung nicht besuchen, kann möglicherweise eine Freundin nicht nach Hause begleiten oder eine für ihn wichtige Aktivität nicht zu Ende führen, weil er pünktlich zu Hause sein muss. Die Verletzung der Regel bedeutet für ihn Sanktionen.

2. Es kann Regeln geben, deren Zweck es ist, die Gruppenmitglieder von den Betreuern unabhängiger zu machen und ihre **Selbstbestimmung** zu **erhöhen**.

▼ **Beispiele:**
– Kindergartenkinder müssen nicht die Erzieherin fragen, wenn sie in den Turnraum oder ins Freie gehen wollen. Sie haben ein eigenes Symbolkärtchen, das sie auf eine Tafel an die entsprechende Raumzeichnung hängen. Die zusätzliche Regel „Nicht mehr als drei Kinder" kann auf Grund der bereits aufgehängten Symbolkärtchen anderer Kinder ebenfalls selbst erkannt werden.
– Im Spielzimmer des Krankenhauses darf jedes Kind je ein Spielmaterial oder Buch mit ins Zimmer nehmen. Dafür hat es eine Karte mit eigenem Namen, die es abgeben muss, um den Gegenstand mitzunehmen. Bei der Rückgabe erhält es seine Karte zurück.
Ständiges Fragen: „Darf ich ...?" erübrigt sich. ▲

Gefahr bei diesen Regeln ist, dass sie die Kommunikation und die Beziehung nicht verstärken, sondern ersetzen, und damit nicht Gefühle von Wärme und Nähe, sondern Abstand und Anonymität vermitteln. Die Erzieherin muss sich deshalb bemühen regelmäßigen Kontakt zu denjenigen Kindern zu halten, die ihn nicht von sich aus suchen.

Die meisten Regeln werden allerdings die Selbstbestimmung eher einschränken als sie zu erhöhen: Regeln werden meist von den Erwachsenen erstellt. Die Gruppenmitglieder haben sich den Regeln zu fügen. Regeln legen das Verhalten fest. Abweichungen und Nichteinhaltung von Regeln werden bestraft. Solche

Regeln sind aber notwendig, vor allem dann, wenn das entsprechende Verhalten von der Gruppe gefordert werden muss, von einzelnen Gruppenmitgliedern aber nicht einsichtig eingehalten oder zu lässig gehandhabt wird.

▼ **Beispiele für Regeln, durch die Selbstbestimmung eingegrenzt wird (werden muss):**

– Wer mehrfach zu spät gekommen ist, bekommt den Ausgang für einige Zeit gestrichen.
– Wenn im Schlafzimmer des Heimes nicht geraucht werden darf, dann muss der Jugendliche mit seinem Besuch ins „öffentliche" Wohnzimmer gehen, wenn er/sein Besuch rauchen will.
– Wenn im Hausaufgabenzimmer nicht gesprochen werden darf, wird die gegenseitige Hilfe weitgehend ausgeschlossen. ▲

Die Zeit und die Belastung der Gruppenleiter oder das unausgewogene Gerechtigkeitsempfinden der Gruppenmitglieder lassen oft eine individuelle Handhabung solcher Regeln nicht zu.

3. Regeln sind angebracht, wenn sie **Konflikte reduzieren**. Dadurch werden unnötige Gruppenspannungen vermieden, der Gruppenleiter wird entlastet. Bei häufig auftretenden Konflikten können Regeln oft eine einigermaßen gerechte Lösung vorgeben. Allerdings können Regeln wiederum Konflikte auslösen.

▼ **Beispiel:**
Im Heim schöpfen sich manche Kinder mehr auf den Teller, als sie essen können. Die Aufforderung wenig zu nehmen, hilft nicht. Die Kinder haben oft eine tief sitzende Angst zu wenig zu bekommen.
Regel: Essensreste auf den Tellern werden nicht weggekippt, sondern müssen bei der nächsten Mahlzeit – im Mikrowellenherd gewärmt – gegessen werden.
Neue Konflikte: Einzelne streiten bei der nächsten Mahlzeit ab, dass es sich um ihren Teller handelt. Teller werden verwechselt.
Neue Regel: Alle Gruppenmitglieder benutzen einen erkennbaren eigenen Teller.

Belastung für den Gruppenleiter: Kontrolle der gekennzeichneten Teller, Kontrolle, wer noch einen Teller im Kühlschrank hat, Fremdbestimmung für die Jugendlichen, Probleme, wenn diese Teller zwischendurch gespült werden müssen usw.
Fazit: Diese Regel hat sich nicht bewährt, es muss nach einer anderen Lösung gesucht werden. ▲

Handhabung von Regeln
Um die Gefahr einer zu großen Fremdbestimmung durch Regeln gering zu halten, ist es wichtig, dass die Erzieherin bzw. das Team die Regeln nicht alleine bestimmt, sondern sie im Rahmen der Möglichkeiten mit den Beteiligten entwickelt. Dafür muss die Problematik aus der Sicht der verschiedenen Beteiligten dargestellt werden.

▼ **Beispiel im Heim:**
Regelung des Rauchens:
– Nichtraucher werden durch passives Rauchen gesundheitlich beeinträchtigt.
– In verrauchten Zimmern zu schlafen ist für alle gesundheitsschädlich.
– Betreuer fühlen sich verpflichtet, darauf zu achten, dass Jugendliche unter 16 Jahren nicht rauchen (in der Öffentlichkeit auch gesetzlich nicht erlaubt).
– Ältere Jugendliche und einige Mitarbeiter sind Raucher und wollen nicht eingeschränkt werden.
Frage an die Gruppe: „Wie können wir mit diesen unterschiedlichen Bedingungen und Bedürfnissen umgehen?" ▲

Auch bei kleineren Kindern ist der Einbezug der Gruppe in die Entwicklung von Regeln häufig möglich:

▼ **Beispiel:**
Die Erzieherin im Kindergarten: „Manche von euch wollen gerne im Freien auch zu solchen Zeiten spielen, in denen die Gruppe und wir Erzieherinnen im Raum sind.
Wir Erzieherinnen haben Angst, dass euch etwas zustoßen könnte und wir es nicht merken oder dass wir ständig unser Spiel mit Kindern unterbrechen müssen, um nach euch zu sehen.

Seht ihr eine Lösung, wie ihr draußen spielen könntet und wir keine Angst zu haben brauchen?" ▲

Regeln, die mit der Gruppe entwickelt werden, haben größere Chancen eingehalten zu werden als solche, die von den Erzieherinnen bestimmt wurden. Natürlich wird es auch Regeln geben, die nicht von den Beteiligten mitentschieden werden können. Solche Regeln müssen dann der Gruppe begründet und weitmöglichst durchschaubar gemacht werden. Grenzen der Durchschaubarkeit gibt es allerdings bei kleinen Kindern und bei Behinderten. Diese Gruppen benötigen häufig den festen Rahmen von Regeln, der ihnen einen gewohnten Lebensrhythmus garantiert und damit Sicherheit bietet.

▼ **Beispiele:**
– sich wiederholender, geregelter Tagesablauf,

– gleiche Reihenfolge der Kleidungsstücke, wenn das Kind lernt sich anzuziehen,
– geregelte Sitzordnung am Esstisch. ▲

Manchen Kindern und Jugendlichen fehlt die Einsicht in bestimmte Regeln. Sie sind zuweilen nicht in der Lage von sich das gleiche Verhalten zu fordern, das sie von anderen erwarten, oder sie sind nicht bereit sich gesundheitsbedingten Anforderungen, gesetzlichen Bestimmungen oder einer allgemeinen Ordnung und Regelmäßigkeit zu stellen. In solchen Fällen müssen Gruppenleiter Druck ausüben und die Einhaltung von Regeln erzwingen.

▼ **Beispiele:**
- Küchendienst im Heim muss von allen Jugendlichen übernommen werden.
– Alle Heimbewohner müssen täglich mindestens zweimal Zähne putzen.
– Gruppenzimmer müssen regelmäßig aufgeräumt werden. ▲

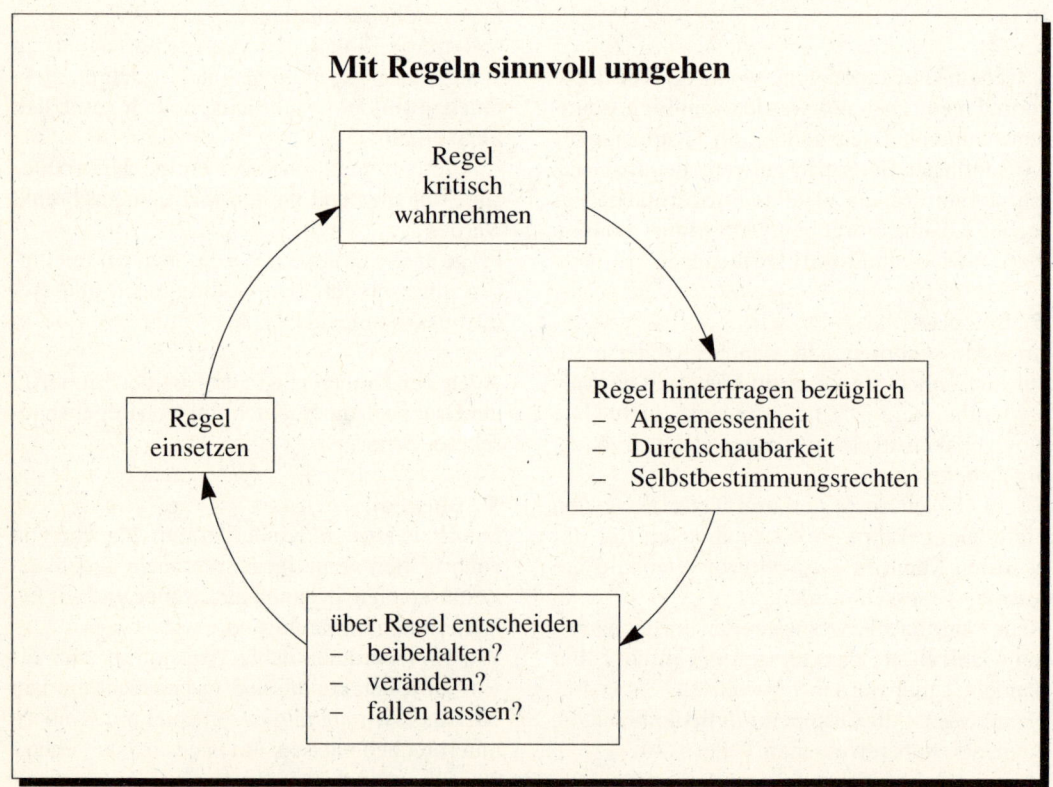

Mit Regeln sinnvoll umgehen

Regel kritisch wahrnehmen

Regel hinterfragen bezüglich
– Angemessenheit
– Durchschaubarkeit
– Selbstbestimmungsrechten

über Regel entscheiden
– beibehalten?
– verändern?
– fallen lasssen?

Regel einsetzen

Es ist selbstverständlich, dass Regeln dort, wo sie auch Erzieherinnen und Erzieher betreffen, von ihnen gleichermaßen eingehalten werden müssen.

Regeln bedürfen einer häufigen Überprüfung, ob sie noch notwendig sind oder ob sie verändert werden müssen bzw. können. Dabei muss überlegt werden, wem sie nützen und ob dieser Nutzen eine feste Regelung rechtfertigt. Für die Erstellung und Überprüfung von Gruppenregeln kann das Prinzip gelten: So viel wie nötig, aber so wenig wie möglich.
Bei heterogener Gruppenzusammensetzung können Regeln, die für die ganze Gruppe gelten, einzelne Gruppenmitglieder unverhältnismäßig einschränken. Hier muss überprüft werden, ob die Regel für alle oder nur für Teilgruppen gelten soll oder einzelne Gruppenmitglieder von der Regel ausgenommen werden sollen.

Verhaltensauffällige Kinder und Jugendliche haben Einstellungen und Verhaltensweisen aufgebaut, die ihnen selbst oder der Umwelt schaden. Von diesen Verhaltensweisen können sie nur schwer lassen. Die Verhaltenstherapie arbeitet mit pädagogischen Maßnahmen, durch die solches Fehlverhalten abgebaut werden soll. Für diese jungen Menschen kann eine strikte Handhabung von Regeln erforderlich, ja sogar förderlich sein.
Durch die Einhaltung von Regeln kann dazu beigetragen werden, dass junge Menschen Fehlverhalten abbauen oder verringern. Manchmal kann durch eine Regel auch erreicht werden, dass andere Gruppenmitglieder von diesem Fehlverhalten abgehalten werden.

▼ **Beispiel:**
Heiko, ein achtjähriger Junge im Heim, ist schon mehrfach dabei gesehen worden, wie er mit Feuer spielte und zündelte (psychische Störung: Pyromanie). Die Versuche der Betreuer Heiko unter ihrer Aufsicht mit Feuer experimentieren zu lassen haben sein Verhalten nicht geändert. Jetzt gilt die Gruppenregel: Gruppenmitglieder unter 14 Jahren dürfen kein Feuerzeug besitzen oder bei sich tragen. Außerdem darf ohne Beisein von Erzieherinnen kein Feuer gezündet werden. Zuwiderhandlungen werden bestraft. Allerdings muss zugleich für Heiko eine therapeutische Behandlung oder zumindest Beratung einsetzen, die nach den Ursachen des Zündelns sucht. Zündeln ist wie anderes Fehlverhalten auch eine Form von Hilfeschrei bei schwerer psychischer Belastung. Verbote helfen dem Kind nicht. Sie können lediglich möglicherweise dazu beitragen, dass kein größerer Schaden entsteht und dass andere Gruppenmitglieder nicht ebenfalls zum Experimentieren mit Feuer veranlasst werden. Verbote entlasten das Gewissen der Gruppenleiter und entsprechen der Aufsichtspflicht. Dem Jungen helfen sie in seiner psychischen Not nicht. Sie helfen ihm allerdings vielleicht, später nicht die Gewissensbisse und Folgen eines Schadens tragen zu müssen. ▲

Bei verhaltensauffälligen jungen Menschen kann auch die Aussicht durch eine Verhaltensänderung eine Regelerleichterung zu erhalten zu einer Besserung des Fehlverhaltens beitragen.

▼ **Beispiel:**
Ein Heimkind schwänzt oft die Schule und streunt während der Schulzeit in der Stadt herum. Bei regelmäßigem Schulbesuch während der Woche darf das Kind an den Wochenendunternehmungen teilnehmen. ▲

Ein flexibler Umgang mit der Regel wäre in diesem Fall unangemessen.

Eine weitere Ausnahme von flexiblem Umgang mit Regeln kann durch die Gruppensituation bedingt sein. Es kann Situationen geben, in denen über Regeln nicht diskutiert wird, weil die Versuche der Heranwachsenden, individuelle Ausnahmen oder Kompromisse zu erreichen, überhand nehmen würden. Eine flexible Handhabung kann dann zu Inkonsequenz, zur Verwässerung der Regel und zu gehäuften Konflikten in der Gruppe und zwischen Gruppe und Erzieherteam führen (Beispiel: eine unklare Handhabung der Ausgangszeiten im Heim).

Umgang mit Regeln

Regeln sind notwendig, weil sie

– das Zusammenleben erleichtern
  und den Einzelnen schützen
– Selbstbestimmung erhöhen können
– Konflikte reduzieren

Regeln bergen Gefahren, weil sie

– Selbstbestimmung reduzieren können
– die Individualität einschränken
– in Beziehungen eingreifen
– spontanes Handeln behindern können

Sinnvoller Umgang mit Regeln

setzt voraus, dass sie

– möglichst mit allen Beteiligten entwickelt werden
– den Beteiligten durchschaubar gemacht werden
– kritisch betrachtet werden, wem sie nützen
– immer wieder auf ihre Notwendigkeit hin überprüft werden

5.3.3 Gezielte Beeinflussung von Führungsfunktionen der Gruppenmitglieder

Im Laufe eines Tages übernehmen Gruppenmitglieder in unterschiedlichen Situationen Führungsaufgaben.

▼ **Beispiele:**
– Meike übernimmt die Mutterrolle in der Puppenecke und damit die Führung des Spiels.
– Tobias hat sich ein Kreisspiel ausgesucht, er erklärt es der Gruppe und übernimmt die Spielführung.
– Roberto hat in der Gruppe ein ausgesprochenes Geschick unbefriedigende soziale Situationen wahrzunehmen und anzusprechen.
– Im Erzieherteam ist Susanne immer dann voller Ideen, wenn es um Festgestaltung geht. Die anderen verlassen sich bereits auf ihre Initiative und Führung. ▲

Im Rahmen ihrer Gruppenleitung können Erzieherinnen und Erzieher diese Führungsfunktionen von Gruppenmitgliedern fördern oder

bremsen. Führungsaufgaben müssen als äußerst wichtig angesehen werden, weil die Gruppenmitglieder bedeutsame Fähigkeiten lernen, wenn sie Führung übernehmen: Sie müssen Situationen sensibel beobachten, Initiative ergreifen, dabei die Bedürfnisse der anderen wahrnehmen, miteinander abstimmen, Entscheidungen treffen, Verantwortung übernehmen. Irene Klein schreibt: Führung ist „unverzichtbar, wenn sich die Gruppe weiterentwickeln soll. Führung meint den gezielten Einsatz von Kräften und Fähigkeiten der Mitglieder." (Klein, 1992, S. 113). Es muss deshalb Ziel einer verantwortlichen Gruppenleitung sein, den Gruppenmitgliedern möglichst häufig Führungsaufgaben zu ermöglichen oder zu übertragen.
Diese Forderung ist Ihnen in diesem Buch schon oft begegnet, beispielsweise, wenn gesagt wurde, dass die Gruppe beim offenen und situationsorientierten Vorgehen in die Planung einbezogen werden soll, wenn der Raum so gestaltet werden soll, dass sich Kleingruppen mit eigenständiger Spielführung bilden können, wenn die Regeln Selbstbestimmung der Gruppenmitglieder möglichst erhöhen sollen usw.

Der Gruppenleiter darf aber Führung innerhalb der Gruppe nicht unbesehen geschehen lassen oder abtreten ohne die Wirkung zu beobachten. Bei den führenden Gruppenmitgliedern kann ein Fehlverhalten auftreten, das sich möglicherweise ungünstig auf die eigene Person oder die anderen auswirkt:
- Führung kann zu eigenen Vorteilen auf Kosten der Gruppenmitglieder ausgenutzt werden.
– Führung durch ein Gruppenmitglied kann sich gegen den Gruppenleiter wenden.
– Führung durch ein Gruppenmitglied kann die Führungsansprüche anderer Gruppenmitglieder unverhältnismäßig einschränken.
– Gruppenmitgliedern in Führungsfunktionen können wesentliche Grundhaltungen, vor allem Wertschätzung und Einfühlung, fehlen.

Gruppenleiter müssen deshalb zwar Führungsaufgaben und Führungsinitiative von Gruppenmitgliedern ermöglichen und unterstützen, sie müssen andererseits aber sehr aufmerksam verfolgen, wie sie ausgeführt werden, so weit ihnen das möglich ist. Viele Führungspositionen entstehen nämlich in Bereichen, die von den Gruppenleitern nur selten wahrgenommen werden.

▼ **Beispiele:**
– Im Puppenhaus im Flur übernimmt immer das gleiche Kind die Führung.
– Bei Spielen im Hof dominiert ein älterer Hortjunge. Die jüngeren beschweren sich nicht, weil sie dann Druck vom Spielführer befürchten. Die unangemessene Führungsrolle fällt deshalb nicht auf.
– Beim Ausgang im Heim zwingen ältere Heimkinder die jüngeren zu Dienstleistungen oder zu Unterordnung. ▲

Gemeinsam begangenes Fehlverhalten wird häufig von einem Gruppenmitglied organisiert, gelenkt und ggfs. unter Gruppendruck erzwungen (Diebstahl, Drogen, Randalieren u.a.). Das Verantwortungsbewusstsein des Einzelnen sinkt in der Gruppe. Delinquentes Verhalten (strafbares Handeln) geschieht bei Jugendlichen meist zunächst in Gruppen.

Das Team muss deshalb versuchen Führung von Gruppenmitgliedern sehr aufmerksam wahrzunehmen und zu bewerten. Die Veränderung und die Lenkung von unangemessener Führung verlangt ein vorsichtiges Vorgehen und viel Fingerspitzengefühl, weil Führung als solches nicht negativ zu bewerten ist. Es muss versucht werden lediglich negative Wirkungen von Führungsverhalten zu verändern. Außerdem können sich Jugendliche, die darin geübt sind, über Gruppenmitglieder zu dominieren, häufig sehr gekonnt zum Gruppenführer machen. Sie sind manchmal problemlos in der Lage, die Gruppe gegen den Gruppenleiter aufzuwiegeln. Dem Gruppenleiter muss es deshalb möglichst gelingen dem Gruppenführer zu vermitteln, dass er in seiner Person wertgeschätzt und dass seine Führung als solche nicht abgelehnt wird, aber dass er seinen Führungsstil und seine Handlungsziele verändern muss, andere in ihren Rechten nicht beschneiden darf, sich Gesetzen unterordnen und allgemein gültige Moral respektieren muss. Die Förderung und Lenkung von Führungsfunktionen durch Gruppenmitglieder ist deshalb eine äußerst schwierige Aufgabe für den Gruppenleiter. Die Schwierigkeit wird noch dadurch erhöht, dass er eigene Aufgaben abtreten und danach streben muss, sich entbehrlich zu machen. Er muss auch akzeptieren, dass Aufgaben anders ausgeführt werden, als er sie selbst geleistet hätte.

Führung durch Gruppenmitglieder

= gezielter Einsatz von Kräften und Fähigkeiten

– häufig ermöglichen
– aufmerksam beobachten
– kritisch beurteilen
– behutsam lenken
– gezielt fördern

Zusammenfassung

- Pädagogische Prinzipien können als Hilfe angesehen werden, wenn sie
  1. der pädagogischen Grundhaltung des Gruppenleiters entsprechen und Wertschätzung, Empathie und Echtheit zum Ausdruck bringen,
  2. sensibel und flexibel in der Praxis eingesetzt werden.
  Sie erleichtern individuelle Entscheidungen, ersetzen sie aber nicht.

- Viele pädagogische Prinzipien dienen zur Erleichterung der Gruppenführung. Die Belastbarkeit eines Gruppenleiters hat Grenzen. Wie weit gruppenpädagogische Maßnahmen zur eigenen Entlastung eingesetzt werden, muss jeder Gruppenleiter für sich entscheiden. Dabei ist allerdings darauf zu achten, dass die Selbstbestimmung der Gruppenmitglieder nicht mehr als nötig eingeschränkt wird.

- Gruppenregeln vermeiden Chaos und bieten Sicherheit. Sie schränken aber auch ein. Deshalb müssen sie:
  – weitgehend mit den Beteiligten entwickelt werden,
  – einen möglichst hohen Anteil von Selbstbestimmung gewähren,
  – immer wieder auf den Nutzen (für wen?) überprüft und ggfs. revidiert werden.

- In heterogenen Gruppen sind häufig Regeln für Teilgruppen oder Ausnahmen von Regeln für einzelne Gruppenmitglieder angemessen. Die Handhabung von Regeln muss der Gruppe im Rahmen der Möglichkeiten offen gelegt und begründet werden. In einzelnen Fällen, z.B. bei verhaltensauffälligen Kindern, kann die Aussicht auf eine Regellockerung ein Ansporn zu einer Verhaltensänderung sein.

- Im Allgemeinen ist ein flexibler Umgang mit Regeln sinnvoll. Heranwachsende, die eine geregelte Ordnung benötigen, vor allem junge Menschen mit Behinderungen und Verhaltensauffälligkeiten, werden bei flexiblem Umgang verunsichert oder versuchen sich der Ordnung zu entziehen. Die Gruppenleiter können dann inkonsequent wirken und setzen sich zusätzlichen Konflikten aus.

- Führung durch Gruppenmitglieder ist notwendig und unverzichtbar. Sie muss durch den Gruppenleiter ermöglicht und gefördert werden. Dadurch wird die eigene Leitungsaufgabe aber nicht erleichtert, denn Führung durch Gruppenmitglieder muss sorgsam beobachtet, auf ihre Wirkungen hin bewertet und ggfs. geschickt beeinflusst werden.

Anregungen

1. Beurteilung von pädagogischen Prinzipien

Ernst Martin hat in „Didaktik der sozialpädagogischen Arbeit" die nachfolgend aufgeführten pädagogischen Prinzipien gesammelt. Er nennt sie „pädagogische Rezepte" und fordert zu einer kritischen Beurteilung auf (Martin 1989, S. 49 f.).
a) Wählen Sie jeder ein Rezept aus und schreiben Sie es in großer Schrift, ggfs.

in Stichworten, auf einen Zettel. (Auch eigenständig formulierte Prinzipien sind geeignet.) Setzen Sie sich in einen großen Stuhlkreis. Schreiben Sie auf Zettel die Überschriften: "annehmbar", "bedingt annehmbar", "abzulehnen". Legen Sie diese Zettel auf den Boden. Jetzt liest jeder sein ausgewähltes Rezept vor und legt es zu der ihm angemessen erscheinenden Überschrift.
b) Sprechen Sie im Klassenverband über die Zuordnung und über die Anwendung pädagogischer Prinzipien.

Pädagogische Rezepte von Ernst Martin:
(1) Die Zügel am Anfang straff halten, damit man sie später lockerer lassen kann!
(2) Immer die ganze Gruppe im Auge behalten!
(3) Wenn die Gruppe zu unruhig ist, selbst schweigen oder leiser reden!
(4) Jedes Kind muss das Gefühl haben ständig von der Gruppenleiterin beobachtet zu werden!
(5) Zusammen spielende Störenfriede trennen und auseinander halten!
(6) In einer neuen Gruppe muss man zunächst „härter" rangehen, sonst bekommt man kein Bein auf die Erde!
(7) Einen auffälligen Störer soll man gar nicht beachten!
(8) Der Gruppe möglichst nie den Rücken zukehren!
(9) Vertrauen ist gut, Kontrolle ist besser!
(10) Lass dir bei der Übernahme einer neuen Gruppe die schwierigsten Kinder nennen und verschaffe dir gleich Respekt bei ihnen!
(11) Immer so im Gruppenraum sitzen, dass man das Fensterlicht im Rücken hat!
(12) Wenn die Erzieherin in einer Ecke des Raumes sitzt, hat sie den besten Überblick über den ganzen Raum!
(13) Es ist besser, sich auf den Tisch als auf den Erzieherstuhl zu setzen, da man dann die Gruppe besser im Auge hat!
(14) Gut ist es, wenn man eine laute Stimme hat und ziemlich groß ist!

(15) Nach durchsumpfter Nacht sind Arbeitsmappen, freies Malen oder Puzzle-Spiele für die Kinder empfehlenswert!
(16) Immer schön locker bleiben!
(17) Der Erzieher muss selbstsicher wirken!
(18) Ab und zu mal einen dummen Spruch klopfen!
(19) Flexibel bleiben!
(20) Der Erzieher muss immer einen Gag in der Hinterhand haben!
(21) Eigene Schwächen ruhig einmal eingestehen (sich „echt" verhalten)!
(22) Zaubertricks lernen — damit macht man immer Eindruck!
(23) Bei Gruppengesprächen eine übersichtliche Sitzordnung herstellen (Kreisform)!
(24) Gestellte Fragen möglichst nicht selbst beantworten!
(25) Nicht mehrere Fragen auf einmal stellen!
(26) Lob und Tadel nicht auf die ganze Person beziehen, sondern nur auf einzelne Verhaltensweisen!
(27) In Konfliktsituationen sollte der Sozialpädagoge vor allem „Ich-Botschaften" senden (seine eigenen Gefühle ausdrükken)!
(28) Immer mitspielen, was die Kinder spielen!
(29) Bei zu großer Unruhe im Raum nicht alle Kinder gemeinsam ermahnen, sondern einzelne Schreihälse beim Namen nennen!
(30) Einem auffälligen Kind soll man eine Möglichkeit zur positiven Bestätigung geben, z.B. durch ehrenvolle Sonderaufgaben („Amt", „Fachmann" für bestimmte Dinge usw.)!
(31) An jedem Vormittag mindestens einmal kräftig lachen!
(32) Die Kinder auf der sozial-emotionalen Ebene annehmen und sich dort als Erzieher ausleben!
(33) Der Erzieher sollte zum einzelnen Kind der Gruppe kein näheres emotionales Verhältnis aufbauen!

(34) Nicht zu viele Vorhaben und Spiele in einen Vormittag packen!

(35) Einzelne Kinder nicht vor der Gruppe bloßstellen!

(36) Anfangen, wo die Gruppe steht!

(37) Die Gruppe bei allen Entscheidungen mit einbeziehen!

(38) Mit den Stärken der Gruppenmitglieder arbeiten!

(39) Bei jüngeren Kindern tut der Gruppenleiter gut daran, die meisten Entscheidungen selber zu treffen!

(40) Aktivitäten sollten dann enden, wenn sie gut laufen und solange die Kinder noch Freude daran haben!

2. Gespräch in Dreiergruppen: Bewusstmachung und Beurteilung von Regeln

a) Wählen Sie jeder eine Gruppenregel aus, die Sie erlebt haben oder sich vorstellen können, die Sie aber für fragwürdig oder bedingt einsetzbar halten. Schreiben Sie die Regel lesbar für die Dreiergruppe auf einen Zettel.

Überlegen Sie gemeinsam, ob diese Regeln den Grundhaltungen (Akzeptanz, Empathie und Echtheit) entsprechen. Begründen Sie in der Gruppe diese Ansichten.

Durchdenken Sie weiterhin, wem diese Regeln dienen: dem Gruppenleiter, den einzelnen Gruppenmitgliedern oder der Gesamtgruppe?

b) Diskutieren Sie, ob diese Regel grundsätzlich abzulehnen ist oder ob sie so verändert werden könnte, dass sie in bestimmten Einrichtungen oder in bestimmten Situationen zu akzeptieren wäre.

3. Reflexion und Vergleich von Erfahrungen mit Gruppenregeln

Wählen Sie eine als positiv und eine als fragwürdig empfundene Regel aus, die Sie in einer sozialpädagogischen Einrichtung erlebt haben.

Überlegen Sie: Wem nutzte sie?

Ein Gruppenmitglied schreibt auf ein Plakat oder an die Tafel bzw. über den Tageslichtprojektor folgende Tabelle:

Einrichtung: Die Regel nutzte:

	Gruppen-leiterin Team	Gruppe	einzelnem Gruppen-mitglied	Leiter/in der Einrich-tung	Träger	anderen	nieman-dem
Kindergarten							
Hort							
Heim							
Behinderte							
usw.							
nach Bedarf							

Setzen Sie jetzt je nach Einrichtungsart einen Strich in die entsprechende Spalte: Wenn Sie z.B. meinen, dass Ihre ausgewählte Regel aus einem Hort dem Team und dem Einzelkind nutzte, skizzieren Sie dort Ihre Striche.

Nehmen Sie eine grüne Farbe für die als positiv angesehene und eine rote für die fragwürdige Regel. Nachdem alle Studierenden ihre Striche gesetzt haben, sprechen Sie über die Ergebnisse.

4. Erfahrungsaustausch und Entwicklung von möglichen pädagogischen Schritten bei problematischer Gruppenführung durch Gruppenmitglieder

Versuchen Sie sich an eine erlebte fragwürdige Gruppenführung zu erinnern (Kindheitserinnerungen, Praxiserfahrungen, Erzählungen aus dem Bekanntenkreis oder der Literatur). Schreiben Sie den Kern dieser Fragwürdigkeit stichwortartig auf einen Zettel. Dabei muss auch zugelassen werden: „Mir fällt nichts ein."
Heften Sie sich diese Zettel an die Brust und gehen Sie durch den Klassenraum um unterschiedliche Stichworte zu lesen. Bilden Sie Gruppen von drei, höchstens vier Teilnehmern. Berichten Sie von Ihren Erinnerungen und begründen Sie Ihre negative Bewertung.
Wenn möglich, lassen Sie sich jeweils auf Gedanken von denkbarer pädagogischer Lenkung ein.

Bringen Sie wesentliche Erkenntnisse aus dem Gruppengespräch in ein abschließendes Gespräch im Klassenverband. Achten Sie dabei darauf, dass diese Führungsaufgabe in der Kleingruppe (nämlich zu berichten) nicht immer von den gleichen Gruppenmitgliedern übernommen wird.

5. Bewusste Auseinandersetzung mit Führungsaufgaben

Setzen Sie sich in einen Stuhlkreis, bei größeren Gruppen in zwei eigenständige Kreise.
Legen Sie eine kurze Nachdenkphase ein und überlegen Sie sich Führungsaufgaben, die Sie in Ihrer Funktion als Gruppenmitglied in unterschiedlichen Bezugsgruppen ausführen (können), z.B. Vorturnen im Turnverein, Diskussionsführung im Team oder der Studiengruppe, Organisation von Unternehmungen in der Clique.
Jemand beginnt, nennt eine Funktion, schreibt sie auf einen großen Zettel und legt ihn auf den Boden. Der zweite Teilnehmer setzt fort. Die bereits benannten und aufgeschriebenen Funktionen können zu weiteren Gedanken anregen.
Nach dem Abklingen von Ideen schreibt jeder die gesammelten Führungsaufgaben auf ein Blatt und gibt ihnen eine Bewertung: 1 = „Das kann ich sehr gut", 5 = „Das kann ich gar nicht gut", 0 = „Das habe ich noch nie probiert".Sprechen Sie im Anschluss über Ihre Gedanken, Gefühle und evtl. Motivationen (z.B. etwas auszuprobieren oder zu üben). Setzen Sie sich Ziele und planen Sie eigene Fortschritte!

6. Bewusstmachung von pädagogischen Prinzipien in der Gruppe von Studierenden

Vermuten Sie, dass Ihnen gegenüber (Gruppe der Studierenden) gruppenpädagogische Prinzipien angewendet werden? Sinnvolle? Äußern Sie Ihre Vermutungen gegenüber den entsprechenden Lehrkräften. Vorsicht! Beachten Sie das Prinzip: „Kritik soll nicht verletzen, sondern helfen!" Ziel der Kritik muss sein, Feed-back zu geben (auch und gerade positives!), damit der Sozialpartner weiß, wie seine Kommunikation ankommt. ❏

5.4 Angemessene Konflikt-
bearbeitung

Konflikte gehören zum Leben und zum Zusammenleben. Überall dort, wo unterschiedliche Interessen zusammentreffen, entstehen Konflikte. In der sozialpädagogischen Praxis sind sie nicht nur deshalb häufig, weil mehrere Menschen in Gruppen zusammenleben, sondern auch, weil Kinder im Umgang mit Konflikten noch nicht geübt sind. Sie müssen Konfliktbearbeitungen erlernen.

Ziele

Durch die Bearbeitung dieses Kapitels wird angestrebt, dass Sie
- *Konflikte als wichtige Lernfelder für junge Menschen bewerten,*
- *es als wichtig ansehen, Konflikte im späteren beruflichen Zusammenleben mit jungen und mit erwachsenen Menschen bewusst wahrzunehmen,*
- *Grundkenntnisse in der Bearbeitung von Konflikten erwerben und*
- *einsehen, dass in der Praxis ein angemessener Mittelweg zwischen der Einschränkung und der Austragung und Bearbeitung von Konflikten gesucht werden muss.*

5.4.1 Die Bedeutung von Konflikten und Konfliktbearbeitungen

Konflikte bringen Spannungen in das Zusammenleben. Diese Spannungen müssen von den Konfliktpartnern, ggfs. auch von ihrem Umfeld, ausgehalten oder bearbeitet werden. Der einzelne Konfliktpartner hat meist starke Gefühle, weil er sich in irgendeiner Form benachteiligt fühlt und glaubt, dass seine Rechte und seine Wünsche ungerechtfertigt beschnitten werden.

Angemessene Konfliktbewältigung setzt Fähigkeiten voraus, die zu einer positiven Persönlichkeitsentwicklung gehören. Durch Konfliktbearbeitung können diese Fähigkeiten geschult werden, zum Beispiel:
– Konfliktpartner kämpfen für ihre eigenen Rechte und Bedürfnisse, die sie einschätzen, abwägen und begründen müssen. Ggfs. setzen sie sich auch für die Rechte anderer ein.
– Sie müssen die Folgen ihres Einsatzes einschätzen.
– Sie müssen Empathie zeigen um die Rechte anderer zu erfassen, und das möglicherweise in einer emotional erregten Stimmung.
– Sie müssen die Rechte unterschiedlicher Beteiligter untereinander abwägen.
– Sie müssen nach einer gerechten Lösung suchen, wobei sie von Teilen ihrer eigenen Bedürfnisse Abstand nehmen werden.

Leider laufen Konflikte in der Realität oft ganz anders ab: in Form von Sieg oder Niederlage. Bei Kindern zeigen sich diese Erfolge oder Misserfolge deutlich in der Mimik: Der Sieger verlässt den Streit mit einem oft verschmitzten Lächeln, der Verlierer weinend, resignierend oder zornig-rachsüchtig. Der Verlierer wird sich vielleicht zurückziehen um für später in einem anderen Zusammenhang einen Sieg auszubrüten (bewusst oder nicht bewusst). Diesem Sieg droht dann vielleicht eine Strafe, z.B. weil ein schwächeres Kind (offensichtlich grundlos!?) angegriffen oder weil etwas zerstört wurde. Möglicherweise ist für das Kind die Strafe leichter auszuhalten als das Gefühl Verlierer zu sein. Der Sieg musste ausgekostet werden um das Selbstwertgefühl wieder zurechtzurücken. Die mögliche Strafe wird dafür in Kauf genommen. Häufiges Verlieren bei Konflikten beeinträchtigt das Selbstwertgefühl eines Kindes und kann zu Fehlverhalten stimulieren. Ein Fehlverhalten kann auf diese Weise geradezu aufgebaut werden, beispielsweise hinterrücks zu piesacken oder sich unangemessene Rechte auf anderen Gebieten zu holen.

▼ **Beispiel:**

Julia kommt gegen ihre Schwester nicht an. Die um zwei Jahre jüngere Sylvia setzt sich rigoros gegen sie durch. Wenn Sylvia ihre Wünsche nicht erfüllt bekommt, schreit sie und beschwert sich bei ihren Eltern. Die Eltern durchschauen die Konflikte nicht und setzen sich für die Anliegen von Sylvia ein. Julia rächt sich, indem sie Sylvias Spielsachen beschädigt oder versteckt oder indem sie Sylvia zwickt, wenn es keiner sieht. Hinterher behauptet sie, dass sie es nicht war. Sie sieht ihre Rache als gerechtfertigt an. Eine Strafe steht ihr in ihren Augen nicht zu. Deshalb lügt sie gegenüber den Eltern. Auch die Eltern benötigen ihrer Ansicht nach eine Strafe für ihre Ungerechtigkeit. Das Lügen empfindet sie als eine Strafe für die Eltern. ▲

Es gibt konfliktscheue Menschen, die eher Nachteile in Kauf nehmen als den Konflikt zu bearbeiten, weil sie die Auseinandersetzung fürchten. Vielleicht ist ihnen als Kind leider eingeimpft worden, dass ein Konflikt als solcher böse ist. „Der Klügere gibt nach" wurde sie möglicherweise gelehrt. Sie sollten verzichten, das heißt, die Niederlage einstecken. Als Gegengewicht sollten sie sich daran erwärmen sich als der Klügere zu fühlen. Außerdem werden viele Kinder belohnt oder gelobt, wenn sie Konflikte vermeiden.

▼ **Beispiele:**

– Zwei Brüder, zwei und vier Jahre alt, streiten sich um ein Spielzeug. Die Mutter zieht den älteren auf ihren Schoß und sagt beruhigend: „Lass dem kleinen Thomas das Auto. Du bist doch schon groß und brauchst dich nicht mehr zu streiten. In dir habe ich doch einen vernünftigen Sohn, oder?"

– Moritz will lesen und sein Bruder Fabian hört laute Musik.
Sie streiten sich. Schließlich setzt sich Moritz ins Wohnzimmer, wo Mutter und Vater den Fernseher eingeschaltet haben. Die Sendung interessiert ihn nicht und lesen kann er auch nicht. Die Mutter lobt ihn, weil er im Streit nachgegeben hat. Dass er nicht zu seinem Recht gekommen ist, bemerkt sie nicht.

– Die jugendliche Petra hat für eine Party den Minirock ihrer Schwester Christina angezogen. Christina ist wütend, als sie es bemerkt. Die Mutter ist vom Streit genervt. Beim nächsten Mal verspricht sie Christina einen neuen Rock, wenn sie keinen Aufstand macht, damit der Vater „das Theater" nicht mitbekommt. ▲

Für Eltern und Erzieherinnen sind Konflikte der Kinder anstrengend. Es ist menschlich auch verständlich, dass wir Konflikte fürchten und dass wir sie vermeiden wollen, denn wir streben nach Einheit. Ein Konflikt ist aber gerade nicht Einheit, sondern Polarisierung. Bei Konfliktvermeidung entsteht zunächst der Anschein von Harmonisierung. Dass der Konflikt weiterschwelt, merkt häufig nur derjenige, der – nach dem fragwürdigen Sprichwort – der Klügere war und darunter leidet, dass er übervorteilt wurde oder dass er seine Rechte nicht in Anspruch genommen hat. Derjenige, der sich durchsetzen konnte, hat gewonnen. In Familien sind das oft die Eltern oder die älteren Geschwister, die mit mehr Macht ausgestattet sind. Das muss aber keineswegs immer so sein. Auch Kinder können Strategien entwickeln um ihre Macht durchzusetzen und zu nutzen. Die Eltern ziehen es dann vor nachzugeben. Das ist einfacher für sie, als den Konflikt auszutragen und zu bearbeiten.

Kleine Kinder nehmen die Wünsche und Erwartungen der Eltern sehr intensiv wahr. Besonders entwickelt ist dieses Wahrnehmungsvermögen, wenn sie mit Ängsten aufwachsen immer dann bestraft zu werden, wenn sie die Erwartungen nicht erfüllen. Das müssen keine körperlichen Strafen sein, auch Nichtbeachtung, Liebesentzug, Abwertung, Geringschätzung usw. sind sehr wirksame und Angst auslösende Strafen. Das Selbstwertgefühl des Kindes und die Hoffnung auf einen Erfolg bei einem Konflikt sind in solchen Fällen so gering, dass das Kind es vorzieht, eher auf einen Konflikt und damit auf seine Wünsche zu verzichten als gegen die Erwartungen der Eltern zu verstoßen.

▼ **Beispiel:**

Katharina, eineinhalb Jahre alt, sitzt in ihrem hohen Kinderstuhl am Tisch und wartet auf das Essen. Sie schlägt mit dem Löffel laut auf den Tisch. Dafür bekommt sie einen Klaps auf die Finger.

Die Mutter stellt ihr den Teller mit dem Brei hin. Katharina rührt wonnevoll mit dem Löffel im Brei und isst nicht. Die Mutter wird ärgerlich. Da ihr verbal geäußerter Ärger keinen Erfolg zeigt, füttert sie Katharina. Das Kind dreht das Gesicht weg und will nicht essen. Es greift nach dem Löffel und will damit spielen. Die Mutter trägt den Teller und den Löffel weg.

Katharina sitzt ohne Spielzeug im Kinderstuhl. Zunächst lacht sie, dann beginnt sie zu weinen. Sie langweilt sich und erfährt keine Zuwendung.

Nach zehn Minuten (für Kinder eine lange Zeit) startet die Mutter einen zweiten Fütterversuch, der wieder erfolglos endet.

Irgendwann wird die Mutter gesiegt haben. Katharina wird bei häufigen Wiederholungen diese Erfahrung verinnerlichen: Es ist aussichtslos, für meine Wünsche zu kämpfen. ▲

Konflikte sind wichtige Lernfelder für Kinder. Konfliktvermeidung kann nicht das Ziel der pädagogischen Arbeit sein. Allerdings können Konflikte so zahlreich auftreten, dass sie begrenzt werden müssen,weil sie weder für den einzelnen Konfliktpartner noch für die Gruppe oder die Gruppenleiter tragbar sind.

Unterschiedliche Arten von Konflikten

Im pädagogischen Alltag hat der Gruppenleiter mit vielfältigen Konflikten umzugehen. Sie lassen sich in zwei Gruppen teilen:

1. Die häufigsten **Konflikte sind wahrscheinlich Konflikte zwischen den Gruppenmitgliedern**. Meist entstehen diese Konflikte, weil unterschiedliche Interessen aufeinander stoßen. Hier hat der Gruppenleiter die Aufgabe der Vermittlung, allerdings nur dann, wenn die Kinder alleine nicht zurechtkommen oder wenn Gefahr besteht, dass Sieg und Niederlage unangemessen ausgefochten werden.

2. Der Gruppenleiter hat aber auch selbst Konflikte mit den Gruppenmitgliedern zu bearbeiten, das heißt, es handelt sich um **Konflikte zwischen dem Gruppenleiter und einzelnen Gruppenmitgliedern oder auch der ganzen Gruppe** bzw. Teilgruppen. Solche Konflikte entstehen vor allem dann, wenn der Gruppenleiter Verhaltensweisen verlangt, die von den Gruppenmitgliedern nicht erbracht oder abgelehnt werden. Diese Auseinandersetzungen werden sich ergeben, wenn der Gruppenleiter Fremdbestimmung für nötig hält, das Kind oder der Jugendliche sich aber dagegen wehrt.

▼ **Beispiele:**

– Ein Kindergartenkind stört massiv beim Erzählen oder bei gemeinsamen Spielen.
– Ein Jugendlicher im Heim schnitzt Kerben in den Holztisch im Gruppenraum. ▲

Die Fremdbestimmung über die Kinder rechtfertigt der Gruppenleiter aus seiner Verantwortung und seinem Erziehungsauftrag (vgl. den Abschnitt 2.2.2 „Bedeutung und Grenzen von Fremdbestimmung und Selbstbestimmung"). Danach muss er in angemessenem Rahmen dazu beitragen, dass die ihm anvertrauten jungen Menschen sich selbst keinen schweren Schaden zufügen, dass sie sich im Rahmen ihrer Möglichkeiten sozial verantwortlich verhalten und wertschätzend mit Material umgehen. Zur sozialen Verantwortung gehört, dass sie auch die Person des Gruppenleiters einbeziehen. Fehlverhalten gegenüber den Erziehern und Erzieherinnen darf ebenso wenig zugelassen werden wie gegenüber Gruppenmitgliedern.

Deshalb wird es auch Konflikte geben, die kompromisslos gelöst werden müssen. Wenn sich ein Kind oder Jugendlicher beispielsweise nicht an Regeln hält, diese Regeln aber für die Ordnung innerhalb der Gruppe oder für ein faires Zusammenleben erforderlich sind, wird der Gruppenleiter sich nicht auf eine niederlagelose Methode einlassen können und wollen. Er läuft sonst Gefahr, dass die Kinder und Jugendlichen jede Gelegenheit nutzen, um Vorteile für sich herauszuschlagen.

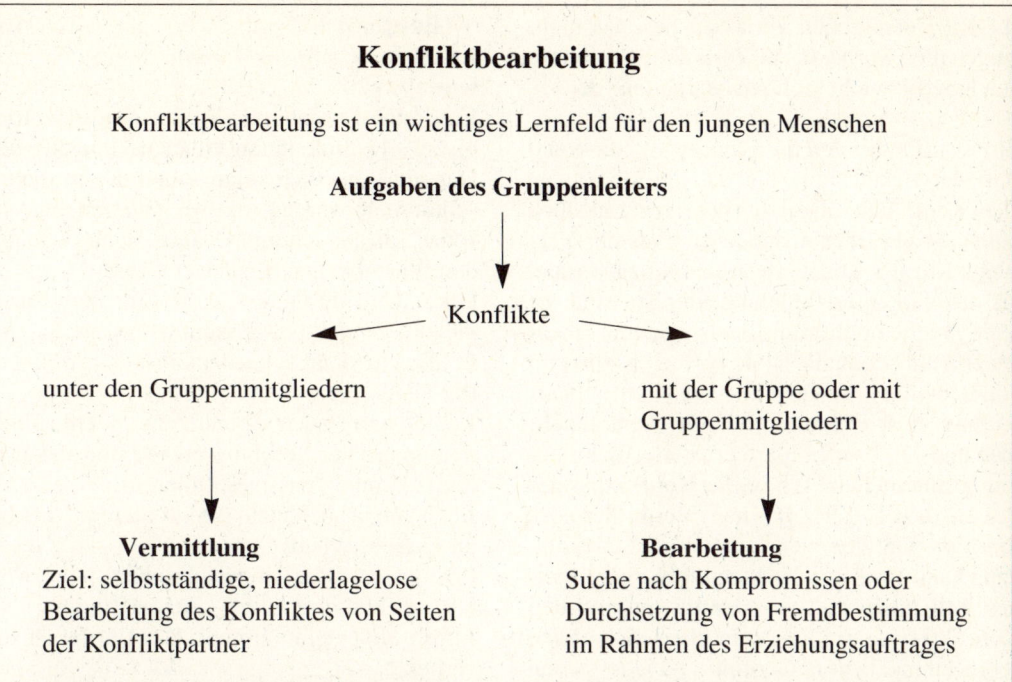

Konfliktbearbeitung

Konfliktbearbeitung ist ein wichtiges Lernfeld für den jungen Menschen

Aufgaben des Gruppenleiters

↓

Konflikte

← →

unter den Gruppenmitgliedern

mit der Gruppe oder mit Gruppenmitgliedern

↓

Vermittlung
Ziel: selbstständige, niederlagelose Bearbeitung des Konfliktes von Seiten der Konfliktpartner

↓

Bearbeitung
Suche nach Kompromissen oder Durchsetzung von Fremdbestimmung im Rahmen des Erziehungsauftrages

---

5.4.2 Methodisches Vorgehen bei Konfliktbearbeitung

Es kommt darauf an, Konflikte so zu bearbeiten, dass die entsprechenden Lösungen die geringsten Nachteile bringen, und zwar bezogen auf alle Beteiligten und auch auf die Gesamtsituation.

▼ **Beispiel:**
Ein Streit wegen vermeintlich ungerechter Ausgangszeiten im Heim kann nicht so gelöst werden, dass dann alle später nach Hause kommen, weil das der Aufsichtspflicht oder dem gesunden Schlaf der jüngeren Kinder nicht entsprechen würde. Er kann auch nicht auf Kosten der Betreuer, die dann länger aufbleiben müssen, gelöst werden. Ebenso wenig kann ein Haustürschlüssel ausgegeben werden, wenn die Verlässlichkeit der Jugendlichen diesem Vertrauensvorschuss nicht entspricht.
Vielleicht kann überprüft werden, ob zwischen unterschiedlichen Ausgangszeiten für jüngere und ältere Jugendliche ein besserer Ausgleich geschaffen werden kann. ▲

1. Versachlichung des Konflikts

Es ist nicht einfach, die Bedürfnisse aller Beteiligten und die Gesamtsituation in einem Konflikt zu beachten, weil der Einzelne mit persönlichen Interessen und häufig mit starken Gefühlen in einen Konflikt verwickelt ist oder wird. Die eigenen Wünsche werden oft in der Aufwallung starker Gefühle rigoros durchzusetzen versucht.

▼ **Beispiele:**
– Das Gruppenmitglied hat Zorn, wenn ihm etwas genommen wird, was ihm sicher war. Es lässt sich auf keinen Kompromiss ein.
– Das Gruppenmitglied hat vielleicht im Zorn ungerecht gehandelt, will das aber weder vor sich selbst noch vor anderen zugeben.
– Das Gruppenmitglied ist enttäuscht, weil es etwas nicht erreichen kann, was es erhofft hatte. In seiner Enttäuschung ist es für keinen Kompromiss zugänglich.
– Das Gruppenmitglied hat Angst verletzt oder übervorteilt zu werden. In dieser Angst ist es für Argumente nicht aufnahmefähig.
– Die Gruppenleiterin ist verärgert, weil sie sich

auf ein Versprechen verlassen hat, das nicht eingehalten wurde. In der Verärgerung kann sie den Konflikt nicht sachlich bearbeiten. ▲

Ein Konflikt, in den die Beteiligten emotional stark verwickelt sind – und das sind sie bei fast allen Konflikten –, lässt sich nur schwer sachlich klären, weil Gefühle stärker sind als der Verstand. Mit der Konfliktbearbeitung zu warten, bis die starken Gefühle abgeklungen sind, ist häufig nicht möglich und auch manchmal nicht angebracht. Deshalb ist es für die Erzieherin von Bedeutung, bei der Hilfe von Konfliktbearbeitung diese emotionale Ebene wahrzunehmen und den Konfliktpartnern diese Wahrnehmung mitzuteilen. Wenn die Konfliktpartner spüren, dass die Erzieherin als Vermittlerin im Streit die Gefühle wahrnimmt und anerkennt, dann kann das Kind/der Jugendliche bereits einen Teil seiner Gefühle relativieren und den Konflikt etwas sachlicher einschätzen. Ich habe schon einmal betont: Gefühle sind jenseits von gut und böse. Sie sind da. Niemand ist böse, weil er zornig ist. Er ist höchstens böse, weil er mit dem Zorn unangemessen umgeht.

▼ **Beispiele:**
Jonas ist zornig auf Fatma, weil sie im Spiel immer Sechser würfelt und zu gewinnen scheint. Sein Zorn, d.h. sein Gefühl, ist nicht böse. Wenn er jetzt die Spielmännchen vom Tisch fegt, dann können wir sagen: Das Verhalten ist unangemessen.
Wenn Jonas sich freut, weil Fatma zum zweiten Mal verloren hat, dann ist auch diese Freude nicht böse. Sie ist da. Sie ist aus dem Geschehniszusammenhang und aus der Persönlichkeit von Jonas entstanden.
Wenn er sich nun in seiner Schadenfreude über Fatma lustig macht, dann können wir dieses Verhalten als fragwürdig ansehen und ablehnen. ▲

Wie kann nun der Gruppenleiter den Konfliktpartnern vermitteln, dass er deren Gefühle wahrnimmt und anerkennt? Dafür eignen sich vor allem die Kommunikationsformen des passiven und des aktiven Zuhörens und die Ich-Botschaften (siehe entsprechende Kapitel).

▼ **Beispiel:**
Jonas ist zornig, weil Fatma häufig Sechser würfelt.
Erz.: „Ich verstehe, dass du zornig geworden bist, weil Fatma ständig Glück hat und du Pech. Das muss für dich so aussehen, als ob Fatma schummeln würde." (aktives Zuhören)
Jonas: „Ja, sie schummelt auch, denn sie macht den Würfel in den Händen erst warm!"
Erz.: „Und du denkst, dann fällt der Würfel günstiger?" (aktives Zuhören)
J.: „Das tut er auch – jedenfalls bei ihr."
Erz.: Nickt. (passives Zuhören)
J.: „Ich hab's auch probiert, aber bei mir funktioniert es ja nicht. Meine Hände sind zu kalt!"
Erz.: „Hmm." (passives Zuhören)
J.: „Kann ja auch nicht funktionieren. Aber bei ihr klappt es eben!"
Erz.: „Und diese Ungerechtigkeit beim Würfeln macht dich zornig." (aktives Zuhören)
J.: „Ja, sie gewinnt immer. Der Würfel ist wie verhext!"
Erz.: „Ich kann deinen Zorn verstehen. Ich wäre auch zornig, wenn das Glück nie auf meiner Seite läge." (aktives Zuhören in Form von Ich-Botschaft)

Jonas hat sich jetzt so weit beruhigt, dass er die Schuld nicht mehr bei Fatma, sondern beim Schicksal, dem nicht kalkulierbaren Zufall sieht. Damit ist eine gewisse Sachlichkeit erreicht worden. ▲

2. Bearbeitung des Konflikts
Wenn es der Erzieherin gelingt, die Gefühle etwas zu besänftigen und zu relativieren (ggfs. auch die eigenen, wenn sie selbst in den Konflikt einbezogen ist), werden die Konfliktpartner zu einer etwas sachlicheren Schau des Konflikts in der Lage sein. Nun kann sie die konkrete Bearbeitung angehen. Manchmal kann sie sich als Vermittlerin bereits zurückziehen und braucht nur zu beobachten, wie die Konfliktpartner selbst den Konflikt austragen. Ihr Augenmerk muss sie dabei vor allem auf die Verteilung von Sieg und Niederlage richten. Dagegen sollte sie möglichst kreative Lösungen, die von den Konfliktpartnern, vor allem Kindern, manchmal entwickelt werden, zulassen.

▼ **Beispiel:**

Möglicherweise kann Jonas den Konflikt jetzt alleine mit Fatma bearbeiten. Wenig kreative Lösungen wären, wenn die Kinder
– weiterspielen und sehen, ob das Glück jetzt gleichmäßiger verteilt ist,
– das Spiel beenden.
Kreativere Konfliklösungen könnten z.B. sein, wenn
– jeder Teilnehmer für den Spielpartner und nicht mehr für sich selbst würfelt,
– ein drittes Kind für beide Spielpartner würfelt (das wären allerdings wieder Gefahren für Konflikte!),
– mit zwei Würfeln gewürfelt und die jeweils höhere Zahl angerechnet wird.

Eine ungerechte Konfliktlösung wäre es, wenn Fatma tatsächlich über Trickserei zu ihren günstigen Würfen gekommen wäre und diese Schummelei beibehalten würde. ▲

Bei Konflikten, die für die Beteiligten durchschaubar gemacht werden können und bei denen es sich nicht um Notfälle handelt, kann das Bemühen um eine gemeinsam ausgehandelte niederlagelose Lösung, wie sie Gordon vorschlägt (Gordon 1976 [7], S. 224 ff.), eine sinnvolle Vorgehensweise sein: Es werden von allen Beteiligten Lösungen gesucht, die für keinen eine volle Niederlage, aber auch keinen vollen Sieg bedeuten.

▼ **Beispiel:**

Hort- oder Heimkinder halten sich nicht an die Regel, im Hausaufgabenraum leise zu sein. An Stelle der strikten Einforderung der Regel werden Pausenzeiten oder Möglichkeiten vereinbart, dass sich Gesprächspartner vorübergehend im Nebenraum oder im Flur wegen einer Aufgabe oder wegen eines Konflikts unterhalten. ▲

Vorteil: Jeder geht mit einem angemessenen Selbstwertgefühl aus diesem Konflikt. Wertschätzung der Konfliktpartner und eigene Wertschätzung bleiben in einem ausgewogenen Verhältnis erhalten.

Ernst Martin beschreibt die Vorgehensweise einer Konfliktbearbeitung ähnlich wie Gordon in sechs Schritten (Martin, 1989, S. 106 ff.):

1. Schritt:	Konfliktsituation erfassen
2. Schritt:	Situation beschreiben und analysieren
3. Schritt:	Handlungsmöglichkeiten suchen und beurteilen
4. Schritt:	für eine bestimmte Vorgehensweise entscheiden
5. Schritt:	Handlung ausführen
6. Schritt:	Auswertung: über Miss-/Erfolge nachdenken und Ergebnisse austauschen

1. Konfliktsituation erfassen:

Das Erfassen einer Konfliktsituation ist nicht immer selbstverständlich. Dominantes Verhalten eines Kindes wird beispielsweise oft lange nicht bemerkt. Oder: Es schwelt ein Missstand in der Gruppe, der nicht richtig erkannt und schon gar nicht ausgesprochen wird. Nur diejenigen unbefriedigenden Situationen, die kenntlich gemacht werden, können auch bearbeitet werden.

2. Situation beschreiben und analysieren:

Die einzelnen Beteiligten müssen die Situation aus ihrer Sicht beschreiben um mit ihren Anliegen und Interessen von den anderen wahrgenommen werden zu können. Dabei kann – wie schon gesagt – aktives Zuhören von Seiten der Erzieherin helfen, dass sich die Konfliktpartner angstfreier äußern. Die Erzieherin sollte für die Darstellung ihrer eigenen Position möglichst Ich-Botschaften verwenden um damit ebenfalls Ängste abzubauen und aggressive Gefühle zu reduzieren.

▼ **Beispiel:**

Tanja ist bei den Hausaufgaben unruhig und stört dadurch die anderen Kinder.
Erzieherin: „Tanja, ich kann mich nicht konzentrieren bei dieser Unruhe, und ich denke, die anderen können das auch nicht."
Oder: „Tanja, ich befürchte, du wirst heute lange an den Hausaufgaben sitzen."
Tanja sagt, dass Simone sie unentwegt störe,

aber immer werde ihr die Schuld zugeschoben. Erz.: „Es ist nicht meine Absicht, ungerecht zu sein. Deine Unruhe ist mir aufgefallen." ▲

Empathie, Akzeptanz und Kongruenz, die durch diese Kommunikationsform der Ich-Botschaften offen gelegt und vermittelt werden, wirken sich auf die Gefühlslage der Konfliktpartner aus. Das Vorbild der Erzieherin kann zusätzliche Wirkungen nach sich ziehen, nämlich, dass die Konfliktpartner auch Ansätze von Einfühlung, Wertschätzung und Echtheit entwickeln.

3. Handlungsmöglichkeiten suchen und beurteilen:
Wenn immer möglich, sollen die Konfliktpartner selbst Handlungsmöglichkeiten suchen, um das Gefühl zu haben zur Bearbeitung beigetragen und nicht von anderen eine Lösung aufgezwungen bekommen zu haben. Manchmal können Kinder bereits erstaunlich kreative Lösungen finden. Die Erzieherin muss allerdings zu dieser Lösungssuche auffordern und sie unterstützen.

▼ Beispiel:
„Was seht ihr für eine Möglichkeit, wenn ihr beide zur gleichen Zeit mit diesem Auto spielen wollt?" Oder über eine Ich-Botschaft einleiten: „Ich bin richtig erschrocken, Murat, als ich eben gesehen habe, wie du auf Dirks Bauwerk zugestürzt bist. Welche Möglichkeiten siehst du ihm über seine Enttäuschung zu helfen?" Oder: „Ich kann verstehen, Lisa, dass du gerne immer die Mutter sein möchtest. Anja sagt, dass sie auch gerne Mutter sein möchte. Was nun?" ▲

Die unterschiedlichen Konfliktpartner haben wahrscheinlich auch unterschiedliche Lösungsvorschläge. Die Beurteilung werden sie in den meisten Fällen nur aus ihrer individuellen Sicht heraus vornehmen können.

4. Entscheiden:
Vielleicht einigen sich die Beteiligten auf einen Vorschlag. Vielleicht werden auch mehrere Maßnahmen verknüpft. Wenn es sich um Konflikte unter Gruppenmitgliedern handelt, wäre es natürlich die beste Lösung, wenn die Erzieherin keine entscheidende Stimme abgeben müsste. Sie muss aber versuchen darauf zu achten, dass die unterschiedlichen Beteiligten nicht aus einem äußeren Grund nachgeben: weil ihnen der Konflikt zu lange dauert, zu angstvoll ist, sie sich durch Drohungen geängstigt fühlen usw. Das wird sich natürlich nicht immer vermeiden lassen, kann aber vielleicht auf ein Mindestmaß reduziert werden.

5. Ausführendes Handeln:
Während der Ausführung muss zum einen beobachtet werden, ob die Abmachungen auch eingehalten werden, und zum anderen, ob sie sich als sinnvoll erweisen. Nicht immer sind Vorstellungen so realisierbar oder so durchführbar, wie man meinte.

6. Auswertung:
Hier sind Fragen zu stellen wie: Waren die Folgerungen angemessen? Hat es Sieger und Besiegte gegeben?
Je weniger Zeit für die planenden Überlegungen vorher gegeben war, desto wichtiger ist die Auswertung, weil sich bei schnellen Entscheidungen noch leichter als bei durchdachter Vorplanung unbeabsichtigte Wirkungen zeigen können.

Eine Erzieherin hat im Laufe des Tages natürlich viele Konflikte zu bearbeiten oder bei ihrer Bearbeitung zu helfen. Sie kann nicht immer so ausführlich daran arbeiten. Aber sie sollte sich um diese Vorgehensweise, wenn immer möglich, bemühen.
Andererseits darf sie nicht resignieren, wenn es mit den Konflikten in der Gruppe kein Ende nimmt, wenn sie die zahlreichen Konflikte über Regeln einschränken muss, wenn sie auf Grund ihrer Autorität Konflikte eingrenzt oder die Lösung vorgibt, weil ihre eigene Belastungsfähigkeit und die der Gruppe Grenzen hat.
Sie muss allerdings das Ziel im Auge behalten: Konfliktbearbeitungen sind wichtige Lernfelder für Kinder. Sie sollten ihnen nicht abgenommen werden. Um angemessen Konflikte bearbeiten zu können, benötigt das Kind behutsame Lenkung. Von angemessener Konfliktbe-

arbeitung kann man vor allem dann sprechen, wenn möglichst niederlagelose Lösungen gefunden wurden.

Konflikte zwischen Gruppenleitern und Heranwachsenden können ein zusätzliches Problem enthalten: Sie können die Beziehung negativ beeinflussen. Um Heranwachsende zu unbequemen, aber angemessenen Verhaltensweisen zu veranlassen ist ein positives Beziehungsverhältnis aber eine wichtige Voraussetzung. Kinder, auch Jugendliche, handeln häufig über die Beziehung zum Mitmenschen (Vorbild, Nähe, Zuneigung). Für einen geliebten Erzieher nimmt ein Heranwachsender manche Einschränkungen bereitwillig in Kauf. Es ist deshalb sinnvoll Konflikte über Regeln, rechtzeitige Gespräche usw. niedrig zu halten.

Konfliktbearbeitung bei psychisch instabilen Kindern und Jugendlichen

Bei Kindern und Jugendlichen, die psychisch nicht stabil sind und auf Grund ihrer Unausgewogenheit keine Einsichten erbringen oder Abmachungen nicht einhalten können, bleibt dem Team häufig keine andere Wahl als bestimmte Handlungen oder die Vermeidung von Handlungen über Sanktionen zu erzwingen. So etwas kann z.B. erfolgen bei zwanghaftem Diebstahl, Streunen, Beschädigung von Material, Selbstbeschädigung wie Magersucht, schädlicher Machtausübung über andere usw. Alle Beteiligten wissen, dass es sich hier zunächst um Notlösungen handelt, denn wenn die entsprechende Einsicht fehlt oder die abzulehnende Handlung nur über Zwang vermieden wird, bleibt der eigentliche Lerneffekt aus. Eine insgesamt positive Wirkung kann allerdings darin bestehen, dass der Jugendliche auf Grund seines Fehlverhaltens in einen Teufelskreis geraten ist, aus dem er zunächst mit Zwang herausgeholt wird um dann mit eigener Motivation an einer Verbesserung seines Verhaltens zu arbeiten.

▼ **Beispiel:**

Bei jedem erneuten Diebstahl sackt das eigene Selbstwertgefühl ab. Das Selbstwertgefühl war zum Zeitpunkt des ersten Diebstahls wahrscheinlich sowieso schon sehr niedrig. Im Zusammenhang mit sozial anerkanntem Verhalten kann es kaum mehr aufgebaut werden, weil der Jugendliche selten positive Rückmeldungen erhält. Er erfährt auf Grund seines bekannt gewordenen (wiederholten) Diebstahls in seiner Umwelt Ablehnung oder zumindest Zurückhaltung. Er selbst spürt die Ablehnung. Selbst dort, wo er sie nicht direkt spürt, vermutet er sie. Sollte er tatsächlich irgendwo positive Zuwendung erhalten, glaubt er ihr vielleicht gar nicht. Er braucht aber Selbstbestätigung und Anerkennung. Deshalb kann der Mut zum negativen Verhalten, der Mut zum Diebstahl, für den Aufbau von Selbstbewusstsein benutzt werden. Er wird wegen seines Mutes bewundert. Daran baut er sein Selbstwertgefühl auf. Die eigene und fremde Anerkennung diesen Mut zu haben, ist wenigstens etwas an Bestätigung. Das bedeutet, dass jeder Diebstahl einen nächsten nach sich zieht.

Wenn der Jugendliche über Sanktionen vom Diebstahl abgehalten wird, besteht die Hoffnung, dass er bei entsprechendem psychischem Aufbau Erfolgserlebnisse im Nichtstehlen verspürt. Daran kann er innerlich wachsen und vielleicht von diesem Fehlverhalten lassen. Dafür sind dann allerdings weitere Schritte im Aufbau des Selbstwertgefühls und in der Anerkennung sozial angemessenen Verhaltens notwendig (therapeutische Maßnahmen). ▲

Zusammenfassung

- Konflikte sind anstrengend und belastend. Es ist deshalb nahe liegend, dass sie, wenn möglich, vermieden oder durch den Gruppenleiter geregelt werden. Sie bergen aber ein hohes Potenzial an Lernmöglichkeiten: Durchsetzungskraft, aber auch Empathie und Kompromissfähigkeit. Es ist im pädagogischen Alltag zwar nötig, die zahlreichen Konflikte durch Regeln oder ggfs. auch durch die Autorität des Gruppenleiters zu reduzieren. Es wäre aber unangemessen, sie zu vermeiden oder Konflikte nicht auszutragen, wo sie schwelen.

- Bei der Konfliktbearbeitung zwischen Gruppenmitgliedern kann der Gruppenleiter durch seine Kommunikation manchmal dazu beitragen, dass starke Gefühle verringert werden. Dadurch kann der Konflikt sachlicher bearbeitet werden. Geeignete Kommunikationsformen dafür sind vor allem passives und aktives Zuhören sowie Ich-Botschaften.

- Ziel bei einer Konfliktbearbeitung sollte sein, dass die Konfliktpartner möglichst selbst angemessene Lösungen finden. Dabei ist darauf zu achten, dass es weitgehend zu niederlagelosen Lösungen kommt. Das bedeutet, dass keiner der Konfliktpartner als alleiniger Sieger oder Verlierer den Konflikt verlässt. Es muss versucht werden, solche Kompromisse zu finden, bei denen alle Konfliktpartner zurückstecken müssen, aber auch Erfolge verbuchen können.

- Konflikte zwischen Gruppenleitern und Gruppenmitgliedern entstehen vor allem dann, wenn die Gruppenmitglieder sich in ihrer Selbstbestimmung den Verantwortlichkeiten gegenüber der eigenen Person, den Mitmenschen und dem Material nicht unterwerfen oder dieser Verantwortung nicht in ausreichendem Maß gewachsen sind. Zur sozialen Verantwortung gehört auch ein angemessenes Verhalten gegenüber dem Gruppenleiter. Er muss von den Gruppenmitgliedern auch ihm selbst gegenüber ein soziales Verhalten verlangen und darf sich nicht ausnutzen oder übervorteilen lassen.

- Im Zusammenleben der Gruppe können kompromisslose Konfliktbearbeitungen erforderlich werden, z.B. bei der Einhaltung von Regeln. Es besteht sonst die Gefahr, dass einzelne Kinder oder Jugendliche über Kompromissverhandlungen das Gruppenleben zu stark zu ihrem eigenen Vorteil steuern wollen.

- Verhaltensauffällige Kinder und Jugendliche können zuweilen nur durch konsequente Grenzen der Erwachsenen und durch Sanktionen ihr Fehlverhalten abbauen. In solchen Fällen ist eine niederlagelose Lösung eines Konflikts nicht angemessen.

Anregungen

1. Bewusstmachung des eigenen Umgangs mit Aggressionen

Durchdenken Sie Ihr Verhalten bei Zorn und aggressiven Gefühlen:
a) bei eigenem Zorn,
b) bei Aggressionen der Ihnen anvertrauten Kinder und Jugendlichen.

Gehen Sie dafür die folgende Checkliste durch und überlegen Sie schnell und spontan, ob die Thesen für Sie zutreffen. Ordnen Sie dabei gedanklich zu:
– trifft häufig zu,
– trifft manchmal zu,
– trifft nie zu:
Eigener Umgang mit Aggressionen
1. Ich werde laut mit meiner Stimme.
2. Ich werde aggressiv gegenüber der Person, die mich aggressiv machte.
3. Ich werde gegenüber anderen Personen aggressiv.

4. Ich berichte der Person, die mich aggressiv machte, dass (und warum) sie mich zornig machte.

5. Ich berichte anderen Personen, dass (und warum) ich zornig bin.

6. Ich bin ungehalten gegenüber der Person, die mich zornig machte, ohne dass ich ihr den Grund sage (sagen kann).

7. Ich äußere meinen Zorn gegenüber Dingen, z.B. Türen schlagen, mit Geschirr klappern, Papier zerreißen, etwas hinwerfen usw.

8. Ich suche bewusst harmlose körperliche Abreaktion, z.B. Spaziergang, Sport, Ballspiel, musische Betätigung, laute Musik usw.

9. Ich füge mir selbst Schaden, nämlich Schmerzen oder Unrecht, zu (bewusst oder nicht bewusst), weil ich auf mich selbst zornig bin, da ich mich zornig machen ließ: irgendwo anstoßen, etwas, was mir lieb ist, nicht zubilligen usw.

10. Ich ziehe mich zurück und bin unzugänglich.

11. Ich bin unleidlich, egal, wem gegenüber.

12. Ich ....

Umgang mit den Aggressionen anderer

1. Ich sage dem Kind/Jugendlichen, was es/er in mir ausgelöst hat (Ich-Botschaft).

2. Ich sage dem Kind/Jugendlichen, was es/er falsch gemacht hat (Du-Botschaft).

3. Ich sage dem Kind/Jugendlichen, dass Zorn unangemessen ist.

4. Ich vermittle dem Kind/Jugendlichen, dass Gefühle als solche (auch sein Zorn) weder gut noch böse sind, aber dass das Verhalten unangemessen/destruktiv war.

5. Ich reagiere mit Zorn.

6. Ich versuche dem Kind/Jugendlichen andere (harmlose) Möglichkeiten für Aggressionsabbau zu bieten.

7. Ich versuche das Kind/den Jugendlichen zu veranlassen, seine Aggressionen verbal abzureagieren, dabei aber psychische Verletzungen möglichst zu vermeiden (fairer Umgang).

8. Ich versuche das Kind/den Jugendlichen daran zu hindern, seinen Zorn zu äußern.

9. Ich ....

Halten Sie eine Weile inne und machen Sie sich bewusst was diese Checkliste in Ihnen ausgelöst hat. Am besten legen Sie anschließend eine kurze Pause mit Bewegung ein.

Sprechen Sie danach in Kleingruppen oder im Klassenverband über die Gedanken und Gefühle im Zusammenhang mit dem Thema „Umgang mit eigenen und fremden Aggressionen".

2. Bewusstmachung von spontanem pädagogischem Verhalten in Konfliktsituationen

Führen Sie die folgenden Aufgaben a bis e nacheinander aus. Das heißt, erst wenn sie die Aufgabe a abgeschlossen haben, beginnen Sie mit b. Bei einem sprunghaften Vorgehen würden Sie die beabsichtigte Wirkung nicht erreichen können.

a) Beurteilen sie die folgenden Reaktionen von Tobias nach „gut" oder „nicht so gut".

b) Durchdenken Sie, welche Verhaltensweisen von Tobias der Erzieherin sehr, kaum oder gar nicht auffallen werden.

c) Machen Sie sich bewusst, welche Verhaltensweisen oder Gefühle von Tobias die Erzieherin wahrscheinlich verstärken oder abschwächen wird.

d) Versetzen Sie sich in die Rolle der Gruppenerzieherin und suchen Sie nach einem angemessenen pädagogischen Verhalten.

e) Besprechen Sie Ihre individuellen Gedanken in der Kleingruppe oder in der Klasse.

Jens kommt in die Bauecke. Er sieht, dass Tobias einen hohen Turm gebaut hat, höher, als er es vorhin geschafft hat, bevor er umfiel. Jens geht auf den Turm von Tobias zu und wirft ihn um. Dann dreht sich Jens um, geht zu einer Kindergruppe am Tisch und beteiligt sich an einem Memory-Spiel.

Mögliche Reaktionen von Tobias:
1. Er schlägt Jens.
2. Er brüllt Jens an.
3. Er weint und geht aus der Bauecke.
4. Er geht zur Erzieherin und beschwert sich.
5. Er baut seinen Turm wieder auf.
6. Er verlangt von Jens, dass er die Bausteine aufräumt.
7. Er räumt schweigend selbst auf.
8. Er verlangt von Jens, dass er den Turm wieder aufbaut.
9. Er geht Jens nach und fegt seine Spielkarten vom Tisch.
10. Er geht etwas später zu einem jüngeren Kind und macht seine gebaute Autostraße kaputt.
11. Er geht etwas später mit einem gebauten Revolver auf Jens zu und „erschießt" ihn.
12. Er wirft sich auf den Boden und schreit.
13. Er verändert sein bisheriges Bausteine-Spiel in ein Schießspiel mit Playmobils.
14. Er .....

3. Erfahrungsaustausch und Bewertungsübung: Umgang mit Konflikten

a) Vergegenwärtigen Sie sich eine Situation aus der Praxis (selbst erfahren oder beobachtet), in der ein Konflikt konsequent nach den Ansichten des Erwachsenen bzw. Ihren eigenen durchgezogen wurde.

b) Schreiben Sie ein aussagekräftiges Stichwort, das diese Situation benennt, in großer Schrift auf einen Zettel. Ein Gruppenmitglied schreibt an eine Wandtafel: „Konsequenz halte ich für angemessen" und an eine andere Wandtafel: „Ich stelle in Frage, dass diese Konsequenz notwendig war".

c) Heften Sie jetzt Ihren Zettel an diejenige Tafel, die Ihnen für Ihr Beispiel als angemessen erscheint.

d) Einigen Sie sich, welchen Fall Sie besprechen wollen (Gruppenarbeit oder im Klassenverband). Das Klassenmitglied, das den Fall eingebracht hat, schildert die Situation und das pädagogische Vorgehen.

e) Suchen Sie im gemeinsamen Gespräch nach einer Bewertung des beschriebenen pädagogischen Verhaltens und durchdenken Sie mögliche Alternativen.

4. Übung einer Konfliktbearbeitung

Versuchen Sie einen Konflikt in der Lerngruppe oder zwischen Lerngruppe und Lehrkräften bewusst zu machen und nach den angegebenen sechs Schritten auf S. 293 zu bearbeiten:
1. Konfliktsituation erfassen
2. Situation beschreiben und analysieren
3. Handlungsmöglichkeiten suchen und beurteilen
4. für eine bestimmte Handlungsweise entscheiden
5. Handlung ausführen
6. Ergebnisse austauschen und Miss-/Erfolge auswerten.

5. Beurteilung und Bearbeitung von Konfliktsituationen

Angenommen, Sie haben als Gruppenleiter oder als Gruppenleiterin den

Kindergartenraum vorübergehend verlassen. (Eine Vorpraktikantin war anwesend oder die Tür zum Nachbarraum stand offen.)
Sie kommen zurück und finden die oben dargestellte Gruppensituation vor:

a) Durchdenken Sie, welche Situationen Sie aufgreifen und bearbeiten oder verändern werden.
b) Überlegen Sie, bei welchen Situationen Sie sich um eine niederlagelose Konfliktlösung bemühen und bei welchen Sie Ihre Ansichten kompromisslos durchsetzen würden.
Berücksichtigen Sie: Bei einem Blick aus dem Fenster fällt auf: Hochhäuser bzw. keine kinderfreundliche Wohngegend, in der die Kinder in ihren Familien ausreichend Bewegung erfahren werden.
c) Greifen Sie im Gruppengespräch eine Situation heraus, besprechen und vergleichen Sie Ihre Vorschläge zur Konfliktbearbeitung.   □

5.5 Programmgestaltung: inhaltliche und methodische Planung unter Berücksichtigung von Gruppensituationen

Über die Programmgestaltung wurde in vorangegangenen Teilen schon viel gesagt. Aus diesem Grund soll hier nur noch auf solche Aspekte eingegangen werden, durch die Bedeutungen von Gruppensituationen für die Programmgestaltung bewusst gemacht werden oder durch die bisherige Gedanken zusammengefasst, weitergeführt oder abgerundet werden.

Ein gut gewähltes Programm kann helfen Lebensfreude, Spiellust, soziales Miteinander, aber auch Lernleistungen zu steigern. Es muss deshalb intensiv durchdacht und sorgsam zusammengestellt werden. Der Inhalt wie auch die Methode müssen dabei beachtet werden. Ein Programm braucht Abwechslung, aber auch Rhythmus. Höhepunkte im Programm sind wie das Salz in der Suppe.

Ein Programm kann nicht ohne Bezug zur Gruppe geplant werden. Jede Gruppe ist einmalig. Das Programm muss auf deren individuelle Situation abgestimmt werden.

Ziele

Mit diesem Kapitel möchte ich bei Ihnen erreichen, dass Sie
- *sich Grundsätze für Programmgestaltung verdeutlichen,*
- *bereit sind über Inhalte und Methoden die Gruppe und deren Mitglieder dort abzuholen, wo sie stehen,*
- *Feste und Höhepunkte situationsangemessen und gerne für Ihre späteren Gruppen planen und gestalten wollen und*
- *mit Vorfreude und Motivation an Ihre berufliche Arbeit denken.*

5.5.1 Inhalt und Methode

Bei der Programmgestaltung müssen Inhalt **und** Methode berücksichtigt werden. Ein Programm kann misslingen, weil der Inhalt **oder** weil die Methode bei der Gruppe nicht ankamen. Natürlich kann es auch passieren, dass beides nicht motiviert oder dass die geringe Motivation sich von einem auf das andere überträgt. Für die Programmgestalter kann der Inhalt im Mittelpunkt stehen, für den eine geeignete Methode gesucht werden muss (Inhalt ➤ Hilfsmethode), oder die Methode kann das eigentliche Lernziel enthalten, die mit einem motivierenden Inhalt gefüllt werden muss (Methode ➤ Hilfsinhalt).
Beispiele sollen diesen Gedanken verdeutlichen:

▼ **Beispiele:**
Inhalt ➤ Hilfs-Methode:
In der Mädchengruppe eines Jugendzentrums schlägt die Gruppenleiterin vor sich mit den geschlechtsspezifischen Rollen (Mann – Frau) zu befassen (Inhalt).
Dafür hat sie folgende Methode vorbereitet (nach Klees 1989, S. 121):
Es werden Tierbilder auf dem Boden ausgelegt. Jede Teilnehmerin wählt ein Bild aus und ordnet es spontan der Überschrift „typisch männlich" oder „typisch weiblich" zu. Anschließend wird darüber gesprochen, warum die Mädchen diese Bilder so zugeordnet haben, warum beispielsweise der Löwe von den Mädchen als typisch männlich angesehen wird.
Nach dieser Zuordnung und Bewusstmachung ist die Thematisierung weiterer Aspekte wichtig, etwa:

– Woher rühren diese Frauen- und Männerbilder?

– Welche Konsequenzen haben sie für die Berufswahl und Berufstätigkeit bzw. Nicht-Berufstätigkeit von Frauen und Männern?

– Wie maßgeblich sind solche Frauenbilder für meine eigene Lebensplanung?

Methode → Hilfs-Inhalt

Das Ziel an einem anderen Gruppenabend kann sein, dass die Mädchen lernen ihre Gedanken und ihre Einstellungen zu formulieren um sie bewusst zu machen und besser darstellen zu können. Die Methode, nämlich eigene Gedanken zu äußern, muss also im Mittelpunkt stehen. Die Erzieherin wählt dafür folgenden Inhalt: „Mein idealer Lebenspartner". Die Mädchen schneiden sich aus Zeitschriften ein Bild eines Mannes aus, der nur vom Rücken her zu sehen ist. Sie legen das Bild im Stuhlkreis auf den Boden. Nacheinander sagen sie diesem Mann (oder, wenn das zu schwer ist, sagen sie es der Gruppe), was sie von einer Partnerschaft erwarten und welche Verhaltensweisen und Einstellungen sie nicht mögen.
In einer anschließenden Metakommunikation, d.h. einem Rückblick über die Wirkung dieser Übung vor allem hinsichtlich der Zielsetzung (Gedanken und Einstellungen äußern können), schließt die Gruppenstunde ab. ▲

In beiden Fällen wurde eine ähnliche Methode gewählt: Bilder sollten zum Gespräch und zu individueller Bewusstmachung anregen. Ebenso war in beiden Fällen der Gesprächsinhalt ähnlich: geschlechtsspezifisches Rollenverhalten und Rollenerwartungen. Trotzdem war bei dem ersten Gespräch der Inhalt, beim zweiten die Methode wichtiger.

Bei der Auswahl von Methoden ist zu beachten, dass sie abwechslungsreich eingesetzt werden. Ebenso, wie ein zu ausgedehnt behandelter Inhalt langweilt, kann eine zu häufig eingesetzte Methode nicht mehr motivieren und faszinieren. Ein Inhalt, der bereits mehrfach behandelt wurde, kann dagegen durch eine neue Methode wieder spannend werden.

▼ **Beispiele:**
– Die Kindergruppe spielt öfter mit Orff'schen Instrumenten. Die Kinder zeigen gute Fortschritte, die Motivation lässt aber nach. Der Gruppenleiter nimmt ein Stück auf Tonband auf. Die Motivation ist wieder vorhanden. Ein andermal werden Gäste zum Zuhören eingeladen.

– Hortkinder haben als Hausaufgabe einen Abschnitt der heimatkundlichen Geschichte zu lernen. Darüber soll eine Klassenarbeit geschrieben werden.
Der Gruppenleiter organisiert eine Podiumsdiskussion. Dabei sind die Hortkinder dieser Klasse die Fachleute auf dem Podium. Sie halten nacheinander einen kurzen Vortrag von einigen Sätzen. Danach stellen die Zuschauer Fragen. Notfalls ist dabei der Gruppenleiter der einzige Zuschauer. Er kann dann z.B. unterschiedliche Personen mimen und damit Lebendigkeit in den Zuschauerraum bringen. ▲

Nicht nur Inhalte, auch Methoden müssen den Interessen und den Vorkenntnissen der Teilnehmer entsprechen. Bei der Planung der Methoden muss beispielsweise überlegt werden, ob sie die Auseinandersetzung mit einem neuen Stoff anregen sollen oder den Umgang mit vertrautem Wissen und Können zum Inhalt haben.

▼ **Beispiel:**
– Nach der Pädagogik von Freinet können Kinder im Schulalter für handwerkliche Tätigkeiten ein Diplom erwerben, bei dem sie nachweisen müssen, dass sie mit dem Handwerkszeug und dem entsprechenden Material sachgerecht und verantwortlich umgehen können. Danach dürfen sie den Raum ohne Aufsicht benutzen. Die Anleitung, die sie nach Erhalt des Diploms bekommen, ist eine andere als beim Ausprobieren des Handwerkszeugs. Während die Erzieherin zuerst die Handhabung der Geräte erklärte und auf Richtig und Falsch geachtet hatte, benötigen die Kinder jetzt Hilfe bei der Verwirklichung ihrer Ideen.

– Ein Tischtennisturnier kann erst dann gestartet werden, wenn genügend Teilnehmer die

Grundregeln und Techniken so beherrschen, dass Wettspiele angebracht sind und Spaß machen (sofern überhaupt Wettspiele beabsichtigt sind). ▲

Um Heranwachsende zu einer vom Gruppenleiter beabsichtigten inhaltlichen Auseinandersetzung oder wenig motivierenden, aber notwendigen Handlung anzuregen, kann eine geschickte Methode manchmal viel beitragen.

▼ Beispiele:
– Während der Aufräumphase im Kindergarten zieht sich der Gruppenleiter eine Handpuppe an und kommentiert (möglichst wertschätzend und positiv verstärkend!) das Aufräumen.
– Um die Kinder zum Mittagsschlaf in der Krippe zu motivieren singt die Erzieherin leise Schlaflieder.
– Die Gruppenmitglieder im Jugendzentrum sollen zu unbeliebten Hilfsdiensten veranlasst werden. Es werden ihnen Wertmarken für beliebte Dienste oder für ein Getränk versprochen und nach erledigter Arbeit ausgegeben.
– Das Gespräch in der Heimgruppe über eine Gruppenregel wird so begonnen, dass die zu besprechende Gruppenregel auf ein Plakat geschrieben und auf den Boden in die Kreismitte gelegt wird. Nun soll jeder seine Kommentare dazuschreiben (oder schreiben lassen, denn manche Kinder und Jugendliche sind schreibgehemmt oder schreiben mit vielen Fehlern, die den Anlass zu abwertenden Bemerkungen geben könnten). Aggressionen dürfen dabei angemessen geäußert werden. ▲

Die Wirkung und Bedeutung von Methoden um ein Lernziel zu erreichen, wird manchmal unterschätzt und in der pädagogischen Arbeit zu wenig berücksichtigt.

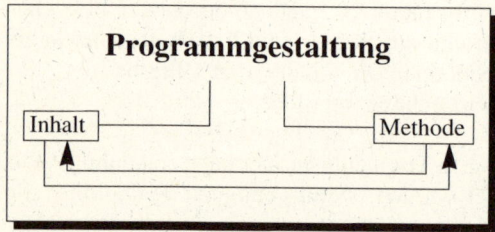

Programmgestaltung

Inhalt — Methode

Bei der Auswahl von Inhalten und Methoden sind auch die Beziehungen zwischen den Gruppenmitgliedern und zwischen Gruppe und Gruppenleiter zu beachten. Auf einige dieser Aspekte wurde bereits im Kapitel 5.1 (Der Gruppenprozess und seine Bedeutung für den Gruppenleiter) eingegangen. Danach unterscheiden sich Programm und methodisches Vorgehen im Laufe des Gruppenprozesses. Beispielsweise muss bei der Programmgestaltung auf die Fremdheitsphase Rücksicht genommen werden: Niemand will sich bloßstellen. Jeder möchte noch unauffällig in der Gruppe untertauchen können. In der Vertrautheits- oder Differenzierungsphase können ganz andere Aktivitäten entwickelt werden. Aber nicht nur der Gruppenprozess, auch die aktuellen Gruppenbeziehungen müssen Berücksichtigung im Programm finden. Selbst die individuelle Belastungsfähigkeit der einzelnen Gruppenmitglieder beeinflusst die Überlegungen eines Programms.

▼ Beispiele:
– Montags ist die Kindergartengruppe (Einzugsbereich Hochhäuser und/oder sozialer Brennpunkt) immer sehr unruhig. Eine konzentrationsfordernde Aktivität ist deshalb unangemessen. Die Gruppe benötigt viel Bewegung und Möglichkeiten zu Rollenspielen, in denen Spannungen, die durch familiäre Konflikte am Wochenende oder unangemessenes und zu langes Fernsehen entstanden sind, abreagiert werden können.
– In der Heimgruppe hat es Konflikte gegeben. Die Gruppenmitglieder sind gereizt. Die Konflikte wurden zwar bereinigt, aber die beiden Gruppenleiter haben den Eindruck, dass einige Jugendliche noch „ihre Wunden lecken". Der geplante Gruppenabend mit Tisch- und Brettspielen wird von ihnen als kritisch angesehen, weil die Konflikte wieder aufleben könnten oder weil es neue Verletzungen geben könnte, wenn Gewinnen und Verlieren ungünstig fallen. Die Gruppe geht deshalb gemeinsam zum Eislaufen, unternimmt eine kleine Fahrradtour oder kocht ein gemeinsames Essen. ▲

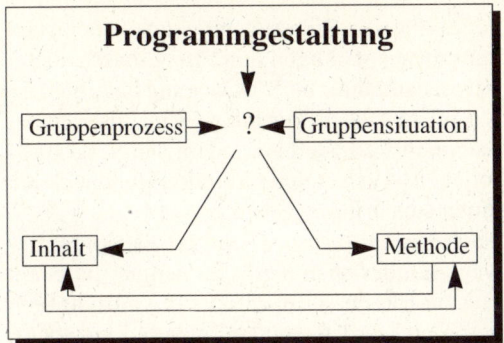

Programmgestaltung

Gruppenprozess → ? ← Gruppensituation

Inhalt ← → Methode

5.5.2 Abwechslung und Rhythmus

Ein Programm muss so gewählt sein, dass es einerseits Abwechslung ermöglicht, andererseits in vieler Hinsicht einen Rhythmus (= regelmäßige Wiederkehr in ähnlicher Form) bietet, zum Beispiel:

– Spannung und Entspannung,
– Ruhe und Bewegung,
– Gruppenaktivität und individuelle Zurückgezogenheit,
– Aufnahme von Neuem und Verarbeitung.

Abwechslung und Rhythmus sind sowohl für kurze Phasen, beispielsweise für eine Aktivität mit einem Einzelkind oder für eine Gruppenstunde, wie auch für längere Zeitabschnitte, z.B. für den Tagesablauf oder auch die Jahresgestaltung, zu beachten. Eine angemessene Ausgewogenheit zwischen Abwechslung und Rhythmus sorgt für Ausgeglichenheit und Motivation. Darüber hinaus wird auch die Leistung erhöht, weil Ermüdungen aufgefangen werden und weil durch neue Inhalte und Methoden die Leistungsfähigkeit wieder belebt wird. Die Erhöhung der Leistungsfähigkeit steigert die Erfolgserlebnisse und führt damit wiederum zu Motivation.

Abwechslung und Rhythmus können auch Spannungen in den Gruppenbeziehungen beeinflussen. Ein zu gleichförmiges Programm kann beispielsweise Langeweile hervorrufen. Gelangweilte Kinder können gereizt und ungeduldig reagieren, Konflikte verursachen und die Stimmung in der Gruppe aufheizen. Zu viel Abwechslung kann eine Gruppe überfordern und den Einzelnen nicht zur Ruhe kommen lassen. Deshalb können sowohl ein zu gleichförmiges als auch ein zu vollgestopftes Programm zu Rastlosigkeit und Unruhe führen.

Auch Einseitigkeiten im Programm, z.B. zu viele Gruppenaktivitäten und zu wenig Rückzugsmöglichkeiten im Hort, können zu Unruhe führen. Dagegen verlangt eine Gruppenstunde einer Jugendgruppe fast grundsätzlich gemeinsame Aktivitäten, weil die Kinder weitgehend aus diesem Grund kommen und die Zeit zu Hause für ihre individuellen Bedürfnisse nutzen.

Abwechslung und Rhythmus müssen deshalb für jede einzelne Gruppe eingeschätzt und das Programm danach ausgerichtet werden.

▼ **Beispiel für ein Nachmittagsprogramm: Bewegungsspiele im Freien** mit einer Gruppe von unbekannten Kindern im Rahmen des Spielmobils oder der Stadtranderholung: Weder die Anzahl noch die Zusammensetzung der Kinder ist bei der Vorplanung bekannt.

1. Gemeinschaftsspiele mit Fallschirmseide:
Die Kinder stehen um die Fallschirmseide herum und halten sie fest. Bälle werden auf dem gespannten Tuch bewegt, einzelne Kinder laufen unter dem Tuch hindurch usw. Diese Spiele bieten Spannung, die einzelnen Teilnehmer müssen sich auf die Gruppe einstellen.

2. Kleingruppenspiele mit Seilen:
Durch die Ausgabe von Seilen bilden sich Kleingruppen: mit dem Seil laufen, das Seil ziehen, „Der Kopf fängt den Schwanz" usw.
Jetzt müssen sich die Kinder nicht auf die Großgruppe, sondern auf eine geringere Teilnehmerzahl einstellen. Sie spielen mit viel Bewegung. Die Spiele mit dem Seil bieten in mehrfacher Hinsicht Abwechslung. Gegebenenfalls werden die Kleingruppen nach dem Alter zusammengesetzt um die Anforderungen an Rücksicht und Geduld niedrig zu halten. Die Kinder können auch eigene Ideen einbringen und ausprobieren. Einzelne übernehmen in der Kleingruppe, die möglicherweise noch einmal in kleinere Spielgruppen zerfällt, die Spielführung.

3. Spiele mit einem aufgeblasenen Großball: Der Ball soll durch Rollen über den Köpfen von einer zur anderen Seite des Spielfeldes transportiert werden. Der Ball ist so groß, dass die Kinder ihn nicht alleine weiterbalancieren können. Gemeinschaftsdenken ist wieder gefragt. Die starke Bewegung der Spiele mit dem Seil wird etwas zurückgenommen. Vorher hat das Seil die räumliche Distanz der Kinder in der Kleingruppe vorgegeben. Jetzt drängen sich die Kinder um den Ball, körperliche Nähe, aber auch Rücksicht werden gefordert.

Das erste und das dritte Spiel sind den Kindern weitgehend neu. Diese Spiele werden so lange gespielt, bis erste leichte Anzeichen von Motivationsverlust oder Ermüdung erkennbar sind. Dann nämlich sind die Tätigkeiten den Kindern vertraut geworden und bieten keinen ausreichenden Lernreiz mehr. Motivationsverlust entsteht allerdings auch dann, wenn die Spiele zu schwer sind und keine Erfolgserlebnisse verbucht werden können. Auch dann muss die Tätigkeit abgebrochen oder verändert werden. Es kann natürlich auch Gründe geben, das Spielprogramm noch zu steigern und deshalb ein Spiel abzubrechen. Die Spiele 1 und 3 wurden nach den Anweisungen der Spielleiter gespielt. Die Spielfolge dazwischen bot Selbstbestimmung sowie die Umsetzung von eigenen Ideen und Führungsaufgaben innerhalb der Kleingruppe. ▲

▼ Beispiel für längerfristige Programmgestaltung:
Tageslaufgestaltung im Hort

Kinder, die vor der Schule in den Hort kommen, haben sehr unterschiedliche individuelle Bedürfnisse. Manche brauchen Ruhe, weil ihre Aktivitätsbereitschaft am Morgen nur langsam anläuft, andere benötigen Bewegung um die anschließende Ruhe in der Schule zu verkraften. Beide Möglichkeiten müssen geboten werden.

Nach dem bewegungsarmen und manchmal frustrierenden Schulunterricht muss die Abreaktionsmöglichkeit für diese Anspannungen angeboten werden: individuelle Gespräche mit der Erzieherin, Rückzugsmöglichkeiten im Gegensatz zur ständigen Forderung innerhalb der Klassengemeinschaft, Bewegungsmöglichkeiten im Hof oder Turnraum. Einzelne Kinder reagieren sich auch ab, indem sie die lästigen (oder motivierenden) Schulaufgaben gleich hinter sich bringen.

Nach dem Mittagessen benötigt der Körper Bewegung oder auch Verdauungsruhe: In jedem Fall darf keine sofortige hohe Konzentration gefordert werden, sondern eine individuell zu gestaltende Pause vor den Hausaufgaben. Auch nach den Hausaufgaben sind verpflichtende Gemeinschaftsaktivitäten nur dann angemessen, wenn sie wiederum ein Gegengewicht für die Hausaufgaben bedeuten, wie bewegungsreiche Spiele oder Werken. ▲

Dagegen kann das Programm in den Ferien viel mehr Gemeinschaftsaktivitäten bieten, weil die Kinder dann von der Schule nicht einseitig belastet werden und durch Höhepunkte die Gemeinsamkeit im Hort positiv erfahren.

Bedürfnis nach Wiederholung und Rhythmus bei jüngeren und behinderten Kindern
Je jünger die Kinder sind, desto stärker sind sie auf einen Rhythmus im Tagesgeschehen angewiesen. Wiederkehrende Phasen verleihen ihnen Sicherheit und Geborgenheit im vielfältigen und vielleicht manchmal erdrückenden Gruppengeschehen.

Die Waldorfpädagogik legt auf den Rhythmus sehr großen Wert. In den Waldorfkindergärten gibt es viele Phasen im Laufe eines Tages, einer Woche oder des Jahres, die wiederholt werden und nach einem immer gleichen Rhythmus ablaufen: die Begrüßung am Morgen und die Verabschiedung am Ende eines gemeinsamen Tages, die einzelnen Abschnitte im Tagesablauf wie das gemeinsame Frühstück oder Lieder und Spiele; der Wochenbeginn und das Wochenende, bestimmte Programme an einzelnen Wochentagen; der Jahresrhythmus mit seinen Festen.

Wenn auch andere Kindergärten den Rhythmus nicht so streng einhalten wie die Kindergärten der Waldorfpädagogik, so ist doch auf ein gewisses Maß von Wiederholung und Rhythmus zu achten.

Das Kind in der Krippe benötigt noch stärker als das Kindergartenkind Teile des Tages, die sich wiederholen. Zugleich muss aber auf einen Wechsel der Tätigkeiten in einem relativ kurzen Abstand geachtet werden, weil sich Kinder in diesem Alter noch nicht lange mit einer Sache beschäftigen können. Ihre Konzentration lässt schnell nach. Sie brauchen viel Abwechslung und ständig neue Anregungen, in die sie sich lerneifrig, aber meist kurzfristig vertiefen.

Dass Behinderte, vor allem geistig Behinderte, ebenfalls die Sicherheit, die von einem Rhythmus und von Wiederholungen ausgeht, sehr benötigen, wurde schon gesagt. Sie brauchen diesen Rhythmus nicht nur um sich im Tagesgeschehen zurechtzufinden, sondern auch um überhaupt Lernfortschritte zu machen. Die Wiederholung ist Voraussetzung für sie sich eine Handlungsabfolge einzuprägen und zu behalten.

In der Abwägung zwischen Abwechslung und Rhythmus zeigt sich wieder eine der vielen ständigen Entscheidungen, die der pädagogische Beruf mit sich bringt. Erzieherinnen haben in vieler Hinsicht immer wieder nach einem Mittelweg zu suchen und sich den eigenen Standort zwischen einem Zuviel auf der einen und einem Zuwenig auf der anderen Seite zu vergegenwärtigen.

5.5.3 Feste und Höhepunkte

Anspannung und Entspannung werden auch in den Höhepunkten und Festen im Laufe des Jahres deutlich. In der Tradition der Feste liegt ein wiederkehrender Rhythmus. Traditionen von Völkern zeigen sich unter anderem in ihren Festen. Viele Feste werden in einer bestimmten, sich jedes Mal wiederholenden Form gefeiert. Dazu gehören religiöse Zeremonien, aber auch weltliche Festanteile wie Geschenke zu Weihnachten, Feuerwerk zu Silvester, Tanz in den Mai, eine Party zum Geburtstag.

Die Vorfreude ist häufig größer, wenn Teile des Festablaufes bekannt sind. In der Vorfreude entstehen bereits Einstimmungen auf das Fest und festliche Gefühle und Gedanken. Das Fest erhält durch seine traditionellen Abläufe einen gewichtigeren Charakter und einprägsame Erinnerungen. Das spürt bereits das Kind. Die Erinnerungen an das Laternenfest vom vorigen Jahr erhöhen z.B. die Vorfreude des Kindes, weil eine Vorstellung besteht und Gefühle wachgerufen werden. Am Ende des Festes, wenn es leider nicht mehr weitergeht, entsteht bereits die Vorfreude auf die Wiederkehr im kommenden Jahr.

Natürlich gibt es Abstufungen in dieser Bekanntheit und Wiederholung. Manche Feste werden jedes Jahr sehr ähnlich gefeiert, vor allem bei jüngeren Kindern, wie das Laternenfest im Kindergarten. Bei anderen Festen werden nur Teile wiederholt, nur der Rahmen, wie

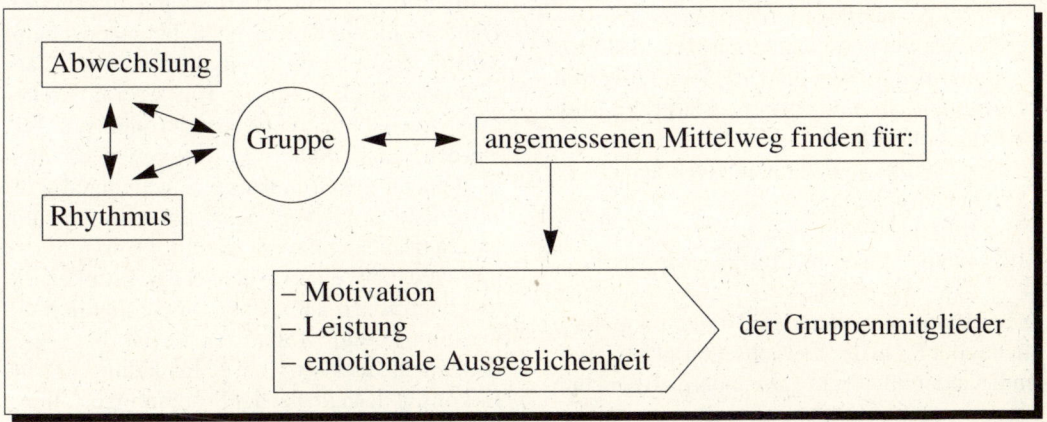

beim Fastnachtsfest oder Sommerfest oder dem Kindergeburtstag. Die individuelle Gestaltung dieses Rahmens überrascht und erzeugt die Einmaligkeit des Festes.

Heimkinder erleben den traditionellen Feste-Rhythmus weniger. Sie haben in ihren Familien bei Festen häufig frustrierende Gefühle erfahren müssen, wenn beispielsweise zu Weihnachten bestehende Konflikte überspielt oder auch ausgetragen und Stimmungen durch Geschenke zu ersetzen versucht wurden. Während ihrer Heimerziehung verbringen sie traditionelle Feste oft nicht im Heim, sondern wieder in ihrer Familie: Weihnachten oder Ostern, manchmal auch den eigenen Geburtstag. Diejenigen Kinder, die im Heim bleiben, fühlen sich verlassen, erwarten eine andere (familiäre oder idealisierte) Festgestaltung und können deshalb das Fest nicht wirklich mit angenehmen Gefühlen verbinden. Traditionelle Feste hinterlassen deshalb bei ihnen oft belastende und frustrierende Erinnerungen.

Neben diesen traditionellen Festen gibt es einmalige Feste: Jubiläumsfeste, Eröffnungsfeste, Abschiedsfeste: Ein besonderer Anlass wird gefeiert.
Festanlässe können auch einfach erfunden werden: Kartoffelfest im Herbst, Gartenfest, Maifest, Partys, Straßenfeste und Stadtteilfeste.
Neben den Festen können andere Höhepunkte geschaffen werden, die dem Jahresrhythmus Lebendigkeit geben:
- Ausflüge, Nacht- oder Morgendämmerungs-Wanderungen, Lagerfeuer,
- Übernachtung im Kindergarten und Hort,
- gemeinsame Wochenenden von Jugendgruppen, Jugendzentren, Stadtranderholung und Horten,
- gegenseitige Einladungen von unterschiedlichen Gruppen,
- sportliche Höhepunkte,
- Theater-, Museums-, Burgbesuche usw.

Dabei ist zu beachten, dass Höhepunkte nicht nur aus der Sicht des Erwachsenen zu bewerten sind. Kinder können in ganz anderen Bereichen

Faszination erleben, als Erwachsene das annehmen und (vorausschauend) planen.

▼ **Beispiel:**
Auf dem Weg zur Burg sind die Baumstämme am Wegrand einladend zum Balancieren und Spielen. Für die Kindergartenkinder bedeuten sie (oder vielleicht der kleine Bach) möglicherweise mehr als das Besichtigen des alten Burggemäuers. ▲

Das Festprogramm selbst wird durch den Charakter des Höhepunktes für die Kinder und Jugendlichen (oder Eltern und Öffentlichkeit) vor allem Spannung bieten. Aber auch innerhalb der Spannung muss für Abwechslung gesorgt werden. Bei jeder Aktivität entsteht eine Spannungs- oder auch Leistungskurve, die bei positivem Verlauf so aussieht:

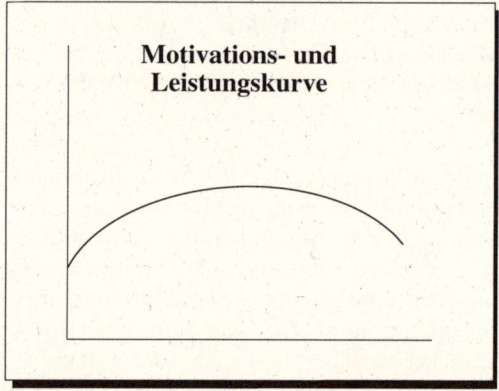

Motivations- und Leistungskurve

Anspannung, Motivation, Lernleistung usw. nehmen bis zu einem Ermüdungsplateau zu. Danach fällt die Kurve ab. Nicht umsonst heißt es, man solle Feste abbrechen, wenn sie am schönsten sind. Wenn die Kurve zu fallen beginnt, muss die Tätigkeit beendet oder verändert werden, damit Spaß und Motivation erhalten bleiben. Dieser Grundsatz gilt auch für jede einzelne Tätigkeit. Jedes Spiel fängt irgendwann an, nicht mehr reizvoll zu sein. Dann muss es gelingen, über einen Wechsel der Tätigkeit die Motivation neu zu beleben, bis schließlich die Leistungs- und Motivationskurve insgesamt nicht mehr zu halten ist, weil Ermüdung eintritt. Es kommt deshalb bei der Programmgestaltung und Vorplanung von Festen genauso wie bei anderen Tätigkeiten darauf an, diese Motivations- und Leistungskurve der Teilnehmer einigermaßen sicher einzuschätzen. Bei der Durchführung muss beobachtet werden, wie diese Kurve verläuft. Wenn die Lust der Teilnehmer abfällt, bzw. möglichst kurz davor, muss das neue Angebot greifen, sodass die Kurve wie in der Skizze verläuft:

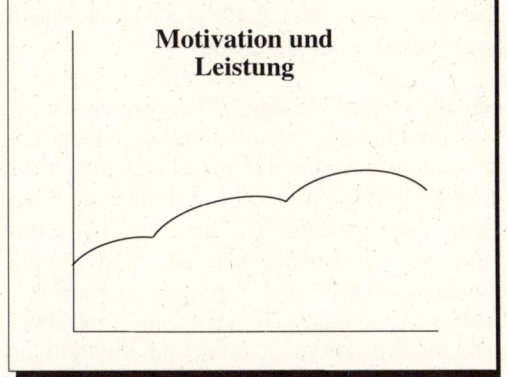

Feste sollen zu einem Höhepunkt im Alltag des jungen Menschen werden. Es gilt deshalb, darüber nachzudenken, welche Erlebnisse und Programme wirklich zu Höhepunkten führen.

Da ist in erster Linie an den sozialen Bereich zu denken. Feste werden so gut wie nie allein gefeiert. Ein freudebringendes Gemeinschaftserlebnis steht deshalb meist im Mittelpunkt von Festen. Bei manchen Festen, z.B. dem Sommerfest, wird dieses Gemeinschaftserlebnis häufig mit Konkurrenzspielen verbunden (Wettspielen). Es fragt sich, ob für jedes Kind oder Jugendlichen Konkurrenzspiele wirklich freudebringende Erlebnisse bedeuten. Erzieherinnen kommen deshalb zunehmend von Wettspielen bei Festen ab. (Darauf wurde schon in früheren Kapiteln hingewiesen.)

Schon immer und bei allen Völkern steht bei den meisten Festen ein gemeinsames Mahl im Mittelpunkt oder schließt das Fest ab. Das Teilen der Nahrung, das gemeinsame Verzehren und die vorausgegangene aufwändige Vorbereitung symbolisieren Gemeinsamkeit, Geborgenheit, Sicherheit, Zuwendung und Anerkennung. Im gemeinsamen Mahl symbolisiert sich soziales Miteinander.

Die Stimmung und die Gefühle müssen bei einem Fest einen Höhepunkt erreichen. Gefühle und soziales Miteinander sind nicht zu trennen, weil Gefühle und Atmosphäre weitgehend durch das Miteinander entstehen. Es muss bei der Gestaltung eines Festes gelingen, positive soziale Gefühle beim einzelnen Teilnehmer hervorzurufen und mit Lebens- und Daseinsfreude zu untermauern. Es muss Spaß machen, die Nähe der anderen zu erfahren und etwas Gemeinsames zu unternehmen.

Der materielle Bereich – mit Ausnahme des Mahles – muss nicht im Mittelpunkt stehen. Im Gegenteil: Eine starke materielle Betonung kann das Emotionale verdecken. Wenn beispielsweise ein Kind nur wegen des Gewinnes an einem Spiel teilnimmt, ist der Sinn verfehlt. Oder wenn die Gruppenmitglieder während der Weihnachtsfeier nur auf die Geschenke warten, können sie die Stimmung nicht wahrnehmen. Auch das gemeinsame Essen muss nicht aufwändig sein. Eine deftige Erbsensuppe und Vollkornbrötchen können die Eltern-Kind-Waldspiele ebenso gut abrunden wie gegrilltes Fleisch und eine Theke mit verschiedenen Salaten und Süßspeisen.

Für die Planung bei Festen spielen – wie bei jedem anderen Programm – die Beziehungen der Festteilnehmer untereinander eine Rolle. Mit einer vertrauten Gruppe kann anders gefeiert werden als mit einer fremden Gruppe oder mit Einbezug von Gästen. Viele Feste werden mit großen Gruppen und teilweise fremden Menschen gefeiert, eben weil das soziale Miteinander und die Zuwendung zum anderen typische Merkmale für Feste sind. Es gibt aber Feste, die bewusst nur mit der vertrauten Gruppe gefeiert werden, weil das Gruppenleben und das Miteinander im Mittelpunkt stehen sollen. Ein emotionaler und sozialer Höhepunkt innerhalb einer Gruppe soll beispielsweise zu Weihnachten und zu Ostern für Kinder erreicht werden. Auch die Abschiedsfeste werden meist bewusst nur auf die Gruppe ausgerichtet. Bei diesen Festen muss durch das Programm dafür gesorgt werden, dass für die teilnehmenden Gruppenmitglieder ein Höhepunkt und eine gewisse Einmaligkeit entsteht, und dass der Anlass, der jeweils gefeiert wird, den Teilnehmern durch das Programm auch bewusst wird.

▼ Beispiele:

– Das Abschiedsfest der in die Schule kommenden Kinder im Kindergarten wird als Übernachtung oder als Zeltfahrt gefeiert. Das Zusammensein mit den Erzieherinnen und den Gleichaltrigen steht im Mittelpunkt. Die besondere Rolle der gleichaltrigen Kinder, die jetzt dem Kindergarten entwachsen, wird deutlich und weist auf den neuen Lebensabschnitt hin.

– Bei dem Weihnachtsfest der wenigen im Heim verbleibenden Kinder und Jugendlichen wird für eine möglichst gemütliche Atmosphäre gesorgt. Der Tisch wird liebevoll gedeckt, gemeinsam ein Essen zubereitet, die Gruppenleiter nehmen sich Zeit für Erzählungen und Gespräche, Zuwendung wird zum Ausdruck gebracht.

– Für das Fastnachtsfest in der Hortgruppe kann ein lebhaftes und fast wildes Programm vorgesehen werden, weil die Gruppenleiter mit der Gruppe vertraut sind und deren Reaktionen einschätzen können. Sie wissen, wann sie einen Programmpunkt beenden müssen, bevor die Gruppe in ungezügeltes Toben gerät. Mit fremden Gästen (Eltern oder Freunden) müsste das Programm neutraler gehalten und intensiver vorbereitet werden. Beispielsweise können dann kaum spontane Rollenspiele oder aus dem Augenblick gedichtete Verse einbezogen werden, weil bei unvertrauten Beziehungen weder spontane Ideen entwickelt werden können noch in gleicher Weise wirken. ▲

Geistig Behinderte sind für Stimmungen oft sehr empfänglich. Lediglich schwer Mehrfachbehinderte, die durch Unruhe ihrer Umwelt aus dem Rhythmus geraten, können manchmal Feste nicht genießen. Die meisten geistig Behinderten nehmen jedoch an Festen mit großer Freude teil. Das Programm muss aber auf ihre Auffassungsgabe und ihre Konzentration abgestimmt sein. Ältere Kinder und Jugendliche führen oft gerne kleine Spiele oder Tänze vor. Viele Behinderte mögen Musik.

Im Gegensatz zu Festen haben Feiern meist einen ernsteren Charakter. Die Bezeichnung

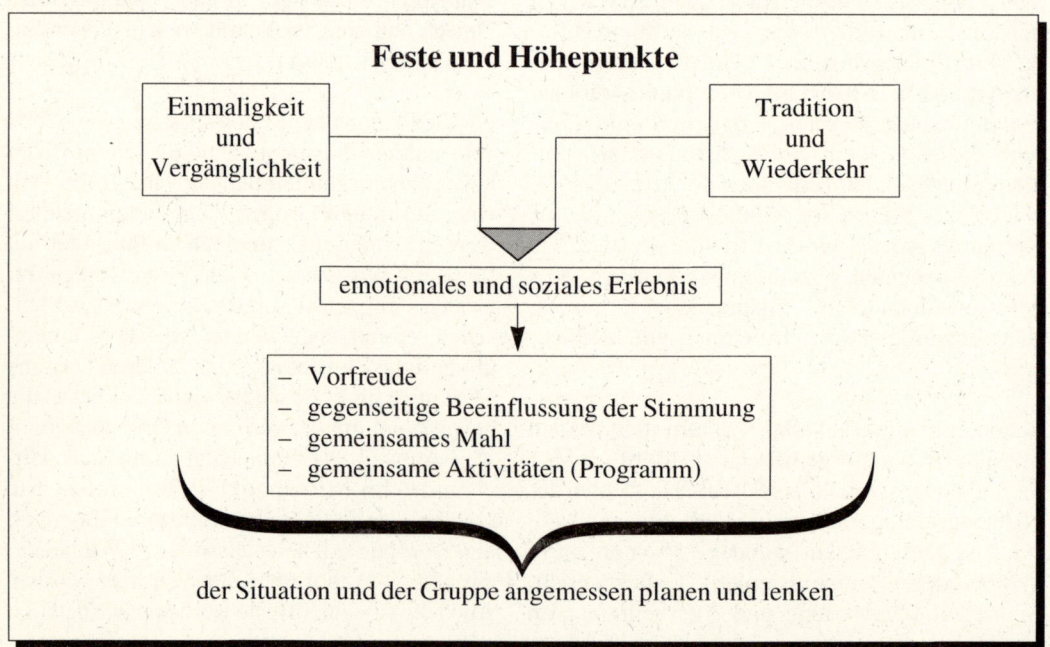

Feste und Höhepunkte

Einmaligkeit und Vergänglichkeit — Tradition und Wiederkehr

emotionales und soziales Erlebnis

– Vorfreude
– gegenseitige Beeinflussung der Stimmung
– gemeinsames Mahl
– gemeinsame Aktivitäten (Programm)

der Situation und der Gruppe angemessen planen und lenken

Feier kann sich auch auf den stilleren und besinnlicheren Teil eines Festes beziehen. (Manchmal werden die Worte allerdings synonym gebraucht.) Es gibt Anlässe, bei denen wir eine Feier halten ohne ein Fest zu begehen. Solche Anlässe können z.B. Jubiläumsfeiern sein, die Verleihung eines Preises; Eltern und Kinder feiern den Abschied einer Erzieherin, die nach langjähriger beruflicher Arbeit in den Ruhestand tritt. Auch wiederkehrende Anlässe können so gefeiert werden. Die Erntedankfeier zählt dazu.

Mit Kindern und Jugendlichen feiern wir diese etwas ernsteren Anlässe seltener. Sie sollten im Leben eines Heranwachsenden aber nicht fehlen. Auch die Besinnlichkeit und die nachdenklichen Höhepunkte, selbst schmerzliche Feierstunden bieten emotionalen Reichtum und soziales Gemeinschaftsgefühl. Manchmal meinen wir, Kinder müssten von Beerdigungen ferngehalten werden, wenn es sich nicht um sehr nahe Bezugspersonen handelt. Aber zum Leben gehört auch der Tod. Ein junger Mensch kann mit dem Tod und dem Verlust von Menschen besser umgehen, wenn über den Tod gesprochen und er nicht tabuisiert wird.
Wir würden den jungen Menschen nicht ernst nehmen, wenn wir ihn bei denjenigen Feiern, in denen wir Trauerarbeit leisten, nicht einbezögen.

Er benötigt genauso wie die Erwachsenen die gemeinsame Zeremonie und das gemeinsame Gedenken und Erleben um mit Bedrückung, Trauer und Verlust fertig zu werden.
Je nach Anlass, Programm und Dauer können Gruppen von Kindern und Jugendlichen oder Einzelne von ihnen an ernsteren Feiern teilnehmen oder sie (in Teilen) gestalten. Freilich müssen wir vorher abschätzen, ob die Heranwachsenden emotional dazu in der Lage sind, die gemeinsame Stimmung einfühlsam wahrzunehmen und mitzutragen. Ein rastloses Kind kann die Stimmung für alle Teilnehmer der Feierstunde stören oder kann durch die einzuhaltende Ruhe überfordert werden. Ein psychisch unausgeglichenes und belastetes Kind, das möglicherweise Stimmungen nur schwer ertragen kann, könnte versuchen die Atmosphäre der Besinnung durch eine unangemessene Handlung zu beenden. Eine Gruppe oppositioneller Jugendlicher kann herkömmliche Traditionen abwerten und zu unterbrechen versuchen. Eine gute Einschätzung der Einstellungen und des Verhaltens der jungen Menschen sowie eine intensive Vorbereitung sind Voraussetzung für die Aufforderung zur Teilnahme an ernsten Feiern. In familienergänzenden Einrichtungen ist die Zustimmung der Eltern einzuholen, damit zwischen der Erziehung im Elternhaus und der sozialpädagogischen Einrichtung kein Bruch entsteht.

Zusammenfassung

- Bei der Programmgestaltung müssen sowohl Inhalte als auch Methoden ziel- und situationsangemessen eingesetzt werden. Dabei kann das beabsichtigte Lernziel sowohl über den Inhalt als auch über die Methode angestrebt werden. Die Wirkung von gut ausgewählten Methoden wird manchmal unterschätzt.

- Beziehungen zwischen den Gruppenmitgliedern beeinflussen die Programmgestaltung. Sowohl der allgemeine Gruppenprozess als auch aktuelle Gruppenstimmungen und Belastungsfähigkeiten müssen bei der Programmplanung und -durchführung berücksichtigt werden.

- Abwechslung im Programm schafft Spannung und Motivation. Die Leistungsfähigkeit wird durch einen sinnvollen Wechsel der Tätigkeit erhöht. Eine angemessene Abwechslung kann deshalb auch zur Erhöhung der Erfolgserlebnisse beitragen.

- Wiederholung und Rhythmus bieten Sicherheit, können aber auch durch ihre Gleichförmigkeit langweilen. Die Erzieher müssen das richtige Mittelmaß zwischen Abwechslung und Wiederkehr finden. Jüngere Kinder benötigen einen stärkeren Rhythmus im Tagesgeschehen, brauchen andererseits aber einen schnelleren Wechsel der Tätigkeiten, weil sie sich auf Grund ihrer geringen Konzentrationsfähigkeit nicht lange mit einer Sache beschäftigen können. Geistig Behinderte benötigen sehr viel Rhythmus und Wiederholung um sich im Tagesgeschehen zurechtzufinden und neue Verhaltensweisen zu erlernen.

- Feste und andere Höhepunkte schaffen bleibende Erinnerungen. Sie beleben den Alltag und bringen Freude und Gemeinsamkeiten. Das Ziel, ein positives Gemeinschaftserlebnis zu schaffen muss die Planung von Festen bestimmen. Der materielle Aufwand ist nicht ausschlaggebend.

- Feiern mit einem etwas ernsteren Charakter werden in sozialpädagogischen Einrichtungen seltener gehalten. Für die Entwicklung junger Menschen und ihr emotionales Erleben haben sie aber Bedeutung und sollten nicht ganz wegfallen. Sie sprechen vor allem Gefühle an und können dazu beitragen, bedrückende Erlebnisse wie den Verlust eines Menschen zu verarbeiten.
  Je nach Anlaß, Programm und Dauer können Gruppen von Kindern und Jugendlichen daran teilnehmen oder sie gestalten, vorausgesetzt, sie sind emotional dazu in der Lage und können die Belastung der Feierstunde ertragen.

Anregungen

1. Gruppenarbeit über mehrere Stunden: Programmgestaltung

Setzen Sie sich in Gruppen zusammen und durchdenken Sie ein Programm. Wenn möglich, sollen zwei Mitglieder Ihrer Gruppe die Rolle von Kindern oder Jugendlichen übernehmen, die das Programm mitgestalten. Die anderen sind Teamer.
Beispiele für Planungen:
a) In einem Jugendzentrum planen Sie eine AG für je einen Abend der Woche, etwa über zwei Monate (auch Mädchen- oder Jungenarbeit).
b) Mit einer Jugendgruppe sollen fünf Gruppenstunden und ein Wochenende in einem Selbstversorgerhaus gestaltet werden.
c) Planen Sie zwei Ferienwochen (Herbstferien) für eine Hortgruppe.
d) Ein Behindertenwohnheim wird eine Woche (sieben Tage) in einem Selbstversorgerhaus verbringen.
e) nach eigener Wahl
Verwenden Sie Bücher, Spielkarteien und andere Informationsquellen, damit Sie inhaltlich und methodisch anspruchsvoll planen können. Beachten Sie, dass Ihre Planung bei der Durchführung so flexibel gehalten werden muss, dass Sie ggfs. umstellen können, wenn das Programm bei der Gruppe nicht ankommt. Stellen Sie sich Ihre Planungsergebnisse (Gruppenarbeit) gegenseitig vor und geben Sie sich Feed-back.

2. Eigene Festgestaltung

Gestalten Sie eine Feier oder ein Fest oder einen anderen Höhepunkt an Ihrer Schule, für Ihre Klasse oder in und mit einer sozialpädagogischen Einrichtung. ❑

6 Zusammenarbeit und Öffnung: wichtige Aufgaben im sozialpädagogischen Beruf

Einführung

Schon öfters ist in diesem Buch die Rede davon gewesen, dass die Erzieherin, der Erzieher nicht nur mit Kindern und Jugendlichen arbeiten, sondern auch mit Erwachsenen. Diese Aufgaben sollen im folgenden letzten Kapitel besprochen werden. Die Elternarbeit nimmt in vielen Einrichtungen einen breiten Raum ein. In den Tagesstätten wird sie vor allem in der Krippe und im Kindergarten sehr intensiv vorgenommen und auch von den Eltern erwartet. Nicht nur im Rahmen der Elternarbeit müssen Erzieherinnen ihre Arbeit offen legen und kooperieren, sondern im Umfeld insgesamt. Das heißt, sie müssen ihre Einrichtung möglichst nach außen öffnen, damit das Umfeld die Einrichtung annimmt, realistisch einschätzt und als einen Teil des Gemeinwesens anerkennt. Auch aus der Sicht der Gruppe muss die Öffnung nach außen gelebt werden. Die sozialpädagogische Einrichtung darf keine Insel für den jungen Menschen darstellen.

Das Team, mit dem Erzieherinnen immer zusammenarbeiten – eine Erzieherin ist so gut wie nie allein für eine Gruppe zuständig -, stellt weitere Anforderungen an die sozialpädagogischen Fachkräfte.

Diese Arbeit mit Erwachsenen hat eine andere Ausrichtung als die Arbeit mit Kindern und Jugendlichen, weil eine stärkere Gleichberechtigung vorliegt. Die Erzieherin zeigt hier nicht einen Weg vor, der begangen werden soll, sondern sie sucht gemeinsam mit den Partnern nach einem angemessenen Weg. Allerdings wird sie sich auch bei Kindern darum bemühen, so wenig wie möglich vorzugeben und dafür das Kind in seiner eigenen Auseinandersetzung mit der Welt zu unterstützen. Das heißt, so wesentlich unterschiedlich ist die Arbeit mit Erwachsenen gar nicht. Es gibt viele Parallelen: Auch bei Erwachsenen muss die Erzieherin sich in Gefühle und Gedanken anderer Menschen einlassen, muss versuchen, sie zu verstehen, muss eigene Vorstellungen offen legen, Kompromisse finden oder sich ggfs. durchsetzen. Auch hier benötigt sie die Bewusstmachung ihrer Ziele, sie braucht einen Schatz von Methoden, sie muss planen können. Vieles ist in der Arbeit mit Erwachsenen für sie nicht grundlegend neu, sondern baut auf gleiche Vorkenntnisse wie die Arbeit mit Heranwachsenden auf.

▼ **Beispiele:**
– Planung und Durchführung eines gezielten Gespräches,
– Gestaltung eines Elternabends,
– Organisation eines Tages der offenen Tür. ▲

Dieses Kapitel soll Ihnen in der Übertragung Ihrer Kenntnisse auf die Arbeit mit Erwachsenen helfen. Darüber hinaus will es Sie dazu anregen, dass Sie sich im Beruf flexibel halten. Die sozialpädagogische Arbeit ist ständig im Wandel begriffen: Pädagogische Einstellungen verändern sich. Neue gesellschaftliche Situationen verlangen andere Formen sozialpädagogischer Erziehung. Erzieherinnen und Erzieher haben am Ende ihrer beruflichen Ausbildung nicht ausgelernt. Der letzte Teilabschnitt dieses Buches befasst sich mit Möglichkeiten der Fortbildung und Aktualisierung im Beruf, denn die berufliche Bildung endet nicht mit der staatlichen Abschlussprüfung.

6.1 Elternarbeit

Ziele

Dieses Kapitel soll Sie mit der Bedeutung und mit verschiedenen Formen der Elternarbeit vertraut machen. Ziel des Abschnittes kann es dabei keineswegs sein, Ihnen schon zu abschließender Kompetenz für Elternarbeit zu verhelfen. Dafür sind Berufserfahrung und ein langsames Einarbeiten in die unterschiedlichen Formen und Anliegen der Elternarbeit notwendig. Mit diesem Abschnitt hoffe ich aber Ihre möglichen Sorgen und Ängste vor Elternarbeit zu reduzieren.

Im Einzelnen möchte ich Sie veranlassen

- *sich in Elternarbeit gedanklich einzulassen und ihr eine hohe Bedeutung zuzumessen,*
- *sich inhaltliche und methodische Grundkenntnisse für die Arbeit mit Erwachsenen anzueignen,*
- *bereit zu werden vielfältige Formen der Elternarbeit in der sozialpädagogischen Praxis einzusetzen und im Sinne der pädagogischen Grundhaltungen von Wertschätzung, Einfühlung und Echtheit durchführen zu wollen und*
- *mutig, hoffnungsvoll und motiviert an Ihre zukünftige Elternarbeit zu denken.*

Zukünftige Erzieherinnen und Erzieher sehen der Elternarbeit oft etwas besorgt entgegen. Viele der Studierenden sind selbst noch jung und haben wenig Erfahrung im Umgang mit Erwachsenen (meinen sie, obwohl sie in der Gruppe der Mitstudierenden bereits Gespräche und Aktivitäten unterschiedlichster Art erprobt haben). Sie fürchten häufig mit sehr kritischen Augen gesehen zu werden, sodass ihnen die Sicherheit, die sie im Umgang mit Kindergruppen oder auch schwierigen Einzelkindern und Jugendlichen haben, vor den Eltern völlig verloren geht.

Eltern geht es häufig genauso. Sie haben Angst vor der Erzieherin, insbesondere in der Krippe oder im Kindergarten, denn dort ist die Erzieherin die erste Berufspädagogin, die einen Einblick in ihre familiäre Erziehung bekommt. Dieser Einblick lässt sich auch nicht verbergen, denn selbst, wenn die Eltern schweigen, legt das Kind das Familienleben über seine Aussagen und Erzählungen und über sein Spiel offen. Die Erzieherin erfährt also in jedem Fall, wie das Kind zu Hause erzogen wird. Das ist in jeder sozialpädagogischen Einrichtung so, auch im Heim.

Keine Mutter und kein Vater werden ehrlich von sich behaupten können, dass sie voll nach ihrer Überzeugung erziehen und deshalb hinter jeder ihrer pädagogischen Maßnahmen stehen. Wie oft wird spontan und unüberlegt, genervt, ungeduldig, gereizt reagiert. Oft meinen die Eltern aber fälschlicherweise, dass von ihnen Unfehlbarkeit erwartet wird. Diesen Anspruch an sich selbst werden sie nicht aussprechen, aber sie spüren – bewusst oder nicht bewusst – ihre Versagensängste.

Aus der Tierwelt kennen wir zwei gegensätzliche Verhaltensweisen bei Angst: die Flucht und den Angriff. Menschen handeln in dieser Beziehung ähnlich wie Tiere: Flucht kann sich äußern in Rückzug, Verschweigen und Verschwiegenheit, Leugnen, Verdrängen, Vergessen usw. Angriff zeigt sich durch Vortäuschen von Sicherheit, Aufplustern, Imponiergehabe, auch durch direkten Angriff (damit ich selbst nicht angegriffen werde) und Gegenangriff (wenn ich mich angegriffen fühle).

Dieses Angstverhalten, das sich nicht nur bei den Eltern so äußern kann, sondern auch bei den Erzieherinnen, bewirkt häufig einen Aufschaukelprozess, eine gegenseitige Steigerung. Wenn der eine auf den anderen mit Gegenangriff reagiert, kann der Konflikt eskalieren (siehe Abschnitt „Inhalts- und Beziehungsebene einer Kommunikation").

▼ **Beispiel:**

Die Erzieherin sagt zur Mutter: „Nina ist im Kindergarten sehr lebhaft." Die Mutter fühlt sich angegriffen, obwohl die Aussage vielleicht gar nicht als Angriff, sondern als Feststellung gemeint war. Sie reagiert mit Gegenangriff: „Im Kindergarten wird ja auch viel zuviel Stillsitzen verlangt!"

Die Erzieherin nimmt die Beziehungsebene nicht wahr, nämlich die Empfindung der Mutter: „Ich habe Angst, weil ich mich mit meinem Kind identifiziere. Ich empfinde diese Aussage als Angriff gegen mich und meine Erziehung. Ich will keine weiteren Angriffe haben! Deshalb werde ich weiteren Angriffen durch einen Gegenangriff einen Riegel vorschieben." Natürlich läuft dieser Gedankengang bei der Mutter in der Regel nicht bewusst ab. Das sind verinnerlichte Reaktionen, die das Bewusstsein nicht mehr wahrnimmt.

Die Erzieherin wird nun möglicherweise auf die Lebhaftigkeit des Kindes nicht mehr eingehen, sondern sich mit dem Angriff befassen, d.h. mit der Inhaltsaussage des Satzes „Im Kindergarten wird ja auch viel zu viel Stillsitzen verlangt!" Vielleicht gibt sie klein bei (auch eine Form von Flucht vor einer Auseinandersetzung): „Eine gewisse Ruhe muss bei so vielen Kindern verlangt werden ...", vielleicht folgt noch ein „aber", ein möglicherweise etwas schwacher Versuch, doch noch auf das ursprüngliche Problem zurückzukommen. Vielleicht reagiert sie auch mit einer energischen Verteidigung ihrer Kindergartenerziehung. ▲

Kritik äußern zu müssen fällt Erzieherinnen auch aus einem anderen Grund als der Gefahr von Angegriffenwerden schwer, nämlich weil sie sich dann als Beurteilende fühlen. Beurteilen setzt voraus, kompetent zu sein und über dem zu beurteilenden Verhalten zu stehen. Als eine solch kompetente Person fühlen sich die Erzieherinnen – oft selbst noch jung – nicht. Hier kann nur wieder auf die Ich-Botschaften verwiesen werden. Wenn ich sage: „Nina ist sehr lebhaft", habe ich ihr Verhalten beurteilt, möglicherweise sehr sanft und vorsichtig, denn ich empfinde Nina vielleicht nicht nur als lebhaft, sondern als

rastlos und hyperaktiv. Wenn ich der Mutter sage: „**Ich erlebe** Nina als sehr unruhig", dann gehe ich von meinen Eindrücken aus. Ich brauche mich nicht als Beurteilender zu fühlen. Vielleicht kann ich in meinen Eindrücken noch weiter gehen ohne die Mutter zu einem Gegenangriff zu provozieren: „Nina erschwert mir mit ihrer Lebhaftigkeit die Gruppenarbeit und wirkt auch selbst nicht zufrieden." Damit mache ich deutlich, dass es notwendig ist, etwas zu unternehmen um dem Kind und mir zu helfen.

Mit Ich-Botschaften wirkt Kritik weniger verletzend und kann deshalb deutlicher und klarer zum Ausdruck gebracht werden. Das bedeutet, Ängste vor Elternarbeit können durch angemessene Gesprächstechniken reduziert und Gesprächsverläufe können effektiver gestaltet werden. Natürlich können Erzieherinnen von sich nicht erwarten Gesprächstechniken wie Ich-Botschaften oder aktives Zuhören perfekt zu beherrschen. Das sind therapeutische Techniken, für die Therapeuten in ihrer Ausbildung sehr geschult werden müssen. Diese Techniken können aber in Ansätzen von dem Gruppenleiter eingesetzt werden, vor allem dann, wenn sie während der Ausbildung geübt wurden.

Eine andere große Sorge bereiten den Erzieherinnen oft die Elternabende: Eine Gruppenstunde mit Jugendlichen wirkt vertraut und verspricht einigermaßen Sicherheit. Die Gruppenarbeit mit Erwachsenen ruft Ängste hervor. Auch hier kann ebenso wie bei der Gesprächsführung gesagt werden: Was für Kinder gilt, trifft in den meisten Fällen auch für die Erwachsenen zu. Was sich ändert, sind in der Regel die Inhalte. Methoden können sich in ihrer Form ändern, aber in ihren Grundlagen und Prinzipien bleiben sie gleich. Sie können erweitert und verändert werden, beispielsweise kann ein Vortrag länger gehalten, ein Gespräch intensiver geführt werden. Den Eltern können schriftliche Informationen gegeben werden, die in der Arbeit mit Kindern und Jugendlichen weniger angewendet werden.

Wenn Sie dieses Buch durchblättern, werden Sie auf zahlreiche Aspekte stoßen, die Sie bei Kindern **und** bei Eltern gleichermaßen anwenden werden.

6.1.1 Bedeutung und Ziele der Elternarbeit

In den verschiedenen sozialpädagogischen Einrichtungen hat die Elternarbeit einen unterschiedlichen Stellenwert. In den Tageseinrichtungen, vor allem in Krippe und Kindergarten, bringen die Eltern ihre Kinder täglich in die Einrichtung. Dadurch ergibt sich ein regelmäßiger kurzer Kontakt. Da die Kinder erstmals aus der Familie in eine größere Gruppe Gleichaltriger wechseln und außerfamiliäre Erziehungspersonen erleben, ist eine intensive Zusammenarbeit erforderlich. Die Kinder sollen keinen Bruch zwischen Elternhaus und sozialpädagogischer Einrichtung erleben.
Auch in den familienersetzenden Einrichtungen ist intensive Elternarbeit notwendig.

▼ **Beispiele:**
– Die Kinder sehen, wie sich Eltern und Erzieherinnen beim Bringen und Abholen freundschaftlich unterhalten.
– Elternteile, von denen die Kinder gebracht werden oder die sie abholen, bleiben eine Weile im Gruppenraum und bekommen mit, was und mit wem das Kind spielt.
– Das Kind erzählt zu Hause von der Einrichtung und der Erzieherin erzählt es von seinen Erlebnissen zu Hause.
– Die Eltern hängen Bilder, die das Kind in der Einrichtung gemalt hat, zu Hause auf oder gebrauchen Gegenstände, die das Kind ihnen gebastelt hat. (Damit muss von Erzieherinnen allerdings vorsichtig umgegangen werden, damit Eltern nicht aus pädagogischen Gründen dazu gezwungen werden, beispielsweise einen Christbaumschmuck oder ein Mobile aufzuhängen, das ihrem Geschmack nicht entspricht.)
– Ältere Kinder und Jugendliche besprechen Probleme aus dem Elternhaus mit den Betreuern und umgekehrt. ▲

Es gibt natürlich auch Eltern, denen die Entlastung von der Erziehungsarbeit sehr wichtig ist. Diese Eltern sind gegenüber Offenlegung und Abstimmung der pädagogischen Arbeit manchmal wenig aufgeschlossen.

Das Bedürfnis nach Entlastung und pädagogischer Mitverantwortung ist bei Eltern behinderter Kinder besonders groß. Auch bei verhaltensauffälligen Kindern suchen die Eltern nach Hilfe, allerdings hier sehr gepaart mit eigenen Versagensgefühlen. Bei der Arbeit mit verhaltensschwierigen Kindern ist die Bereitschaft der Eltern zur Zusammenarbeit oder zur Offenlegung des eigenen pädagogischen Vorgehens unterschiedlich. Während manche Eltern sich zurückziehen und verschließen, suchen andere verzweifelt nach Hilfe.

Im Hort sind Eltern oder Elternteile, denen die Erziehung ihrer Kinder ein wichtiges Anliegen ist, oft dankbar für den Hortplatz und bemühen sich um intensive Zusammenarbeit. Andere Eltern sind froh über die Entlastung, die sie durch den Hort von ihren Erziehungsaufgaben spüren. Da die Kinder alleine kommen und gehen, vermeiden manche Eltern die Konfrontation mit den Erzieherinnen oder stellen Ansprüche, beispielsweise, dass die Hausaufgaben gewissenhafter überwacht werden sollen.

Bei Heimkindern ist die Überforderung der Eltern oder mangelndes Engagement sichtbar geworden. Viele Eltern schieben die Schuld des Versagens ihrer Erziehung auf das Verhalten der Kinder. Manche spüren aber auch, dass das Fehlverhalten der Kinder mit ihrer Erziehung oder ihrer eigenen Lebensgestaltung in einem Zusammenhang steht. Diejenigen Eltern oder Elternteile, denen daran gelegen ist, das Kind bald wieder zurückzuholen, werden zu einer Zusammenarbeit bereit sein. Sie zu einer Einsicht ihres Fehlverhaltens zu führen und eine Verhaltensänderung zu erreichen kann allerdings ein jahrelanges Bemühen voraussetzen. Offensichtlich errungene Teilziele gehen wieder verloren. Wenn Erfolge in der Form von „einem Schritt nach vorne und wieder einen halben Schritt zurück" zu erkennen sind, müssen die Betreuer schon zufrieden sein. Oft bleiben auch alle Versuche ergebnislos.
Bei Eltern, deren Bezug zu den Kindern nicht von Zuwendung und Liebe geprägt ist, sondern die sich erleichtert fühlen, dass das Kind oder der

Jugendliche ihnen nicht mehr zur Last fällt, gestaltet sich die Elternarbeit besonders schwierig. Hier müssen die Ziele sehr niedrig gesetzt werden. Ein einigermaßen freundlicher und nicht abwertender Umgang mit dem Jugendlichen ist in solchen Fällen schon ein schwer zu erreichendes Ziel für ein Betreuerteam.

Jugendzenten laden die Eltern zu Tagen der offenen Tür ein. Individuelle Elternarbeit besteht bestenfalls dann, wenn es um Probleme geht. Die Jugendlichen verselbstständigen sich. Sie wollen nicht mehr, dass sich die Eltern in ihre Freizeitaktivitäten einmischen.

Elternarbeit ist oft sehr mühsam und bedeutet zusätzliche Belastung für die Erzieherin. Deshalb ist zu fragen, warum sie für eine verantwortliche Erziehung in der Einrichtung erforderlich ist. In der Beantwortung dieser Frage ergeben sich vor allem drei bedeutsame Aspekte: Transparenz der pädagogischen Arbeit, Kooperation und Beratung.

6.1.1.1 Transparenz, gegenseitige Offenlegung des pädagogischen Umgangs mit dem Kind

Die Eltern haben einen Anspruch darauf zu wissen, wie ihr Kind in der sozialpädagogischen Einrichtung erzogen wird. Verantwortlichen Eltern ist es wichtig, dass das Kind die ethischen und moralischen Werte, die in der Familie vermittelt werden, in der Einrichtung ebenfalls erlebt. Sie wollen darüber hinaus, dass ihr Kind positive Erfahrungen macht und in seiner Entwicklung gefördert wird. Sie erwarten deshalb von den Erzieherinnen, dass sie ihre Arbeit offen legen und begründen. Bei denjenigen Eltern, die das Leben ihres Kindes in der Einrichtung wenig hinterfragen, müssen sich Erzieherinnen sehr darum bemühen, die Bereitschaft zur Zusammenarbeit zu wecken. Das Kind benötigt die Zuwendung und das Interesse seiner Eltern, um sich anerkannt und sicher zu fühlen.

Es gibt viele Möglichkeiten für Erzieherinnen, den Eltern die pädagogische Arbeit in der Einrichtung darzustellen und das pädagogische Vorgehen des Teams offen zu legen.

▼ **Beispiele:**
– Die Eltern bekommen beim Aufnahmegespräch (und auch später) die Einrichtung gezeigt. Mündlich und schriftlich erhalten sie Informationen über die Konzeption und den Tagesablauf in der Einrichtung.
– Eine Fotowand im Flur dokumentiert den letzten Ausflug.
– Im Elternabend der Tageseinrichtung berichtet die Erzieherin mit Dias vom Gruppengeschehen.
– In der Einrichtung für behinderte Kinder führt die Erzieherin therapeutische Geräte und Spielmaterialien sowie deren Handhabung vor um den Eltern einen Einblick in die gezielte Arbeit mit den behinderten Kindern zu geben. Das können beispielsweise die Bällchenkiste, die Trockendusche, der Matschraum oder das Toilettentraining sein.
– Die Eltern einer Freizeit lernen vor dem Beginn der Fahrt in einem gemeinsamen Eltern-Kind-Nachmittag oder -Abend die Betreuer kennen und erfahren Rahmenbedingungen der Freizeit sowie pädagogische Vorstellungen des Betreuerteams.
– Der Tag der offenen Tür im Jugendzentrum, im Heim oder in der psychiatrischen Klinik hat den Sinn, Eltern und anderen interessierten Besuchern einen Einblick in das Leben in der sozialpädagogischen Einrichtung zu geben.
– Einzelne Eltern hospitieren im Kindergarten, d.h. sie erleben Stunden oder einen Tag lang den Kindergartenalltag mit.
– Im Krankenhaus besucht die Mutter mit dem Kind das Spielzimmer. ▲

Manche Eltern wählen den Kindergarten oder die Krippe – auch die Freizeitmaßnahme – mit Bedacht aus. Sie entscheiden sich beispielsweise zwischen kommunalen und kirchlichen Trägern oder sind bereit die Mehrbelastungen einer Elterninitiative-Einrichtung zu tragen. Sie sind daran interessiert, vor der Anmeldung ihres Kindes zu hospitieren oder das Konzept der Einrichtung kennen zu lernen. Sie wollen sich ein Bild machen, wie das Kind in der Einrichtung erzogen wird. In Zeiten von knappen Kindergartenplätzen ist eine solche bedachte Auswahl allerdings nicht möglich. Aber auch dann haben Eltern das Recht zu erfahren, wie das Leben und die pädagogische Arbeit in der Einrichtung aussehen.

Ebenso möchte die Erzieherin einen Einblick in das Familienleben des Kindes bekommen um das Kind besser zu verstehen und angemessener lenken zu können.

▼ **Beispiele:**
– In einem schnellen Gespräch beim Bringen des Kindes berichtet die Mutter, dass das Kind am Wochenende die kranke Großmutter besucht hat.
– In einer kurzen Notiz teilt die Mutter mit, dass das Kind heute vom (geschiedenen) Mann, d.h. vom Vater, abgeholt wird.

– Beim Ausziehen des Anoraks wird die Mutter mit ihrem Kindergartenkind ungeduldig und berichtet der Erzieherin, dass sie verärgert ist, weil das Kind abends in seinem Bett noch lange das Fernsehen eingeschaltet hat (!) und deshalb morgens nicht aus dem Bett kommt.
– Im Elternabend erzählen Eltern, welche Rituale beim Gute-Nacht-Sagen bei ihnen üblich sind.
– Im Elterngespräch berichten Eltern von ihren Problemen bei den Hausaufgaben ihres Kindes.
– Bei der Aufnahme eines Jugendlichen im Heim schildern die Eltern ihre familiäre Situation. ▲

6.1.1.2 Kooperation

Kooperation bedeutet Zusammenarbeit zur Erreichung eines gemeinsamen Zieles, in diesem Fall der Erziehung des Kindes oder Jugendlichen. Wenn das Kind keinen Bruch zwischen den beiden Welten erleben soll, muss Koopera-

„Ich bring doch mein Kind nicht in einen Elterninitiative-Kindergarten, in dem die Elternbeiträge viel höher sind und das Material schäbiger ist!"
„Und dann muss man als Eltern noch mitarbeiten!? Stellen Sie sich das mal vor!"

„Wir wollen, dass unsere Kinder in kleinen Gruppen aufwachsen und dass wir die Erziehung mitbestimmen."

„Ja, glauben Sie denn, dass Sie das besser können als unsere erfahrene Erzieherin?"
„Und sagen Sie mal, lassen die Erzieherinnen sich das gefallen? Unsere kritisiert ja schon an uns Eltern rum, wenn die Kinder am Sonntag mal ein spannendes Video gesehen haben!"

tion stattfinden. Während die Transparenz auf Information und Offenlegung beruht, basiert Kooperation (Zusammenarbeit) auf Aktivitäten, auf praktischem Tun. Kooperation kann sich in unterschiedlichen Gebieten und Formen zeigen. An erster Stelle steht das **Abstimmen der Erziehungsziele und des Erziehungsverhaltens**.

▼ **Beispiele:**

– Das behinderte Kind fängt in der Tagesstätte an, den Löffel selbst zum Mund zu führen. Die Eltern werden gebeten sich dem Trainingsprogramm am Wochenende anzuschließen.

– Ein Hortkind ist dadurch aufgefallen, dass es Wünsche anderer ängstlich erfüllt, um anerkannt zu werden. Mit den Eltern wird besprochen, dass das Kind viel Lob benötigt und dass sowohl der Hort als auch das Elternhaus das Kind bei eigener Initiative und der Durchsetzung eigener Wünsche unterstützen werden.

– Eltern eines Heimkindes bitten die Betreuer mehr auf die Hausaufgaben ihres Sohnes zu achten, weil sie wollen, dass er nach der Hauptschule auf eine Berufsfachschule geht um einen höheren Schulabschluss zu erreichen. Das Betreuerteam vereinbart einen Gesprächstermin, zu dem der Jugendliche und die Eltern gebeten werden. Der Bezugsbetreuer (dem Kind zugeordnete Person unter den Betreuern) und ein weiteres Teammitglied führen das Gespräch mit dem Ziel die weitere Schul- oder Berufslaufbahn mit dem Jugendlichen abzusprechen und seine Wünsche und Begrenzungen einzubeziehen.

– Die Erzieherin bittet die Eltern in der Krippe oder im Kindergarten, den Kindern robuste, waschbare Kleidung anzuziehen sowie Stiefel und Regenbekleidung in der Einrichtung zu deponieren, weil Schmutzigwerden beim vorliegenden Konzept nicht vermeidbar ist und von den Eltern nicht sanktioniert werden darf.

– In einem Elternabend begründet die Erzieherin die schädliche Wirkung des häufigen Fernsehens. Sie bittet die Eltern um Einschränkung des Fernsehkonsums in der Familie. Ebenso kann sie beispielsweise darum bitten, die gesunde Ernährung, die in der Einrichtung praktiziert wird, zu unterstützen oder für ausreichende Bewegung der Kinder zu sorgen. ▲

Eine weitere Möglichkeit der Kooperation zwischen Eltern und Einrichtung ist die **Mitarbeit von Eltern**.

Dabei müssen Erzieherinnen allerdings aufpassen, dass Eltern ihnen nicht die pädagogische Richtung aus der Hand nehmen. Wenn Eltern Teilaufgaben übernehmen, müssen sie sich in Erziehungsstil und Arbeitsweise der Einrichtung einfügen. Sie dürfen z.B. nicht Regeln oder Anordnungen des Teams unterlaufen. Elternmitarbeit verlangt von der Erzieherin Beobachtung und häufig auch intensive Gespräche. Es ist verständlich, dass von manchen Erzieherinnen die Elternmitarbeit in der Gruppe nicht gern gesehen wird. Sie beschränken die Beteiligung der Eltern dann lieber auf andere Bereiche als die Arbeit in der Gruppe.

▼ **Beispiele:**

– Eltern holen Informationen ein, bereiten Besuche und Ausflüge vor, nehmen an den Ausflügen teil.

– Eltern übernehmen Aufgaben bei einer Festgestaltung.

– Eltern sorgen für die Ausrichtung der Geburtstagsfeier ihres Kindes in der Einrichtung: gemeinsames Frühstück, Organisation und evtl. Finanzierung eines Ausflugs, ein Geschenk für die Gruppe (an Stelle der individuellen Geschenke wie Süßigkeiten oder anderer kleiner Dinge an jedes einzelne Kind).

– Das Team einer Tagesstätte bittet Eltern Spielgeräte im Hof oder vielleicht sogar eine zweite Ebene im Gruppenraum zu errichten.

– Im Garten des Kindergartens soll Gemüse angebaut werden, weil aufgefallen ist, dass Kinder z.B. nicht wissen, wie Kartoffeln und Karotten wachsen. Eltern helfen beim Anlegen des Gartens. ▲

In begrenztem Rahmen ist auch **Mitbestimmung der Eltern** üblich. Das geschieht, u.a. durch die Wahl des Elternausschusses, in Tageseinrichtungen, der die Erzieherinnen in ihrer Arbeit unterstützt, in Anliegen gegenüber dem Träger oder in der Öffentlichkeit für sie eintritt oder auch zwischen Eltern und Erzieherinnen vermittelt (siehe Tagesstättengesetze).

▼ **Beispiele:**
– Der Elternausschuss setzt sich dafür ein, dass der Träger einen Teil der Rasenfläche als Gartenland zur Bebauung mit der Gruppe freigibt (allerdings nur in Übereinstimmung mit den Erzieherinnen).
– Der Elternausschuss kämpft für die Verbesserung der Personalsituation. ▲

Es ist darauf zu achten, dass bei einem hohen Anteil von ausländischen Kindern auch Ausländer in den Elternausschuss gewählt werden.

Natürlich hat nicht nur der Elternausschuss Möglichkeiten der Mitbestimmung.

▼ **Beispiele:**
– Eltern einer Kinderfreizeit äußern auf dem Elternabend ihre Sorgen, weil das Team geschlechtsgemischte Schlafgruppen in den Zelten zulassen will. Das Team stellt auf Grund der Elternwünsche seine Planung um.
– Im Kindergarten soll wegen augenblicklicher Interessen der Kinder in der nächsten Zeit über Sexualität gesprochen werden. Wie in der Schule wird vorher ein Elternabend zur Information der Eltern gehalten, damit die Eltern ihre Kinder vor Beginn der Einheit selbst informieren können, wenn sie das wollen.
– Ein Jugendzentrum verändert auf Grund von Elternwünschen seine Öffnungszeiten für bestimmte Altersgruppen.
– Im Heim wird gemeinsam mit den Eltern und dem Jugendlichen geregelt, wann der Jugendliche seine Eltern besuchen kann. ▲

Auch die **Zusammenarbeit der Eltern untereinander** kann durch die Einrichtung angeregt werden.

▼ **Beispiele:**
– gegenseitige Unterstützung beim Bringen und Abholen der Kinder in Tageseinrichtungen (möglichst nicht mit dem Auto!),

– gegenseitige Besuche einschließlich Übernachtungen,
– gegenseitiges Babysitten und dadurch Entlastung, z.B. das Kind nicht zum Einkaufen mitnehmen müssen,
– gegenseitige Beratung bei Einkäufen, Ernährung, pädagogischem Vorgehen,
– Flohmarkt für zu klein gewordene Kleidung oder abgelegtes Spielmaterial,
– gemeinsame Unternehmungen am Wochenende. ▲

Kooperative Tätigkeiten bedeuten häufig auch eine **zusätzliche Transparenz**.

▼ **Beispiele:**
– Während die Mutter oder der Vater im Kindergarten ein gemeinsames Frühstück vorbereiten erleben sie das Gruppenleben. Die Erzieherin kann den Umgang der Eltern mit ihrem und mit anderen Kindern beobachten.
– Der Elternbeirat, der sich beim Träger für eine andere Öffnungszeit einsetzen will, muss sich sowohl den Einblick in die Bedürfnisse der Eltern als auch in die Anforderungen, die an die Erzieherinnen gestellt werden, verschaffen. ▲

6.1.1.3 Beratung
Die Erzieherin erlebt das Kind in einem anderen Lebenszusammenhang als die Eltern. Sie hat Vergleichsmöglichkeite, und sie empfindet nicht die gleiche Nähe und Bindung zum Kind wie die Eltern. Das heißt, sie sieht das Kind mit anderen Augen und in einem anderen Umfeld. Ihre individuellen Eindrücke und Ansichten kann sie zudem durch Gespräche im Team („Wie erlebt ihr dieses Kind?") relativieren und objektivieren. Sie hat also Möglichkeiten den Eltern über die Entwicklung des Kindes aus ihrer Sicht zu berichten und die Eltern zu beraten. Zusätzlich kann sie ihre Fachkenntnisse einbringen und den Eltern Hilfen in der Erziehung ihrer Kinder bieten.
In familienersetzenden Einrichtungen nehmen neben dem Bezugsbetreuer meist weitere Personen aus dem Betreuungsteam am Elterngespräch teil. Sie kennen das Kind aus einer anderen Sicht, vor allem, wenn es sich um Therapeuten handelt, die mit dem Kind in individuellen Sitzungen ar-

beiten und es nicht im Gruppenalltag erleben. Manchmal gelingt es, die Eltern zu einem veränderten Verhalten anzuregen. Dadurch kann sich das Verhalten der Kinder oder Jugendlichen auch verändern.

Erzieherinnen haben allerdings nicht die Aufgabe bei Elternabenden wie in der Volkshochschule Elternkurse abzuhalten, auch wenn Eltern das wünschen sollten. Die pädagogischen Aufgaben und Kompetenzen liegen woanders. Solche Elternabende sollten Ausnahme bleiben. Zuweilen werden Referenten für Elternabende eingeladen. Das ist eine Möglichkeit, kann aber von einer sozialpädagogischen Einrichtung nicht verlangt werden. Erzieherinnen haben nicht die Aufgabe Fortbildung für die Eltern zu organisieren.

▼ **Beispiele für Beratung:**
– In der Krippe berichtet die Erzieherin einer Mutter über die Verhaltensweisen ihres Kindes gegenüber anderen Kindern. Sie rät der Mutter weniger behütend zu sein weil das Kind sich alleine zu wenig zutraut.
– Im Kindergarten fragt eine Mutter die Erzieherin nach ihrer Meinung. Sie hat Sorgen, weil ihr Kind sich sehr dominierend gegenüber anderen Kindern verhält.
– Im Hort bittet die Erzieherin die Eltern eines Kindes zu einem Gespräch, weil sie nach Ursachen des starken Jähzorns sucht und hofft die Eltern zu einem angemesseneren Erziehungsstil beeinflussen zu können.
– Die Erzieherin versucht die türkischen Eltern zu motivieren, ihre zehnjährige Tochter mit zur Freizeit gehen zu lassen.
– In einem Elternabend im Kindergarten stellt die Erzieherin unterschiedliche Möglichkeiten vor, wie die Eltern einen Kindergeburtstag in der Familie feiern können. Sie hat nämlich festgestellt, dass viele Eltern die Kindergeburtstage in einem Kettenrestaurant durch Animateure durchführen lassen. Sie hält es für wichtig, dass das Kind die Feier in der Familie, in der es sich sicher und zu Hause fühlt, erlebt. Die Zuwendung durch die Mutter genießt es ganz anders, als wenn die Mutter jemandem Fremden einen Auftrag erteilt und ihn bezahlt. (Dieses Beispiel grenzt bereits an pädagogische Fortbildung für die Eltern. Es liegt im Ermessen der Erzieherinnen, ob sie bei ihrer Elternberatung so weit gehen wollen.) ▲

Die Elternberatung in der Heimerziehung ist – wie schon erwähnt – oft sehr mühsam. Sie beschränkt sich vor allem auf Gespräche in der Einrichtung oder bei seltenen Hausbesuchen.

Einstellungen und Verhaltensweisen der Eltern sind oft sehr eingefahren und tief sitzend. Sie können nur in sehr kleinen Schritten angegangen werden. Vor allem müssen Erzieherinnen darauf achten, dass sie nicht zu hastig eine Veränderung des Elternverhaltens anstreben. Auch das Elternverhalten entspringt aus deren Lebenslauf und eigener Entwicklung. Um ihre Einstellungen gegenüber dem Kind beeinflussen zu können muss ihnen zunächst Einfühlung und Wertschätzung entgegengebracht werden. Wer hier die Schritte zu groß nimmt, läuft Gefahr, dass die Eltern sich verschließen. Wenn eine Mutter beispielsweise ein Kind von einem Mann bekommen hat, der sie gedemütigt und misshandelt hat, und dieses Kind später vielleicht der Grund war, dass sie eine andere Liebe verloren hatte oder eine Ausbildung nicht machen oder abschließen konnte, dann ist ihre Enttäuschung und vielleicht die nicht zugegebene, aber vorhandene Abneigung gegenüber dem Kind dieses Mannes sehr tiefsitzend.

▼ **Beispiele für Beratungsanlässe in der Heimerziehung:**
– verwöhnendes, zu stark materiell ausgerichtetes, einseitig forderndes Elternverhalten,
– Druck und Leistungsüberforderungen durch die Eltern, erzwungene Unterordnung, Abwertung,
– Vernachlässigung, Lieblosigkeit. ▲

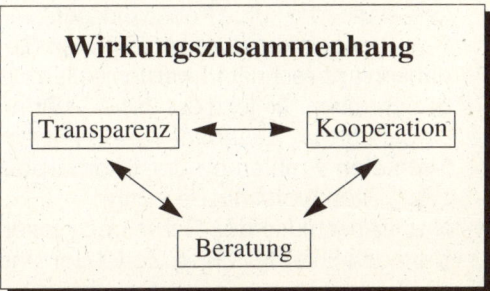

Wirkungszusammenhang

Transparenz ⟷ Kooperation

Beratung

Zusammenfassung

- Elternarbeit gleicht im Prinzip der Arbeit mit Kindern und Jugendlichen. Grundlegende didaktisch-methodische Kenntnisse können auf die Elternarbeit übertragen werden.

- Der hohe Aufwand der Elternarbeit ist durch deren Bedeutung zu rechtfertigen. Es kommt dem Kind zugute, wenn Erzieherinnen und Eltern sich gegenseitig offen legen, wenn sie kooperativ miteinander arbeiten und sich gegenseitig unterstützen.

- Erzieherinnen und Erzieher erleben Heranwachsende in einem anderen Lebenszusammenhang als Eltern. Durch ihre berufliche Ausbildung, durch Vergleichsmöglichkeiten von Verhaltensweisen innerhalb der Gruppe und auf Grund ihrer Erfahrung können sie Eltern in derem pädagogischen Verhalten beraten.

- Die Beratung findet in der Regel nur im Zusammenhang mit dem Verhalten des Kindes und einem angemessenen pädagogischen Vorgehen in der Familie statt. Sie ist keine eigenständige berufliche Aufgabe der Erzieherin.

Anregungen

1. Bewusstmachung von Gefühlen im Zusammenhang mit Elternarbeit

a) Bilden Sie einen großen Stuhlkreis. Legen Sie ein Plakatpapier in die Kreismitte. Jeder Teilnehmer schreibt mit Wachsmalstiften Formen von Elternarbeit auf das Plakat, so wie sie ihm gerade einfallen.
Wenn das Schreiben zu einem Ende kommt, halten Sie eine Weile inne und verhalten sich nachdenklich still um Gefühle im Zusammenhang mit Elternarbeit hochkommen zu lassen. Diese Gefühle werden jetzt nicht besprochen.
Legen Sie eine kurze Pause ein, ggfs. mit Bewegung, in der aber keine neuen Gedanken angeschnitten werden sollen.
b) Schreiben Sie jetzt auf Zettel je einen Gedanken im Zusammenhang mit befürchteten Problemen der Elternarbeit, z.B.: „Eltern verschließen sich."
Nach Abschluss des Schreibens lesen Sie nacheinander diese Zettel vor und legen sie offen vor Ihre Füße.
Zettel mit gleichen Inhalten werden jetzt aussortiert. Legen Sie die verbliebenen Zettel um das Plakat, und zwar so, dass sie von außen (dem Stuhlkreis her) zu lesen sind.
c) Nehmen Sie jetzt alle einen dunklen Wachsmalstift, gehen Sie im Kreis um diese Zettel und setzen Sie einen Strich auf diejenigen Zettel, deren Aussage Sie als für Sie zutreffend empfinden. (Der jeweils fünfte Strich wird schräg über die vier vorangegangenen Striche gezogen, damit das Zählen leichter wird.)
d) Sprechen Sie im Anschluss über die Ergebnisse, über Ihre Gefühle und über den Gesamtprozess in der Lerngruppe.

2. Rollenspiel: Gespräch zwischen Eltern und Erzieherinnen

Bilden Sie zwei Gruppen.
Jede Gruppe teilt sich wiederum in zwei

Hälften. Eine der Hälften stellt Eltern dar, die andere Erzieher/innen.

Entscheiden Sie sich für eine sozialpädagogische Einrichtung mit einem hohen Bedarf an Elternarbeit: Tageseinrichtungen oder familienersetzende Einrichtungen.

Eine der beiden Hauptgruppen vertritt folgende Konstellation:

Die Erzieher/innen plädieren für eine intensive Elternarbeit. Die Eltern wehren sich dagegen und argumentieren für ihre Entlastung und Eigenständigkeit in der Erziehung ihres Kindes.

Die andere Klassenhälfte diskutiert entgegengesetzt:

Die Eltern treten für eine intensive Zusammenarbeit ein, die Erzieher/innen zeigen ihre Grenzen auf.

Diskutieren Sie in Ihren Gruppen und nehmen Sie anschließend in der Gesamtklasse ein Reflexionsgespräch vor.

3. Hörspiel oder Video herstellen: Standortfindung und Argumentation zum Thema Elternarbeit

Bilden Sie Paare. Beide Gesprächspartner sind Erzieher/innen.

Einer der beiden Partner hat folgende Einstellung: „Ich betreibe Elternarbeit, aber ich laufe den Eltern nicht nach. Wenn sie meine Angebote nicht annehmen, ist das ihre Sache."

Der zweite Partner geht von der Einstellung aus: „Ich laufe sehr wohl den Eltern nach. Wenn sie beim ersten Mal meiner Aufforderung nicht nachkommen, sage ich es auch noch ein viertes oder fünftes Mal und erfrage die verhindernden Umstände."

a) Argumentieren Sie möglichst breit. Schreiben Sie wichtige Gedanken in Stichworten auf.

b) Führen Sie Ihr Gespräch als Rollenspiel vor der Klasse oder einer Gruppe vor. Entscheiden Sie sich für ein geeignetes Paar für eine Aufnahme oder nehmen Sie alle Ihre Gespräche auf. Bei Hörspielaufnahmen kommt es nur auf die Sprache, bei Videoaufnahmen auch auf schauspielerisches Können an.

c) Nehmen Sie das Gespräch als Hörspiel auf eine Kassette oder als Video auf.

d) Überlegen Sie, welche Aufgaben Sie mit diesem gespielten Gespräch erfüllen könnten: Öffentlichkeitsarbeit? Erzieherteams zur Verfügung stellen? Einem Fortbildungszentrum anbieten? Einer Grundschule weiterleiten?   ❑

6.1.2 Formen der Elternarbeit

Die Möglichkeiten und Formen der Beeinflussung von Eltern und der Zusammenarbeit können sehr unterschiedlich aussehen. Um einen Überblick zu gewinnen, sollen sie im Folgenden gegliedert und besprochen werden.

6.1.2.1 Nonverbaler Einfluss

Der nonverbale Einfluss auf die Eltern geschieht weitgehend, ohne dass Erzieherinnen sich dessen bewusst sind. Dazu gehört unter anderem die Raumgestaltung, die auf die Eltern beim Bringen und Abholen ihrer Kinder wirkt. Es ist beispielsweise ein Unterschied, ob ein Kindergarten wie ein (aufgeräumtes) Museum erscheint oder wie ein (behaglicher) Lebens-Raum, ob eine Wohngemeinschaft für Jugendliche eine gemütliche Unordnung oder heilloses Durcheinander vermittelt. Auch die Raumaufteilung, Möbel, Wandschmuck, kindliche Bauwerke, Plakate bei Älteren, Gruppenarbeiten usw. hinterlassen Eindrücke.

Die Bedeutung dieses Einflusses wird oft unterschätzt oder überhaupt nicht erkannt. Es ist deshalb wichtig, dass das Team sich die nonverbale Ausstrahlung von Zeit zu Zeit bewusstmacht.

Formen der Zusammenarbeit mit Eltern

nonverbaler Einfluss (indirekt)	schriftliche Informationen	Kontakte mit einzelnen Eltern	Aktivitäten mit Elterngruppen
– Raumgestaltung, bzw. die Atmosphäre der gesamten Einrichtung	– Infobrett (Flur)	– Tür-und-Angel-Gespräch	– Elternabend
– Aktivitäten und Erzählungen der Kinder	– Informationen bei der Aufnahme	– Telefonate	– Elternmitarbeit
– Ausstrahlung der Erzieherpersönlichkeit	– Elternbriefe, Merkblatt, Einladungen	– Gespräche/ Sprechstunde	– Feste
– Beobachtung beim Abholen und Bringen	– Elternzeitung	– Hospitationen, Elternmitarbeit	– Eltern-Kind-Nachmittage, Ausflüge, Tag der offenen Tür
– Gerüchte und Tratsch	– Kontaktheft	– Hausbesuche	

▼ **Beispiele:**

– Frau Meyer ist eine sehr ordentliche Frau. Sie empfindet den Gruppenraum ihres Kindes, in dem viele hübsch (und fast gleich) aussehende Werkarbeiten von der Decke hängen, als schön und ansprechend. Sie leitet davon ab, dass ihr Kind zu Ordnung, Fleiß, Genauigkeit und Sauberkeit erzogen wird. Sie ist mit der pädagogischen Arbeit zufrieden.

– Frau Schmitt hätte ihr Kind gerne in einem Elterninitiative-Kindergarten angemeldet, konnte aber keinen Platz bekommen. Es besucht den oben beschriebenen Kindergarten. Frau Schmitt ist enttäuscht über die pädagogische Arbeit, die sie aus der Raumgestaltung ableitet. Sie würde sich wünschen, dass die Kinder häufiger in die Natur gehen und nicht so viel Zeit für produktive Arbeiten aufwenden, dass auf Rollen- und Bewegungsspiele mehr Wert gelegt wird und die Kinder eigenständig und ohne Vorlagen ihre Werkarbeiten erstellen können. Sie ist mit der pädagogischen Arbeit in diesem Kindergarten nicht einverstanden.

– Frau Kunze nimmt die Raumgestaltung nicht sensibel wahr. Es ist halt so. Ihr Kind beschwert sich nicht. Sie hat keine Probleme. Sie denkt nicht kritisch über die pädagogische Arbeit nach.

Im Heim:

Die Eltern Weber holen ihren Sohn zum vereinbarten Termin für das Wochenende ab. Sie sehen, dass der Gruppenraum keinen Fernseher hat. Er steht in einem Nebenraum, der abgeschlossen werden kann. Ihr Sohn hat in seinem Zimmer die Möbel umgestellt, hat die Wand voller Poster seiner Musikfans gepflastert, den Schrank mit provozierenden Aufklebern versehen und schräg über sein Bett ein selbstgewerktes Schwert gelegt. Es wird ihnen bewusst, dass sie zu Hause beim Fernsehen kaum Begrenzungen setzen, dafür eine solch eigenständige und abreagierende (?) Raumgestaltung nicht zulassen. Im Erziehungsgespräch erfahren sie die Ziele dieses pädagogischen Vorgehens. ▲

Kinder berichten zu Hause von ihren Aktivitäten in der Einrichtung. Sie erzählen, ob die Erzieherin mit ihnen zufrieden war oder ob sie getadelt hat. Jugendliche berichten von ihren Freizeiten oder den Aktivitäten im Jugendzentrum, wenn auch häufig nicht mehr so bereitwillig wie jüngere Kinder. Sie befinden sich in der Ablösungsphase.

Beim Bringen und Abholen, bei Festen und Elternabenden erfahren die Eltern nicht nur Informationen, sie erleben auch die Erzieherin, ihre Ausstrahlung, ihre Persönlichkeit, ihre Wärme, ihr Mitgefühl, ihre Konsequenz.

Auf dieser nonverbalen Mitteilungsebene spielt der Beziehungsaspekt einen große Rolle (siehe hierzu den Abschnitt 3.1.1). Die Erzieherin kann diese Informationen wenig lenken. Sie weiß auch nicht genau, was die Eltern für einen Eindruck mitnehmen, aus welchem Blickfeld heraus sie eine Wahrnehmung deuten und welches Gewicht sie ihr geben. Deshalb ist es wichtig, in Elternabenden entsprechende Lebensformen der Einrichtung zu erläutern und zu begründen. Die Erzieherin kann z.B. über ihre Ziele bei der Raumgestaltung berichten. Sie kann über die Bedeutung der Konfliktbearbeitung und über die Art ihrer Konfliktvermittlung sprechen. Sie kann das Freispiel beschreiben und begründen. Dabei wird sie vielleicht erklären, warum sie wie mit der Gruppe werkt oder worauf es ihr im Rahmen der Förderung von Kreativität ankommt.

Ein weniger erfreuliches Urteil wird über Gerüchte und Tratsch gebildet. Insbesondere in kleineren Orten ist kaum dagegen anzukommen. Die beste Möglichkeit damit umzugehen ist Offenheit. Wenn die Erzieherin ihre Arbeit transparent macht, gibt es weniger zu raten und hinter ihrem Rücken zu verbreiten. Tratsch ist abzulehnen. Aber Vorsicht, dass nicht in Bausch und Bogen die ganze Gerüchte verbreitende Person abgelehnt wird!

6.1.2.2 Schriftliche Informationen

Die schriftlichen Informationen beginnen bereits bei der Aufnahme: Die Eltern erhalten Informationsschriften mit formellen Angaben wie Öffnungszeiten, Tageslauf usw. Manchmal wird auch eine Konzeption (ein schriftlicher Entwurf der beabsichtigten Pädagogik) an die Eltern ausgegeben, damit sie eine Vorstellung von der Erziehung ihres Kindes haben. Soweit möglich und nötig, sollten die Informationen für Eltern ausländischer Kinder übersetzt werden. Eltern können meist dabei helfen. Es passiert leicht, dass für eine größere Gruppe von Eltern einer bestimmten Nationalität für eine Übersetzung gesorgt wird, während übersehen wird, dass es von einer anderen Nationalität auch – aber vielleicht nur ein oder zwei – Eltern gibt.

Sobald das Kind die Einrichtung besucht, gibt es weitere schriftliche Informationen: Kurzbriefe, Merkblätter, in manchen Kindergärten eine Kindergartenzeitung mit breiteren Informationen. Bei älteren Kindern im Hort, Heim oder in Freizeiten gestalten die Kinder eine solche Zeitung mit, die dann von den Eltern als Erinnerung aufbewahrt wird. Es gibt auch Einrichtungen, in denen Eltern oder der Elternbeirat an solch einer Zeitung mitarbeiten.

Bei Behinderten, die mit einem Fahrdienst gebracht werden, sodass die Eltern selten in die Einrichtung kommen, hat sich das Informationsheft bewährt. Die Kinder bewahren es in ihrer Tasche auf. Eltern sowie Erzieherinnen tragen Informationen ein, die sie dem anderen mitteilen wollen, z.B. Unwohlsein, Wünsche, Entschuldigungen usw.

Die meisten Tagesstätten haben im Flur eine Informationstafel angebracht. Kurze Nachrichten wie Termine, augenblickliche ansteckende Krankheiten, gefundene Gegenstände, mitzubringende Dinge usw. werden schnell an das Infobrett gepinnt. In Ganztagseinrichtungen hängt der Speiseplan oft aus. Der Elternbeirat stellt sich – meist mit einem Foto – vor. Hier muss darauf geachtet werden, dass überholte Informationen auch rechtzeitig abgenommen werden. Es besteht Gefahr, dass bei einer veralteten und überholten Informationstafel die wichtigsten

Dinge von den Eltern übersehen werden oder dass das Brett nicht zum Lesen anregt.

An den Gruppentüren hängt oft eine Aufstellung von geplanten oder durchgeführten Aktivitäten.

Bei diesen Informationen, die nicht nur eine kurze Mitteilung enthalten, sondern längere Zeit aushängen, ist darauf zu achten, dass sie formschön und ansprechend gestaltet sind. Sie werden sonst leicht übersehen. Auch Einladungen für einen Elternabend sprechen bei einer schönen Aufmachung mehr an als flüchtig hergestellte Texte.
Häufig wird am Ende eines Vormittages mit der Gruppe über den Tagesablauf gesprochen oder für den nächsten Tag gemeinsam geplant. Wenn die Eltern dann in die Gruppe kommen um ihr Kind abzuholen, wird das Geschehen gestört. Die Erzieherinnen bitten deshalb die Eltern im Flur zu warten. Dafür richten sie eine Sitzecke ein und legen Informationen aus, die für die Eltern in der Wartezeit anregend sein können, z.B. pädagogische Fachzeitschriften, Bilderbücher, Informationen von Organisationen, die sich um Randgruppen oder Hilfe suchende Menschen kümmern, wie Beratungsstellen, Vereine oder Bürgerinitiativen. Hier bietet es sich auch an Informationen über Organisationen auszulegen, in denen sich Mütter engagieren können. Häufig sind Mütter, nachdem sie das Kind im Kin-

dergarten angemeldet haben, nicht genügend ausgelastet. Wenn sie nicht mit einer Berufstätigkeit beginnen, fehlt ihnen ein Bereich, in dem sie sich sinnvoll beschäftigen können.
Auch die Tageszeitung oder einzelne für Eltern interessante Artikel und Bücher können ausgelegt und zum Lesen empfohlen werden.

Manchmal stellen Erzieherteams im Flur Fotos oder bebilderte Berichte von ihren Gruppenaktivitäten aus. Diese Darstellungen sind zwar arbeitsaufwändig, werden von Eltern aber meist gerne betrachtet und gelesen. Sie können – wenn sie Texte enthalten – die pädagogische Arbeit nicht nur veranschaulichen, sondern auch begründen.

In der Heimerziehung und im Freizeitbereich sind schriftliche Informationen seltener. Sie beziehen sich häufig nur auf Aufnahme-Informationen, ein schriftliches Konzept, Anmeldungen und evtl. auf Einladungen und Erlebnisberichte, die gemeinsam mit der Gruppe erstellt werden. Beispielsweise kann eine Heimgruppe die Ferienfahrt kurz beschreiben oder die Zeltlagerfreizeit kann ein humorvoll gestaltetes „Fahrtenbuch" herausgeben. Selbstverständlich besteht bei Heimerziehung ein individueller Schriftverkehr mit den Eltern, der die Anmeldung, die Finanzierung, den Erziehungsprozess usw. betrifft. Dieser Schriftwechsel ist aber nur in Ausnahmefällen eine Aufgabe der Gruppenbetreuer.

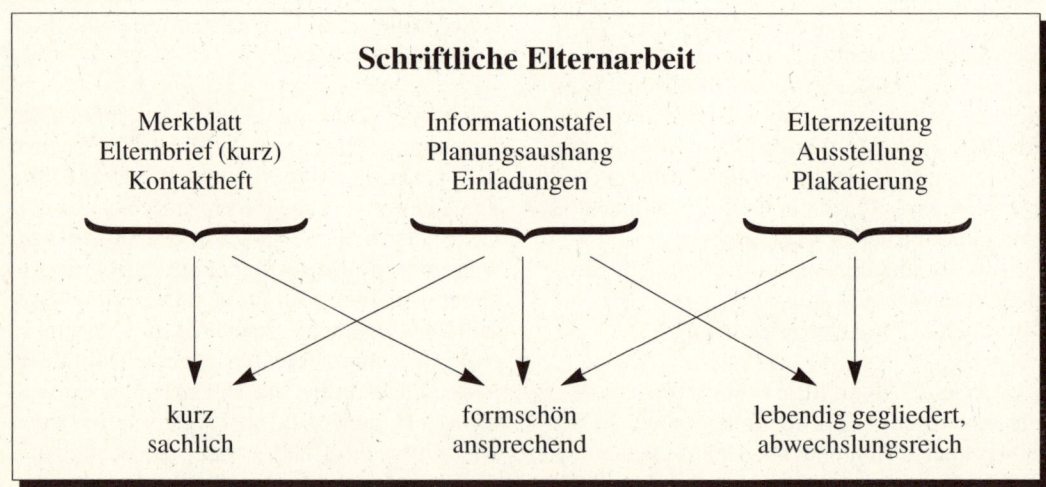

Schriftliche Elternarbeit

Merkblatt	Informationstafel	Elternzeitung
Elternbrief (kurz)	Planungsaushang	Ausstellung
Kontaktheft	Einladungen	Plakatierung

kurz
sachlich

formschön
ansprechend

lebendig gegliedert,
abwechslungsreich

6.1.2.3 Kontakte mit einzelnen Eltern

Die Kontakte mit einzelnen Eltern sind zeitaufwändig. Sie müssen deshalb zwangsläufig begrenzt werden. Ganz wegfallen dürfen sie aber auf keinen Fall, im Gegenteil! Sie haben wichtige Aufgaben:

1. Sie bauen einen Bezug und damit auch ein Vertrauensverhältnis auf.
2. Sie sind für schnelle Informationen und Mitteilungen nötig.
3. Sie ermöglichen individuelle gegenseitige Beratung, tragen zur Kooperation bei und sind die Grundlage für eine gemeinsame positive Erziehungsarbeit.

Sie kommen in verschiedenen Formen vor: spontane Tür-und-Angel-Gespräche, Telefonate, vorbereitete, geplante Elterngespräche, Hospitationen und Elternmitarbeit.

Tür- und-Angel-Gespräche

Unter Tür- und Angelgesprächen sind kurze Kontakte zwischen Eltern und Erzieherin beim Bringen und Abholen der Kinder gemeint. In Krippen und Kindergärten sind Tür-und-Angel-Gespräche der häufigste Kontakt mit einzelnen Eltern. Sie dienen zu kurzen Mitteilungen und zur Kontaktpflege. Vertrauen kann hier aufgebaut und verfestigt werden. Das Kind erlebt deutlich die Kooperation der beiden Bereiche Familie und Einrichtung. Das Kind lernt auch andere Eltern kennen, Kinderfreundschaften können auf diese Weise vertieft, Kontakte der Eltern untereinander angebahnt werden. Allerdings bergen die Tür-und-Angel-Gespräche auch Gefahren. Mütter, die keinen Beruf ausüben, können sich manchmal nur schwer lösen, nachdem sie das Kind in den Kindergarten gebracht haben. Sie haben Schwierigkeiten, das Kind loszulassen und in die leere Wohnung zurückzukehren. Hier muss die Erzieherin Grenzen setzen. Ihre Aufgabe ist das Kind, nicht die Mutter.

Telefonate

Für schnelle, kurze Informationen steht das Telefon zur Verfügung. Im Heim, wenn direkte Gespräche mit Eltern wegen der weiten Entfernung seltener sind, wird zuweilen über das Telefon mehr beredet werden müssen. Das direkte Gespräch bietet den Vorteil das Gegenüber zu beobachten. Stimmungen, Gesten, Mimik werden wahrgenommen. Die Beziehungsebene ist am Telefon nur aus der Sprache selbst ableitbar (Stimme, Wortwahl, Redefluss).

Gespräche mit einzelnen Eltern

Selten werden in sozialpädagogischen Einrichtungen feste Sprechstunden vereinbart. Meistens werden für anstehende Gespräche Termine individuell abgesprochen, die dann von den Eltern auch eingehalten werden sollen.

Hierbei ist es wichtig, einen gemütlichen und ungestörten Raum zu wählen, wenn möglich, weder den Gruppenraum mit seinen oft kleinen, unbequemen Stühlen noch das Büro, in dem Telefonate den Gesprächsverlauf stören können. Allerdings haben nicht alle Einrichtungen ein Elternsprechzimmer oder einen dafür geeigneten Personalraum mit einer gemütlichen Sitzgelegenheit.

Die Eltern sollten bei dem Gespräch ihren Sitz selbst wählen können. Es gibt Menschen, die nicht gern oder gerade mit dem Rücken zur Tür oder zum Fenster sitzen möchten. Die Sitzordnung kann zur lockeren Atmosphäre beitragen. Über die Gesprächsführung selbst wurde bereits einiges gesagt (siehe Kapitel 3.1 und 5.4). Erzieherinnen und Erzieher sehen häufig dann einen Gesprächsanlass, wenn sie Eltern eine Kritik sagen und um eine Veränderung ihres Verhaltens bitten müssen.

Solche Gespräche sollen – wenn möglich – nicht den Inhalt des ersten gemeinsamen Gespräches bestimmen. Kontakt aufbauende und Vertrauen schaffende Gespräche (nicht nur zwischen Tür und Angel oder am Telefon) sollten vorausgegangen sein. Solche Kontaktgespräche müssen vor allem dann möglichst kurz nach der Aufnahme des Kindes angesetzt werden, wenn das Team damit rechnet, eine intensive Zusammenarbeit und Beratung zu benötigen, weil problematisches Elternverhalten vermutet wird. Die Eltern müssen im Rahmen der Möglichkeiten davon überzeugt werden, dass die Betreuungspersonen in der Einrichtung sie nicht abwerten, sondern wertschätzen und Einfühlung zeigen. Eine solche Einstellung kann allerdings nur dann überzeugend vermittelt werden, wenn sie beim Pädagogen echt ist.

Wenn die Erzieherin sich kurz aufnotiert, wann sie mit wem gesprochen hat, wird es seltener passieren, dass einzelne ruhige Eltern vergessen werden.

▼ **Beispiele für vertrauensaufbauende Gespräche:**

– Im Kindergarten vermutet die Erzieherin in den ersten vier Wochen, nachdem das Kind die Einrichtung besucht, dass sich Verhaltensprobleme bei dem Kind zeigen werden und dass eine enge Zusammenarbeit mit den Eltern angestrebt werden muss. Sie bittet die Eltern (beide Elternteile, wenn es sich nicht um Alleinerziehende handelt) zu einem Gespräch, um ihnen über das Einleben ihres Kindes zu berichten.

Eine Kritik am Elternverhalten äußert sie dabei nicht.

– In der Wohngruppe bitten die Betreuer bei der Aufnahme eines Kindes oder Jugendlichen die Eltern, sich am Wochenende, wenn sie ihr Kind abholen, etwas Zeit zu nehmen um sie über das Leben in der Gruppe und das Einleben ihres Kindes zu informieren. ▲

Während eines Kritikgespräches selbst ist mit großer Vorsicht vorzugehen. Wohl muss den Eltern die Kritik klar gesagt werden, aber Erzieher/innen müssen achtsam sein, um die Eltern für eine Veränderung ihres Verhaltens offenzuhalten und sie nicht zu verprellen.

Um methodische Hilfen für ein Kritikgespräch zu geben, soll im Folgenden auf die Vorbereitung und Durchführung eines Kritikgespräches genauer eingegangen werden.

Kritikgespräch

Vorbereitung:
a) Den Anlas für das Gespräch konkret bewusst machen
b) Licht in eigene Gefühle bringen und eine möglichst objektive Sicht der Situation suchen
c) Zielsetzung klären
d) Vorgehensweise durchdenken

Vorphase:
– Dafür sorgen, dass das Gespräch nicht gestört wird, Kontakt herstellen

Hauptphase:
Schritt 1: Das Fehlverhalten darstellen, so weit wie möglich in Ich-Botschaften
Schritt 2: Sichtweise des Betroffenen kennen lernen, eigene Sichtweise ggfs. verändern
Schritt 3: Dem Gesprächspartner helfen zur Einsicht in sein Fehlverhalten zu finden. Die Schritte dabei nicht zu groß nehmen, ggfs. weitere Termine ins Auge fassen
Schritt 4: Verhaltensänderung vereinbaren, ggfs. Unterstützung dabei anbieten, evtl. Kontrollmöglichkeiten absprechen
Abschluss: Zuversicht im Hinblick auf Veränderung zeigen und aufbauen. Kontakt halten

Nachphase:
– Verhaltensveränderung beobachten, ggfs. an Vereinbarungen erinnern

---

In diesem Zusammenhang sei auch auf die niederlagelose Methode hingewiesen (Abschnitt 5.4), die bei Erwachsenen ebenso wie bei Kindern ihre Berechtigung und ihre positiven Wirkungen hat.

Beispiel eines Kritikgesprächs

Zunächst soll im Folgenden ein relativ einfaches Beispiel dargestellt werden, wie ein Elterngespräch im Idealfall ablaufen kann, bzw. wie es angestrebt werden könnte. Anschließend wird auf individuelle und erschwerende Probleme von Elterngesprächen hingewiesen werden.

Die Erzieherin im Hort hat zunehmend Schwierigkeiten mit Karim, einem neunjährigen türkischen Jungen. Er hält sich nicht an Regeln und Anweisungen. Gegenüber anderen Hortkindern zeigt er autoritäre und dominante Verhaltensweisen. Jüngere Kinder werden von ihm unterdrückt, sie kommen gegen seine Macht, seine Aggressionen nicht an. Karim sucht offensichtlich mehr Freiraum. Alle Gespräche und Versuche, Karim zu beeinflussen, waren bisher wirkungslos. Die Erzieherin hat den Eindruck, dass der Vater Frauen für die Erziehung von Jungen und auch sonst nicht für kompetent hält und dadurch Karim in seiner Dominanz und Aufsässigkeit unterstützt.
Die Erzieherin denkt deshalb an ein gemeinsames Gespräch mit beiden Eltern und Karim.

Vorbereitung:

a) Die Erzieherin vergegenwärtigt sich noch einmal das Verhalten von Karim. Mit ihren Kollegen hat sie bereits über ihre Beobachtungen und Schwierigkeiten gesprochen. Sein Verhalten wird vom Team ähnlich beurteilt.

b) Die Erzieherin macht sich klar, dass sie häufig zornig auf Karim ist und diesen Zorn auch auf seinen Vater überträgt, bei dem sie Anlässe für das schwierige Verhalten vermutet. Sie macht sich auch bewusst, dass sie Karim in vieler Hinsicht schätzt: seine Durchsetzungskraft, seine Zivilcourage und seinen Mut. Sie erkennt, dass er sich in seiner Rolle im Hort als einziger

älterer türkischer Junge nicht wohl fühlt, möglicherweise auch mit seiner Identität als Türke zu kämpfen hat.
Über ihre direkten Gefühle zu den Eltern kann sie wenig sagen, weil sie diese nur über knappe Aussagen von Karim einschätzen kann, denn sie kennt sie kaum. Auch diese Tatsache macht sie sich klar.

c) Als Zielsetzung für das Elterngespräch hält sie sich fest:
Die Eltern sollen die Horterziehung unterstützen und Karim dahingehend beeinflussen.
Das Team wird sich Karim gegenüber konsequenter verhalten, das sollen Karim und die Eltern wissen (wurde vorher mit dem Team abgesprochen).
Bei **Karim** will sie erreichen, dass er
– die Wirkungen seines Fehlverhaltens soweit wie möglich erkennt,
– spürt, in seiner Person anerkannt, in seinen unangemessenen Verhaltensweisen aber abgelehnt zu werden,
– bereit ist sein Verhalten zu ändern.
Die Erzieherin selbst will sich für Kompromisse innerhalb einer niederlagelosen Methode offen halten.

d) Die Erzieherin durchdenkt die Vorgehensweise des Gesprächs nach den oben genannten Schritten. Sie bespricht ihre Vorgehensweise mit der Zweitkraft und bittet sie an dem Gespräch teilzunehmen.

Gesprächsverlauf:
Vorphase:

Das Gespräch findet im Personalraum statt. Ein Schild an der Tür erinnert die Mitarbeiterinnen, die bereits ihre Mäntel und Taschen aus dem Personalzimmer geholt haben, daran, nicht zu stören. Den Eltern und dann Karim wird angeboten Platz zu nehmen, Erzieherin und Zweitkraft setzen sich zuletzt auf die noch freien Sessel.

Hauptphase:

Schritt 1: Die Erzieherin beschreibt den Eltern, die weitgehend Deutsch verstehen, ihre Situation sowie die Gruppensituation in Bezug auf Karims Verhalten (möglichst mit Ich-Botschaften).

Schritt 2: Sie bittet Karim zu sagen, wie es ihm im Hort geht. Dabei spricht Karim mit seinen Eltern türkisch. Die Erzieherin, die wegen der ziemlich guten Deutschkenntnisse der Eltern keinen Dolmetscher zuziehen wollte (weil durch ihn die Intimität gestört sein könnte), bittet Karim deutsch zu sprechen.

Die Erzieherin fragt die Eltern, wie sie die Situation aus ihrer Sicht sehen. Der Vater sagt, dass ihm der Hortbesuch seines Sohnes wichtig sei, weil ihm zu Hause niemand bei den Hausaufgaben helfen könne und er – der Vater – auf gute Schulleistungen Wert lege. Als die Erzieherin die Mutter um Stellungnahme bittet, wirft sie einen Blick auf ihren Mann, nickt und bleibt schweigsam.

Die Erzieherin deutet aus dieser nonverbalen Mitteilung, dass die Mutter ihre Meinung zumindest vor dem Mann nicht zu äußern wagt (= Beziehungsebene).

Sie erkennt, dass für die Eltern die Hausaufgabenbetreuung der Hauptgrund für den Hortbesuch ist und dass ihre Vermutung, Frauen haben nach den Normvorstellungen der Familie eine sehr niedrige Wertung, möglicherweise stimmt. Nun wird für sie verständlich, dass Karim, der von seiner Intelligenz her der Schule durchaus gewachsen ist und nur auf Grund seines Benehmens und seiner unzuverlässig erledigten Hausaufgaben schlechte Noten in Kauf nehmen muss, sich gegen den Hort auflehnt. Sie vermutet, dass Karim im Hortbesuch eine Strafe sieht.

Sie spricht diese Vermutung aus und bekommt sie von Karim bestätigt.

Schritt 3: Die Erzieherin verdeutlicht den Eltern (sie sieht dabei auch die Mutter an), dass Karim sich aufsässig verhält, weil er den Hort als Strafe empfindet, während andere türkische Jungen seines Alters keinen Hort besuchen und seine jüngeren Schwestern den Nachmittag bei einer anderen türkischen Familie verbringen, bis die Mutter von der Arbeit kommt.

Sie verdeutlicht den Eltern und Karim auch, dass sie im Hort die Verantwortung trägt und dass sie und ihre Regeln anerkannt werden müssen.

Schritt 4: Die Erzieherin regt zum Nachdenken über Lösungen an. Es bahnt sich eine niederlagelose Lösung an: Der Vater erklärt seinem Sohn, dass die Schule für seinen Lebensweg wichtig ist und dass ihm nur die Erzieherin bei seinen Hausaufgaben helfen kann (Kompetenz der Erzieherin). Er fordert Karim auf, sich an die Anweisungen und Gruppenregeln zu halten.

Karim sagt, dass er die Hausaufgabenbetreuung einsähe, aber dass alles andere Kinderkram sei. Es gäbe noch nicht einmal einen Fußball.

Die Erzieherin verspricht den verloren gegangenen Fußball zu ersetzen.

Es wird vereinbart, dass Karim nach der (ordentlichen und problemlosen!) Hausaufgabenerledigung auf Wunsch den Hort verlassen kann. Er soll einen Wohnungsschlüssel bekommen. Karim verspricht sich in der Zeit zwischen Schule und Hausaufgabenbeginn sowie bei den Hausaufgaben selbst angemessener zu verhalten.

Der Vater betont, dass diese Lösung nur möglich sei, wenn der Sohn zu Hause nichts anstelle.

Abschluss: Die Erzieherin beendet das Gespräch, indem sie sich erleichtert zeigt und ihre Hoffnung äußert, dass das Zusammenleben jetzt angenehmer werden wird.

Nachphase:
Von Zeit zu Zeit gibt die Erzieherin Rückmeldung an Karim, wie sie sein Verhalten empfindet, und telefoniert kurz mit den Eltern um über die Wirkung des Gesprächs zu berichten.

Probleme bei Kritikgesprächen
Wenn die ausländischen Eltern kein Deutsch verstehen, gestaltet sich die Elternarbeit schwieriger. Manchmal können zwar aus der eigenen oder einer anderen Einrichtung ausländische Mitarbeiter hinzugezogen werden (Tagesstätten haben zunehmend auch ausländische

Mitarbeiter/innen), diese für die Eltern und vielleicht auch die Erzieherinnen fremden Personen machen die Atmosphäre aber unpersönlicher, steifer und offizieller. Es gibt zusätzliche (fremde) Zeugen für das Gespräch.

Andere ausländische Eltern sind als Übersetzer bei dem Gespräch ungeeignet, weil die Eltern durch sie gehemmt sind und ihr Recht auf Anonymität nicht gewahrt wird.

Insgesamt gestaltet sich die Zusammenarbeit mit ausländischen Eltern aber kaum schwieriger als mit deutschen Eltern.

Eltern gehen häufig mit Angst in ein Beratungsgespräch und blocken ab oder reagieren mit Gegenwehr. Für die Einsicht in die Wirkungen ihres Elternverhaltens müssen die Schritte – wie schon betont – sehr klein genommen werden. Gut ist, wenn Eltern auch positive Verhaltensweisen rückgemeldet werden. Diese positiven Verhaltensweisen und Einstellungen müssen manchmal betont werden, weil Eltern sie in ihrer Angst und Abwehrhaltung nicht sofort wahrnehmen.

Die Eltern müssen das Gefühl bekommen, dass sie verstanden und wertgeschätzt werden. Die Einfühlung des Gesprächspartners muss ihnen

Ratschläge sind auch Schläge

bewusst werden. Auch wenn der Berater zornig auf die Eltern ist, weil sie ihren Kindern Leid und Schaden zufügen, muss es ihm gelingen, sich in sie und ihre Gefühle zu versetzen.

Wenn Eltern ausführlich ihre Probleme schildern, auch wenn es zunächst nach Umwegen aussieht, kann das Zuhören (möglichst aktives Zuhören) Verständnis und Mitgefühl vermitteln.

▼ **Beispiel:**

– Eine Mutter wurde zum Gespräch gebeten. Die Betreuer des Heimkindes vermuten Hassgefühle der Mutter gegenüber dem Kind und sehen darin Gründe für die Verhaltensauffälligkeiten des Kindes. Möglicherweise fühlt sich das Kind schuldig an den Eheproblemen und kann seine Zuneigung und seinen Wunsch nach Nähe zum Vater nicht ausleben.

Ziel des ersten Gespräches ist es lediglich, der Mutter hinsichtlich ihrer Hassgefühle Verständnis zu signalisieren. Das Gespräch endet, nachdem die Mutter während einer längeren Phase über in ihren Augen entwürdigende, erniedrigende und verletzende Verhaltensweisen ihres geschiedenen Mannes gesprochen hat. Die Verhaltensauffälligkeit des Kindes wurde fast nicht angesprochen. Der Betreuer hat auf Befragen der Mutter, ob sich das Verhalten des Kindes bessere, lediglich geantwortet, dass er Hoffnung habe. ▲

Manchmal zeigen die Eltern bei den Gesprächen keine oder nur sehr geringe Einsicht. In solchen Fällen ist trotzdem nicht auszuschließen, dass später noch eine gewisse Bewegung in den Einstellungen der Eltern stattfinden kann.

▼ **Beispiel:**

– Im Hort werden die Eltern eines Kindes eingeladen, weil das Team den Druck, den die Eltern, vor allem der Vater, auf das Kind hinsichtlich seiner Hausaufgaben ausüben, als schädlich und überaus belastend für das Kind ansieht. Die Erzieherinnen vermuten, dass die körperlichen Krankheitssymptome des Kindes mit diesem Druck und der Überforderung zu tun haben.

Die Erzieherin sagt den Eltern zu Beginn des Gespräches den Grund ihrer Sorge. Der Vater begründet, warum ihm die schulischen Leistungen seines Kindes wichtig sind.

Die Erzieherin signalisiert Verständnis. Sie äußert noch nicht, dass sie befürchtet, die gesundheitlichen Beeinträchtigungen könnten mit der Überforderung zu tun haben und dass das Kind ihrer Ansicht nach unglücklich ist. Sie lässt den Vater über die hohen gesellschaftlichen Anforderungen sprechen. Zwischendurch fragt sie die Mutter nach ihrer Meinung. Diese äußert sich vorsichtiger.

Als die Erzieherin von der Hausaufgabensituation im Hort berichtet und das Thema der Überforderung des Kindes anschneidet, wird der Vater aggressiv. Das Kind müsse mehr zur Eile angetrieben werden. Die Erzieherin sagt, dass sie das für schädlich halte und der Ansicht sei, dass das Kind ohne Druck und Angst bessere Leistungen erbringen könne.

Damit endet das Gespräch erfolglos, jedenfalls ohne sofort sichtbaren Erfolg. ▲

Informierende Beratungsgespräche
Häufig geht es in Elterngesprächen nicht um Kritik am Elternverhalten, sondern Erzieherinnen wollen die Eltern auf eine bestimmte Problematik in der Entwicklung ihres Kindes aufmerksam machen und ihnen vielleicht Möglichkeiten aufzeigen, wie sie mit dieser Problematik umgehen können.

▼ **Beispiele:**
– Der Erzieherin im Kindergarten fällt auf, dass das Kind leichte sprachliche Probleme hat (Elternberatung mit dem Ziel, eine Logopädin aufzusuchen).
– Die Erzieherin hält es für sinnvoll, die Eltern zu beraten ihr fast sechsjähriges Kind noch von der Schule zurückzustellen. Sie schlägt Möglichkeiten vor, wie das Kind in diesem Jahr gefördert werden kann.
– Eltern eines behinderten Kindes werden im Umgang mit der Behinderung beraten.
– Eltern von Jugendlichen in der Pubertät benötigen beruhigende Hilfe, weil sie eigene Schuld am Verhalten ihres Kindes suchen, das

zunehmend in Opposition gerät und sich aufsässig zeigt. ▲

Manche dieser Gespräche werden sich leicht durchführen lassen. Bei einsichtigen Eltern kann z.B. der Hinweis, dass eine Überprüfung beim Orthopäden wegen evtl. Einlagen sinnvoll sei, sogar zwischen Tür und Angel geschehen. Besorgten Eltern kann manchmal gut geholfen werden das Verhalten ihres Kindes objektiver zu beurteilen.

Andere Gespräche müssen vorsichtig und in Ruhe geführt werden.

Dafür ist es angebracht, die planenden Schritte ähnlich wie in einem Konfliktgespräch (Abschnitt 5.4) oder wie beim Kritikgespräch vorzunehmen:

Schritt 1: Die Situation darstellen.
Schritt 2: Die Sichtweise der Eltern erfragen.
Schritt 3: Bearbeitungsmöglichkeiten aufzeigen oder gemeinsam erarbeiten.
Schritt 4: Für eine bestimmte Vorgehensweise (Eltern und/oder Team) entscheiden.

Nachphase:
– Die Durchführung des geplanten Vorgehens (bei den Eltern) beobachten und Erfolge oder Misserfolge erkennen oder erfragen und besprechen, eigene Erfolge oder Misserfolge mitteilen.
– Ggfs. einen nächsten Gesprächstermin vereinbaren.

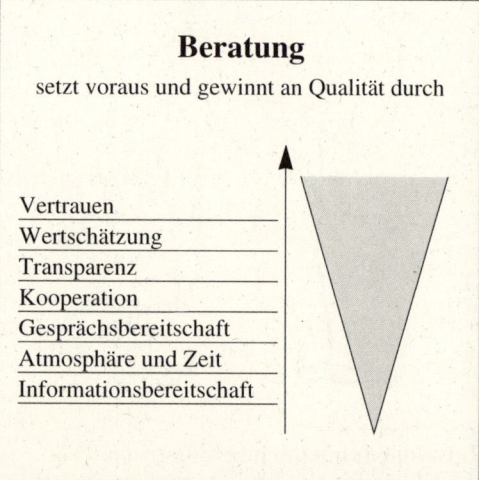

Beratung
setzt voraus und gewinnt an Qualität durch

Vertrauen
Wertschätzung
Transparenz
Kooperation
Gesprächsbereitschaft
Atmosphäre und Zeit
Informationsbereitschaft

Hospitationen und Elternmitarbeit

Hospitationen und Elternmitarbeit lassen sich nicht klar trennen, weil Eltern während ihrer Hospitation mithelfen oder bei der Mithilfe die Einrichtung beobachtend erleben. Beides kommt vorwiegend in Tageseinrichtungen in Frage, insbesondere dem Regelkindergarten. Hospitationen sind in Kindergärten üblich, wenn ein Kind angemeldet wird. Die Loslösung von der Mutter geschieht leichter, wenn das Kind zunächst nur für kurze Zeit kommt und wenn die Mutter bei ihm bleibt.

Erzieherinnen scheuen sich oft die Eltern zu einer späteren Zeit zu Hospitationen einzuladen. Sie fühlen sich zu sehr beobachtet und deshalb unsicher. Sie haben manchmal einen zu hohen Anspruch an eigenes perfektes pädagogisches Verhalten. Sie vergessen, dass es das nicht gibt und dass Perfektion den Beobachter auch verunsichern würde. Der Beobachter käme sich dann sehr klein und unfähig vor.

Hospitationen von Eltern können mehrere positive Wirkungen haben:

1. Eltern sehen, wie sich ihr Kind in der Gruppe verhält, und können sein Verhalten mit dem von anderen Kindern vergleichen.

2. Eltern erleben den Tagesablauf und erkennen die Belastungen und die Vielfältigkeit der Erziehungsaufgaben in einer sozialpädagogischen Einrichtung.

3. Die Offenlegung und Transparenz ist bei Hospitationen breit gegeben. Wenn Eltern mit ihren Kindern Schwierigkeiten haben oder unsicher sind, können Hospitationen eine gute Möglichkeit sein, den Eltern Ratschläge zu geben, ohne belehrend zu wirken.

Allerdings dürfen die Eltern nicht denken, dass sie sich während der Hospitationen mit der Erzieherin unterhalten können. Ein Reflexionsgespräch kann – abgesehen von kurzen Informationen – nur anschließend stattfinden. Auch dann muss es begrenzt werden, denn die Zeit der Erzieherin steht vor allem den Kindern zur Verfügung.

Es sollten höchstens zwei Elternteile zur gleichen Zeit hospitieren, weil die Anwesenheit zu vieler Erwachsener auf die Kinder erdrückend wirkt. Die Eltern dürfen sich auch untereinander nicht unterhalten und damit das Gruppenleben stören.

Verbunden mit einer Elternmitarbeit ist die Hospitation für beide Seiten oft einfacher.

▼ **Beispiele:**
Eltern backen oder kochen mit Kindern, sie begleiten einen Ausflug oder eine Besichtigung, sie gehen mit zwei Kindern einkaufen usw. ▲

Es können auch andere Formen von Hospitationen gefunden werden, bei denen nicht nur ein oder zwei Elternteile eine längere Zeit anwesend sind, sondern mehrere Eltern an einer kurzen Phase, einem bestimmten Abschnitt teilnehmen.

▼ **Beispiele:**
– Im Stuhlkreis werden Laternenlieder gesungen. Eltern können um 11.30 Uhr kommen (bitte nicht später!) und am Stuhlkreis teilnehmen.
– An einem bestimmten Wochentag findet nachmittags eine AG „Spiel mit Orffschen Instrumenten" statt. Eltern können teilnehmen.
– Jeden Dienstag wird in der Gruppe „gesund gefrühstückt". Je ein Elternteil trägt sich in die Liste ein, um dieses Frühstück (ggfs. mit Kindern) vorzubereiten und daran teilzunehmen. ▲

Hausbesuche

Hausbesuche sind für die Erzieherin zeitaufwändig. Deshalb werden sie meist nur dort vorgenommen, wo sie aus pädagogischen Gründen als notwendig erscheinen. In den Kindergärten der Waldorfpädagogik gehören Hausbesuche zur selbstverständlichen beruflichen Arbeit der Gruppenleiterinnen. Die Erzieherinnen der Waldorfkindergärten legen großen Wert auf die Geschlossenheit und Einheit der Erziehung. Deshalb besuchen sie grundsätzlich alle Kinder im Laufe des Jahres. Auch in Waldorfschulen besuchen die Klassenlehrer die Kinder ihrer Klasse.

Bei Behinderten sind Hausbesuche üblich. Das Kind kann wenig von zu Hause erzählen. Die

Eltern kommen auf Grund des Fahrdienstes manchmal kaum in die Einrichtung. Das Kind spürt nicht die Kooperation der beiden Lebensbereiche. Die Erzieherin erfährt kaum etwas vom Familienleben des Kindes. Die Eltern empfinden die Unterstützung durch die Einrichtung nur wenig, wenn keine Treffen mit der Erzieherin stattfinden.

In teilstationären Gruppen und in der Heimerziehung wird über intensive Elternarbeit versucht das Kind wieder in die Familie zu integrieren. In diesen Einrichtungen ist Elternarbeit ein wichtiger Bestandteil der pädagogischen Arbeit. Deshalb gehören dort Hausbesuche zur Aufgabe der Erzieher/innen.

Bei Hausbesuchen muss die Erzieherin behutsam vorgehen. Eltern können sich kontrolliert fühlen und dadurch verängstigt oder ablehnend reagieren. In jedem Falle sollte ein Hausbesuch angemeldet sein. Wenn möglich, sollte dabei der Grund des Besuches gesagt werden, damit die Eltern bereits bei der Absprache des Termins die Offenheit der Erzieherin spüren. Wenn der Grund des Besuches allerdings die Eltern verängstigen könnte, wie das Gespräch über ein Fehlverhalten des Kindes, ist die Begründung fraglich. Dann kann ggfs. allgemein gesagt werden: „Um uns in der Erziehung abzustimmen" oder „Um über Ihr Kind ins Gespräch zu kommen".

6.1.2.4 Aktivitäten mit Elterngruppen

Eltern-Kind-Feste bereiten den Erzieherinnen oft weniger Sorge als Elternabende. Die Arbeit mit dem Kind ist der Erzieherin vertraut. Bei der Festgestaltung ist sie sich des Gelingens und der Motivation aller Beteiligten sicherer. Die häufig geringe Beteiligung der Eltern an Elternabenden frustriert zusätzlich. Es ist deshalb wichtig, die Gestaltung der Elternabende gut zu durchdenken.

Elternabende

In der Praxis kommen Elternabende fast nur in Tageseinrichtungen vor. In der Regel muss dann ein Elternteil zu Hause bleiben und das Kind betreuen. Allein Erziehende benötigen einen Babysitter. Die Beteiligung an Elternabenden ist deshalb oft gering. Aus diesem Grund verlegen manche Erzieherinnen solche Elternveranstaltungen auf den Nachmittag, während die Kinder, einschließlich ihrer Geschwister, in der Nachbargruppe betreut werden.

Der Elternausschuss beteiligt sich zuweilen an der Vorbereitung und Durchführung eines Elternabends, denn seine Aufgabe besteht u.a. darin, sich als Bindeglied zwischen Eltern und Erzieherteam einzusetzen.
Bei der Festlegung des Datums muss berücksichtigt werden, dass keine faszinierenden Programme im Fernsehen, z.B. Fußball, die Eltern vom Besuch des Elternabends abhalten könnten.
Die Erzieherin muss bei der inhaltlichen Gestaltung des Abends von der Frage ausgehen: Was interessiert die Eltern? Bei welchen Themen werden sie sagen: „Ja, das geht mich an, das ist wichtig für mich und für das Wohlergehen meines Kindes!"?

Die drei beschriebenen Ziele für Elternarbeit insgesamt können die inhaltliche Auswahl bestimmen:
– Offenlegung der pädagogischen Arbeit,
– Kooperation, Elternmitarbeit und -mitbestimmung,
– Elternberatung.
Allerdings werden viele Eltern nur dann kommen, wenn die Offenlegung als interessant, die Mitarbeit als wichtig und nötig und die Beratung als eine Hilfe angesehen werden.
Bei den methodischen Überlegungen muss berücksichtigt werden, dass Erwachsene oft viel gehemmter sind als Kinder und Jugendliche. Methoden, die bei Jugendlichen gut ankommen, können bei Eltern Angst auslösen. Wenn sie sich beispielsweise bei einem Rollenspiel offen legen sollen, sind sie verunsichert. Sie befürchten, dass andere über sie lächeln könnten. Wenn sie über ihre Erziehung sprechen sollen ohne sich kompetent zu fühlen, oder wenn sie malen sollen und glauben, das nicht zu können, reagieren sie zurückhaltend oder ablehnend.

Bei der methodischen Planung muss deshalb vorsichtig vorgegangen werden.

Besonders schwierig sind Elternabende zu planen, wenn ausländische Kinder in der Gruppe sind. Die Hemmungen ausländischer Eltern sind oft stärker und noch weniger einzuschätzen als die Unsicherheit deutscher Erwachsener. Zu den oben genannten Zielen bekommt dann das Ziel der Kontakte unter den Eltern ein zusätzliches Gewicht. Für Dolmetscher muss ggfs. gesorgt und das auch den ausländischen Eltern mitgeteilt werden, damit sie sich willkommen, ernst genommen und vielleicht etwas sicherer fühlen.

Elternabende können überaus unterschiedlich aussehen. Im Mittelpunkt werden meist Informationsteile stehen. Erzieherinnen sollten über solche Inhalte informieren, die für die (gemeinsame) Erziehung des Kindes von Bedeutung sind. Das sind insbesondere die Offenlegung der sozialpädagogischen Arbeit und die Kooperation. Über Informationen werden Eltern auch beraten.

▼ **Beispiele:**
– Darstellung des Gruppenlebens und der Arbeit in der Gruppe (Transparenz), wenn möglich, mit Dias oder einem Video. Dias können in der Kindergruppe unauffälliger aufgenommen und als stehendes Bild im Elternabend gut kommentiert werden. Sie eignen sich deshalb in der Regel besser zur Darstellung und Begründung der pädagogischen Arbeit in der Einrichtung.
– Darstellung von Problemen in der Gruppe und den Möglichkeiten diese Probleme von der Familienerziehung her zu beeinflussen, wie Unruhe und Bewegungsmangel, übermäßiges Schießenspielen durch zu viel und nicht kindgemäß ausgewählten Fernsehkonsum, Süßigkeitenkonsum, Mitbringen eigener Spielsachen, Hausaufgabenbetreuung und Freizeitgestaltung im Hort. ▲

Bei der methodischen Bearbeitung beabsichtigter Inhalte können u.a. zwei Prinzipien dazu beitragen, die Eltern zu motivieren und den Abend interessant zu gestalten:

Prinzip der Anschauung: Mit diesem Prinzip ist gemeint, dass der Inhalt über möglichst viele Sinne vermittelt wird. Die Aufnahme über das Ohr allein ermüdet schnell und lässt auch schneller vergessen. Bilder, kurze audiovisuelle Medien, selbst eine bildhafte Sprache haben eine positive Wirkung. Andere Veranschaulichungen sind: etwas vorführen, Gedanken auf ein Plakat oder eine Tafel schreiben, sodass auch gelesen werden kann. Bücher, vorgezeigte Gegenstände usw. können einen Vortrag abwechslungsreich und lebendig machen.

In ähnlicher Weise wirkt auch der zweite Grundsatz: **Prinzip der Aktivierung**.

Wenn das Zuhören dadurch unterbrochen wird, dass der Zuhörer etwas zu tun hat, wird die Leistungsform „Zuhören" durch eine andere Leistungsform abgelöst. Das heißt, die geistige Aufnahmefähigkeit erfährt eine neue Motivierung und Steigerung. Es ist deshalb wichtig, die Eltern auf unterschiedliche Weise zu aktivieren und Tätigkeiten der Aufnahme mit Tätigkeiten der Verarbeitung und des eigenen Beitrags zu wechseln. Das heißt, Methoden müssen gewechselt werden.

▼ **Beispiele:**
– Gesprächsbeiträge von Eltern,
– Zettel und Stifte bereithalten, damit die Teilnehmer etwas aufschreiben können,
– Kleingruppenarbeit mit Arbeitsergebnissen auf Plakaten, anschließend Berichte im Plenum,
– Diskussionen,
– etwas ausprobieren, beispielsweise Spiele,
– Informationsmaterial verteilen, Bücher, auch Bilderbücher, und darin blättern lassen – allerdings nicht **während** eines Vortrags! ▲

Neben der Information sind auch andere Inhalte angebracht. In manchen Kindergärten wird hin und wieder ein Bastelabend abgehalten. Ziel eines solchen Elternabends sollte dann allerdings nicht das Bastelergebnis sein, sondern beispielsweise der Kontakt untereinander und zwischen Erzieherinnen und Eltern. Pädagogische Gespräche, die wie nebenher geführt werden, das Vertrautwerden mit der Einrichtung und das Zugehörigkeitsgefühl der Eltern können als weitere Ziele eines Bastelabends angesehen werden.

Manche Elterngruppen halten Stammtische oder ähnliche zwanglose Treffen ab, in denen der Kontakt und das lockere Gespräch im Mittelpunkt stehen.

Es kann auch Planungselternabende geben, beispielsweise für eine Gruppenfahrt, für ein Fest, für Elternmitarbeit. Insbesondere in Elterninitiative-Einrichtungen können Elternabende auch Arbeitsabende sein: Reparaturen, Festvorbereitungen, Gestaltung der Räume usw.

Feste mit Eltern

Über das Festefeiern mit Kindern wurde schon einiges gesagt, deshalb soll hier nur auf die Bedeutung des gemeinsamen Feierns von Eltern und Kindern eingegangen werden. In seltenen Fällen werden z.B. in einem Landkindergarten auch Feste der Kindergarten-Eltern ohne Kinder gefeiert. Die Eltern feiern beispielsweise gemeinsam abends Fastnacht oder laden die Dorfgemeinschaft zu einem Sommerabendfest im Kindergartenhof ein. Solche Feste werden meist von den Eltern organisiert, für die berufliche Arbeit der Erzieherin kommen sie kaum in Betracht, wenn auch durchaus eine positive Wirkung auf die Kontakte der Eltern untereinander und auf die Erziehung ihrer Kinder von solchen Festen ausgehen kann.

Die Gestaltung der Eltern-Kind-Feste liegt dagegen weitgehend in der Hand der Erzieherinnen und Erzieher.

Aus der Sicht, wie sie vorbereitet und wie weit die Kinder in die Vorbereitung einbezogen werden, sollen sie im Folgenden in drei Gruppen gegliedert werden:

1. Keine spezielle Vorbereitung mit der Kindergruppe

Eltern und Kinder feiern auf Grund gemeinsamer Aktivitäten ein gemeinsames Fest. Dafür wird mit den Kindern nichts vorgeübt. Das Festprogramm ist für die Kinder gleichermaßen neu. Solche Feste sind beispielsweise Sommerfeste: Es werden unterschiedliche Spielstände aufgebaut, an denen die Kinder oder die Eltern mit ihren Kindern spielen. Sie können als Wettspiele organisiert sein:

▼ **Beispiele:**
– Zwei Elternteile schieben jeweils ihr Kind in einer Schubkarre über einen Hindernisweg möglichst schnell ins Ziel.
– Ein Elternteil und ein Kind schlagen jeder einen Nagel in einen Balken. Der Elternteil benutzt dafür einen Hammer mit einem Kugelkopf, der an dem Nagel leicht abrutscht. ▲

Häufig wollen Erzieherinnen aber diese Konkurrenzspiele meiden. Sie wollen das Fest nicht für Eltern oder Kinder mit Empfindungen des Verlierens koppeln (auch nicht mit Empfindungen des Siegens!). Deshalb bevorzugen sie andere Spiele.

▼ **Beispiele:**
– Das Team hat Spielecken eingerichtet, in denen gesägt und gewerkt, gemalt und gematscht werden kann. Auf einer großen Platte, die auf Tische gelegt wird, können die Kinder je nach Lust und Laune an einem Fantasiespielplatz aus Naturmaterialien, z.B. Äste, Zapfen, Wildfrüchte, Schreinerabfälle usw. bauen.

– Unterschiedliche Parcours werden im Hof eingerichtet, die von Eltern und Kindern getrennt oder gemeinsam ausprobiert werden: Hörparcours, Sehparcours, Barfußparcours, blinder Tastparcours usw.

– Hindernisläufe können Grundlage zu reizvollen Spielen sein. Dabei kann die gegenseitige Hilfe von Kind und Eltern herausgefordert werden, beispielsweise muss durch ein Rohr gekrochen werden, was das Kindergartenkind besser kann als die Eltern; es muss etwas von einem Baum geholt werden, wobei das Kind auf die Schulter genommen werden muss, es muss irgendwohin schnell gelaufen werden, dabei wird das Kind auf dem Rücken getragen.

334

– Spiele in Wald und Feld, die nach der Art einer Schnitzeljagd aufgebaut werden, sind weitere reizvolle Eltern-Kind-Spiele: Elternteil und Kind oder Gruppen haben Zettel zu finden, die Aufträge enthalten und/oder den weiteren Weg beschreiben. Naturkundliche Aufgaben sowie Fragen, die umweltangemessenes Verhalten voraussetzen, eignen sich da besonders: eine einfache Pflanze wie Walderdbeeren identifizieren, mit einem Wachsmalstift auf einem weichen Papier die Rinde eines Baumes am Wegrand abpausen, auf einen Zettel mindestens drei Dinge aufmalen, die auf dem Weg liegen und da nicht hingehören (Müll!).

– Wenn es um Feste im Raum geht, können Erzählspiele viel Erlebnisgehalt bieten: Ein Bilderbuch, wie z.B. die Janosch-Bücher vom Tiger und Bär, wird gemeinsam nachgespielt, indem teilweise erzählt und teilweise gespielt wird. Der Tiger ist krank und der Bär kocht ein gutes Essen – Eltern und Kind sind jeweils Tiger und Bär. ▲

2. Das Fest wird teilweise von der Gruppe vorbereitet
Es werden gemeinsame Aktivitäten unternommen, bei denen die Kindergruppe mehr Kenntnisse hat und deshalb Führung übernimmt.

▼ Beispiele:
– Beim Laternenfest haben die Kinder die Laternen gebastelt. (Das heißt nicht, dass sie nicht schon vom vergangenen Jahr sein können. Im Sinne eines geringeren Konsumdenkens muss nicht jedes Jahr eine neue Laterne erstellt werden!) Die Kinder können auch die Lieder besser singen. Es ist eigentlich ihr Fest und die Eltern begleiten sie. Ein tolles Erlebnis!

‚Bei einer Fastnachtsfeier (sofern die Eltern dafür überhaupt eingeladen werden) nehmen die Eltern an Spielen teil, die den Kindern bekannt sind. Die Eltern erfahren sie neu. Das kann im Kindergarten das altbekannte Spiel „Mein rechter, rechter Platz ist leer" sein, im Hort eine Variation von „Ebbe und Flut": Alle gehen im Raum herum. Einer erzählt eine erfundene Geschichte. Wenn das Wort „Ebbe" gesagt wird, müssen sich alle auf den Boden setzen. Bei „Flut" müssen sich die Elternteile auf einen Stuhl und das Kind auf ihren Schoß setzen. Das letzte Paar muss untereinander ausmachen, wer von beiden weitererzählt. ▲

3. Vorführungen
Bei dieser dritten Gruppe sind die Eltern weitgehend passiv. Die Gruppe führt etwas vor, wie Theateraufführungen oder Lieder und Spiele. Für Kindergartenkinder sind Theateraufführungen weniger geeignet, da das Einüben viel Stress für das Kind (und die Erzieherin!) bedeutet. Das Kindergartenkind braucht diese Form der Vorführung nicht. Es kann den Stolz, sein Können vorzuzeigen, auch anders erfahren und erleben. Spiele und Lieder können vorgeführt werden, die das Kind im Alltag aus Spielfreude spielt und singt: Singspiele, Kreisspiele, Lieder, Musizieren mit Orff'schen Instrumenten usw. Die Eltern erleben bei solchen Vorführungen ein Stück Alltag aus der Einrichtung. Das bedeutet Transparenz des Kindergartenlebens für sie und weniger Frust und Versagensängste bei den Kindern. Natürlich dürfen solche Spiele nur einen Teil des Festes einnehmen, weil sonst alle Teilnehmer ermüden würden.

Schulkinder und Jugendliche können in der speziell vorgeübten Vorführung einen Reiz empfinden, wenn sie durch das Proben nicht überfordert werden. Ein auswendig gelerntes kleines Theaterstückchen, Schattenspiele, Handpuppenspiele, Scharaden usw. können einen hohen Aufforderungscharakter für sie haben und einen Lernreiz bieten. Kinder in diesem Alter wollen sich vor den Eltern bewähren. Bei Schulkindern kann ein Fest auch darin seinen Sinn haben, für die Eltern zu kochen und zu backen um die Eltern dann zu bedienen. Für die Eltern hat ein solches Fest zwei Seiten:
1. Sie nehmen dankbar die Versorgung von den Kindern an. Sie sind nicht die Gebenden, sondern die Nehmenden, die Empfangenden. Dieser Rollentausch kann für sie und die Kinder Nähe und fruchtbare Begegnung auf einer anderen Ebene bedeuten.

2. Die Eltern bauen untereinander Kontakte auf und können Erfahrungen austauschen.

Eltern-Kind-Nachmittage

Außer den Festen gibt es auch gemeinsame Nachmittage, an denen irgendeine fanszinierende Aktivität im Mittelpunkt steht. Auch ohne Festcharakter können solche gemeinsamen Stunden Höhepunkte sein, Nähe herstellen und Gemeinsamkeit empfinden lassen.

▼ **Beispiele:**
- Eltern basteln mit ihrem Kind nach der Anweisung der Erzieherin eine Laterne. Dafür muss allerdings ein möglichst einfaches Modell ausgewählt werden, damit das Kind die Laterne erstellen kann und die Eltern helfen und nicht umgekehrt!
- Eltern und Kinder backen oder basteln gemeinsam für einen guten Zweck, z.B. kleine Geschenke für ein Fest mit Kindern aus einem Asylbewerberheim oder für ein Entwicklungsprojekt.
- Am Tag der offenen Tür werden in einem Jugendzentrum in den einzelnen Räumen Aktivitäten durchgeführt. Die Eltern betrachten sich diese Aktivitäten oder können auch mitmachen: Papier schöpfen, Papierbatik, Tonen, Orffsches Musizieren, Fotolaborarbeiten, Vorlese-Runden, Diskussionen, Disko-Raum usw. ▲

Zusammenfassung

- Eltern erfahren auf unterschiedlichen Wegen Informationen von der Einrichtung: nonverbale Formen sind den Erziehern und Erzieherinnen oft nicht bewusst, sie merken kaum, welchen Eindruck die Eltern aus der Raumgestaltung, der persönlichen Ausstrahlung des pädagogischen Personals oder den Erzählungen der Kinder und Jugendlichen gewinnen.

- Gezielte Elternarbeit in schriftlicher Form oder in Kontakten mit einzelnen Eltern und Elterngruppen wird dagegen bewusster vorgenommen. Hier können spontane und nicht bezweckte Eindrücke der Eltern relativiert und die pädagogische Arbeit begründet werden.

- Das Elterngespräch nimmt einen zentralen Stellenwert im Rahmen der Elternarbeit in fast allen sozialpädagogischen Einrichtungen ein. Tür-undAngel-Gespräche beim Bringen und Abholen sollen Kontakte aufbauen und warm halten sowie Vertrauen schaffen.
  Eingehendere Gespräche bedürfen eines abgesprochenen Termins. Sie sollen nicht auf Problemgespräche beschränkt bleiben.

- Gezielte Elternarbeit ist dort problematisch, wo die Erzieherinnen Kritik anbringen müssen. Ein behutsames Vorgehen nach angemessenen Methoden der Kommunikation kann helfen, Verständnis und Kooperation zu erreichen. Die Erzieherin darf ihr Ziel und ihre Erwartungen an Verständnis, Kooperation und pädagogischen Befähigungen bei den Eltern nicht zu hoch stecken um Eltern nicht zu überfordern. Viele Bemühungen bleiben erfolglos.

- Elternabende werden fast nur in Tageseinrichtungen vorgenommen. Wie bei anderen Formen der Elternarbeit soll durch sie vor allem Transparenz der pädagogischen Arbeit und Kooperation erreicht werden. Daneben können in Elternabenden auch beratende Ziele verfolgt werden.

- Der angekündigte Inhalt eines Elternabends muss den Eltern als interessant und/oder notwendig erscheinen, damit sie daran teilnehmen. Anschauliches Vorgehen und abwechslungsreiche Methoden können dazu beitragen, den Abend attraktiv und anregend zu gestalten.

- Eltern-Kind-Nachmittage oder gemeinsame Feste bieten eine gute Möglichkeit zu Transparenz sozialpädagogischer Arbeit sowie zu Kooperation. Dabei ist zu beachten, dass die Kinder durch Vorführungen nicht überfordert werden. Es kommt nicht auf Vorführungen an. Es ist aber wichtig, dass bei solchen gemeinsamen Eltern-Kind-Aktivitäten auch solche Programme gesucht und gestaltet werden, in denen die Kinder den Eltern in nicht materieller Form etwas zu schenken haben: ihr Können, ihre Vorbereitungen, einen festlichen Höhepunkt.

Anregungen

1. Bewusstmachung von unterschiedlichen Formen der Elternarbeit und deren Anforderungen an Erzieherinnen

Schlagen Sie die Übersicht der Formen von Elternarbeit, Seite 322, auf. Wählen Sie in Gruppen eine Form aus. Suchen sie in Ihrer Gruppe nach Anforderungen, die bei dieser Form von Elternarbeit an Erzieherinnen gestellt werden, und halten Sie Ihre Ergebnisse fest.
Finden Sie eine Darstellungsform um Ihre Gedanken dem Plenum mitzuteilen (Plakat, Rollenspiel, bildliche Darstellung usw.). Dabei kann das Plenum einbezogen werden, z.B. durch das Stellen von Fragen, durch Einbezug in das Rollenspiel oder in die Deutung einer symbolischen Darstellung.
oder:
Schreiben Sie die Anforderungen links auf ein Blatt. Auf die rechte Seite zeichnen Sie zu jeder Aussage ein Beurteilungsfeld nach nebenstehendem Muster.
Schätzen Sie Ihre eigenen Fähigkeiten ein und vergleichen Sie anschließend in der Gruppe. Diskutieren Sie, was Sie

mit diesen Erkenntnissen anfangen können.

Beispiel: Vor einer Gruppe von Erwachsenen sprechen können:

| fällt mir sehr leicht | 1 | 2 | 3 | 4 | 5 | fällt mir sehr schwer |

2. Streitgespräch zum Thema Hospitation von Eltern

Bilden Sie zwei Gruppen, die sich gegenübersitzen. Eine der Gruppen tritt für Hospitationen von Eltern im Kindergarten ein. (Nicht gemeint ist die stundenweise Gegenwart von Eltern neu angemeldeter Kinder.)
Die andere Gruppe ist Gegner.
Begründen Sie Ihre Ansichten.
Ein Gruppenmitglied übernimmt die Gruppenleitung und fasst die Gesprächsbeiträge bzw. den Stand der Argumentationen zusammen.

3. Übung eines Kritikgesprächs

Bilden Sie Gruppen von bis zu höchstens fünf Personen, und simulieren Sie ein Kritikgespräch mit Eltern. Ein Gruppenmitglied übernimmt die Funktion des Beobachters.

Wählen Sie einen der unten angegebenen Anlässe oder erfinden Sie selbst den Grund für Ihre Kritik.

Achten Sie beim Gesprächsverlauf darauf, dass die Eltern sich nicht nur provozierend verhalten, auch wenn Sie solches Elternverhalten vielleicht vermuten. Es sind nur wenige Eltern, die in der Realität stark angreifen! Erzieherinnen müssen auf Grund ihrer beruflichen Position höflich bleiben. Bei diesem Ungleichgewicht würden Sie in der Übung sonst unweigerlich den Kürzeren ziehen. Denken Sie als Erzieher/innen vor allem an Gesprächstechniken wie Ich-Botschaften und aktives Zuhören.

▼ **Beispiele für Gesprächsanlässe:**

– Eins Ihrer Hortkinder – seit drei Monaten im Hort – fällt dadurch auf, dass es ängstlich und äußerst genau seine Hausaufgaben macht, oft stundenlang. Es bekommt offensichtlich zu Hause Krach, wenn die Aufgaben nicht gut genug gemacht sind, und muss sie noch einmal machen. Es gibt diese Bestrafung aber nicht zu.
(Gespräch mit den Eltern und ggfs. dem Kind?)

– Philipp, viereinhalb Jahre alt, ist seit einem Jahr im Kindergarten. Er hat vor sechs Monaten ein Geschwisterchen bekommen. Jetzt fällt auf, dass er in seiner Entwicklung zurückfällt. Er nässt wieder ein, spricht babyhafter als zuvor, ist ängstlich und weinerlich, setzt sich gern auf den Schoß der Erzieherin.

– Eins Ihrer Kinder stinkt. Unangenehm!

– Ein behindertes Kind aus Ihrer Gruppe ist nach dem Wochenende auffallend unruhig, hat bereits erlernte Fähig-

keiten während der Tage zu Hause vergessen. Beispielsweise verweigert es, selbst zu essen und sagt nicht, wenn es zur Toilette muss, obwohl es beides kann. Sie wollen die Eltern veranlassen das Trainingsprogramm der Einrichtung (nur im lebenspraktischen Bereich) am Wochenende weitgehend beizubehalten. ▲

4. Übung eines Elternabends

Suchen Sie zu zweit oder zu dritt nach einem angemessenen Thema für einen Elternabend in einer von Ihnen gewählten sozialpädagogischen Einrichtung (Teil eines Elternabends).

Durchdenken Sie inhaltlich und methodisch diesen Teil und führen Sie ihn in der Studiengruppe oder einem Teil der Gruppe durch. Die Mitstudierenden stellen Eltern dar. Sie sind das Team der Einrichtung. Sie können dabei den spielenden Eltern bestimmte Rollen zuweisen: ausländische Eltern, Eltern eines Problemkindes, bestimmte pädagogische Einstellungen usw.

Beachten Sie, dass Sie nicht zu stark in Diskussionen geraten. Wenn Sie beispielsweise die Aufnahme eines behinderten Kindes in eine Regelgruppe diskutieren wollen und einem Teil der Eltern Rollen als Gegner, den anderen Rollen als Befürworter zuweisen, wird Ihr Elternabend nur aus einer lang anhaltenden Diskussion bestehen. Damit haben Sie selbst wenig geübt. Wenn die Übung viel für Sie bringen soll, müssen Sie solche Inhalte und Methoden auswählen, bei denen die Erprobung einen entsprechenden Schwierigkeitsgrad bietet.

Die Rückmeldung von der Teilnehmergruppe - die unbedingt anschließend vorgenommen werden muss - wird Ihnen dann wertvolle Hilfe bieten, beispielsweise wie Sie sprachlich angekommen sind (langsamer sprechen?), wie Ihr Inhalt und Ihre Methoden gewirkt haben, ob mit Hemmungen der Eltern zu rechnen ist usw. Das Feed-back-Gespräch bringt auch den Teilnehmern viel: Sie lernen sich Kritik bewusst zu machen und sie in angemessener Form zu äußern. Außerdem hilft ihnen die Identifikation mit einer Elternrolle für den späteren Beruf vielleicht Eltern zu verstehen und sich in sie eindenken zu können.

5. Übungen von schriftlicher Elternarbeit

Entwerfen Sie in fächerübergreifendem Unterricht Beispiele von schriftlicher Elternarbeit. ❑

6.2 Öffentlichkeitsarbeit: Öffnung nach außen und Integration ins Gemeinwesen

Öffentlichkeitsarbeit kann in unterschiedlicher Weise geschehen.

Meist wird unter Öffentlichkeitsarbeit vor allem die Selbstdarstellung verstanden. Die sozialpädagogische Einrichtung stellt ihre Arbeit in Ausschnitten vor und macht von sich reden. Die Öffnung nach außen besteht aber auch, wenn sich die Einrichtung ins Gemeinwesen integriert. Integration bedeutet in diesem Zusammenhang, dass die Einrichtung sich nicht wie auf eine Insel in ihre eigenen Räumlichkeiten zurückzieht, sondern dass Erzieherinnen mit ihren Gruppen hinausgehen, das Umfeld vielseitig erleben und in ihrem Ort oder Stadtteil bekannt und akzeptiert sind. Anregungen und Hilfe, die das Gemeinwesen zu bieten hat, können für die sozialpädagogische Arbeit genutzt werden. Die sozialpädagogische Einrichtung kann als Teil des Gemeinwesens auch Forderungen und Erwartungen an die Bevölkerung und ihre Institutionen sowie deren Vertreter stellen, denn sie erzieht die Kinder des Gemeinwesens.

Die Zusammenarbeit mit anderen Institutionen und Personen, die am Erziehungsgeschehen beteiligt sind oder beteiligt werden können, wie Schulen, Arbeitgeber von jugendlichen Heimbewohnern, Erziehungsberatungsstellen usw., ist ein weiterer Bereich der Öffnung nach außen.

Ziele

Dieses Kapitel soll Ihnen dazu verhelfen, dass Sie
- *die Bedeutung der Öffnung nach außen für eine sozialpädagogische Einrichtung erkennen,*
- *Ihre möglichen Hemmungen vor Darstellungen in der Öffentlichkeit abbauen,*
- *daran interessiert sind, vielseitige Einrichtungen Ihres Ortes/der Stadt kennen zu lernen, mit denen Sie in Ihrer späteren Arbeit mit Kindern und Jugendlichen Berührungspunkte haben werden,*
- *bereit und mutig werden, mit anderen Einrichtungen zusammenzuarbeiten und*
- *motiviert sind Kinder und Jugendliche mit Einrichtungen des Gemeinwesens vertraut zu machen, sie zur Nutzung von Bildungs- und Beratungsangeboten anzuleiten und sie in Ansätzen in demokratische Mitbestimmung im Gemeinwesen einzuführen.*

6.2.1 Öffentlichkeitsarbeit als Selbstdarstellung

Öffentlichkeitsarbeit und Elternarbeit lassen sich nicht eindeutig trennen. Zur Unterscheidung ist zunächst eine Begriffsabgrenzung nötig: Die Eltern sind ein klar abgegrenzter Personenkreis. Sie sind mit der Einrichtung eng verbunden, denn ihre Kinder besuchen die Einrichtung. Die Öffentlichkeit ist ein unbegrenzter, zugänglicher Personenkreis. Probleme beispielsweise, die mit einzelnen Eltern besprochen werden, sollen manchmal intern bleiben und nicht an die Öffentlichkeit dringen. Die Eltern der Kinder einer Einrichtung zählen deshalb in ihrer Elternrolle nicht zur Öffentlichkeit. Die Formen von Elterninformationen oder anderer Elternarbeit können aber manchmal so angelegt sein, dass sie beabsichtigt über den begrenzten Elternkreis hinausdringen sollen, beispielsweise ein Schaukasten, ein Elternabend, ein Fest. Von daher gesehen sind Elternarbeit und Öffentlichkeitsarbeit nicht immer zu trennen. In Einzelfällen können auch Elternteile durch ihre Funktionen im Gemeinwesen (z.B. beruflich oder in Vereinen) die Öffentlichkeitsarbeit unterstützen.

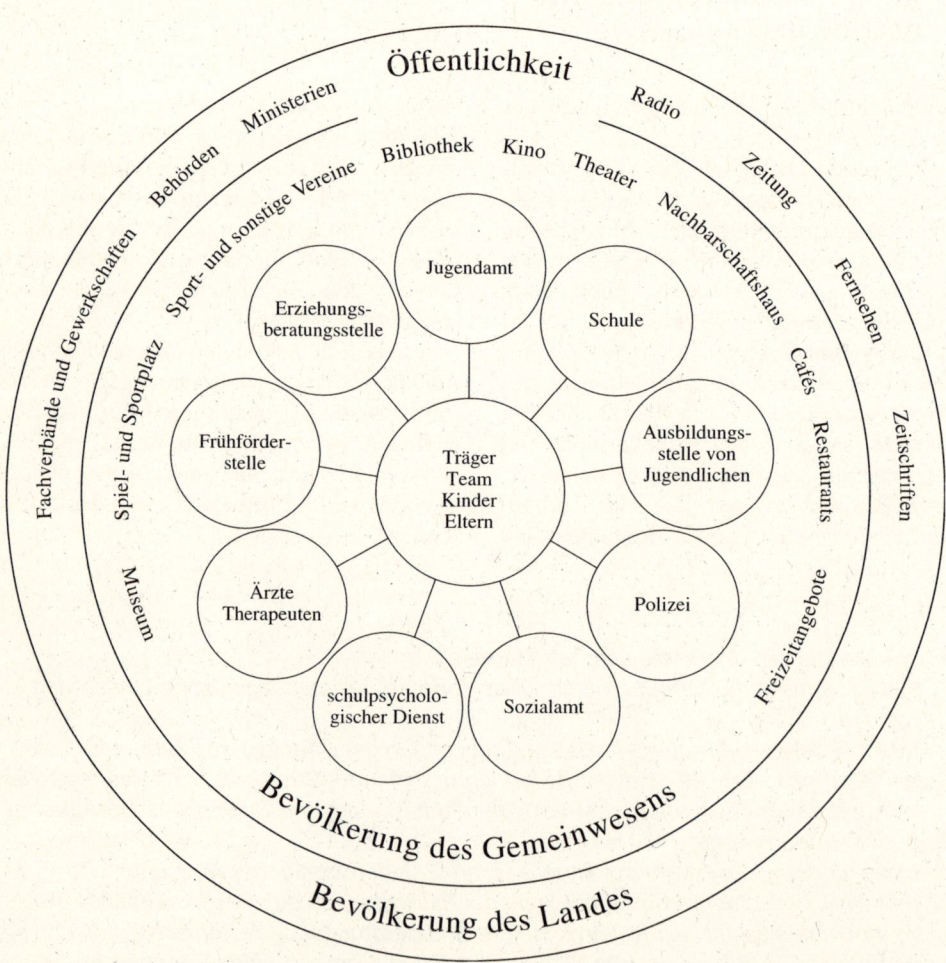

Genauso wie die Eltern zählt der Träger nicht zur Öffentlichkeit.

Die Personen und Einrichtungen, mit denen die sozialpädagogische Einrichtung eng zusammenzuarbeiten hat, beispielsweise die Schule, die Erziehungsberatungsstelle oder der Arzt, gehören einerseits zur Öffentlichkeit. Im Rahmen der Zusammenarbeit mit der Einrichtung sind sie aber nicht Öffentlichkeit. Wenn eine Erzieherin beispielsweise mit einer Erziehungsberatungsstelle ihre pädagogischen Probleme mit einem Kind bespricht, hat sie die Probleme nicht in die Öffentlichkeit getragen. Die Erziehungsberatungsstelle steht unter Schweigepflicht und darf auch keine Informationen ohne ausdrückliche Genehmigung der Informanten in die Öffentlichkeit abgeben. Dagegen gehört beispielsweise der Lieferant von Lebensmitteln, der ein Geschehnis mitbekommt, zur Öffentlichkeit.

Die Öffentlichkeit ist also der Teil der Bevölkerung und ihrer Institutionen, der weder zu den Betroffenen gehört noch zu denjenigen, die mit der sozialpädagogischen Einrichtung zusammenarbeiten. Im Schema könnten die Öffentlichkeit und die Nichtöffentlichkeit etwa wie auf nebenstehender Seite dargestellt werden.

Es ist nun zu fragen, warum sozialpädagogische Einrichtungen Öffentlichkeitsarbeit im Sinne einer Selbstdarstellung betreiben sollen. Worin liegen die Notwendigkeit und der Sinn solch zusätzlicher zeitaufwändiger Arbeiten neben der direkten Gruppenarbeit? Warum müssen Erzieherinnen, die sich für einen Beruf entschlossen haben, in dem sie mit Gruppen von Kindern und ggfs. Jugendlichen arbeiten wollen, sich vor großen Gruppen (kritischer) Erwachsener darstellen?

Die Öffentlichkeit erhält in jedem Falle ein Bild von sozialpädagogischen Einrichtungen. Das geschieht vor allem durch allgemeine Darstellungen, insbesondere in den Massenmedien Fernsehen, Funk, Zeitungen und Zeitschriften. Ob diese Informationen immer der Realität entsprechen oder ob einmalige Situationen vor-

schnell verallgemeinert werden, sei dahingestellt.

▼ Beispiele:
– Im Fernsehen wird in einer Reklame eine Erzieherin gezeigt, dabei entsteht in dem kurzen dargestellten Ausschnitt ein einseitiges Bild der Berufsarbeit.
– In dem Bericht einer Zeitschrift wird ein untragbarer Zustand einer psychiatrischen Kinder- und Jugendklinik beschrieben. Der Leser überträgt diesen Zustand unbemerkt auf alle psychiatrischen Kliniken.
– Die Berichterstattung über das berufliche Fehlverhalten eines männlichen Erziehers in einem Kindergarten ruft bei Lesern Misstrauen gegenüber männlichen Erziehern in Einrichtungen für Kleinkinder hervor. ▲

Individuelle, zufällige Begegnungen und Erfahrungen einzelner Menschen mit sozialpädagogischen Einrichtungen hinterlassen ebenfalls ein Bild, das nicht verallgemeinert werden dürfte, weil es zu Vorurteilen führen kann. Solche einmaligen Erlebnisse sind aber oft sehr prägend.

▼ Beispiele:
– Museumsbesucher fühlen sich durch eine Gruppe quirliger Kinder unterschiedlichen Alters gestört und fragen nach, um was für eine Gruppe es sich handelt. Den Begriff „Hort" müssen sie sich erst erklären lassen.
– In einem Café sitzen an einem Tisch mehrere behinderte Erwachsene, die sich lautstark, fröhlich, teilweise mit etwas schwerfälliger Sprache unterhalten. Am Nachbartisch steht ein Ehepaar auf und setzt sich an einen entfernteren Tisch.
– Im Schwimmbad unterhalten sich ein Erzieher und eine Erzieherin auf einer Decke sitzend, während die Kindergruppe sich auf der Wiese tummelt oder im Wasser beschäftigt. Ein Stückchen weiter sprechen Schwimmbadbesucher darüber, ob man so sein Geld verdienen könne.
– An einem heißen Sommertag ruht sich ein Burgbesichtiger erschöpft auf einer schattigen Hofbank aus. Er bewundert eine Erzieherin, die an keine Verschnaufpause denken kann, weil die Kindergruppe sie voll in Anspruch nimmt. ▲

„Was die wohl arbeiten?"

Ziele der Selbstdarstellung

Öffentlichkeitsarbeit im Sinne einer Selbstdarstellung kann individuelle Eindrücke und vorschnelle Verallgemeinerungen abschwächen. Darin sind zwei wichtige Ziele zu sehen:
1. Die Bevölkerung, d.h. die Öffentlichkeit, soll sich für die Jugendeinrichtungen interessieren und ein möglichst realistisches Bild erhalten. Dazu trägt jede einzelne Einrichtung bei.
2. Das Berufsbild des Erziehers/der Erzieherin kann in der Öffentlichkeit an Image gewinnen, wenn es realistisch offen gelegt wird.

Darüber hinaus hat die Selbstdarstellung weitere Ziele:
3. Die Öffentlichkeit bzw. ihre Vertreter müssen die Bedeutung und Wichtigkeit von sozialpädagogischen Einrichtungen erkennen um sie entsprechend zu unterstützen (Finanzen, Personalbestimmungen, Gesetze usw.).

4. Sozialpädagogische Einrichtungen werden als Teil des Gemeinwesens nur angenommen und akzeptiert, wenn sie bekannt sind.
Vor dem Wertschätzen liegt das Kennen einer Sache. Und nur was wertgeschätzt wird, erfährt Schutz und Förderung.

Kennen ⟹ Wertschätzen ⟹ Schützen und Fördern

Erzieherinnen müssen deshalb im Rahmen ihrer Möglichkeiten dazu beitragen, dass die sozialpädagogische Einrichtung wie auch ihr eigenes Berufsbild bekannt werden, und zwar vor allem im nächsten Umfeld, dem Gemeinwesen.

Die vorhin aufgezählten Beispiele machen deutlich, dass bei vielen Gelegenheiten unbeabsichtigte Eindrücke von der Einrichtung und dem Berufsbild nach außen dringen. Es gibt aber auch zahlreiche Möglichkeiten gezielt und bewusst das öffentliche Bild zu beeinflussen. Im ersten Fall „funktioniert" der Eindruck von selbst. Im zweiten Fall steckt eine Absicht, eine „Intention", dahinter. Wir sprechen deshalb von funktionaler und intentionaler Öffentlichkeitsarbeit. Die funktionale Öffentlichkeitswirkung wird nicht gelenkt. Erzieher/innen müssen aber darauf achten, dass sie nicht unbemerkt ein einseitiges und negatives Bild abgeben. Das kann passieren, wenn sie sich beispielsweise morgens im Gruppenraum des Kindergartens oder der Krippe lange mit einzelnen Eltern unterhalten oder wenn Kaffeetassen und Mengen von Zigarettenkippen im Personalraum auf lange Pausen schließen lassen. In der Öffentlichkeit wird nicht wahrgenommen, ob es sich bei den Unterhaltungen mit den Eltern beim Bringen und Abholen um belanglose Dinge oder um wichtige Anliegen in der Zusammenarbeit handelt und ob die Zigarettenkippen eher auf ein intensives Teamgespräch als auf eine Pause deuten.

Formen von Selbstdarstellung
Im Folgenden soll auf die Möglichkeiten und Formen der intentionalen öffentlichen Selbstdarstellung, d.h. der gezielten Öffentlichkeitsarbeit, eingegangen werden.

1. Viele Formen der **Elternarbeit** erreichen nicht nur die Eltern, sondern werden auch von breiteren Kreisen wahrgenommen oder über die Eltern in das Gemeinwesen getragen.

▼ **Beispiele:**
–   Informationsschriften wie Aufnahme-Informationen, schriftliche Konzeptionen, Elternbriefe, Merkblätter und Elternzeitung,
–   Feste, beispielsweise das Laternenfest mit seinem Umzug durch den Ort oder Stadtteil oder das Sommerfest im Freien. ▲

2. Wenn die **Gruppenarbeit** zum Gemeinwesen hin offen ist, wird ein Teil des Gruppenlebens hinausgetragen.

▼ **Beispiele:**
–   Ausflüge, Einkäufe in unterschiedlichen Geschäften mit der Gruppe oder mit einzelnen Gruppenmitgliedern usw.,

–   Anträge an die Gemeindeverwaltung oder andere Behörden wegen finanzieller Hilfen, polizeilicher Begleitung beim Laternenumzug, Protest, Beschwerden und Ähnliches. ▲

3. Während die Formen 1 und 2 keine zusätzliche Arbeit für die Erzieherinnen bedeuten, sondern aus der Gruppenarbeit entspringen oder wegen der Eltern unternommen werden, kann die **direkte und gezielte Öffentlichkeitsarbeit** zeit- und arbeitsaufwändig sein. Aber das ist ein Aufwand, der als lohnend angesehen werden sollte.
Die Gruppe muss im Rahmen ihrer Möglichkeiten in die Öffentlichkeitsarbeit einbezogen werden. Es geht nämlich nicht nur darum, dass die Einrichtung und die Erzieherinnen sich darstellen, sondern die Kinder und Jugendlichen sollen sich selbst als Mitglied des Gemeinwesens erfahren und sollen lernen als dieses Mitglied zu handeln und ggfs. Verantwortung zu übernehmen. Hier werden demokratisches Handeln und demokratische Mitverantwortung in ersten Ansätzen geübt. Kinder und Jugendliche, die solche Einsätze erleben und so weit wie möglich mit Erfolgserlebnissen verbuchen konnten, werden später eher in der Lage sein, sich in das Gemeinwesen einzubringen und sich für gemeinsames Handeln verantwortlich zu fühlen.

▼ **Beispiele:**
–   eine Informationsveranstaltung, z.B. ein Diavortrag oder eine Podiumsdiskussion über das Leben und die Angebote im Jugendzentrum,
–   die Beteiligung an einem Gemeindefest,
–   ein Zeitungsbericht oder ein Leserbrief über das Leben und die Höhepunkte in der Einrichtung oder über eine besondere Aktivität, möglichst mit Foto (Lokalzeitungen sind oft dankbar für solche Mitteilungen und Anregungen),
–   Plakaterstellung. ▲

Die letzten zwei Beispiele sind visuell wirksame Formen: schriftliche und bildliche Darstellungen. Sie haben den Nachteil, dass es sich um

Einweginformationen handelt. Die sozialpädagogische Einrichtung gibt eine Information, erhält aber keine Rückmeldung und kann das Bild, das beim Empfänger ankommt, nicht korrigieren.

Bei den anderen – meist zeitaufwändigeren – Formen besteht eine gegenseitige Kommunikation. Die Informationen sind spontan und lebendiger. Sie können allerdings dadurch nicht so durchdacht und gezielt formuliert herausgegeben werden. Meist ist auch der Bevölkerungsanteil, der erreicht wird, kleiner.

Besonders wichtig ist die Öffentlichkeitsarbeit in Einrichtungen für Behinderte. Hier werden die Erzieherinnen erleben, dass viele Menschen den Behinderten gegenüber reserviert, hilflos, verlegen, unsicher oder gar ablehnend reagieren. Trotz aller Widerstände ist eine Begegnung zwischen Behinderten und den Menschen des Wohnumfeldes für beide Seiten wichtig. Die Behinderten sollen sich im Wohnumfeld ohne Hemmungen bewegen können und auf angemessene (nicht übertriebene) Hilfsbereitschaft stoßen. Das Wohnumfeld muss lernen die Behinderten zu akzeptieren und ihnen ohne Vorurteile zu begegnen (siehe auch Kapitel 5.2.3).

Das Gleiche betrifft andere Randgruppen, die von der Umgebung mit Vorbehalt und oft mit Vorurteilen betrachtet werden: Heime, Jugendzentren und psychiatrische Jugendkliniken, aber auch Tagesstätten in sozialen Brennpunkten.

Wie kann nun solch eine Selbstdarstellung konkret aussehen?

▼ Beispiele:
Ein Straßenfest in einer Tagesstätte

„Straßenfest" muss nicht unbedingt so gedeutet werden, dass das Fest auf der Straße stattfindet, sondern die Menschen der Straße, d.h. des Wohnumfeldes, sind eingeladen.

Aushänge in den umliegenden Geschäften weisen auf das Fest hin.

Die Eltern haben den größten Teil der Vorbereitungen übernommen. Im Hof der Tagesstätte sind Tische und Bänke aufgestellt. Der Grill, die Salattheke und der Kaffee- und Kuchenstand werden von Eltern bedient. Hortkinder helfen bei der Bedienung. Sie sind an ihren Kellnerschürzen zu erkennen. Sie wechseln sich ab, denn viele von ihnen haben Schulfreunde und ihre Lehrer eingeladen, um die sie sich kümmern wollen.

In einem der Räume darf bereitgestelltes Kinderspielzeug ausprobiert werden. Für die Erwachsenen ist manches Spielzeug neu und unbekannt. Einige Bilderbücher und Fachzeitschriften liegen in einer Sitzecke im Flur aus. Der Flur strahlt seine übliche Atmosphäre aus, mit einer Fotowand, vielen Pflanzen, selbst hergestellten großen Spielmaterialien wie einem Auto oder einem Schiff aus einem großen Karton. Diese Dinge dürfen benutzt werden. In einem Gruppenraum oder im Freien stehen zwei Werkbänke. Handwerkszeug und Holzabfälle liegen bereit. Ein anderer Raum oder eine Ecke im Hof sind zum Malen eingerichtet. Ein großer Kasten mit Industriemüll (Schachteln, Wollreste, Plastik usw.) lädt zum Ausprobieren ein. Im Freien sind Spielmaterialien bereitgestellt, die in der Tagesstätte viel benutzt werden, wie Schubkarren, ein alter Sportwagen, Stelzen usw.

Eltern mit Kindern, die diese Einrichtung besuchen, und solche, die eine andere Tagesstätte oder gar keine besuchen, sind bunt gemischt. Es wird gewerkt, gemalt und gespielt.

In allen Räumen und im Freien ist über Eltern und Erziehungspersonal für ausreichende Aufsicht gesorgt. Die Eltern wechseln sich ab. Ausländische, aber deutsch sprechende Eltern (und Mitarbeiterinnen) tragen ein Schild auf ihrer Brust, das deutlich macht, dass sie zum Übersetzen in eine bezeichnete Sprache bereit sind.

Für die Kinder der Einrichtung wie auch für andere Kinder ist das Straßenfest etwas Besonderes. Den Erwachsenen gibt es einen kleinen Einblick in das Leben der Tagesstätte und ermöglicht Kontakte.

Tag der offenen Tür in einem Heim für erwachsene Behinderte

Eltern und Verwandte der Behinderten sind für den Tag der offenen Tür eingeladen worden. Besondere Persönlichkeiten des Ortes oder der

Stadt werden gesondert eingeladen: Gemeinde- oder Stadtverwaltung, natürlich der Träger (wenn er nicht bei den Vorbereitungen mitgearbeitet hat und zu dem Kreis der Einladenden gehört), Personen, mit denen viel zusammengearbeitet wird, wie Ärzte, Geschäfte, die Bank, Lieferanten. Die Nachbarschaft wird über Plakate informiert, in der Presse wird auf den Tag hingewiesen.

Der Eingang des Heimgrundstücks wird für das Fest einladend gestaltet. Im Freien und in den Räumen kann gegessen und getrunken werden. Für besuchende Kinder konnte ein aufblasbares großes Trampolin (Airtramp) geliehen werden, auf dem auch erwachsene Besucher und viele der Behinderten mit Freude hüpfen.
Besucher dürfen durch das Haus gehen. Einzelne Zimmer der Behinderten sind für Besucher geöffnet. Andere werden abgeschlossen. Auch die Gemeinschaftsräume sind nicht alle für die Besucher offen. Die Bedürfnisse nach Intimität von Behinderten müssen berücksichtigt werden. Behinderte, die diese Unruhe nicht ertragen können, müssen eine Rückzugsmöglichkeit haben. Im Heim leben vielleicht auch Behinderte, deren Verhalten nicht immer gelenkt werden kann. Auch Behinderte haben manchmal Verhaltensauffälligkeiten entwickelt, wenn die Umwelt sie ungünstig beeinflusst hat oder wenn sie mit ihrer Behinderung nicht zurechtkommen. Behinderte, die bei einem Tag der offenen Tür depressiv oder aggressiv werden, müssen sich zurückziehen können und in ihrer Not einen verständnisvollen, vielleicht manchmal auch fordernden und mutmachenden Ansprechpartner haben.
Im Keller ist eine Disko eingerichtet. In einem der Gruppenräume läuft ein Video über das Gruppenleben.
Zu einer vorher bestimmten Zeit läuft ein kleines Programm. Die Behinderten haben einen Tanz eingeübt, spielen ein Musikstück mit Orffschen Instrumenten vor und zeigen kleine Rollenspielszenen.
Die Gäste kommen und gehen. Manche entdecken Behinderte, die sie kennen, denen sie im Gemeinwesen bei irgendeiner Gelegenheit begegnet sind. Sie unterhalten sich mit ihnen oder

spielen auch mal ein Brett- oder Kartenspiel. Überall sitzen Grüppchen von Besuchern mit oder ohne Bewohner des Heimes.
Zwischendurch hält jemand eine kurze Ansprache. Dabei wird denjenigen gedankt, die sich für die Arbeit dieses Heimes engagieren oder zum Gelingen des Festes in besonderer Weise beigetragen haben.
Die Betreuer kümmern sich um Besucher oder sorgen dafür, dass einzelne Behinderte, die keinen Besuch von ihren Familien bekommen haben, sich einigermaßen wohl fühlen.
Die Lokalzeitung war eingeladen worden. Ein Reporter war kurz anwesend. Ein Bericht sowie ein Foto sind am nächsten Tag in der Zeitung. Wäre der Reporter nicht gekommen, hätte ein Mitarbeiter einen Kurzbericht für die Zeitung geschrieben. ▲

Kinder- und Jugendwohngruppen werden eine solche Öffentlichkeitsarbeit in der Regel nicht betreiben. Ihre Zielsetzung ist anders. Sie wollen sich vom Gemeinwesen, in dem sie leben, nicht abheben. Sie wollen wie jede andere Familie oder wie eine übliche Wohngemeinschaft leben. Wenn sie sich als sozialpädagogische Einrichtung darstellen würden, widerspräche das ihrem Ziel der unauffälligen Lebensweise und Integration.

6.2.2 Handeln im sozialen Umfeld

Die sozialpädagogische Einrichtung darf für die Kinder und Jugendlichen keine Inselwelt bedeuten. Ich habe schon mehrfach betont, dass und wie einzelne Gruppenmitglieder oder Gruppen und Teilgruppen einerseits sich ins Gemeinwesen einbringen und sich als zugehörig im Gemeinwesen empfinden können, andererseits die Möglichkeiten des Gemeinwesens für ihre eigene Entwicklung und ihr Wohlbefinden nutzen können. Je älter die Kinder und Jugendlichen sind, desto wichtiger ist es, dass sie sich sicher im Gemeinwesen bewegen, dessen Angebote und Möglichkeiten kennen und nutzen und sich als Mitglied mit entsprechender Mitbestimmung und Mitverantwortung empfinden.

Im Vorschulalter beginnt die handelnde Öffnung nach außen mit den unterschiedlichen, bereits erwähnten kindgerechten Besuchen und Einkäufen sowie der Benutzung öffentlicher Einrichtungen wie Schwimmbad, Bibliothek und Museum. Dazu kommen die Spaziergänge und Ausflüge in die nähere und weitere Umgebung, vor allem in die Natur, für die im Rahmen der Möglichkeiten öffentliche Verkehrsmittel benutzt werden sollen. Im Schulalter kommen weitere Freizeitangebote wie Vereine, Freizeithäuser, Restaurants, Kinos usw. dazu. Ältere Schulkinder können allein oder in Kleingruppen Unternehmungen in der Stadt oder im Dorf vornehmen. Größere Ausflüge, Fahrradtouren, Wochenend- und Ferienfahrten in Jugendherbergen, Selbstversorgerhäuser oder Zeltfahrten erschließen die weitere Umgebung.

Bei den Freizeitunternehmungen – und auch sonst – ist darauf zu achten, dass der materielle Aspekt nicht als zu wichtig angesehen wird. Fahrten in hochpreisige Freizeitparks, Thermalbäder usw. sollten vermieden werden. Sie vermitteln den Kindern und Jugendlichen eine Koppelung von Freizeit und Geld. Das kann bedeuten, dass später Freizeitaktivitäten nur dann als wertvoll eingeschätzt und unternommen werden, wenn sie Geld kosten. Teure Freizeitunternehmungen können auch bewirken, dass das Erfolgserlebnis an den materiellen Ausgaben bemessen wird, anstatt an der direkten Erlebensfreude. Kinder müssen Freude und Spannung bei einem Geländespiel oder einer Fahrradtour erlebt haben um diese Art von Freizeitaktivitäten zu schätzen und zu lieben.

Für Jugendliche kommt vor allem in den Städten eine weitere Gruppe von Einrichtungen dazu, die sie kennen und bei Bedarf nutzen sollten:

Einrichtungen, die Beratung und Hilfe in Notsituationen anbieten. Es gibt zahlreiche solcher Beratungsstellen: Berufsberatung, Arbeitsvermittlung, Sozialamt usw. Hilfsmöglichkeiten in besonderen Notsituationen bieten z.B.: Sorgentelefon, Frauenhaus und Drogenberatungsstelle. Der Jugendliche benötigt zunächst Hilfe um seine Schwellenangst zu überwinden. Dafür können gemeinsame Besuche in solch einer Einrichtung helfen. Durch ein Einführungsgespräch wird Vertrauen geweckt. Eine Beratung findet dann natürlich nicht statt. Wenn der Jugendliche sich mit einer dieser Institutionen etwas vertraut gemacht hat, wird er sie – oder andere ähnliche Beratungsinstitutionen – später leichter nutzen können, bevor die Not übergroß geworden ist. Dazu gehört auch die Information und die Übung entsprechende Einrichtungen und deren Adressen ausfindig zu machen. Telefonbücher haben häufig sogenannte Sozialseiten mit entsprechenden Angaben, telefonische Auskünfte können im Rathaus eingeholt oder bei einer der Beratungsstellen erfragt werden.

Ein weiterer Bereich des Handelns im sozialen Umfeld ist die bereits erwähnte Mitverantwortung. Hier haben Erzieherinnen eine starke Vorbildfunktion. Wenn beispielsweise an einer roten Ampel Fußgänger die Straße überqueren, äußert die Erzieherin ihnen gegenüber Kritik. Die Kinder oder Jugendlichen sehen diese Vorbildhaltung.

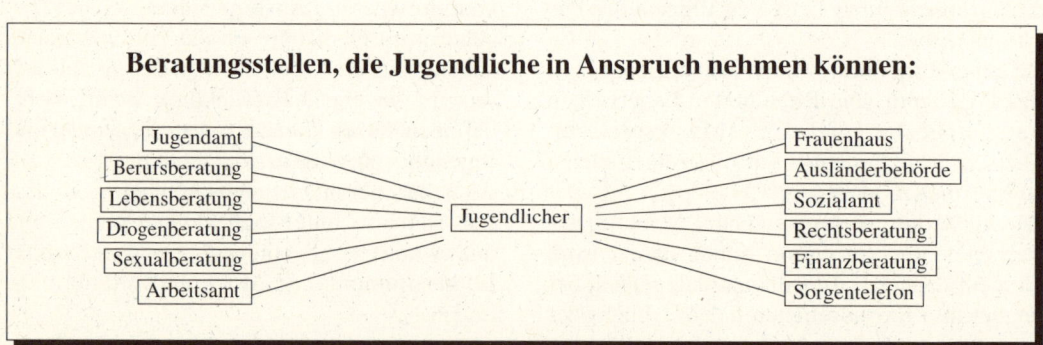

Beratungsstellen, die Jugendliche in Anspruch nehmen können:

Jugendamt		Frauenhaus
Berufsberatung		Ausländerbehörde
Lebensberatung		Sozialamt
Drogenberatung	Jugendlicher	Rechtsberatung
Sexualberatung		Finanzberatung
Arbeitsamt		Sorgentelefon

Verantwortlichkeit im sozialen Zusammenhang (für das Verhalten anderer) können bereits Vorschulkinder zeigen.

▼ Beispiele:

– Sie mischen sich durchaus ein, wenn in der Gruppe, auf dem eigenen oder dem öffentlichen Spielplatz ein Konflikt zwischen Kindern ungerecht ausgetragen wird.

– Sie sind in der Lage, andere – auch Erwachsene – auf ein Fehlverhalten hinzuweisen, beispielsweise wenn im Wald Abfälle nicht in die entsprechenden Behälter geworfen oder Hunde nicht an die Leine genommen werden.

– Sie können sich mit der Erzieherin an die Gemeindeverwaltung wenden, wenn sie einen Missstand bemerken, beispielsweise ein beschädigtes Spielgerät auf einem öffentlichen Spielplatz oder ein fehlendes Verkehrsschild vor ihrer Einrichtung, das die Autofahrer auf die Kinder hinweisen soll. **▲**

Kindergartenkinder, die auf diesem Gebiet Erfolgserlebnisse verbuchen können, werden sie in Erinnerung behalten.

▼ Beispiele:

– Kindergartenkinder bemerkten bei einem Spaziergang zu einem Teich im Frühjahr, dass ein Frosch in einem nahe gelegenen Maschendrahtzaun steckte. Sie suchten den Zaun ab und fanden weitere Frösche, die sie retteten und um den Zaun herum in den Froschteich trugen. Zu Hause angekommen, wurde der zuständige Förster mit Hilfe der Erzieherin angerufen. (Sozialpädagogische Einrichtungen sollten ein Telefon mit Lautsprecher besitzen!) Der Förster sagte am Telefon mit Betroffenheit, dass er beim Anlegen des Zaunes für eine Baumpflanzung nicht an den jährlichen Froschzug gedacht hatte. Er wird den unteren Rand des Zaunes hochklappen lassen. Die Kinder waren beeindruckt. Da sie sich am nächsten Tag überzeugen wollten, wird wieder ein Ausflug geplant. Wieder haben sie Frösche zu retten, denn der Zaun ist noch nicht hochgeklappt. Erst am dritten Tag sahen sie die Wirkung ihrer Initiative.

– Die gleiche Kindergruppe entdeckte im nächsten Jahr in großen Pfützen Kaulquappen. Über die Entwicklung von Kaulquappen waren sie informiert. Sie wussten, dass die Tierchen nicht überleben werden, wenn die Pfützen austrocknen. Sie kamen am nächsten Tag mit kleinen Siebchen zum Schöpfen und Sandeimern wieder um die Kaulquappen in einen nahe gelegenen Teich zu tragen. Dass sie auch dort kaum überleben werden, konnten sie sich nicht vorstellen. Die Kinder waren von der positiven Wirkung ihres Handelns überzeugt.

– Bei einem Spaziergang erregte sich eine Kindergruppe über den herumliegenden Müll auf einem Spazierweg in der Nähe des Kindergartens. Die Kinder waren entsetzt, dass die Müllbehälter nicht dafür genutzt werden. Jemand bemerkte, dass die Müllbehälter auch wenig ansprechend aussahen.

Mit Genehmigung der Stadtverwaltung wurden die Metallbehälter in den nächsten Tagen von den Kindern auf einem kleinen Wagen in den Kindergarten gefahren und mit Acrylfarben bemalt.

Als sich ein Vertreter der Gemeindeverwaltung für einen Besuch anmeldete um sich bei den Kindern zu bedanken und das Mitbringen kleiner Geschenke für die Kinder ankündigte, lehnte die Erzieherin diese Geschenke ab und bat stattdessen um weitere Acrylfarben und um einen Bericht mit Foto in der örtlichen Presse. Jedes Kind sollte auch eine Zeitung mit diesem Pressebericht erhalten.

– Jugendliche eines Jugendzentrums setzten sich dafür ein, dass das Gelände neben dem Zentrum, das der Gemeinde gehört und für Parkplätze benutzt wird, als Außengelände mit Tischtennisplatte und anderen Bewegungsspielmöglichkeiten dem Jugendzentrum zur Verfügung gestellt wird. Über den Fortschritt der Verhandlungen und später über das Gestalten dieses Freizeitgeländes wurden Leserbriefe und Berichte an die örtliche Presse gegeben. Sie fühlten sich für ihren Antrag und dessen Erfolg verantwortlich.

– Eine Gruppe Behinderter reinigte einen Bach oder ein Stück Wald. Ein Vertreter der Gemeindeverwaltung kam in die Einrichtung und bedankte sich im Namen der Gemeinde für die Leistung. Natürlich darf ein Pressebericht nicht fehlen. ▲

Solche Aktionen tragen nicht nur zur Bereitschaft von Mitverantwortung im Gemeinwesen bei, sondern schaffen auch einen vertrauteren Umgang mit Vertretern der Gemeinde- oder Stadtverwaltung. Die Kinder und Jugendlichen empfinden sich als dem Gemeinwesen zugehörig und können später mit dessen Vertretern angemessener umgehen, weil die so häufige Anonymität verringert wurde.

Eine andere Möglichkeit der Kontakte mit dem Gemeinwesen sind Treffen und gemeinsame Aktionen mit anderen ähnlichen Einrichtungen.

▼ **Beispiele:**
– Zwei Horte führen gemeinsam sportliche Spiele durch, eine Wanderung oder ein Sommerfest.
– Hort und Jugendzentrum starten eine gemeinsame Aktion, beispielsweise eine Musikveranstaltung oder eine Fastnachtssitzung. ▲

Durch diese gemeinsamen Handlungen sehen die Kinder und Jugendlichen sich und ihre Einrichtung in einem größeren Zusammenhang. Sie bauen Kontakte auf, können vergleichen und Zugehörigkeit empfinden. Zugleich machen sie die Erfahrung größere Treffen zu organisieren.

6.2.3 Zusammenarbeit mit anderen Institutionen

Insbesondere bei älteren Kindern und Jugendlichen ist die Zusammenarbeit der Erzieherinnen mit anderen Institutionen ein relativ breites Arbeitsgebiet. Sie gliedert sich in unterschiedliche Aufgaben:

1) Absprache und Zusammenarbeit mit denjenigen **Personen, die ebenfalls am Erziehungs- und Bildungsprozess des Jugendlichen beteiligt sind**:
Dieser Bereich ist vor allem in familienersetzenden Berufsfeldern sehr groß, d.h. in der Heimerziehung, in Wohngruppen und in psychiatrischen Kliniken. Zu den Personen, mit denen Kontakt aufgenommen werden muss gehören z.B. Lehrer, der betriebliche Ausbilder oder der Arbeitgeber, der Leiter des Sport- oder Freizeitvereins, ggfs. der Sozialarbeiter auf dem Jugendamt oder die Mitarbeiter einer sozialpädagogischen Betreuungsstelle im Wohnbereich. Bei jüngeren Kindern kann der schulpsychologische Dienst in Anspruch genommen werden. Erzieherinnen in Kindergärten tauschen sich häufig mit Lehrkräften von Grundschulen aus mit dem Ziel den Kindern den Übergang vom Kindergarten in die Schule zu erleichtern. Unterschiedliche Therapeuten und natürlich auch immer ärztliche Dienste werden einbezogen. Ältere Jugendliche sind manchmal bereits durch Straftaten aufgefallen und haben Auflagen zu erfüllen oder eine Strafe auf Bewährung ausgesetzt bekommen. Dann sind Kontakte mit Bewährungshelfern notwendig.

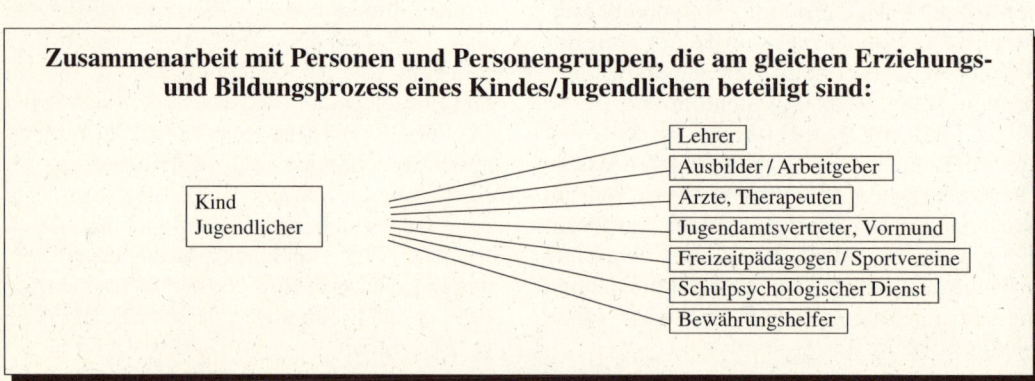

Zusammenarbeit mit Personen und Personengruppen, die am gleichen Erziehungs- und Bildungsprozess eines Kindes/Jugendlichen beteiligt sind:

Kind Jugendlicher
- Lehrer
- Ausbilder / Arbeitgeber
- Ärzte, Therapeuten
- Jugendamtsvertreter, Vormund
- Freizeitpädagogen / Sportvereine
- Schulpsychologischer Dienst
- Bewährungshelfer

Manchmal geht es auch nicht um die Absprache der gemeinsamen Erziehung, sondern der Jugendliche benötigt Hilfe um auf seinem Weg voranzukommen, beispielsweise bei Schulwechsel, Berufsentscheidungen, Bewerbungen usw. Auch Bundeswehr oder Zivildienst können bei männlichen Jugendlichen eine Entscheidungs- und Informationshilfe erforderlich machen.

Um bei diesen Gesprächen eine möglichst objektive Sicht der Erziehungssituation und der Fähigkeiten, Leistungen und Motivationen der Heranwachsenden zu gewinnen, sollten Fallbesprechungen im Team vorausgehen. Eine intensive Vorbereitung, in der sich die Erzieherinnen die Situation und die Ziele des Gespräches bewusst machen, ist unbedingt erfor-

3) Erzieherinnen und Erzieher können **sich für pädagogische Problemsituationen selbst Hilfe bei entsprechenden Einrichtungen holen**: Wenn sie allein oder mit dem Team die Problematik nicht auffangen können, gibt es oft Möglichkeiten der Beratung. Jugendamt, Kinderschutzbund, Ärzte und Gesundheitsamt, Drogenberatungsstellen usw. bieten den Gruppenleitern Hilfe bei ihrer pädagogischen Arbeit. Die meisten Träger haben für ihre Einrichtungen auch Fachberaterinnen eingestellt, die bei Problemsituationen in Anspruch genommen werden können.
Manche Erzieherinnen zögern sich solche Hilfe zu holen, weil sie meinen, damit würden sie einen eigenen Kompetenzmangel zugeben. Manchmal wissen sie auch nichts davon, dass sie Hilfe

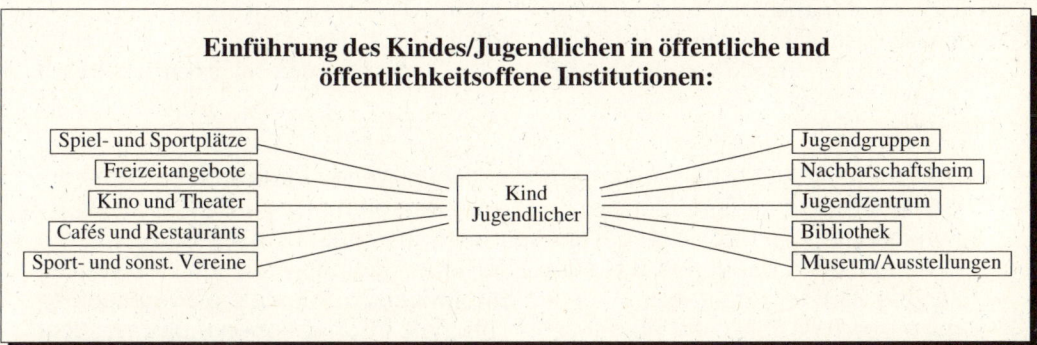

Einführung des Kindes/Jugendlichen in öffentliche und öffentlichkeitsoffene Institutionen:

Spiel- und Sportplätze — Freizeitangebote — Kino und Theater — Cafés und Restaurants — Sport- und sonst. Vereine — **Kind Jugendlicher** — Jugendgruppen — Nachbarschaftsheim — Jugendzentrum — Bibliothek — Museum/Ausstellungen

derlich. Die Jugendlichen sollten bei diesen Gesprächen, wenn möglich auch bei den Vorbereitungen, einbezogen werden.

2) Kontakte mit **Einrichtungen, die Kindern und Jugendlichen für Freizeitgestaltung zur Verfügung stehen**:
Solche Einrichtungen sind z.B. Bibliotheken, das Jugendzentrum, Ferienangebote, Jugendgruppen usw. Hier müssen Erzieherinnen in Elternvertretung Kontakte aufnehmen, Informationen einholen und Vereinbarungen treffen. Kinder und Jugendliche benötigen zunächst Hilfe um diese Einrichtungen nutzen zu können. Der Eintritt in eine fremde Institution, z.B. in eine Bibliothek, oder in eine unbekannte Gruppe, wie einen Sportverein, kostet Überwindung.

finden können, oder scheuen die langen Wartezeiten. Diese Beratungsstellen haben sich jedoch auf bestimmte Problembereiche spezialisiert und können deshalb aus einem anderen Erkenntnisstand und einem breiten Erfahrungswissen heraus raten. Sie können dazu beitragen, dass die Ratsuchenden Abstand gewinnen und die Problematik aus einem anderen Blickfeld sehen. Dadurch können Fehler und Umwege vermieden und Ziele zügiger angegangen werden. Sie haben auch Erfahrungswerte über Grenzen von pädagogischen Möglichkeiten.

▼ Beispiele:
– Eine Erzieherin vermutet sexuellen Missbrauch eines Kindes. Ohne Hilfe einer erfahrenen Beratungsstelle könnte das Team Fehler machen, durch die der Missbrauch noch weniger

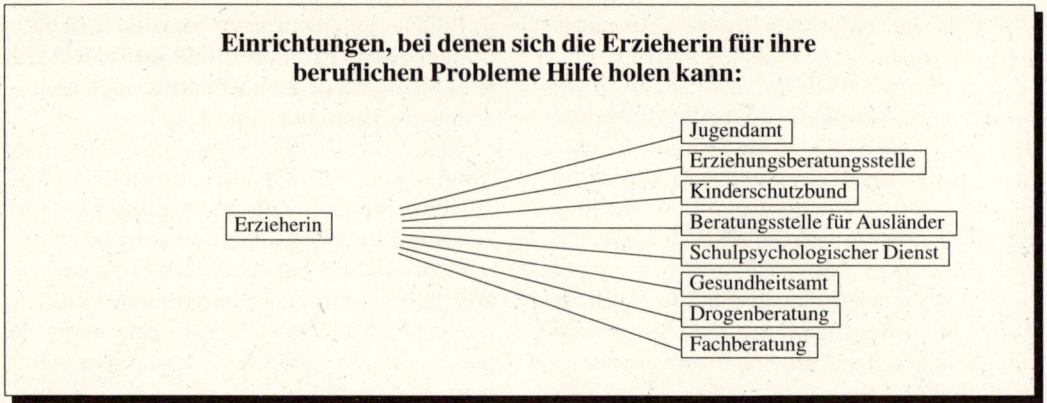

Einrichtungen, bei denen sich die Erzieherin für ihre beruflichen Probleme Hilfe holen kann:

Erzieherin

- Jugendamt
- Erziehungsberatungsstelle
- Kinderschutzbund
- Beratungsstelle für Ausländer
- Schulpsychologischer Dienst
- Gesundheitsamt
- Drogenberatung
- Fachberatung

aufgedeckt, sondern nur noch intensiver von den Betroffenen vertuscht wird.

– Eine Erzieherin kommt mit einer Jugendlichen in der Wohngemeinschaft nicht weiter. Auch das Team ist ratlos. Das junge Mädchen provoziert, hält sich nicht an Regeln und Gebote, gebraucht eine abwertende Sprache und eine überhebliche Haltung gegenüber Gruppenmitgliedern und Betreuern. Ihr negatives Verhalten ist gegenüber der Erzieherin, die als Bezugsperson für sie eingesetzt ist, besonders extrem. Die Erzieherin wendet sich an eine Beratungsstelle um zu sehen, ob sie Hilfe für den Umgang mit dem Mädchen finden kann. ▲

Zusammenfassung

- Die Öffentlichkeit erhält auf unterschiedlichen Wegen Informationen über sozialpädagogische Einrichtungen und deren Personal.
  Funktionale Informationen geschehen unbeabsichtigt. Sie geben häufig auf Grund einer individuellen Situation oder eines kleinen Ausschnittes ein verzerrtes Bild der Realität ab. Von den Empfängern werden sie oft verallgemeinert. Durch gezielte und vielfältige intentionale Informationen muss versucht werden, der Bevölkerung ein möglichst objektives Bild zu vermitteln.

- Die sozialpädagogische Einrichtung ist ein Teil des Gemeinwesens. Sie muss vom Gemeinwesen akzeptiert, unterstützt und gefördert werden. Dafür ist es notwendig, dass das Gemeinwesen die Einrichtung kennt, denn nur Bekanntes wird wertgeschätzt und gefördert.

- Selbstdarstellungen können auf schriftlichem Wege oder durch Begegnungen vorgenommen werden. Die zweite Art hat den Vorteil, dass Kontakte entstehen und es sich nicht um Einweginformationen handelt. In der Regel wird aber ein kleinerer Kreis erreicht.
  Begegnungen können organisiert und Kontakte können aufgebaut werden, indem die Gruppe Aktivitäten im Gemeinwesen unternimmt oder Teile der Bevölkerung in die Einrichtung eingeladen werden.

- Die Gruppenarbeit darf nicht nur hinter verschlossenen Türen der Einrichtung ablaufen. Die Kinder und Jugendlichen gehören zu den Bewohnern des Gemeinwesens und müssen sich im Dorf oder der Stadt zurechtfinden sowie deren Angebote nutzen.

- Um zu verantwortlichem Handeln im Gemeinwesen und einer späteren demokratischen Mitbestimmung als Erwachsener zu erziehen muss bereits im Kindes- und Jugendalter dazu angeregt werden, mitverantwortliches Handeln zu erproben. Erfolgserlebnisse verstärken positive Erfahrungen.

- Erzieherinnen haben mit unterschiedlichen Personen und Institutionen zusammenzuarbeiten. Diese Aufgaben sind in familienersetzenden Einrichtungen umfangreich, weil die Gruppenleiter die Eltern ersetzen. Für entsprechende Gespräche und Kooperationen ist eine möglichst objektive Sicht der Erziehungssituation zu suchen. Dazu verhelfen Fallbesprechungen im Team. Im Rahmen der Möglichkeiten sollen die Heranwachsenden bei diesen Gesprächen einbezogen werden.

- Es gibt Beratungsstellen, bei denen sich Erzieherinnen für ihre Arbeit, d.h. vor allem für Problemsituationen ihrer beruflichen Tätigkeit, Hilfe holen können. Die Mitarbeiter solcher Beratungsstellen können auf Grund ihrer Kenntnisse und ihres Erfahrungswissens wertvolle Beratung bieten.

Anregungen

1. Auseinandersetzung mit Wirkungen und Möglichkeiten von Öffentlichkeitsarbeit

Tauschen Sie in einer Arbeitsgruppe Ihre Ansichten zu folgenden Fragen aus:
1. Was bedeuten viele einseitige Eindrücke und Fehlinformationen, die einzelne Personen oder größere Personengruppen von einer sozialpädagogischen Einrichtungsart erhalten?
2. Was können die Mitarbeiter (Sie selbst in Ihrem späteren Beruf) tun um ein objektiveres Bild der Einrichtung nach außen zu geben?
3. Wie können außenstehende Personen und Gruppen in die Öffentlichkeitsarbeit einbezogen werden, z.B. Eltern, Elternausschuss, Ämter, Vereine, Presse?
Schreiben Sie für ein Plenumsgespräch Ihre Gedanken und Vorschläge auf ein Plakatpapier.
Stellen Sie im Klassenverband Ihre Ergebnisse vor.
Sprechen Sie anschließend über den Prozess und die Gedanken, die durch diese Auseinandersetzung bei Ihnen ausgelöst wurden.

2. Bewusstmachung von bisher geleisteter Öffentlichkeitsarbeit

a) Hängen Sie im Klassenraum zwei Tapetenrollen so auf, dass das Ende der Rolle von der linken, beschreibbaren Seite etwas über Kopfhöhe an der Wand befestigt wird, während die Rolle auf dem Boden liegt. Schreiben Sie auf das Ende der einen Rolle: „Öffentlichkeitsarbeit, die wir für unsere Ausbildungsstätte geleistet haben" und auf die zweite Rolle: „Öffentlichkeitsarbeit, die wir für sozialpädagogische Einrichtungen vorgenommen haben". Legen Sie jeweils einen Stift dazu. Die Tapetenrollen bleiben einige Tage hängen. Wem etwas einfällt, der schreibt es dazu. Wenn sie viel beschrieben werden, kann die Tapete oben umgeschlagen und weiter beschrieben werden. Gemeint ist hier nicht die funktionale, d.h. von selbst passierende Öffentlichkeitsinformation, sondern die beabsichtigte Information an einzelne Personen oder Gruppen (intentionale Öffentlichkeitsarbeit). Konkret: Schreiben Sie z.B. nicht auf, dass Ihr persönlicher Prozess, seit Sie die Ausbildungsstätte besuchen, Ihrem Freundeskreis Informationen über die Wirkung der Ausbildung gibt, sondern dass Sie dem Freundeskreis über die Ausbildung berichtet haben (wenn dem so war).

b) Nach einigen Tagen sprechen Sie über die aufgezählten Informationen, deren Wirkung, den damit verbundenen Arbeitsaufwand und über die Übertragbarkeit in die spätere berufliche Arbeit.

Wenn wenig Gedanken aufgeschrieben wurden, sprechen Sie über die möglichen Gründe für die (fast) leeren Plakate.

3. Entwicklung und Umsetzung von Zielen im Rahmen der Öffentlichkeitsarbeit

Schreiben Sie Fähigkeiten auf, die Sie für Öffentlichkeitsarbeit als notwendig ansehen, oder übernehmen und ergänzen Sie den unten stehenden Vorschlag: Lesen Sie jetzt jede Fähigkeit mit dem Vorsatz: „Ich kann ...". Kennzeichnen Sie mit blauer Farbe: „Ich kann gut ...": 3 Striche, „Ich kann wenig ...": 2 Striche, „Ich kann kaum ...": 1 Strich oder wählen Sie das Einschätzungsschema von Aufgabe 1 (Elternarbeit) auf Seite 337 (Machen Sie sich dabei nicht schlechter, als Sie sind!)

Den folgenden Übungsteil sollten Sie nur vornehmen, wenn Sie sich inner-

---

Notwendige Fähigkeiten für Öffentlichkeitsarbeit

1. Wesentliche Informationen, die ein möglichst sachliches Bild vermitteln, herausarbeiten.

2. Trockenen, theoretischen Informationen Anschaulichkeit und Lebendigkeit geben.

3. Beabsichtigte Informationen schriftlich treffend formulieren.

4. Vorhandene Texte in einer ansprechenden Form zu Papier bringen, ggfs. mit grafischer Verstärkung.

5. Vor kleineren oder größeren Gruppen sprechen können.

6. Spontan auf Fragen hinsichtlich der eigenen beruflichen Arbeit antworten (und nicht gehemmt sein auch mal zu reagieren: „Dazu kann ich nichts sagen!").

7. Angemessen diskutieren können, d.h. den eigenen Standort beschreiben und begründen können, nicht zu schnell umfallen, aber auch Einsicht zeigen, wenn sie angemessen ist (Flexibilität).

8. ......

halb des Gruppenprozesses in Ihrer Studiengruppe sicher fühlen und die Teilnehmer überzeugt sind die entsprechende Kritik aus einer akzeptierenden, echten und einfühlsamen Haltung heraus geben sowie Kritik annehmen zu können:

Wählen Sie einen Gesprächspartner aus der Studiengruppe. Durchdenken Sie, wie Sie diese Person hinsichtlich der genannten Fähigkeiten einschätzen.

Geben Sie sich gegenseitig Rückmeldung.

Wählen Sie jetzt einen anderen Partner und schätzen Sie sich wieder gegenseitig mit einer entsprechenden Aussprache ein, damit das Bild, das Sie von sich erhalten, relativiert wird.

Zur Verarbeitung des Feed-backs sprechen Sie ggfs. in Arbeitsgruppen darüber, was die gegenseitige Einschätzung für Sie bedeutet hat (Kritik geben und Kritik annehmen).

Durchdenken Sie, welche Fähigkeiten Sie gerne noch lernen möchten. Kennzeichnen Sie mit grüner Farbe wieder mit je 3, 2 oder 1 Strich. Schreiben Sie auf ein Plakat die Numerierungen der einzelnen Fähigkeiten. Nun geht jedes Gruppenmitglied an dem Plakat vorbei und setzt die Anzahl seiner Striche zu den entsprechenden Zahlen. (Jeweils den fünften Strich schräg über die vier vorangegangenen Striche ziehen!)

Sie erhalten jetzt ein Bild darüber, was in der Klasse noch gelernt werden sollte. Planen Sie, wie Sie diese Fähigkeiten üben könnten!

4. Informationen einholen

Rufen Sie eine beratende Institution an und erkundigen Sie sich, welche Hilfe diese Organisation Ihnen in Ihrem späteren Beruf geben könnte. Oder erkundigen Sie sich nach den Aufgaben dieser Organisation.

Wichtig ist hierbei, dass Sie selbst Hemmschwellen überwinden solche Institutionen anzurufen. Sagen Sie bei Ihrem Anruf, wer Sie sind und wofür Sie diese Information benötigen, damit die Auskunft gebenden Personen wissen, woran sie sind.

Tauschen Sie anschließend Ihre Erfahrungen und neuen Erkenntnisse aus.

Oder:

Suchen Sie Probleme, die Ihnen in Ihrer späteren Praxis begegnen können, und überlegen Sie, ob und wo Sie sich in einer solchen Situation Hilfe holen könnten. Rufen Sie in einer entsprechenden Einrichtung an. Sagen Sie, weshalb Sie diese Information haben wollen (schulische Aufgabe), und erfragen Sie, ob Sie an der richtigen Stelle anrufen und welche Hilfe Sie in einer solchen realen Situation erhalten würden.

Lassen Sie sich von den folgenden Beispielen, die alle vorkommen können, nicht erschrecken: Sie werden in Ihrem Beruf immer im Team arbeiten und auch keine schwerwiegenden Entscheidungen alleine treffen. Das Team, der Träger und das Jugendamt sind auf jeden Fall ein Ansprechpartner und müssen bei wichtigen Entscheidungen auch einbezogen werden. Alle Auffälligkeiten eines Jugendlichen werden erst im Team besprochen und es wird gemeinsam überlegt, welche Maßnahmen getroffen werden können. Beratende Institutionen können einbezogen werden oder die Bearbeitung (teilweise) abnehmen. Diese Organisationen arbeiten mit solchen Notsituationen und haben Erfahrungen.

▼ **Beispiele:**
– Sie beobachten bei einem Kind Zeichen von körperlicher Misshandlung oder vermuten sexuellen Missbrauch.
– Sie haben die Vermutung, dass ein älterer Heimjunge einen jüngeren zu sexuellen Spielereien zwingt.

– Eins Ihrer bereits volljährigen Mädchen aus der Jugendwohngruppe ist nach ihren erregten Angaben von einem unbekannten Täter vergewaltigt worden.
– Die ausländische Mutter eines Kindergartenkindes sagt Ihnen, dass sie das Zusammenleben mit ihrem deutschen Mann nicht mehr erträgt, aber in einer Zwickmühle steht, weil sie nicht weiß, ob sie bei einer Scheidung in Deutschland bleiben darf und was mit dem Kind passiert.
– Ein 15-jähriges Mädchen aus der Wohngruppe sagt, dass seine Periode seit vier Wochen ausgesetzt hat.
– Eine Mutter aus dem sozialen Brennpunkt kommt mit blauen Flecken zu Ihnen. Sie berichtet, dass sie von ihrem Mann so geschlagen worden ist, aber dass sie es ihm heimzahlen wird.
– Die Polizei hat ein gesuchtes jugendliches Mädchen aufgegriffen, das wahrscheinlich seit Jahren auf den Strich geht, allem Anschein nach Drogen nimmt und sehr schlecht aussieht. Könnte AIDS vorliegen? ▲

5. Erprobung von Öffentlichkeitsarbeit

Entscheiden Sie sich für eine Form und einen Inhalt von Öffentlichkeitsarbeit, z.B. einen Bericht über die Ausbildungsstätte, eine Ausstellung über unterschiedliche sozialpädagogische Einrichtungen, Rollenspielvorführung vor anderen Klassen usw.
Verteilen Sie die Aufgaben so, dass jeder einen Teil übernimmt, in dem ihm die Übung sinnvoll erscheint ohne sich überfordert zu fühlen.
Beziehen Sie auch das Einholen von Informationen mit ein.

6. Entwerfen eines fiktiven Zeitungsberichtes über eine Aktivität mit Gruppen von Kindern oder Jugendlichen

Lesen Sie die Beispiele auf S. 347 f.: Kinder und Jugendliche übernehmen Verantwortung im Gemeinwesen.
Denken Sie sich jeder oder zu zweit ein eigenes Beispiel aus (es kann auch ein erlebtes Beispiel sein) und schreiben sie einen kurzen fiktiven Bericht für die Lokalzeitung. Schreiben Sie so, als hätte diese Aktivität stattgefunden. Einzelne Berichte werden nun im Klassenverband oder in Arbeitsgruppen herausgegriffen und im Hinblick auf ihre Umsetzbarkeit, ihre mögliche Wirkung in der Öffentlichkeit und ihren Arbeitsaufwand besprochen.
Verdeutlichen Sie sich auch, welchen Lerneffekt diese Übung für Sie hatte, insbesondere, wenn Sie dabei fächerübergreifend gearbeitet haben. ❑

6.3 Zusammenarbeit im Team und kontinuierliche Qualifizierung im Beruf

Eigentlich hätte dieses Kapitel an den Anfang des Buches gestellt werden müssen, denn die positive Zusammenarbeit im Team ist in vieler Hinsicht Voraussetzung für eine erfolgreiche und qualifizierte Gruppenarbeit. Ebenso verlangt eine zeitgemäße Erziehung kontinuierliche Fortbildung und Qualifizierung im Beruf. Dass diese Thematik als letzter Teil des Buches bearbeitet wird, hat etwas mit der Frage zu tun: „Was war zuerst, die Henne oder das Ei?" Um die Bedeutung und die Wichtigkeit der Teamarbeit zu erfassen muss die differenzierte pädagogische Arbeit bekannt sein. Es wäre sonst schwer zu vermitteln, in welch vielfältiger Hinsicht die Zusammenarbeit im Team eine Wirkung auf die Gruppenarbeit hat und warum Qualifizierung für den Beruf mit dem Abschluss der Berufsausbildung nicht beendet sein kann.

In dem folgenden Abschnitt sollen Möglichkeiten und Grenzen der Teamarbeit besprochen, Bedeutung und Wirkungen von Fortbildung behandelt und Berufsverbände und Gewerkschaften kurz vorgestellt werden. Damit sollen die Rahmenbedingungen der sozialpädagogischen Arbeit beleuchtet und ihre Bedeutung für erfolgreiche praktische Arbeit dargestellt werden.

Ziele

Dieses abschließende Kapitel soll Ihren Blick auf Ihre spätere Teamarbeit lenken und Sie für weiteres Lernen im Beruf motivieren. Im Einzelnen will das Kapitel erreichen, dass Sie
- *die Wichtigkeit des eigenen Wohlbefindens im sozialpädagogischen Beruf erkennen, denn die Atmosphäre Ihrer Zufriedenheit wirkt sich auf Ihre Arbeit und auf die Gruppe aus und die Kinder lernen von Ihnen, ob und wie Sie an Ihrem Wohlbefinden arbeiten; Sie haben Vorbildwirkung;*
- *die Bereitschaft entwickeln, in Ihrem zukünftigen Team – und auch im Studienverband – an den Teambeziehungen zu arbeiten und pädagogische Standorte abzuklären,*
- *die Notwendigkeit einsehen im Beruf flexibel zu bleiben und motiviert werden, an dieser Flexibilität zu arbeiten, gewillt sind sich mit pädagogischen Neuerungen und Trends auseinander zu setzen und nicht meinen mit Beendigung der Ausbildung ausgelernt zu haben;*
- *eine starke Motivation entwickeln sich für Ihre Rechte (und die anderer) einzusetzen, Missstände wahrzunehmen und offen zu legen.*
Die konstruktive Mitarbeit am Berufsbild von Erziehern und Erzieherinnen wird Ihnen dann ein Anliegen sein.

6.3.1 Teamarbeit

Von Fachkräften in sozialpädagogischen Einrichtungen wird eine besonders hohe Kooperation verlangt. Lehrer arbeiten z.B. mehr nebeneinander. Erzieherinnen und Erzieher arbeiten mindestens zu zweit in einer Gruppe. Das Miteinander allein bedeutet allerdings noch keine echte Teamarbeit, wenn auch in sozialpädagogischen Einrichtungen grundsätzlich von Teams gesprochen wird.

6.3.1.1 Forderungen an die Zusammenarbeit im Team

Ein Team hat bestimmte Merkmale und Vorgehensweisen. Ernst Martin sieht vor allem vier Anforderungen, die ein gutes Team erfüllen muss (Martin 1989, S. 173 ff.).
1. Ein Team ist eine **überschaubare Gruppe**, in der kooperativ miteinander gearbeitet wird. Als ideale Größe werden drei bis acht Mitglie-

der angesehen. Jedenfalls sind die 40 Mitarbeiter eines größeren Heimes kein echtes Team, ggfs. aber diejenigen Mitarbeiter, die gemeinsam eine Gruppe dieses Heimes führen.
2. Ein Team arbeitet **über einen längeren Zeitraum** hinweg regelmäßig zusammen.
Diese Forderungen werden die meisten Teams erfüllen, in jedem Fall dann, wenn Großgruppen lediglich für organisatorische Klärungen und Informationsvermittlung zusammenkommen, sie sich für die eigentliche Team**arbeit** aber in Kleingruppen aufteilen, und wenn die Fluktuation (der Wechsel) im Team niedrig ist. Die regelmäßige Zusammenarbeit über einen längeren Zeitraum und die überschaubare Gruppe sind Voraussetzungen für die weiteren zwei Merkmale von effektiver und echter Teamarbeit:
3. Die Aufgaben im Rahmen der Teamarbeit werden auf alle Teammitglieder verteilt. Das Team wird durch **gleichberechtigte Zusam-**

menarbeit gekennzeichnet. Keiner tritt dauernd hervor und die Beiträge jedes Einzelnen sind wichtig. Ein „echtes" Team hat keinen offiziellen Leiter.

Im Regelfall wird es in sozialpädagogischen Einrichtungen jedoch eine Leitung geben. Insofern besteht in den meisten sozialpädagogischen Einrichtungen kein ganz echtes Team. Auch innerhalb von Gruppenteams liegt häufig eine offizielle Leitung fest. Es kann aber versucht werden Hierarchien abzubauen und die unterschiedlichen Aufgaben unabhängig von Ausbildung und Position fachlich zu bewerten und gleich zu gewichten.

▼ **Beispiele:**

– Es wird nicht als ein niederer Dienst angesehen einem Kind die Windeln zu wechseln. Das macht die Leiterin genauso wie jede andere Mitarbeiterin, wenn es sich ergibt.

– Kritik wird geäußert, wenn sie angebracht ist, unabhängig davon, ob es sich um die Hauswirtschafterin oder die Leiterin handelt. ▲

Innerhalb der Teamarbeit können Führungsfunktionen von verschiedenen Teammitgliedern ausgeführt werden. Keiner übernimmt aber eine ständige Leitung.

▼ **Beispiele:**

– An der Fallbesprechung eines schwer behinderten Kindes nehmen teil: die Gruppenerzieherin, die Zweitkraft (Kinderkrankenschwester) und die Praktikantin, die Logopädin sowie die Krankengymnastin, die beide zweimal in der Woche mit dem Kind arbeiten, und die Leiterin.

Nach vorheriger Absprache übernimmt die Praktikantin die Gesprächsführung, d.h. sie wird darauf achten, dass jeder zu Wort kommt, und wird von Zeit zu Zeit Zusammenfassungen geben. Die Leiterin, die wenig mit dem Kind arbeitet, erklärt sich bereit, das Protokoll zu schreiben.

Die beiden Therapeutinnen haben andere Verhaltensweisen des Kindes wahrgenommen als die Gruppenerzieherinnen. Bei der Entwicklung von Zielen stimmen die unterschiedlichen Fachkräfte sich miteinander ab. Die Verteilung der Aufgaben in der Arbeit mit dem Kind entspricht den Funktionen der Mitarbeiterinnen.

– Die Erzieherin Claudia im Kindergartenteam hat in der Vergangenheit immer mit besonderer Begeisterung und vielen kreativen Ideen die Drei-Tage-Fahrt der Vorschulkinder organisiert. Sie schlägt in diesem Jahr eine Fahrt in eine noch nicht bekannte Jugendherberge vor. Unausgesprochen (besser ausgesprochen!) übernimmt sie die Führung der Planungsgespräche und die Koordination der verschiedenen Aufgaben. ▲

4. Teamarbeit erreicht eine **zusätzliche Leistungssteigerung** im Hinblick auf das gemeinsame Arbeitsziel. Dazu trägt die **bewusste Regelung und Intensivierung der Gruppenprozesse** im Team bei.

Teamarbeit erschöpft sich also nicht in einer Art Addition der einzelnen Teilleistungen oder in reiner Arbeitsaufteilung. Das Gesamte muss mehr sein als die Summe seiner Teile. Durch das Bewusstmachen von Beziehungsebenen werden neue Sichtweisen eröffnet und die Effektivität der Leistungen erhöht.

▼ **Beispiele:**

– Im oben dargestellten Beispiel der Fallbesprechung eines schwer behinderten Kindes berichtet die Logopädin, dass das Kind in geringen Anfängen beginnt Laute nachzusprechen. Die Gruppenerzieherinnen haben das bisher nicht bemerkt. Sie wollen diese Reaktionen des Kindes jetzt, da sie es wissen, verstärken. Zugleich äußert die Erzieherin, dass sie Schwierigkeiten habe das Kind zu bestärken, weil es so wenig Reaktionen zeige. Es wird darüber gesprochen, wie die anderen Teammitglieder Reaktionen des Kindes wahrnehmen und beantworten. Dann wird darüber nachgedacht, wie die Teammitglieder die Erzieherin wahrnehmen. Die Vermutung wird geäußert, dass ihre fröhliche und lebendige Art für dieses Kind möglicherweise zu unruhig ist. Nun wird über Möglichkeiten gesprochen, wie sie – ohne dass sie ihre so positive Ausstrahlung für die Gruppe verändert – diesem Kind helfen kann.

– Bei der Planung des Sommerfestes hat die Idee von Susanne, das Sommerfest auf einer Grillwiese im Wald zu feiern, die anderen angeregt. Es werden breite Gedanken zur Konkretisierung eingebracht. Theresa, eine italienische Mitarbeiterin, bremst die Begeisterung. Sie bittet zuerst zu überlegen, ob auch alle ausländischen Familien, die kein Auto haben, diesen Platz erreichen können. Eine andere Mitarbeiterin wird nachdenklich und fragt, ob die vorgeschlagenen Waldspiele nicht der Einstellung des Teams, die Natur nicht zu beeinträchtigen, widersprechen. Das Team erkennt, dass es sich zunächst von Susannes Begeisterung hat forttragen lassen und dass zuerst einmal die Rahmenbedingungen geklärt werden müssen. ▲

Arbeitsgruppen, auf die diese diskutierten Merkmale nicht zutreffen, bezeichnet Ernst Martin als „Pseudoteam".
Wenn Sie Ihre Teamerfahrungen ins Gedächtnis rufen, werden Sie vielleicht spontan sagen: „Ja, alle vier Merkmale trafen zu!" Ein genauerer Blick macht aber vielleicht deutlich, dass die Arbeitsaufgaben nicht gleichmäßig verteilt waren, sondern dass die Leiterin ihre Leitungsfunktion auch innerhalb der Teamarbeit übernahm, beispielsweise indem sie die Tagesordnungspunkte für Teamgespräche allein zusammenstellte oder immer das Teamgespräch lenkte. In größeren Einrichtungen wird die Leitung notgedrungen eine andere Rolle als die Mitarbeiter einnehmen und wird sich oft die letzte Entscheidung vorbehalten müssen.
Es ist deshalb möglich, dass sich in Einrichtungen innerhalb des Gruppenteams eine echte Teamarbeit entwickelt (allerdings auch nicht immer), während das Gesamtteam im Sinne von Martin ein Pseudoteam darstellt. Es gibt aber heute durchaus (kleine) Erzieherteams, die versuchen ganz ohne Leitung auszukommen

und die entsprechenden Funktionen – manchmal wechselweise – unter sich zu verteilen. Hier wird ein wirklich echtes Team angestrebt.

Eine weitere Schwierigkeit ist die vierte Forderung: Sehr häufig arbeiten Teams nebeneinander, ihre Zusammenarbeit besteht in Absprachen und Arbeitsaufteilung, aber nicht in einer Intensivierung durch den bewussten Einbezug von Beziehungsebenen und Gruppenprozess.

▼ **Beispiel:**
Für die Planung der nächsten Wochen bringt jeder aus dem Team Ideen ein. Sie werden ausgewertet, geordnet und deren Umsetzung vorbereitet. Sachliche Gedanken und Bedenken werden eingebracht. Gefühle, Kritik und Feed-back werden nicht formuliert, vielleicht auch nicht bewusst gemacht. ▲

Ein Team in einer sozialpädagogischen Einrichtung, das die letzten beiden Merkmale nicht erfüllt (Gleichberechtigung und Leistungssteigerung durch die Intensivierung der Gruppenprozesse), muss – von den sichtbaren Ergebnissen her gesehen – nicht schlechter arbeiten als ein echtes Team. Häufig können beispielsweise Pläne zügiger besprochen und realisiert werden. Echte Teams benötigen viel Zeit für Absprachen, für die Bewusstmachung der Beziehungsaussagen ihrer Kommunikation oder für die Bearbeitung von Gruppenprozessen.
Für die Gruppe und das einzelne Kind lebt das echte Team aber eine überzeugende Kooperation vor: Offenheit, Echtheit, Wertschätzung, Empathie und verantwortliche Mitbestimmung werden glaubhaft angestrebt. Diese Einstellungen und Verhaltensweisen sind auch pädagogische Ziele für die zu betreuenden Gruppenmitglieder. Sie sind schwerer umzusetzen, wenn sie vom Team nicht vorgelebt werden können.

Merkmale guter Teamarbeit in sozialpädagogischen Berufen

1. Überschaubare Gruppe
2. Zusammenarbeit über einen längeren Zeitraum
3. Weitgehend gleichwertige und gleichberechtigte Zusammenarbeit
4. Leistungssteigerung, unter anderem durch Bearbeitung von Gruppenprozessen

6.3.1.2 Schwierigkeiten der Teamarbeit

Intensive Teamarbeit birgt die **Gefahr der Anpassung**. Individuelle Stärken, Arbeitstempo, Arbeitstechniken müssen u.U. an das Team angepasst werden. Dadurch müssen evtl. gute Einzelleistungen etwas zurückgenommen werden.

Eine besondere Schwierigkeit sieht Ernst Martin auch in der notwendigen hohen **Wertschätzung der eigenen Person und der Teammitglieder**. Er sagt: „Teamarbeit setzt bei jedem Einzelnen ein hohes Maß von Selbstkritik und an realistischer Einschätzung der eigenen Stärken und Schwächen voraus. Hochstapelei bei den eigenen Kenntnissen, Erfahrungen und erzieherischen Erfolgen stört die enge Zusammenarbeit erheblich. Eine verständnisvolle und realistische Haltung gegenüber den (begrenzten) Fähigkeiten der übrigen Teammitglieder ist ebenfalls eine notwendige Voraussetzung." (Martin 1989, S. 176) Um Fremd- und Selbstkritik annehmen und geben zu können, muss der Einzelne innerlich stabil sein und auch den Partner als kritikfähig erleben. Menschen, die sich selbst sehr in Frage stellen, sind durch Kritik schnell betroffen und empfinden sich selbst nur noch als Versager. Sie müssen sich aber auch bei Kritik weiterhin sehr wertschätzen. Ebenso kann einer anderen Person kaum ehrliches Feed-back gegeben werden, wenn befürchtet wird, sie (übermäßig) zu verletzen.

Ein **positives Gruppenklima** ist Voraussetzung für den Erfolg von Teamarbeit. Fragen und Kritik dürfen nicht als Angriff empfunden werden. Spannungen und Konflikte dürfen nicht verdrängt werden.

In den Teamsitzungen erhält die Teamarbeit ihre Anstöße. Teamsitzungen bedürfen deshalb einer **Regelmäßigkeit**.
Da es sich bei qualifizierter Teamarbeit nicht nur um Informationen und Arbeitsaufteilungen handelt, sondern die Gruppenprozesse von Bedeutung sind, ist die **Teilnahme möglichst aller Teammitglieder** Voraussetzung. In sozialpädagogischen Einrichtungen sind aber während der Dienstzeit auch die Kinder zu betreuen. Deshalb ergeben sich Probleme bei der **Zeit für Teamsitzungen**. Oft können nur Kleinteams, z.B. Gruppenteams, während der Dienstzeit gemeinsame Sitzungen abhalten, sofern es nicht wie im Hort oder dem Jugendheim Zeiten gibt, in denen die Kinder und Jugendlichen außer Haus sind. Kindergärten legen ihre Dienstbesprechungen manchmal in die Mittagspause, was häufig Zeitdruck bedeutet und negative Auswirkungen auf Gruppenprozesse hat. In Tagesstätten werden Teamgespräche oft erst nach Dienstschluss angesetzt. (Die Überstunden werden zu anderer Zeit ausgeglichen.) Einige Teilnehmer sind dann vielleicht unruhig, weil die Familie zu Hause wartet.
Manche Teilzeitkindergärten haben sich einen freien Nachmittag in der Woche für Teamgespräche erkämpfen können.

In einem eingespielten Team besteht die Gefahr, dass die **Flexibilität** verloren geht. Die Teammitglieder meinen sich gegenseitig zu kennen. Unterschiedliche Blickfelder werden nicht mehr verbalisiert und bewusst gemacht.
Eine andere Gefahr von zu geringer Flexibilität kann sich in der direkten pädagogischen Arbeit, nämlich in der Auswahl von Inhalten und im Einsatz von Methoden, äußern: So hat man es schon immer gemacht, die Erfahrungen waren gut, es bleibt so. Vorsichtige Versuche Einzelner, aus dieser Routine auszubrechen, werden von anderen im Keim erstickt.

Ein **Wechsel von Teammitgliedern** wird bei einem positiven Gruppenprozess zunächst häufig als Verlust empfunden. Die Sorge, dass der Gruppenprozess (der in Teams genauso stattfindet wie in Gruppen von Kindern und Jugendlichen) in eine frühere Phase mit Orientierungs– und Vertrautheitssuche zurückfällt, kann eine gewisse innere Hürde gegenüber neuen Teammitgliedern mit sich bringen. Hier wird Offenheit von den einzelnen Teammitgliedern verlangt um sich durch den Wechsel in neue Prozesse einzulassen und die Anregungen, die jedes neue Teammitglied einbringt, positiv aufzunehmen und zu verwerten.

Schließlich ist für viele der **Abbau von Konkurrenzgefühlen** schwer. Konkurrenz kann wie eine Sperre wirken und hemmt den Einzelnen sich offen und angstfrei einzulassen. Wir sind alle mit Konkurrenz aufgewachsen, von der Geschwistersituation bis zur Berufsausbildung. Die entsprechenden Gefühle und Einstellungen können nicht einfach abgelegt werden. Für echte Teamarbeit wirkt Konkurrenz vor allem dann schädlich, wenn sie nicht als Anreiz, sondern als Druck empfunden wird. Konkurrenzgefühle bewusst zu machen und über Aussprache in der Gruppe zu bearbeiten verlangt ein hohes Maß an Selbstwertgefühl des Einzelnen, weil Kritik ertragen werden muss. In der Sorge, die Teammitglieder zu stark zu verletzen unterbleiben solche Gespräche oft. Verbleibende wertende und rivalisierende Gefühle können die gemeinsame Arbeit negativ beeinflussen.

In manchen Teams bedeutet auch die **heterogene Zusammensetzung** eine Schwierigkeit. Eigentlich sollte sie als eine Bereicherung empfunden werden (vgl. 5.2: „Heterogene Gruppenzusammensetzung"). Häufig ist das nicht der Fall, weil sie Anlass für die Bildung hierarchischer Strukturen sein kann und weil geringere Ausbildung und andere Erfahrungen oder Kenntnisse als Mangel empfunden werden. Hier kommt es darauf an, das Positive der Andersartigkeit zu erkennen und einzubeziehen, beispielsweise die lange Berufserfahrung älterer Mitarbeiterinnen, die Empathiemöglichkeiten ausländischer Mitarbeiterinnen für Kinder und Eltern anderer Kulturkreise und der Berufsidealismus von Praktikantinnen.

6.3.1.3 Supervision

Das Wort Supervision kommt aus den USA. Wörtlich übersetzt heißt Supervision „Aufsicht". „Die ursprüngliche Wortbedeutung von hierarchischer Aufsicht und Kontrolle trifft in der europäischen Sozialpädagogik und Sozialarbeit nicht mehr zu. Bei Supervision geht es um besondere Lern- und Beratungsformen, in denen Einzelne oder Kleingruppen freiwillig Probleme ihrer beruflichen Praxis reflektieren.

Die zu Beratenden, die Supervisanden, stellen ihre beruflichen Probleme dar, suchen mit Hilfe des Beraters, des Supervisors, nach Lösungswegen, um ihre Handlungsfähigkeit im Praxisfeld zu verbessern." (Martin 1989, S. 182)

Supervision ist also eine besondere Form der beruflichen Beratung.
Fälschlicherweise wird Beratung häufig mit Mängeln und Fehlern in Verbindung gebracht. Nach dieser landläufigen Meinung wird nur derjenige beraten, der Fehler macht. Diese Deutung von Beratung im Zusammenhang mit Supervision ist aber falsch. Durch Supervision wird Einzelnen oder einem gesamten Team geholfen, die berufliche Arbeit aus einem anderen Blickfeld zu sehen, Abstand zu gewinnen, neue Aspekte zu erkennen und Vorgehensweisen zu überdenken. Supervision hilft deshalb jedem und setzt nicht voraus, dass Mängel vorliegen.
Leider ist bisher Supervision in der Ausbildung von Erziehern und Erzieherinnen nicht vorgesehen. In die Fachhochschulen für Sozialarbeit und Sozialpädagogik hat sie weitgehend Eingang gefunden. Es wäre z.B. sehr sinnvoll, das Berufspraktikum durch Supervision zu begleiten.
Obwohl Supervision schon in den 60er-Jahren in der Bundesrepublik bekannt war, setzt sie sich im sozialpädagogischen Bereich erst jetzt langsam durch.

Werner Genz umreißt die Geschichte der Supervision so (Genz 1993, S. 25 f.):

Geschichte der Supervision
Die Einsicht in die Notwendigkeit die berufliche Praxis zu reflektieren und damit die eigene Professionalität zu entwickeln, hat sich bei vielen in psycho-sozialen Arbeitsfeldern Tätigen durchgesetzt. In den folgenden vier Bereichen hat sich Supervision entwickelt und etabliert:

– Psychotherapie
Schon Freud und andere Begründer klassischer Tiefenpsychologie erkannten die dringende Notwendigkeit der eigenen „Charakteranalyse" (W. Reich) bei Therapeuten.

– Pädagogik

Auch die großen Pädagogen der ersten Generation haben die Selbstreflexion – „die Erziehung des Erziehers" (Fröbel) – für äußerst wichtig erachtet.

– Medizin

Im Bereich der ärztlichen Tätigkeit hat der Mediziner Balint die Notwendigkeit der Bearbeitung der eigenen Persönlichkeitsstruktur des professionellen Helfers erkannt und Reflexionsgruppen (Balint-Gruppen) gegründet.

– Sozialarbeit

In den USA, in England, aber auch später in den Niederlanden entwickelte sich professionelle Sozialarbeit im heutigen Sinne. Seit Mitte der 70er-Jahre wird Supervision als Grundlage qualifizierter Arbeit auch in der Bundesrepublik als notwendig angesehen.

Entwicklung und aktueller Stand

Die Entwicklung der Supervision in ihrer Theorienbildung sowie in ihrer praktischen Anwendung hat schon einen relativ hohen Stand erreicht. Sie ist heute anerkannt in allen psychosozialen Arbeitsfeldern und fester integraler Bestand im Studium der Sozialarbeit/Sozialpädagogik (FH). Durch die zunehmende Professionalisierung und das Entstehen neuer Ausbildungsstätten für Supervisoren in den letzten Jahren sowie die Etablierung von Fachberatern im Bereich der Kindertageseinrichtungen hat diese Möglichkeit der Praxisberatung hier ihren Einzug gehalten. Lehrerinnen haben zwar schon Erfahrungen mit schulpsychologischen Diensten und deren Beratungsangeboten auch für sie, dies ist jedoch nicht mit Supervision gleichzusetzen.

Was ist Supervision?

Einzelne oder Gruppen sollen in einer vertrauensvollen Atmosphäre die für sie relevanten Fragestellungen, Probleme und Konflikte unter Mitarbeit und Anleitung eines/einer speziell ausgebildeten Beraters/Beraterin herausarbeiten und bearbeiten können mit dem Ziel durch verändertes Verhalten bessere Möglichkeiten pädagogischen Handelns zu entwickeln. Von ErzieherInnen und LehrerInnen

oft als unlösbar empfundene Situationen ihrer Arbeit werden durch die Sichtweise des Supervisors neu reflektiert, sodass sich andere, effektivere Handlungsmöglichkeiten für den Betreffenden erschließen.

Zunehmend wird den sozialpädagogischen Berufsgruppen deutlich, dass die Aufarbeitung von beruflichen Problemen durch Supervision eine Hilfe ist um den hohen Anforderungen und Belastungen der sozialpädagogischen Praxis besser gewachsen zu sein. Die speziell ausgebildeten Supervisoren tragen dazu bei, dass berufliches Verhalten mit anderen Augen gesehen, nicht bewusste Anteile bewusst gemacht und effektivere Handlungsmöglichkeiten erarbeitet werden können.

Allmählich verschwinden Vorurteile, die bisher die Bereitschaft zu Supervision erschwerten, beispielsweise die schon erwähnte Annahme, Supervision beträfe nur diejenigen, die im Beruf nicht mehr zurechtkommen, oder festgefahrene und verkrustete Teams. Häufig haben Erzieherinnen oder Erzieher auch Angst vor Supervision, weil sie fälschlicherweise glauben, sich in Bereichen offen legen zu müssen, in denen sie das nicht wollen.

Formen von Supervision:

In der **Einzelsupervision** arbeitet der/die Supervisor/in mit einem Supervisanden (Ratsuchenden). Durch eine intensive Vertrauensbasis und die Konzentration auf die individuellen Probleme oder Konflikte kann effektiv gearbeitet werden. In der Praxis wird diese Form seltener durchgeführt, weil sie sehr kostenintensiv ist.

Bei **Gruppensupervision** arbeitet der Supervisor mit einer kleinen Gruppe von Supervisanden, in der Regel unter zehn Teilnehmern. Sie kommen aus ähnlicher Berufsarbeit, z.B. aus der Sozialpädagogik, aber aus unterschiedlichen Einrichtungen. Außerhalb der Sitzungen haben sie keine direkten beruflichen Berührungspunkte.

Die Mitsupervisanden haben eine starke Wirkung auf die Bearbeitung der jeweiligen Problematik. Ängste, die bisweilen bei Teamsupervisionen entstehen, beispielsweise sich vor Mitgliedern des eigenen Teams offen zu legen, reduzieren sich bei dieser Supervisionszusammensetzung.

Teamsupervision bedeutet, dass ein Supervisor mit dem Team einer Einrichtung arbeitet. Hier sind Kooperation und Gruppenbeziehungen ein wichtiger Teil der Bearbeitung. Die speziellen Probleme der Einrichtung können angegangen werden.

Die Teammitglieder einer Einrichtung durchlaufen die gleichen Prozesse und vollziehen gemeinsam neue Sichtweisen ihres Arbeitsfeldes. Darin liegen Vorteile gegenüber der Gruppensupervision.

Bei einer **Institutionssupervision** kann das gesamte Kollegium einer Institution mit Leitung, Verwaltung und ggfs. Träger einbezogen werden. Die Gruppe wird hier größer sein. Im Mittelpunkt stehen die Organisationsberatung und die Personalentwicklung. Individuelle Probleme werden hier weniger bearbeitet.

Inhaltliche Bearbeitung

Grundsätzlich können sowohl die inhaltliche Ebene wie auch die Beziehungsebene bearbeitet werden. Die Bearbeitung auf inhaltlicher Ebene würde vor allem folgende Themenbereiche untersuchen: Wie wird die eigene praktische Arbeit beeinflusst durch die Rahmenbedingungen der sozialpädagogischen Arbeit, durch gesellschaftliche Werte und Normen, durch die Vorgaben des Trägers und wie können der Einzelne und das Team mit diesen (unabänderlichen?) Bedingungen optimal arbeiten? Wo lässt sich das Team von diesen Bedingungen zu stark beeinflussen? Es können praktische Fragen besprochen werden, insbesondere Probleme, beispielsweise die Gestaltung des Tagesablaufs, unklare Regelungen, Umgang mit Eltern.

Bei der Bearbeitung der Beziehungsebene würden sich die Supervisanden vor allem mit ihrer Kooperation im Team auseinander setzen, aber auch mit individuellen Einstellungen, Werten und Vorgehensweisen.

Inhaltliche Ebene und Beziehungsebene werden sich allerdings nie ganz trennen lassen, da sie sich gegenseitig beeinflussen und nicht isoliert nebeneinander stehen. Jede Problematik äußert sich in beiden Ebenen.

▼ **Beispiel:**
Wenn über Gruppenregeln und deren Handhabung gesprochen wird, werden die Einstellungen der Teammitglieder gegenüber Regeln und die gegenseitige Stellungnahme ebenfalls zum Gesprächsinhalt. ▲

In Großgruppen, z.B. der Institutionssupervision, wird die Inhaltsebene im Vordergrund stehen. Kleinere Gruppen werden bei den zu bearbeitenden Themen wahrscheinlich beide Bereiche gleichzeitig einbeziehen. Hier können Supervisor und Team Schwerpunkte setzen. Häufig ist das Team eher in der Lage die Inhaltsebene ohne Hilfe eines Supervisors zu bearbeiten, während die Bewusstmachung der Beziehungsebene einen geschulten Supervisor benötigt, der gelernt hat eine Gruppe behutsam, aber zielstrebig zu leiten und nichts zu überstürzen.

Methoden der Supervision

Die Vorgehensweise in der Supervision kann verschieden sein. Die Gliederung in drei Gruppen soll einen Überblick geben:

Verbale Bearbeitung: Die üblichste Methode ist die Gesprächsform. Dazu gehören natürlich auch nonverbale Methoden zur Bewusstmachung und Reflexion, beispielsweise Meditationsphasen oder die Verwendung von Symbolen.

In der **Interaktionsarbeit** werden über Rollenspiele, Medien oder Gestaltungsaufgaben (Werken, Malen, Tanz, Körperarbeit) die Gedanken und Gefühle der Teilnehmer bewusst gemacht und bearbeitet. Die Interaktionsarbeit schließt verbale Bearbeitungsphasen natürlich ein.

Die **Live-Supervision** arbeitet mit der direkten Praxis. Video- oder Tonband-Aufnahmen aus der Arbeit einzelner Supervisanden werden

Formen und Methoden der Supervision

Aufarbeitung beruflicher Problembereiche mit Anleitung → **Supervisor**

In der Regel eine Person, die nicht in der selben Arbeit eingebunden ist und Supervision gelernt hat

Ziel: Steigerung beruflicher Arbeitsergebnisse und Reduzierung individueller beruflicher Belastungen

Formen:

1. **Einzelsupervision**
   (ein/e Erzieher/in, ein/e Supervisor/in)

2. **Gruppensupervision**
   mehrere Leute aus ähnlicher beruflicher Arbeit oder aus einem größeren Team

3. **Teamsupervision**
   Teammitglieder einer Einrichtung oder einer Abteilung

4. **Institutionssupervision**
   Personal einer Institution einschließlich Leitung und ggfs. Träger

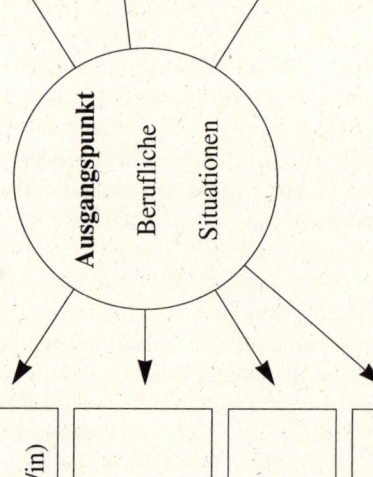

Ausgangspunkt

Berufliche Situationen

Methoden:

1. **Verbale Bearbeitung**
   Gespräch, Protokoll

2. **Interaktionsarbeit**
   Rollenspiel, Medien, Gestaltungsaufgaben

3. **Live-Supervision**
   Einwegscheibe, Video, bei Einzelsupervision auch Beobachtung in der Realität

betrachtet und aufgearbeitet. Pädagogische Einstellungen und Verhaltensweisen werden abgeleitet, bewusst gemacht und reflektiert.
In manchen Einrichtungen kann auch mit einer Einwegscheibe gearbeitet werden. Eine solche Vorgehensweise eignet sich allerdings nur für stabile Gruppen oder Einzelpersonen, die sich einer solchen Beobachtung unterziehen wollen. Bei Einzelsupervision kann auch die direkte Beobachtung in der praktischen Arbeit als Methode angewandt werden.

Supervision ist vor allem dann erfolgreich, wenn sie das Selbstwert- und Sicherheitsgefühl der einzelnen Teammitglieder steigert und damit das Wohlgefühl erhöht. Durch diese Wirkung stärkt sie die Teammitglieder und öffnet ihnen neue Sichtweisen für pädagogische Probleme.

Zusammenfassung

- Gute Teamarbeit ist Voraussetzung für das Wohlgefühl der Teamkollegen. Offenheit, Kritikfähigkeit, Ehrlichkeit und Beratung vermitteln dem einzelnen Teammitglied das Gefühl von Anerkennung, Zugehörigkeit und Sicherheit im Team. Aus diesem Wohlgefühl heraus wächst die Kraft für die tägliche Gruppenarbeit.
  Für die Gruppe lebt der Erwachsene in seinem Team Kooperation und Teamgeist vor und beeinflusst über die Vorbildwirkung.

- Die organisatorische Zusammenarbeit von mehreren Menschen wird zwar landläufig als Teamarbeit bezeichnet, ein echtes Team setzt aber Vorbedingungen: kleine, überschaubare Teamgruppen, längerfristige Zusammenarbeit und in letzter Konsequenz Verzicht auf hierarchische Strukturen. Dazu kommt der qualitative Anspruch, nämlich dass durch die Teamarbeit eine Leistungssteigerung erreicht wird.

- Die Bearbeitung der Beziehungsebene (Gefühle und Stimmungen) im Team und damit auch des Team-Gruppenprozesses gehört ebenso zu echter sozialpädagogischer Teamarbeit wie die Bearbeitung beruflicher Aufgaben und Probleme, weil die Inhaltsebene durch die Beziehungsebene beeinflusst wird. Zwischen beiden Bereichen muss eine angemessene Balance im Team gefunden werden.

- Echte Teamarbeit ist in vielen sozialpädagogischen Einrichtungen nur schwer zu verwirklichen: Äußere notwendige Bedingungen sind oft kaum zu erreichen, z.B. ausreichende Zeit, ungestörter Raum, Regelmäßigkeit. Hierarchische Strukturen im Team und Persönlichkeitsmerkmale einzelner Teammitglieder erschweren ebenfalls die intensive Zusammenarbeit.

- Supervision ist eine Form von beruflicher Beratung, bei der in vertrauensvoller Atmosphäre die Teammitglieder die für sie relevanten Fragestellungen, Probleme und Konflikte unter Mitarbeit und Anleitung eines ausgebildeten Supervisors aufarbeiten.

- Supervision wird zunehmend von sozialpädagogischen Teams in Anspruch genommen und kann dazu beitragen, die wachsenden Probleme der sozialpädagogischen Praxis zu bearbeiten und zu verkraften.

Anregungen

1. Vergleich von erlebter Teamarbeit

Durchdenken Sie, welche unterschiedliche Teamarbeit Sie in Ihren verschiedenen beruflichen Praxisstellen erlebt haben. Stellen Sie mit Bausteinen (oder Wegwerfmaterial) ein erlebtes Team dar.

Wenn die Gruppe der Studierenden den Mut dazu hat, kann auch die eigene Gruppe mit Bausteinen dargestellt und das „Bauwerk" anschließend erläutert werden. Das muss allerdings auf freiwilliger Basis geschehen. Die einzelnen Gruppenmitglieder dürfen sich nicht unter Gruppendruck gesetzt fühlen.

2. Bewusstmachung geleisteter Bearbeitung von Teambeziehungen im Rahmen der Aufgabenvorschläge in diesem Buch

a) Sehen Sie dieses Buch in seinen Anregungsteilen durch. Suchen Sie nach methodischen Vorschlägen, die nicht nur zur Bearbeitung eines bestimmten Inhalts dienen, sondern durch die auch an den Beziehungen (dem Miteinander) im Klassen- oder Gruppenverband gearbeitet wird. Wählen Sie, wenn möglich, ein während des bisherigen Unterrichts erprobtes Beispiel aus. Schreiben Sie die Kapitelüberschrift, zu der dieser Bearbeitungsvorschlag gehört, gut lesbar auf einen Zettel, vielleicht auch ein Stichwort zur Methode sowie die Nummer des Anregungsvorschlags. Beispiel: „Teamarbeit: Aufgabe 1, Mit Bausteinen Gruppe darstellen, S. 364". Heften Sie sich diesen Zettel mit Tesakrepp an die Brust.

b) Gehen Sie jetzt durch den Klassenraum und suchen Sie nach einem Partner, der einen anderen, Ihnen als interessant erscheinenden Vorschlag hat. Suchen Sie sich zu zweit ein weiteres Paar, sodass Sie eine Vierergruppe bilden.

c) Setzen Sie sich um einen Tisch, schlagen Sie die entsprechenden Anregungen auf und besprechen Sie die Wirkung und Bedeutung der dargestellten Bearbeitung von Teambeziehungen. Soweit möglich, erinnern Sie die damaligen Prozesse im Studienverband.

d) Halten Sie im Klassenverband ein Reflexionsgespräch über die Ergebnisse und individuellen Prozesse während der Durchführung dieser Aufgabe.

3. Bewusstmachung von Teamarbeit innerhalb Ihres Studienverbandes

Überprüfen Sie, ob Sie sich in Ihrer Studiengruppe oder einer Teilgruppe als echtes Team bezeichnen können. (Dafür müssen Sie allerdings den Text 6.3.1.1 dieses Kapitels gelesen haben.) Tauschen Sie Ihre Ansichten aus und begründen Sie! Überlegen Sie auch, ob Sie vielleicht während bestimmter Abschnitte Ihrer Ausbildung in einem echten Team zusammengearbeitet haben.

4. Erfahrungsaustausch über Supervision

Berichten Sie im Klassenverband über Erfahrungen mit Supervision sowie über gehörte Urteile und vermutete Vorurteile.

Wenn jemand aus der Studiengruppe bereits Erfahrung mit Supervision gemacht hat, ist derjenige vielleicht bereit über die erlebten Formen sowie die gemachten Erfahrungen kurz zu berichten. Beurteilen Sie aber Supervision nicht nur nach dem Vorgehen von **einem** Supervisor und nach den Erfahrungen einer einzelnen Person. Supervision kann überaus unterschiedlich aussehen.

5. Verbalisierung von Ängsten vor Supervision

a) Bilden sie einen Stuhlkreis. Schreiben Sie auf große Zettel erfahrene oder vermutete Ängste vor Supervision. Sortieren Sie die Zettel nach häufig geäußerten oder seltener vorkommenden Ängsten.
b) Sprechen Sie im Studienverband über diese Ängste. Wenn Sie es schaffen, sprechen Sie dabei – soweit es zutrifft – in der Ich-Form: „Ich befürchte für mich, dass ..."

6. Erleben einer Supervisionssitzung

Wenn es Ihnen möglich ist, bitten Sie eine/n gute/n Supervisor/in um eine Einführung oder eine beispielhafte Supervisionssitzung im Studienverband. Möglicherweise wird es aber nicht einfach sein einen Supervisor zu finden

oder Sie müssen die Gebühr für eine Sitzung zahlen. Wenn es sich um einen guten Supervisor handelt, kann sich der Preis allerdings lohnen.

Über den Supervisorenverband können Adressen von Supervisoren erfragt werden:
Deutsche Gesellschaft für Supervision e.V., Flandrische Straße 2, 50674 Köln, Tel. 0221/2 57 44 82

7. Bearbeitung eines möglichen Konflikts im Studienverband oder zwischen Studierenden und Lehrkräften

Eigentlich müsste die Studiengruppe jetzt so weit sein, dass sie Konflikte innerhalb der Klasse nicht mehr unausgesprochen schwelen lässt oder Probleme mit den Lehrkräften anspricht. Sollte eine Problematik, die bearbeitet werden müsste, bisher nicht angesprochen worden sein, könnte eine Kleingruppe die Konfliktbearbeitung planen. Verwenden Sie dafür als Hilfe die auf Seite 293 vorgeschlagenen Bearbeitungsschritte. ❏

6.3.2 Eigene Qualifizierung und Aktualisierung im Beruf

Es gibt keine Berufsausbildung, bei der nach dem Berufsabschluss gesagt werden könnte: „Jetzt habe ich ausgelernt!" Übung und Erfahrung können erst in der Berufsarbeit selbst gesammelt werden. Sie führen zu neuen Erkenntnissen, Fähigkeiten und Einstellungen und verändern die eigene berufliche Arbeit.

▼ **Beispiel:**
Die Erzieherin ist nach einer Einarbeitungszeit mit den einzelnen Gruppenmitgliedern vertraut geworden. Sie kann auf Grund ihrer zunehmenden Sicherheit solche Formen beruflichen Handelns ausprobieren, an die sie sich bisher nicht

gewagt hat. Auch in die Elternarbeit steigt sie jetzt intensiver ein. ▲

Neue praktische Erfahrungen können allerdings zu einem Bruch mit den bisherigen theoretischen Kenntnissen führen, wenn sie unreflektiert als Verhaltensmuster übernommen werden.

▼ **Beispiele:**
Erzieherin A hat Schwierigkeiten eine quirlige Kindergartengruppe zur Ruhe zu bringen. Eines Tages probiert sie während des lautstarken Freispiels aus, in die Hände zu klatschen und die Kinder zu veranlassen, das Gleiche zu tun. Einzelne Kinder unterbrechen ihr Spiel und klatschen. Es wird so lange geklatscht, bis alle Kinder klatschen.

Anschließend ist die Gruppe ruhiger.
Nun weiß die Erzieherin, wie sie es machen kann, mehr Disziplin in den Vormittag zu bekommen. Ihre theoretischen Erkenntnisse wie „Spiel von Kindern sollte, wenn möglich, nicht unterbrochen werden", oder „So wenig Fremdbestimmung wie möglich" stellt sie hintenan. Ihrer Ansicht nach bewähren sie sich nicht in der harten Realität.

– In der teilstationären Tagesstätte wird für die Ferien geplant. Dafür sind Finanzen bereitgestellt worden. Das Team bezieht die Gruppe zur Planung mit ein. Es werden Ideen von den Gruppenmitgliedern eingebracht wie: Freizeitpark, Jahrmarkt, Kegeln, Bowling, Schwimmparadies. Das Team weiß, dass die Kinder und Jugendlichen aus Familien kommen, in denen eine solch aufwändige Freizeit mit weiten Fahrten in Freizeitparks und Ähnliches nicht finanzierbar ist. Außerdem haben sie Bedenken, dass die Gruppenmitglieder für ihre Zukunft die Freizeit mit Geld verbinden und nicht mit Lebensfreude, Entspannung und Kreativität.
Die Vorschläge von den Betreuern, doch eine Stadtrallye vorzunehmen, kommen bei den Jugendlichen aber nicht an. Das Team versucht nicht weiter die Gruppe für weniger aufwändige, dafür aber kreative Unternehmungen zu begeistern. Die Betreuer geben nach, denn auch für sie erscheint ein Tag im Freizeitpark angenehmer als ein Geländespiel oder eine Fahrradtour.
Bei der nächsten Ferienplanung werden solche Unternehmungen von ihnen gar nicht erst vorgeschlagen. Schade!

– Die Gesprächstechnik des passiven und aktiven Zuhörens verlangt starke Einfühlung in den Gesprächspartner und setzt Übung voraus.
Im Heim fühlen sich die Betreuer von den Wünschen der Kinder und den unterschiedlichen Anforderungen belastet und frustriert. Die Einfühlung ist vor allem für Berufsanfänger schwierig.
Die Betreuer geben auf und bemühen sich auch weiterhin nicht um Gesprächsformen, die das Selbstwertgefühl des Gesprächspartners heben. Weder bei Gesprächen mit Gruppenmitgliedern noch mit Eltern streben sie Anteile des passiven oder aktiven Zuhörens an, sondern versuchen über Ratschläge die Probleme schneller zu bewältigen. ▲

Das Bemühen theoretisch erlernte Kenntnisse und Fähigkeiten im Beruf in pädagogisches Handeln umzusetzen wird natürlich nicht immer zu Erfolgen führen. Manchmal werden Misserfolge eingesteckt und Schiffbruch erlitten werden müssen. In solchen Situationen ist es wichtig, sich Hilfe zu holen: bei vertrauten Teammitgliedern, ehemaligen Studienkollegen, ggfs. auch bei berufsfremden Freunden. Allein das Aussprechen von Problemen kann – vor allem bei passivem und aktivem Zuhören des Gesprächspartners – zu Abstand und neuen Sichtweisen führen. Bei ernster und tief gehender Resignation kann berufliche Beratung gesucht werden (siehe Abschnitt 6.2.3). Vor allem wenn die beruflichen Ziele sehr hoch gesteckt sind, kann die Praxis Enttäuschung bringen. Allerdings wird jeder mit Misserfolgen fertig werden müssen. Dann ist es wichtig, den Mut zu haben sie auszusprechen und sich Hilfe zu suchen. Bei ernsthafter Resignation ist auch zu überlegen, ob der Arbeitsplatz falsch gewählt war. Ein anderes Arbeitsfeld oder eine andere Einrichtung bieten manchmal Arbeitsmöglichkeiten, die den eigenen Fähigkeiten und Bedürfnissen stärker entsprechen.

Neuerungen und Veränderungen, die sich durch Forschung und Entwicklung sowie durch gesellschaftliche Veränderungen ergeben (Innovation), wirken sich auf das berufliche Handeln aus und beeinflussen die praktische Arbeit.

▼ **Beispiel:**
– Einzelkinder sollen in altersgemischten Gruppen aufwachsen.
– Die Heimerziehung hat ihre großen Wohneinheiten zu Gunsten von Wohngruppen weitgehend aufgelöst. ▲

Im sozialpädagogischen Beruf ist es besonders wichtig, sich ständig weiterzubilden und auf einem aktuellen Wissensstand zu sein, weil – wie schon betont – die Ergebnisse der beruflichen Arbeit wenig sichtbar sind. Ein Handwerker bemerkt es, wenn er technische Entwicklungen nicht mitvollzieht. Er kann beobachten, wenn andere Betriebe anders und effektiver arbeiten als er selbst. Erzieherinnen und Erzieher müssen aufpassen, dass sie nicht abgehängt werden, ohne dass sie es bemerken.

▼ **Beispiele:**

– In der aufkommenden Umwelterziehung wurde häufig mit Einheiten, z.B. der Müllverwertung, begonnen. Es reicht aber nicht aus, nur eine Einheit mit Kindern durchzuführen. Wenn nicht die Lebensformen selbst hinterfragt werden, verändert sich das Verhalten der Kinder und späteren Erwachsenen nicht: beispielsweise müssen Kauf und Gebrauch von Einwegmaterialien und Verpackungen, unkontrollierter Wasser- und Energieverbrauch usw. eingeschränkt werden.

– In der Krippenerziehung wächst die Erkenntnis, dass das Kind in diesem Alter grundlegende soziale Verhaltensweisen lernt und eine Basis für seine Persönlichkeitsentwicklung erhält. Dementsprechend müssen die Kinder pädagogisch anders angesprochen werden. Es reicht nach heutigen Erkenntnissen nicht aus, sie gut zu pflegen und zu ernähren. Kern einer effektiven Krippenerziehung ist der Aufbau von Selbstbewusstsein, die Erweiterung der Handlungskompetenzen und die behutsame Einführung in soziale Verhaltensweisen.

– In Zukunft werden sicher weitere theoretische Auseinandersetzungen im Zusammenhang mit Gewalt stattfinden. Es kann kein pädagogisches Konzept sein, die aufkommende Gewalt unter Kindern über Gewalt von Erwachsenen (Grenzen) einzudämmen. ▲

Es gibt allerdings auch Erzieherinnen und Erzieher, die es müde geworden sind, ihren Wissens- und Leistungsstand zu aktualisieren. Sie meinen manchmal, dass Veränderungen viel zu schnell vonstatten gingen oder dass das Pendel der Forschungsergebnisse und Trends doch nur von der einen zur anderen Seite schlage. Man müsse nur lange genug warten, dann sei das Alte wieder aktuell. Beispielsweise sei heute ein freier Erziehungsstil „in" und morgen poche man wieder auf der Einhaltung von Grenzen in der Erziehung.

Sicherlich ist es häufig so, dass neue Forschungen zunächst in einer besonders ausgeprägten Form Veränderungen erreichen wollen, vor allem dann, wenn gesellschaftliche Kreise dahinterstehen, die auf eine Veränderung drängen. Das war z.B. in der antiautoritären Bewegung so oder in der Entwicklung von Lernmaterialien für Vorschulkinder in den 60er Jahren. Beide Richtungen haben aber die allgemeine Pädagogik befruchtet: Die antiautoritäre Erziehung hat zu demokratischeren Erziehungsformen geführt und die Richtung der vorschulischen Intelligenzförderung hat das Augenmerk auf den Kindergarten als Bildungseinrichtung gelenkt.

Es ist deshalb wichtig, Trends wahrzunehmen, sie zu hinterfragen und sie in gewissem Rahmen mitzuvollziehen. Nur über die Erfahrungen und Rückmeldungen aus der Praxis können Forschungsergebnisse überprüft und ggfs. relativiert werden.

Erzieherinnen und Erzieher, die sich nicht weiterbilden, tragen zu einem negativen Image des Erzieherberufes bei. Das heißt nicht, dass jede neue Welle sofort voll mitgemacht werden soll. Kritische Auseinandersetzung mit Reformvorschlägen und die Bewusstmachung von gesellschaftlichen Veränderungen, die sich auf die sozialpädagogische Arbeit auswirken, gehören aber zu einer zeitgemäßen Einstellung und beruflichen Qualifikation.

Die berufliche Aktualisierung ist über verschiedene Wege möglich, die sich gegenseitig ergänzen. Die Teamarbeit in der Einrichtung bietet bei positiver Nutzung ihrer Möglichkeiten gute Ansätze: Teammitglieder regen sich gegenseitig durch ihre pädagogische Arbeit und ihren Austausch von Kenntnissen und Erfahrungen an und können konkret Feed-back zu pädagogischem (eingefahrenem oder neu ausprobiertem) Handeln geben. Neue Kenntnisse und Einstellungen können ausgetauscht werden. Leider sind die Möglichkeiten in der Praxis nicht immer realisierbar, über Grenzen der Teamarbeit wurde im Kapitel 6.3.1.2 schon gesprochen.

Die Fortbildung bietet breite Anregungen zur Aktualisierung der beruflichen Arbeit. Regionale Arbeitsgemeinschaften tragen zu kontinuierlicher Fortbildung bei. Fachverbände und Gewerkschaften zeigen aktuelle Trends auf und setzen sich für angemessene Rahmenbedingungen der beruflichen Arbeit ein. Fachliteratur, vor allem Fachzeitschriften, zeigen aktuelle Strömungen und Forschungen auf und bieten praktische Anregungen.

6.3.2.1 Fortbildung

Mindestens eine Woche Fortbildung im Jahr ist allmählich in sozialpädagogischen Einrichtungen für alle Teammitglieder im Erziehungsdienst (offiziell!) möglich geworden. In der Realität mangelt es oft daran, dass

– Kosten nicht voll übernommen werden,
– einzelne Teammitglieder auf Grund von Personalknappheit auf Fortbildung verzichten um die Kolleginnen nicht zu stark zu belasten,
– der Träger aus verschiedenen Gründen keine Zusage gibt,
– besonders gewünschte Fortbildungsveranstaltungen schon ausgebucht sind,
– das Fortbildungsangebot insgesamt nicht ausreicht,
– Erzieherinnen aus familiären oder anderen persönlichen Gründen nicht an Fortbildung teilnehmen,
– Teilzeitkräfte aus familiären Gründen an Ganztagsfortbildungen nicht teilnehmen können.

Das bedeutet, dass viele Erzieherinnen Fortbildungsmöglichkeiten (leider!) nicht nutzen (können).

Fortbildung bietet aber eine wichtige Voraussetzung um in der Berufsarbeit flexibel zu bleiben, Abstand zur eigenen Berufsarbeit zu gewinnen, ein breiteres Blickfeld durch den Austausch mit Kolleginnen anderer Einrichtungen zu erhalten und neue pädagogische Informationen aufzunehmen.

Der Verzicht auf Fortbildung kann auf die Öffentlichkeit wirken, als sei sie nicht notwendig. Aus diesen verschiedenen Gründen kann nur empfohlen werden die Fortbildungsmöglichkeiten zu nutzen und auf ein mangelndes Angebot aufmerksam zu machen.

Wer an einer Fortbildung teilgenommen hat, sollte anschließend im Team über Inhalte der Fortbildung berichten. Noch wichtiger als die Weitergabe von Inhalten ist es, darüber zu berichten, was die Fortbildung für eine Wirkung auf die eigene berufliche Einstellung hatte. Wenn beispielsweise die Erzieherin, die an der Fortbildung teilnahm, nun daran arbeiten will, eine offenere und situationsorientiertere Arbeitsweise vorzunehmen, wird sie ihre Rolle in der Gruppe verändern. Sie wird z.B. weniger vorgeben. Das hat nicht nur Auswirkungen auf ihre Mitarbeiterin in der Gruppe, sondern auch auf das gesamte Team. Oder wenn die Erzieherin frustriert zurückkommt, weil sie erkennt, dass sie ihrem pädagogischen Anspruch in der gegebenen Situation nicht gerecht werden kann, ist es wichtig, dass das gesamte Team über mögliche Veränderungen nachdenkt und ggfs. den Frust gemeinsam trägt.

▼ **Beispiel:**

Die Erzieherin Susanne hat an einer Fortbildungstagung unter dem Thema „Verhaltensauffällige Kinder in der Gruppe" teilgenommen. In der druckfreien Atmosphäre der Fortbildungsveranstaltung konnte sie sich gut in die Situation von Kindern eindenken, die durch ihre Umwelt und deren Einflüsse Fehlverhalten aufbauen. Im Rollenspiel hat sie eins ihrer Gruppenkinder nachgespielt, während andere Teilnehmerinnen die Eltern nach Susannes Beschreibung spielten. Susanne hat dabei gemerkt, in welcher ausweglosen Situation sich dieses Kind befindet. Als sie ihre Gedanken und Gefühle auf die anderen Kinder der Gruppe übertrug, wurde ihr klar, dass sie mehrere

Kinder hat, die einer dringenden Hilfe bedürfen.

Wieder zurück in der Einrichtung wird Susanne bewusst, dass sie die Problematik nicht auffangen kann und dass ihre Hilfe nur einen Tropfen auf den heißen Stein bedeutet. Die familiären Situationen sind kaum veränderbar.

Nun benötigt sie Hilfe vom Team, damit sie ohne Resignation ihre erfahrenen Ansätze von Verständnis und Hilfe wenigstens teilweise umsetzen kann. ▲

Fortbildungsveranstaltungen können in zwei Bereiche gegliedert werden:
1. Fortbildungen, in denen es um pädagogische Einstellungen, deren Bearbeitung und Umsetzung geht:

▼ **Beispiele:**
– Umgang mit verhaltensauffälligen Kindern und Jugendlichen,
– multikulturelle Erziehung,
– die Entwicklung von pädagogischen Konzepten,
– Ökologie in sozialpädagogischen Einrichtungen,
– Arbeit in und mit Teams,
– Veränderung der Familie und die Auswirkung auf die Heimerziehung,
– Elternarbeit,
– Freizeitpädagogik im Hort,
– Umgang mit Gewalt. ▲

2. Fortbildungen, in denen Fachkenntnisse in speziellen Bereichen vermittelt werden:

▼ **Beispiele:**
– neue Kinderlieder und Kindertänze,
– Spiele ohne Tränen (Kooperationsspiele),
– Spieleketten für alle Altersstufen,
– neue Bastelideen: Rund ums Papier,
– das Fahrrad in der Heimerziehung: von der Reparatur bis zu mehrtägigen Fahrradtouren,
– Spiele in Wald und Flur. ▲

Die zweite Art von Fortbildung trägt dazu bei, dass Erzieherinnen ein vielleicht erschöpftes

Repertoire (gedanklicher Vorrat) wieder auffüllen und mit neuen Ideen zurückkommen oder dass sie sich in einen neuen Handlungsbereich einarbeiten. Die erste Art verlangt eine stärkere persönliche Auseinandersetzung. Hier muss eine Bereitschaft bestehen das eigene bisherige Handeln kritisch zu betrachten und pädagogische Einstellungen ggfs. zu verändern. Dafür sind Zeit, Ruhe und Abstand zum pädagogischen Alltag erforderlich. Diese Fortbildungen benötigen deshalb noch stärker als das Auffrischen von praktischen Ideen und Fähigkeiten ein Fortbildungszentrum mit Übernachtungsmöglichkeiten und Verpflegung.

Manche Fortbildungen lassen sich weder in die eine noch in die andere, sondern zwischen diese beiden Arten einordnen: „Der Natur auf der Spur" kann beispielsweise bedeuten, dass Naturwahrnehmungsspiele und -übungen erprobt werden. Eine solche Fortbildung könnte aber auch das Anliegen beinhalten, dass Pädagogen und Heranwachsende ihrer eigenen Natur wieder näher kommen und sie, genau wie die umgebende Natur, deutlicher erleben sollen. In diesem Fall werden zwar sicherlich auch Wahrnehmungsspiele durchgeführt werden, im Mittelpunkt steht aber die Besinnung und Auseinandersetzung.

Es ist deshalb wichtig, die Beschreibung von Fortbildungsangeboten zu lesen und sich bewusst zu entscheiden, damit nachher keine Enttäuschungen entstehen. Fortbildungen, die pädagogische Reflexion erfordern, sind die Grundlage für den Einsatz der praktischen Tätigkeiten. Sie sind zwar meist anstrengender, aber sehr wichtig.

Gewöhnlich werden zu Beginn der Veranstaltung die Zielsetzung und der geplante Ablauf in groben Zügen geklärt, damit die Teilnehmer ihre Erwartungen formulieren und ggfs. Wünsche einbringen können.

In zahlreichen Einrichtungen finden interne Fortbildungen für Erzieher statt, beispielsweise haben Kindergärten manchmal mittwochnachmittags geschlossen (wenigstens einmal im

Monat), um sich im eigenen Kollegenkreis oder mit den Kollegen der Region zu einer Fortbildung zu treffen. Inhalte solcher Arbeitsgemeinschaften können Erfahrungsaustausch, die Bearbeitung pädagogischer Aufgaben oder die Vermittlung von Information durch einen Referenten sein. Referenten können auch mit dem Ziel eingeladen werden, Erfahrungsaustausch in der Gruppe besser zu strukturieren.

Solche Initiativen können nur befürwortet werden! Allerdings ersetzen sie nicht die geschlossene mehrtägige Fortbildung in räumlicher Trennung vom Arbeitsplatz.

Diese AGs haben den Vorteil, dass das gesamte Team daran teilnimmt, während Fortbildungstagungen immer nur von ein bis zwei Teammitgliedern in Anspruch genommen werden können. In Einrichtungen, die nicht stundenweise schließen können, sind AGs für das gesamte Team nicht möglich. Manche Einrichtungen behelfen sich, indem jeweils zwei bis drei Teammitglieder an unterschiedlichen regionalen AGs zu verschiedenen Zeiten teilnehmen.

Im Unterschied zu mehrtägigen überregionalen Fortbildungen werden hier auch aktuelle und oft auch regionale Problembereiche behandelt und aufgearbeitet, beispielsweise die Handhabung von Personalknappheit, der Umgang mit Nebenarbeiten, Festgestaltung, die gegenseitige Information über die Gestaltung der eigenen Arbeit oder die Planung eines Zeitabschnitts. Wenn Referenten eingeladen werden, wird die Thematik meist etwas allgemeiner gefasst. Die einzelnen Mitglieder müssen die Gedanken dann für ihren eigenen Arbeitsplatz konkretisieren.

▼ Beispiele:
– die Anleitung von Praktikanten,
– der Umgang mit verhaltensschwierigen Kindern,
– Schießen spielen, ja oder nein? ▲

Leider können diese AGs nicht so häufig durchgeführt werden, wie das für die Reflexion der sozialpädagogischen Arbeit mit ihren hohen Anforderungen an individuelle Entscheidungen wünschenswert wäre.

Eine weitere Möglichkeit für beruflichen Abstand, Regeneration und Auseinandersetzung mit beruflichen Problemen ist der Bildungsurlaub, der allerdings nicht von allen Trägern genehmigt wird. Es gibt aber auch Träger, die Fortbildungs- und Bildungsurlaub – je fünf Arbeitstage im Jahr – bewilligen. Bildungsurlaub ist nicht einfach nur Urlaub, sondern entsprechende Angebote müssen belegt werden. Die Kurse des Bildungsurlaubs müssen selbst finanziert werden, während Fortbildungsveranstaltungen (eigentlich!) der Träger bezahlt. Die inhaltlichen Angebote des Bildungsurlaubs sind breiter gefasst als die Themen der Fortbildungsveranstaltungen. Sie beziehen sich auch weniger auf einen bestimmten Berufsbereich, viele sind berufsunabhängig.

▼ Beispiele:
– Studienfahrten ins Ausland,
– Vollwerternährung,
– Wald und Waldsterben,
– umweltfreundliches Freizeitverhalten,
– Wandern. ▲

6.3.2.2 Berufsverbände und Gewerkschaften

Es gibt einige Berufs- und Fachverbände für sozialpädagogische Berufe. In diesen Verbänden werden berufliche Probleme überregional bearbeitet. Teilweise beschränken sie sich auf bestimmte Trägerorganisationen wie die Kirchen und/oder auf einen beruflichen Teilbereich wie Tageseinrichtungen für Kinder, die Arbeit mit Behinderten oder Heimerziehung.

Manchmal werden von den Verbänden Fachzeitschriften herausgegeben (Beispiele siehe Aufstellung S. 372 ff.). Die Mitglieder erhalten regelmäßige Mitteilungen und werden zu Veranstaltungen und Tagungen eingeladen.

Aufgaben der Berufs- und Fachverbände sind vor allem:
– Klärung und Verdeutlichung des beruflichen Selbstverständnisses (Arbeit und Berufsbild gegenüber der Fachöffentlichkeit und der Gesellschaft),
– Verbesserung der Arbeitsbedingungen,
– Aktualisierung der beruflichen Arbeit einschließlich einer Verbindung von Theo-

rie (Forschung) und Praxis. Dazu gehören Publikationen und Fortbildungsangebote.

Gewerkschaften sind Vereinigungen von Arbeitnehmern. Ihr Ziel ist die Verbesserung der wirtschaftlichen, sozialen und kulturellen Lage der Arbeitnehmer. Gewerkschaften sind große Organisationen, in denen einzelne Berufsgruppen nur einen Teilbereich ausmachen. Sie vertreten die Interessen ihrer Mitglieder vor allem gegenüber den Arbeitgebern und gegenüber politischen Instanzen. Um ihre Forderungen durchzusetzen und die einzelnen Mitglieder zu schützen unterhalten sie Unterstützungseinrichtungen wie Streikunterstützung und Rechtsschutz.

Für Erzieher/innen bzw. sozialpädagogische Berufe gibt es zwei zuständige Gewerkschaften: die GEW (Gewerkschaft Erziehung und Wissenschaft) und die ÖTV (Gewerkschaft für öffentliche Dienste, Transport und Verkehr).

Berufsverbände und Gewerkschaften setzen sich für die Belange der Erzieherinnen ein, allerdings mit unterschiedlichen Schwerpunkten: Während Gewerkschaften stärkeres Gewicht auf Rahmenbedingungen legen wie Tarifabschlüsse, Arbeitsbelastungen, Ausbildungsgänge usw., d.h. die Arbeitnehmer gegenüber den Arbeitgebern vertreten, setzen sich Berufsverbände meist mehr mit der qualitativen beruflichen Arbeit auseinander.

Die Zeitschriften und Informationen der Gewerkschaften sind selten auf die Berufsarbeit der Erzieherinnen bezogen, sondern betreffen alle Mitglieder. Lediglich einzelne Artikel befassen sich mit der sozialpädagogischen Berufsarbeit.

6.3.2.3 Fachliteratur

Ebenso wie Fortbildungen kann Fachliteratur in zwei Gruppen gegliedert werden:
1. Literatur, die sich mit sozialpädagogischen theoretischen Aspekten auseinander setzt und
2. Sammlungen sowie Beschreibungen von praktischen Ideen und Vorschlägen.
Die zweite Art wird vorrangig als Nachschlagewerk genutzt. Ein Grundstock ist in den sozialpädagogischen Einrichtungen meist vorhanden und wird mit den Quartalsbestellungen im Rahmen der Möglichkeiten ergänzt und auf einen aktuellen Stand gebracht.
Um theoretische Auseinandersetzungen zu lesen wird Ruhe und Zeit benötigt, die neben dem Beruf oft nicht zu finden sind. Da helfen Fachzeitschriften, die in ihren kurzen Artikeln einen Überblick über Entwicklungen und Trends geben.

Manche Fachbücher (auch Fachzeitschriften) liegen zwischen diesen zwei dargestellten Bereichen. Sie setzen sich mit einem theoretischen Bereich auseinander, den sie aber mit praktischen Anregungen untermauern und für die konkrete Arbeit vor Ort aufbereiten.

▼ **Beispiele:**
– Erziehung von Kindern unter drei Jahren,
– Elternarbeit,
– Öffentlichkeitsarbeit,
– Freizeitpädagogik. ▲

Einen mittleren Schwierigkeitsgrad bieten auch Handbücher, die teilweise in Ringbuchform mit Nachlieferungen herauskommen. Sie haben Ähnlichkeit mit Fachzeitschriften. Die

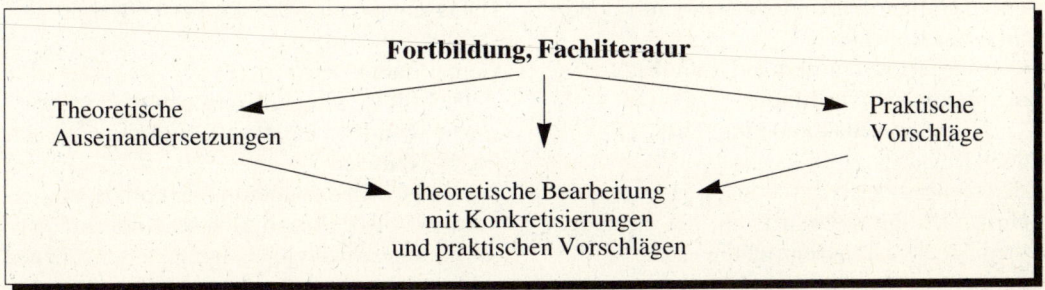

Fortbildung, Fachliteratur

Theoretische Auseinandersetzungen — Praktische Vorschläge — theoretische Bearbeitung mit Konkretisierungen und praktischen Vorschlägen

Nachlieferungen werden im Abonnement mehrere Male im Jahr zugeschickt.

Fachzeitschriften informieren über aktuelle Forschungen und Entwicklungen in den jeweiligen Berufsfeldern und bieten Hilfen zur Auseinandersetzung und Bewältigung aktueller pädagogischer Probleme. Sie regen deshalb an sich über pädagogische Trends und aktuelle Geschehnisse im Bereich der sozialpädagogischen Arbeit zu informieren und sich ggfs. mit einem speziellen Gebiet intensiver zu befassen. Einige Fachzeitschriften spezialisieren sich auf praktische Angebote.

Jede sozialpädagogische Einrichtung sollte mehrere, mindestens aber eine dieser Fachzeitschriften abonnieren (vom Etat bezahlt). Die Zeitschriften müssen an zugänglicher Stelle für das Team erreichbar sein. Einzelne Teammitglieder können sich evtl. das Durchsehen und Lesen aufteilen und im Teamgespräch auf aktuelle und wichtige Artikel hinweisen. Der Inhalt kann auch in gekürzter Form wiedergegeben werden.

Bedeutende Fachzeitschriften für Erzieherinnen und Erzieher sind:

TPS – Theorie und Praxis der Sozialpädagogik
Evang. Fachzeitschrift für die Arbeit mit Kindern
Herausgegeben von der Evangelischen Bundesarbeitsgemeinschaft für Sozialpädagogik im Kindesalter e.V. (EBASKA).
Redaktion TPS, Stiftstraße 14, 64287 Darmstadt
Die Zeitschrift richtet sich an Erzieher/innen, Lehrende, Multiplikator(inn)en und Rechtsträger in den Arbeitsfeldern der Tageseinrichtungen für Kinder.

Welt des Kindes
Zeitschrift für Kleinkindpädagogik und außerschulische Erziehung.
Herausgegeben vom Verband Katholischer Tageseinrichtungen für Kinder
Kösel-Verlag, Redaktion: Flüggenstr. 2, 80639 München
Entsprechend der Ausrichtung des Verbandes befasst sich die Zeitschrift mit der pädagogischen Arbeit in Tageseinrichtungen.

KINDERZEIT
Magazin für ErzieherInnen und Eltern
B & B Verlag, Rathenaustr. 16, 33102 Paderborn
Die Zeitschrift gibt praktische Hilfen für den Alltag in Einrichtungen für Kinder im Vorschul- und Grundschulalter und ist ein Forum für die wissenschaftliche und fachliche Diskussion.

kindergarten heute
Zeitschrift für Erziehung
Verlag Herder, Hermann-Herder-Straße 4, 79104 Freiburg i. Br.
Unabhängige Fachzeitschrift für Erzieher/innen in Kindergarten und Kindertagesstätte. Theoretische Beiträge zu pädagogischen und psychologischen Fragen sowie praktische Impulse.

klein & groß
Lebensorte für Kinder
Hermann Luchterhand Verlag, Heddesdorfer Str. 31, 56564 Neuwied
Trägerunabhängige Zeitschrift für Erzieher/innen in Tagesstätten und offener Kinderarbeit: berufs- und bildungspolitische Informationen sowie praktische Anregungen; versteht sich selbst als Forum; stärker verbreitet in den neuen, zunehmend auch in den alten Bundesländern.

EigenSinn
Informationsblatt des Institutes für den Situationsansatz in der Internationalen Akademie gGmbH.
Schwerpunkt: Praxis und Theorie zum Situationsansatz, neue Entwicklungen in profilierten Einrichtungen und in der wissenschaftlichen Debatte.
Anzufordern bei: Institut für den Situationsansatz, INA GmbH, c/o FU Berlin, Fachbereich Interkulturelle Erziehungswissenschaften, Habelschwerdter Allee 45, 14195 Berlin

Gemeinsam leben
Zeitschrift für integrative Erziehung
Luchterhand Verlag, Postfach 2352, 56564 Neuwied
Die Zeitschrift entstand aus der Fortsetzung der von 1980 bis 1990 vom Deutschen Jugendinstitut in unregelmäßiger Folge herausgegebenen

Hefte „Gemeinsam leben". Sie begann ihre regelmäßige Folge (viermal jährlich) im Jahr 1993. Sie befasst sich vor allem mit der integrativen Erziehung Behinderter in sozialpädagogischen Einrichtungen, bezieht darüber hinaus aber die Förderung und Integration Behinderter im Allgemeinen mit ein.

Zusammen:
behinderte und nichtbehinderte Menschen
Erhard Friedrich Verlag, Postfach 100150,
30917 Seelze
Wie der Untertitel sagt, bearbeitet die Zeitschrift den Bereich integrativer Erziehung. Sie behandelt nicht nur die integrative berufliche Arbeit in sozialpädagogischen Einrichtungen, sondern auch die familiäre Erziehung.

KiTa
KinderTageseinrichtungen aktuell
Unabhängige Zeitschrift für Leiter/innen der Kindergärten, Horte und Krippen
Carl Link Verlag, Postfach 1552,
96305 Kronach
Die Zeitschrift erscheint bundesweit in speziellen Länderausgaben. Sie vermittelt bundeslandbezogene, aber auch allgemeine Informationen und pädagogische Trends für die Arbeit in Kindertagesstätten. Dabei stehen Fragen der Leitung von Tageseinrichtungen im Mittelpunkt.

Bausteine Kindergarten
Bergmoser + Höller Verlag, Karl-Friedrich-Straße 76, 52072 Aachen
Lose-Blatt-Sammlung mit praktischen Anregungen für die Arbeit im Kindergarten. Theoretische Einführungen bieten Hilfe zur Auseinandersetzung mit der jeweiligen Problematik.

„kinderleicht?!"
Ideen für das Arbeiten mit Kindern im Vorschulalter
Bergmoser + Höller Verlag, Karl-Friedrich-Straße 76, 52072 Aachen
Diese Zeitschrift fällt insofern aus dem Rahmen, als dass sie von Erzieherinnen, die in Kindergärten arbeiten, entwickelt wurde und von ihnen – zu Beginn im Eigenverlag – herausgegeben wird. Die Zeitschrift setzt sich mit der pädagogischen Arbeit im Kindergarten auseinander, bringt aber vor allem praktische Anregungen. Sie kann einzeln und in Kombination mit „Bausteine Kindergarten" bestellt werden.

Kreisel
Themen und Projekte für die Arbeit mit Kindern
Dreieck-Verlag, Postfach, 54459 Wiltingen
Mit jeweils kurzen theoretischen Einführungen befassen sich die stabilen Hefte (drei Hefte im Jahr) mit praktischen Anregungen für das Vor- und Grundschulalter.

Entdeckungskiste
Kindergarten-Fachverlag, Postfach 1540,
66386 St. Ingbert.
Jedes Heft befasst sich mit einem praktischen Handlungsbereich der Kindergartenpädagogik. Dabei werden konkrete Anregungen für die Arbeit mit der Gruppe gegeben als auch theoretische Aspekte zu dieser Thematik behandelt.

Spielen und lernen
Das Monatsheft für Eltern und Kinder.
Velber Verlag, Postfach 100254, 30918 Seelze.
Die Zeitschrift wendet sich vorrangig an Eltern und hat einen Kinderteil, sie bietet aber auch Anregungen für die Arbeit in Kindergärten.

Unsere Jugend
Zeitschrift für Studium und Praxis der Sozialpädagogik.
Ernst Reinhardt Verlag, Kemnatenstr. 46,
80639 München.
Die Zeitschrift wendet sich an Studenten der Sozialpädagogik und an Praktiker in unterschiedlichen Einrichtungen. Heimerziehung und Jugendarbeit stehen im Mittelpunkt. Dieses Heft ist theoretischer in seinen Ausführungen als die Zeitschriften, die sich an Erzieher/innen in Tagesstätten wenden.

Jugendwohl.
Zeitschrift für Kinder- und Jugendhilfe.
Herausgegeben vom Deutschen Caritasverband e.V., Freiburg i. Br.

Lambertus-Verlag, Postfach 1026,
79010 Freiburg
Erzieher/innen in der Heimerziehung, ggfs.
auch in der freien Jugendarbeit, sind ebenfalls
die Zielgruppe dieser Zeitschrift. Im Schwierigkeitsgrad und in der theoretischen Ausrichtung
gleicht sie der Zeitschrift „Unsere Jugend".

Praxis Spiel + Gruppe
Matthias Grünewald Verlag,
Max-Hufschmidt-Straße 4a, 55130 Mainz
Die Zeitschrift befasst sich in starkem Maß mit
spielpädagogischen Themen und Freizeit-
pädagogik und zwar vorrangig für Kindern im
Schulalter und für Jugendliche.

Gruppe & Spiel
Zeitschrift für kreative Gruppenarbeit
Kallmeyer'sche Verlagsbuchhandlung,
Im Brande 19, 30926 Seelze-Velber
Die spielpädagogischen Anregungen beziehen
sich vor allem auf Kinder im Schulalter und auf
Jugendliche, jede Ausgabe enthält ein Spiel
zum Sofortspielen.

Handbuch für ErzieherInnen in Krippe, Kindergarten, Vorschule und Hort. Neuausgabe.
mgv-verlag, Justus-von-Liebig-Str. 1,
86899 Landsberg

Bei diesem Handbuch handelt es sich nicht um
eine Fachzeitschrift im üblichen Sinne, sondern
um eine Loseblatt-Sammlung. In Aufsatzform
werden vier Mal jährlich aktuelle Themen zur
sozialpädagogischen Arbeit in Tageseinrichtungen herausgebracht. In entsprechenden
Ringbüchern werden sie abgeheftet und durch
Inhalts- und Stichwortverzeichnisse ergänzt.

Manche Redaktionen der Fachzeitschriften geben ihre Themenbereiche der nächsten Hefte
den Lesern bekannt. Sie bitten um Mitarbeit
von Praktikern. Sie wollen nicht nur Kenntnisse von Theoretikern und Wissenschaftlern für
die Praktiker vermitteln, sondern sie wollen
auch die Rückmeldung der Praktiker an die
Theoretiker. Außerdem ist ihnen der Austausch
von Ideen und Erfahrungen unter Praktikern
wichtig.

Eine aktive Mitarbeit von Erzieherinnen, sei es
in Form von Leserbriefen oder als eigenständige Beiträge ist deshalb sehr erwünscht. Viele
Erzieherinnen halten ihre guten praktischen
Ideen oder ihre eigenständigen Umsetzungen
von theoretischen Aspekten leider nicht für
wertvoll genug, um sie einem breiteren Kreis
vorzustellen.

Aktualisierung im Beruf: ja, aber wie?

Zusammenfassung

- Erzieherinnen haben ebenso wenig wie andere Berufstätige nach Abschluss der Berufsausbildung ausgelernt. Da die Qualität der beruflichen Arbeit wenig messbar und vergleichbar ist, verlangen die fortlaufende Qualifizierung und Aktualisierung im Beruf eigenes Engagement und Verantwortlichkeit.

- Die Gefahr auf dem Wissensstand des Berufsabschlusses stehenzubleiben, oder die theoretischen Erkenntnisse und Einstellungen in den Problemen des Alltags über Bord zu werfen ist im sozialpädagogischen Beruf groß.
  Es gelingt manchmal, sich mit unreflektiertenTechniken eine Autorität zu schaffen durch die der pädagogische Alltag zu meistern ist. Darin liegt eine Versuchung. Durch die Anstrengungen des Alltags unterbleiben dann leider oft pädagogische Bemühungen dem jungen Menschen zu einer optimalen Entwicklung zu verhelfen.

- Fortbildungen und Arbeitsgemeinschaften sind unerlässlich, um Abstand zur eigenen Praxis zu gewinnen, die Flexibilität nicht zu verlieren und sich bezüglich der Veränderungen im beruflichen Arbeitsfeld auf dem Laufenden zu halten.

- Mehrtägige Fortbildungskurse in Fortbildungszentren bieten einen Abstand zu beruflichem und privatem Alltag. Sie ermöglichen deshalb Ruhe und Zeit, die eigene Berufsarbeit mit Abstand zu sehen und sich in eine berufliche Problematik einzulassen.
  Leider werden sie aus verschiedenen Gründen zu wenig genutzt.

- Berufs- und Fachverbände und Gewerkschaften setzen sich für die Belange der sozialpädagogischen Fachkräfte ein. Während die Gewerkschaften in starkem Maß an angemessenen Rahmenbedingungen arbeiten, befassen sich die Verbände vorrangig mit inhaltlichen Fragen und Trends der sozialpädagogischen Arbeit.
  Die aktive Beteiligung von Erziehern und Erzieherinnen in Gewerkschaften und Fachverbänden ist dringend notwendig.

- Ebenso wie die Fortbildung kann die Fachliteratur in zwei Gruppen geteilt werden:
  1. theoretische Auseinandersetzungen mit der Darstellung von pädagogischen Trends und Entwicklungen,
  2. praktische Anregungen.
  Literatur, die diese beiden Bereiche verbindet, erfüllt die Bedürfnisse der Praktiker: auf dem Laufenden bleiben, zugleich aber konkrete Anregungen zu erhalten um den schwierigen Alltag zu meistern.

- Fachzeitschriften bearbeiten in kurzen Aufsätzen berufliche Problembereiche und stellen sozialpädagogische Entwicklungen dar. Mindestens eine Fachzeitschrift sollte in jeder sozialpädagogischen Einrichtung vorhanden und für alle Mitarbeiter zugänglich sein.

Anregungen

1. Auseinandersetzung mit Fortbildungsangeboten

Beschaffen Sie sich Programme von Fortbildungszentren, sichten Sie die Programme und stellen Sie sich gegenseitig unterschiedliche Fortbildungsveranstaltungen vor: inhaltliche Schwerpunkte und Rahmenbedingungen wie Dauer, Kosten, Räumlichkeiten. Berichten Sie sich gegenseitig von Erfahrungen mit Fortbildungen.

2. Teilnahme an einer eintägigen Fortbildungsveranstaltung

Halten Sie Ausschau nach eintägigen Fortbildungsveranstaltungen in Ihrer Nähe und nehmen Sie daran teil. Rechtzeitige Absprachen und Anmeldungen sind erforderlich, weil die Teilnahme ganzer Klassen oder Studiengruppen nicht immer möglich ist und vorher vom Veranstalter organisiert werden muss.

3. Vorstellen einer Fachzeitschrift

Bestellen Sie ein Probeexemplar einer Fachzeitschrift, oder besorgen Sie sich eine Zeitschrift z.B. in einer Ihrer Praxisstellen. Verschaffen Sie sich einen Überblick und stellen Sie die Zeitschrift in der Gruppe der Studierenden kurz vor. Legen Sie die Fachzeitschriften im Klassenraum aus, wenn das nicht längst geschehen ist.

4. Einblick nehmen in die Arbeit von Gewerkschaften und Berufsverbänden

Besuchen Sie eine Veranstaltung von einem Interessenverband, sofern er in Ihrer Nähe vertreten ist. Sie können auch eine/n Vertreter/in in Ihren Unterricht bitten. Lassen Sie sich von Aktivitäten der Organisation berichten.

5. Gespräch über das Berufsbild der Erzieherinnen

Betrachten Sie das Bild von M. Marcks. Tauschen Sie Ihre Meinung aus, inwieweit Sie dieser Darstellung zustimmen und wo Sie (warum?) ein anderes Berufsbild sehen, selbst anstreben oder von der Öffentlichkeit gesehen haben möchten.

6. Planung des Berufspraktikums

Bei der Arbeit mit diesem Buch haben Sie sich nicht nur mit Inhalten auseinandergesetzt, sondern auch mit Methoden. Zugleich haben Sie gelernt Ihr berufsbezogenes Lernen selbst zu planen und zu gestalten. Sie haben Lernen gelernt.
a) Durchdenken Sie Anliegen, die Sie für das Berufspraktikum haben, und äußern Sie gegenüber den Sie betreuenden und begleitenden Lehrkräften diese Anliegen.
b) Überlegen Sie möglichst effektive Methoden, die Ihnen helfen können, Probleme des Berufspraktikums aufzuarbeiten.

Im abschließenden Staatsexamen nach dem Berufspraktikum sollen Sie beweisen, dass Sie die im ersten Ausbildungsabschnitt erworbenen Kenntnisse in der praktischen Arbeit auch anwenden können. Das bedeutet, Sie müssen in der Prüfung an ausgewählten Ausschnitten Ihre praktische Arbeit offen legen und Ihr pädagogisches Handeln begründen. Durchdenken Sie Methoden, die Ihnen helfen, diese geforderten Fähigkeiten während des Berufspraktikums in der praktischen Arbeit und an den Fortbildungstagen in der Schule zu üben. ❑

„Die Erzieherin" von M. Marks (Originalillustration für TPS)

Anhang: Vorschläge zur Unterrichtsgestaltung

Organisation des Unterrichts

Mit diesem Buch wird ein handlungsorientierter und persönlichkeitsbildender Unterricht angestrebt. Zugleich sollen die Studierenden zu Selbstbestimmung und Mitverantwortung bei der Unterrichtsgestaltung angeregt werden um im Rahmen ihrer beruflichen Ausbildung sozialpädagogisches Lernen weitmöglichst selbst zu erleben. Sie sollen auch für eine spätere kontinuierliche Aktualisierung motiviert werden und sie selbstbestimmt organisieren können. Ein Unterricht mit dieser Zielsetzung, zu dem das Buch inhaltliche und methodische Hilfen anbietet, gelingt am besten, wenn man sich auf einige Voraussetzungen einlässt.

Selbst organisiertes, erfahrungsorientiertes Lernen mit Hilfe der Anregungsteile

Eine hohe Selbstbestimmung und erfahrungsbetonte Lernprozesse sollen vor allem durch die Abschnitte „Anregungen" bei den Studierenden ausgelöst werden. Die jeweils ersten Aufgaben führen in die Thematik und Problematik des Kapitels ein. Sie setzen nicht voraus, dass das Kapitel schon gelesen wurde. Damit soll erreicht werden, dass die Studierenden den Unterricht selbst planen und organisieren können. Entsprechend den Zielen des handlungsorientierten Unterrichts tritt die Lehrkraft von ihrer führenden Rolle zurück und nimmt eine mehr helfende und unterstützende Position ein. Die weiteren Aufgaben regen zur intensiven und selbstbestimmten Auseinandersetzung und Standortfindung an und bieten unterschiedliche Möglichkeiten für Transferübungen und Lernkontrollen. Damit werden sozialpädagogische Erziehungs- und Handlungsformen erprobt. Die Arbeitsanregungen weisen einen unterschiedlichen Schwierigkeitsgrad auf. Dadurch eignet sich das Buch für verschiedenartige Lerngruppen in der Ausbildung, Praxis und Fortbildung. Die vorgeschlagenen Methoden regen zu projektähnlichen und fächerübergreifenden Unterrichtsformen an. Insbesondere werden Kenntnisse aus den erziehungswissenschaftlichen Fächern einbezogen.

Die Zielangaben zu Beginn jeden Kapitels sollen den Studierenden aus einer anderen Sicht helfen, ihre Lernprozesse zu planen und ihre Lernerfolge zu überprüfen. Bei der Formulierung der Ziele wurde darauf geachtet, dass sie nicht zu hoch angesetzt sind. Viele Ziele der sozialpädagogischen Berufsfähigkeit lassen sich erst im Berufspraktikum oder in der späteren Berufsausübung voll erreichen. Während der schulischen Ausbildung kann lediglich eine Motivation und Bereitschaft, das heißt eine entsprechende Einstellung, angestrebt werden.

Gemeinsame Planung

In die Planung des Unterrichts können die Studierenden unterschiedlich einbezogen werden.

A: Die Lehrkraft und die Klasse planen gemeinsam die nächste Stunde oder auch eine Unterrichtseinheit bzw. ein Unterrichtsprojekt.

B: Ein Studierender oder eine Gruppe bereitet eine Unterrichtsstunde oder eine Einheit vor.

Zwischen Vorschlag A und Vorschlag B liegt eine Steigerung. Wenn Studierende selbst den Unterricht planen, handeln sie nicht nur selbstbestimmt, sondern erproben zugleich methodisches Vorgehen für den späteren Beruf, insbesondere für die Arbeit mit Jugendlichen und Gruppen von Erwachsenen (z.B. Elternarbeit). Zugleich können sie von der Klasse anschließend ein Feed-back erhalten. Damit üben sie auch Kritik zu geben und anzunehmen. Die Klasse sollte deshalb bemüht sein die zweite Unterrichtsform bald anzustreben. Die im Buch enthaltenen zahlreichen methodischen Bearbeitungsvorschläge bieten Vielfalt und ermöglichen eine Auswahl. Sie sollen aber nicht als einzige durchführbare Unterrichtsform angesehen werden. Variationen und die Entwicklung eigener Ideen werden nach kurzer Einarbeitungszeit erreichbar sein.

C: Das Buch bietet auch Anregungen, den Unterricht spontan zu gestalten oder umzuändern.

Der Unterricht soll insgesamt möglichst offen gehandhabt werden, damit Phasen der Standortsuche und Standortabklärung nicht zu kurz kommen. Es ist sinnvoller, die inhaltliche Fülle zu kürzen als Methoden zu knapp zu erproben. Die Methoden bieten die Möglichkeit das Lernen selbst zu lernen. Sie tragen dazu bei, im Beruf flexibel zu bleiben und auch später die berufliche Arbeit zu problematisieren und zu aktualisieren. Unterricht in dieser Form bietet den Studierenden die Möglichkeit als Lernende zu erleben, was sie später als „Lehrende" vermitteln werden.

Leistungsnachweise

Die vorgeschlagene Unterrichtsform bietet durch die aktive Beteiligung der Studierenden zahlreiche Leistungsnachweise, die sich in verantwortlicher Mitgestaltung des gemeinsamen Lernens äußern. Dadurch verlieren sie den Kontrollcharakter zu Gunsten berufsrelevanter Leistungsanforderungen.

Auch Klassenarbeiten können in diese Richtung tendieren. Studierende können z.B. ihre Klassenarbeiten mit Gebrauch des Buches oder aller Unterlagen schreiben, wenn die Aufgabenstellungen entsprechend konzipiert sind. Beispielsweise eignet sich die Aufgabe 2 auf S. 88 als eine solche Aufgabe. Die Darstellungen auf S. 82 ff. können als Anregung genutzt werden.

Andere Beispiele sind:
– Aufgabe 6/100 mit einer Stellungnahme zu dem Verhalten der Erzieherin, 5/122 bei einer vorgegebenen Auswahl von Feed-back-Regeln;
– Erläuterungen von Grafiken, z.B. S. 82, ggfs. mit Hilfe von Beispielen;
– Lernkontrollen im Sinne der Aufgaben 3/109, 4/115, 2/122;
– Erläuterungen und Stellungnahmen zu benannten Lernzielen oder bestimmten Punkten der Zusammenfassungen;
– Wiederholungsaufgaben, z.B. 3/151;
– Fremdtexte können in Leistungsnachweise auch gut einbezogen werden. Beispiel: „Erläutern Sie die Merkmale des Situationsansatzes am Beispiel des Gartenprojektes (H. Colberg-Schrader/M. Krug: Lebensnahes Lernen im Kindergarten, S. 45)".

Diese Art von Leistungsnachweisen überprüft Übertragungsfähigkeiten sowie eigenständiges Denken und Entscheiden. Ggfs. kann sogar die Form einer Klassenarbeit (wenn auch nicht der genaue Inhalt) mit den Studierenden geplant werden. In der Vorbereitung und bei der Klassenarbeit selbst setzen sich die Studierenden besonders intensiv mit einem Inhalt auseinander. Dabei lernen sie. Dieser effektive Energieeinsatz sollte genutzt werden!

Ich habe solche Klassenarbeiten seit Jahren erprobt und ähnliche Durchschnittsnoten erreicht wie bei herkömmlichen Arbeiten.

Geeignet ausgestatteter Klassenraum

Die vorgeschlagenen Methoden regen stark zur Aktivität von Studierenden an. Dafür ist eine frontale Sitzordnung meist ungeeignet. Die Tische müssen für Arbeitsgruppen und Stuhlkreise ohne großen Aufwand umgestellt werden können.

Materialien, die häufig gebraucht werden, sollten im Klassenraum untergebracht werden und jederzeit zu erreichen sein. Dazu gehören:

– Plakatpapier (kostenlose Abfälle von Zeitungsdruckereien nutzen),
– Zettel in verschiedenen Größen (ebenfalls Papierabfall aus Druckereien),
– Wachsmalstifte (vor allem dunkle Farben, weil helle Farben schlechter gesehen werden; Wachsmalstifte sind umweltfreundlicher als Filzstifte),
– Scheren, Klebstoff, Klebeband,
– Wegwerfmaterialien (Wertstoffe): Schachteln, Netze, Kartons, Wollreste u.a.,
– trockene Wildfrüchte wie Eicheln, Zapfen,
– Tageslichtprojektor mit Folien und (wasserlöslichen) Stiften,
– eine Pinnwand und
– mindestens eine Wandtafel (die als umweltfreundlicheres Medium dem Tageslichtprojektor vorgezogen werden sollte, wenn die Aufgabe dies zulässt).

Unterricht in der hier beschriebenen Form wird sicher eine Zeit der Umstellung benötigen. Möglicherweise wird zunächst der Eindruck entstehen, nur langsam voranzukommen. Wir sind gewohnt Lernergebnisse am erlernten Inhalt und nicht an erlebten und erprobten Methoden zu messen. Der wirkliche Lernerfolg eines handlungsorientierten und selbst organisierten Unterrichts wird sich erst nach einiger Zeit zeigen, wenn die Studierenden sich selbst und anderen beweisen können, dass sie gelernt haben, Lerninhalte kritisch auszuwählen, Methoden situationsangemessen einzusetzen und dass sie Lernen gelernt haben. ❑

Verwendete und weiterführende Literatur

Arbeitsgruppe Vorschulerziehung: Anregungen I: Zur pädagogischen Arbeit im Kindergarten. München 1973

Becker-Textor, Ingeborg: Kindergarten 2010. Traum – Vision – Realität. Freiburg 1994

Belardi, Nando u.a.: Pädagogik. Sozialpädagogische Arbeitsfelder. Frankfurt 1980

Berger, Irene u.a.: Land-Kinder-Gärten. Freiburg 1992

Birkenfeld, Vera F.: Kommunikationstraining. Zwischenmenschliche Beziehungen erfolgreich gestalten 10. Aufl., München 1990

Bittler, Anton/Schlotmann, Hans-Otto: Die Tagesheimgruppe: eine spezielle Form der Heimerziehung. In: Junge, Hubertus (Hrsg.): Heimerziehung im Jugendhilfeverbund. Konzepte und Konsequenzen. Freiburg 1989, S. 122–128

Bloom, Benjamin: Taxonomie von Lernzielen im kognitiven Bereich. 2. Aufl., Weinheim 1972

Bort, Wolfgang: Elternarbeit leichter machen. Wie man Eltern aktiviert. Offenbach/M. 1989

Brandt, Petra/Thiesen, Peter: Umwelt spielend entdecken. Ein Arbeitsbuch für Kindergarten, Hort und Grundschule. Weinheim und Basel 1991

Briel, Rudi/Mörsberger, Heribert: Kinder brauchen Horte. Freiburg 1984

Bröder, Monika: Gesprächsführung im Kindergarten. Anleitung, Modelle, Übungen. Freiburg 1993

Bruner, Jerome S.: Der Prozess der Erziehung. Berlin 1970

Bücken Eckart: Feste feiern. Neue Ideen für Gruppenfeste. Offenbach 1991

Bund für Umwelt und Naturschutz Deutschland e.V. (Hrsg.): Umweltpädagogik mit Vorschulkindern. Konzept – Bedingungen – Voraussetzungen – Anregungen. Kiel o. J.

Bundesverband evang. Ausbildungsstätten (Hrsg.): Erzieherinnenausbildung. Person und Kompetenz – Lebendiges Lernen durch Projektarbeit. Münster 1989

Colberg-Schrader, Hedi/Krug, Marianne/Pelzer, Susanne: Soziales Lernen im Kindergarten. Ein Praxisbuch des Deutschen Jugendinstitutes. 2. Aufl., München 1992

Colberg-Schrader, Hedi/Krug, Marianne: Arbeitsfeld Kindergarten. Planung, Praxisgestaltung, Teamarbeit. München 1977

Colberg-Schrader, Hedi/Krug, Marianne: Lebensnahes Lernen im Kindergarten. München 1988

Cornell, Joseph Bharat: Mit Kindern die Natur erleben. Soyen 1979

Damm, Diethelm: Wenn der Alltag zur Sprache kommt. Die Lebenswelt der Jugendlichen als Inhalt der Jugendarbeit. München 1981

Deißler, Hans Herbert: Alltagsprobleme im Kindergarten. Hilfen für ihre Bewältigung. 5. Aufl., Freiburg 1992

Derschau von, Dietrich: Altersmischung auch im Team. In: Welt des Kindes, 4/90, München, S. 28–31

Deutsches Jugendinstitut DJI Projektgruppe (Hrsg.): Orte für Kinder. Öffnung nach innen. Veränderung von Konzepten, Differenzierung und Integration. München 1993

Dittrich, Gisela/Miedaner, Lore: Integration von behinderten Kindern. Konsequenzen für das Berufsfeld von Erzieherinnen sowie für Aus- und Fortbildung. In: Rabe-Kleberg, Ursula u.a.: Qualifikationen für Erzieherarbeit. Bd. 2. München 1983, S. 32–50

Dittrich, Gisela: Das Projekt: „Integration von Kindern mit besonderen Problemen". Ein Rückblick über 10 Jahre Projektentwicklung im Elementarbereich. In: Gemeinsam leben. Zeitschrift für integrative Erziehung, 1/93, Neuwied, S. 9-13

Dübjohann, Maria: Kompetenz durch Supervision. München 1993

Ende, Michael: Momo. © by K. Thiemanns Verlag, Stuttgart/Wien

Erath, Peter: Abschied von der Kinderkrippe. Plädoyer für altersgemischte Gruppen in Tageseinrichtungen für Kinder. Freiburg 1992

Erl, Willi: Gruppenpädagogik in der Praxis. 7. Aufl., Tübingen 1973

Esser, Johannes: Mit Kindern Frieden und Zukunft gestalten – Grundlagen für die Kindertagesstättenarbeit –. Mülheim 1991

Fischer, Helga: Teamarbeit im Kindergarten. Dienstbesprechung und Planung – erfolgreiche Beispiele für die Praxis. 5. Aufl., Freiburg 1992

Flosdorf Peter/Schmidt, Martin H.: Heim und Jugendpsychiatrie: Abgrenzungen, Überschneidungen, Übergänge. In: Junge, Hubertus (Hrsg.): Heimerziehung im Jugendhilfeverbund. Konzepte und Konsequenzen. Freiburg 1989, S. 203–206

Flosdorf, Peter: Heimerziehung – ein differenziertes Angebot erzieherischer Hilfen. In: Junge, Hubertus (Hrsg.): Heimerziehung im Jugendhilfeverbund. Konzepte und Konsequenzen. Freiburg 1989, S. 27–47

Frey, Karl: Die Projektmethode. Weinheim/Basel 1991

Fritz, Jürgen: Methoden des sozialen Lernens. 2.Aufl., München 1981

Fröhlich, Andreas (Hrsg.): Handbuch der Sonderpädagogik. Band 12. Pädagogik bei schwerster Behinderung. Berlin 1991

Fröhlich, Andreas: Basale Stimulation. Düsseldorf 1991

Genz, Werner: Supervision für Erzieher/innen und Lehrer/innen. In: WWD Wissenschaftlicher Dienst. Eine Information der Wehrfritz GmbH. Rodach 1993, Nr. 54, S. 25-26

Gordon, Thomas: Familienkonferenz. Die Lösung von Konflikten zwischen Eltern und Kind. 7. Aufl., Hamburg 1976

Grah, Erika u.a.: Acht Fragen zu vier Ansätzen der Pädagogik im Kindergarten. In: Theorie und Praxis der Sozialpädagogik, TPS 5/85, Bielefeld, S. 242–261

Grossmann, Wilma: KinderGarten. Eine historisch-systematische Einführung in seine Entwicklung und Pädagogik. Edition Sozial. Weinheim und Basel 1987

Haberkorn, Rita: Situationsansatz: Erfahrungsmöglichkeiten. Öffnung statt Rückzug ins Private. In: Theorie und Praxis der Sozialpädagogik, TPS 1/94, Bielefeld, S. 5–8

Hansen, Hartmut/Pausewang, Freya: Erziehung zu ökologischer Verantwortung. In: Sozialpädagogische Blätter 4/85, Wiesbaden, S. 97–103

Haupt, Ursula/Fröhlich, Andreas: Entwicklungsförderung schwerstbehinderter Kinder. Bericht über einen Schulversuch. Teil I, Mainz 1982

Hemmer, Klaus Peter/Obereisenbuchner, Matthias: Die Reform der vorschulischen Erziehung. Eine Zwischenbilanz. München 1979

Heun, Hans-Dieter/Kallert, Heide/Bacherl, Clemens: Jugendliche Flüchtlinge in Heimen der Jugendhilfe. Situationen und Zukunftsperspektiven. Freiburg 1992

Hielscher, Hans (Hrsg.): Sozialerziehung konkret. Hannover 1977

Hottelet, Harald: Erziehungsziele. In: Fachlexikon der sozialen Arbeit. Herausgegeben vom Deutschen Verein für öffentliche und private Fürsorge. Frankfurt 1980, S. 257

Huppertz, Norbert/Schinzler, Engelbert: Grundfragen der Pädagogik. 9. Aufl., München 1988

Huppertz, Norbert/Scholten, Agnes/Tolksdorf, Uwe: Der Kindergarten stellt sich vor. Praxis der Öffentlichkeitsarbeit. Reihe Praxisbuch Kindergarten. Freiburg 1984

Iben, Gerd (Hrsg.): Erzieheralltag. Situatives Arbeiten mit sozial benachteiligten Kindern. 2. Aufl. Mainz 1992

Irskens, Beate/Preissing, Christa: Damit wir wissen, was wir tun. Methoden zur Erstellung eines pädagogischen Konzeptes im Team. 2. Aufl., Augsburg 1990

Kaplan, Karlheinz u.a.: Gemeinsame Förderung behinderter u. nicht behinderter Kinder. Handbuch für den Kindergarten. Weinheim und Basel 1993

Kazemi-Veisari, Erika: Sinn und Unsinn von Regeln in Kindergarten und Familie. In: Kindergarten heute, 9/91, Freiburg, S. 3–6

Kebbe, Anne: Das Haus für Kinder – der Kindergarten der Zukunft? Konzeptionen und erprobte Modelle. Anregungen und Begründungen. Theorie und Praxis der Sozialpädagogik. TPS-extra, Heft 4, Bielefeld 1991

Klawe, Willi: „Lückekinder" – Lebenswelt und pädagogische Arbeit mit 10-14 Jährigen. In: Schüttler-Janikulla, Klaus: Handbuch für ErzieherInnen in Krippe, Kindergarten, Vorschule und Hort. Neuausgabe. 10. Lieferung, München 1994

Klawe, Willi: Arbeit mit Jugendlichen. Einführung in Bedingungen, Ziele, Methoden und Sozialformen der Jugendarbeit. Weinheim/München 1986

Klees, Renate/Marburger, Helga/Schumacher, Michaela: Mädchenarbeit. Praxishandbuch für die Jugendarbeit. Teil I, München 1989

Klein, Gabriele u.a.: Integrative Prozesse in Kindergartengruppen. Über die gemeinsame Erziehung von behinderten und nicht behinderten Kindern. München 1987

Klein, Irene: Freizeitfahrplan. Ein Handbuch für Kinder- und Jugendgruppen. 3. Aufl., München 1987

Klein, Irene: Gruppen leiten ohne Angst. Ein Handbuch für Gruppenleiter. 4. Aufl., München 1992

Kleinen, Karin/Valentic, Hella: Natur und Umwelt im Kindergarten. Materialband. Sozialpädagogisches Institut für Kleinkind- und außerschulische Erziehung des Landes Nordrhein-Westfalen. Köln 1991

Köck, Peter: Praxis der Beobachtung in Kindergarten, Hort, Heim, Schule, Ausbildungsstätten, Fortbildungseinrichtungen. Donauwörth 1981

Köhler, Michael: Möglichkeiten der sozialpädagogischen Arbeit mit Hortkindern. In: Schüttler-Janikulla, Klaus (Hrsg.): Handbuch für Erzieher in Krippe, Kindergarten, Vorschule und Hort. 13. Nachlieferung, München 1987

Köhler, Michael: Rituale im Kindergarten. In: Schüttler-Janikulla, Klaus (Hrsg.): Handbuch für Erzieher in Krippe, Kindergarten, Vorschule und Hort. 16. Nachlieferung, München 1988

Köhne, Josef/Zahalka, Anna: Zum Lieben befähigen: Sexualpädagogische Ziele und Wege. In: Junge, Hubertus (Hrsg.): Heimerziehung im Jugendhilfeverbund. Konzepte und Konsequenzen. Freiburg 1989, S. 69 -81

Krenz, Armin: Der „Situationsorientierte Ansatz" im Kindergarten. Grundlagen und Praxis. 7. Aufl., Freiburg 1994

Krenz, Armin: Gefühle von Kindern im Kindergarten – Ein Beitrag zur Bedeutung der Emotionalität in der Entwicklung von Kindern. In: Schüttler-Janikulla, Klaus (Hrsg.): Handbuch für Erzieher in Krippe, Kindergarten, Vorschule und Hort. 18. Nachlieferung, München 1988

Kron, Maria: Kindliche Entwicklung und die Erfahrung von Behinderung. Eine Analyse der Fremdwahrnehmung von Behinderung und ihre psychische Verarbeitung bei Kindergartenkindern. Frankfurt 1988

Krüger, Helga/Rabe-Kleberg, Ursula/Derschau von, Dietrich (Hrsg.): Qualifikationen für Erzieherarbeit. DJI Materialien Bd 1: Anforderungen, Veränderungen und Kritik. 2. Aufl., München 1984

Küppers, Horst: Neue Formen der Erzieherausbildung. Projekte - Planspiele - Berufsperspektiven. Hrsg. von Thiesen, Peter. Weinheim und Basel 1993

Laewen, Hans-Joachim/Andres, Beate/Hedervari, Eva: Ohne Eltern geht es nicht. Die Eingewöhnung von Kindern in Krippen und Tagespflegestellen. INFANS – Info – Reihe Bd. 1., Berlin 1990

Langhorst-Zahner, Gisela: Elterngespräche im Kindergarten. In: Schüttler-Janikulla, Klaus (Hrsg.): Handbuch für ErzieherInnen in Krippe, Kindergarten, Vorschule und Hort. Neuausgabe, 2. Lieferung, München 1991

Langhorst-Zahner, Gisela: Situatives Lernen im Kindergarten. In: Schüttler-Janikulla, Klaus (Hrsg.): Handbuch für Erzieher in Krippe, Kindergarten, Vorschule und Hort. 17. Nachlieferung, München 1988

Longardt, Wolfgang: Keine Angst vorm Elternabend. Elternarbeit mit Fantasie. 4. Aufl., Gütersloh 1993

Lowy, Louis/Bernstein, Saul: Untersuchungen zur sozialen Gruppenarbeit. Freiburg 1969

Mahlke, Wolfgang/Schwarte Norbert: Raum für Kinder. Ein Arbeitsbuch zur Raumgestaltung in Kindergärten. Weinheim und Basel 1989

Martin, Ernst/Wawrinowsky, Uwe: Beobachtungslehre. Theorie und Praxis reflektierter Beobachtung und Beurteilung. Reihe: Grundlagentexte soziale Berufe. Weinheim und München 1991

Martin, Ernst: Didaktik der sozialpädagogischen Arbeit. Eine Einführung in die Probleme und Möglichkeiten. Grundlagentexte sozialer Arbeit. Weinheim und München 1989

Merz, Christine: Im Kontakt mit Eltern. Ratschläge für die Elternarbeit. Reihe: Praxisbuch Kindergarten. Freiburg 1981

Miedaner, Lore u.a.: Mädchen und Jungen im Hort. Beobachtungen von Erzieherinnen. In: Theorie und Praxis der Sozialpädagogik, 6/93, Bielefeld, S. 356–359

Miedaner, Lore: Gemeinsame Erziehung behinderter und nicht behinderter Kinder. Materialien zur pädagogischen Arbeit im Kindergarten. München 1986

Miedzinski, Klaus: Die Bewegungsbaustelle.
Dortmund 1991
**Minister für Arbeit, Gesundheit und Soziales des
Landes Nordrhein-Westfalen (Hrsg.):** Natur und
Umwelt im Kindergarten.
Düsseldorf 1989
**Ministerium für Kultur und Sport Baden-Württem-
berg (Hrsg.):** Lebensraum Kindergarten.
7. Aufl., Freiburg/Lahr 1993
Möller-Stürmer, Susanne: ...und jetzt auch noch Super-
vision? In: Kindergarten heute, 6/93,
Freiburg, S. 40–46
Montessori, Maria: Kinder sind anders. München 1987
Müller, Helga: Ichspuren prägen oder Laufen in vorge-
spurten Loipen. Werkschaffendes Spiel oder Basteln im
Kindergarten.
In: Theorie und Praxis der Sozialpädagogik, TPS 6/90,
Bielefeld, S. 290-292
Müller, Peter: Methoden in der kirchlichen Erwachse-
nenbildung. München 1982
Müller-Hiestand, Ursula: Erde – Wasser – Luft –
Feuer. Mit Kindern die vier Elemente erfahren.
Aarau (Schweiz) 1990
Myrdal, Alva: Chancen und Gefahren für das Kinder-
spiel in unserer leistungsorientierten Gesellschaft. In:
Flitner, Andreas (Hrsg.): Das Kinderspiel.
München 1973, S. 72–78
Orvaldi, Dietmar: Methoden der Supervision in der
Ausbildung. In: Theorie und Praxis der Sozialpädagogik,
TPS 3/93, Bielefeld, S. 168–170
Pausewang, Freya: Ausländerfeindlichkeit – Prophylaxe
in Krippe, Kindergarten und Hort? In: Schüttler-Janikul-
la, Klaus (Hrsg.): Handbuch für ErzieherInnen in Krippe,
Kindergarten, Vorschule und Hort.
Neuausgabe, 5. Lieferung, München 1992
Pausewang, Freya: Bewegungsmangel und Fehl-
ernährung. Bedeutung für die sozialpädagogische Praxis.
In: Schüttler-Janikulla, Klaus (Hrsg.): Handbuch für
Erzieher/Innen in Krippe, Kindergarten, Vorschule und
Hort. Neuausgabe,
11. Lieferung, München 1994
Pausewang, Freya: Förderung der Emotionalität und
Erziehung zu ökologischer Verantwortung. In: Schüttler-
Janikulla, Klaus (Hrsg.): Handbuch für Erzieher in
Krippe, Kindergarten, Vorschule und Hort.
23. Nachlieferung, München 1990
Petersen, Gisela: Kinder unter 3 Jahren in Tagesein-
richtungen. Band 1. Grundfragen der pädagogischen
Arbeit in altersgemischten Gruppen.
2. Aufl. Stuttgart 1991
Preissing, Christa/Prott, Roger: Rechtshandbuch für
Erzieherinnen. Weinheim/München 1993
Projektgruppe Gastarbeiterkinder (Hrsg.): Freunde
und Fremde. Kindergarten, ausländische Kinder und ihre
Familien. Ergebnisse des Projekts „Gastarbeiterkinder".
Band 2. Gelnhausen 1983
**Rabe-Kleberg, Ursula/Krüger, Helga/ Derschau von,
Dietrich (Hrsg.):** Qualifikationen für Erzieherarbeit.
Band 2: Kooperation in Arbeit und Ausbildung. Band 3:
Beruf oder Privatarbeit – eine falsche Alternative.
München 1986
Rieder-Aigner: Die Fallbesprechung – Eine bewährte
Methode gegenseitiger Beratung. In: Schüttler-Janikulle
(Hrsg.): Handbuch für ErzieherInnen für Krippe,
Kindergarten, Vorschule und Hort. Neuausgabe,
6. Lieferung, München 1992

Rolle, Jürgen/Kesberg, Edith: Der Hort. Band 1: Der
Hort als Erziehungs- und Bildungseinrichtung für Kinder
im schulpflichtigen Alter. 3. Aufl., Köln 1992
Rolle, Jürgen/Kesberg, Edith: Der Hort.
Band 2: Der Hort in Zusammenarbeit mit Schule und
Ausbildungsstätte. Köln 1992
Schilling, Johannes: Leitfaden für Gruppenleiter.
München 1987
Schilling, Johannes: Methodenbuch Jugendarbeit.
München 1982
Schilling, Johannes: Planung von Ferienlagern und
Freizeiten. Ein Ratgeber für Gruppenleiter.
München 1981
Schwäbisch, Lutz/Siems, Martin: Anleitung zum so-
zialen Lernen für Paare, Gruppen und Erzieher. Kom-
munikations- und Verhaltenstraining. Hamburg 1974
Seehausen, Harald: Familien zwischen modernisierter
Berufswelt und Kindergarten. Neuwied 1989
Sielert, Uwe: Jungenarbeit. Praxishandbuch für die
Jugendarbeit. Teil 2. Weinheim und München 1989
**Sozialpädagogisches Institut für Kleinkind- und
außerschulische Erziehung des Landes Nordrhein-
Westfalen (Hrsg.):** Natur und Kinderspiel. Bonn 1992
**Sozialpädagogisches Institut für Kleinkind- und
außerschulische Erziehung des Landes Nordrhein-
Westfalen (Hrsg.):** Spiel-Platz. Zur Gestaltung des
Außengeländes von Kindergärten. Bonn o.J.
**Staatsinstitut für Frühpädagogik und Familienfor-
schung (Hrsg.):** Handbuch der integrativen Erziehung
behinderter und nicht behinderter Kinder.
München und Basel 1990
**Strätz, Rainer/Derks-Killermann, Gisela/Bourgeois,
Susanne:** Natur und Umwelt im Kindergarten.
Köln 1991
Strätz, Rainer: Beobachten. Anregungen für Erzieher
im Kindergarten. Schriften- und Medienreihe des
sozialpädagogischen Instituts für Kleinkind- und außer-
schulische Erziehung des Landes Nordrhein-Westfalen.
2. Aufl., Köln, Stuttgart, Berlin 1990
Theunissen, Georg: Heilpädagogik und soziale Arbeit
mit verhaltensauffälligen Kindern und Jugendlichen.
Eine Einführung. Freiburg 1992
Thiesen, Peter: Sozialpädagogik lehren. Kleines Kom-
pendium des Unterrichtens an Ausbildungsstätten für
Sozialpädagogik/Sozialarbeit. Weinheim/Basel 1991
**UNESCO-Verbindungsstelle für Umwelterziehung im
Umweltbundesamt (Hrsg.):** Umwelterziehung im
Vorschulbereich. Analyse ihrer Bedingungen und
Erfordernisse sowie Empfehlungen für ihre Umsetzung.
Berlin 1988
**Verband katholischer Einrichtungen der Heim- und
Heilpädagogik (Hrsg.):** Die Tagesheimgruppe und ihre
Arbeitsfelder. Beiträge zur Erziehungshilfe.
Freiburg 1992
**Verband unabhängiger Gesundheitsberater Deutsch-
lands e.V. (Hrsg.):** Vollwerternährung zum
Überleg(b)en. Gießen 1985
Watzlawik, Paul u.a.: Menschliche Kommunikation:
Formen, Störungen, Paradoxien. 2. Aufl., Stuttgart 1971
Zimmer, Jürgen (Hrsg.): Curriculumentwicklung im
Vorschulbereich. Band 1 und 2, München 1973
Zimmer, Renate/Circus, Hans: Kinder brauchen
Bewegung, brauchen Kinder Sport? Aachen 1992
Zimmer, Renate: Handbuch der Bewegungserziehung.
Didaktisch-methodische Grundlagen und Ideen für die
Praxis. Freiburg 1993

Stichwortverzeichnis

Nachschlageverzeichnis für Bearbeitungsmethoden